大学赤本シリーズ

499

畿央大学

教学社

は　し　が　き

　おかげさまで，大学入試の「赤本」は，今年で創刊 70 周年を迎えました。

　これまで，入試問題や資料をご提供いただいた大学関係者各位，掲載許可をいただいた著作権者の皆様，各科目の解答や対策の執筆にあたられた先生方，そして，赤本を使用してくださったすべての読者の皆様に，厚く御礼を申し上げます。

　以下に，創刊初期の「赤本」のはしがきを引用します。これからも引き続き，受験生の目標の達成や，夢の実現を応援してまいります。

　本書を活用して，入試本番では持てる力を存分に発揮されることを心より願っています。

編者しるす

＊　　　＊　　　＊

　学問の塔にあこがれのまなざしをもって，それぞれの志望する大学の門をたたかんとしている受験生諸君！　人間として生まれてきた私たちは，自己の欲するままに，美しく，強く，そして何よりも人間らしく生きることをねがっている。しかし，一朝一夕にして，この純粋なのぞみが達せられることはない。私たちの行く手には，絶えずさまざまな試練がまちかまえている。この試練を克服していくところに，私たちのねがう真に人間的な世界がはじめて開かれてくるのである。

　人生最初の最大の試練として，諸君の眼前に大学入試がある。この大学入試は，精神的にも身体的にも，大きな苦痛を感ぜしめるであろう。あるスポーツに熟達するには，たゆみなき，はげしい練習を積み重ねることが必要であるように，私たちは，計画的・持続的な努力を払うことによって，この試練を克服し，次の一歩を踏みだすことができる。厳しい試練を経たのちに，はじめて満足すべき成果を獲得できるのである。

　本書は最近の入学試験の問題に，それぞれ解答を付し，さらに問題をふかく分析することによって，その大学独特の傾向や対策をさぐろうとした。本書を一般の参考書とあわせて使用し，まとはずれのない，効果的な受験勉強をされるよう期待したい。

（昭和 35 年版「赤本」はしがきより）

挑む人の、いちばんの味方

赤本創刊70周年

1954年に大学入試の過去問題集を刊行してから70年。赤本は大学に入りたいと思う受験生を応援しつづけてきました。これからも，苦しいとき落ち込むときにそばで支える存在でいたいと思います。

そして，勉強をすること，自分で道を決めること，努力が実ること，これらの喜びを読者の皆さんが感じることができるよう，伴走をつづけます。

そもそも赤本とは…

受験生のための大学入試の過去問題集！

70年の歴史を誇る赤本は，500点を超える刊行点数で全都道府県の370大学以上を網羅しており，過去問の代名詞として受験生の必須アイテムとなっています。

・・・・・・・ なぜ受験に過去問が必要なのか？ ・・・・・・・

大学入試は大学によって問題形式や頻出分野が大きく異なるからです。

記述式？　マーク式？

問題のレベルは？　時間配分は？　自分に足りないのは？

頻出分野は？　どんな対策が必要？

どんな問題が出るの？

みんなの疑問に答える赤本！

赤本で志望校を研究しよう！

赤本の掲載内容

傾向と対策

これまでの出題内容から，問題の「**傾向**」を分析し，来年度の入試に向けて具体的な「**対策**」の方法を紹介しています。

問題編・解答編

✅ 年度ごとに問題とその解答を掲載しています。

✅ 「**問題編**」ではその年度の試験概要を確認したうえで，実際に出題された過去問に取り組むことができます。

✅ 「**解答編**」には高校・予備校の先生方による解答が載っています。

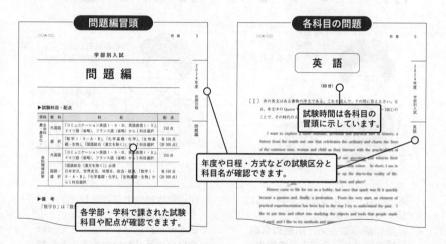

他にも，大学の基本情報や，先輩受験生の合格体験記，在学生からのメッセージなどが載っていることがあります。

受験勉強は

過去問に始まり，

STEP 1
なにはともあれ

まずは解いてみる

しずかに…
今，自分の心と向き合ってるんだから

ムーン

それは問題を解いてからだホン！

過去問は，**できるだけ早いうちに解くのがオススメ！**
実際に解くことで，**出題の傾向，問題のレベル，今の自分の実力が**つかめます。

STEP 2
じっくり具体的に

弱点を分析する

分析の結果だけど英・数・国が苦手みたい

スリー

必須科目だホン頑張るホン

間違いは自分の弱点を教えてくれ**る貴重な情報源。**
弱点から自己分析することで，**今の自分に足りない力や苦手な分野**が見えてくるはず！

合格者があかす
赤本の使い方

傾向と対策を熟読
(Fさん／国立大合格)

大学の出題傾向を調べるために，赤本に載っている「傾向と対策」を熟読しました。

繰り返し解く
(Tさん／国立大合格)

1周目は問題のレベル確認，2周目は苦手や頻出分野の確認に，3周目は合格点を目指して，と過去問は繰り返し解くことが大切です。

過去問に終わる。

STEP 3
> 志望校に
> あわせて

苦手分野の
重点対策

> 明日からはみんなで頑張るよ！
> 参考書も！問題集も！
> よろしくね！

> 呼んだ？
> なにを!?
> どこから!?
> グッ グッ

参考書や問題集を活用して，苦手分野の**重点対策**をしていきます。**過去問を指針**に，合格へ向けた具体的な学習計画を立てましょう！

STEP 1 ▶ 2 ▶ 3
> サイクル
> が大事！

実践を
繰り返す

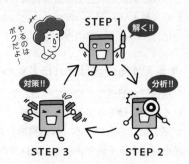

> やるのは
> ボクだよ〜
> STEP 1　解く!!
> 分析!!
> 対策!!
> STEP 3　STEP 2

STEP 1～3を繰り返し，実力アップにつなげましょう！**出題形式に慣れる**ことや，**時間配分**を考えることも大切です。

目標点を決める
(Yさん／私立大合格)

赤本によっては合格者最低点が載っているので，それを見て目標点を決めるのもよいです。

時間配分を確認
(Kさん／私立大学合格)

赤本は時間配分や解く順番を決めるために使いました。

添削してもらう
(Sさん／私立大学合格)

記述式の問題は先生に添削してもらうことで自分の弱点に気づけると思います。

新課程も赤本で
ばっちり!

新課程入試 Q&A

2022 年度から新しい学習指導要領（新課程）での授業が始まり，2025 年度の入試は，新課程に基づいて行われる最初の入試となります。ここでは，赤本での新課程入試の対策について，よくある疑問にお答えします。

使える?

Q1. 赤本は新課程入試の対策に使えますか？

A. もちろん使えます！

OK

旧課程入試の過去問が新課程入試の対策に役に立つのか疑問に思う人もいるかもしれませんが，心配することはありません。旧課程入試の過去問が役立つのには次のような理由があります。

● 学習する内容はそれほど変わらない

新課程は旧課程と比べて科目名を中心とした変更はありますが，学習する内容そのものはそれほど大きく変わっていません。また，多くの大学で，既卒生が不利にならないよう「経過措置」がとられます（Q3参照）。したがって，出題内容が大きく変更されることは少ないとみられます。

● 大学ごとに出題の特徴がある

これまでに課程が変わったときも，各大学の出題の特徴は大きく変わらないことがほとんどでした。入試問題は各大学のアドミッション・ポリシーに沿って出題されており，過去問にはその特徴がよく表れています。過去問を研究してその大学に特有の傾向をつかめば，最適な対策をとることができます。

出題の特徴の例	・英作文問題の出題の有無
	・論述問題の出題（字数制限の有無や長さ）
	・計算過程の記述の有無

新課程入試の対策も，赤本で過去問に取り組むところから始めましょう。

Q2. 赤本を使う上での注意点はありますか？

A. 志望大学の入試科目を確認しましょう。

過去問を解く前に，過去の出題科目（問題編冒頭の表）と2025年度の募集要項とを比べて，課される内容に変更がないかを確認しましょう。ポイントは以下のとおりです。科目名が変わっていても，実際は旧課程の内容とほとんど同様のものもあります。

英語・国語	科目名は変更されているが，実質的には変更なし。 ▶▶ ただし，リスニングや古文・漢文の有無は要確認。
地歴	科目名が変更され，「歴史総合」「地理総合」が新設。 ▶▶ 新設科目の有無に注意。ただし，「経過措置」(Q3参照)により内容は大きく変わらないことも多い。
公民	「現代社会」が廃止され，「公共」が新設。 ▶▶ 「公共」は実質的には「現代社会」と大きく変わらない。
数学	科目が再編され，「数学C」が新設。 ▶▶ 「数学」全体としての内容は大きく変わらないが，出題科目と単元の変更に注意。
理科	科目名も学習内容も大きな変更なし。

数学については，科目名だけでなく，どの単元が含まれているかも確認が必要です。例えば，出題科目が次のように変わったとします。

旧課程	「数学Ⅰ・数学Ⅱ・数学A・数学B（数列・ベクトル）」
新課程	「数学Ⅰ・数学Ⅱ・数学A・**数学B（数列）・数学C（ベクトル）**」

この場合，新課程では「数学C」が増えていますが，単元は「ベクトル」のみのため，実質的には旧課程とほぼ同じであり，過去問をそのまま役立てることができます。

Q3. 「経過措置」とは何ですか？

A. 既卒の旧課程履修者への対応です。

　多くの大学では，既卒の旧課程履修者が不利にならないように，出題において「経過措置」が実施されます。措置の有無や内容は大学によって異なるので，募集要項や大学のウェブサイトなどで確認しておきましょう。

○旧課程履修者への経過措置の例

- ●旧課程履修者にも配慮した出題を行う。
- ●新・旧課程の共通の範囲から出題する。
- ●新課程と旧課程の共通の内容を出題し，共通範囲のみでの出題が困難な場合は，旧課程の範囲からの問題を用意し，選択解答とする。

　例えば，地歴の出題科目が次のように変わったとします。

旧課程	「日本史B」「世界史B」から1科目選択
新課程	「歴史総合，日本史探究」「歴史総合，世界史探究」から1科目選択※ ※旧課程履修者に不利益が生じることのないように配慮する。

　「歴史総合」は新課程で新設された科目で，旧課程履修者には見慣れないものですが，上記のような経過措置がとられた場合，新課程入試でも旧課程と同様の学習内容で受験することができます。

新課程の情報は WEB もチェック！
より詳しい解説が赤本ウェブサイトで見られます。
https://akahon.net/shinkatei/

科目名が変更される教科・科目

	旧 課 程	新 課 程
国語	国語総合 国語表現 現代文A 現代文B 古典A 古典B	現代の国語 言語文化 論理国語 文学国語 国語表現 古典探究
地歴	日本史A 日本史B 世界史A 世界史B 地理A 地理B	歴史総合 日本史探究 世界史探究 地理総合 地理探究
公民	現代社会 倫理 政治・経済	公共 倫理 政治・経済
数学	数学Ⅰ 数学Ⅱ 数学Ⅲ 数学A 数学B 数学活用	数学Ⅰ 数学Ⅱ 数学Ⅲ 数学A 数学B 数学C
外国語	コミュニケーション英語基礎 コミュニケーション英語Ⅰ コミュニケーション英語Ⅱ コミュニケーション英語Ⅲ 英語表現Ⅰ 英語表現Ⅱ 英語会話	英語コミュニケーションⅠ 英語コミュニケーションⅡ 英語コミュニケーションⅢ 論理・表現Ⅰ 論理・表現Ⅱ 論理・表現Ⅲ
情報	社会と情報 情報の科学	情報Ⅰ 情報Ⅱ

大学のサイトも見よう

目　次

2023 年度
問題と解答

掲載内容についてのお断り

• 以下の試験については掲載していません。
　一般選抜前期C日程・中期日程・後期日程

下記の問題に使用されている著作物は，2024 年 4 月 17 日に著作権法第 67 条の 2 第 1 項の規定に基づく申請を行い，同条同項の規定の適用を受けて掲載しているものです。
　2023 年度：公募推薦選抜C日程「英語」大問 3

基本情報

 ## 学部・学科の構成

大　学

● **健康科学部**
　理学療法学科
　看護医療学科
　健康栄養学科（臨床栄養コース，スポーツ栄養コース，食品開発コース）※
　人間環境デザイン学科（建築・まちづくりコース，インテリアデザインコース，アパレル・造形コース）※
● **教育学部**
　現代教育学科（学校教育コース，幼児教育コース，英語教育コース，保健教育コース）※

※　健康栄養学科と人間環境デザイン学科は2年次，現代教育学科は1年次より各コースに分かれる。

大学院

健康科学研究科 / 教育学研究科

（備考）上記以外に助産学専攻科［1年制］，臨床細胞学別科［1年制］が設けられている。

大学所在地

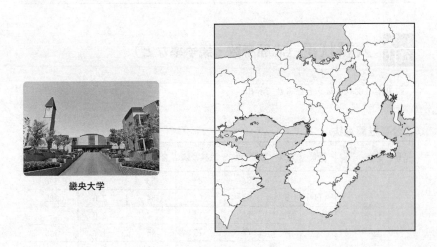

畿央大学

〒635-0832　奈良県北葛城郡広陵町馬見中 4-2-2

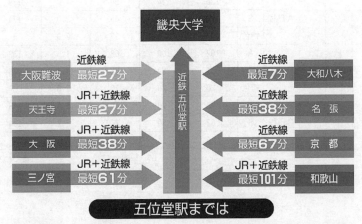

※記載している時間は、1限（9:00）に間に合う電車の乗車時間の
　目安です。

2024 年度入試データ

 入試状況（志願者数・競争率など）

○競争率は受験者数÷合格者数で算出。

●公募推薦選抜

学部	学科	募集人員	日程	方式	志願者数	受験者数	合格者数	競争率	合格最低点
健康科	理学療法	36	A日程	A	87	87	53	1.6	146
				S	67	67	34	2.0	185
				特色	14	14	7	2.0	—
			B日程	A	79	78	45	1.7	145
				S	61	61	29	2.1	182
				特色	13	12	6	2.0	—
			C日程	A	58	56	30	1.9	150
				S	48	47	20	2.4	188
				特色	8	7	3	2.3	—
	看護医療	44	A日程	A	126	124	90	1.4	139
				S	93	91	45	2.0	174
				特色	27	26	13	2.0	—
			B日程	A	102	100	68	1.5	139
				S	81	80	38	2.1	173
				特色	20	20	10	2.0	—
			C日程	A	73	70	46	1.5	148
				S	62	60	27	2.2	184
				特色	16	15	7	2.1	—

（表つづく）

学部	学科	募集人員	日程	方式	志願者数	受験者数	合格者数	競争率	合格最低点
健康科	健康栄養	42	A日程	A	91	90	59	1.5	139
				S	68	67	33	2.0	176
				特色	23	23	11	2.1	—
			B日程	A	75	74	45	1.6	142
				S	59	58	28	2.1	181
				特色	15	15	7	2.1	—
			C日程	A	70	69	43	1.6	147
				S	52	52	25	2.1	183
				特色	16	16	8	2.0	—
	人間環境デザイン	28	A日程	A	46	46	40	1.2	119
				S	39	39	27	1.4	154
				特色	5	5	4	1.3	—
			B日程	A	37	37	28	1.3	123
				S	33	33	21	1.6	154
				特色	4	4	3	1.3	—
			C日程	A	34	32	25	1.3	127
				S	27	25	17	1.5	156
				特色	6	6	3	2.0	—
教育	現代教育	90	A日程	A	167	164	128	1.3	138
				S	120	118	77	1.5	172
				特色	33	33	22	1.5	—
			B日程	A	149	147	118	1.2	138
				S	113	112	68	1.6	172
				特色	30	30	20	1.5	—
			C日程	A	122	118	80	1.5	147
				S	93	91	54	1.7	182
				特色	24	23	15	1.5	—

（備考）

・募集人員はA・B・C日程の合計。

・満点は以下の通り。

　A方式250点，S方式300点，特色方式300点

・特色方式の合格最低点は非公表。

●一般選抜前期 A 日程

学部	学科	募集人員	方　式	志願者数	受験者数	合格者数	競争率	合　格最低点
健康科	理学療法	25	3 科目 A	19	19	6	3.2	180
			3 科目 S	11	11	2	5.5	253
			3 科目 T	12	12	1	12.0	214
			2 科目 A	23	23	6	3.8	127
			2 科目 S	26	26	6	4.3	197
			2 科目 T	13	13	3	4.3	161
	看護医療	32	3 科目 A	39	39	7	5.6	208
			3 科目 S	32	32	7	4.6	296
			3 科目 T	28	28	4	7.0	258
			2 科目 A	55	55	9	6.1	155
			2 科目 S	47	47	9	5.2	237
			2 科目 T	35	35	5	7.0	198
	健康栄養	30	3 科目 A	23	23	15	1.5	153
			3 科目 S	22	22	13	1.7	218
			3 科目 T	21	21	13	1.6	190
			2 科目 A	28	28	19	1.5	111
			2 科目 S	28	28	18	1.6	171
			2 科目 T	22	22	15	1.5	144
	人間環境デザイン	19	3 科目 A	14	14	11	1.3	151
			3 科目 S	10	10	8	1.3	204
			3 科目 T	6	6	5	1.2	184
			2 科目 A	21	21	17	1.2	100
			2 科目 S	17	17	14	1.2	153
			2 科目 T	5	5	5	1.0	141
教　育	現代教育	65	3 科目 A	48	47	29	1.6	165
			3 科目 S	36	35	22	1.6	229
			3 科目 T	23	22	13	1.7	204
			2 科目 A	56	55	40	1.4	115
			2 科目 S	57	56	39	1.4	180
			2 科目 T	29	28	22	1.3	150

（備考）

・募集人員には大学入学共通テスト利用選抜前期日程を含む。

・募集人員は A・B・C 日程の合計。

・満点は以下の通り。

　3 科目型：A 方式 300 点，S 方式 400 点，T 方式 350 点

　2 科目型：A 方式 200 点，S 方式 300 点，T 方式 250 点

●一般選抜前期B日程

学部	学科	募集人員	方　式	志願者数	受験者数	合格者数	競争率	合　格最低点
健康科	理学療法	25	3科目A	11	11	4	2.8	186
			3科目S	10	10	4	2.5	265
			3科目T	12	12	2	6.0	239
			2科目A	20	20	8	2.5	133
			2科目S	24	24	10	2.4	204
			2科目T	15	15	5	3.0	178
	看護医療	32	3科目A	29	29	9	3.2	206
			3科目S	23	23	6	3.8	289
			3科目T	22	22	4	5.5	250
			2科目A	40	40	6	6.7	150
			2科目S	36	36	6	6.0	229
			2科目T	31	31	4	7.8	197
	健康栄養	30	3科目A	15	15	10	1.5	155
			3科目S	13	13	9	1.4	219
			3科目T	12	12	8	1.5	190
			2科目A	21	21	14	1.5	113
			2科目S	20	20	14	1.4	174
			2科目T	14	14	9	1.6	143
	人間環境デザイン	19	3科目A	8	8	7	1.1	155
			3科目S	6	6	5	1.2	227
			3科目T	4	4	4	1.0	183
			2科目A	15	15	10	1.5	106
			2科目S	12	12	7	1.7	161
			2科目T	3	3	3	1.0	137
教　育	現代教育	65	3科目A	27	27	14	1.9	169
			3科目S	19	19	12	1.6	231
			3科目T	13	13	6	2.2	206
			2科目A	39	39	27	1.4	115
			2科目S	36	36	23	1.6	181
			2科目T	18	18	14	1.3	150

（備考）

・募集人員には大学入学共通テスト利用選抜前期日程を含む。

・募集人員はA・B・C日程の合計。

・満点は以下の通り。

　3科目型：A方式300点，S方式400点，T方式350点

　2科目型：A方式200点，S方式300点，T方式250点

●一般選抜前期Ｃ日程

学部	学科	募集人員	方　式	志願者数	受験者数	合格者数	競争率	合格最低点
健康科	理学療法	25	3科目A	6	6	2	3.0	188
			3科目S	6	6	2	3.0	301
			3科目T	7	7	1	7.0	254
			2科目A	11	11	4	2.8	129
			2科目S	13	13	4	3.3	210
			2科目T	9	9	2	4.5	179
	看護医療	32	3科目A	25	25	7	3.6	207
			3科目S	23	23	7	3.3	292
			3科目T	21	21	4	5.3	261
			2科目A	34	34	7	4.9	151
			2科目S	35	35	8	4.4	238
			2科目T	27	27	6	4.5	201
	健康栄養	30	3科目A	10	9	3	3.0	153
			3科目S	10	9	3	3.0	221
			3科目T	9	8	2	4.0	196
			2科目A	18	17	8	2.1	113
			2科目S	15	14	4	3.5	183
			2科目T	11	10	3	3.3	148
	人間環境デザイン	19	3科目A	6	6	4	1.5	174
			3科目S	6	6	5	1.2	213
			3科目T	4	4	2	2.0	226
			2科目A	13	13	8	1.6	106
			2科目S	14	13	8	1.6	162
			2科目T	4	4	3	1.3	136
教　育	現代教育	65	3科目A	19	19	11	1.7	168
			3科目S	17	17	9	1.9	229
			3科目T	10	10	5	2.0	201
			2科目A	33	33	18	1.8	115
			2科目S	32	32	17	1.9	181
			2科目T	17	17	9	1.9	151

（備考）

• 募集人員には大学入学共通テスト利用選抜前期日程を含む。

• 募集人員はA・B・C日程の合計。

• 満点は以下の通り。

　3科目型：A方式300点，S方式400点，T方式350点

　2科目型：A方式200点，S方式300点，T方式250点

●一般選抜中期日程

学部	学科	募集人員	方 式	志願者数	受験者数	合格者数	競争率	合格最低点
健康科	理学療法	6	3科目A	10	10	1	10.0	176.0
			2科目A	18	18	2	9.0	126.0
			2科目S	16	16	2	8.0	192.0
			PC①	6	6	2	3.0	204.0
			PC②	6	6	2	3.0	197.0
	看護医療	7	3科目A	17	13	0	—	—
			2科目A	30	25	2	12.5	141.0
			2科目S	27	22	2	11.0	215.0
			PC①	15	11	1	11.0	229.0
			PC②	11	9	1	9.0	221.2
	健康栄養	7	3科目A	11	8	1	8.0	167.0
			2科目A	12	10	2	5.0	117.0
			2科目S	15	13	2	6.5	178.0
			PC①	6	4	2	2.0	181.0
			PC②	9	6	3	2.0	178.0
	人間環境デザイン	5	3科目A	4	3	1	3.0	160.0
			2科目A	7	6	2	3.0	101.0
			2科目S	7	6	2	3.0	157.0
			PC①	3	2	1	2.0	187.0
			PC②	4	3	2	1.5	153.0
教 育	現代教育	16	3科目A	6	6	3	2.0	154.0
			2科目A	23	22	10	2.2	105.0
			2科目S	19	18	9	2.0	163.0
			PC①	8	8	4	2.0	184.0
			PC②	8	8	4	2.0	187.0

（備考）

• 募集人員には大学入学共通テスト利用選抜中期日程を含む。

• 満点は以下の通り。

　2科目型A方式200点，その他300点

●一般選抜後期日程

学部	学科	募集人員	方式	志願者数	受験者数	合格者数	競争率	合格最低点
健康科	理学療法	3	3科目A	4	4	1	4.0	184
			2科目A	7	6	2	3.0	122
			2科目S	5	5	1	5.0	205
	看護医療	3	3科目A	5	5	0	—	—
			2科目A	14	13	1	13.0	143
			2科目S	10	10	1	10.0	237
	健康栄養	3	3科目A	2	2	0	—	—
			2科目A	4	4	1	4.0	110
			2科目S	5	5	2	2.5	179
	人間環境デザイン	3	3科目A	0	0	0	—	—
			2科目A	3	3	2	1.5	104
			2科目S	5	5	3	1.7	160
教育	現代教育	6	3科目A	3	2	0	—	—
			2科目A	9	7	3	2.3	107
			2科目S	8	6	3	2.0	167

（備考）
・募集人員には大学入学共通テスト利用選抜後期日程を含む。
・満点は以下の通り。
　2科目型A方式200点，その他300点

●大学入学共通テスト利用選抜

日程	学部	学　科	募集人員	方式	志願者数	受験者数	合格者数	競争率	合格最低点/満点
前期	健康科	理学療法	25	C4	11	11	5	2.2	332.2/500
				C3	18	18	3	6.0	273.4/400
				C2	22	22	6	3.7	282.0/400
		看護医療	32	C4	51	48	7	6.9	342.0/500
				C3	50	49	5	9.8	286.2/400
				C2	58	58	8	7.3	296.0/400
		健康栄養	30	C4	23	22	6	3.7	303.4/500
				C3	32	30	6	5.0	266.4/400
				C2	32	32	6	5.3	272.8/400
		人間環境デザイン	19	C4	12	11	5	2.2	295.7/500
				C3	25	25	8	3.1	241.7/400
				C2	21	21	6	3.5	250.0/400
	教育	現代教育	65	C4	66	62	24	2.6	303.2/500
				C3	81	81	29	2.8	253.0/400
				C2	83	83	27	3.1	260.4/400
中期	健康科	理学療法	6	C3	7	7	2	3.5	194.3/300
				C2	9	9	3	3.0	138.0/200
		看護医療	7	C3	14	14	1	14.0	214.0/300
				C2	14	14	2	7.0	147.0/200
		健康栄養	7	C3	8	8	2	4.0	202.0/300
				C2	11	11	4	2.8	137.8/200
		人間環境デザイン	5	C3	2	2	1	2.0	219.0/300
				C2	4	4	3	1.3	124.0/200
	教育	現代教育	16	C3	10	10	4	2.5	189.6/300
				C2	13	13	6	2.2	128.0/200
後期	健康科	理学療法	3	C2	2	2	1	2.0	132.2/200
		看護医療	3	C2	4	4	1	4.0	154.0/200
		健康栄養	3	C2	2	2	1	2.0	138.0/200
		人間環境デザイン	3	C2	2	2	1	2.0	142.0/200
	教育	現代教育	6	C2	4	4	3	1.3	128.1/200

（備考）

• 方式の数字は必要な科目数を表す。

• 募集人員には一般選抜を含む。

募集要項（出願書類）の入手方法

　募集要項はテレメールで請求できるほか，下記の方法で入手することができます。また，大学のホームページからもテレメールを利用して請求できます。

●大学ホームページ：資料請求フォームに必要事項を入力する。
●大学で直接受け取る：入学センターで配布。
　受付時間：平日 9 時～18 時（土曜日は～17 時）
※なお学生の休暇期間中などは受付時間を変更する場合がある。

問い合わせ先

　幾央大学　入学センター
　　〒635-0832　奈良県北葛城郡広陵町馬見中 4-2-2
　　TEL　0745-54-1603　　FAX　0745-54-1600
　　E-mail　exam@kio.ac.jp
　　ホームページ　https://www.kio.ac.jp

 幾央大学のテレメールによる資料請求方法

| スマートフォンから | QRコードからアクセスしガイダンスに従ってご請求ください。 |
| パソコンから | 教学社 赤本ウェブサイト(akahon.net)から請求できます。 |

科目ごとに問題の「傾向」を分析し，具体的にどのような「対策」をすればよいか紹介しています。まずは出題内容をまとめた分析表を見て，試験の概要を把握しましょう。

注 意

「傾向と対策」で示している，出題科目・出題範囲・試験時間等については，2024 年度までに実施された入試の内容に基づいています。2025 年度入試の選抜方法については，各大学が発表する学生募集要項を必ずご確認ください。

英　語

▶**公募推薦選抜**

年度	日程	番号	項　目	内　容
2024 ●	A日程	〔1〕	文 法・語 彙, 会　話　文	空所補充, 誤り指摘, 文強勢, 語句整序
		〔2〕	読　　　解	内容説明
		〔3〕	読　　　解	空所補充, 内容説明, 内容真偽
	B日程	〔1〕	文 法・語 彙, 会　話　文	空所補充, 誤り指摘, 文強勢, 語句整序
		〔2〕	読　　　解	内容説明
		〔3〕	読　　　解	空所補充, 内容説明, 内容真偽
	C日程	〔1〕	文 法・語 彙, 会　話　文	空所補充, 誤り指摘, 文強勢, 語句整序
		〔2〕	読　　　解	内容説明
		〔3〕	読　　　解	内容説明, 空所補充, 内容真偽
2023 ●	A日程	〔1〕	文 法・語 彙, 会　話　文	空所補充, 誤り指摘, 文強勢, 語句整序
		〔2〕	読　　　解	内容説明
		〔3〕	読　　　解	内容説明, 空所補充, 内容真偽
	B日程	〔1〕	文 法・語 彙, 会　話　文	空所補充, 誤り指摘, 文強勢, 語句整序
		〔2〕	読　　　解	内容説明
		〔3〕	読　　　解	内容説明, 空所補充, 内容真偽
	C日程	〔1〕	文 法・語 彙, 会　話　文	空所補充, 誤り指摘, 文強勢, 語句整序
		〔2〕	読　　　解	内容説明
		〔3〕	読　　　解	内容説明, 空所補充, 内容真偽

（注）　●印は全問, ◑印は一部マークシート方式採用であることを表す。

▶一般選抜前期日程

年度	日程	番号	項　目	内　容
2024 ●	A日程	〔1〕	文 法・語 彙，会 話 文	空所補充，誤り指摘，文強勢
		〔2〕	文 法・語 彙	語句整序
		〔3〕	読　　　解	内容説明
		〔4〕	読　　　解	内容説明，空所補充，語句整序，内容真偽
	B日程	〔1〕	文 法・語 彙，会 話 文	空所補充，誤り指摘，文強勢
		〔2〕	文 法・語 彙	語句整序
		〔3〕	読　　　解	内容説明
		〔4〕	読　　　解	語句整序，内容説明，空所補充，内容真偽
2023 ●	A日程	〔1〕	文 法・語 彙，会 話 文	空所補充，誤り指摘，文強勢
		〔2〕	文 法・語 彙	語句整序
		〔3〕	読　　　解	内容説明
		〔4〕	読　　　解	空所補充，内容説明，語句整序，内容真偽
	B日程	〔1〕	文 法・語 彙，会 話 文	空所補充，誤り指摘，文強勢
		〔2〕	文 法・語 彙	語句整序
		〔3〕	読　　　解	内容説明
		〔4〕	読　　　解	内容説明，空所補充，語句整序，内容真偽

(注)　●印は全問，◐印は一部マークシート方式採用であることを表す。

 傾　向 様々な角度から実力をみる意欲的な出題

01 出題形式は？

　全問がマークシート方式であり，出題のパターンはここ数年変わっていない。公募推薦選抜は大問 3 題，試験時間は 2 科目で 90 分。一般選抜前期は大問 4 題，試験時間は 3 科目型は英語単独で 60 分，2 科目型は 2 科目で 120 分。

02　出題内容はどうか？

公募推薦選抜：〔1〕は文法・語彙と会話文で空所補充，誤り指摘，文強勢，語句整序が出題されている。〔2〕は内容説明のみの読解，〔3〕は総合的な読解で内容説明，空所補充，内容真偽が出題されている。

一般選抜前期：〔1〕は文法・語彙と会話文で空所補充，誤り指摘，文強勢が，〔2〕は文法・語彙で語句整序が出題されている。〔3〕は内容説明のみの読解，〔4〕は総合的な読解で空所補充，内容説明，語句整序，内容真偽が出題されている。

内容説明のみの読解問題の題材は，2024 年度は「オンラインでの英会話授業の案内」「Oak Town Festival について」「クリスマスプディングの作り方とその伝統」「旅行会社とのメールのやり取り」「カフェのウェブ広告とそれを見てのプレゼント」であり，幅広いジャンルから出題されている。

総合的な読解問題の題材は，環境・科学技術など内容は様々で，2024 年度は「ディケンベ＝ムトンボの功績」「古いコンテナの活用法」「フランスとイギリスの料理における攻防」「T-rex のクローン」「栄養摂取に対する考え方の動向」であった。語数は約 400～500 語。

推薦は問題量が比較的少なく，内容も基本的である。推薦・一般ともに，設問のパターンが定着しているので，過去問をよく研究すれば効用は大きい。

03　難易度は？

レベルは標準的であり，高校の予習復習で十分に対応できる。文強勢問題や誤り指摘問題は，人によっては負担に感じるかもしれない。特に誤り指摘問題は，文法力が不足していると難解であろう。

総合的な読解問題の英文は教科書レベルだが，設問量が多く，しっかり内容を把握していないと解けないタイプの問題である。英文そのものは平易であるが，専門的な内容や単語が多く出てくるため，文章を読み慣れていないと本番では戸惑うかもしれない。時間配分には気をつけて取り組もう。

01 読　解

　総合的な読解問題は，設問がよく練られており，最近の入試の傾向をよく反映しているといえる。英文を素早く読み，手早く問題を処理する能力が必要である。題材もよく聞く話題から専門的なものまで多岐にわたるので，できるだけ多くの文章に触れ，なじみのない内容のものでも落ちついて読めるよう準備してほしい。英文解釈に自信のない人は，『入門英文解釈の技術70』（桐原書店）などに取り組めば，基本的な解釈の仕方が身につくであろう。

02 文　法

　文法力が重視されている。文法は，勉強すればそれだけ身になるものだから，読解問題のためにも，英作文（整序）問題のためにも，嫌わずに努力してほしい。学校の予習復習のほかに，『大学入試 すぐわかる英文法』（教学社）など基礎的な文法書を1冊仕上げておくことをおすすめする。何度も反復して解いているうちに，英語の体系そのものと，入試のパターンがわかってくるであろう。特に，毎年出題される誤り指摘問題は，文法力なしには解けないし，解いているうちに力がついてくるものであるから，過去問は十分に研究してほしい。

03 単語・熟語

　単語・熟語は難しいものは出題されていないが，教科書レベルのものはマスターしておかなければならない。自分できちんと対策できる受験生には自作の単語帳も効果があるが，自信のない受験生には市販の単語帳をおすすめする。語彙は少なくてよいので，反復して全部覚えるつもりで頑張ろう。

04 語句整序

　予習復習をしっかりやっていれば問題はないだろう。しかし，語句整序は英作文の一種であるから，文法力を固めた上で過去問をたくさん解いて，条件反射的に解答できる力を養う必要がある。そのためには，英作文の基本である例文暗記（100 文程度でよい）と過去問の研究に力を入れることが望まれる。

日 本 史

▶一般選抜前期日程

年度	日程	番号	内 容		形 式
2024 ●	A日程	〔1〕	古代〜現代の天皇	⊘史料	選択・正誤・配列
		〔2〕	古代〜近世の宗教		選択・配列・正誤
		〔3〕	近世の外交	⊘地図	選択・正誤・配列
		〔4〕	近現代の経済		選　　択
	B日程	〔1〕	原始〜現代の道具		選択・正誤・配列
		〔2〕	古代〜近世の土地制度	⊘史料	選択・正誤・配列
		〔3〕	江戸時代の政治		選　　択
		〔4〕	近現代の日中関係	⊘地図	選択・配列・正誤
2023 ●	A日程	〔1〕	古代〜現代の税制	⊘史料	選択・正誤・配列
		〔2〕	古代〜中世の政治・文化		選　　択
		〔3〕	近世の文学・俳諧		選択・正誤
		〔4〕	近現代の日米関係	⊘地図	選択・正誤・配列
	B日程	〔1〕	古代〜近現代の対外関係	⊘史料	選択・配列・正誤
		〔2〕	古代〜中世の絵画・彫刻		選択・正誤
		〔3〕	近世の都市		選　　択
		〔4〕	近現代の地方支配		選択・配列・正誤

(注)　●印は全問，◗印は一部マークシート方式採用であることを表す。

基本事項が中心，多様な形式の出題
教科書学習の徹底を！

01 出題形式は？

　例年，各日程とも大問4題，解答個数は36個。全問マークシート方式
である。出題形式は多様で，正しい語句の組み合わせを選ぶ問題，正文・
誤文選択問題，年代配列問題などが出題されている。地図や史料なども素
材としてよく用いられている。試験時間は2科目で120分。

　なお，2025年度は出題科目が「日本史探究」となる予定である（本書
編集時点）。

02 出題内容はどうか？

　時代別では，原始・古代から近現代までまんべんなく出題されている。
分野別でも，政治・外交・社会経済・文化史から偏りなく出題されている。
また，日程ごとの時代・分野の偏りもみられない。

03 難易度は？

　教科書の本文レベルの基本的な出題である。正文・誤文選択問題でも判
断に迷うような記述や教科書の範囲外の知識を問うものはあまりない。も
し解答に迷った場合でも，消去法を使えば正答を導き出せるだろう。時間
配分としては，大問4題のうち1題は語句の4択であるため，5〜10分，
その他の大問は10〜15分で1題が解答できるとよい。

対　策

01 基本的な人名・歴史用語の確実な暗記

　リード文中の2つの空所に入る人名や歴史用語などの組み合わせを答え

る問題が出題されている。そのような問題に対処するためにも，教科書の
太字レベルの用語は確実に記憶しておこう。

02　史料・地図も頻出

　史料は頻出である。問題の素材になったり，選択肢の中にみられたり，
正しい史料文を選択肢から選ぶ問題もある。有名史料の教科書非掲載部分
も散見され，注意が必要である。また，視覚資料が素材として用いられる
こともある。教科書や図説にある史料・グラフ・地図等には普段からなじ
んでおく必要がある。

03　文化史を早めに学習しよう

　各日程とも文化史が大問1題程度出題されている。2023年度は近世の
文学・俳諧に関する問題，古代〜中世の絵画・彫刻に関する問題，2024
年度は古代〜近世の宗教に関する問題，原始〜現代の道具というテーマで
芸能・メディアに関する問題が出題された。政治・経済をテーマとした問
題の中で，小問として中世の学問・歌集や近世の絵画を問うものもみられ
る。文化史を後回しにすることなく，早めに学習をすませておこう。

04　歴史の流れや用語の意味を理解しよう

　問われているのはあくまで教科書レベルの知識だが，用語を暗記するだ
けでは高得点は期待できない。時代をまたいだ問題も出題されるので，時
代がどのように移り変わっていくのかという歴史の流れ，ひとつひとつの
用語に対する正しい理解といった，考えながら学習する姿勢が不可欠とい
える。正誤問題では『詳説日本史』（山川出版社）の記述を使用したもの
が見られるので，『書きこみ教科書 詳説日本史』（山川出版社）を利用し
た学習が効果的である。

05 教科書中心の学習を

　教科書レベルを超える難問・奇問は出題されない。教科書を何度も熟読
し，用語集や図説などで理解を深めよう。その上で本書の過去問で演習し，
得点力を養うという学習を心がけよう。

世 界 史

▶一般選抜前期日程

年度	日程	番号	内　容		形　式
2024 ●	A日程	〔1〕	古代ローマ史	⊘年表	選択・正誤
		〔2〕	トルコ系民族をめぐる歴史	⊘年表	選択・正誤
		〔3〕	中国における宗教		選択・正誤・配列
		〔4〕	世界史上の国際会議	⊘地図	選択・正誤
	B日程	〔1〕	古代のイラン		選択・配列・正誤
		〔2〕	東ヨーロッパ世界	⊘年表	選択・正誤
		〔3〕	アメリカ合衆国大統領		正誤・選択・配列
		〔4〕	朝鮮半島の歴史	⊘地図	選択・正誤
2023 ●	A日程	〔1〕	古代中国史		選択・正誤
		〔2〕	教皇権の歴史		選択・正誤
		〔3〕	覇権国家の世界史	⊘地図	選択・正誤・配列
		〔4〕	ベトナム史	⊘年表	選択・正誤
	B日程	〔1〕	6世紀の世界	⊘年表	選択・正誤
		〔2〕	神聖ローマ帝国史		選択・正誤
		〔3〕	博物館・美術館		選択・正誤・配列
		〔4〕	近現代中国史	⊘地図	選択・正誤

（注）　●印は全問，◑印は一部マークシート方式採用であることを表す。

教科書に準拠した標準的な出題
正誤法・配列法・地図問題など形式は多彩

01　出題形式は？

　各日程とも大問4題，解答個数40個。全問マークシート方式による選択式で，語句選択のほか，正文・誤文選択問題，2つの文章の正誤を判定する正誤法，出来事が古い順に正しく配列されているものを選ぶ配列法が採用されている。また，地図問題が毎年出題されている。2023・2024年度は年表形式の問題が出題された。試験時間は2科目で120分。

　なお，2025年度は出題科目が「世界史探究」となる予定である（本書編集時点）。

02　出題内容はどうか？

　地域別では，アジア地域2題，欧米地域2題が基本となっている。しかし，欧米地域の大問でアジア地域の事項が問われたり，アジア地域の大問で欧米地域の事項が問われたりすることもあるので，同時代的な視点も必要である。欧米地域では，ある時代のヨーロッパを概観するものと，一国史・地域史とがバランスよく出題されている。アジア地域では，中国史が頻出で，他に東南アジア・西アジア・朝鮮半島からの出題もみられる。また，2023年度B日程〔1〕のように1つの大問のなかで複数の地域が扱われることもある。

　時代別では，教科書の章や節などの単元に即した大問のほか，古代から現代までの長い時間幅をもった通史問題も出題されている。全体として，各日程ともに古代から現代までバランスよく出題されている。

　分野別では，政治・外交史が中心だが，小問として文化史や経済・社会史の出題もみられ，文化史の大問が2024年度A日程〔3〕で出題されているので，まんべんなく学習しておく必要がある。

03 難易度は？

　大半は教科書レベルの学習で対応できる標準的な問題である。語句選択は平易ないし標準レベルのものが大半である。正文・誤文選択問題と，2つの文章の正誤を判定する正誤法が，各日程ともに半分程度を占めているので，正確な知識が求められる上，時間配分にも配慮しなくてはならない。また，地域・時代ともに幅広く出題されるので，偏りのない学習が求められる。

対　策

01 教科書学習

　教科書中心の学習が基本である。教科書の全範囲を偏りなく熟読して基本的な歴史の流れを把握し，学習の手薄な時代・地域・分野をなくすようにしたい。重要事項に関しては，年代まで含めた正確な知識を身につけておくこと。得点差のつきやすい正文・誤文選択問題や2つの文章の正誤を判定する正誤法についても，教科書の知識で対応できるものがほとんどなので，教科書をどれだけ読み込んでいるかがそのまま得点につながることを肝に銘じておこう。

02 用語集の利用

　「教科書学習」といっても，教科書は何種類も出版されているので，自分の使っている教科書だけでは万全とはいえない。自分の使用している教科書を補い，歴史事項を確認・理解するために，『世界史用語集』（山川出版社）などの用語集もぜひ利用したい。

03 地図・年表の利用

　例年，地図を用いた出題がみられるので，図説の地図を利用した学習も

心がけたい。学習の際に地名が出てきたら，必ず教科書や資料集の地図で
確認しておこう。地図問題として出題されなくても，地理的知識を充実さ
せておくことは，受験対策として重要である。また，年表を利用して，特
定地域の縦の流れのみならず，同時代の横の関連もつかんでおきたい。資
料集や図説中のテーマ学習の略年表はわかりやすく作られているので，こ
れらを用いた学習も有効である。

04　現代史に要注意

　現代史が一定の割合で出題されていることから，20世紀以降の歴史も
学習しておく必要がある。現代史は教科書通りに学習するとわかりにくい
が，地域史・テーマ史としてまとめなおすと理解しやすくなる。「アメリ
カ」「ソ連（ロシア）」「中国」などの一国史，「東西冷戦」「ヨーロッパ統
合」などのテーマ史を，サブノートなどで整理しておきたい。また，東南
アジア地域などの比較的細かい出題もみられるので注意したい。

05　過去問の研究を

　特徴的な出題形式は例年類似しているので，過去問を解いてみることで
その傾向に慣れておきたい。出題形式や難度の似ている正誤問題集を解い
てみることも有効な対策になるだろう。

数　学

▶公募推薦選抜

年度	日程	番号	項　目	内　容
2024 ●	A日程	〔1〕	小問5問	(1)命題と条件　(2)2次方程式　(3)標準偏差・共分散　(4)条件付き確率　(5)方べきの定理
		〔2〕	2次関数	2次関数の最大値，定義域と軸の位置関係，2次方程式
		〔3〕	図形と計量	余弦定理，必要条件・十分条件，外接円の直径，平面を垂直に折り曲げたときの線分の長さ
	B日程	〔1〕	小問5問	(1)式の値　(2)2次関数の決定　(3)最大値　(4)正弦定理・余弦定理　(5)メネラウスの定理，チェバの定理
		〔2〕	図形と計量	正弦定理・余弦定理，内接円の半径，四面体の表面積・体積，内接球の半径
		〔3〕	場合の数	袋からカードを取り出す場合の数
	C日程	〔1〕	小問5問	(1)連立不等式が解をもつための条件　(2)三角形の面積，余弦定理　(3)2次関数の最大値・最小値　(4)塗り分けの問題　(5)角の二等分線と線分の比
		〔2〕	確　率	反復試行の確率，最大値・最小値の確率
		〔3〕	2次関数	2次不等式，2次関数の最小値，必要条件・十分条件，連立不等式が満たす整数解の個数
2023 ●	A日程	〔1〕	小問5問	(1)平均値　(2)2次関数の最大値・最小値　(3)箱ひげ図　(4)条件付き確率　(5)図形の性質
		〔2〕	図形の性質	方べきの定理，メネラウスの定理，余弦定理，三角比の値，正弦定理，三角形の面積比，直角三角形の外心，線分の長さ
		〔3〕	場合の数	順列，組合せ，0を含む数字の順列，奇数・積が偶数になる順列，順序が定まった順列
	B日程	〔1〕	小問5問	(1)式の値　(2)2次方程式の実数解　(3)正弦定理，三角形の面積　(4)組合せ，隣り合わない順列　(5)メネラウスの定理，チェバの定理
		〔2〕	2次関数	2つの三角形の共通部分の面積，相似比，2次関数の最大値
		〔3〕	確　率	3色の玉を取り出す反復試行の確率，条件付き確率

C日程	〔1〕	小 問 5 問	(1)式の値 (2)必要条件・十分条件 (3)2次不等式，常に負となる条件 (4)余弦定理，四角形の面積 (5)カードを取り出す確率，条件付き確率	
	〔2〕	2 次 関 数	2次方程式の他の解・重解，2次方程式の解の存在範囲	
	〔3〕	図形と計量	三角比の値，余弦定理，正弦定理，四面体の体積，垂線の長さ	

(注)　●印は全問，◗印は一部マークシート方式採用であることを表す。

▶一般選抜前期日程

年度	日程	番号	項　目	内　容
2024 ●	A日程	〔1〕	小 問 5 問	(1)式の値 (2)必要条件・十分条件 (3)確率・条件付き確率 (4)三角比の値 (5)分散・相関係数
		〔2〕	小 問 2 問	(1)式の値と2数の大小関係 (2)命題と条件
		〔3〕	2 次 関 数	頂点の座標，2次関数の最大値・最小値，グラフと x 軸との位置関係
		〔4〕	図形と計量	正弦定理・余弦定理，線分の長さ（三角比の表の利用），角の最大と正接の値
	B日程	〔1〕	小 問 5 問	(1)式の値 (2)対称移動・平行移動 (3)組分けの問題 (4)外心と内心の距離 (5)散布図と箱ひげ図
		〔2〕	場 合 の 数，確　　　率	整数が書かれたカードを取り出す場合の数と確率，条件付き確率
		〔3〕	図形と計量	余弦定理，外接円の半径，外心と辺の距離，三角錐を回転させるときの三角錐全体が通過する部分の体積と側面が通過する部分の体積
		〔4〕	2 次 関 数	2次関数の決定，2次不等式，2次関数の最大値
2023 ●	A日程	〔1〕	小 問 5 問	(1)絶対値の付いた連立不等式 (2)必要条件・十分条件 (3)三角方程式，三角比の値 (4)集合の要素の個数 (5)箱ひげ図と散布図の読み取り
		〔2〕	確　　　率	同じものを含む順列，隣り合わない順列，玉を取り出す確率，条件付き確率
		〔3〕	図形と計量	余弦定理，正弦定理，角の二等分線と線分比，三角形の面積，線分の長さの和の最小値
		〔4〕	2 次 関 数	放物線が常に通る点，2つの放物線の位置関係の考察，2次方程式の解の存在範囲
	B日程	〔1〕	小 問 5 問	(1)式の値 (2)2次関数の最大値・最小値 (3)0を含む数字の順列 (4)チェバの定理，メネラウスの定理 (5)散布図と相関係数
		〔2〕	集合と論理	命題の否定，対偶，必要条件・十分条件，2つの放物線の大小関係
		〔3〕	確　　　率	くじを引く確率，くじを引くときの条件付き確率
		〔4〕	図形と計量	三角比の値，正弦定理と三角形の面積から求める $\sin75°$ の値

(注)　●印は全問，◗印は一部マークシート方式採用であることを表す。

出題範囲の変更

　2025 年度入試より，数学は新教育課程での実施となります。詳細については，大学から発表される募集要項等で必ずご確認ください（以下は本書編集時点の情報）。

2024 年度（旧教育課程）	2025 年度（新教育課程）
数学Ⅰ・A（場合の数と確率・図形の性質）	数学Ⅰ・A（図形の性質，場合の数と確率）

旧教育課程履修者への経過措置

　2025 年度に限り，旧教育課程履修者の学習内容に配慮した出題範囲とする。

 思考力が試される問題

01　出題形式は？

　公募推薦選抜は大問 3 題で，試験時間 2 科目 90 分，一般選抜前期は大問 4 題で，試験時間 2 科目 120 分。全問マークシート方式が採用されており，空欄にあてはまる選択肢の番号や，数値，符号をマークする形式である。小問集合の答えは選択式であるが，他の大問ではほとんどが，数値をすべてマークする必要がある。なお，小問集合以外の大問は，各問が誘導形式となっているものがほとんどである。

02　出題内容はどうか？

　〔1〕は小問集合形式で，他の大問は 2 次関数，図形と計量，場合の数と確率が出題の大半を占め，全体的にみると，全範囲から偏りなく出題されている。データの分析，条件付き確率，整数の性質，命題なども出題されている。場合の数や確率では思考力を問うものも多い。さらに，2023 年度の一般選抜前期では会話文を読み問題を解くという，思考力と読解力を問う問題も出題されている。

03　難易度は？

　推薦・一般ともに参考書の基礎から標準レベルであるが，小問集合以外の大問では難度の高いものが一部ある。大問 1 題あたり 15 分で解くこと

になるが，時間がかかる問題が多く出題されている。マークシート方式とはいえ，思考力・発想力・計算力が要求される問題となっているので，より一層難しく感じられるであろう。時間配分に気をつけ，難しいものは後回しにして，解けるものから処理していくことが肝要である。

対 策

01　基本事項の完全理解

　教科書の基本事項・定義・定理・公式を徹底的に理解し，十分に使いこなせるようにすること。その際，定理や公式は単に覚えるだけでなく，導き方も確かめて，それらを用いて応用できるようにしておきたい。また，教科書の例題や章末問題をはじめ，基本レベルの問題や頻出問題を繰り返し解いて，基礎力を身につけよう。

02　思考力・計算力の養成

　1つの問題の解法が1つとは限らない。より速く，より正確に解答に到達するために，いろいろな角度から考える訓練を普段からしておく必要がある。また，確率などでは細かい計算が要求されるので，ミスをしないように注意しなければならない。

03　図形の利用・誘導にのること

　普段の学習から，図形を描き，問題に与えられている情報を書き込むようにしていると，様々なアイデアや，出てきた解答の妥当性を評価することも可能になる。積極的に図を描き，利用できるようにしておきたい。さらに，小問集合以外の大問は誘導形式で問題が構成されているので，この誘導にのって解くことが大切である。

04 過去問の利用と速解

　過去に出題された問題の演習を通じて，どういうことが求められていて，それに対する解法のパターンがどういうものかを知ることができるので，推薦・一般選抜を問わず，多くの問題に取り組んでおきたい。また，試験時間が短いので，過去問を利用して時間配分の練習をするとよい。計算は手際よくやるように心がけること。

物　理

▶一般選抜前期日程

年度	日程	番号	項　目	内　容
2024 ●	A日程 ／ 物理基礎・物理	〔1〕	小問集合	自由落下，糸でつながれた物体の引き上げ，あらい水平面上の運動，熱効率，固定端反射による定常波，2つの音さのうなり，抵抗率と合成抵抗
		〔2〕	力　学	三角台上の滑車でつながれた2物体の運動，摩擦のある斜面上の物体の運動
		〔3〕	力学, 熱力学	水平面でばねにつながれた物体，p-V図で示された理想気体の熱サイクル
		〔4〕	波動, 電磁気	水面波の干渉，x軸上にある2つの点電荷
	物理基礎※	〔1〕		〈物理基礎・物理〉の〔1〕に同じ
		〔2〕		〈物理基礎・物理〉の〔2〕に同じ
	B日程 ／ 物理基礎・物理	〔1〕	小問集合	あらい斜面上の力のつり合い，滑車でつながれた2物体の運動，半円筒面内の小球の運動，ペットボトル内の水への熱供与，ピストンつきガラス管内の音波共鳴，合成抵抗，送電線の消費電力
		〔2〕	力　学	摩擦力を及ぼし合う2物体の運動，ばねにつられたおもりの運動
		〔3〕	力学, 熱力学	地球を周回する人工衛星，垂直に立てられた容器内の理想気体の状態変化
		〔4〕	波動, 電磁気	凸レンズによる実像，2つのコンデンサーを含む直流回路
	物理基礎※	〔1〕		〈物理基礎・物理〉の〔1〕に同じ
		〔2〕		〈物理基礎・物理〉の〔2〕に同じ
2023 ●	A日程 ／ 物理基礎・物理	〔1〕	小問集合	鉛直投げ上げ，2本の糸によるつり合い，あらい斜面上の運動，加熱した水の移し替え，気柱の共鳴，電球の消費電力，変圧器
		〔2〕	力　学	糸で引き上げられる小球の等加速度運動，定滑車につられた2物体の運動
		〔3〕	力学, 熱力学	あらい円盤状で円運動する小物体，2室に区切られた断熱容器内の理想気体
		〔4〕	波動, 電磁気	ガラス上の薄膜による光の干渉，内部抵抗のある電池の端子間電圧
	物理基礎※	〔1〕		〈物理基礎・物理〉の〔1〕に同じ
		〔2〕		〈物理基礎・物理〉の〔2〕に同じ

		〔1〕	小　問　集　合	2物体の相対運動，綱引きにおける力のつり合い，力学的エネルギー保存，熱平衡と熱容量，正弦波のグラフ，音さのうなり，合成抵抗
B日程	物理基礎・物理	〔2〕	力　　　　学	片方だけ摩擦のある2物体の運動，糸につられた小球の運動
		〔3〕	力学,熱力学	斜面上でばねにつられた小物体の単振動，理想気体の等温変化と断熱変化
		〔4〕	波動,電磁気	2層の媒質による光の屈折，磁場中で運動する導体棒に発生する誘導起電力
	物理基礎※	〔1〕	〈物理基礎・物理〉の〔1〕に同じ	
		〔2〕	〈物理基礎・物理〉の〔2〕に同じ	

※物理基礎・化学基礎・生物基礎から2科目選択。
(注)　●印は全問，◑印は一部マークシート方式採用であることを表す。

力学・熱力学・電磁気・波動からの幅広い出題

01 出題形式は？

「物理基礎・物理」は大問4題，「物理基礎」は大問2題の出題。「物理基礎」は「化学基礎」または「生物基礎」とともに解答し，「基礎理科」として1科目とみなされる。計算過程の記述は必要なく，解答番号のみをマークするマークシート方式である。数値や文字式による計算が出題の中心であるが，一部に語句やグラフ，正文・誤文を選択する問題も含む。試験時間は2科目で120分。

02 出題内容はどうか？

各日程とも出題範囲は「物理基礎・物理（様々な運動，波，電気と磁気）」または「物理基礎」である。

大問4題のうち1題は小問集合，残りの3題は力学，熱力学，波動，電磁気からの出題である。また，過去には小問集合の中に物理基礎の原子分野の問題が出題された。

なお，2025年度の「物理」の出題範囲は「(1)様々な運動，(2)波，(3)電気と磁気」となる予定である（本書編集時点）。

03 難易度は？

　基本的・標準的な問題で構成されており，計算量も多くはない。分野の偏りはなく広い範囲から出題されており，一部にはあまりみかけないテーマの問題も出されている。数式を持ち出さずに，物理的思考力を要する問題や，物理現象の理解度を試す問題も出題されており，それらの出来によって差がつくと思われる。〔1〕の小問集合をテンポよく解答し，〔2〕～〔4〕に十分時間をかけたい。

01 基本事項の徹底

　基本的・標準的な内容の理解度を問う問題が中心なので，教科書や傍用問題集などで基本的な問題を確実に解けるようにしよう。基本問題を通して基本公式や典型的な考え方を身につけること。また，物理現象の用語の意味も正確に理解しておこう。発展的な問題よりも，まずは基本～標準レベルの問題で，出題範囲のすべての分野をまんべんなく演習しておくことが大切である。学校での実験にもしっかり取り組むようにしたい。物理図録，図解などの活用も有効である。

02 問題演習で計算力を伸ばそう

　基本的な考え方をマスターしたら，実戦で使えるよう，標準的な問題集などで繰り返し演習しよう。このとき，状況の把握と現象をイメージすることを忘れずに行いたい。『物理 基礎問題精講』（旺文社）や『良問の風物理』（河合出版）など基礎～標準レベルの問題集に取り組むことを薦める。計算問題は，解答番号のみをマークする形式なので，計算ミス・マークミスをしないことが大切である。『共通テスト過去問研究 物理／物理基礎』（教学社）でマークシート方式の感覚をつかむのもよい。また，力学の問題をはじめとして，図を描くことによってミスを減らせることが多い

ので，作図の練習も意識して行おう。

03 過去問の研究を

　分野の偏りなく基本ないし標準レベルの良問が出題されているため，過去問は格好の練習材料となる。〔解説〕を読みながらでもよいので，本書を利用して早めに過去問に挑戦すれば，勉強の計画が立てやすくなるだろう。また，過去問演習は解答形式や時間配分を把握する上でも非常に役に立つ。入試直前期には時間を計って練習しておこう。

化　学

▶一般選抜前期日程

年度	日程	番号	項　目	内　容
2024 ●	A日程	化学基礎・化学	〔1〕構　造	同位体，イオン化エネルギー，組成式，遷移元素，分子の熱運動，蒸留
			〔2〕状態・変化	固体の溶解度，過酸化水素と過マンガン酸カリウムの酸化還元滴定 ☑計算
			〔3〕無　機	フッ素とその化合物の性質，鉄とその化合物の性質
			〔4〕有　機	芳香族化合物の構造決定，エーテル抽出
		化学基礎※	〔1〕	〈化学基礎・化学〉の〔1〕に同じ
			〔2〕	〈化学基礎・化学〉の〔2〕に同じ
	B日程	化学基礎・化学	〔1〕構造・状態	化学の基本法則，結晶，絶対温度，抽出，元素とその原子の特徴，イオン半径の大小
			〔2〕変化・状態	エタンとブタンの燃焼，酸・塩基と指示薬の変色域 ☑計算
			〔3〕無機・変化	硫黄とその化合物の性質と反応，アルミニウムの性質と反応
			〔4〕有　機	油脂の構造と性質 ☑計算
		化学基礎※	〔1〕	〈化学基礎・化学〉の〔1〕に同じ
			〔2〕	〈化学基礎・化学〉の〔2〕に同じ
2023 ●	A日程	化学基礎・化学	〔1〕理論・無機	混合物の分離，炎色反応，状態変化，原子やイオンの電子配置，分子の形と極性
			〔2〕構造・変化	実験器具の使い方，液体の密度，pHと中和反応 ☑計算
			〔3〕無　機	リンとリンを含む化合物，鉛と鉛を含む化合物 ☑計算
			〔4〕有　機	炭素数5のアルコールの異性体とその性質
		化学基礎※	〔1〕	〈化学基礎・化学〉の〔1〕に同じ
			〔2〕	〈化学基礎・化学〉の〔2〕に同じ

B日程	化学基礎・化学	〔1〕	構造・無機	分離の方法，元素の検出，質量数と中性子数，電気陰性度，原子とイオンの構造
		〔2〕	構造・変化	化学の基本法則，空気の平均分子量，酸化剤と還元剤 ☑計算
		〔3〕	無機・変化	二酸化炭素と炭酸塩，亜鉛と亜鉛の化合物の性質 ☑計算
		〔4〕	有機・高分子	芳香族化合物の構造と性質
	化学基礎※	〔1〕		〈化学基礎・化学〉の〔1〕に同じ
		〔2〕		〈化学基礎・化学〉の〔2〕に同じ

※化学基礎・物理基礎・生物基礎から2科目選択。
(注)　●印は全問，◗印は一部マークシート方式採用であることを表す。

傾　向　バランスのとれた標準レベルの出題

01 出題形式は？

　大問は「化学基礎・化学」が4題，「化学基礎」が2題となっており，全問マークシート方式が採用されている。「化学基礎」は「物理基礎」または「生物基礎」とともに解答し，「基礎理科」として1科目とみなされる。全問選択式とはいえ，計算問題や正文・誤文選択問題，語句の正しい組み合わせを選ぶ問題など，いろいろな形式が採用されている。試験時間は2科目で120分。

02 出題内容はどうか？

　各日程とも出題範囲は「化学基礎・化学（物質の状態と平衡，物質の変化と平衡，無機物質の性質と利用，有機化合物の性質と利用）」または「化学基礎」である。
　〔1〕は化学基礎分野の小問集合となっている。また，全体を通して各分野からバランスよく出題されており，無機や有機では計算問題を出題することで理論分野と絡ませるパターンがよくみられる。
　理論では，原子の構造，電子配置，溶液の濃度，酸と塩基，酸化還元など化学基礎の内容を中心にバランスよく出題されている。**無機**では，特定

の元素とその化合物について問うものと，金属イオンの分離のように総合的な知識を求めるものとがある。また，気体・金属の製法と性質についてもよく出題されている。**有機**では，元素分析と組成式，異性体などの理論的要素の強いものと，芳香族化合物の分離などの化合物の性質・反応を総合的に問うものとがみられる。また，油脂や高分子化合物に関する問題も出題される。

なお，2025 年度の「化学」の出題範囲は「(1)物質の状態と平衡，(2)物質の変化と平衡，(3)無機物質の性質，(4)有機化合物の性質（ただし，高分子化合物を除く）」となる予定である（本書編集時点）。

03 難易度は？

問題内容は，やや細かい知識まで問われるが，標準レベルの問題が多く迷うことはないだろう。25 問のマーク問題を 60 分で解くことを考えると，1 問あたり 2 分程度で処理しなければならず，時間的に余裕はないので，時間配分に工夫を要する。

対 策

01 理 論

教科書の内容を徹底的にマスターすることが第一歩である。まずは基本事項をしっかりと覚え，教科書の例題にみられる典型的な問題とその解答方法について習熟しておきたい。そして次に，標準レベルの問題集で演習をしておこう。特に化学基礎に関しては繰り返し演習し，計算問題は素早く正確にできるよう練習を積んでおこう。

02 無 機

まずは，教科書の内容をしっかり覚えること。元素ごとにその特徴と化合物の性質をまとめよう。物質の性質，化合物名や反応については，やや

細かいところまで問われることがあるので，資料集を活用し，整理して覚えておきたい。また，これらのことを電子配置や化学結合と関連させておくと理論分野の基礎固めとなるだろう。気体の発生と捕集や金属イオンの分離など総合的な内容についても，標準レベルの問題集で演習をしておこう。

03 有 機

　元素分析による組成式や分子式の推定の練習を積んでおこう。あわせて異性体の数え方や立体異性体についても多くの問題をこなして慣れておくとよい。これらの内容は計算問題をともなうことがあるので，問題集で力を養うよう努力しよう。また，官能基の性質や反応についてもまとめておこう。アルケンやアルコール，芳香族化合物を出発物質とする系統的な反応や物質の性質については，自ら系統的な図を描くことでマスターしよう。油脂の出題もみられるので，複雑な反応や化合物についてもしっかり理解しておきたい。

生　物

▶一般選抜前期日程

年度	日程	番号	項　目	内　容
2024 ●	A日程	〔1〕	総　　合	細胞，ミクロメーター，形質転換，体細胞分裂の観察，DNA の構造，免疫，地球温暖化 ⊘**計算**
	（生物基礎・生物）	〔2〕	体 内 環 境， 生　　態	ヒトの体液，植生の遷移
		〔3〕	細　　胞， 動物の反応	細胞接着，ヒトの眼
		〔4〕	遺 伝 情 報	連鎖と組換え，PCR 法 ⊘**計算**
	生物基礎※	〔1〕	〈生物基礎・生物〉の〔1〕に同じ	
		〔2〕	〈生物基礎・生物〉の〔2〕に同じ	
	B日程	〔1〕	総　　合	生物の共通点，光合成，DNA 抽出実験，細胞小器官，タンパク質，細胞周期，世界のバイオーム ⊘**計算**
	（生物基礎・生物）	〔2〕	体 内 環 境， 生　　態	ヒトの血液と酸素解離曲線，生態系の保全 ⊘**計算**
		〔3〕	動物の反応， 遺 伝 情 報	動物の行動，遺伝子突然変異
		〔4〕	代　　謝， 遺 伝 情 報	呼吸商，ホメオティック遺伝子 ⊘**計算**
	生物基礎※	〔1〕	〈生物基礎・生物〉の〔1〕に同じ	
		〔2〕	〈生物基礎・生物〉の〔2〕に同じ	
2023 ●	A日程	〔1〕	総　　合	細胞，酵素，遺伝子の本体，ゲノムと遺伝子，免疫の応用，酸素解離曲線，生態系 ⊘**計算**
	（生物基礎・生物）	〔2〕	体 内 環 境， 生　　態	動物のホルモン，バイオーム
		〔3〕	植物の反応， 遺 伝 情 報	種子の発芽，オペロン説
		〔4〕	動物の反応， 代　　謝	耳，カルビン・ベンソン回路
	生物基礎※	〔1〕	〈生物基礎・生物〉の〔1〕に同じ	
		〔2〕	〈生物基礎・生物〉の〔2〕に同じ	

		〔1〕	総　　　　合	体細胞分裂，ミクロメーター，遺伝子の本体，だ腺染色体，心臓と動脈血，動物のホルモン，日本のバイオーム
B日程	生物基礎・生物	〔2〕	体 内 環 境，生　　　　態	生体防御，キーストーン種
		〔3〕	遺 伝 情 報，動物の反応	遺伝子の発現，静止電位と活動電位
		〔4〕	生殖・発生，代　　　　謝	発生のしくみ，電子伝達系
	生物基礎※	〔1〕	〈生物基礎・生物〉の〔1〕に同じ	
		〔2〕	〈生物基礎・生物〉の〔2〕に同じ	

※生物基礎・物理基礎・化学基礎から2科目選択。
(注)　●印は全問，◖印は一部マークシート方式採用であることを表す。

各分野まんべんなく出題
実験データの考察問題が頻出

01 出題形式は？

　「生物基礎・生物」が大問4題で，「生物基礎」が大問2題となっている。「生物基礎」は「物理基礎」または「化学基礎」とともに解答し，「基礎理科」として1科目とみなされる。すべてマークシート方式であり，用語の空所補充や文章の正誤判定などの知識問題，実験考察問題，計算問題など問題形式は多様である。試験時間は2科目で120分。

02 出題内容はどうか？

　各日程とも出題範囲は「生物基礎・生物（生命現象と物質，生殖と発生，生物の環境応答）」または「生物基礎」である。

　〔1〕は小問集合の総合問題で，生物基礎の範囲で幅広い分野を含んでいる。他の3題は各分野からの出題で，出題範囲内の各分野からまんべんなく出題されている。

　なお，2025年度の「生物」の出題範囲は「(1)生物の進化，(2)生命現象と物質，(3)遺伝情報の発現と発生，(4)生物の環境応答」となる予定である（本書編集時点）。

03 難易度は？

　用語の空所補充問題や基礎的な計算問題は教科書レベルで易しいが，文章の正誤を判定する問題は判断しにくい内容もある。また，実験データを用いた考察問題はやや難しく小問数も多いので，全体としては標準的といえる。〔2〕～〔4〕に十分な時間がとれるよう〔1〕の小問7問を10分以内に解答するのが望ましい。

対 策

01 基本事項の確認と理解を

　教科書や資料集を用いて，基本事項を確認しておこう。マークシート方式の場合，記憶や理解が不確実であると迷いが生じやすい。似た用語はきちんと区別できるようにしておこう。やや細かい知識まで要求されることもあるので，『スクエア最新図説生物』（第一学習社）などの資料集にも十分に目を通しておきたい。また，『リードα 生物基礎＋生物』（数研出版）などの標準的な問題集を繰り返し演習し，知識を定着させるようにしよう。

02 実験問題に注意

　実験問題では，教科書では扱われていない実験がテーマとして出題されることもあり，考察力が要求される。まずは教科書の探究活動や，資料集などに出ている有名な実験について実験手順や目的を確認し，結果を表すグラフや表から，実験で何が明らかになったかを考察する習慣を身につけよう。初めて見る実験を扱った問題を解くときにも役に立つ。

国　語

▶公募推薦選抜

年度	日程	番号	種　類	類別	内　容	出　典
2024 ●	A日程	〔1〕	国語常識		書き取り，四字熟語，文学史	
		〔2〕	現 代 文	評論	内容説明，空所補充，内容真偽	「共感の正体」 山竹伸二
		〔3〕	現 代 文	小説	語意，内容説明，表現効果	「鯨の岬」　河﨑秋子
	B日程	〔1〕	国語常識		書き取り，四字熟語，文学史	
		〔2〕	現 代 文	評論	内容説明，空所補充，内容真偽	「非規範的な倫理生成の技術に向けて」 ドミニク・チェン
		〔3〕	現 代 文	小説	語意，内容説明，空所補充，表現効果	「世はすべて美しい織物」　成田名璃子
	C日程	〔1〕	国語常識		書き取り，四字熟語，文学史	
		〔2〕	現 代 文	評論	内容説明，指示内容，内容真偽	「公衆衛生の倫理学」 玉手慎太郎
		〔3〕	現 代 文	小説	語意，内容説明	「天井裏の時計」 平野啓一郎
2023 ●	A日程	〔1〕	国語常識		書き取り，四字熟語，文学史	
		〔2〕	現 代 文	評論	内容説明，空所補充，内容真偽	「哲学しててもいいですか？」三谷尚澄
		〔3〕	現 代 文	小説	語意，内容説明，表現効果	「ガラスの海を渡る舟」　寺地はるな
	B日程	〔1〕	国語常識		書き取り，四字熟語，文学史	
		〔2〕	現 代 文	評論	内容説明，空所補充	「現象学という思考」 田口茂
		〔3〕	現 代 文	小説	語意，内容説明，表現効果	「金木犀とメテオラ」 安壇美緒
	C日程	〔1〕	国語常識		書き取り，四字熟語，文学史	
		〔2〕	現 代 文	評論	欠文挿入箇所，空所補充，内容説明，内容真偽	「デモクラシーの宿命」　猪木武徳
		〔3〕	現 代 文	小説	語意，内容説明，表現効果	「剛心」　　木内昇

▶一般選抜前期日程

年度	日程	番号	種　類	類別	内　　容	出　　典
2024 ●	A日程	〔1〕	国語常識		書き取り，四字熟語，慣用表現，文学史	
		〔2〕	現 代 文	評論	内容説明，空所補充，内容真偽	「消費ミニマリズムの倫理と脱資本主義の精神」　橋本努
		〔3〕	現 代 文	小説	語意，内容説明，表現効果	「春告げ坂」安住洋子
	B日程	〔1〕	国語常識		書き取り，四字熟語，慣用表現，文学史	
		〔2〕	現 代 文	評論	内容説明，内容真偽	「『聴く』ことの力」　鷲田清一
		〔3〕	現 代 文	小説	語意，内容説明，表現効果	「プリテンド・ファーザー」　白岩玄
2023 ●	A日程	〔1〕	国語常識		書き取り，四字熟語，慣用表現，文学史	
		〔2〕	現 代 文	評論	内容説明，空所補充，表現効果，内容真偽	「自然と人間の哲学」　内山節
		〔3〕	現 代 文	小説	語意，内容説明，表現効果	「ミチクサ先生」　伊集院静
	B日程	〔1〕	国語常識		書き取り，四字熟語，慣用表現，文学史	
		〔2〕	現 代 文	評論	内容説明，空所補充，内容真偽	「自然主義入門」　植原亮
		〔3〕	現 代 文	小説	語意，内容説明，表現効果	「始まりの木」　夏川草介

（注）　●印は全問，◑印は一部マークシート方式採用であることを表す。

 国語常識と現代文（評論・小説）の出題
国語常識を得点源に

01 出題形式は？

　国語常識1題，現代文2題の計3題で，全問マークシート方式が採用されている。試験時間は公募推薦選抜が2科目90分，一般選抜前期が2科目120分である。

02　出題内容はどうか？

　現代文は，評論と小説が1題ずつ出題されている。評論は，文化論・社会経済論・科学論等，様々なジャンルから出題されている。骨のある文章が多く，読み解くのに時間のかかるものもあるので要注意。公募推薦選抜と一般選抜前期の傾向はほとんど変わらない。評論では内容説明，空所補充，内容真偽が必出といえる。2022年度以降は本文の内容について高校生が話し合っている読後感の適否を判別させる出題がみられる。また，2024年度は文章と関連する資料や文章内容をグラフにしたものを用いた設問が出題された。小説では語意問題が頻出で，さらに表現効果などもよく出題されている。

　国語常識は漢字の書き取り，四字熟語，慣用表現，文学史などが幅広く問われる。

03　難易度は？

　公募推薦選抜と一般選抜前期の間に難度の差はない。現代文の評論の文章はかなり難解なものが多く，読解に手間どるかもしれない。また選択肢も識別しにくいものが少なくない。小説では，登場人物の心情を正確に読み取る必要がある。国語常識は，基本的なものがほとんどであるが，やや難しめの設問もある。選択肢の紛らわしさ，試験時間の短さを考慮に入れると，標準的ないしやや高めといったレベルである。時間配分については，推薦選抜は45分（2科目90分）のうち，国語常識を5分，現代文2題を各15分程度で解答し，残りの時間を見直しにあてるとよい。一般選抜前期は60分（2科目120分）のうち，国語常識を5～10分，現代文2題を各20分程度で解答し，残りの時間を見直しにあてるとよいだろう。

01　現代文

　評論と小説とがバランスよく出題されており，マークシート方式に習熟するという意味からも，マークシート式試験対策用の問題集が手頃であろう。共通テストやセンター試験の現代文の過去問に取り組んでおくのもよい。また，評論では，筆者の主張やポイントを簡単な文章にまとめる練習をしておくと，内容説明や内容真偽問題への対策として効果的である。小説では，登場人物の心情などを，本文から読み取らねばならない。問題演習によって十分な対策をとっておこう。

02　国語常識

　漢字の書き取り，四字熟語・ことわざ・故事成語・慣用表現，文学史などの知識を，漢字練習帳や国語便覧などを使用して確実に身につけること。慣用表現などが現代文の語意問題にも出題されているので，これらの知識が身についているかどうかで大きな差がつくだろう。得点源にできるよう，繰り返し学習することで十分に知識を養っておくこと。

問題と解答

公募推薦選抜：A日程・B日程・C日程

問 題 編

▶**試験科目・配点**

教　科	科　　　　　　　　目	配　点
基礎学力テスト	「コミュニケーション英語 I・II・III，英語表現 I・II」，「数学 I・A」，「国語総合（古文・漢文を除く）・現代文 B」から試験当日に 2 科目選択	200 点（各 100 点）

▶**備　考**

- 「数学 A」は学習指導要領に示された内容のうち，「(1)場合の数と確率，(3)図形の性質」から出題。
- 出願したすべての日程・方式ごとに合否を判定する。A方式への出願が必須。

　A方式（調査書プラス）：基礎学力テストの成績＋調査書 50 点（学習成績の状況×10）…250 点満点

　S方式（高得点科目重視）：基礎学力テストの成績（高得点科目の点数を 2 倍）…300 点満点

　特色方式（調査書＆活動評価プラス）：基礎学力テストの成績＋調査書 70 点（学習成績の状況×14）＋活動評価 30 点…300 点満点

英　語

◀A　日　程▶

（2科目 90分）

1　次の問い（A〜E）に答えなさい。

A　次の問1〜問5の空欄 [1]〜[5] に入れるのに最も適当なものを，それぞれ下の①〜④から一つずつ選び，番号で答えなさい。

問1　I [1] to the school basketball team when I was in Australia.
① belonged　　　　　　　　　　　　　② was belonging
③ have belonged　　　　　　　　　　④ had been belonging

問2　Tim was such a patient child that he [2] cried.
① often　　　　② surely　　　　③ rarely　　　　④ probably

問3　[3] hard you think about the problem, you won't find an easy solution.
① Whenever　　② However　　③ Whichever　　④ Whatever

問4　Did you hear the news that Mike [4] Jane?
① married　　② married to　　③ married with　　④ got married

問5　Not only [5] Ms. Sato work as a lawyer in Tokyo, but she runs a hotel in Hawaii.
① has　　　　② if　　　　③ does　　　　④ that

B　次の問1・問2の下線部のうち，間違いを含むものを，それぞれの①〜④から一つずつ選び，番号で答えなさい。

問1　An Indian tea beverage ①called Masala chai ②is becoming more and more popular around the world.　It is made by ③boiling tea leaves in milk with a lot of sugar and some spices.　Good Masala chai can be made even with low-cost leaves, ④that might be one of the reasons for its popularity. [6]

問2　Rob said to me that if he ①were in my place, he wouldn't apologize to Meg.　However, I wanted to be ②a friend with her, so I explained ③to her what I had meant.　At first, she ④wouldn't forgive me, but in the end she understood why I had said it.　[7]

C　次の会話について，下線部の中で最も強調して発音されるものを，下の①〜④から一つ選び，番号で答えなさい。　[8]

（状況）妻と夫が話している。

Wife　　　：This dining table is shaky.　I think we need to buy a new one.
Husband：Sure.　Besides, it's too small for a family of five.
Wife　　　：I agree.　Our kids have grown a lot.　Let's get a larger one.
Husband：OK.　The furniture store in the mall is having a sale this week.
Wife　　　：So, why don't we go to the store tomorrow?
Husband：I'm fine with that.　We'll go there after lunch.

①　why　　　　　②　go　　　　　③　store　　　　　④　tomorrow

D　次の問1・問2の会話の空欄　[9]・[10]　に入れるのに最も適当なものを，それぞれ下の①〜④から一つずつ選び，番号で答えなさい。

問1　Ellen：Did you listen to Nana's first album?
　　　Todd：Of course, I did.　It's full of great songs.　In particular, that drama theme is perfect!
　　　Ellen：[9]　I like that song best, too.

①　I've had enough.
②　So do I!
③　Certainly not.
④　That's for sure!

問2　May：We're having a farewell party for Mr. White on Sunday.　Can you join us?
　　　Will：Sorry, but I can't make it.　I have to take care of my little sister that day.
　　　May：Well, [10] .　He will be coming in to school on Wednesday next week.
　　　Will：OK.　I'll say goodbye to him then.

①　please hang up
②　by all means
③　it can't be helped
④　I envy you

E　次の問1・問2の英文を完成させるために，それぞれ下の①～⑥の語(句)を正しく並べ替えた時，空欄 [11]～[14] にあたる語(句)を一つずつ選び，番号で答えなさい。ただし，不要な語(句)が一つずつ含まれている。

問1　You [11] _____ [12] _____ _____ at this English camp.

　①　speak　　　　　　②　Japanese　　　　③　not
　④　should　　　　　　⑤　to　　　　　　　　⑥　are

問2　Maggie _____ [13] _____ [14] _____ the dishes.

　①　her son　　　　　②　to　　　　　　　　③　for
　④　thanked　　　　　⑤　with　　　　　　　⑥　helping

2 　次の文章を読み，問1～問4の空欄 [15]～[18] に入れるのに最も適当なものを，それぞれ下の①～④から一つずつ選び，番号で答えなさい。

　Ken, a Japanese university student, wants to study abroad.　However, he feels his English speaking skills are not good enough.　Now he is thinking about studying English conversation online.　This is one of the websites he found.

MYW English　　～English Conversation Lessons Online～

If you'd like to learn to speak English, just try MYW English.　We offer only one-on-one lessons.　With a PC, tablet or smartphone, you can practice English conversation anywhere.　We have thousands of teachers.　Most of them are native speakers of English, and the others speak English fluently and have experience of teaching English.

> Lesson length : 30 minutes
> Lesson fee : 2,000 yen per lesson

[1]　Lessons are available anytime because we have teachers around the world.　Pick a date and time convenient for you, and you'll find teachers available at that time.　Select the teacher you want to have a lesson with.
※You can choose the teacher first, but in that case you have to take a lesson on the date and time when that teacher is available.

[2]　We have lessons to suit your needs and level.　We offer well-designed lessons to help you learn to discuss various topics.　There are 3 levels: beginner, intermediate and advanced.
※We also offer customized lessons where you can prepare for exams or interviews and so on, or just enjoy talking about topics you are interested in.

[3]　You can book a lesson from a month to 30 minutes in advance.

[4]　You can cancel anytime.　There will be no cancellation fee as long as you inform us

of your cancellation more than 24 hours before the lesson starts.

5 After the lesson, you will get feedback and advice on how to improve your speaking skills.

6 Before your first lesson, you need to take a free trial lesson to have an English skills assessment.　The result will help you determine which level is right for you.

Students' Reviews

Jun Kato　　　July 6, 2023

・I always choose Sarah as my teacher because she explains in Japanese when I'm really confused.　When I feel confident about my English, I'll ask her not to use Japanese.

Mei Wada　　July 10, 2023

・I took the first lesson on my smartphone, but the screen was small, so I couldn't see the teacher's facial expressions or gestures very well.　I should have used my PC.　I felt that the intermediate lesson was too easy for me.　So, I'll try an advanced one next time.

問1　If Ken takes lessons at MYW English, ☐15☐ .

① he will discuss various topics in English in a group

② he can take a lesson customized for him for 2,000 yen

③ he must use his PC, not his tablet or smartphone

④ he can't choose nonnative speakers of English as his teacher

問2　According to the website, ☐16☐ .

① you can take a lesson even in the middle of the night

② you can have a lesson with your favorite teacher anytime

③ you have to talk about the topic chosen by the teacher

④ you must start from the beginner level

問3　According to the website, ☐17☐ .

① you can book a lesson which will start in less than 30 minutes

② you can cancel a lesson booked for the day after tomorrow free of charge

③ you have to give the teacher some feedback after the lesson

④ you need to pay for a trial lesson to find out your current English level

問4　The students' reviews show that ☐18☐ .

① Jun doesn't mind if his teacher can't speak Japanese

② Jun wants his teacher not to use Japanese during his lessons

③ Mei found it was better to use her smartphone to take online lessons

④ Mei thinks intermediate lessons aren't suitable for her

3　次の文章を読み，問い（A〜E）に答えなさい。なお，＊のついた語は後に注がある。

Young Dikembe Mutombo dreamed of becoming a doctor.　He planned to study in the United States and then return home to help the people in his country.　He also enjoyed sports, especially soccer.　He was a very good soccer player.　But his parents wanted him to try basketball.　They felt that he had the perfect body for the game.

Many people in the Mutombo family were tall, but no one was as tall as Dikembe.　At 13 years old, he was already 7 feet tall and still growing.　That was when he first touched a basketball. Initially, Dikembe disliked basketball.　He played only because his parents pushed him to do so. Soccer was much more appealing to him.

In Dikembe's first basketball game, he fell down and cut his face.　He wanted to quit, but his parents wanted him to keep playing.　After many arguments, Mutombo returned to the basketball court.　He played on the Zaire national basketball team for two years.　However, he still dreamed of becoming a (　1　).

Dikembe was a pretty good basketball player, but he was an excellent student.　In 1985, he won an academic scholarship to Georgetown University in Washington, D.C.　Soon, he was on a plane to the United States.

At first life in the United States was difficult for Dikembe.　He knew how to speak several languages, but English was not one of them.　He didn't have the money to call his family in Africa. He often felt sad and lonely.　During his first year, he did not play on the university basketball team.　(2)He focused on learning English.　The pressure was intense, but Dikembe did well.

The university's basketball coach spotted the *7'2" Dikembe on the Georgetown campus.　He invited him to play on the university team.　At first, Dikembe mostly practiced with the team. He rarely played in a game.　He made a lot of mistakes, but he trained rigorously.　With the help of Georgetown's top-ranked coaches, he made dramatic progress.

Dikembe graduated from Georgetown in 1991.　Almost immediately, he became a player for the National Basketball Association (NBA).　He exchanged his dream of becoming a doctor (　3　) a career as a professional basketball player.

By 1997, Dikembe was a basketball legend.　He had won many awards and had a multi-million dollar income.　Then one morning he received (4)a phone call that changed his life.　His mother had died in Africa.　Suddenly ill, she couldn't get to a hospital in time to save her life. Dikembe remembered his dream of becoming a doctor.　At that moment, he made a promise to his mother.　He would build a hospital in his hometown of Kinshasa.

Over the next ten years, Dikembe continued to play basketball.　In 2006, at age 40, he became the oldest player in the NBA.　Each year his knees hurt more.　At times he wanted to quit.　But the memory of his mother motivated him.　He saved money for the hospital.　He also convinced other NBA players to give money.　Finally, in 2007, his sixteenth year in the NBA, Dikembe's dream came true.　The Biamba Marie Mutombo Hospital and Research Center opened in Kinshasa.

From *A Tall Order* in *Real Reading 3: Creating an Authentic Reading Experience*
by Lynn Bonesteel, Pearson Education, 2011.

（注）7'2"「7フィート2インチ（約2メートル18センチ）」

A　空欄（　1　）に補う語(句)として最も適当なものを，次の①～④から一つ選び，番号で答えなさい。　　19

①　soccer player　　　②　doctor　　　　③　scholar　　　　④　professional

B　下線部(2)の He focused on learning English. について説明したものとして最も適当なものを，次の①～④から一つ選び，番号で答えなさい。　　20

①　He spent a lot of time on learning English to get a scholarship to go to college.
②　He concentrated on learning English because he wanted to forget about basketball.
③　He concentrated on acquiring English to make his life in the U.S. comfortable.
④　He spent a lot of energy to master English because he wanted to go back to Africa.

C　空欄（　3　）に補う語として最も適当なものを，次の①～④から一つ選び，番号で答えなさい。
21

①　for　　　　　　　②　to　　　　　　　③　with　　　　　　　④　as

D　下線部(4)の a phone call that changed his life について説明したものとして最も適当なものを，次の①～④から一つ選び，番号で答えなさい。　　22

①　Dikembe had to quit playing basketball to go back home to see his mother.
②　Dikembe succeeded as a basketball player, but he quit playing it soon after the call.
③　Dikembe remembered his dream and decided to build a hospital in his home country.
④　Dikembe was encouraged to make money to make his mother's dream come true.

E　本文の内容と合っているものを，次の①～⑥から二つ選び，番号で答えなさい。ただし，解答の順序は問わない。　　23　・　24

①　Dikembe moved to the U.S. to become a soccer pro and earn money for his family.
②　Dikembe's parents wanted him to continue basketball because he did well in his first game.
③　Dikembe chose Georgetown University because he was interested in studying English.
④　Dikembe successfully learned to play basketball under the guidance of excellent coaches.
⑤　Dikembe decided to be a doctor six years after he went to Georgetown University.
⑥　Dikembe was encouraged to continue basketball by remembering his mother.

◀B　日　程▶

（2科目 90分）

1　次の問い（A～E）に答えなさい。

A　次の問1～問5の空欄 1 ～ 5 に入れるのに最も適当なものを，それぞれ下の①～④から一つずつ選び，番号で答えなさい。

問1　Anna suggested to her husband that he 1 a health check.
① have　　　② has　　　③ must have　　　④ will have

問2　My family 2 the shrine near our house during the New Year holidays.
① used to visiting　② used to visit　③ was used to visit　④ was used visiting

問3　Please remember 3 me when you get to Kyoto Station.　I'll meet you there.
① called　　② calling　　③ of calling　　④ to call

問4　The coach was watching the players with 4 .
① folding his arms　② his folding arms　③ his arms folded　④ his arms folding

問5　He needed 5 like desks and chairs for his new office.
① a few furniture　② some furniture　③ little furnitures　④ other furnitures

B　次の問1・問2の下線部のうち，間違いを含むものを，それぞれの①～④から一つずつ選び，番号で答えなさい。

問1　①Walking my dog, I found some plastic bottles on the beach.　Then a group of girls with plastic bags ②picked up them.　I asked them ③if they often cleaned the beach.　One of them ④told me that they did it as volunteer work every Saturday. 6

問2　If your English is not ①good enough to be admitted to the university, you can ②apply the English Language Center, ③which helps international students improve their English language skills in order to ④meet the admission requirements. 7

C　次の会話について，下線部の中で最も強調して発音されるものを，下の①〜④から一つ選び，番号で答えなさい。　　8

（状況）Maggie と George が話している。

Maggie：I'm working on the history assignment with Tom.
George：Tom Brown?　We were in the same class last year.　He often slept during class.
Maggie：Well, he may look lazy, but he is a hard worker.
George：Is he?　I've never seen him studying at school.
Maggie：He said he likes studying at night.　He studies until late every night.
George：I see.　That's why he always looks sleepy.

①　said　　　　　②　likes　　　　　③　studying　　　　　④　night

D　次の問1・問2の会話の空欄　9 ・ 10 に入れるのに最も適当なものを，それぞれ下の①〜④から一つずつ選び，番号で答えなさい。

問1　Ken　：Here we are!　I've wanted to come to this amusement park since it opened.
　　　Annie：Well, I'd like to go to the restroom before looking around.　Will you wait here?
　　　Ken　：Sure.　 9

①　I've had enough.
②　Welcome back.
③　I appreciate it.
④　Take your time.

問2　Man　：This is Tom Jones from ABC Company.　Can I speak to Mr. Kato?
　　　Woman：Mr. Kato is not at his desk now.　May I take a message?
　　　Man　：Well, I think I may have left my smartphone in the meeting room.
　　　Woman：I see.　 10 　I'll go and check.

①　Hold on, please.
②　The line is busy.
③　It depends.
④　Sorry for the delay.

E　次の問1・問2の英文を完成させるために，それぞれ下の①〜⑥の語(句)を正しく並べ替えた時，空欄　11 〜 14 にあたる語(句)を一つずつ選び，番号で答えなさい。ただし，不要な語(句)が一つずつ含まれている。なお，文頭にくる語(句)も小文字にしてある。

問1 I _____ | 11 | _____ | 12 | _____ . I don't like it very much.

① wear   ② rather   ③ to
④ would   ⑤ that hat   ⑥ not

問2 _____ | 13 | _____ | 14 | _____ when I passed by.

① blue   ② was   ③ painted
④ those   ⑤ the bench   ⑥ being

[2] 次の文章を読み，問1〜問4の空欄 | 15 | 〜 | 18 | に入れるのに最も適当なものを，それぞ
れ下の①〜④から一つずつ選び，番号で答えなさい。

Rob, a twelve-year-old boy, moved to Oak Town recently.   His classmates told him about
their town's festival which will be held next month.   He is now checking the website.

Oak Town Festival 2023

Welcome to the 3rd annual Oak Town Festival!   Our festival features two foreign
countries every year.   This year's countries are Japan and Brazil.   All the events are free
of charge!

Date: Sunday, October 8th, 2023   Place: Oak Town Center

Scheduled Events   ※Note that you can't join or leave in the middle of the workshops.

[1] *Taiko* drumming performance by "JP Taiko" 1st floor lobby 10:00 a.m.−10:30 a.m.

   "JP Taiko" is a Japanese group that gives Japanese *taiko* drum performances and
workshops around the world.   Enjoy their powerful sound!

[2] *Taiko* workshop by "JP Taiko"   1st floor lobby 11:00 a.m.−12:00 p.m.

   ※12 years old and above only

You can learn how to play a Japanese drum.   Please get a numbered ticket in advance
at the information desk.   The maximum number of participants is 20.

[3] *Origami* workshop by Japanese students from Oak Town College   1st floor library

This workshop is scheduled to be held three times.

   ①11:00 a.m.−11:30 a.m.   ②14:00 p.m. − 14:30 p.m.   ③15:00 p.m. − 15:30 p.m.

   You can learn how to make an *origami* crane, a *samurai* helmet, a balloon and more!
Young children under 5 must be accompanied by an adult.   *Origami* paper is provided,
but you are welcome to bring your own.

[4] **Brazilian cooking demonstration**   2nd floor cafeteria 14:00 p.m. − 15:30 p.m.

   Maria, a Brazilian baker, demonstrates how to make Brazilian cheese bread.   You can
taste some fresh from the oven!

[5] **Samba dancing contest**   1st floor event space 16:00 p.m. − 18:00 p.m.

   Ten local samba teams will participate.   The winner will be chosen by audience voting.

Comments from last year's participants

Julia Morgan　　October 10th, 2022

・Last year, I had great fun joining an Italian pizza workshop.　This year, I enjoyed watching *tai chi*, a kind of Chinese martial arts.　I love this festival!

Nick Jones　　October 16th, 2022

・This was the first time my family visited this festival.　I wanted to join the Chinese tea workshop, but I couldn't because it was full.　My daughter was happy to join the British flower arrangement workshop.

問 1　According to the website,　| 15 |　.

① it was in 2020 that the first Oak Town Festival was held

② Oak Town Festival features one country every year

③ there is an event Rob can't participate in because of his age

④ Rob can join every event at Oak Town Festival 2023 for nothing

問 2　According to the Scheduled Events list,　| 16 |　.

① "JP Taiko" consists of Japanese *taiko* drummers from around the world

② you can join the *origami* workshop without your own *origami* paper

③ you can try making Brazilian bread in the second floor cafeteria

④ samba teams from Brazil will perform their dances in the event space

問 3　According to the Scheduled Events list,　| 17 |　.

① it's possible to join all of the scheduled workshops

② only 30 people can join the *taiko* workshop

③ a 4-year-old girl can join the *origami* workshop if accompanied by her 10-year-old sister

④ the people watching the samba contest will choose the winning team

問 4　The comments from last year's participants show that　| 18 |　.

① one of the countries Oak Town Festival featured last year was Italy

② there was a workshop where Julia Morgan learned how to perform *tai chi*

③ Nick Jones wasn't able to participate in the workshop he wanted to

④ Nick Jones' daughter joined the British flower arrangement workshop because she had enjoyed it the year before, too

２０２４年度　公募推薦　英語

3 次の文章を読み，問い（A〜E）に答えなさい。なお，*のついた語は後に注がある。

A problem is only a problem until there is a solution. We find solutions by thinking creatively. We use our imagination and come up with innovative ideas. In other words, we think outside the box. Sometimes, thinking outside the box solves not just one, but two problems.

Amsterdam, Netherlands, is one of the most exciting cities in Europe. As a result, it is very crowded. Housing is in great demand and, therefore, very expensive. (1), there is a shortage of affordable housing for students. Students need low-cost apartments. Finding this type of housing was almost impossible until recently.

While Dutch colleges were trying to solve the housing problem, thousands of unused shipping containers were piling up in ports around the world. These huge steel containers transport products from one country to another. One hundred million of them cross the oceans each year. The average life of each container is about 10 years. Steel companies recycle some of the old containers. Yet they can't recycle all of them because there are so many. In fact, there are over two million old containers in ports around the world.

Back in the Netherlands, a construction company came up with an original idea. Why not reuse these shipping containers as student housing? The containers are ideal for building. They are all the same size and fit together like a giant *LEGO set. The steel is strong. Moreover, these containers are so widely available that they are quite inexpensive to buy. For all these reasons, you can use them to build apartments quickly and cheaply.

(2)Finding a new use for these shipping containers has another important advantage. It takes a lot of energy to recycle the materials in the container. However, it takes very little energy to reuse the containers for housing. For all these reasons, in Amsterdam it made sense to build with them. So, the city organized the Keetwonen project. Building began in 2005, and after only a few weeks, hundreds of Amsterdam students had new homes.

When students first heard about this project, (3)many were worried. They thought the container apartments would be small, noisy, and cold. However, they were impressed when they saw them. Compared to other student accommodations, each apartment is quite spacious. It has a kitchen, bedroom with a study area, and a bathroom. Large windows let in light. Each apartment has its own balcony. The apartments are warm and quiet. They come equipped with a high-speed Internet connection. Living in a shipping container has become very popular. Today, over 3,000 students live in the Keetwonen container village.

Student housing is just one use for old shipping containers. Since the Keetwonen project, architects are making good use of these steel boxes in many ways. There are container homes in Canada and the United States. Odessa, Ukraine, has a huge container shopping mall. In other cities, there are container offices, restaurants, and coffee shops. (4)They are even used as mobile health clinics. Clearly, finding new uses for these containers is a solution to more than one problem.

From *Living in a Box* in READING AND VOCABULARY Focus 1 by Jo McEntire,
National Geographic Learning, 2014.

（注）　LEGO「レゴ（レゴ社のプラスチックのブロックを組み合わせて遊ぶ子ども向けのおもちゃの商標名）」

出典追記：Jo McEntire, Pictures: Amsterdam's Lean, Green Shipping Container Homes, National Geographic

A 空欄（ 1 ）に補う語(句)として最も適当なものを，次の①〜④から一つ選び，番号で答えなさい。 19

① In particular
② Nevertheless
③ On the contrary
④ At least

B 下線部(2)の Finding a new use for these shipping containers has another important advantage. について説明したものとして最も適当なものを，次の①〜④から一つ選び，番号で答えなさい。 20

① If students in Amsterdam have housing at low cost, the city will save money.
② Shipping containers can be reused without using much energy.
③ Recycling unused containers leads to the construction of housing for many students.
④ Low-cost recycling of unused containers will improve the economy of Amsterdam.

C 下線部(3)の many were worried について説明したものとして最も適当なものを，次の①〜④から一つ選び，番号で答えなさい。 21

① The Keetwonen project was too unrealistic for college students to believe in it.
② College students suspected that container houses would be costly.
③ It seemed to students that unused steel containers would be uncomfortable to live in.
④ Students thought that recycling shipping containers would harm the environment.

D 下線部(4)の They の指示内容として最も適当なものを，次の①〜④から一つ選び，番号で答えなさい。 22

① old shipping containers
② other cities
③ architects
④ container homes

E 本文の内容と合っているものを，次の①〜⑥から二つ選び，番号で答えなさい。ただし，解答の順序は問わない。 23 · 24

① We can have new creative ideas as long as we think inside the box.
② Amsterdam is so crowded that people cannot find housing even at high cost.
③ Steel companies found it unrealistic to use unused shipping containers for students.
④ Amsterdam ended the Keetwonen project quickly because students felt worried.
⑤ Students found shipping container housing more comfortable than they had expected.
⑥ A solution discovered by thinking outside the box brought benefits to both students and a city.

◀C 日 程▶

（2科目 90分）

$\boxed{1}$ 次の問い（A〜E）に答えなさい。

A　次の問1〜問5の空欄 $\boxed{1}$ 〜 $\boxed{5}$ に入れるのに最も適当なものを，それぞれ下の①〜④から一つずつ選び，番号で答えなさい。

問1　If he $\boxed{1}$ the meeting, he would have strongly objected to the plan.
　①　attends　　　②　attended　　　③　should attend　　　④　had attended

問2　It was careless $\boxed{2}$ to confirm his reservation.
　①　of him to forget　②　of his forgetting　③　with him to forget　④　that he forgot

問3　The news that Rob quit his job is $\boxed{3}$.
　①　surprising　　　②　surprised　　　③　to surprise　　　④　surprisingly

問4　Judy left Japan $\boxed{4}$ all my efforts to persuade her not to.
　①　beyond　　　②　without　　　③　despite　　　④　in

問5　Who do you think is $\boxed{5}$ student in this class?
　①　second the tallest　②　the second tallest　③　second the taller　④　the second taller

B　次の問1・問2の下線部のうち，間違いを含むものを，それぞれの①〜④から一つずつ選び，番号で答えなさい。

問1　Our school is considering ①to have a school cafeteria. The survey shows that ②two-thirds of the students want to use it, and ③the others prefer to bring their lunch from home. The final decision ④will be made by the end of next month. $\boxed{6}$

問2　One of the most popular shrines in Kamakura ①is Tsurugaoka Hachimangu. On New Year's Day there are long lines of people ②trying to get there to pray. It sometimes takes ③for them a couple of hours to ④reach the main shrine building. $\boxed{7}$

C 次の会話について，下線部の中で最も強調して発音されるものを，下の①～④から一つ選び，番号で答えなさい。 　8

（状況）Becky と Ginny が話している。

Becky : Have you ever seen Anna's collection of antique plates?
Ginny : Yes. They are so beautiful!
Becky : So they are. I wonder how many plates she has. She said she had never counted them.
Ginny : Wow! I'd like to know how much she spent on them.
Becky : She must have spent a large amount of money.
Ginny : No doubt about it.

① spent　　　　　② large　　　　　③ amount　　　　　④ money

D 次の問1・問2の会話の空欄 　9 ・ 　10 に入れるのに最も適当なものを，それぞれ下の①～④から一つずつ選び，番号で答えなさい。

問1 Kate : I just saw Mike and Mary in the café. I'm sure he's in love with her.
　　Pip : Oh, are you? How come? I think they're just friends.
　　Kate : 　9 , but I saw him giving her a heart-shaped pink box.

① I couldn't agree more
② That's out of the question
③ This is between you and me
④ I appreciate your concern

問2 Jenny's father : It's too crowded here! Don't get lost, Jenny.
　　Jenny 　　　 : 　10 , Dad. You can call me with your smartphone.
　　Jenny's father : I left mine at home.
　　Jenny 　　　 : My goodness, you always forget it!

① Leave it to me
② That's too bad
③ You can't miss it
④ Don't worry

E 次の問1・問2の英文を完成させるために，それぞれ下の①～⑥の語を正しく並べ替えた時，空欄 　11 ～ 　14 にあたる語を一つずつ選び，番号で答えなさい。ただし，不要な語が一つずつ含まれている。

問1　The _____ [11] _____ [12] _____ the sea.

① I　　　　　　　② room　　　　　　③ by
④ faced　　　　　⑤ in　　　　　　　⑥ stayed

問2　I'd like you _____ [13] _____ [14] _____ these toys.

① away　　　　　② to　　　　　　　③ across
④ me　　　　　　⑤ put　　　　　　　⑥ help

[2]　次の文章を読み，問1～問4の空欄 [15] ～ [18] に入れるのに最も適当なものを，それぞ
れ下の①～④から一つずつ選び，番号で答えなさい。なお，*のついた語は後に注がある。

> Christmas pudding「クリスマスプディング」は日本のいわゆる「プリン」とは異なる，ドライフルーツが
> たっぷり入った蒸しケーキで，作り方や食べ方にいくつかのしきたりがある。

Kota got interested in Christmas pudding, searched the Internet, and found this website.

Christmas Pudding ～ Recipe and Traditions ～

No British Christmas is complete without a Christmas pudding! It's the traditional
dessert for the Christmas meal and is eaten not only in Britain but also in many other
parts of the world.
●Easy recipe for Christmas pudding
13 Ingredients:
　· 170g breadcrumbs　　· 4 eggs　　· 110g brown sugar　　· 200g raisins
　· 200g currants　　· 55g lemon peel　　· 55g orange peel　　· 4 tablespoons of brandy
　· 4 tablespoons of rum　　· 1/2 teaspoon of nutmeg　　· 1/2 teaspoon of cinnamon
　· 3 and 1/3 tablespoons of milk　　· 150g *suet　　※Softened butter can be used instead of suet.
Instructions:
[1] Put all the ingredients in a large bowl.　Stir everything together until you get a well-
mixed pudding mixture.
[2] Cover the bowl with plastic wrap and leave it in a cool place for 24 hours.
[3] Pour the pudding mixture into the pudding *basin carefully.　Cover the basin with
foil and tie it securely with string.　Place the basin into the steamer.
[4] Steam the pudding for 5 - 6 hours.　Once it's cooked, remove it from the steamer and
leave it to cool overnight.　Store it in a cool and dry place until Christmas Day.　Please
remember that Christmas pudding needs time to mature.
[5] On Christmas Day, steam the pudding again for 2 hours to serve it hot.
●Christmas pudding traditions
No.1　Christmas pudding is made with 13 ingredients because the number 13

represents *Jesus and his 12 *disciples.

No.2 The last Sunday before *Advent is called Stir-up Sunday, when people start making a Christmas pudding. Every family member stirs the pudding mixture and makes a wish.

No.3 Add a silver coin to the pudding mixture in the basin just before steaming it. The coin brings luck to the person who finds it in their portion of the pudding.

Comments

Mark Smith   December 26, 2022

・I have a silver coin my grandmother gave to me, so I put it in the pudding mixture. My son got very excited to find it in his slice!

Amelia Miller   December 20, 2022

・I just followed the recipe on this site and made a delicious pudding! Another site says Christmas pudding can be stored for two years. I'm not sure it is true.

(注) suet「スエット（料理用の牛脂）」　basin「鉢（bowl より浅い）」
Jesus「イエス（キリスト）」　disciple「弟子」
Advent「降臨節（クリスマス前の四つの日曜日を含む期間）」

問1 Kota learned from the website that ⬛15⬛ .

① people in Britain used to spend Christmas without eating Christmas pudding
② it is a tradition for British people to eat Christmas pudding on Christmas Day
③ Christmas pudding is the main dish of the Christmas meal
④ Christmas pudding is served at the Christmas meal only in Britain

問2 According to the recipe on the website, ⬛16⬛ .

① you must start making your Christmas pudding the day before Christmas
② you can make your Christmas pudding with either suet or butter
③ the pudding basin must be covered with plastic wrap in the steamer
④ Christmas pudding is usually served cold, not hot

問3 If you follow the Christmas pudding traditions on the website, ⬛17⬛ .

① all your family will take part in stirring the pudding mixture
② you put a silver coin in the pudding mixture on Stir-up Sunday
③ you steam your Christmas pudding on the last Sunday before Advent
④ everyone will find a coin in their slice of the Christmas pudding

問4　The comments show that 　18　 .

① Mark Smith's son was happy to get a silver coin as a present from his grandmother
② Mark Smith found a silver coin his grandmother had put in a pudding
③ Amelia Miller followed one Christmas pudding tradition by using the recipe
④ Amelia Miller tried to store her Christmas pudding for 2 years

---

3　次の文章を読み，問い（A～E）に答えなさい。なお，*のついた語は後に注がある。

Over the centuries the French have lost a number of famous battles with the British, but they've always felt superior in the kitchen.　France has for centuries had a reputation for *culinary excellence, and Britain for some of the worst cooking in the world.　But according to a recent poll, that reputation may no longer reflect reality.

The results of a new poll, which was carried out by a French magazine, *Madame Le Figaro* and the BBC food magazine, *Olive*, suggest that British home cooks spend more time cooking each week and also (1)produce a greater variety of dishes than French home cooks.

In the survey, more than 1,350 Britons and about 2,000 French people were asked when, how often and what they cooked each day.　Of the Britons, 71% said they cook at home every day, while only 59% of the French said they cook daily.　The British also spent more time on their cooking than the French and tended to vary their ingredients more.

The reaction in London was predictably enthusiastic.　According to Lulu Grimes, the food director at *Olive* magazine, British food has greatly improved since the 1990s.　Once upon a time, the menu for many family meals would have been roast beef, potatoes and over-cooked vegetables, but (　2　) now.　Home cooks are experimenting with the huge range of ingredients now available in British supermarkets and are preparing all kinds of new dishes, using the cookbooks that sell millions of copies every year.

Marilyn Jarmon, a marketing manager from Paris who has lived in London for 15 years has also noticed the improvement in British food and says that she eats very well in London — in homes and in restaurants.　In her opinion, there's much more diversity in British food now, compared to French food, which tends to be very traditional.

Some French people say that (3)the survey did not show the whole picture.　Jeannine Loiret, a food writer, agrees that during the week French women don't cook as much as they used to because most of them work and don't have much time.　They tend to buy ready-made or frozen dishes, but many of them make up for it on the weekend.

There's also a difference, says Jean-Paul Belmonde, a Parisian chef, between Paris and the countryside.　"It's true that people in Paris don't cook much, but elsewhere, cooking is still at the heart of daily life.　When I'm with my friends in Lyon (his native city), we spend the morning talking about what we'll make for lunch and then the afternoon about what we'll cook for dinner. We French like to talk about food — and wine."

For many French people, opinions about British food have not changed.　When (4)Bernard

２０２４年度　公募推薦　英語

Blier, the food editor at *Madame Le Figaro*, was asked about British food, he replied: "I don't go out of my way to try it.　It is not very refined.　You can say that I'm not a fan at all."

From *The Cooking Wars* in *MORE READING POWER 3*
by Linda Jeffries and Beatrice S. Mikulecky, Pearson Education, 2012.

（注）culinary「料理の」

A　下線部(1)の produce a greater variety of dishes を可能にしたものとして最も適当なものを，次の①～④から一つ選び，番号で答えなさい。　　19

① British homes and restaurants
② ready-made or frozen dishes
③ the huge range of ingredients and the cookbooks
④ food and wine

B　空欄（　2　）に補う語として最も適当なものを，次の①～④から一つ選び，番号で答えなさい。
20

①　also　　　　　　②　not　　　　　　③　for　　　　　　④　just

C　下線部(3)の the survey did not show the whole picture の具体的な内容として最も適当なものを，次の①～④から一つ選び，番号で答えなさい。　　21

① There are a lot of French people who cook a variety of dishes on the weekend.
② Today French people depend more on fast food than they did in the past.
③ The fact is French women like colorful dishes more than British women.
④ From the survey it can be concluded that British people are better cooks than French people.

D　下線部(4)の Bernard Blier について本文の内容と一致するものを，次の①～④から一つ選び，番号で答えなさい。　　22

① He thinks British food is not elegant but that it is more delicious than French food.
② He likes eating British food more than French food even though he is French.
③ Like many other French people, he prefers French food to British food.
④ He does not feel like going out to eat French dishes at restaurants.

E 本文の内容と合っているものを、次の①～⑥から二つ選び、番号で答えなさい。ただし、解答
の順序は問わない。   23 ・ 24

① A recent poll shows that the French are better at cooking than the British.

② According to a survey, the French used more varieties of ingredients than the British.

③ The ingredients for dishes in French cooking were also more limited compared to those for
British dishes.

④ On weekdays, working French women tend to use ready-made dishes.

⑤ People in other areas in France prepare meals more often than people in Paris.

⑥ More French people have become interested in both British and French food recently.

数 学

■解答上の注意

1　問題文中の ア ， イウ などには，特別な指示がない限り，数字（0〜9），符号（−）が入ります。**ア，イ，ウ**，……の１つ１つは，これらのいずれか１つに対応します。それらを解答用紙の**ア，イ，ウ**，……で示された解答欄にマークして答えなさい。

　　なお，同一の問題文中に ア ， イウ などが２度以上現れる場合，２度目以降は， ア ， イウ のように細字で表記します。

2　分数形で解答する場合は，既約分数(それ以上約分できない分数)で答えなさい。また，符号は分子につけ，分母につけてはいけません。

3　根号を含む形で解答する場合は，根号の中に現れる自然数が最小となる形で答えなさい。例えば，$6\sqrt{2}$ と答えるところを，$3\sqrt{8}$ のように答えてはいけません。

4　根号を含む分数形で解答する場合，例えば $\dfrac{\boxed{エ}+\boxed{オ}\sqrt{\boxed{カ}}}{\boxed{キ}}$ に $\dfrac{3+2\sqrt{2}}{2}$ と答えるところを，$\dfrac{6+4\sqrt{2}}{4}$ や $\dfrac{6+2\sqrt{8}}{4}$ のように答えてはいけません。

5　比を解答する場合は，最も簡単な整数の比で答えなさい。例えば，$11:3$ と答えるところを，$22:6$ のように答えてはいけません。

◀A 日 程▶

（2科目 90分）

1 次の各問いの空欄に最も適するものを，下の選択肢から選び，番号で答えなさい。ただし，同じものを繰り返し選んでもよい。

問1 m, n は自然数とする。命題「m が 24 の倍数ならば，m は ア の倍数である。」は真である。また，n が 24 の約数であることは，n が ア の約数であるための イ 。

① 12   ② 16   ③ 36   ④ 48
⑤ 必要十分条件である   ⑥ 必要条件であるが十分条件ではない
⑦ 十分条件であるが必要条件ではない   ⑧ 必要条件でも十分条件でもない

問2 n は整数とする。x の 2 次方程式 $x^2 + 6x + n + 2 = 0$ ……① が異なる 2 つの実数解をもつような n のうち，最大の n は ウ である。また，k は整数とし，x の 2 次方程式 $x^2 + kx - 2k^2 = 0$ ……② を考える。$n =$ ウ $+1$ のとき，①および②をともに満たす x が存在するものとする。このとき，①または②を満たす x は全部で エ 個ある。

① 1   ② 2   ③ 3   ④ 4
⑤ 6   ⑥ 7   ⑦ 8   ⑧ 9

問3 次の表は，5 人の生徒に数学と国語の小テストを行った結果をまとめたものである。

生徒	A	B	C	D	E
数学 x（点）	5	6	3	7	9
国語 y（点）	4	0	12	6	8

ただし，数学の得点を変量 x，国語の得点を変量 y とする。
変量 y の標準偏差は オ 点であり，変量 x と変量 y の共分散は カ である。

① −16   ② −6   ③ −4   ④ −2
⑤ 2   ⑥ 4   ⑦ 6   ⑧ 16

問4 2 つの袋 A, B がある。袋 A には赤玉 2 個，白玉 4 個が入っており，袋 B には赤玉 1 個，白玉 3 個が入っている。1 個のさいころを投げて，1, 2 の目が出たら袋 A から玉を 1 個取り出し，3, 4, 5, 6 の目が出たら袋 B から玉を 1 個取り出す。このとき，袋 A から赤玉が取り出される確率は キ である。また，赤玉が取り出されたとき，取り出した玉が袋 A に入っていたものである条件付き確率は ク である。

① $\dfrac{1}{9}$ ② $\dfrac{1}{6}$ ③ $\dfrac{3}{11}$ ④ $\dfrac{5}{18}$

⑤ $\dfrac{2}{5}$ ⑥ $\dfrac{3}{5}$ ⑦ $\dfrac{13}{18}$ ⑧ $\dfrac{8}{11}$

問5 右の図のように，円 O の外部の点 P から円 O に接線を引き，接点を T とする。また，点 P を通り円 O と交わる直線を引き，この直線と円 O の 2 つの交点を点 P に近い側から順に A，B とする。$PT = 2\sqrt{6}$，$PA = 3$ のとき，$AB = \boxed{\text{ケ}}$ である。

このとき，線分 AB を $3:2$ に内分する点を C とし，点 C を通る円 O の直径を DE とする。$CD < CE$ かつ $CD = 1$ のとき，円 O の半径は $\boxed{\text{コ}}$ である。

① 3   ② $\dfrac{7}{2}$ ③ 4   ④ $\dfrac{9}{2}$

⑤ 5   ⑥ $\dfrac{11}{2}$ ⑦ 6   ⑧ 8

$\boxed{2}$ 商品 A の 1 日の売り上げ個数は，1 個の値段が 40 円のとき 600 個である。商品 A の 1 個の値段を 40 円から x 円だけ値上げすると，1 日の売り上げ個数 n は，1 個の値段が 40 円のときと比べて全部で ax（a は正の定数）個減少し，1 日の売り上げ総額は，1 個の値段が 40 円のときと比べて z 倍になることがわかっている。ただし，$n \geqq 0$，$x \geqq 0$ とし，消費税は考えないものとする。次の各問いに答えなさい。

(1) $a = 10$ とする。

z を x を用いて表すと

$$z = \frac{1}{24000}\left(\boxed{\text{アイ}} + x\right)\left(\boxed{\text{ウエオ}} - \boxed{\text{カキ}}\, x\right)$$

である。

また，$0 \leqq x \leqq \boxed{\text{クケ}}$ であるから，z は $x = \boxed{\text{コサ}}$ のとき最大となり，z の最大値は $\dfrac{\boxed{\text{シス}}}{\boxed{\text{セソ}}}$ である。また，そのときの商品 A の 1 日の売り上げ総額は $\boxed{\text{タチツテト}}$ 円である。

(2) $0 \leqq x \leqq 30$ とする。

z が $x = 30$ のとき最大となるような a の値の範囲は

$$0 < a \boxed{\text{ナ}} \boxed{\text{ニ}}$$

である。

また，$a = \boxed{\text{ニ}}$ のとき z の最大値は $\dfrac{\boxed{\text{ヌネ}}}{\boxed{\text{ノハ}}}$ である。

　ナ　に当てはまるものを，次の①，②のうちから1つ選びなさい。

　　①　<　　　　　②　≦

(3)　$a = 12$ とする。

　　商品 A の 1 日の売り上げ総額が 24,288 円であるとき，1 個の値段は　ヒフ　円または
　ヘホ　円である。ただし，　ヒフ　<　ヘホ　とする。

3　　△ABC があり，BC = 7，CA = 9，$\cos\angle BAC = \dfrac{2}{3}$ である。次の各問いに答えなさい。

(1)　AB = x とおき，△ABC に余弦定理を用いると，x の 2 次方程式

$$x^2 - \boxed{\text{アイ}}\,x + \boxed{\text{ウエ}} = 0 \quad \cdots\cdots ①$$

　が得られる。このとき，①の解は $x = \boxed{\text{オ}}$，$\boxed{\text{カ}}$ である。ただし，$\boxed{\text{オ}} < \boxed{\text{カ}}$
　とする。

(2)　△ABC について，「AB = $\boxed{\text{オ}}$ または AB = $\boxed{\text{カ}}$」であることは，「∠ABC が鈍角」
　であるための　キ　。

　　　キ　に当てはまるものを，次の①〜④のうちから1つ選びなさい。

　　①　必要十分条件である　　　　　　　　②　必要条件であるが十分条件ではない
　　③　十分条件であるが必要条件ではない　④　必要条件でも十分条件でもない

(3)　△ABC において，∠ABC は鈍角であるとする。
　　△ABC の外接円の周上に点 D を，線分 AD が直径になるようにとるとき

$$AD = \frac{\boxed{\text{クケ}}\sqrt{\boxed{\text{コ}}}}{\boxed{\text{サ}}}, \quad CD = \frac{\boxed{\text{シ}}\sqrt{\boxed{\text{ス}}}}{\boxed{\text{セ}}}$$

　である。

　　また，四角形 ABCD の面積は $\dfrac{\boxed{\text{ソタ}}\sqrt{\boxed{\text{チ}}}}{\boxed{\text{ツ}}}$ である。

(4)　(3)のとき，線分 BD を折り目として△ABD を折り曲げ，平面 ABD と平面 BCD が垂直にな
　るようにする。折り曲げた後の点 A に対して

$$AC = \sqrt{\boxed{\text{テト}}}, \quad \cos\angle ADC = \frac{\boxed{\text{ナニ}}}{\boxed{\text{ヌネ}}}$$

　である。

◀B 日 程▶

（2 科目 90 分）

1 　次の各問いの空欄に最も適するものを，下の選択肢から選び，番号で答えなさい。ただし，同じものを繰り返し選んでもよい。

問1 $x = \dfrac{\sqrt{2}+1}{\sqrt{2}-2}$，$y = \dfrac{1-\sqrt{2}}{2+\sqrt{2}}$ のとき，$x+y = \boxed{\text{ア}}$，$\dfrac{y}{x}+\dfrac{x}{y} = \boxed{\text{イ}}$ である。

① $-6\sqrt{2}$ 　　② $-3\sqrt{2}$ 　　③ 1 　　④ $3\sqrt{2}$

⑤ $6\sqrt{2}$ 　　⑥ 17 　　⑦ 34 　　⑧ 36

問2 a は実数の定数とし，2 次関数 $y = f(x)$ のグラフは放物線 $y = -x^2$ を平行移動したもので，2 点 $(-5, a)$，$(1, a)$ を通るとする。このとき，$y = f(x)$ のグラフの軸は直線 $x = \boxed{\text{ウ}}$ である。さらに，$f(x)$ の最大値が 1 であるとき，a の値は $\boxed{\text{エ}}$ である。

① -8 　　② -4 　　③ -2 　　④ 0

⑤ 2 　　⑥ 3 　　⑦ 7 　　⑧ 10

問3 実数 x，y について，等式 $x^2 + 2y^2 - 3x - 4 = 0$ が成り立つとき，x のとり得る値の範囲は $\boxed{\text{オ}}$ であるから，$2y^2 - 9x$ の最大値は $\boxed{\text{カ}}$ である。

① $-4 \leqq x \leqq -1$ 　② $-4 \leqq x \leqq 1$ 　③ $-1 \leqq x \leqq 4$ 　④ $1 \leqq x \leqq 4$

⑤ -36 　　⑥ -9 　　⑦ 9 　　⑧ 36

問4 $\triangle ABC$ において，$AB = BC - 2$，$CA = BC + 2$ とする。$\sin\angle A = \dfrac{5\sqrt{3}}{14}$，$\triangle ABC$ の外接円の半径が $\dfrac{7}{\sqrt{3}}$ であるとき，$BC = \boxed{\text{キ}}$，$\angle B = \boxed{\text{ク}}°$ である。

① $\dfrac{5}{2}$ 　　② 5 　　③ 10 　　④ 15

⑤ 45 　　⑥ 60 　　⑦ 120 　　⑧ 150

問5 右の図の $\triangle ABC$ において，3 点 P, Q, R はそれぞれ辺 BC, CA, AB 上の点であり，3 つの線分 AP, BQ, CR は $\triangle ABC$ の内部の点 O で交わっている。$BP : PC = 2 : 1$，$CQ : QA = 3 : 4$ であるとき，$\dfrac{AR}{RB}$ の値は $\boxed{\text{ケ}}$ である。また，このとき，$\triangle ABC$ の面積を S とすると，$\triangle OBR$ の面積は $\boxed{\text{コ}}$ S である。

① $\dfrac{8}{45}$ ② $\dfrac{2}{9}$ ③ $\dfrac{4}{15}$ ④ $\dfrac{1}{3}$

⑤ $\dfrac{3}{8}$ ⑥ $\dfrac{2}{3}$ ⑦ $\dfrac{3}{2}$ ⑧ $\dfrac{8}{3}$

$\boxed{2}$ △ABC において，AB = 1，∠BAC = 30°，外接円の半径は 1 である。次の各問いに答えなさい。

(1) BC = $\boxed{\text{ア}}$ である。

また，△ABC の内心を I，内接円の半径を r とする。△ICA の面積を r を用いて表すと，

$\dfrac{\sqrt{\boxed{\text{イ}}}}{\boxed{\text{ウ}}}r$ である。

(△ABCの面積)=(△IABの面積)+(△IBCの面積)+(△ICAの面積)

であることより，r の値を求めると

$r = \dfrac{\boxed{\text{エ}}\sqrt{\boxed{\text{オ}}} - \boxed{\text{カ}}}{\boxed{\text{キ}}}$

である。

(2) 平面 ABC 上にない点 O を，OA が平面 ABC に垂直で，∠ACO = 30° となるようにとる。

$\cos\angle \text{OCB} = \dfrac{\boxed{\text{ク}}}{\boxed{\text{ケ}}}$，(△OBCの面積) $= \sqrt{\dfrac{\boxed{\text{コ}}}{\boxed{\text{サ}}}}$

である。

また，四面体 OABC の表面積を S，すなわち，

S =(△OABの面積)+(△OBCの面積)+(△OCAの面積)+(△ABCの面積)

とすると

$S = \dfrac{\boxed{\text{シ}} + \boxed{\text{ス}}\sqrt{\boxed{\text{セ}}} + \sqrt{\boxed{\text{ソ}}}}{\boxed{\text{タ}}}$

である。

さらに，四面体 OABC に内接する球の半径を R とする。四面体 OABC の体積を V とし，(1)での考え方を応用して考察することにより R を求める。

$V = \boxed{\text{チ}}$ であるから

$R = \dfrac{\sqrt{\boxed{\text{ツ}}}}{\boxed{\text{テ}} + \boxed{\text{ト}}\sqrt{\boxed{\text{ナ}}} + \sqrt{\boxed{\text{ニ}}}}$

である。

$\boxed{\text{チ}}$ に当てはまるものを，次の①〜⑤のうちから1つ選びなさい。

① $\dfrac{RS}{5}$　　② $\dfrac{RS}{4}$　　③ $\dfrac{RS}{3}$　　④ $\dfrac{RS}{2}$　　⑤ RS

$\boxed{3}$　2つの袋A，Bがあり，袋Aの中には赤色のカードが3枚，白色のカードが2枚，青色のカードが2枚入っている。赤色のカードには1，2，3の数が1つずつ，白色，青色のカードにはそれぞれ1，2の数が1つずつ書かれている。

　また，袋Bの中には赤色のカードが2枚，白色のカードが2枚，青色のカードが1枚入っている。赤色，白色のカードにはそれぞれ0，5が1つずつ，青色のカードには5が書かれている。次の各問いに答えなさい。

(1)　袋Aから同時に3枚のカードを取り出す。

　　3枚のカードの色がすべて異なるような取り出し方は全部で $\boxed{\text{アイ}}$ 通りある。また，3枚のカードに書かれている数がすべて異なるような取り出し方は全部で $\boxed{\text{ウ}}$ 通りある。

　　3枚のカードの色はすべて異なるが，書かれている数のうち少なくとも2つが等しいような取り出し方は全部で $\boxed{\text{エオ}}$ 通りある。

(2)　袋Aから同時に3枚，袋Bから同時に2枚のカードを取り出し，これら5枚のカードを横一列に並べて5桁の整数をつくる。万，千，百，十，一の位の数を順に a, b, c, d, e とする。（ただし，$a \neq 0$ とする。）

　　このとき，$a > b > c > d > e$ となる5桁の整数がつくれるようなカードの取り出し方は全部で $\boxed{\text{カキ}}$ 通りある。

(3)　袋Aから同時に3枚，袋Bから同時に2枚のカードを取り出す。

　　このとき，5枚のカードの取り出し方は全部で $\boxed{\text{クケコ}}$ 通りあり，5枚のカードに書かれている5つの数の積が0となるようなカードの取り出し方は全部で $\boxed{\text{サシス}}$ 通りある。

　　5枚のカードに書かれている5つの数の積が0となるようなカードの取り出し方のうち，カードの色が赤，白の2色となるのは，

　　　（ⅰ）袋Bから0が書かれた2枚のカードを取り出すとき

　　　（ⅱ）袋Bから0が書かれたカードと5が書かれたカードを取り出すとき

の2つの場合がある。

　　（ⅰ）の場合は，袋Aからのカードの取り出し方は全部で $\boxed{\text{セソ}}$ 通りある。

　　（ⅱ）の場合のうち，袋Bから取り出した2枚のカードの色がともに赤の場合は，袋Aからのカードの取り出し方は全部で $\boxed{\text{タ}}$ 通りある。

　　したがって，5枚のカードに書かれている5つの数の積が0となり，かつ，カードの色が赤，白の2色となるようなカードの取り出し方は全部で $\boxed{\text{チツ}}$ 通りある。

　　また，取り出した5枚のカードに書かれている5つの数の積が0，または，カードの色が赤，白の2色となるようなカードの取り出し方は全部で $\boxed{\text{テトナ}}$ 通りある。

◀C　日　程▶

（2科目 90分）

$\boxed{1}$　次の各問いの空欄に最も適するものを，下の選択肢から選び，番号で答えなさい。ただし，
同じものを繰り返し選んでもよい。

問1　a を定数とする。x の連立不等式 $\begin{cases} \dfrac{x-2}{2} - \dfrac{1}{3} > \dfrac{13}{6} - \dfrac{x+1}{2} & \cdots\cdots① \\ a-1 \geqq 2x+1 \end{cases}$ の解が存在するような

a の値の範囲は $\boxed{\text{ア}}$ である。また，連立不等式①を満たす整数がちょうど3個存在する
ような a の値の範囲は $\boxed{\text{イ}}$ である。

① $a < 8$　　　② $a \leqq 8$　　　③ $a \geqq 8$　　　④ $a > 8$

⑤ $14 \leqq a < 16$　　⑥ $14 \leqq a \leqq 16$　　⑦ $14 < a < 16$　　⑧ $14 < a \leqq 16$

問2　△ABC において，CA = 5，∠A = 60°，面積が $10\sqrt{3}$ であるとき，
AB = $\boxed{\text{ウ}}$，BC = $\boxed{\text{エ}}$ である。

① 3　　　　　② 5　　　　　③ $4\sqrt{3}$　　　　④ 7

⑤ 8　　　　　⑥ $5\sqrt{3}$　　　　⑦ $7\sqrt{3}$　　　　⑧ $8\sqrt{3}$

問3　x の2次関数 $y = x^2 - 2x\cos\theta - 3\sin^2\theta - \sin\theta$ （ただし，$0° \leqq \theta \leqq 180°$）がある。$\sin\theta = t$
とおくとき，y の最小値 m を t を用いて表すと，$m = \boxed{\text{オ}}$ である。さらに，θ が
$0° \leqq \theta \leqq 180°$ の範囲で変化するとき，m の最大値は $\boxed{\text{カ}}$ である。

① $-4t^2 - t + 1$　　② $-3t^2 - t$　　③ $-2t^2 - t - 1$　　④ $2t^2 + t + 1$

⑤ -4　　　　　⑥ -2　　　　　⑦ -1　　　　　⑧ $-\dfrac{7}{8}$

問4　5色の絵の具があり，これらの中から何色かを用いて，右の
図の A, B, C, D の部分を塗り分ける。異なる4色を用いて塗
り分ける方法は全部で $\boxed{\text{キ}}$ 通りある。また，同じ色を何回
用いてもよいが，隣り合う部分は異なる色となるように塗り分
ける方法は全部で $\boxed{\text{ク}}$ 通りある。

① 5　　　　　② 24　　　　　③ 60　　　　　④ 120

⑤ 180　　　　⑥ 240　　　　⑦ 300　　　　⑧ 720

問5　AB＝5，BC＝6，CA＝4である△ABCにおいて，∠Cの二等分線と辺ABの交点をD
とする。このとき，AD＝ ケ である。さらに，∠Cの外角の二等分線と辺ABの延長
との交点をEとする。△ABCの面積をSとすると，△CDEの面積は コ Sである。

① $\dfrac{3}{2}$　　　　② 2　　　　③ $\dfrac{11}{5}$　　　　④ $\dfrac{23}{10}$

⑤ $\dfrac{12}{5}$　　　　⑥ $\dfrac{5}{2}$　　　　⑦ $\dfrac{13}{5}$　　　　⑧ 3

$\boxed{2}$　1個のさいころを3回投げる。次の各問いに答えなさい。

(1)　出る目がすべて偶数になる確率は $\dfrac{\boxed{ア}}{\boxed{イ}}$ であり，出る目に偶数と奇数がともにある確率

は $\dfrac{\boxed{ウ}}{\boxed{エ}}$ である。

(2)　出た目の最大値をMとする。$M \leqq 5$である確率は $\dfrac{\boxed{オカキ}}{\boxed{クケコ}}$ であり，

$M = 5$である確率は $\dfrac{\boxed{サシ}}{\boxed{スセソ}}$ である。

(3)　出た目の最大値をM，最小値をmとする。

$M \leqq 5$かつ$m \geqq 2$となる確率は $\boxed{タ}$ であり，$M = 5$かつ$m = 2$である確率は

$$\boxed{タ} - \left\{ \boxed{チ} + \boxed{チ} - \boxed{ツ} \right\} = \dfrac{\boxed{テ}}{\boxed{トナ}}$$

である。

また，$M - m \leqq 3$である確率は $\dfrac{\boxed{ニヌ}}{\boxed{ネノ}}$ である。

$\boxed{タ}$，$\boxed{チ}$，$\boxed{ツ}$ に当てはまるものを，次の①～⑥のうちから1つずつ選びなさ
い。ただし，同じものを繰り返し選んでもよい。

① $\left(\dfrac{1}{6}\right)^3$　　② $\left(\dfrac{1}{3}\right)^3$　　③ $\left(\dfrac{1}{2}\right)^3$　　④ $\left(\dfrac{2}{3}\right)^3$　　⑤ $\left(\dfrac{5}{6}\right)^3$　　⑥ 1

２０２４年度　公募推薦

数学

$\boxed{3}$　2 次不等式 $x^2 - x - 2 \geqq 0$ ……① および 2 次関数 $f(x) = x^2 - 2x - a + 1$ （a は定数）がある。
次の各問いに答えなさい。

(1)　①の解は，$p = \boxed{\text{アイ}}$，$q = \boxed{\text{ウ}}$ として，$\boxed{\text{エ}}$ である。

　　　$\boxed{\text{エ}}$ に当てはまるものを，次の①，②のうちから 1 つ選びなさい。

　①　$p \leqq x \leqq q$　　　　②　$x \leqq p,\ q \leqq x$

(2)(i)　$a = 9$ とする。①を満たす x の値の範囲における $f(x)$ の最小値は $\boxed{\text{オカ}}$ である。

　(ii)　不等式 $f(x) \geqq 0$ の解は

　　　　　$a \leqq \boxed{\text{キ}}$ のとき，$\boxed{\text{ク}}$

　　　　　$a > \boxed{\text{キ}}$ のとき，$\boxed{\text{ケ}}$

　である。

　　　$\boxed{\text{ク}}$，$\boxed{\text{ケ}}$ に当てはまるものを，次の①〜⑥のうちから 1 つずつ選びなさい。た
　だし，同じものを繰り返し選んでもよい。

　①　すべての実数　　　　②　1 以外のすべての実数　　　③　$x = 1$
　④　存在しない（解なし）　⑤　$1 - \sqrt{a} \leqq x \leqq 1 + \sqrt{a}$　　⑥　$x \leqq 1 - \sqrt{a},\ 1 + \sqrt{a} \leqq x$

(3)(i)　実数 x についての条件 p，q を
　　　　　$p : x^2 - x - 2 \geqq 0$
　　　　　$q : f(x) \geqq 0$
　とする。このとき

　　　　　p が q であるための十分条件になるような a の値の範囲は，$a \boxed{\text{コ}} \boxed{\text{サ}}$

　であり

　　　　　p が q であるための必要条件になるような a の値の範囲は，$a \boxed{\text{シ}} \boxed{\text{ス}}$

　である。

　　　$\boxed{\text{コ}}$，$\boxed{\text{シ}}$ に当てはまるものを，次の①〜④のうちから 1 つずつ選びなさい。た
　だし，同じものを繰り返し選んでもよい。

　①　$<$　　　②　$\leqq$　　　③　$\geqq$　　　④　$>$

（ⅱ） ①を満たすが $f(x) \geqq 0$ は満たさない整数 x がちょうど3個存在するとき，その3個の

整数は小さい順に $\boxed{\text{セソ}}$ ， $\boxed{\text{タ}}$ ， $\boxed{\text{チ}}$ であり，a のとり得る値の範囲は

$$\boxed{\text{ツ}} \quad \boxed{\text{テ}} \quad a \quad \boxed{\text{ト}} \quad \boxed{\text{ナ}}$$

である。ただし，$\boxed{\text{ツ}} < \boxed{\text{ナ}}$ とする。

$\boxed{\text{テ}}$ ， $\boxed{\text{ト}}$ に当てはまるものを，次の①～④のうちから1つずつ選びなさい。ただ

し，同じものを繰り返し選んでもよい。

① $<$　　② $\leqq$　　③ $\geqq$　　④ $>$

国　語

◀ Ａ　日　程 ▶

（二科目　九〇分）

---

1 次の問い（問1～3）に答えなさい。

問1 ア～ウの傍線部のカタカナに相当する漢字を、次の各群の①～④の中からそれぞれ一つ選びなさい。 1 、 2 、 3

ア　ハンヨウ性の高い新素材を開発する。 1

① 版　② 販　③ 氾　④ 汎

イ　最新のシステムがカドウ中だ。 2

① 苛　② 稼　③ 加　④ 眼

ウ　久しぶりに帰郷しカイコの念に駆られる。 3

① 悔　② 懐　③ 戒　④ 怪

問2 ア～エの四字熟語の空欄 4 ～ 7 に入る漢字を、次の①～⑨の中からそれぞれ一つ選びなさい。 4 、 5 、 6 、 7

ア　彼の窮状は自 4 自得で仕方のない面もある。

イ　緊張が高まり、二つの国は一触 5 発の状態にある。

ウ　感情に任せた軽挙 6 動を戒める。

エ　疾風迅 7 の勢いで業界のトップに躍り出た。

① 猛　② 即　③ 剛　④ 雷　⑤ 妄

⑥ 則　⑦ 業　⑧ 合　⑨ 米

問3 ア～ウの筆者の著作を、次の各群の①～④の中からそれぞれ一つ選びなさい。 8 、 9 、 10

ア　野上弥生子 8

① 『こゝろ』　② 『真知子』　③ 『流れる』　④ 『みだれ髪』

イ　谷川俊太郎　[9]

①　『世界は一冊の本』　②　『葬百階段』　③　『表札など』　④　『二十億光年の孤独』

ウ　火野葦平　[10]

①　『麦と兵隊』　②　『沖縄の手記から』　③　『野火』　④　『桜島』

2　次の文章を読んで、後の問い（問1〜6）に答えなさい。

　共感という経験は対人関係における感情共有の確信であり、共感が生じると多くの場合、相手に対して親和的な感情（親しみ）が生じ、他人事ではないと感じられる。喜びの共感であれば、自分のことのように嬉しくなり、「よかったね」と声をかけるだろう。悲しみの共感であれば、源があふれ、慰めるであろうし、苦しみに共感すれば、助けてあげたいと感じ、功力を惜しまないこともなくない。

　この時、自己了解（自己の感情への気づき）と同時に、他者の感情了解が生じている。自己了解が「自分がどうしたいのか」という欲望を告げ知らせる以上、共感は「他者がどうしてほしいのか」を理解し、相手が望む行為の選択を、つまり利他的な行為を可能にするのである。

　もちろん、自分の感情と相手の感情が同じである、という保証はない。だが、私たちは共感を手がかりにして、相手に気持ちや望みを言葉で確認することができるし、それによって適切な対応を取ろうとする。そうやって経験を何度も積み重ねるほど、次第的をはずれることなく相手の感情を理解でき、ようになり、適切な対応が可能になる。

　こうした理解を培うには、言葉と想像力、推論する理性の力を身につけることが必要である。それは、人間の共感を動物の共感と区別する上でも重要なものだと言える。

　A人間と動物の共感の大きな違いは、言葉で相手の気持ちを確認できることだ。共感は相手と自分の感情が同じであるという確信だが、言葉がなければその確信が正しいかどうかを知ることはできない。言葉があるからこそ、共感が動いた場合に確認をでき、正解だと嬉しいこともできる。そして、こうした自分の共感による他者理解が正しいか間違っているのかを知る、というフィードバックの経験を繰り返すことで、私たちの共感の精度（当たっている確率）が高くなる。言葉による相互理解がなければ、［　　　　　X　　　　　］可能性があるのだ。

　また、言葉の使用は人間に独自な意味の世界の共有をもたらしている。言葉は感情を細分化するため、共感される感情も微細に区分され、微妙な感情の違いの共有を可能にする。しかも人間は、嫉妬や羞恥、羨望のような自我に関わる感情もあるため、さらに共感の対象は複雑になる。自他未分の共態から自己が確立され、自己イメージが言葉によって「私」として具体化もわれるとき、そこに自己価値に関わる感情が生み出される。

　たとえば、怒りや苦しみは動物にも共感できるかもしれないが、嫉妬や羞恥、心自尊心に関する共感が生じることはないだろう。それは自我のある人間だけが持つ感情であり、言葉による感情の細分化を経ているからこそ生じ得るのだ。

　人間の場合、想像力と推論の力（理性）によって、もっと複雑な共感が可能になる。

　私たちは目の前の世界を生きているだけでなく、実在しない架空の世界、ずっと先の未来の世界にも想像の中で生きることができる。様々な記憶をたどり、知識を駆使して予想し、推論し、多様な状況を想像することができるのだ。このような想像的な世界もまた、言葉によって分節された意味の世界に基づいている。

　こうした想像力、推論する力は、当然、他者の内面世界にまで及び、私たちは他者の内面を想像し、他者の状況を考慮することで、他者の思考や感情を理解することができる。そして、他者の感情や思考、価値観の中に自分と同じもの、重なるものを見出せば、共感が生じることになる。それは、感情が同期してリアルにその感情状態に没入する情動的共感とは異なり、相手との同一性を認識することと感じる認知的共感である。自我がめばえ、言葉が使えるようになり、想像力、推論する理性の力が形成された段階で生じる、人間に特有な共感なのである。

　このような共感は、高度な認知能力にともなう共感であり、それは文化の異なる見知らぬ他者への共感を生み出す上としても重要なものだと言える。

　B　私たちは見知らぬ人よりも知り合いに対して共感が生じやすく、文化や価値観が同じ人間のほうが共感しやすい面がある。それは、自分に似たような境遇や状況の人のほうが、内面を想像したり、推測したりしやすいからである。このような共感は、相手と同じ価値観、感性、考え方であることを強く意識させ、仲間だという意識を強化する。もっと言えば、人間が集団を形成し、社会において共通のルールを守り、協調していく上で、共感はとても重要な役割を果たしているのであり、(注1)ヒュームが述べているように、共感こそが文化を形成すると言えるかもしれない。

　ともあれ、共感は相手に対して親和的な感情を生み、相手のための行動を起こす。共感が道徳的行為の動機となるのもうなずける。困っている人、苦しんでいる人に共感すれば、そこから同情や憐憫などの感情が二次的に生じ、助けなければ、慰めなければ、という当為や、行動が生じ得る。

　この点、認知的共感も情動的共感も変わらない。サルやイヌ、ゾウも苦しんでいる仲間に共感し、助けようとする。また言葉を使うことができ、想像力や理性の力の弱い幼児でも、泣いている子を慰めようとする。想像力や推論の力、必要な認知的共感ではなく、感情が同期するだけの情動的共感であっても、相手の視点に立てる力があれば、利他的な行為を起こさせられるのだ。

　ただし、認知的共感は利他的な行為をより適切な方向へ導く力を持っている。自分の中に湧き上がった感情に衝き動かされるだけでなく、想像力と推論によって、相手の立場、状況を考慮した行動であるからだ。また、情動的共感ほど熱くならず、比較的冷静に対処することもできる。

　共感は人間にとって、利他的行為、道徳性の動機となる、とても大事な現象なのである。

　共感によって生み出される利他的行為は、苦しんでいる相手を手伝ったり、相手の救いになるように取り計らったりするだけでなく、相手の気持ちを受けとめたり、話を聞いてあげたりするなど、精神的なケアを含まれる。

　共感している側の人間は、自分の感情を注視することで、それも相手が今感じていることだと確信し、相手の感情を理解することができる(自己了解を介した他者了解)。そして、C自分が感じ、理解していることを相手に伝えれば、相手にとっては心理的に大きな救いになる。

　まず、共感された側の人間は、苦しんだり、悲しんだりしているとき、誰かが共感してくれると、「ありのままの自分」が受け容れられたように感じ、不安がやわらいだり、安心感を得ることができる。(注2)アダム・スミスが指摘したとおり、共感は相手の歓喜を活気づけ、相手の悲嘆を軽減する。共感を得ることで、私たちの否定的感情(淋しさ、焦り、悲しみ、怒り)は緩和され、肯定的感情(嬉しさ、喜び)は増幅するのだ。それは、自分の気持ちが理解され、肯定されたように感じるからであり、自分の存在そのものが受け容れられたことへの安心感、つながりの充足とも言える。共感は「偽りの自分」を演じる苦しみから解放し、無条件の承認の実感を与えるのである。

　それだけではない。共感されることは自己了解を促し、気づかなかった本当の自分を自覚するための重要な契機となる。

　私たちはだれかに共感されると、自分の感情が正しい反応であり、相手に受け容れられている、という嬉しさを感じる。自分の感情、思考は大丈夫だ、そう感じることができる。しかし、強い不安を抱

えている人は、自分の感情や思考に向き合う余裕を失い、自分の心とがよくわからなくなっているため、共感をされることで「自分の気持ちをわかってくれた」と感じない。そうではなく、はじめて「自分の本当の気持ちがわかった」と感じるのだ。

これはつまり、共感によって自己了解が促された、ということである。

たとえば、自分の悩みを打ち明け、モヤモヤしたものを信頼できる人に語っているとき、相手が共感的な態度を示してくれると、自分の語りに自信と安心が生まれ、どんどん自分の語っていることがクリアになっていく場合がある。相手は相槌をうっているだけなのに、勝手に自己理解が進展する、そんな感じである。

（中略）

このように私たちは共感してくれる相手の表情や言葉から、自分の感情をあらためて気づかされ自己了解を得ることができる。そんな自分でも、この人は受け止めてくれる、という安心感が生じたため、真摯に自分と向き合えるようになり、自分のよくない思考や行動も自覚（自己了解）できるようになるのだ。すると、自分がこれからどうしたいのか、どうすべきなのか、その可能性を見えてくる。

こうした原理は、心理的治療や看護、介護、保育などにおける心理的ケアで共通するものであり、だからこそ、これらの領域では共感が重視されているのである。

もっとも、なぜ共感が心理的ケアに必要なのか、その点を明確に述べている文献は少ない。大抵の場合、共感が安心感や癒しを生み出す、という私たちの日常的な実感に即した説明がなされているだけである。確かにその説明は間違ってはいないのだが、さらに踏み込んで考えると次のように言うことができる。共感は自己の存在そのものが承認された実感を生み、そのことによって、自己了解が促され、自由に生きる可能性をもたらすのだ、と。

（山竹伸二『共感の正体──つながりを生むのか、苦しみをもたらすのか』による。
なお、本文中に一部省略したところがある。）

（注）　1　ヒューム──イギリスの哲学者。一七一一～一七七六年。
　　　　2　アダム・スミス──イギリスの哲学者、経済学者。一七二三～一七九〇年。

問1　傍線部A「人間と動物の共感の大きな違い」とあるが、両者の共通点と相違点を整理するため高校生が次のような【メモ】を作成した。空欄　Ⅰ　、　Ⅱ　に入る内容として最も適当なものを、後の各群①～⑤の中からそれぞれ一つずつ選びなさい。　11　、　12　

【メモ】

・共通点…人間も一部の動物も　　　　Ⅰ　　　　点。
・相違点…人間は動物と違って言葉を使用することができるので　　Ⅱ　　ことで複雑な共感が可能になる点。

Ⅰ　11

① 共感を契機として相手の立場を考慮した道徳的行為を行うことができる
② 同じ境遇や状況の中で長い時間をともに過ごすと相手と共感が生じやすい
③ その場に居合わせたもの同士の感情が同期することで共感が生じる
④ 共感を伴う推論の力によって精神的ケアを行うことができる
⑤ 怒りや苦しみ、妬みなどの根源的な感情について共感することができる

Ⅱ　12

① 相手の気持ちを言葉で確認したり、自分から気持ちを伝えようとしたりする
② 感情を言葉によって細分化したり、自己イメージを言葉で主体化したりする
③ 言葉を通して未来の世界を創造したり、過去の世界を讃仰したりする
④ 自我に関わる感情を言語化したり、他者の内面をその状況とを推し量ったりする
⑤ 相手のために行動を起こしたり、じっくりと話を聞いてあげたりする

問2　本文中の空欄　X　に入る表現として最も適当なものを、次の①〜⑤の中から一つ選びなさい。13

① 共感は享楽的な自己満足に陥ってしまう
② 共感は独善的な他者理解に陥ってしまう
③ 共感は構造的な同族嫌悪に陥ってしまう
④ 共感は抽象的な空理空論に陥ってしまう
⑤ 共感は虚無的な形式主義に陥ってしまう

問3　傍線部B「私たちは見知らぬ人をも」で始まる形式段落の【文章】と、次に示す【資料】について高校生五人がそれぞれ読み取ったことを話し合った。【文章】と【資料】の趣旨に最も近い発言を、後の①〜⑤の中から一つ選びなさい。14

【資料】

　京都大学総長で人類学・霊長類学者の山極寿一氏は「サルする人間社会」というセミナーの中で「何の誼みもなく、何か困ったら頼るこしができる人、つまり『社会資本』（ソーシャル・キャピタル）のマキシマムな数」は「一五〇人」だと述べている。一五〇人というのは「言葉によってつながっているのではなく、過去に何かを一緒にした記憶によって結びついている。何かの行為という記憶が接着剤になっているわけです。私は年賀状を書く時に思い浮かぶ人数と言っておりますす」と語り、「過去に何かを一緒にした記憶」とは「共感力を発揮した記憶」であり、「共感力」の反映できる数が一五〇人だというのだ。二〇〇万年前から大きくなり始めた人間の脳は、集団の規模が拡大するのに合わせて、六〇万〜四〇万年前に当初の三倍に膨れ上がった。その大きさは一五〇人規模で暮らすのに適した「社会脳」だという。その脳の大きさは生活様式が変化し集団規模が拡大しても変わらない。つまり、「人間の脳で作る共同体の規模、つまり信頼関係を構築して一緒に暮らす仲間の数は増えていない」とも言える。

（今中博之『社会を希望で満たす働きかた　ソーシャルデザインという仕事』による。）

① Aさん…【文章】と【資料】はそれぞれ「共感」の生じる場面について共通点があるね。状況や場面の共有を通して互いに共感しあうことで自然と信頼関係が結ばれるという点は、僕自身も日々の生活で経験があるよ。
② Bさん…【資料】には、社会において共通のルールを守る秩序を作り出すために、一五〇人規模の小さな集団で共感性を育むことが重要だとあるため、そういった意味でも【文章】にある通り、共感が文化を形成すると言っても過言ではなさそうだね。
③ Cさん…【資料】で、人間は共感性をもとに一五〇人規模で暮らすことに適した存在であ

り、必要以上に人間関係を広げることは無益であると述べていた。人間の脳の
キャパシティは、生活様式が変化しても変わっていないというのが興味深い。

④ Dさん…私は、信頼関係を深めるためには、言葉を介することなく関係を構築することも
必要になるということを【文章】と【資料】から読み取ったよ。想像力を用いて
他者の思考や感情を推理することで、自らも信頼関係も深まっていくのだね。

⑤ Eさん…【文章】では、人間はいつの時代も、共感し合うことで信頼関係を構築しなけれ
ば生きていけないと筆者は主張していた。人間が集団を形成して、社会的な生物
として生きていくためには、共感という力が必要不可欠になっているんだね。

問4　傍線部C「自分が感じ、理解していることを相手に伝えれば、相手にとっては心理的に大き
な救いとなる」とあるが、それはなぜか。その理由として最も適当なものを、次の①～⑤の中
から一つ選びなさい。　15

① 苦しんでいる相手の気持ちに寄り添うことで、相手は否定的感情から抜け出すための視
点を得ることができ、本来の自分の気持ちを思い出すことにつながるから。

② 苦しんでいる相手を受容することで、相手は他者とのつながりを見出し自己を肯定する
ことができ、その充足感に促され利他的な行動にも積極的になれるから。

③ 苦しんでいる相手に励ましの言葉をかけることで、相手は気持ちに余裕を持つことがで
きるようになり、混乱していた自分の気持ちを落ち着かせることができるから。

④ 苦しんでいる相手に親身になって接することで、相手の不安は少しずつやわらいでいき、
会話を繰り返すことで自分の気持ちを伝える喜びを感じられるから。

⑤ 苦しんでいる相手に共感を示すことで、相手は等身大の自分を受け容れることができ、自
身の感情や思考に自信を持ち、本当の気持ちを理解することができるから。

問5　傍線部D「自由に生きる可能性」とあるが、それはどういう可能性か。その説明として最も
適当なものを、次の①～⑤の中から一つ選びなさい。　16

① 自己了解が進展することで冷静に自分を見つめることができるようになり、それが今ま
で気づかなかった自分の美点を見出すことにつながり、自分を肯定しながら生きることが
できるという可能性。

② 自己了解が促進することで自分自身を見つめ直すことができ、秘めていた悩みを相手に
包み隠さず伝えることができるようになり、自分の気持ちに素直に生きることができると
いう可能性。

③ 共感されることで自分の発言や行動に自信を持つことができ、より積極的に考えている
ことを実行に移すことに意欲が生まれ、自分のやりたいことを具体的に実現していくこと
ができるという可能性。

④ 自分の言動について、よい部分も悪い部分も受け止めることで、心理的に落ち着いた状態
で自己開示することができるようになり、偽りの自分を演じる苦しみから解放され楽に生
きることができるという可能性。

⑤ 自分の思考や行動について、目をつむっていたものともしっかりと向き合うことができる

ようになることで、自己に対する理解が深まり、今までより深く自己と向き合った生き方を模索することができるという可能性。

問6　本文の内容と合致しないものを、次の①〜⑤の中から一つ選びなさい。　17

① 共感が発生するときは、同時に自己了解と他者の感情了解が生じており、その結果として相手に対して適切な行動の選択が可能になる。

② 共感とは相手の視点に立って考える力であり、相手に対して親和的な感情が生まれるだけなく、道徳的な行為の動機づけともなる感情共有の様態である。

③ 高度な認知能力を要する認知的共感は、言葉による感情の細分化を経た人間に特有のものである一方、動物や感情が未分化の幼児にはないものであると区別することができる。

④ 共感する能力に加えて、言葉や想像力、推論する力や理性の力を身につけることではじめて、利他的行為を実行することができる。

⑤ 医療や保育の場面における心理的ケアについての共感の重要性はしばしば指摘されるが、共感が心理的ケアに必要である理由についてはあまり踏み込んだ解説はされていなかった。

3　次の文章を読んで、後の問い（問1〜5）に答えなさい。

［奈津子は、中学時代の友人充子とお茶を飲み、帰路につこうとしている。］

地下の食品売り場で一通りの買い物を済ませ、このまま地下鉄駅に向かって帰ろうかという時、奈津子はふと断りを入れた。

「ごめん、一回外に出て(注)丸善に寄って行っていい?」

新聞の書評で見かけ、買おうと思っている本があるので。若い人が書いた文学賞受賞作で、女性主人公が抱く恋心の繊細な描写が見事だという。

「奈津さん、昔から本好きだったもんね。年取ってからもそんなに本読んで、どうするの?」

何年前からなのか思い出せないが、奈津子が本の話題を出すたびに充子はこう言うのだった。悪意(a)がないのはいつもの通りよくわかっているが、この時の奈津子はそのまま聞き流せなかった。

「孫にも言われたわ。最近、そういうとこ似てきたと」

息子夫婦が揃って休みが出勤、夫は仲間とパークゴルフに出かけ、奈津子は朝から一人で(注)蒼空を預かっていた前の日曜日のことだ。

午前中は蒼空が望むままに公園に連れて行って遊ばせ、全力で遊んだ孫は疲れたのか昼食の後はソファーで眠り込んだ。

ようやく自分の時間がとれた、と奈津子はダイニングテーブルで読みかけの本を開いた。書店に注文して引き取って来たばかりのワイド・スクリーン巻、刊行された頃はまだ子育てに忙しくて手を出せず、いつか読みたいと思っていた作品だ。上巻は長い時間をかけて読み終えた。

生きた時代も場所も自分と異なる女性たち。それでも共感できる部分に感じ入っては、頁を繰る(b)手を止めて同じところを読み返していた。

「おばあちゃん、どうして本読むの?」

内容に集中し始めた時、蒼空から声をかけられて、奈津子はびっくり顔を上げた。半分は論(注)を閉じたま

まの蒼空が、体にかかっていたタオルケットを引きずりながら台所に入ってくる。もっとゆっくり寝ていてくれてもいいのに、と思わずにいられない。

「もう起きたの。本読むの、もうそれね」

かける声に、癪が混ぜられるように気遣った。

「そりゃ、色んなこと知れるからね。そうしたら、生きていく役に立つし」

「もう、おばあちゃんなのに？」

蒼空は純粋な表情をしている。まるで、どうして空は青いのか、どうして虫はすぐ死ぬのか、そういった疑問と同列に、真っすぐA奈津子の柔らかいところを突いてきた。自分の残り時間が何年なのか、常に考えてしまう柔らかくて弱い部分を。

孫に何と言葉を返したのかは覚えていない。子ども特有の
b悪意のない、ただ純粋な感性から放たれた言葉なのは分かっている。それでも、奈津子はある時読んでいたワイルド・スワンを読み終えることができず、本棚の隅で埃をかぶらせている。

「子どもって時々残酷ならい、本当のことを言うものねえ」

書店くと向かう道すがら、話を聞いた完子は困ったように笑った。

「あきらめ、悪い意味で言ってるんじゃないんだけど、この年になるとさ、なんか、日めくりカレンダーに書いてあるような「一日一善が現を美しくする」「悪人こそ最良の師」みたいな、人生をより良くする言葉っているの？そういうの。役に立たない気がして」

慌ててもう一つ付け加える完子に、奈津子は「わかるよ」と頷く。完子は奈津子から視線を外し、前を見た。心なしか、歩幅が広くなっている。

「役に立たないっていうのも違うか。なんか、自分をより高みに持っていく努力をするよりかさ、残りの人生をどう楽しんだ方がいいなって思っちゃって。例えば、目の前にある美味しそうなケーキを一個食べなかったら寿命が一か月長くなるって言われても、だから何？って食べちゃう、そんな感じ」

安直な言い方に見えるが、Bそこには完子なりに真っ当な道理がある。完子は胸の前で手を合わせながら言うのだ。

「あきらめ、あくまであたしの場合ね。だから、奈津さんを壊いなって思ってる。自分はそうはできないって意味で」

「うん」

うまく説明できる気がしなかったので、奈津子は曖昧に頷いた。自分が本を読む理由は、知識欲とか、教養を高めたいからだけではない。

これまでの人生で積み木のように重ねられてきた意識の中で、何か、決定的な隙間があるような気がするのだ。欠落といってもいい。

奈津子はこれまで、おおむね望ましい生き方ができたと思っている。自由恋愛の果てに家庭と子を持ち、今は孫にも恵まれた。趣味も友もある。もちろん、何から何も望み通りにはいかないが、大きな不幸や病気もなく、ささやかな幸せを積み重ねてきた。

なのに、ぽっかりと空いた空洞が、奈津子を怖がらせるのだ。何か、とても恐ろしいことがあって、その空洞ができたのに、なぜそれが起こったのか、思い出せない。そんな泥うしさと気持ち悪さを自覚すると、首筋を冷たい手で撫でられたような気になる。

奈津子の日々の生活は、ほとんど揺るぎない。夫と生活し息子一家を支えるだけで、何もかも大きな変化など起きない。ならば、自分の中に取り入れる情報を増やすしか、その空洞を埋める手段が見つからないのではないか。奈津子はそう思って、穴を文字で埋めるかのように本を読み続けてきた。加齢が進み、老眼が年々厳しくなる中で、あれこれ読みたいという、願望だけが貪欲に膨れている。

書店に向かう道すがら、話題を変えて今年の灯油代について話している完子に曖昧な相槌を打ちな

がら、奈津子は前日の晩に夫が話していたことを思い出していた。テレビで自分たちと同年代の俳優が再婚したというニュースを眺めている時だった。

「最近聞くじゃないか、老いらくの恋とか、みっともねえよなあ」

くっ、と日本酒臭い息を吐きだして、夫はさも意地悪そうに笑った。奈津子は「そうだね」と相槌を打って最低限の同意を示す。

別に、夫の意見に異論がある訳ではない。自分は今さら恋愛沙汰に興味も持てず、物語で主人公の色恋沙汰に水を差したくなる。何の共感ももてなくなるかもしれない。夫にしても、それをこの年になって他の場所に若い女を作られるよりは、適当に枯れ切った夫婦関係のまま人生が完結しつつある現状がどれだけありがたいことか。

「みっともねえ」

夫の声がひやりと心に張り付いてくる。その通りなのに、脳裏で繰り返される声を不快に思う。何が悪いのか。年を取って、恋愛でなくとも新しい何かをするのに、あるいは手にしていたものを取り戻そうとするのに、どうして（ア）呵責を持てというのか。

奈津子は結局その日、目当ての本を買わなかった。書店に入って目の前の本棚に並んでいるその本を素通りし、代わりに来年の手帳を手に取った。毎年同じメーカー、同じデザインの紺色をしたビニール表紙の手帳だ。

孫を預かる予定。夫の外出に付き合う予定。釧路の母を見舞いに行く予定。書き込むであろう内容は、たぶん、今年と大きく変わらないだろう。手にしてすっと奈津子は手帳をもとの場所に戻し、（イ）色違いのデザインに手を伸ばした。黄、青、緑などの表紙が並ぶなかから、鮮やかな赤の一冊を取り、会計を済ませた。

たとえ外側一枚だけであっても、新しいものに変えてもらうことではないか。たとえ書き込む中身に違いはなくても、生活の何もかもが変わりはせず、ぽっかりと空いた空洞が埋まらないままなのだとしても。

　　　　　　　　　　　　　　　（河崎秋子『鯨の岬』集英社文庫による。）

（注）　丸善 —— 丸善書店のこと。

問1　傍線部（ア）〜（ウ）の語句の本文中における意味として最も適当なものを、次の各群の①〜⑤の中からそれぞれ一つずつ選びなさい。　 18 ，19 ，20

　　　　　　　　　①　相手を見下す気持ちが表れないように
　　　　　　　　　②　怒っていることが知れないように
（ア）　呵責を持て　③　気分が悪いことを隠すように
　　　　 18　　　　④　意地の悪い言い方にならないように
　　　　　　　　　⑤　深刻な雰囲気にならないように

　　　　　　　　　①　そのまま本に興味を失っている
　　　　　　　　　②　ずっと読まれないままになっている
（イ）　埃をかぶらせている　③　きちんと大切なものとして保管されている
　　　　 19　　　　　　　　④　長い間手入れせず汚してしまっている
　　　　　　　　　⑤　すっかり所在がわからなくなっている

(ウ) 阿責　[20]
　① 自分を厳しく咎(とが)め立てする気持ち
　② 偽らざる自信に満ちた気持ち
　③ 強く自分を鼓舞する気持ち
　④ 無理に自分と人とを比べる気持ち
　⑤ 必要以上に自分を装う気持ち

問2　傍線部A「奈津子の柔らかいいろ」とあるが、これは奈津子のどういう心情を表しているか。その説明として最も適当なものを、次の①〜⑤の中から一つ選びなさい。　[21]

① ささやかな幸せを積み重ねてきたが、あと何年生きられるかを否応なく考えさせられ、死への不安とともにこのままではいけないという激しい焦りを感じている。

② 夫や息子夫婦といった家族ともうまくやってきたが、年を重ねるとともにいつまで夫婦関係を良好に保っていくことができるのかという不安を感じている。

③ 知識欲や教養を身につけたいと思いいままで読書に励んできたが、確かにあと何年生きることができるかを考えると読書をする意義に疑問を感じている。

④ ほぼ満ち足りた人生を歩んできたが、それをそのまま肯定できない不安につながるような、老い先の短さにあらがえない無力感を覚えている。

⑤ 人付き合いがあまり得意ではなく、これまで自分の世界に閉じこもりがちであったが、これから残りの人生は、視野を広げていこうと前向きにとらえている。

問3　傍線部B「そこには亮子なりに真っ当な道理がある」とあるが、その説明として最も適当なものを、次の①〜⑤の中から一つ選びなさい。　[22]

① 亮子は、奈津子が読書から教訓を得ようとしていることを頭で理解しているつもりだが、やはり人生教訓よりも目の前の楽しいことの方が残り少ない人生を生きていくうえで意味があると思っており、その考えをそれとなく奈津子に伝えようとしているということ。

② 亮子は、自分の考え方が浅はかだと思いながらも、長生きをするよりも今を楽しく生きることを優先した方が豊かな人生を送ることができるというのは普通の真理であると思っており、奈津子に申し訳なく思いながらも自説を語らずにはいられないでいるということ。

③ 亮子は、奈津子にアドバイスをすることができるのは自分だけだと思う使命感から、年を重ねた自分だからこそあえて本を読み人生教訓を学ぶ必要などないという事実を理解してもらうため、ぶしつけではあるが正直に考えを伝えようとしているということ。

④ 亮子は、奈津子のことを尊敬しながらもどうしても奈津子の考えに賛同することができず、人生をより良くする教訓など実は生きていくうえで大した意味がないのではないかという自分なりの考えを伝え、奈津子にも共感してもらいたいと思っているということ。

⑤ 亮子は、奈津子が読書をすることの意味を全否定しているわけではなく、読書から得られる人生教訓よりも現実をさらに楽しく過すかを考える方が年を重ねた今となっては生きる喜びにつながるという実感を素直に奈津子に伝えているということ。

問4　傍線部C「鮮やかな赤の一世を取り」とあるが、ここからうかがえる奈津子の心情の説明として最も適当なものを、次の①〜⑤の中から一つ選びなさい。　23

① また同じような一年を過ごすのだろうと思いながらも、年輪にかかわらず新しいことをしてもらえるという思いがわき起こり、ささやかなことから新たな挑戦をしようと思うようになっている。

② これまでのように変化のとぼしい人生を歩んでいくのではなく、残りの人生は他人の意見に左右されることなく、自分なりに様々な変化をつけながら生きていこうと思うようになっている。

③ これまでは決まりきった予定を生きるだけの変わり映えのしない人生を送ってきたが、これからは自分で予定を立てて、刺激に富んだ鮮やかな日々を過ごそうと思うようになっている。

④ これまでは冷めきった夫婦関係を受け入れて当たり前のことと思っていたが、これからは夫との関係を修復し、一緒に老後の時間を楽しめるように努めていこうと思うようになっている。

⑤ これまでは読書だけが心の慰めであったが、これからは虚構の世界ではなく自分が直面している現実に目を向けることで、残りの時間を豊かに生きていこうと思うようになっている。

問5　波線部a〜fの内容や表現に関する説明として最も適当なものを、次の①〜⑤の中から一つ選びなさい。　24

① a「悪意がない」・b「悪意のない」という同じ表現を完子の発言と蒼空の発言に対して用いることで、それらの身近な人たちの純粋な疑問を契機として、奈津子自身が抱える本質的な悩みに自然と向き合う様を表している。

② c「心なしか、歩幅が小さくなる」という表現から、完子が不用意な発言で奈津子を不愉快にさせてしまったことを申し訳なく思い、なんらかの場を取り繕う行動をとらなければと思い焦っている様子がうかがえる。

③ d「首筋を冷たい手で触られたような気になる」という表現は、幸せな人生を歩んできたつもりであったが、選択を誤ったことでいつのまにか不幸な人生へと引き寄せられていくであろう奈津子の運命を暗示している。

④ e「願望だけが食欲に膨れている」という表現から、手あたり次第に情報を取り入れることで自分自身の心の中の孤独を埋めようとする自分自身を、浅ましい存在として恥じている様子がうかがえる。

⑤ f「日本酒臭い息を吐き出して、夫は少し意地悪そうに笑った」という表現から、冷え切った夫婦関係が続いたことで、軽率な発言をする夫のことを不愉快に思う奈津子が一方的に彼を見下している様子がうかがえる。

◀B　日　程▶

（二科目　九〇分）

1　次の問い（問1～3）に答えなさい。

問1　ア～ウの傍線部のカタカナに相当する漢字を、次の各群の①～④の中からそれぞれ一つ選びなさい。　**1**、**2**、**3**

ア　集まったデータをカイセキする。　**1**

①　斤　②　隻　③　積　④　析

イ　昔の方針をケンジして譲らない。　**2**

①　圏　②　堅　③　賢　④　鍵

ウ　格式ある神社のイヨウに感動する。　**3**

①　容　②　陽　③　様　④　用

問2　ア～エの四字熟語の空欄　**4**　～　**7**　に入る漢字を、次の①～⑨の中からそれぞれ一つ選びなさい。　**4**、**5**、**6**、**7**

ア　彼は温　**4**　篤実な人柄で慕われている。

イ　諸国が合従連　**5**　して強大な敵に立ち向かう。

ウ　まるで勧善　**6**　悪を絵に描いたような時代劇だ。

エ　熟読　**7**　味してその書物の内容を血肉化する。

①　玩　②　合　③　懲　④　討　⑤　厚

⑥　孝　⑦　吟　⑧　罪　⑨　衡

問3　ア～ウの筆者の著作を、次の各群の①～④の中からそれぞれ一つ選びなさい。　**8**、**9**、**10**

ア　志賀直哉　**8**

①　『網走まで』　②　『或る阿呆の一生』　③　『李陵』　④　『晩年』

イ　島崎藤村　**9**

①　『遠望』　②　『夜明け前』　③　『驟雨』　④　『海と毒薬』

ウ　斎藤茂吉　**10**

①　『鹿鳴集』　②　『春泥集』　③　『群黎』　④　『赤光』

② 次の文章を読んで、後の問い（問1〜6）に答えなさい。なお、Nukabot は、筆者が研究開発を行っている発酵食品の容器の名前で、従来のぬか床に、発酵菌の状態を検知するセンサーや計算機、会話機能などを追加した一種のロボットである。

　筆者は、Nukabot の研究において、人間と微生物が相互にケアする関係性を結ぶことが可能かというリサーチ・クエスチョンを掲げている。人間同士の相互ケアさえ難しいのに、人と微生物という、生命の系統発生の観点からしても、かなりかけ離れた種同士のケア的関係を考えることははたして可能か。実はこの問いは、モア・ザン・ヒューマン（more-than-human）研究について学ぶことで醸成されたものである。モア・ザン・ヒューマンとは環境哲学者デイヴィッド・エイブラムが人間以外の生命体によって構成される環境世界を指して作った造語だ。転じて、今ではポスト人文知や工学の領域において、人間中心主義の軛から脱するためにも、ヒト以外の生命全般を指すために用いられるようになっている。

　Nukabot の研究の中で特に参照したのは、環境倫理の哲学者マリア・プッチ・デラ・ベラカーサの議論である。その主著において彼女はケアを人間だけが可能な行為としてではなく、異なる生命種同士の関係生成の文脈において捉え直している。

　モア・ザン・ヒューマンの環世界を「ひとつになる」というダナ・ハラウェイの哲学からインスピレーションを得て、社会的、政治的、経済的な側面を含んだフェミニズムの議論におけるケアの歴史を振り返りながら、プッチ・デラ・ベラカーサは、人に限らず、生命同士が互いについて考えること、知ることの関係にはケアの観点が必要」であると考えてきた。彼女は、相互ケアの関係がいかに生成の、動的、そして進化的なものかを強調するために、ケアが理想的、道徳的な命令ではなく「非規範的な義務」を呼び起こすものであると説明している。また「ケア（の行為）は、その本質があらゆる面でメンテナンスや関係修復であるというだけでなく、世界の住まわせ方の度合いがその中で達成されるケアにかかっているという理由から、私たちに絶え間ない育成を義務づけている」と説くように、ケアとは放っておくと劣化してしまう状態を常に見守ることで、自らの生をやすを高める行為でもある。

　プッチ・デラ・ベラカーサにとって、思いやりのある関係によって生み出される相互依存、代替的なバイオポリティクス（生政治）を構想するための前提条件である。それは、すべての存在の希望に満ちた繁栄のための日常的な探求の中心に思いやりを置く集団的なエンパワーメントの倫理であり、ハハに用いられる「バイオ」（ギリシャ語ではビオス（bios））と人間以外の生命を含む共同体としても理解されるものである。そして、この関係が本質的なものであるためには、フーコーを引きながら、自らとは異質な他者への「好奇心」が必要であると指摘する。そのような好奇心の日常における具体的な発現としては、他者に対して "How are you doing?" と問いかける行為が挙げられている。それはただの儀礼的な挨拶ではなく、当の他者が「どのような苦しみに向き合っているのか」という問いの表現であるという。

　このような「ケア」の概念の明確化は、プッチ・デラ・ベラカーサが現代農業のケースに焦点を絞って、土壌生態学の研究から「フードウェブ」の概念を引き出したときに、私たちにとって特に重要になる。「フードウェブ」とは、「生命種同士がどのようにお互いを養っているかだけではなく、ある種の廃棄物がどのように別の種の食料になるか」を理解するための概念である。彼女はそれを「相互依存のウェブ」と呼び、それは「さまざまな主体（中略）が人間社会と異なる関係性で互いに必要なものを提供し合ってケアしている」と表現する。

　土壌の観察から生まれた「フードウェブ」の概念は、何億もの微生物が共存するぬか床にも適用できる。乳酸菌は、乳酸菌がグルコースを代謝する際に発生する廃棄物の一種であり、発酵過程で付加された他の栄養素（ビタミンなど）とともに、人にとっての美味の源となる。また、米ぬかは人間が

米粒を加工する際に発生する廃棄物だが、同時に乳酸菌や他の種のバクテリアが同居するための快適な環境にもなる。

アナ・ツィン・ラウカーサは、二〇世紀を通して化学肥料、農薬、遺伝子組み換えなどの技術科学的な土壌管理方法が主流となり、人間と土壌との基本的なつながりが破壊されていることを批判している。彼女は、農業における土壌の集中的な搾取を推進してきたテクノサイエンスの進歩史観的な傾向を分析し、人間が「固有の関係性から」土壌と再びつながるための方法の可能性を議論しているのだ。また、B人間と人間以外のものとの関係において「ケア」が本質的に重要であるとは、科学技術社会学（STS）においても、感性地理学（affective geography）の議論とともに議論されている。

STS研究者のシンジャイン・ローは、イギリスのCTS（Cattle Tracing System：牛追跡システム）を綿密に批判し、動物管理技術と伝統的な農家が行う牛の多くの細かいケアを対比させている。彼らは、伝統的農家の家畜牛に対する経験を民族誌的に描写しながら、動物のそばに静かに立って何時間も見守るというような寛容なケアの反復的な様式が、CTSのような管理効率を追求するテクノサイエンスの原理において無視されていると主張している。農民はこのような様式を繰り返すことで、家畜たちの健康状態を深く洞察し、彼らとの情緒的な関係を育む時間に参加しているのである。

感性地理学者のアンナ・クリヴォッシュカは、アドクの実と「一体化」した彼女自身の体験談を詳細に記述している。畑でアドクを育てる数か月間の経験から彼女は「魅了」「アドクに成る（働く）」「フォーカス」という三つの発展的なアプローセスを抽出し、それを通してエンパワーメントの感覚を育んでいる。最初の「魅了」の段階では人未知の植物の生成現象を発見し、その後に「アドクに成る」という意味が労働作業を通して育まれ、最後の「フォーカス」では自己と対象を分かつ意識が後退し、ケアの作業に努力を感じなくなる状態が続く。クリヴォッシュカは、土を扱う農民を観察した別の民族誌におけるアナ・ツィン・ラウカーサの「フードウェブ」モデルとしての土の考えに沿って、これらの「ケア」の実践が、注意力の学習アプローセスを構成すると主張している。さらに、「人間と非人間のエージェントの間の衛生的な分有を意味にする」として、人間と人間以外の世界を修復しようとするジェイミー・ロリマーの「プロバイオティクス・エンバイロメンタリティーズ」という概念を踏まえ、こうした配慮が「人間以外のエージェントに対するケアの必要性を、人間の幸福に関連するものとして認める」倫理につながると主張する。

これらの環境哲学の議論に共通しているのは、アナ・ツィン・ラウカーサが「ケアの時間」と呼ぶ［　　X　　］時間軸を再評価していることだ。それは、現代のテクノサイエンティズムの［　　Y　　］時間観から切り離された時間性であり、「ケアする」という日常的な実践の繰り返しから生まれるものである。そのため彼女は、メンテナンスの行為、情緒的な関係、そして非規範的な倫理からなる「Cケア概念の三要素」を提案している。

（ドミニク・チェン「非規範的な倫理生成の技術に向けて」〔西垣通編『AI・ロボットと共存の倫理』所収〕による。なお、本文中に一部省略・改変したところがある。）

（注）バイオポリティクス（生政治）——個人個人の生命や身体内面に直接関与する政治的な支配のあり方。二〇世紀のフランスの哲学者・ミシェル・フーコーが概念化した。

問1　傍線部A「人間中心主義の軛から脱する」とあるが、それはどういうことか。その説明として最も適当なものを、次の①〜⑤の中から一つ選びなさい。　11

① 人間の都合だけを優先してしか物事が考えられない態度から抜け出すこと。

② 人間こそが世界の中心だという考え方を疑おうとする懐疑心を認めること。

③ 人間が他の生物より知性的に優れていると信じる固定観念から逃れること。

④ 人間しか世の中には存在しないかのようにふるまう傲慢さを捨て去ること。

⑤ 人間の幸福のために他の生物を犠牲にしてきた人類の歴史を看過すること。

問2 傍線部B「人間と人間以外のものとの関係」とあるが、筆者はどのような関係性を模索していると考えられるか。その説明として最も適当なものを、次の①〜⑤の中から一つ選びなさい。 **12**

① 人間が有する科学的知識や農業技術を用いて土壌中の微生物をとりまく環境を整えることで、人間が長期にわたって大地の恵みを享受することができるという関係性。

② 人間が自らの食べ物を食べ尽くさずに一部を自然に還元することにより土壌を豊かにし、なお一層よい農作物を継続して栽培することができるようにするという関係性。

③ 生物学的な知識を基盤とした科学技術を用いて土壌を整え豊かにすることにより、自然から搾取するのではなく、むしろ自然に寄与していくことを目指すという関係性。

④ ほかの生物のような自然に依存して与えてもらうだけの立場に人間が甘んじることなく、土壌の環境をもよりよくするように整えるといった、人間のみが築ける関係性。

⑤ 人間が生きるうえで自ずと出てくる不要物を土壌中の微生物の栄養とし、土壌がまた人間が生きるための食べ物を栽培する好環境となるという、相互に与え合う関係性。

問3 空欄 **X** ・ **Y** に入る表現の組み合わせとして最も適当なものを、次の①〜⑤の中から一つ選びなさい。 **13**

① X 人間以外の生命種だけが生み出す Y 原始から長く続く
② X 人が作り出さなくても表出しない Y 進歩的で直線的な
③ X 人から人へ連綿と受け継いできた Y 断続的に循環する
④ X 人間だけが創造することができる Y 反復的に繰り返す
⑤ X 人の好奇心を無関心にさせ合体した Y 広範囲に発展する

問4 傍線部C「ケア概念の三連要素」とあるが、筆者はこの概念を生かして Nukabot の開発を行っている。本文の出典の他の箇所から引用した次の【文章】と本文の内容を踏まえ、どのような点に生かされていると言えるか。その説明として最も適当なものを、後の①〜⑤の中から一つ選びなさい。 **14**

【文章】

Nukabot はぬか床に生息する乳酸菌や酵母などのグラム陰性菌の多様な活動を監視する。pHや酸化還元電位、塩分濃度、各種ガスの排出量などのデータの推移を見ることで、ぬか床が発酵しているのか、腐っているのかをおおよそ判断できる。誰かがぬか床を混ぜなきゃならないというステータスが判断すると、音声でユーザーに警告する。また、「いまどんな感じ？」や「なにかしてほしいことはある？」といった質問に音声認識で答えることもできる。そして、同居人の味覚を知るために、音声による官能評価を受け付ける。つまり、各家庭において、共に暮らす住人の評価に応じて、時間の経過とともにそれぞれ味の好みが育っていくのだ。

Nukabot のデザインの目的は、人間の代わりにぬか床の管理を自動化することでは決してなく、目には見えないくバクテリアに対して人間が愛着を抱くことである。

① 人間が継続的にぬか床の環境を改善するケアを進んで行えるように、ぬか床の状態について Nukabot と人間が会話に似た音声のやりとりを行い、人間が微生物の状況への理解を深めたり、Nukabot が人間の味覚や好みに合うぬか床を育てたりすることを可能にしている。

② Nukabot がぬか床中の微生物の状態を把握し、人間から問いかければ音声で返答することで、あまり人手をかけず効率的にぬか床を理想的な状態に保てるように、人間の好みに合うぬか漬けを作るという目的を実現するために、人間がケアを行えるようにしている。

③ 乳酸菌や酵母などのぬか床に生息している菌の方からもしてほしいことを人間に音声で訴えられるようにしたことで、ケアが一方通行にならないようにし、また、好みに合わせたぬか床にも変えていけることで、ケアに対する具体的な見返りを実感することができる。

④ Nukabot がぬか床の状態を監視し、ぬか床を混ぜてほしいなどの警告を出すことにより、人間の側が必要最小限度のケアをすることを可能にし、さらに、人間の味覚に合うぬか漬けが作れるように、微生物にとって居心地のよい環境を維持していくことができる。

⑤ 微生物が求めていることを Nukabot が音声で伝えてくれることによって、人間が適切なケアを繰り返し行うことができるようになっており、また、人間になお一層愛着を抱いてもらうことを目指し、Nukabot が人間の味覚に合うぬか漬けを作ろうと努力してくれる。

問5　本文で紹介されている研究者に関する説明として最も適当なものを、次の①〜④の中から一つ選びなさい。　15

① 環境倫理の哲学者であるマリア・プッチ・デラ・ベラカーザによる、生物が単線的食物連鎖の関係ではなく、相互に依存しケアし合う関係性にあるという「フードウェブ」の概念を紹介し、それが筆者の Nukabot の研究開発に寄与した、と述べられている。

② 科学技術社会学の研究者であるシンクレントンローが、家畜に対する寛容なケアを反復して行うことにより、農民は家畜の健康状態に対する洞察を深め、相互の情緒的な関係を構築することこそがCTSの本質だと主張している、と述べられている。

③ 感性地理学者であるアンナ・クリウォシュカが、ブドウ栽培の体験から「魅了」、「アフェクト」に成る（働く）」「フォーカス」というプロセスを抽出し、エンパワーメントの感覚を育んだという体験が「フードウェブ」に連なるものだ、と述べられている。

④ ジェイミー・ロリマーが説いた〝人間と非人間のエージェントの分離を曖昧にすることで人間と人間以外の世界を修復しようとする〟という「プロバイオティック・エンバイロメンタリティーズ」が、プッチ・デラ・ベラカーザの主張を支える、と述べられている。

問6　本文の内容について高校生5人が話し合った。本文の内容に即した発言として適当なものを、次の①〜⑤の中から二つ選びなさい。ただし、解答の順序は問わない。　16　・　17

① Aさん…ケアの基本には異質な他者に対する好奇心が必要であるという内容が印象的だったな。自分とは社会的背景の異なる人に対するケアでは、相手の文化的背景やその価値観などを理解したうえで尊重することが大切だと述べられているんだね。

② Bさん…互いに思いやりを持ち依存し合うことで生物同士が生きやすい環境が作られると書かれているね。たとえ相手が人間以外の生物であったとしても、相手が置かれた状態に心を寄せるのがケアの基本姿勢だと筆者は考えているんだよ。

③ Cさん…筆者は、時間をかけて繰り返しケアを行うことにより、対象との情緒的な関係を

構築することができると考えているよ。だから最新技術を生かしたロボット開発を進めて、ケアをする人の負担を軽減できるように努めているんだね。

④　Dさん…大事な家族やペットといった相互ケア的関係に対しては、世話を負担に思わず、むしろ喜びだと思えるから、それがケアの基本だと述べているように感じたよ。自分のためではなく他者のためという考えが大切だと言いたいんだね。

⑤　Eさん…ある意味ケアする相手と自分とが一体化した状態になって、ケアのための時間や手間を厄介に感じなくなるのが理想であると考えているのだと思うよ。相手のために何かをすることが自分のための行為にもなるということだよね。

3　次の文章を読んで、後の問い（問１〜５）に答えなさい。

（群馬県桐生市で織物業を営む新田商店は、太平洋戦争中、国策で事業の縮小を強いられていた。県内の養蚕農家の生まれで新田商店の次男・達夫に嫁いできた芳乃は隠れて絹織物の製作を続けていた。）

残暑の厳しい、無風の夜のことだった。

僅かに窓を開けて織物をしていると、離れの玄関戸が激しく叩かれた。ほとんど催眠状態で織りの世界に遊んでいた芳乃は、すぐには現に戻ってこられず、Ａしばし織機に座したまま呆然としていた。

玄関先で押し問答するような声が響いたあと、廊下を渡るぎしぎしとした足音が近づいてくる。音の主は、（ア）誰何する前に姑だと知れた。

引き戸が乱暴に開けられ、かつが戸口に立った。背後には、達夫が起き抜けの姿で戸惑っている。

「朝になったら婦人会が来ます。ここにあるものを全部、燃やしなさい」

窓からごく弱い光が差し始めた。浮かび上がったかつの顔は青ざめている。無言で動けずにいる芳乃に、ついに鋭い一声が上がった。

「聞こえなかったん？」

「母さん、一体どういうことなん。せめて説明してもらわないと」

「説明してほしいのはこっちのほうです。皆がもんぺで辛抱しているこの非常時に、のんきに正絹の反物を織るなんて一体どういう（イ）了見なん？　この私の目と鼻の先で、新田商店の嫁が世間様からそしられるようなことをするなど、前代未聞の大恥です」

「もしかして誰か、婦人会に漏らしたん？」

達夫の問いかけに、芳乃は［　Ｘ　］顔を上げた。誰か、といっても、機織りのことを知っているのは、達夫と芳子、それに清子くらいである。

「すぐそばで仕えている女中から恨まれるとは、普段からの心がけも知れるいね」

「清ちゃん、なんですか」

このところギクシャクとはしていたが、この苦難の時が過ぎれば、もとの清子に戻ってくれると希望を抱いていた。いや、抱いていたかった。しかし時代の課した試練が、芳乃の知っている清子をとうに変容させていたのだ。

「懇意にしている意匠師の奥さんが使いをよこしてくれたん。あんたの道楽に巻き込まれて新田商店まで危険に晒すことは許しません。染料も糸も、一旦庭に埋めるなり、山に運ぶなりして必ず燃やしなさい」

かつがずいっと近づいてくる。パン、という乾いた音に遅れて、頬を痺れに似た痛みが走った。

「さっさとやるん！」

怒鳴られ、ようやく我に返って立ち上がる。

達夫が、芳乃とかおりの間に入った。

「それまでだ。ひたすら隠せるだけ隠せ。もっと」

絹にうるさい絹も指定生産になることを見通し、芳乃は実家から大量に絹糸を確保し、様々な色に染め上げていた。

上州一帯を中としてひろがめられる蚕蛾の吐き出す糸を、山が生み出す命の色を移したそれらを、かつては本当に燃やせと言うのだろうか。正絹が□□人絹に取って変わられる前から、この桐生の街で生きてきた始祖がある。

気がつくと芳乃は達夫を押しのけ、大量の絹糸を一束ずつ指をしながら声を発していた。

「これは紅花、これはブナの木、こちらはヤマモモ、そにこれはアイで、他にもイチョウに、紅葉に卵にインドに、これは義姉さんの着物を染めた蘇芳、こちらはお義父さんが好きだった藍です。まだまだあります。と、これも山の草木からもらった色です、命です」

「何が言いたい?」

「絹糸は、新田商店を育ててくれた母親みたいなものなんじゃないの? 新田商店だけじゃない。桐生だって、絹糸を織りもなしで、いったいどうやって生きていくの?」

嫁から姑へはない。桐生の女から女への間じだった。

しばしの沈黙のあと、[②]まなじりをきりきりつり上げていたかおりが、[B]ふうっと息を吐き出した。

「その絹糸がそれほどの出来か、わからない私だと思ったの?」

気丈な始が、こう見せたことのなかった憂いの色を瞳にまとらせた。絹糸の束に近づき、太い指先が愛しむように艶やかな表面をなぞる。

「この家に嫁いでから、死に物狂いで店を守ってきた。大会社だ、桐生の顔だと言われても、一晩だって枕を高くして眠れたことはなかった。特に、西陣には負けたくなくてねえ」

山の端からまぶしい朝日が漏れ出すと、かおりはこの自然に絹糸を引き寄せ、光から守った。

「西に西陣があるなら、東には桐生がある。絹の歴史って負けやしない。あちらが千四百年なら、こちらも千二百年。この街の[③]バッチン機や[④]ジャカード織りやらを取り入れて桐生織を発展させてきたんはあんたも知ってるでしょう」

「大人達から聞かされて育ちましたから」

伝統だけにしがみついていたら、今の桐生はなかった。桐生なら誰しも、それこそ皆、自分の手柄のように語る。

「だから美代子が嫁に来て、いかにもわらが本家本元だっていう態度には我慢がならなかった」

「お義姑さんが?」

芳乃の反物を手放して賞賛してくれた義姉の姿とは、なかなか結びつかない。

「うちのほうこそ嘘けは絹のものでしょう。それなのに、偽物などと好かんなと言ってね」

山の木々に似た深緑の束を一つ取り上げ、かおりがほうっと息を吐き出した。

「人絹には出せないね、この深みは」

やがてこちらに転じた瞳からはもう、憂いの色は消えていた。

「あんたと美代子が二人して出入りしていた蔵に、隠し階段があります。二階へ上がって、糸や反物を運べるだけ隠しなさい」

先ほど嫌を閉じたのと同じ蔵へと続くだろうた扉が、鍵を差し出してくる。

「これは階段を下ろす鍵です。棒の先につけて回して。達夫、やり方はわかるね? さあ、二人とも急いで」

何度も頷いて鍵を預かり、達夫と二人がかりで包めるだけ包んだ絹糸を風呂敷に包んだ。まだ夏を引き

するたまの蒸し暑い空気をもって、夫婦で台車を押す。[Y]、蔵と部屋を何度も往復する。汗がしたたる。昨日死に損ねた蟬が鳴き始めている。

気づけば、いつ婦人会が打ち合わせを訪れてもおかしくない時刻になっていた。

蔵に向かって最後の荷物を運びながら、とある疑問が一条の明日のように芳乃の胸に差し込んできた。

なぜ、かつては隠し階段の鍵などを持っていたのだろう。まさかいつも持ち歩いているわけでもないだろう。

もしかしてあの姑は、すべて承知だったのではないだろうか。芳乃が夜な夜な糸を染め、織物にそししみ、正絹の着物を仕立てていたことを、知った上で片目を瞑り、見逃してくれていたのではないか。

今という時の言い知れぬ意味の悪さを、与一は今、息子達とともに店の矢面に立つからこそ誰よりも痛切に感じ、織機のたてる音を、桐生の音を守ろうとしてくれていたのではないか。

明日に映える山の緑は染めがたいほど濃く、鮮やかだ。まだ満足に出せたりものなら、あの色も、この色も、今度こそ絹糸に移して織りたい。そんな、ふと素朴な欲求を大罪とする日々。おかしいのは目分と、世間と、どちらだろう。

これから迎える大日本婦人会との対面を思い、蔵から帰る芳乃の足取りは重かった。

（成田名璃子『世はすべて美しい織物』新潮社による。）

（注）　1　人絹──人造絹糸などの略。レーヨンなどの化学繊維のこと。
　　　　2　バッタン織機──水力を利用して、一時に大量の蟬糸がおちまうとにした機械のこと。
　　　　3　ジャカード織り──立体感のある複雑な模様を織り上げる技術の一種。

問1　傍線部（ア）〜（ウ）の語句の本文における意味として最も適当なものを、次の各群の①〜⑤の中からそれぞれ一つ選びなさい。[18]、[19]、[20]

（ア）誰何する　[18]
① 誰なのか思案をめぐらす
② 誰なのか声をかけて問う
③ 誰が来たのではと考える
④ 何が起きたのか疑問に思う
⑤ 誰がなぜ来たのか尋ねる

（イ）了見　[19]
① ものの考え
② 先の見通し
③ 教育やしつけ
④ 態度の悪さ
⑤ 間違った見解

（ウ）まなじり　[20]
① 眉の端
② こめかみ
③ 目の端
④ 眉間
⑤ 口元の皺

問2　傍線部A「しばし織機に座したまま呆然としていた」とあるが、この時の芳乃の様子の説明として最も適当なものを、次の①〜⑤の中から一つ選びなさい。　[21]

①　自分だけの布の愉楽の時間が邪魔されたことはかつて一度もなく、想像したこともなかったため、突然それが妨害されたことに驚き、頭や身体がうまく動き出さないでいる。

②　手は織物を織るべく動かしているものの思考は別のところをさまよっていたため、急に戸を叩く音がして我に返ったが、何が起きたのかをすぐに把握しきれないでいる。

③　織物という一人きりの世界にいつも作業をしていたため、戸を叩く音になかなか気づかず、人が山に来たにしてもその重大さを理解し対応するのに時間がかかっている。

④　反物を織る作業に没頭してその喜びにふけっていたため、戸を叩く音を聞いてもぼんやりして意識が適切に働かず、驚きながらも何も対処することができないでいる。

⑤　ひたすら織物をする自分だけの悦楽の世界から、戸を叩く音によって突然引き戻されたため、それが現実の出来事だとは思えず夢の中にいるような気分を引きずっている。

問3　空欄　X・Y　に入る表現の組み合わせとして最も適当なものを、次の①〜⑤の中から一つ選びなさい。　[22]

①　X　しょんぼりと　　　　Y　注意して
②　X　おもむろに　　　　　Y　張り切って
③　X　のろのろと　　　　　Y　無言のまま
④　X　不機嫌そうに　　　　Y　ひたむきに
⑤　X　いぶかしげに　　　　Y　勢い込んで

問4　傍線部B「ふうっと息を吐き出した」とあるが、この時のかのの心情の説明として最も適当なものを、次の①〜⑤の中から一つ選びなさい。　[23]

①　勝手な行動で嫁が新田商店の体面を汚そうとすることは許さないと言った自分に対する芳乃の反論の言葉から桐生の女としての気概を感じるとともに、自分自身にも織物や絹糸を愛し慈しむ桐生の女としての気持ちが湧き上がってきている。

②　嫁でありながら家を危険に晒しかねない芳乃の勝手な行動に腹を立てる気持ちもあるものの、一方で織物を愛する気持ちも染色の胸前に敬服し思いもあり、芳乃から激しい感情をぶつけられたことで自分の中に葛藤が生まれて苦しんでいる。

③　桐生の女として織物や絹糸の美しさを愛する気持ちも芳乃にも負けない自負があり、新田商店を守ってきた誇りがあるからこそその自分の行動であることにもかかわらず、それを理解しようとせず非難の言葉をぶつける嫁の振る舞いにあきれている。

④　家を守るためには戦時下の国家の方針に従わなくてはならず、今は織機も絹糸も手放さなくてはならないと言い聞かせてはいるが、山の命の色を映した美しい絹糸を前に、それを手放すことを惜しむ気持ちがこみ上げてきたいので動揺している。

⑤　様々な自然の色に染め上げられた絹糸ならではの美しさを眺め、それを使って美しい布を織り上げたいという芳乃の心情や思いに触れるうちに、抑えていた桐生の女としての意地や伝統への愛情がこみ上げ、芳乃に対する気持ちに変化が生じている。

問5　傍線部C「とある疑問が一条の朝日のように芳乃の胸に差し込んできた」とあるが、この表現の効果を説明したものとして最も適当なものを、次の①～⑤の中から一つ選びなさい。

24

① 婦人会が訪れるまでにはまだ時間があるという時になって突然、今までの自分は重大な点に気づいていなかったのではないかという疑問が生じ、それを確認しようにももう取り返しがつかないという芳乃の衝撃を視覚的に描く効果。

② やりきれない思いで荷物を運ぶうちに、突如として今までの自分の考えが根本的な誤解に基づいていたことに気づき、真実を把握したことにより、暗く閉ざされた芳乃の心に朝日のような明るい希望が見えてきたことを暗示する効果。

③ 姑に従ってきた芳乃が納得しきれないという思いを心に幾度となく巡らしているうちに、これまで隠されていた真実が次第に見えてきたことに驚きを抑えきれないという心情を描写し、夜明けのようなその瞬間を読者に印象付ける効果。

④ 当初は真実に気づかずに一方的に気持ちをぶつけていた芳乃が、ふとした疑問から自分が見落としてきた人々の本当の姿に思い当たり、今までの自分の言葉や行動を後悔する場面へと転じる瞬間を、比喩を用いて印象的に描く効果。

⑤ 今までの自分は物事の表面しか見ておらず、重大なことに気づいていなかったのではないかという疑問を抱いたことをきっかけに、姑の言動の真実に思い至った芳乃の発見を、闇を照らす朝日に仮託して象徴的に表現する効果。

◀C　日　程▶

（二科目　九〇分）

1 次の問い（問1〜3）に答えなさい。

問1 ア〜ウの傍線部のカタカナに相当する漢字を、次の各群の①〜④の中からそれぞれ一つ選びなさい。　**1**　、**2**　、**3**

ア　その道の専門家からチュウコクを得る。　**1**

　① 偶　② 宮　③ 遇　④ 隅

イ　セイゼンな戦いの光景に心を痛める。　**2**

　① 征　② 凄　③ 制　④ 醒

ウ　開店初日の営業はセイキョウのうちに終わった。　**3**

　① 況　② 狂　③ 恭　④ 競

問2 ア〜エの四字熟語の空欄 **4** 〜 **7** に入る漢字を、次の①〜⑨の中からそれぞれ一つ選びなさい。　**4**　、**5**　、**6**　、**7**

ア　一代の風雲児は毀誉 **4** 貶相半ばする人物だった。

イ　書物に埋もれて韋編 **5** 絶の日々を送る。

ウ　その地はかつての職場において金城 **6** 池であったと言われている。

エ　気がせくあまり語が支離滅 **7** になる。

　① 三　② 断　③ 湯　④ 裂　⑤ 褒

　⑥ 褒　⑦ 統　⑧ 烈　⑨ 刻

問3 ア〜ウの筆者の著作を、次の各群の①〜④の中からそれぞれ一つ選びなさい。　**8**　、**9**　、**10**

ア　三島由紀夫　**8**

　① 『黒い雨』　② 『富嶽百景』　③ 『仮面の告白』　④ 『夢十夜』

イ　小川洋子　**9**

　① 『キッチン』　② 『マイ坊主』　③ 『きらきらひかる』　④ 『博士の愛した数式』

ウ　寺田寅彦　**10**

　① 『科学の落とし穴』　② 『科学者とあたま』　③ 『春の数えかた』　④ 『動的平衡』

2　次の〈文章Ⅰ〉・〈文章Ⅱ〉を読んで、後の問い（問1〜6）に答えなさい。

〈文章Ⅰ〉

　近年の動向として健康増進への焦点のシフトがあることを論じたが、公衆衛生の新しい課題としてもう一つ指摘されるべき論点が「健康格差」である。「健康格差」がいまや広く社会的問題とみなされるようになってきていることは、多くの人が感じているところだろう。

　健康格差という言葉のそもそもの意味は、読んで字のごとく、ある集団の内部で人々の健康状態に差がある（平等ではない）ということである。しかしながら現在広く論じられている健康格差はもっと限定的な意味をもつ。すなわちそれは、単に人々の健康状態に差があるということではなく、人々の「社会経済的状況（socioeconomic status：ＳＥＳ）」に関連する形で健康に差があるということを指している。

　社会経済的状況とは、職業、学歴、家族関係、居住地域、利用可能な社会保障制度など、各人の生活に影響を及ぼすさまざまな背景を指す。かなり広い概念だが、従来の医療が基本的に患者の身体に注目してきたことに対し、そのような視点で捉え損なってきた要素全体が、ここに指摘されているものであると言える。そういった要素に基づく健康の不平等、たとえば、所得の低い人は所得の高い人に比べて平均寿命が短いとか、糖尿病にかかっている人には正規雇用にある人よりも非正規雇用あるいは無職の人が多いとか、そういった健康の不平等を指して健康格差と呼ぶ。このことを明示するために「社会階層による健康格差」あるいは「健康の社会的格差」と述べられることもある。Ｂ厚生労働省の資料では明示的に、健康格差は「地域や社会経済状況の違いによる集団における健康状態の差と定義される」と記されている。

　人々の社会経済的状況と健康との間の関係を実証的に明らかにし、健康格差の原因と対策を検討する学問分野が「社会疫学（social epidemiology）」である。医学および物質的豊かさが大きく発展した現代において、すべての人々が等しく不健康を免れているわけではない。これは、社会の発展の恩恵を得ている人と得ていない人がいる、ということである。そのような差異は、人々の暮らしている社会的・経済的な背景によるものであると考えられるだろう。現代では世界的に、不健康の社会経済的な要因に対処していくことが広く求められるようになっている。日本でもすでに、国の定めた政策方針である「健康日本21（第二次）」において、「健康格差の縮小」が目標の一つに置かれている。

〈文章Ⅱ〉

　公衆衛生政策の新しい手法として大きな注目を集めているのが「ナッジ（Nudge）」である。ナッジとは、人々がより合理的な判断を下すことができるよう、選択する場面の枠組みを設計する手法のことである。人々の選択そのものに介入するのではなく、あくまで選択の枠組みに介入する点がポイントとなる。例を挙げれば、レストランのメニュー表示（あるいはビュッフェでならべられる料理の順番）において、健康に良いとされるものを一番前に置くことで、人々が深く考えることなしに自身のためになる選択肢を選ぶようにする（合理的な選択をなす手助けをする）ということが可能であることがわかっている。

　ナッジの背景には、Ｃリバタリアン・パターナリズムと呼ばれる政治哲学がある。リバタリアン・パターナリズムによれば、ナッジによる選択状況の設計は、他の選択肢を選ぶ余地を残している点で選択の自由を制限していない（リバタリニズム）。選択状況を変更することは、特定の選択肢を強制することとは異なるのであり、選択状況を変えたとしても選択肢それ自体は縮減されず保たれているというわけだ。しかし、Ｄナッジによる設計は同時に、特定の選択肢へと人々を誘導することによりより良い選択をなすことを助けるものでもある（パターナリズム）。ナッジを通じて推奨される選択肢

は、あくまで本人が欲するものである。すなわちナッジは、ナッジされる当人が十分な情報を持ち、バイアスから逃れていたならば選択していたはずの選択肢を実現させるものであり、当人の福祉を抑圧などせず促進するものとして主張されている。

以上から明らかなように、ナッジの魅力は（単に有効性の高い介入であるというのではなく）人々の自律を制限することなしに有効な介入をなすことを可能にする点にある。ナッジの背景には行動科学の知見、すなわち、人々には認知的な誤りに陥りやすい状況があるという理解がある。これを受けて、認知的なバイアスを回避できるように選択状況を設計するならば、それは人々の本来の欲求を尊重しつつ人々の選択を改善するものであり、たしかに理にかなっていると言えるだろう。

ナッジにおいては「有効な介入」と「自律の尊重」との対立を消去する可能性がある。この意味で、ナッジが多くの政策領域のなかでもとりわけ公衆衛生にとって魅力的なものであるのは関連しないだろう。実際のところ、健康増進のためのナッジの利用はすでに広く検討されている。もしナッジによって、自律についての制約が相対的に小さい形で人々の健康を促進できるとするならば、有効性と自律尊重をめぐる公衆衛生のジレンマが緩和されることになる。

さらに言えば、ナッジによる介入は上でみた健康格差の問題について有効な解決策となる可能性をもっている。健康格差の一つの問題は、たいていの公衆衛生政策はじめから健康であるところに届きをやすく、それゆえ介入を通じて格差をかえって拡大してしまう、というものである。もともと生活に余裕があり健康に関するリテラシーが高い人のほうが生活改善へのハードルが低いが、そのような人ばかりが健康になっても格差は縮小しないわけである。しかしナッジによって人々を健康行動へ誘導することができるならば、各人の有する社会経済的な背景や知識の多寡とはほとんど無関係に、誰もが等しく健康行動を促されると考えられる。ナッジは人々の認知のメカニズムを利用するものであり、裕福な人だけ、あるいは知識のある人だけがナッジに反応するわけではない。そのような介入は健康格差の縮小につながると期待されよう。

しかしナッジが公衆衛生にとって魅力的な一手であると言い切ることができるのは、ナッジの魅力について十分な精査がなされた後のことである。実際のところ、ナッジおよびリバタリアン・パターナリズムにはさまざまな倫理的懸念が表明されており、大きな論争が展開されている。ナッジが魅力的な解決策であるのかどうかは、それらの倫理的懸念をめぐる詳細な検討の結果によって決まる。

（玉手慎太郎『公衆衛生の倫理学　国家は健康にどこまで介入すべきか』による

なお、本文中に一部省略したところがある。）

問1　傍線部A「健康格差がいままで広く社会的問題とみなされるようになってきた」とあるが、どういうことか。その説明として最も適当なものを、次の①～⑤の中から一つ選びなさい。　　[11]

① 少子高齢化が進む日本では、今後いっそう医療や介護に関する負担が増大していくことが予想され、高齢者を支える若者層の経済的負担も増加する一方であるということ。

② 高い経済成長が望めない状況下で活力ある社会を実現するために、健康維持に必要な諸政策を実現させ、労働力人口を確保することが重要だということ。

③ 所得の格差や教育の格差が病気のなりやすさや発見しやすさの格差につながり、居住地域によっても医師や病院の数に差があることで治療に関する格差も広がるということ。

④ 健康リスクが高い集団の中では、経済的理由などにより健康行動が保てない人々が存在するため、定期的な健康診断や保健指導を受けやすい環境整備が必要だということ。

⑤ 人々の健康状態に不平等が起こる要因には、個々人の置かれた社会経済的な状況が密接に関わっており、差異の縮小のためには社会としての対策が必要であるということ。

問2　傍線部B「とある厚生労働省の資料では」とあるが、次の厚生労働省による【資料】から読み取れる内容として適当なものを、後の①〜⑥の中から二つ選びなさい。ただし、解答の順序は問わない。　12 ・ 13

（注）健診――健康診断。

【資料】

平成30年「国民健康・栄養調査」の結果
―― 所得により生活習慣や食生活に差 ――

このたび、平成30年11月に実施した「国民健康・栄養調査」の結果を取りまとめましたので、公表します。平成30年調査では、毎年実施している基本項目に加え、所得等社会経済状況と生活習慣等に関する状況を重点項目とし、その状況を把握しました。

【調査結果のポイント】

生活習慣等に関する状況を所得別に比較すると有意な差
・現在習慣的に喫煙している者の割合、健診未受診者の割合、歯の本数が20歯未満と回答した者の割合は、世帯の所得が600万円以上の世帯員に比較して、男女ともに200万円未満の世帯員の割合が高い。
・歩数の平均値は、世帯の所得が600万円以上の世帯員に比較して、男女ともに200万円未満の世帯員で有意に少ない。

就業時間が週に1〜39時間の者の、男女ともに健診未受診者の割合が高い
・1週間の平均的な就業時間が週に1〜39時間の者における健診未受診者の割合は、男性26.3%、女性29.4%と他の就業時間で働く者と比較して高い。

栄養バランスのとれた食事をしている者の割合は4割程度だが、所得別では差がみられる
・主食・主菜・副菜を組み合わせて食事を1日2回以上食べることが、「ほとんど毎日」と回答した者の割合は、男性45.4%、女性49.0%。
・所得別でみると、「ほとんど毎日」と回答した者の割合は、世帯の所得が600万円以上の世帯員に比較して、男女ともに200万円未満の世帯員で有意に低い。

「加熱式たばこ」等の受動喫煙状況を今回初めて把握。また、受動喫煙の状況については改善傾向
・現在習慣的に喫煙している者が使用しているたばこ製品について、「紙巻きたばこ」のみの割合は、男性では68.1%、22.1%。「加熱式たばこ」のみ、女性では76.1%、14.8%、8.8%。
・家庭、職場、学校、遊技場、飲食店、行政機関及び医療機関における受動喫煙の機会を有する者の割合は有意に減少。

① 派遣・契約社員など非正規雇用の人の健康診断の受診率が低くなっている。

② 所得が高い人の方が所得の低い人よりも栄養バランスの良い食事をとっている。

③ 所得が少ないことをストレスと感じ喫煙や飲酒に走ることで病気になるリスクが高まる。

④ 外食する余裕がない低所得世帯の人の方が栄養バランスを考えた食事をとる頻度が高い。

⑤ 治療目的では歯科検診に保険が適用されないため、所得が低い人ほど治療を避ける。

⑥ 日常生活におけるさまざまな場面で、受動喫煙のリスクは減少したと考えられる。

問3　傍線部C「リバタリアン・パターナリズムと呼ばれる政治哲学」とあるが、それはどのような思想と考えられるか。その説明として最も適当なものを、次の①〜⑤の中から一つ選びなさい。　14

① 社会全体の健康リスクを低下させ、公共衛生政策を合理的に推進していくため、国民が健康的な生活習慣を強化できるような施策を検討すべきだとする考え方。

② 社会全体の幸福のための制度設計は不可欠であり、長期的に見て本人の利益になるのであれば、短期的な利益をある程度制限することは許されるという考え方。

③　権力の介入が個人の選択の自由を阻害することなしに、社会全体の利益を守る方向へと個人の行動を誘導するよう環境や条件を整えていこうとする考え方。

④　健康格差の拡大によって社会保障制度に混乱が生まれ、公衆衛生状況が悪化することを防ぐために、制度改革を含めた機能強化を政府に対して求める考え方。

⑤　個人のモラルに依存した行為変容を求めるのではなく、設計によって強制的に、かつ意図を悟らせない形でより良い選択をさせることが望ましいという考え方。

問4　傍線部D「ナッジによる設計」とあるが、その具体例として適当でないものを、次の①〜⑤の中から一つ選びなさい。　15

①　がんの集団検診受診率を上げるために、申し込み時に胃がん・乳がん・大腸がんなど受けたい検診を個別に選択する方式から、あらかじめセットにして希望日を○で囲むだけの方式に変えた。

②　歩行者の通行を著しく妨げる路上での放置自転車をなくすために、「いのまちの未来」というテーマで子どもたちが絵を描いた路面シートを路面に張り、あわせて駐輪場の案内板を設置した。

③　臓器移植の件数を上げるために、生前に提供の意思表示をした人から臓器提供を行う方式から、提供したくないという意思が示されていない限り臓器提供を可能とする方式への切り替えを検討する。

④　ジェネリック医薬品（後発医薬品）の普及率向上のために、患者からの処方申し出削から望まない場合に限り処方箋の「後発医薬品への変更不可」欄に医師が署名をする方式に変えた。

⑤　悲惨な交通事故による死亡者数を減らすために、シートベルトを着用しなかった場合に自動車免許の点数を減点する罰則を設け、シートベルト未着用時の警告表示を自動車メーカーに義務づけた。

問5　傍線部E「そのような介入」とあるが、どのような介入か。その説明として最も適当なものを、次の①〜⑤の中から一つ選びなさい。　16

①　健康に関するリテラシーが低い人々に焦点をあて、その人の本来の欲求を尊重しつつ、可能な範囲で健康行動へと誘導するような介入。

②　生活に余裕がありはじめから健康な人がますます健康になって、余裕のない人が健康状態を改善することを難しくさせるような介入。

③　不健康な生活習慣を改善したいと思っていても経済的事情などで実行できない人々や、健康に関心がない人々を啓蒙するような介入。

④　各人の経済的事情、居住地域などの社会的背景、知識の多寡などとは関係なく、万人が平等に健康行動へ誘導されるような介入。

⑤　自分に都合のいい情報を信じがちであるという認知メカニズムを利用して、健康になるための個々人の努力を後押しするような介入。

問6　傍線部F「ナッジが魅力的な解決策であるかどうかは、それらの倫理的懸念をめぐる詳細な検討の結果によって決まる」とあるが、本文を読んだ高校生五人が傍線部Fについて話し合った〈文章Ⅰ〉・〈文章Ⅱ〉の内容に即した発言として最も適当なものを、次の①～⑤の中から一つ選びなさい。　17

① Aさん…〈文章Ⅱ〉にあるように、ナッジによる介入は「健康格差の問題についても有効な解決策となる」ともあるね。でも「倫理的懸念」があるのは、ナッジがもともと生活改善くの〈ードが低い人に恩恵をにらうからかな。

② Bさん…〈文章Ⅱ〉を読むと、ナッジは個人の認知的バイアスを利用し選択を方向づけるとみられるね。本当に個人が熟慮する機会を奪って選択の余地を狭めているいうことにもなるのかな。人権を侵害するおそれもあるような気がする。

③ Cさん…そもそも健康は自分のために願うものでしょ。「社会全体のリスクを減らすために公衆衛生を守りましょう」というのは、自分たちの生活に手ってしばらの人にとっては、規律の押しつけとしか思えないという問題があるんじゃないのかな。

④ Dさん…〈文章Ⅰ〉にあるように「所得の低い人は所得の高い人に比べて平均寿命が短い」なんていわれたらすごく悲しくなるよね。格差解消と言いながら、差別や分断を作ってしまう「因となることが倫理的な問題なのかもしれない。

⑤ Eさん…個人の自由は確かに最大限尊重されるべきだけど、国家には公共の利益を守る役割があるからね。だが例えば、本当の目的は公的医療支出の縮小としても国民の健康増進のためと偽ることができる。それは問題だよね。

③　次の文章を読んで、後の問い（問1〜5）に答えなさい。

> 購入した古民家をリフォーム中の小山亮一のもとに、お菓子の箱に入った腕時計が見つかったというリフォーム会社から連絡があった。家の売主に時計を返却したところ、売主から数日後お礼の手紙が送られてきた。

時計は、売主の男性が子供の頃に通っていた保育園の保育士のものだという。

ある日のプールの時間、見学していた彼が、尿意を出たので、若い女性の保育士から「ちょっと、あずかってくれる。みずにぬれるといまから」と、この時計を手渡された。人気者の彼女は、はしゃぎまわる子供たちに水しぶきをかけられて、衣服を濡らしていた。

彼は、それをなくさないようにポケットにしまった。そして、二人ともそのまま忘れて、時計を、自宅に持ち帰ってしまったのだった。

翌日、若い保育士は、彼に声をかけて、「ヘく、せんせいきもの、うでどけい、かえしてもらったよね？」と尋ねた。

彼は、「うん」と答えた。

「そう、かえしてもらったね……」

帰宅して、昨日、脱いだ天ポルのポケットを探ると、腕時計が出てきた。彼は、返し忘れていたことはよりも、返したと言ってしまったことのせいで、どうしたらいいのかわからなくなった。捨てるにしてもまず隠し場所を考えたが、両親の部屋で寝起きをしていたので、なかなか思いつかなかった。困った末に、彼はそれを、お菓子の箱に入れて、天井裏に隠すことにした。以前、きょうだいと押し入れで遊んでいた時に、そこに天井裏への出入口があるのを見つけていたのだった。

若い保育士は、その後二度と、彼に時計の話をしなかった。両親とも、問い合わせにもわせはなかったよ

う
だった。

A　卒園を間近に控えた頃、その保育士が退職するという噂が広まった。

彼は居ても立ってもいられなくなり、時計を返さなければならないと思うようになった。ところが、天井裏のフタを開け、手を探ってみても、菓子箱はなかった。顔を半分突っ込んで見てみたが、やはりない。うそ、まさかだった。が、母親が見つけて、黙って先生に返したのではという気がした。子供らしいおかしな考えだったが、それで彼は、時計の行方を捜すことを諦めてしまった。ホコリっぽい天井裏が、恐かったせいでもあった。

このうしろめたさは、しかし、意外にもいつまでも彼の心を離れなかった。彼はその保育士を慕っていたのだった。

小学六年の頃、一度、懐中電灯で天井裏を照らしてみたことがあったが、やはり時計も箱も見当たらなかった。

その後は、大学進学を機に実家を出て、ほとんど時計のことも忘れていた。思い出したのは三十代になって失職し、その後、不安定な生活が続くようになったからだった。

彼は、あれは自分の人生の間違いの始まりだったのではと思うようになった。

あの時の不正直が、その後もずっと尾を引いていて、今に繋がっているのではないか。

B　悪い「自己責任論」だった。

父が他界し去年、母をも失った時、語りそこなった話題の一つとして、りの時計のことが一瞬、彼の脳裏を過ぎった。しかし、母は恐らく、何も知らなかっただろうという気がした。

それで、生まれ育った古い家を処分し思いがけず、その時計が出てきたというのは、彼は何か、自分の人生を変えるほどの大きな出来事と感じられた。与えられたのは、真摯な謝罪のチャンスだった。

保育士を探し出すのには苦労したが、旧友数人に事情を打ち明けると、仲介してくれる別の保育士に辿り着いた。奇妙な話だったが、警戒されなかったのは、彼の人柄だろう。メールを書き送ると、保育士も彼のことをよく覚えていて、しかも、時計がなくなった騒動も記憶していた。当人に転送してもらえることになり、彼はようやく、すべてを打ち明ける手紙を書き、謝罪し、時計を修理して郵送したのだった。

結婚して姓が変わった彼女は、今はもう六十三歳になっていた。すぐに返信が届き、連絡をもらえたことを喜んでいた。礼を言い、自分の方こそ、園児に時計を預けるというのは、まったく軽率で、その後、彼がそのことを気にし続けていたと知り、胸が痛んだと書いてあった。彼女はたった一度しか、彼に時計の返却を確認しなかったが、どうも、その不注意によるトラブルを園長に叱責されていたらしい。彼女もまだ二十歳を過ぎたばかりだった。

続けて手紙には、こうあった。

実は、あの時計は、短大に入学した時に父に買ってもらったもので、大切にしていたので、ずっと悔やんでいた。母は亡くなり、父は今は施設に入っていて、最近はコロナで面会も制限され、元気がなかったけれど、先日ようやく会って時計を見せると、泣いて喜んでくれた。自分も涙が出た。父も老い先あまり長くないと思うので、時計が戻るまで本当に良かった。捨てずにいてくれて、ありがとう、と。

彼女の中では、彼はまだ、保育園児の頃のままの姿をしている様子だった。

元の男性は、その顛末をどうしても話したくて、マスカットと一緒に、礼状を送って来たのだった。

C　この話は聡実も、これは美談なのだろうか、と、手紙を読んで混乱した。しかし、ともかく、時計

2024年度　公募推薦　国語

を捨てなくて良かったのだった。そして、なくした時計が四十年ぶりに出てきて、喜んでいる親子の姿を想像するのは、悪い気分ではなかった。

送られてきたスカウトは、あっという間に、子供たちに平らげられた。

夫婦二人は、その日、天井裏の時計を巡って、ここ半年ほどの間、絶えなかったほど静かに、深夜まで語り合った。

彼らの中で、ここ半年以上、壊れかけていた時計が、またやにわに動きを出した。

隠した覚えはなかったが、それはしばらく、確かに見失われていたのだった。

（平野啓一郎「天井裏の時計」[モノガタリ・プロジェクト編『モノガタリは終わらない』所収]による。）

（注）　睦実——亮三の妻

問1　傍線部（ア）～（ウ）の語句の本文中における意味として最も適当なものを、次の各群の①～⑤の中からそれぞれ一つ選びなさい。　18 　、 19 　、 20

（ア）　脳裡を過った
　18
　　① 思い至った
　　② 不安になった
　　③ 記憶が蘇った
　　④ ふと頭に浮かんだ
　　⑤ 知恵を絞った

（イ）　軽率で
　19
　　① 考えが足りなくて
　　② うっかりしていて
　　③ もののはずみで
　　④ 夢中になっていて
　　⑤ あわてていて

（ウ）　顛末
　20
　　① 秘密
　　② 結果
　　③ 成り行き
　　④ 事実関係
　　⑤ 一部始終

問2　傍線部A「彼はもうやく、時計を返さなければならないと思うようになった」とあるが、このときの「彼」の説明として最も適当なものを、次の①～⑤の中から一つ選びなさい。　21

① 返したと先生に言ってしまったためにどうしたらいいかわからなくなり、天井裏に隠すことにしたが、先生が退職するという噂を聞いてもうやく時計のことを思い出した。

② わざとではないものの先生に嘘をついたことになったため、返すことができなくなり、見えない場所に時計を追いやったが、先生がいなくなればもう返せなくなることに気づいた。

③ 他人の時計をこっそり持っているところを両親に見つかって問いただされることを恐れ、天井裏にしまっておいたが、別れの時が迫り、先生にもう一度問われることを覚悟した。

④ 先生に時計を返すタイミングを逸してしまい、持て余してそのまま安全な場所に隠して

おいたが、自分が卒園する前に先生に返しておいた方がいいと考えるようになった。

⑤　先生の時計を持ち帰ったことが誰かに見つかると困るので、両親の目に触れない場所に隠したものの、いつの間に消えていてどう言い訳したらいいかすっかり困り果てた。

問3　傍線部B「悪い『自己責任論』」とあるが、どのように思っているのか。その説明として最も適当なものを、次の①〜⑤の中から一つ選びなさい。　[22]

①　自分で責任を背負いきれず、自分以外の人間に責任転嫁して安心している。

②　生活を立て直す気力もなく、晴れ晴れしない生活の理由を何かのせいにしている。

③　自分の悪い行動の結果、危機に陥ったのだから自業自得なのだと考えている。

④　挽回できない失敗をした自分はいくら努力しても報われないと思い込んでいる。

⑤　何の因果関係もないのに、不遇な生活を自分の過去の行動のせいにしている。

問4　傍線部C「『美談』も『誠実』も、それは美談なのだろうか、と手紙を読んで混乱した」とあるが、二人はなぜ「混乱」したのか。その説明として最も適当なものを、次の①〜⑤の中から一つ選びなさい。　[23]

①　「美談」といえば、ほめたたえるべき道徳的に立派な行いのはずだが、どう見ても子供の頃の失態を運良く帳消しにできたという都合のいい話にすぎないともとれたから。

②　「彼」の行為よりも、入学祝いに父親に買ってもらった大切な時計を返さないまま紛失していた子供を責めずに感謝する先生の寛大さの方がたたえられるべきだと感じたから。

③　困っている人を助ける話や、お世話になった相手に恩を返す話であればともかく、失くした時計がたまたま見つかり持ち主に返したことを「美談」と呼べるのか疑問に思えたから。

④　先生が「捨てずにとっておいてくれて、ありがとう」と感謝し、親子の感動の場面を伝えたことで、「彼」の罪滅ぼしが「美談」の様相を呈し、受け止め方に迷ったから。

⑤　「彼」が時計を返却したのは、自分の間違いを正して人生を変えようとする自分本位な動機によるものなのに、先生に喜ばれたと嬉しそうに報告することに納得できなかったから。

問5　傍線部D「半年以上も壊れかけていた時計が、もうひとふまた動き出した」とあるが、どういうことか。その説明として最も適当なものを、次の①〜⑤の中から一つ選びなさい。　[24]

①　「彼」が修理して先生に送った時計が、元の持ち主の胸でもう一度時を刻み始めたように、亮一の家でも半年間壊れたままだった時計が動きを始めたということ。

②　自分たちが古民家を購入したことが巡り巡って、見知らぬ親子の喜びにつながったと知り、日々の疲労から沈んでいた気分が久しぶりに高揚したということ。

③　天井裏から発見された時計の結末について夫婦がお互いに考えを語り合っているうちに、普段の体感よりも生き生きするかのように早く時計の針が進んでいたということ。

④　四十年以上も経って持ち主の返還をされた時計のおかげで、半年前から普通の会話が途絶えがちな亮一夫婦の間で、以前のように語り合う時間が戻ったということ。

⑤　たまたま見つかった時計が、家の先生主の人生を左右するような物語が隠されていたことに興奮し、思わず夫婦二人で時を忘れて語り明かしたということ。

解 答 編

英 語

◀A　日　程▶

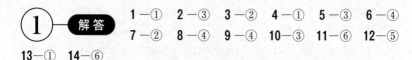

①　解答　1—①　2—③　3—②　4—①　5—③　6—④
7—②　8—④　9—④　10—③　11—⑥　12—⑤
13—①　14—⑥

━━━━━ 解説 ━━━━━

1.「私はオーストラリアにいた頃，学校のバスケットボールチームに所属していました」という内容。過去の内容であり，belong は状態動詞であるので進行形にならない。よって，①が正解。

2.「ティムは我慢強い子供だったので，めったに泣くことはなかった」という内容。「我慢強い」とあるので，「めったに～しない」を意味する③が正解。

3.「どれほど熱心にその問題について考えても，簡単な解決策は見つからないよ」という内容。「どんなに～でも」という意味の譲歩の副詞節を導くのは，②の However である。

4.「マイクがジェーンと結婚したというニュースを聞いた？」という内容。「A と結婚する」は marry A なので，①が正解。

5.「佐藤さんは東京で弁護士として働いているだけでなく，ハワイでホテルを経営している」という内容。「A だけでなく B も」を意味する，not only A but (also) B であるが，Not only を文頭に出して強調構文になっているので，助動詞の does が not only にくっついて出た形になっているので③が正しい。

6. 下線部④に入る語は，その前に書かれていることを指して「そのこと

が，人気がある理由の１つである」と続くので，関係代名詞の which がよい。

7. 下線部②を含む部分は「彼女とお友達になりたかった」という意味で，この場合は双方居なければお友達になれないので，be friends with と複数形が用いられる。

8.「ショッピングモールの家具屋さんが今週セールをしているわ」という内容に対して，「明日その店に行ってみない？」とあるので，④の tomorrow が正解。

9.「特にあのドラマのテーマ曲が素晴らしい」という内容に対して，空所の直後では「私もその歌が一番好きだ」と相手の意見に賛同しているので，④の「確かにそうだ」が正解。

10. 空所の直前の会話では，「妹の面倒を見なければならないから，お別れ会に参加できない」とある。よって，③の「仕方がないね」が正解。

11・12. (You) <u>are</u> not <u>to</u> speak Japanese (at this English camp.)「この英語キャンプでは日本語を話してはいけない」

be to *do* は助動詞＋*do* と考える。ここでの be to は義務や命令を表し，否定の not を加えると「～すべきではない，してはいけない」の意味になる。

13・14. (Maggie) thanked <u>her son</u> for <u>helping</u> with (the dishes.)「マギーは息子が料理を手伝ってくれて感謝した」

thank *A* for *doing* で「*A* が～してくれたことを感謝する」という意味。

② **解答** 15―② 16―① 17―② 18―④

解説

《オンラインでの英会話授業の案内》

15. 点線で囲った箇所に授業料は１レッスン 2,000 円とあり，また②の※の部分（We also offer …）に「試験や面接などの準備の場として，あるいはあなたの興味のあるトピックに関して会話を楽しむのみといった，用途に合わせた設定をいたします」とあるので，②が正解。

16. ①の第１文（Lessons are available …）から①「真夜中でもレッスンが受けられます」が正解。本文の「世界中に先生を抱えているのでいつ

２０２４年度　公募推薦

英語

何時でも対応」という内容と一致する。

17. ④の第２文（There will be no …）から，②が正解。本文では「24時間前に」となっているところが，選択肢では「明後日のレッスン予約をキャンセル料なくキャンセルできる」という表現になっている。

18. Students' Reviews のメイの感想の第３文（I felt that …）から，④の彼女には中級クラスは合わないという内容が正解。本文では「中級クラスは自分には簡単すぎた」という表現になっている。

3　解答　19—②　20—③　21—①　22—③
　　　　　23・24—④・⑥（順不同）

═══════ 解　説 ═══════

《ディケンベ＝ムトンボの功績》

19. 第１段第１文（Young Dikembe Mutonbo …）に，「ディケンベ＝ムトンボは医者になることを夢見ていた」とあるので，②が正解。

20. 下線部を訳すと，「彼は英語を学ぶことに集中した」となり，③は「彼はアメリカでの生活を快適にするために，英語を身につけることに集中した」という内容であるので，これが正解。

21. exchange *A* for *B* は，「*A* を *B* に変える，交換する」という意味であるので①が正解。本文では「彼は，医者になる夢をプロのバスケットボール選手になることへと変更した」となっている。

22. 第８段第６～８文目（Dikembe remembered his dream … hometown of Kinshasa.）から，③が正解。彼の母が急な病気になり，病院に間に合わず命を救われることなく亡くなったことを伝える電話によって，昔の夢を思い出した，という内容で一致する。

23・24. 第６段最終文（With the help …）「ジョージタウンの最高レベルのコーチの助けにより，彼は劇的な進化を遂げた」より，④は本文の内容に一致する。第９段第５文（But the memory …）「しかし，彼の母の思い出が彼にやる気を起こさせた」から，⑥は本文の内容に一致する。

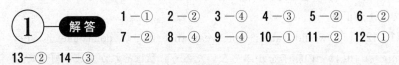

◀B　日　程▶

①解答　1─①　2─②　3─④　4─③　5─②　6─②
7─②　8─④　9─④　10─①　11─②　12─①
13─②　14─③

━━━━━ 解説 ━━━━━

1.「アンナは夫に健康診断を受けるべきだと提案した」という内容。要求・提案・命令を意味する動詞に続く that 節内には省略されることがあるが，should を入れなければならない。よってそれに続く動詞は原型になる。①が正解。

2.「私の家族は新年の休暇に家の近くの神社によく参拝したものだった」という内容。「以前よく〜した」は used to *do* であるので，②が正解。

3.「京都駅に着いたら私に電話するのを覚えておいてください。そこで会いましょう」という内容。「〜することを覚えておく」は remember to *do* であるので，④が正解。

4.「コーチは腕を組みながら選手を見ていた」という内容。付帯状況を with Ｏ Ｃ という形で表すことができるが，本問でＯとＣは受動態の関係「腕が組まれた状態で」になっているので，③が正解。

5.「彼は新しい事務所に机や椅子といった家具を必要とした」という内容。furniture は非可算名詞であるので②が正解。

6.　*A* が一語のとき，pick *A* up で「*A* を拾う」という意味。よって，正しくは picked them up となる。

7.　apply to 〜 で「〜に申し込む，問い合わせる」という意味。よって，下線部②は正しくは apply to と to が必要となる。

8.　Maggie と George が Tom について会話をしている。Tom は授業中によく寝ていたという内容に関して，George は第2発言第2文（I've never seen …）で「学校で勉強しているのを見たことがない」と言っている。それに対する Maggie の第3発言（He said he likes …）で，「彼は夜に勉強するのが好きだと言っていたわ（日中の学校でではなく夜に）」とあるので，④の night が正解。

9.「見て回る前にトイレに行きたいわ」に対する返事なので，「もちろん。

ごゆっくり」という意味になる，④が正解。

10.「会議室にスマートフォンを忘れてきたかもしれない」という内容に対して，「わかりました。お待ちください。行って見てきます」となるので，①が正解。

11・12.（I）would <u>rather</u> not <u>wear</u> that hat.（I don't like it very much.）「私はその帽子をかぶらないだろう。私はそれがあまり好きでない」

　would rather *do* で「むしろ〜したい」という意味。否定にする場合は would rather not *do* の語順になる。

13・14. The bench <u>was</u> being <u>painted</u> blue（when I passed by.）「ベンチは私が通ったとき，青色に塗られていた」

　受動態の進行形は be being *done* である。

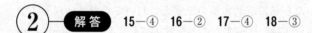

2　解答　15—④　16—②　17—④　18—③

━━━━━━━━　解説　━━━━━━━━

《Oak Town Festival について》

15. ウェブサイトの第4文（All the events are …）に，すべて無料であるとある。さらに，②の *Taiko* workshop by "JP Taiko" には 12 歳以上という年齢制限もあるが，ロブは 12 歳のためすべての催しに無料で参加できるので，④が正解。

16. イベント③の説明の最終文（*Origami* paper is …）で，「折り紙は持参してもよいが提供される」とあるので，②が正解。

17. イベント⑤の説明の最終文（The winner will …）で，「勝者は観客の投票で選ばれる」とあるので，④が正解。

18. 昨年の参加者のコメント欄のニックの第2文（I wanted to …）「中国茶のワークショップに参加したかったけれど，いっぱいでできませんでした」から，③が正解。

③ **解答**　19—①　20—②　21—③　22—①
23・24—⑤・⑥（順不同）

――――――――――――　**解説**　――――――――――――

《古いコンテナの活用法》

19. 空所の直前には「住宅の需要が多い」という内容の記述があり，空所の直後には，学生の住宅事情についてさらに具体的に詳しく述べられているので，①の「特に」が正解。

20. 下線部に続く，第5段第2～最終文（It takes a ～ had new homes.）より，②が正解。「コンテナの素材を再利用するためには多大なるエネルギーが必要。しかし，家としてコンテナを再利用するとほぼエネルギーがかからない」と述べられている。ここでは再利用するにあたっての利点を問われているので再利用先の「学生たちの住居」というのは副産物になる。

21. 第6段第2文（They thought the …）より，③が正解。本文には「彼らはコンテナアパートは，狭くて，うるさくて，寒いだろうと考えた」と懸念の内容を具体的に挙げている。選択肢③の「住むには心地よくないであろう」という内容と一致する。

22. 下線部を含む一文を訳すと，「それらは移動式の診療所としてさえ使われている」となり，それらはコンテナを指すと考えられる。よって①が正解。

23・24. 第6段第3～最終文（However, they were ～ the Keetwonen container village.）に意外に住みやすい状況が述べられているため，⑤は本文の内容と一致する。第1段最終文（Sometimes, thinking outside …）に「時によって，箱の外から考えることで1つならず2つの問題を解決することもある」と後に続く文章の内容を期待させる内容があり，第5段（Finding a new …）には，再利用の大幅なコスト削減や（行政への），再利用先への（学生たちへの）メリットという具体的な内容が書かれており，⑥は本文の内容に一致する。

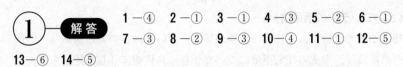

◀C　日　程▶

①　解答
1―④　2―①　3―①　4―③　5―②　6―①
7―③　8―②　9―③　10―④　11―①　12―⑤
13―⑥　14―⑤

=== 解説 ===

1.「もし彼が会議に参加していたら，彼は計画に強く反対していただろう」という内容。過去に対する仮定であるので仮定法過去完了を用いなければならない。よって，④が正解。

2.「予約の確認を忘れるなんて彼にしては不注意だ」という内容。人の性格，性質を表す形容詞に続く場合は，人を表す語の前の前置詞は for ではなく of を用いる。また真主語は不定詞で表現しなければならないので，①が正解。

3.「ロブが仕事を辞めたという知らせは驚きだった」という内容。surprise は「驚かせる」という意味。本問の場合，主語が驚かせる立場であるので能動態で表現する。is に続くので，①が正解。

4.「ジュディーはせっかくの私の説得にもかかわらず，日本から出ていった」という内容。「～にもかかわらず」を意味する前置詞は，③である。

5.「このクラスで2番目に背が高い生徒は誰だと思いますか」という内容。「～番目に…」は，最上級の前に序数詞を置くことで表すことができる。よって，②が正解。

6. consider *doing* で「～することを考える」という意味になるので，下線部①が間違い。正しくは having となる。

7. take *A B* to *do* で，「*A* が～するのに *B* かかる」という意味になるので，下線部③が間違い。正しくは them とする。

8.「私は彼女がそれらにどのくらい費用をかけたか知りたいわ」という内容に対して，「彼女は多額のお金を費やしたに違いない」と続くので，②の large が正解。

9. 空所には，「彼が彼女にハートの形をしたピンクの箱をあげているのを見たの」という内容が続くので，③の「これはあなたと私だけの話ね（内緒ね）」が正解。

10. 空所は「迷子にならないでね，ジェニー」という内容に対するもので，また空所には「スマートフォンで電話できるわ」という内容が続くので，④の「心配しないで」が適切。

11・12. (The) room I stayed in faced (the sea.)「私が泊まった部屋は海に面していた」

　I stayed in は the room を修飾する形容詞節。全体の動詞は faced である。

13・14. (I'd like you) to help me put away (these toys.)「これらのおもちゃを片付けるのを手伝ってほしい」

　help A do は「A が〜するのを手伝う」という意味。put away は「片付ける」という意味。

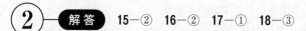

(2) **解答** **15**—② **16**—② **17**—① **18**—③

==== 解説 ====

《クリスマスプディングの作り方とその伝統》

15. ウェブサイトの第1・2文（No British Christmas … of the world.）から，②の「イギリスの人々にとって，クリスマスの日にクリスマスプディングを食べるのは慣例です」が正解。

16. ウェブサイトの 13 Ingredients の※（Softened butter can …）から，②の「クリスマスプディングはスエットでもバターでも作れる」が正解。

17. ウェブサイトの Christmas pudding traditions の No. 2 の第2文（Every family member …）より，①の「家族全員がプディングのための混ぜ物を混ぜるのに参加する」が正解。

18. Comments の Amelia Miller による第1文（I just followed …）から，③の「Amelia Miller は（このサイトの）レシピを使うことで，クリスマスプディングの伝統に従った」が正解。

③ **解答**　　19—③　20—②　21—①　22—③
23・24—④・⑤（順不同）

===== **解説** =====

《フランスとイギリスの料理における攻防》

19. イギリスにおいて「多様な料理の作成」を可能にしたものを問われている。第4段第4文（Home cooks are …）から，③の「豊富な料理の材料と料理の本」が正解。

20. 空所の直前部（Once upon a time, …）に「かつて多くの家庭料理はローストビーフにポテト，クタクタに調理された野菜」という記述があり，空所に続く部分（Home cooks are …）では，「今ではイギリスのスーパーで手に入る膨大な種類の食材を試して，あらゆる種類の新しい料理を用意し，毎年重版されている料理本を使っている」とあるので，②の not を入れて not now「今は違う」とするのが正解。

21. 本問は，「調査結果は全体像を示していない」ことの具体例を尋ねている。第6段最終文（They tend to …）から①が正解。働く女性が増えたことによってかつてほど時間がない女性が多いが「彼女たちは出来合いのものまたは冷凍を買いがちではあるが，多くは週末にそれを補うようにしている」という内容と①が一致する。

22. 第8段第2文（When Bernard Blier, …）の会話の内容で，*Madame Le Figaro* の料理担当編集者，ベルナルドの意見は厳しく，「僕はわざわざ（イギリスの料理を）試しに行こうとは思わない」と述べているところから③の内容と一致する。

23・24. 第6段第2文（Jeannine Loiret, a food …）より，④は本文の内容と一致する。第7段第2文（"It's true that …）「パリの人々はそう料理をしないというのは本当ではあるが，他の地域では料理はまだ日常生活の中心である」から，⑤は本文の内容に一致する。

数　学

◀A　日　程▶

 **解答**　問1. ア―① イ―⑥　問2. ウ―⑤ エ―②
問3. オ―⑥ カ―④　問4. キ―① ク―⑤
問5. ケ―⑤　コ―②

========== 解説 ==========

《小問5問》

問1. $24＝12\cdot2$ であるから，m は 12 の倍数である。（→ア）

「n が 24 の約数ならば，n は 12 の約数である。」は偽（反例：8）で，この命題の逆は真であるから，必要条件であるが十分条件でない。

（→イ）

問2. 方程式①の判別式を D とすると

$$\frac{D}{4}=3^2-(n+2)=7-n$$

方程式①が異なる2つの実数解をもつための条件は $D>0$ であるから

$$7-n>0 \qquad \text{から} \qquad n<7$$

n は整数であるから，最大の n は6である。（→ウ）

$n=6+1=7$ のとき，方程式①は

$$x^2+6x+9=(x+3)^2=0$$
$$x=-3 \text{（重解）}$$

これが②も満たすから

$$(-3)^2+k(-3)-2k^2=0$$
$$2k^2+3k-9=0$$
$$(2k-3)(k+3)=0$$

k は整数より

$$k=-3$$

このとき，方程式②は

$$x^2-3x-18=(x+3)(x-6)=0$$

$x=-3,\ 6$

よって，①または②を満たす x は，$-3,\ 6$ の2個ある。　（→エ）

問3. $x,\ y$ のデータの平均値をそれぞれ $\bar{x},\ \bar{y}$ とすると，次の表より

	x	y	$x-\bar{x}$	$y-\bar{y}$	$(y-\bar{y})^2$	$(x-\bar{x})(y-\bar{y})$
A	5	4	-1	-2	4	2
B	6	0	0	-6	36	0
C	3	12	-3	6	36	-18
D	7	6	1	0	0	0
E	9	8	3	2	4	6
合計	30	30			80	-10

$\bar{x}=\bar{y}=30\div5=6$

y のデータの分散を $S_y{}^2$ とすると

$S_y{}^2=80\div5=16$

よって，y の標準偏差は

$S_y=\sqrt{16}=4$　（→オ）

x と y の共分散を S_{xy} とすると

$S_{xy}=-10\div5=-2$　（→カ）

問4. 袋Aから赤玉を取り出す確率は

$\dfrac{2}{6}\times\dfrac{2}{6}=\dfrac{1}{9}$　（→キ）

袋Bから赤玉を取り出す確率は

$\dfrac{4}{6}\times\dfrac{1}{4}=\dfrac{1}{6}$

よって，取り出した玉が赤玉である確率は

$\dfrac{1}{9}+\dfrac{1}{6}=\dfrac{5}{18}$

したがって，求める条件付き確率は

$\dfrac{1}{9}\div\dfrac{5}{18}=\dfrac{2}{5}$　（→ク）

問5. 方べきの定理より

$PA\cdot PB=PT^2$

$$3 \cdot PB = (2\sqrt{6})^2$$

$$PB = 8$$

よって

$$AB = PB - PA = 5 \quad (\to ケ)$$

$AC : CB = 3 : 2$ より

$$AC = 3, \quad CB = 2$$

方べきの定理より

$$CA \cdot CB = CD \cdot CE$$

$$3 \cdot 2 = 1 \cdot CE$$

$$CE = 6$$

よって，円の半径は

$$\frac{1}{2} DE = \frac{1}{2}(CD + CE) = \frac{7}{2} \quad (\to コ)$$

②　**解答**　(1)**アイ.** 40　**ウエオ.** 600　**カキ.** 10　**クケ.** 60

コサ. 10　**シス.** 25　**セソ.** 24　**タチツテト.** 25000

(2)**ナ**—②　**ニ.** 6　**ヌネ.** 49　**ノハ.** 40

(3)**ヒフ.** 44　**ヘホ.** 46

=== 解説 ===

《2次関数の最大値，定義域と軸の位置関係，2次方程式》

商品 A の1個の値段を $(40+x)$ 円とすると，1日の売り上げ個数は

$$n = 600 - ax \text{ 個}$$

となるから

$$z = \frac{(40+x)(600-ax)}{40 \times 600}$$

となる。

(1)　$a = 10$ のとき

$$z = \frac{1}{24000}(40+x)(600-10x) \quad (\to ア \sim キ)$$

$$= -\frac{1}{2400}(x-10)^2 + \frac{25}{24}$$

$n \geq 0$ であるから

$$600-10x\geqq0 \quad から \quad x\leqq60$$

$x\geqq0$ であるから

$$0\leqq x\leqq60 \quad (→クケ)$$

よって，z は $x=10$ のとき最大となり，z の最大値は $\dfrac{25}{24}$ である。

$$(→コ～ソ)$$

また，そのときの商品 A の 1 日の売り上げ総額は

$$24000\times\dfrac{25}{24}=25000（円） \quad (→タ～ト)$$

である。

(2)　　$z=-\dfrac{a}{24000}\left\{x-\left(\dfrac{300}{a}-20\right)\right\}^2+\dfrac{a}{24000}\left(\dfrac{300}{a}-20\right)^2+1$

関数 z の軸は直線 $x=\dfrac{300}{a}-20$ であり

$0\leqq x\leqq30$ のとき，z が $x=30$ のとき最大となる条件は

$$30\leqq\dfrac{300}{a}-20$$

a は正の定数より

$$0<a\leqq6 \quad (→ナニ)$$

$a=6$ のとき

$$z=-\dfrac{1}{4000}(x-30)^2+\dfrac{49}{40}$$

よって，z は $x=30$ で最大値 $\dfrac{49}{40}$ をとる。（→ヌ～ハ）

(3)　$a=12$ のとき，1 日の売り上げ総額が 24288 円であるから

$$(40+x)(600-12x)=24288$$

$$x^2-10x+24=0$$

$$x=4,\ 6$$

よって，1 個の値段は 44 円または 46 円である。（→ヒ～ホ）

3　解答　(1)**アイ．** 12　**ウエ．** 32　**オ．** 4　**カ．** 8
(2)**キ**—②

(3)**クケ．** 21　**コ．** 5　**サ．** 5　**シ．** 6　**ス．** 5　**セ．** 5　**ソタ．** 57

チ. 5　**ツ.** 5

(4)**テト.** 65　**ナニ.** 38　**ヌネ.** 63

2024年度　公募推薦　数学

================== 解　説 ==================

《余弦定理，必要条件・十分条件，外接円の直径，平面を垂直に折り曲げたときの線分の長さ》

(1)　△ABC において，余弦定理より

$$BC^2 = AB^2 + CA^2 - 2 \cdot AB \cdot CA \cos\angle BAC$$

$$7^2 = x^2 + 9^2 - 2x \cdot 9 \cdot \frac{2}{3}$$

$$x^2 - 12x + 32 = 0 \quad (\to \text{ア〜エ})$$

$$x = 4, \ 8 \quad (\to \text{オ，カ})$$

(2)　AB=8 のとき，△ABC は鋭角三角形である。

　　AB=4 のとき，$AB^2 + BC^2 < CA^2$ が成り立つので，△ABC は ∠ABC が鈍角の鈍角三角形である。

　　したがって，必要条件であるが十分条件でない。（→キ）

(3)　$0° < \angle BAC < 180°$ より，$\sin\angle BAC > 0$ であるから

$$\sin\angle BAC = \sqrt{1 - \cos^2\angle BAC} = \sqrt{1 - \left(\frac{2}{3}\right)^2} = \frac{\sqrt{5}}{3}$$

AD は △ABC の外接円の直径であるから，正弦定理より

$$AD = \frac{BC}{\sin\angle BAC} = 7 \div \frac{\sqrt{5}}{3} = \frac{21\sqrt{5}}{5} \quad (\to \text{ク〜サ})$$

△ACD は，∠ACD=90° の直角三角形であるから

$$CD = \sqrt{AD^2 - CA^2} = \sqrt{\left(\frac{21\sqrt{5}}{5}\right)^2 - 9^2} = \frac{6\sqrt{5}}{5} \quad (\to \text{シ〜セ})$$

また，四角形 ABCD の面積は

$$\triangle ABC + \triangle ACD = \frac{1}{2} \cdot 4 \cdot 9 \sin\angle BAC + \frac{1}{2} \cdot 9 \cdot \frac{6\sqrt{5}}{5}$$

$$= \frac{57\sqrt{5}}{5} \quad (\to \text{ソ〜ツ})$$

(4)　∠ABD=90° であるから，折り曲げた後の点 A に対して，∠ABC=90° となる。

　　よって

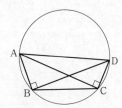

2024年度

公募推薦

数学

$$AC = \sqrt{AB^2 + BC^2} = \sqrt{4^2 + 7^2} = \sqrt{65} \quad (\rightarrow テト)$$

△ACD において，余弦定理より

$$\cos \angle ADC = \frac{\left(\dfrac{21}{\sqrt{5}}\right)^2 + \left(\dfrac{6}{\sqrt{5}}\right)^2 - (\sqrt{65})^2}{2 \cdot \dfrac{21}{\sqrt{5}} \cdot \dfrac{6}{\sqrt{5}}} = \frac{38}{63} \quad (\rightarrow ナ \sim ネ)$$

2
0
2
4
年
度

公募推薦

数
学

◀B　日　程▶

① **解答**　問 1．ア—②　イ—⑦　問 2．ウ—③　エ—①
　　　　　　問 3．オ—③　カ—⑦　問 4．キ—②　ク—⑦
問 5．ケ—⑥　コ—③

=========================== **解　説** ===========================

《小問 5 問》

問 1. x と y の分母を有理化して

$$x=-\frac{4+3\sqrt{2}}{2}, \quad y=\frac{4-3\sqrt{2}}{2}$$

よって

$$x+y=-3\sqrt{2} \quad (\rightarrow \mathcal{T})$$

$$xy=\frac{1}{2}$$

$$\frac{y}{x}+\frac{x}{y}=\frac{x^2+y^2}{xy}=\frac{(x+y)^2-2xy}{xy}$$

$$=\frac{2(x+y)^2-4xy}{2xy}=34 \quad (\rightarrow \mathcal{A})$$

問 2. 2 点 $(-5, a)$, $(1, a)$ の y 座標が等しいので，その中点が $(-2, a)$ であるから，$y=f(x)$ のグラフの軸は直線 $x=-2$ である。

$$(\rightarrow \dot{\mathcal{D}})$$

　$f(x)$ の最大値が 1 であるとき

$$f(x)=-\{x-(-2)\}^2+1$$

であるから

$$a=f(-5)=f(1)=-8 \quad (\rightarrow \mathcal{I})$$

問 3. $2y^2=-x^2+3x+4$

　$2y^2 \geqq 0$ であるから

$$-x^2+3x+4 \geqq 0$$

$$(x+1)(x-4) \leqq 0$$

$$-1 \leqq x \leqq 4 \quad (\rightarrow \dot{\mathcal{A}})$$

よって

$$2y^2-9x=-x^2-6x+4=-(x+3)^2+13$$

$-1\leqq x\leqq 4$ より，$x=-1$ で最大値 9 をとる。（→カ）

問4． △ABC において，正弦定理より

$$\frac{BC}{\sin\angle A}=2\cdot\frac{7}{\sqrt{3}}$$

よって

$$BC=\frac{14}{\sqrt{3}}\cdot\frac{5\sqrt{3}}{14}=5 \quad(→キ)$$

AB=3，CA=7 であるから，余弦定理より

$$\cos\angle B=\frac{3^2+5^2-7^2}{2\cdot3\cdot5}=-\frac{1}{2}$$

$0°<\angle B<180°$ より

$$\angle B=120° \quad(→ク)$$

問5． △ABC において，チェバの定理より

$$\frac{BP}{PC}\cdot\frac{CQ}{QA}\cdot\frac{AR}{RB}=1$$

すなわち　$\dfrac{2}{1}\cdot\dfrac{3}{4}\cdot\dfrac{AR}{RB}=1$

$$\frac{AR}{RB}=\frac{2}{3} \quad(→ケ)$$

AR：RB=2：3 であるから，△ACR と直線 BQ について，メネラウスの定理より

$$\frac{AB}{BR}\cdot\frac{RO}{OC}\cdot\frac{CQ}{QA}=1$$

すなわち　$\dfrac{5}{3}\cdot\dfrac{RO}{OC}\cdot\dfrac{3}{4}=1$

$$\frac{RO}{OC}=\frac{4}{5} \quad から \quad RO：OC=4：5$$

よって

$$\triangle OBR=\frac{4}{4+5}\triangle BCR=\frac{4}{9}\cdot\frac{3}{2+3}\triangle ABC=\frac{4}{15}S \quad(→コ)$$

②　解　答　(1)**ア.** 1　**イ.** 3　**ウ.** 2　**エ.** 2　**オ.** 3　**カ.** 3
キ. 2

(2)**ク**. 3　**ケ**. 4　**コ**. 7　**サ**. 4　**シ**. 2　**ス**. 3　**セ**. 3　**ソ**. 7
タ. 4　**チ**—③　**ツ**. 3　**テ**. 2　**ト**. 3　**ナ**. 3　**ニ**. 7

━━━━━━━━━━ 解　説 ━━━━━━━━━━

《正弦定理・余弦定理，内接円の半径，四面体の表面積・体積，内接球の
半径》

(1)　△ABC において，正弦定理より

$$\frac{BC}{\sin\angle BAC}=2\times 1$$

BC$=2\sin 30°=1$　（→ア）

△ABC において，余弦定理より

$$BC^2=AB^2+CA^2-2\cdot AB\cdot CA\cos\angle BAC$$

$$1^2=1^2+CA^2-2\cdot 1\cdot CA\cos 60°$$

$$CA^2-\sqrt{3}\,CA=0$$

CA>0 より

$$CA=\sqrt{3}$$

よって

$$\triangle ICA=\frac{1}{2}\times CA\times r=\frac{\sqrt{3}}{2}r　（→イ，ウ）$$

また

$$\triangle ABC=\frac{1}{2}\cdot AB\cdot CA\cdot \sin\angle BAC$$

$$=\frac{1}{2}\cdot 1\cdot\sqrt{3}\cdot\sin 30°=\frac{\sqrt{3}}{4}$$

よって，$\triangle ABC=\dfrac{1}{2}(AB+BC+CA)\cdot r$ であるから

$$\frac{\sqrt{3}}{4}=\frac{1}{2}(1+1+\sqrt{3})r$$

$$r=\frac{2\sqrt{3}-3}{2}　（→エ〜キ）$$

(2)　$\angle OAC=90°$，$\angle ACO=30°$，$CA=\sqrt{3}$ より

OA$=1$，OC$=2$

$\angle OAB=90°$，OA$=$OB$=1$ より

OB$=\sqrt{2}$

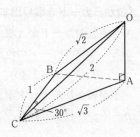

△OBC において，余弦定理より

$$\cos\angle OCB = \frac{1^2+2^2-(\sqrt{2})^2}{2\cdot1\cdot2} = \frac{3}{4} \quad (\to ク，ケ)$$

$0°<\angle OCB<180°$ より，$\sin\angle OCB>0$

$$\sin\angle OCB = \sqrt{1-\cos^2\angle OCB} = \sqrt{1-\left(\frac{3}{4}\right)^2} = \frac{\sqrt{7}}{4}$$

よって

$$\triangle OBC = \frac{1}{2}\cdot1\cdot2\sin\angle OCB = \frac{\sqrt{7}}{4} \quad (\to コ，サ)$$

△OAB，△OAC は直角三角形であるから

$$\triangle OAB = \frac{1}{2}\cdot1\cdot1 = \frac{1}{2}, \quad \triangle OAC = \frac{1}{2}\cdot1\cdot\sqrt{3} = \frac{\sqrt{3}}{2}$$

$$S = \frac{1}{2}+\frac{\sqrt{7}}{4}+\frac{\sqrt{3}}{2}+\frac{\sqrt{3}}{4} = \frac{2+3\sqrt{3}+\sqrt{7}}{4} \quad (\to シ\sim タ)$$

さらに，$V = \frac{RS}{3}$ で　$(\to チ)$

$$V = \frac{1}{3}\cdot\triangle ABC\cdot OA = \frac{\sqrt{3}}{12}$$

であるから

$$R = \frac{3V}{S} = \frac{\sqrt{3}}{2+3\sqrt{3}+\sqrt{7}} \quad (\to ツ\sim ニ)$$

③ 解答 (1)**アイ.** 12　**ウ.** 9　**エオ.** 10
(2)**カキ.** 54
(3)**クケコ.** 350　**サシス.** 245　**セソ.** 10　**タ.** 9　**チツ.** 49
テトナ. 255

══════════ 解説 ══════════

《袋からカードを取り出す場合の数》

(1)　赤色のカードが3枚，白色のカードが2枚，青色のカードが2枚あるから，3枚のカードの色がすべて異なるような取り出し方は全部で

3×2×2=12 通り　……①　(→アイ)

1が書かれたカードが3枚，2が書かれたカードが3枚，3が書かれたカードが1枚あるから，3枚のカードに書かれている数がすべて異なるよ

うな取り出し方は全部で

  $3\times3\times1=9$ 通り　（→ウ）

　取り出した 3 枚のカードが色も書かれている数字もすべて異なるような取り出し方は，（赤 3，白 1，青 2），（赤 3，白 2，青 1）の 2 通りあるから，求める場合の数は，①より

  $12-2=10$ 通り　（→エオ）

⑵　$a>b>c>d>e$ より，53210 のときだから

  $3\cdot1\cdot3\cdot3\cdot2=54$ 通り　（→カキ）

⑶　袋 A から同時に 3 枚，袋 B から同時に 2 枚取り出すとき

  ${}_7C_3\times{}_5C_2=35\times10=350$ 通り　（→ク〜コ）

　袋 B から 0 が書かれたカードを取り出さない場合の数は ${}_3C_2$ 通りだから，袋 B から少なくとも 1 枚 0 が書かれたカードの取り出し方は全部で

  $10-{}_3C_2=7$ 通り

　よって，求める場合の数は

  $35\times7=245$ 通り　（→サ〜ス）

　(i)の場合は，袋 B から 0 が書かれたカードの取り出し方は 1 通りであるから，袋 A から赤，白のカード 5 枚から 3 枚を取り出せばよいから

  ${}_5C_3={}_5C_2=10$ 通り　（→セソ）

　(ii)の場合のうち，（赤 0，赤 5）を取り出すとき，袋 A から赤，白のカードを取り出すとき，3 枚とも赤のカードを取り出すのが 1 通りあるから

  $10-1=9$ 通り　（→タ）

　袋 B から，（赤 0，白 5），（白 0，赤 5），（白 0，白 5）を取り出す場合，袋 A から赤，白のカードを 3 枚取り出す場合，少なくとも 1 枚は赤のカードが含まれるから，10 通りずつある。

　よって，求める場合の数は

  $10+9+3\times10=49$ 通り　（→チツ）

　また，カードの色が赤，白の 2 色となるような取り出し方は，袋 A，B から青色のカードを除いて取り出し，赤のカードを 5 枚取り出す場合の 1 通りを除けばよいので

  ${}_5C_3\times{}_4C_2-1=10\times6-1=59$

　したがって，求める場合の数は

  $245+59-49=255$ 通り　（→テ〜ナ）

◀C 日 程▶

① 解答 問1．ア―④ イ―⑤ 問2．ウ―⑤ エ―④
問3．オ―③ カ―⑦ 問4．キ―④ ク―⑤
問5．ケ―② コ―⑤

══════ 解説 ══════

《小問5問》

問1. 不等式を解くと

$$x>3, \ x\leqq\frac{a-2}{2}$$

解が存在するためには

$$3<\frac{a-2}{2}$$

すなわち

$$a>8 \quad (\rightarrow \text{ア})$$

整数がちょうど3個存在するのは，4，5，6のときだから

$$6\leqq\frac{a-2}{2}<7$$

すなわち

$$14\leqq a<16 \quad (\rightarrow \text{イ})$$

問2. $\triangle \text{ABC}=\dfrac{1}{2}\text{AB}\cdot\text{CA}\cdot\sin\angle\text{A}$ より

$$10\sqrt{3}=\frac{1}{2}\cdot\text{AB}\cdot5\cdot\sin60°$$

$$\text{AB}=8 \quad (\rightarrow \text{ウ})$$

余弦定理より

$$\begin{aligned}\text{BC}^2&=\text{AB}^2+\text{CA}^2-2\text{AB}\cdot\text{CA}\cos\angle\text{A}\\&=8^2+5^2-2\cdot8\cdot5\cos60°\\&=49\end{aligned}$$

$\text{BC}>0$ より

$$\text{BC}=7 \quad (\rightarrow \text{エ})$$

問3. $y=(x-\cos\theta)^2-\cos^2\theta-3\sin^2\theta-\sin\theta$

$$= (x-\cos\theta)^2 + \sin^2\theta - 1 - 3\sin^2\theta - \sin\theta$$

$$= (x-\cos\theta)^2 - 2\sin^2\theta - \sin\theta - 1$$

よって，$y = (x-\cos\theta)^2 - 2t^2 - t - 1$ であるから，y は $x = \cos\theta$ のとき，最小値 $m = -2t^2 - t - 1$ をとる。（→オ）

$$m = -2\left(t+\frac{1}{4}\right)^2 - \frac{7}{8}$$

$0° \leqq \theta \leqq 180°$ より，$0 \leqq t \leqq 1$ であるから，m は $t=0$（$\theta = 0°$，$180°$）のとき，最大値 -1 をとる。（→カ）

問4. 5色の絵の具から異なる4色を選ぶ選び方は $_5C_4$ 通り。

色の塗り分け方は 4! 通りあるから

$_5C_4 \times 4! = 5 \times 24 = 120$ 通り　（→キ）

1色，2色，5色で塗り分けることはできない。

異なる3色を用いて塗り分けるとき，異なる3色の選び方は $_5C_3$ 通り。

色の塗り分け方は，A と D を同じ色で塗ればよいので 3! 通り。

$_5C_3 \times 3! = 10 \times 6 = 60$

よって，求める場合の数は

$120 + 60 = 180$ 通り　（→ク）

問5. CD は $\angle C$ の二等分線より

AD : DB = CA : CB = 4 : 6 = 2 : 3

よって

AD = 2　（→ケ）

CE は $\angle C$ の外角二等分線であるから

AE : EB = CA : CB

すなわち

AE : (AE+5) = 4 : 6

AE = 10

よって

DE = AD + AE = 12

したがって

$\triangle ABC : \triangle CDE = AB : DE = 5 : 12$

$\triangle CDE = \dfrac{12}{5}S$　（→コ）

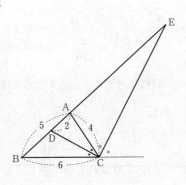

②　解答

(1)**ア.** 1　**イ.** 8　**ウ.** 3　**エ.** 4

(2)**オカキ.** 125　**クケコ.** 216　**サシ.** 61

スセソ. 216

(3)**タ**—④　**チ**—③　**ツ**—②　**テ.** 1　**トナ.** 12　**ニヌ.** 23　**ネノ.** 36

=== 解　説 ===

《反復試行の確率，最大値・最小値の確率》

(1)　1個のさいころを1回投げて，偶数の目が出る確率は

$$\frac{3}{6}=\frac{1}{2}$$

出る目がすべて偶数になる確率は

$$\left(\frac{1}{2}\right)^3=\frac{1}{8}\quad(\rightarrow\text{ア，イ})$$

出る目がすべて奇数になる確率は

$$\left(\frac{1}{2}\right)^3=\frac{1}{8}$$

よって，出る目に偶数と奇数がともにある確率は

$$1-\left(\frac{1}{8}+\frac{1}{8}\right)=\frac{3}{4}\quad(\rightarrow\text{ウ，エ})$$

(2)　1個のさいころを1回投げて，5以下の目が出る確率は，$\frac{5}{6}$ である

から，求める確率は

$$\left(\frac{5}{6}\right)^3=\frac{125}{216}\quad(\rightarrow\text{オ～コ})$$

同様に考えて，$M\leqq4$ である確率は $\left(\frac{4}{6}\right)^3$ であるから，$M=5$ となる確

率は

$$\frac{125}{216}-\left(\frac{4}{6}\right)^3=\frac{61}{216}\quad(\rightarrow\text{サ～ソ})$$

(3)　A：「$M\leqq5$ かつ $m\geqq2$」，B：「$M\leqq4$ かつ $m\geqq2$」，C：「$M\leqq5$ かつ

$m\geqq3$」とする。

　Aのとき，3回とも 2, 3, 4, 5 の目が出るときで

$$P(\mathrm{A})=\left(\frac{4}{6}\right)^3=\left(\frac{2}{3}\right)^3\quad(\rightarrow\text{タ})$$

$M=5$ かつ $m=2$ である確率は

$P(\mathrm{A})-P(\mathrm{B}\cup\mathrm{C})=P(\mathrm{A})-\{P(\mathrm{B})+P(\mathrm{C})-P(\mathrm{B}\cap\mathrm{C})\}$　……⑦

$$=\left(\frac{2}{3}\right)^3-\left\{\left(\frac{1}{2}\right)^3+\left(\frac{1}{2}\right)^3-\left(\frac{1}{3}\right)^3\right\}　(\to\text{チ},\text{ツ})$$

$$=\frac{1}{12}　(\to\text{テ}\sim\text{ナ})$$

$M-m=0$ のとき，(M, m) の組合せは 6 通りあり，3 回とも同じ目が出ればよいから

$$6\times\left(\frac{1}{6}\right)^3=\frac{1}{36}$$

$M-m=1$ のとき，(M, m) の組合せは 5 通りあり，例えば $(M, m)=(2, 1)$ のときは 3 回とも 1，2 の目が出る場合から 3 回とも同じ目が出る場合を除けばよいから

$$5\times\left\{\left(\frac{2}{6}\right)^3-\left(\frac{1}{6}\right)^3-\left(\frac{1}{6}\right)^3\right\}=\frac{5}{36}$$

$M-m=2$ のとき，(M, m) の組合せは 4 通りあり，⑦と同様に考えて

$$4\times\left[\left(\frac{3}{6}\right)^3-\left\{\left(\frac{2}{6}\right)^3+\left(\frac{2}{6}\right)^3-\left(\frac{1}{6}\right)^3\right\}\right]=\frac{2}{9}$$

$M-m=3$ のとき，(M, m) の組合せは 3 通りあり，$M=5$ かつ $m=2$ である確率が $\frac{1}{12}$ より

$$3\times\frac{1}{12}=\frac{1}{4}$$

したがって，$M-m\leqq3$ である確率は

$$\frac{1}{36}+\frac{5}{36}+\frac{2}{9}+\frac{1}{4}$$

$$=\frac{23}{36}　(\to\text{ニ}\sim\text{ノ})$$

3 解答　(1)**アイ.** -1　**ウ.** 2　**エ**—②

(2)(i)**オカ.** -8　(ii)**キ.** 0　**ク**—①　**ケ**—⑥

(3)(i)**コ**—②　**サ.** 1　**シ**—③　**ス.** 4　(ii)**セソ.** -1　**タ.** 2　**チ.** 3

ツ. 4　**テ**—①　**ト**—②　**ナ.** 9

======= 解　説 =======

《2次不等式，2次関数の最小値，必要条件・十分条件，連立不等式が満たす整数解の個数》

(1)　①より

$$(x+1)(x-2) \geqq 0$$
$$x \leqq -1, \ 2 \leqq x$$

　解は，$p=-1$，$q=2$ として，$x \leqq p$，$q \leqq x$ である。（→ア～エ）

(2)(i)　$a=9$ のとき

$$f(x)=(x-1)^2-9$$

より，$f(x)$ は $x=2$ で最小値 -8 をとる。（→オカ）

(ii)　$f(x)=0$ の判別式を D とすると，$\dfrac{D}{4}=(-1)^2-(-a+1)=a$

　不等式 $f(x) \geqq 0$ の解は

$\dfrac{D}{4} \leqq 0$　すなわち　$a \leqq 0$ のとき　（→キ）

すべての実数　（→ク）

$\dfrac{D}{4}>0$　すなわち　$a>0$ のとき，$f(x)=0$ を解くと $x=1\pm\sqrt{a}$ であるから

$$x \leqq 1-\sqrt{a}, \ 1+\sqrt{a} \leqq x \quad (\to \textit{ケ})$$

である。

(3)(i)　命題「$p \to q$」が真となればよい。

　$a \leqq 0$ のときは成り立つ。

　$a>0$ のとき

$$-1 \leqq 1-\sqrt{a} \quad \text{かつ} \quad 1+\sqrt{a} \leqq 2$$

となればよい。

$$\sqrt{a} \leqq 2 \quad \text{かつ} \quad \sqrt{a} \leqq 1$$

　よって，$a>0$ であるから

$$0<a \leqq 1$$

　したがって，求める a の値の範囲は

$$a \leqq 1 \quad (\to \text{コ，サ})$$

命題「$q \to p$」が真となればよい。

$a \leqq 0$ のとき，不適。

$a > 0$ のとき

$1 - \sqrt{a} \leqq -1$　かつ　$2 \leqq 1 + \sqrt{a}$

となればよい。

$\sqrt{a} \geqq 2$　かつ　$\sqrt{a} \geqq 1$

よって

$a \geqq 4$（これは $a > 0$ を満たす）

したがって，求める a の値の範囲は

$a \geqq 4$　（→シ，ス）

(ii)　放物線 $y = f(x)$ のグラフは，直線 $x = 1$ に関して対称であるから，条件を満たす 3 個の整数は

$-1, 2, 3$　（→セ〜チ）

であり，a のとり得る値の範囲は

$-2 \leqq 1 - \sqrt{a} < -1$　かつ　$3 < 1 + \sqrt{a} \leqq 4$

$2 < \sqrt{a} \leqq 3$

したがって

$4 < a \leqq 9$　（→ツ〜ナ）

国　語

◀Ａ　日　程▶

1 解答
問1 ア—④　イ—②　ウ—②
問2 ア—⑦　イ—②　ウ—⑤　エ—④
問3 ア—②　イ—④　ウ—①

2 出典　山竹伸二『共感の正体──つながりを生むのか、苦しみをもたらすのか』〈4章　共感とは何か──現象学から本質を問う〉（河出書房新社）

解答
問1　Ⅰ—③　Ⅱ—④
問2　②
問3　①
問4　⑤
問5　⑤
問6　④

3 出典　河﨑秋子『鯨の岬』（集英社）

解答
問1　(ア)—④　(イ)—②　(ウ)—①
問2　④
問3　⑤
問4　①
問5　①

2024年度　公募推薦　国語

◀B日程▶

①　解答

問1　ア—④　イ—②　ウ—①

問2　ア—⑤　イ—⑨　ウ—③　エ—①

問3　ア—①　イ—②　ウ—④

②　出典　ドミニク・チェン「非規範的な倫理生成の技術に向けて」(西垣通編『AI・ロボットと共存の倫理』岩波書店)

解答

問1　①

問2　⑤

問3　②

問4　①

問5　①

問6　②・⑤ (順不同)

③　出典　成田名璃子『世はすべて美しい織物』〈九　昭和十八年　芳乃　夜を織る〉(新潮社)

解答

問1　(ア)—②　(イ)—①　(ウ)—③

問2　④

問3　③

問4　①

問5　⑤

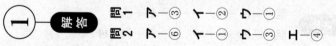

◀Ｃ　日　程▶

①　解答　問1　ア―③　イ―②　ウ―①
問2　ア―⑥　イ―①　ウ―③　エ―④
問3　ア―③　イ―④　ウ―②

②　出典　玉手慎太郎『公衆衛生の倫理学――国家は健康にどこまで介入すべきか』〈序章　公衆衛生倫理学の問題関心〉（筑摩書房）

解答　問1　⑤
問2　②・⑥（順不同）
問3　③
問4　⑤
問5　④
問6　②

③　出典　平野啓一郎「天井裏の時計」（モノガタリプロジェクト編『モノガタリは終わらない』集英社）

解答　問1　(ア)―④　(イ)―①　(ウ)―⑤
問2　②
問3　⑤
問4　④
問5　④

一般選抜前期日程：Ａ日程・Ｂ日程

問 題 編

▶**試験科目・配点**

方式	学 科	教 科	科　　　　目	配 点
3科目型	理学療法・看護医療・健康栄養	英 語	コミュニケーション英語Ⅰ・Ⅱ・Ⅲ，英語表現Ⅰ・Ⅱ	100 点
		選 択	「数学Ⅰ・Ａ」，「物理基礎・物理」，「化学基礎・化学」，「生物基礎・生物」，基礎理科*，「国語総合（古文・漢文を除く）・現代文Ｂ」から出願時に2科目選択 ※理科2科目の選択は不可	各 100 点
	人間環境デザイン・現代教育	英 語	コミュニケーション英語Ⅰ・Ⅱ・Ⅲ，英語表現Ⅰ・Ⅱ	100 点
		選 択	日本史Ｂ，世界史Ｂ，「数学Ⅰ・Ａ」，「物理基礎・物理」，「化学基礎・化学」，「生物基礎・生物」，基礎理科*，「国語総合（古文・漢文を除く）・現代文Ｂ」から出願時に2科目選択 ※地理歴史2科目，理科2科目の選択は不可	各 100 点
2科目型	理学療法・看護医療・健康栄養	選 択	「コミュニケーション英語Ⅰ・Ⅱ・Ⅲ，英語表現Ⅰ・Ⅱ」，「数学Ⅰ・Ａ」，「物理基礎・物理」，「化学基礎・化学」，「生物基礎・生物」，基礎理科*，「国語総合（古文・漢文を除く）・現代文Ｂ」から出願時に2科目選択 ※理科2科目の選択は不可	各 100 点
	人間環境デザイン・現代教育	選 択	「コミュニケーション英語Ⅰ・Ⅱ・Ⅲ，英語表現Ⅰ・Ⅱ」，日本史Ｂ，世界史Ｂ，「数学Ⅰ・Ａ」，「物理基礎・物理」，「化学基礎・化学」，「生物基礎・生物」，基礎理科*，「国語総合（古文・漢文を除く）・現代文Ｂ」から出願時に2科目選択 ※地理歴史2科目，理科2科目の選択は不可	各 100 点

▶**備　考**

*「基礎理科」は「物理基礎」,「化学基礎」,「生物基礎」から2科目選択
　で1科目とみなす。

• 出願したすべての日程・方式ごとに合否を判定する。

• 3科目型・2科目型ともに以下の方式に出願できる。

【**A方式（均等配点）**】

• 3科目型：受験した3科目の得点を合計し，300点満点で判定。

• 2科目型：受験した2科目の得点を合計し，200点満点で判定。3科
　目受験した場合は，高得点2科目の得点を採用。

【**S方式（高得点科目重視）**】

• 3科目型：高得点1科目の得点を2倍し，400点満点で判定。

• 2科目型：高得点1科目の得点を2倍し，300点満点で判定。3科目
　受験した場合は，最高得点1科目の得点を2倍し，次の高得点科目と
　あわせて，300点満点で判定。

【**T方式（調査書プラス）**】

• 3科目型：受験した3科目の得点と調査書（学習成績の状況× 10
　〈50点満点〉）の350点満点で判定。

• 2科目型：受験した2科目の得点と調査書（学習成績の状況× 10
　〈50点満点〉）の250点満点で判定。3科目受験した場合は，高得点
　2科目の得点と調査書（学習成績の状況× 10〈50点満点〉）の250点
　満点で判定。

▶**出題範囲**

•「数学A」は学習指導要領に示された内容のうち，「⑴場合の数と確率，
　⑶図形の性質」から出題。

•「物理」は学習指導要領に示された内容のうち，「⑴様々な運動，⑵波，
　⑶電気と磁気」から出題。

•「化学」は学習指導要領に示された内容のうち，「⑴物質の状態と平衡，
　⑵物質の変化と平衡，⑶無機物質の性質と利用，⑷有機化合物の性質と
　利用」から出題。

•「生物」は学習指導要領に示された内容のうち，「⑴生命現象と物質，⑵
　生殖と発生，⑶生物の環境応答」から出題。

英　語

◀A　日　程▶

$$\begin{pmatrix} 3 科目型 & & 60 分 \\ 2 科目型 & 2 科目 & 120 分 \end{pmatrix}$$

1　次の問い（A〜D）に答えなさい。

A　次の問1〜問5の空欄　1　〜　5　に入れるのに最も適当なものを，それぞれ下の①〜④
　から一つずつ選び，番号で答えなさい。

問1　This building is twenty　1　high and was built five years ago.
①　bottoms　　　　　②　lines　　　　　③　news　　　　　④　stories

問2　Ken will　2　by us no matter what happens.
①　help　　　　　②　stand　　　　　③　take　　　　　④　get

問3　I was　3　to leave when my brother ran into the room.
①　about　　　　　②　already　　　　　③　just　　　　　④　time

問4　I heard my father　4　an old song downstairs.
①　sings　　　　　②　sung　　　　　③　singing　　　　　④　to sing

問5　The musical event will　5　if it rains tomorrow.
①　put off　　　　②　putting off　　　③　be put off　　　④　be putting off

B　次の問1〜問3の下線部のうち，間違いを含むものを，それぞれの①〜④から一つずつ選び，
　番号で答えなさい。

問1　The house ①where Gary inherited from his grandmother, ②who passed away last year, was
　far from the city.　He left his law firm three years ago, and he ③had not found another job
　before he learned ④what was in his grandmother's will.　6

問2　The 30 students on the internship ①will be divided into groups of five.　The project leader
　wants ②them to do some simple jobs that employees normally do.　They will ③be asked to

complete each of ④the assigned task within a week.　　7

問3　It is a major problem for elderly people ①living in rural areas that there is not adequate access to medical services.　Fortunately, online services ②are relatively widespread in this district.　③You are possible to see a doctor at home, have a prescription ④issued, and pick up your medicine at a dispensary in your neighborhood.　　8

C　次の会話について，下線部(1), (2)の中で最も強調して発音されるものを，それぞれ下の①〜④から一つずつ選び，番号で答えなさい。

（状況）ホテルの受付と Alyson が話をしている。

Clerk　：Good morning.　How may I help you?
Alyson：Good morning.　(1)I was going to check out tomorrow, but I'd like to stay here one more night.
Clerk　：May I have your name and room number, please?
Alyson：I'm Alyson Baker and my room number is 507.
Clerk　：Let me check ....　(2) Yes, we do have some rooms available, but you'll have to move because your room has been reserved.
Alyson：No problem with that.　Which rooms are available?
Clerk　：How about Room 1120?　The room is on the top floor of the annex and you can enjoy a wonderful view of the ocean.
Alyson：That'll be great!　Thank you.

問1　下線部(1)　　9
①　check out　　　②　tomorrow　　　③　stay　　　④　one more

問2　下線部(2)　　10
①　have to　　　②　move　　　③　your room　　　④　reserved

D　次の問1，問2の会話の空欄　　11　，　　12　に入れるのに最も適当なものを，それぞれ下の①〜④から一つずつ選び，番号で答えなさい。

問1　Boy　　　：Have you seen my bike key, mom?
　　　Mother：　11
　　　Boy　　　：In the box on the shelf, but it's not there.

①　I saw it in the box a few minutes ago.
②　Isn't it on the shelf?
③　Oh, I put it in your pocket.
④　Where do you usually keep it?

問2　Woman：Excuse me, I'm looking for the newest book in "The Windy Island" series.
　　　Man　　：Please let me quickly check.　│ 12 │
　　　Woman：I see.　Can I pre-order the book?
　　　Man　　：Certainly.　Please fill out this form.

① The novel section is over there.
② Have you already read it?
③ It will come out next Monday.
④ I will explain the story of that novel.

---

[2]　次の問1〜問5の英文を完成させるために，それぞれ下の語(句)を正しく並べ替えたとき，
　　　空欄 │ 13 │〜│ 22 │ にあたる語(句)を番号で答えなさい。ただし，不要な語(句)が一つずつ
　　　含まれている。

問1　I finally found the book _____ │ 13 │ _____ │ 14 │ _____ .

① who　　　　　　② for　　　　　　③ had
④ been　　　　　 ⑤ I　　　　　　　⑥ looking

問2　Judy waited for the bus for one hour, but eventually │ 15 │ _____ │ 16 │
　　　_____ _____ waiting and walk home.

① but　　　　　　② help　　　　　 ③ couldn't
④ give　　　　　 ⑤ would　　　　　⑥ up

問3　Lisa _____ │ 17 │ _____ │ 18 │ _____ a man carrying a large case could pass
　　　through.

① that　　　　　 ② the door　　　 ③ be
④ open　　　　　 ⑤ so　　　　　　 ⑥ kept

問4　I │ 19 │ _____ │ 20 │ _____ _____ out my plan by myself.

① carry　　　　　② it　　　　　　 ③ to
④ found　　　　　⑤ that　　　　　 ⑥ difficult

問5　Never _____ │ 21 │ _____ │ 22 │ _____ work of art.

① seen　　　　　 ② such　　　　　 ③ have
④ when　　　　　 ⑤ I　　　　　　　⑥ a creative

3 次の文章を読み，問1～問5の空欄 | 23 | ～ | 27 | に入れるのに最も適当なものを，それぞ
れ下の①～④から一つずつ選び，番号で答えなさい。

Tadashi is exchanging messages with Katy, a staff member at a travel agency.

[An e-mail from Katy Jones to Tadashi Arita]

Thank you for signing up for our trip to Elmo Island.　Please look at the list of activities which you can enjoy on the island.

I have also attached a coupon code to this e-mail.　If you download the code to your smartphone and show it to our staff, you will receive a $10 discount on activities marked with ★.　If you have any questions, please feel free to ask.

Activity list on Elmo Island

Activity	Fee	Features
Scuba diving★	$90	Experience diving in the sea in front of the Elmo Hotel.
Kayaking	$40	Enjoy kayaking down the river from Cole Park to the Elmo Hotel.
Photo tour★	$60 (*1)	Ride a bicycle around the photo spots of the island from the Elmo Hotel.
Dinner show	$80 (*2)	Held at the Elmo Hotel; enjoy seafood, the traditional music and dance of the island.
Concert	$60	Held at Courtney Theater; Eliza Murphy, a popular singer throughout the United States and from Elmo Island, will sing.

*1: $40 will be added if you bring your own photographer.

*2: You will get a $20 discount if you are staying at the Elmo Hotel. (Dinner in the restaurant can be changed to going to the dinner show.)

[The reply from Tadashi to Katy]

Thanks for sending me the list.　Elmo Island is famous for its beautiful nature and I would like to enjoy it!　I have a few questions.

1. We do not all have diving licenses; can we try scuba diving?
2. Regarding the kayaking, Cole Park seems to be far from the Elmo Hotel, where we will be staying, so please let me know how we can get there.
3. Taking photos is one of my hobbies, and I am interested in the photo tour.　If it rains, will the tour be cancelled?
4. Thank you for sending the coupon code.　If there are any other discounts available, please let me know.

[The answers from Katy to Tadashi]

Thank you for your questions.　Here are the answers.

1. Yes.　Our instructors will help you, so you can enjoy diving even if you are beginners.
2. Maybe there is no public transportation from the hotel to the park.　It costs about $20 one way by taxi.　Rental cars are available for $40 per day.

3. Since you will travel by bicycle for several hours, it will be cancelled in case of rain (You'll get a refund).　However, it rains only about three days a month on the island in July, so you rarely have to worry about rainy weather.

4. I've heard that someone in your group has stayed at the Elmo Hotel before, so please let us know their name and e-mail address.　We will send you another coupon code for a $5 discount at almost every restaurant on Elmo Island.

問1　How much will it cost per person if Tadashi and his friends want to enjoy watching the traditional dance of Elmo Island?　| 23 |
①　40 dollars　　②　60 dollars　　③　80 dollars　　④　90 dollars

問2　Tadashi and his friends are looking for an activity that costs less than $55 all together per person.　They will choose | 24 | .
①　scuba diving　　②　the photo tour　　③　the dinner show　　④　the concert

問3　To get a $5 discount at restaurants on the island, Tadashi will | 25 | .
①　let Katy know the member's name and e-mail address
②　show his smartphone screen to the staff
③　download a coupon code to his smartphone
④　have Katy send him the coupon code

問4　According to the e-mails, one fact (not an opinion) is that | 26 | .
①　luckily, it rarely rains on Elmo Island in July
②　people on Elmo Island are proud of Eliza Murphy
③　someone in Tadashi's group does not have a diving license
④　even beginners will enjoy the diving experience

問5　According to the e-mails, one opinion (not a fact) is that | 27 | .
①　photo tours are not held if it rains
②　Tadashi's friend has stayed at the Elmo Hotel before
③　Tadashi writes that photography is his hobby
④　Cole Park is far from the Elmo Hotel and it's recommended that you go there by car

4　次の文章を読み，問い（A〜E）に答えなさい。なお，*のついた語（句）は後に注がある。

Scientists have raised the idea of a "Jurassic Park" rebirth of dinosaurs after extracting, or removing, what looks like *blood vessels and intact (undamaged) cells from a Tyrannosaurus rex.

The well preserved fossil skeleton of the *T-rex that scientists are researching was unearthed in 2003 from Hell Creek, Montana, in the U.S.　When the researchers analyzed one of its thigh bones, broken during its recovery, they found a flexible, *stretchy material with what appeared to be transparent and hollow blood vessels inside it.　The vessels *branched like real blood vessels, and some held cell-like structures.　Mary Schweitzer, from North Carolina State University in Raleigh, who led the team, told the journal *Science*: "It was totally shocking.　I didn't believe it until we'd (1)done it 17 times."

Tests on the 70-million-year-old samples continue, but the U.S. scientists have not ruled out the possibility of extracting DNA.　The extraction of DNA was the starting point for the cloning of dinosaurs in Michael Crichton's bestseller "Jurassic Park," （ ア ） was the basis for Steven Spielberg's hit film of the same name.

The blood vessels were similar to the blood vessels of modern-day birds.　In appearance, they closely resembled the vessels from the bones of present-day ostriches, the scientists said. Many of these blood vessels contained red and brown structures that looked like cells. Within these cell-like structures, the team discovered smaller objects similar in size to the *nuclei of blood cells in modern birds.

Their next step is to examine the soft tissue found inside the bone; it might be original T-rex material.　（ イ ）, it could be that the proteins from the original T-rex have been replaced by other chemicals over the centuries.　Scientists have previously recovered intact cells trapped in 225-million-year-old *amber, only to find the nuclei had been replaced with other substances over the years.

Dr Schweitzer's group said they had identified some protein fragments that still responded to tests.

(2)Other experts were hopeful.　In the UK, David Martill, a biochemist at the University of Portsmouth, said: "There's (3){ ①a ②be ③chance ④may ⑤reasonable ⑥that ⑦there } intact proteins."　He speculated that it might even be possible to extract DNA, but no one knows for sure whether it will be possible.

Lawrence Witmer, a *paleontologist at Ohio University's college of *osteopathic medicine, agreed: "If we have tissues that are not fossilized, then we can potentially extract DNA.　It's very exciting."

If the cells do contain original biological material, the scientists would be able to investigate everything from dinosaur *physiology to how the creatures evolved into birds.

Cloning a T-rex would be far more difficult.　Current techniques need hundreds of nuclei from living cells, said Duane Kraemer, a cloning expert at Texas A&M University, who leads a project called Noah's Ark, which stores tissue samples from animals facing extinction, such as pandas and the desert bighorn sheep.　Any dinosaur DNA remaining in the cells would probably be damaged or degraded, making it impossible to use for cloning.

From *T-Rex Could Bring Jurassic Park to Life : Scientists say dinosaur cloning possible from DNA* in *Well Read 3 Skills and Strategies for Reading* by David Adam, Oxford University Press, 2008.

（注）blood vessel「血管」 T-rex（＝Tyrannosaurus rex）「ティラノサウルス・レックス（北アメ
リカ大陸に生息していた肉食恐竜）」 stretchy「伸縮性のある」 branch「枝状に広がる」
nuclei「nucleus（細胞核）の複数形」 amber「琥珀（天然樹脂の化石）」
paleontologist「古生物学者」 osteopathic medicine「整骨医学」 physiology「生理学」

A 下線部**(1)**の内容として最も適当なものを，次の①～④から一つ選び，番号で答えなさい。
28

① published the experiments in the journal ② analyzed a T-rex bone
③ tried to believe what was surprising ④ denied the existence of DNA

B 文中の（ ア ），（ イ ）に入れるのに最も適当な語（句）を，次の①～④から一つずつ選び，
番号で答えなさい。

（ ア ） 29
① which ② where ③ that ④ when

（ イ ） 30
① For instance ② Therefore ③ However ④ Above all

C 下線部**(2)**について，本文の記述に最も合うものを，次の①～④から一つ選び，番号で答えなさい。
31

① Scientists said that it is now possible to clone dinosaurs without extracting DNA.
② One scientist believed that it might be possible to extract DNA from undamaged proteins.
③ One scientist said that even fossilized tissues might give him a chance to extract DNA.
④ One cloning expert believed that it might be possible to use degraded cells for cloning.

D 下線部**(3)**の｛ ｝内の語を意味が通るように並べ替えたとき，4番目にくる語は①～⑦のう
ちどれか。番号で答えなさい。 32

E　本文の内容と合っているものを，次の①～⑧から三つ選び，番号で答えなさい。ただし，解答の
　　順序は問わない。　　33　　～　　35

①　Scientists thought it might be possible to clone a dinosaur by using its undamaged cells.

②　Mary Schweitzer was shocked when she was not successful in recovering T-rex cells.

③　Success in extracting T-rex DNA will not lead to being able to clone the dinosaur.

④　The bones of the T-rex were found to be very similar to those of present-day birds.

⑤　It is suspected that the tissue of the T-rex bone might have been damaged.

⑥　David Martill was pessimistic about finding undamaged proteins in the T-rex bone.

⑦　Lawrence Witmer said they might successfully extract DNA even from fossilized tissues.

⑧　Cloning a T-rex has a lot of problems to overcome and it needs quite a number of nuclei.

◀B　日　程▶

$$\begin{pmatrix} 3科目型 & 60分 \\ 2科目型 & 2科目 & 120分 \end{pmatrix}$$

1　次の問い（A〜D）に答えなさい。

A　次の問1〜問5の空欄　1　〜　5　に入れるのに最も適当なものを，それぞれ下の①〜④から一つずつ選び，番号で答えなさい。

問1　Can you　1　that book on my desk when you have finished it?
①　back　　　②　lie　　　③　place　　　④　spot

問2　The color red often　2　for passion and energy.
①　expresses　　②　feels　　③　shows　　④　stands

問3　The girl was surprised as someone caught her　3　the arm.
①　by　　　②　from　　　③　of　　　④　with

問4　If you　4　a lot of money, what would you do with it?
①　has　　　②　had　　　③　having　　　④　to have

問5　I regret　5　you that I can't help you in any way.
①　tell　　　②　told　　　③　to tell　　　④　being told

B　次の問1〜問3の下線部のうち，間違いを含むものを，それぞれの①〜④から一つずつ選び，番号で答えなさい。

問1　When Amy ①was asked to mentor a new librarian, she knew that the task was not right for her.　She carefully showed him ②how to organize books.　However, she felt that he ③was still confusing when she saw him ④walking around with books among the bookshelves.　6

問2　You can see two towers, one on each side of the river.　①Which do you think ②is taller one? Those towers were built in the mid-16th century, and surveys ③conducted in the 20th century revealed that they are almost ④the same height.　7

問3　Mr. Takeda and Ms. Green often ①argue about the project they are working on.　As far as I know, they are ②both working very hard to make the project ③successful.　I think they should ④listen each other a little more carefully.   8

C   次の会話について，下線部(1), (2)の中で最も強調して発音されるものを，それぞれ下の①～④か
ら一つずつ選び，番号で答えなさい。

（状況）歯科クリニックのスタッフと Jeff が電話で話をしている。

Staff：Hello, this is Amy Watson from Dr. Williams' dental clinic.   May I speak to Mr. Jeffrey
       Heath?

Jeff ：Speaking.

Staff：(1)You have an appointment for a checkup tomorrow afternoon at 3:00 p.m., but Dr.
       Williams has to be out tomorrow due to urgent business.

Jeff ：Oh, I see.   I'm not in a hurry, so I can reschedule.

Staff：Thank you very much, Mr. Heath.   When would it be convenient for you to see Dr.
       Williams?

Jeff ：How about Saturday morning?

Staff：(2)I am sorry but we're fully booked in the morning, so how about at 4:00 p.m.?

Jeff ：Okay, that would be fine.   See you on Saturday.

問1   下線部(1)   9

① checkup   ② 3:00 p.m.   ③ be out   ④ due to

問2   下線部(2)   10

① sorry   ② fully   ③ morning   ④ 4:00 p.m.

D   次の問1，問2の会話の空欄   11 ,   12   に入れるのに最も適当なものを，それぞれ下の①
～④から一つずつ選び，番号で答えなさい。

問1   Father：You look happy, Kate.   Was there anything good at school?

       Girl   ：Yes, dad!   Guess what happened.

       Father：Hmm ... you got a good grade in the math test?

       Girl   ：   11   I got full marks!

① Are you seeing my teacher tomorrow?

② How did you know?

③ I had no test today.

④ I'm going to take the test.

問2   Woman：Hi, two tickets for the seven o'clock show, please.

       Man   ：Certainly.   12

       Woman：Do you have seats somewhere in the middle?

Man　　: Yes, we have.　That'll be forty dollars.

① Do you have any preference for seats?
② What time would you like that for?
③ Shall I take you to your seats?
④ Do you have a reservation?

2　次の問1〜問5の英文を完成させるために，それぞれ下の語(句)を正しく並べ替えたとき，空欄　13　〜　22　にあたる語(句)を番号で答えなさい。ただし，不要な語(句)が一つずつ含まれている。

問1　I _____ 13 _____ 14 _____ for a long time.

① to　　　　　　　② my children　　　③ video games
④ play　　　　　　⑤ don't　　　　　　⑥ let

問2　The park doesn't have as many 15 _____ 16 _____ _____ have.

① to　　　　　　　② as　　　　　　　③ that
④ it　　　　　　　⑤ trees　　　　　　⑥ used

問3　The officer _____ 17 _____ 18 _____ catch to go to the hospital.

① us　　　　　　　② bus　　　　　　　③ to
④ how　　　　　　⑤ told　　　　　　⑥ which

問4　My aunt never 19 _____ _____ 20 _____ a cup of coffee.

① drinking　　　　② day　　　　　　③ starts
④ her　　　　　　⑤ only　　　　　　⑥ without

問5　Not _____ 21 _____ 22 _____ in front of her.

① could　　　　　② no　　　　　　　③ say
④ word　　　　　⑤ I　　　　　　　⑥ a single

3　次の文章を読み，問1～問5の空欄 | 23 | ～ | 27 | に入れるのに最も適当なものを，それぞれ下の①～④から一つずつ選び，番号で答えなさい。なお，*のついた語(句)は後に注がある。

You are looking at the website of a cafe and a note from Martin about getting a present for Amy.

O-zone Cafe started selling coffee beans online in May this year. We offer carefully selected beans from around the world, roasted in our own unique way, at reasonable prices!

October's Bestsellers　VIEW MORE

Name	Price	Features
Popular Blend	$4	Suitable for beginners because of its moderate *acidity and bitterness.
Full Body	$5	You can enjoy the strong bitterness and richness of this coffee.
Special Blend ★	$8	A deep flavor and an elegant aroma characterize this coffee.
October Blend	$6	Has a good balance of richness and bitterness.
Brazilian ★	$5	Has strong acidity and a fruity aroma.

· Prices shown here are per 100 grams of coffee beans.
· The shipping cost is $5.00, but it will be free for orders over $40.
· We'll discount 10% off the price of "The Coffee of the Week," marked with　★.

Coffee beans are also available at some of our *physical stores. We can also *grind coffee beans to your preference on the spot. Please ask the store staff.

Special Gift Set (Shipping charges not included)
You can select three types of beans, 100 grams each. The set includes an O-zone Cafe special booklet and stickers.

About our shops
O-zone Cafe received *Fair Trade Certification in 2018. We are in a great partnership with local farms to ensure fair trade and are conscious of the environment around the farms.
We hold various events at some of our stores, such as music events, lectures by baristas, etc. If you would like to take part in an event, please fill out and submit the application form that you can get at the store, or sign up via this form. If you would like to use our event space to hold an event, please contact Gary Bush, the regional manager, with a brief description of your event via e-mail. ⇒garybush@XXXXXXX. com
If you sign up for our e-mail newsletter, you will get information twice a month about "The Coffee of the Week," special offers, and events at the cafe space. ⇒Click here to register

---

Note from Martin

　Please choose three kinds of coffee beans as a gift set from their best-selling items for October.　Our budget is $20 including shipping.　I don't think Amy likes strong acidity in her coffee.　　　　　　　　　　　　　　　　　　　　Martin

---

(注)　acidity「酸味」　　physical store「(オンラインショップに対して) 実店舗」
　　　grind「～を挽く」　　Fair Trade Certification「フェアトレード認証」

問1　How much is 200 grams each of Brazilian and Full Body, including the shipping, if you buy
　　　it this week?　| 23 |
　　①　19 dollars　　　②　20 dollars　　　③　24 dollars　　　④　25 dollars

問2　You are thinking of buying a gift set and sending it to Amy.　Based on the website and the
　　　note from Martin, you will choose　| 24 |　.
　　①　Popular Blend, Full Body, and Special Blend
　　②　Full Body, October Blend, and Brazilian
　　③　Popular Blend, October Blend, and Brazilian
　　④　Popular Blend, Full Body, and October Blend

問3　You are thinking of organizing a concert in the cafe.　What should you do?　| 25 |
　　①　Send an e-mail to the manager.
　　②　Send a proposal using the form on the website.
　　③　Register for the e-mail magazine.
　　④　Give an application form to the store staff.

問4　According to the website and the note, one fact (not an opinion) is that　| 26 |　.
　　①　Popular Blend is suitable for people who are not used to drinking coffee
　　②　if you buy coffee beans at the O-zone Cafe physical store, they can grind the beans for you
　　③　Full Body is the most bitter coffee beans sold at O-zone Cafe
　　④　Amy does not like coffee that has a strong bitter taste

問5　According to the website and the note, one opinion (not a fact) is that　| 27 |　.
　　①　O-zone Cafe's e-mail newsletter is sent out twice a month
　　②　O-zone Cafe began to sell coffee beans online this year
　　③　if you order the Special Gift Set, special items are included in it
　　④　O-zone Cafe has been making good trade with its coffee farm partners

4　次の文章を読み，問い（A～F）に答えなさい。なお，*のついた語(句)は後に注がある。

　Felicia Busch, a nutrition consultant, believes that "there are really two different kinds of trends.　The first kind develops from a *groundswell of interest.　It can come from a new book or a study that presents a new theory.　Scientific research often contributes to new nutrition trends.　These kinds of trends are usually promoted by the media and continue until the public loses interest.　The second kind of trend occurs when a major *milestone happens.　When there's a food recall or people die from a food-related disease, people stop and think.　A milestone can either start a trend or support other trends that are already out there."　Trends (1){ ①are ②arise ③common ④from ⑤groundswells ⑥more ⑦that } than those that arise from major milestones.

　Consumers' desires and needs depend on their beliefs and attitudes.　Here are just a few of the many factors that affect public opinion:

・beliefs about what keeps us healthy and how we get sick

・attitudes about our ability to control our health and eating habits

・reactions to hearing or reading news stories, and reading books

・talking with friends and family members about the latest nutrition trend

　Felicia Busch agrees that the media influence what people hear and read about nutrition and health.　"People get their information from the media.　And the media often depend on a few top sources.　(2)Reporters tend to 'feed' off each other.　A newspaper article can lead to a TV story or magazine article and vice versa."

　The Food Marketing Institute (FMI) in Washington, DC, has studied consumer attitudes about nutrition and health for the last 20 years.　FMI's survey data shows that the percentage of consumers reporting that they are "very concerned about the nutritional content of what they eat" was relatively stable from the mid-1980s through the mid-1990s.　Since then, (3)this percentage has fallen a bit.

　Some trend watchers think the drop in concern about nutrition is partly due to public opinion about health advisors.　Felicia Busch explains, "During the period from 1980 until 1995, we had to keep modifying our positions about fats as we learned more about the relationship between dietary fat and health.　First we had people follow no-cholesterol diets, then it was low-fat diets. （　ア　）, it became *low-saturated fats, now we're talking about *low-trans-fat diets.　I think this changing advice has had an impact on people just giving up."　In defense of nutritionists, Busch adds, "There was so much information coming out at once.　No wonder the public was confused.　It's hard to have people understand that (4)science is an ongoing process."

　Trends in nutrition come and go.　Some trends become cultural norms because everyone is doing it.　Others die because different needs and interests *eclipse them.　According to data from a HealthFocus International survey, consumers are now very interested in the health benefits that certain foods may provide.

From *Anatomy of a Nutrition Trend* in *Q:Skills for Success, Reading and Writing 4* by Debra Daise, Charl Norloff and Paul Carne, Oxford University Press, 2011.

(注) groundswell「(世論などの) 高まり」　　milestone「画期的な出来事」
　　low-saturated fat「低飽和脂肪」　　low-trans-fat「トランス脂肪酸が少ない」
　　eclipse「～を衰退させる」

A　下線部(1)の {　　　} 内の語を意味が通るように並べ替えたとき，4番目にくる語は①～⑦のうちどれか。番号で答えなさい。　28

B　下線部(2)について，その意味内容として最も適当なものを，次の①～④から一つ選び，番号で答えなさい。　29

① Reporters tend to rely on people who want valuable information.
② People tend to be influenced by the news media, especially TV.
③ Stories in the media have a tendency to influence each other.
④ Readers of newspapers tend to avoid watching TV when they eat.

C　下線部(3)の理由として最も適当なものを，次の①～④から一つ選び，番号で答えなさい。
30

① People feel confused by the changeable information about nutritional content.
② The media have made people more and more concerned about what they eat.
③ Trend watchers have had more powerful control over nutritional content.
④ A lot of information about food can be helpful in choosing what to eat.

D　文中の (　ア　) に入れるのに最も適当な語(句)を，次の①～④から一つ選び，番号で答えなさい。　31

① However　　② Therefore　　③ After that　　④ For instance

E　下線部(4)について，その意味内容として最も適当なものを，次の①～④から一つ選び，番号で答えなさい。　32

① Science allows us to find quick and easy solutions to keep healthy through nutrition.
② Scientists are continuing their research to find the truth by presenting new theories.
③ Scientific knowledge is almost always too complicated for the public to understand.
④ Scientific findings are giving us some hints about how to be flexible in solving problems.

F 本文の内容と合っているものを，次の①～⑧から三つ選び，番号で答えなさい。ただし，解答の
順序は問わない。 33 ～ 35

① The media play a role in spreading new scientific theories of nutrition among the public.

② The discovery of a major food-related disease can stop new trends from arising.

③ Consumers' desires and needs are affected by books as well as by the media.

④ There aren't many factors that influence the public opinions about nutrition.

⑤ People do not like to think that they are influenced by information from the media.

⑥ Since the middle of the 1990s, people have become less concerned about the food they eat.

⑦ Nowadays a lot of people believe that it is best to take only low-saturated fats.

⑧ According to the results of a survey, consumers are doubtful about the health benefits of
some foods.

日本史

◀A 日程▶

（2科目 120分）

1　古代から現代にかけての天皇に関する次の文章を読み，下の問い（問1〜9）に答えなさい。

（史料は，一部省略したり，書き改めたりしたところもある。）

　天皇号の成立については，推古朝説と(a)天武朝説がある。『古事記』(b)『日本書紀』に科学的分析を加えた　ア　は，『古事記』『日本書紀』にある天皇の表記は編者によるものとし，推古朝の金石文などから推古朝に天皇号が用いられていたと主張した。その後は天武朝説がとなえられ，現在ではその説が有力となっているが，確定はしていない。

　中世になると，天皇と並び立つ権力者として将軍が現われた。いわゆる公武二元支配である。その中世において，天皇による一元的な統治が行われた時期があった。それが(c)後醍醐天皇による建武の新政である。後醍醐天皇は足利尊氏との対立を経て，(d)南北朝の分立をまねき，中世における二所朝廷時代を生んだ。このことは，後世においても南朝と北朝のどちらが正統かをめぐる議論をまねいた。

　江戸時代の天皇は，幕府から一定の統制を受けながらも，朝幕関係は時期によって変化した。徳川綱吉が礼儀による秩序を重視すると，天皇・朝廷に対する政策も改められ，　イ　は応仁の乱後から中断していた大嘗会を 221 年ぶりに再興した。また，松平定信は大政委任論をとなえ，国土と国民を統治する権限は天皇にあり，それを将軍に委任するとし，天皇と将軍との関係を明確化した。(e)この考えは大政奉還の前提となった。大政奉還の背景には，将軍徳川家茂のもとに孝明天皇の妹が降嫁して以降，(f)公武合体が進展したことも要因の一つとされる。

　近代になると，天皇の位置づけは憲法で明文化された。大日本帝国憲法制定後，天皇機関説がとなえられて正統学説として定着した。しかし，日本の国内政治に対する政党の影響力が低下すると，(g)この学説に対する批判が激しくなった。その後，日本は翼賛政治体制のもとで太平洋戦争に突入していった。(h)第二次世界大戦後，天皇は，日本国憲法において政治的権力をもたない「日本国民統合の象徴」と位置づけられて現在に至っている。

問1　空欄　ア・イ　に入る語句の組合せとして最も適当なものを，次の①〜④の中から一つ選びなさい。　1

①　ア　津田左右吉　イ　光格天皇　　　②　ア　津田左右吉　イ　霊元天皇
③　ア　田口卯吉　　イ　光格天皇　　　④　ア　田口卯吉　　イ　霊元天皇

問2　下線部(a)に関連して，天武天皇の政策について述べた文として最も適当なものを，次の①〜④の中から一つ選びなさい。　2

① 豪族の領有民である部曲が廃止され，人民を公民として把握した。

② 国家体制の充実をはかるために，和同開珎の鋳造を行った。

③ 天皇中心の中央集権的国家体制の形成を進め，飛鳥浄御原令を施行した。

④ 豪族を天皇中心の新たな身分秩序に編成するため，冠位十二階を定めた。

問3　下線部(b)に関連して，『日本書紀』において「大泊瀬幼武天皇（おおはつせわかたけのすめらみこと）」と表記された人物に対する中国側の呼称と，この人物の大王としての呼称を示す遺物が出土した古墳との組合せとして最も適当なものを，次の①〜④の中から一つ選びなさい。　3

① 興－大仙陵古墳　　　　　② 興－稲荷山古墳

③ 武－大仙陵古墳　　　　　④ 武－稲荷山古墳

問4　下線部(c)に関連して，建武の新政に関して述べた次の文X・Yについて，その正誤の組合せとして最も適当なものを，下の①〜④の中から一つ選びなさい。　4

X　地方を統治するための機関を，東北と関東に設置した。

Y　すべての土地所有権の確認には天皇の綸旨を必要とすることにした。

① X　正　Y　正　　　　　② X　正　Y　誤

③ X　誤　Y　正　　　　　④ X　誤　Y　誤

問5　下線部(d)に関連して，南北朝の分立時には後醍醐天皇の皇子たちが南朝を支えた。後醍醐天皇の皇子について述べた文として最も適当なものを，次の①〜④の中から一つ選びなさい。　5

① 懐良親王は，九州に派遣され，のちに大宰府を制圧した。

② 義良親王は，東北に派遣されたが，幕府軍に滅ぼされた。

③ 護良親王は，後醍醐天皇から譲位され，後村上天皇として即位した。

④ 成良親王は，鎌倉府に派遣され，関東の統治を任された。

問6　下線部(e)に関連して，大政奉還に関して述べた文a〜dの組合せについて正しいものを，下の①〜④の中から一つ選びなさい。　6

a　大政奉還の上表を提出した日に，朝廷から王政復古の大号令が出された。

b　大政奉還の上表を提出した日に，朝廷から討幕の密勅が出された。

c　大政奉還の上表を提出した際，徳川慶喜は幕領を天皇に返上した。

d　大政奉還の上表を提出した際，徳川慶喜は将軍職を天皇に返上しなかった。

① a・c　② a・d　③ b・c　④ b・d

問7　下線部(f)に関連して，公武の融和を示す事例に関して述べた次の文Ⅰ〜Ⅲについて，古いものから年代順に正しく配列したものを，下の①〜⑥の中から一つ選びなさい。　**7**

Ⅰ　攘夷実行の勅命を受けて，幕府は攘夷決行を諸藩に命じた。
Ⅱ　通商条約の勅許が出された翌年，幕府は諸外国との交渉で，関税率を改定する協約に調印させられた。
Ⅲ　勅使を奉じた島津久光の意向を入れて，幕政の改革が行われた。

① Ⅰ→Ⅱ→Ⅲ　② Ⅰ→Ⅲ→Ⅱ　③ Ⅱ→Ⅰ→Ⅲ
④ Ⅱ→Ⅲ→Ⅰ　⑤ Ⅲ→Ⅰ→Ⅱ　⑥ Ⅲ→Ⅱ→Ⅰ

問8　下線部(g)に関連して，次の史料は1935年の貴族院本会議におけるある人物の演説の一部である。この史料に関して述べた下の文X・Yについて，その正誤の組合せとして最も適当なものを，あとの①〜④の中から一つ選びなさい。　**8**

　去ル二月十九日ノ本会議ニ於キマシテ，菊池男爵^(注1)其他ノ方カラ，私ノ著書^(注2)ノコトニ付キマシテ御発言ガアリマシタニ付キ，茲ニ一言一身上ノ弁明ヲ試ムルノ已ムヲ得ザルニ至リマシタコトハ，私ノ深ク遺憾トスル所デアリマス。……私ノ著書ニ於テ述ベテ居リマスル見解ハ，第一ニハ，天皇ノ統治ノ大権ハ，法律上ノ観念トシテハ権利ト見ルベキモノデハナクテ，権能デアルトナスモノデアリマスルシ，又第二ニ，ソレハ万能無制限ノ権力デハナク，憲法ノ条規ニ依ッテ行ハセラレル権能デアルトナスモノデアリマス。

（注1）菊池男爵：菊池武夫陸軍中将。
（注2）私ノ著書：『憲法撮要』のこと。

X　『憲法撮要』では，統治権は天皇に属し，無制限であるとした。
Y　この演説は，美濃部達吉によるものであると考えられる。

① X　正　Y　正　　　　② X　正　Y　誤
③ X　誤　Y　正　　　　④ X　誤　Y　誤

問9　下線部(h)に関連して，日本国憲法制定前に天皇自身が神格を否定したものとして最も適当なものを，次の①〜④の中から一つ選びなさい。　**9**
① 玉音放送　　② 人間宣言　　③ 和衷協同の詔書　　④ 戊申詔書

2　古代〜近世の宗教に関する次の文章を読み，下の問い（問1〜9）に答えなさい。

　6世紀の仏教伝来は，その後の日本の社会に大きな影響を与えた。(a)元来，日本には在来の神々への信仰がみられていたが，(b)仏教は仏の姿を表現した像やそれを安置する寺院といった可視化できる要素をもっていたこともあり，人々に受容されていった。初期寺院である飛鳥寺では，塔の下から古墳と共通の埋納物が発見されている。これは寺院が古墳の葬送祭祀を継承し，古墳に代わるものとして建立されたためと考えられる。(c)経典のような成文化された理論も，仏教の可視的な要素である。奈良時代になると神仏習合思想が起こり，神宮寺の建立や神前読経などが行われた。平安時代には，神々への信仰が仏教の教義を借りて体系化され始めた。こうして仏教は，日本社会に根付いていった。

　古代・中世を通じて，強大な仏教勢力であったのが，南都・北嶺である。平安時代に朝廷から保護された仏教は，奈良時代以来の南都六宗や平安時代に開かれた天台宗・真言宗などの八宗であった。(d)特に，延暦寺・園城寺・東大寺・興福寺は，天皇や摂関家などの上級貴族から帰依と保護を受け，荘園を集積しながら勢力を強めていった。そのようななか，末法思想の浸透によって浄土教が流行し，貴族社会にも広まった。浄土教は，寺院に所属せず　ア　として活動した人物によって布教された。この布教者の系譜を引く人々のなかから，新たな仏教の潮流が生み出された。これが(e)鎌倉仏教である。鎌倉新仏教の開祖の多くは延暦寺で修行しており，影響を大きく受けていた。

　室町時代になっても，有力寺院は幕府からの保護を受けていたが，(f)一方で五山・十刹の制が敷かれるなど，鎌倉仏教に対する保護もみられるようになった。また，(g)保護されていなかった宗派も，一揆を結び勢力を拡大させていった。戦国時代になると，仏教は衰退し始めた。(h)決定的な打撃となったのは，織田信長による攻撃である。信長は仏教勢力をおさえる一方で宣教師の願いを聞き入れ，　イ　城下にセミナリオの創設を認めた。近世になると，こうした新たな外来宗教が人々に影響を与えていった。

問1　空欄　ア　・　イ　に入る語句の組合せとして最も適当なものを，次の①〜④の中から一つ選びなさい。　10
　①　ア　僧兵　　イ　岐阜　　　②　ア　僧兵　　イ　安土
　③　ア　聖　　　イ　岐阜　　　④　ア　聖　　　イ　安土

問2　下線部(a)に関連して，九州にある古墳時代から続く神社と，その祭祀対象との組合せとして最も適当なものを，次の①〜④の中から一つ選びなさい。　11
　①　大神神社－絶海の孤島　　　②　大神神社－円錐形の山
　③　宗像大社－絶海の孤島　　　④　宗像大社－円錐形の山

問3　下線部(b)に関連して，寺院と，その寺院に安置されている仏像との組合せとして最も適当なものを，次の①〜④の中から一つ選びなさい。　12
　①　室生寺－半跏思惟像　　　　②　観心寺－如意輪観音像
　③　教王護国寺－百済観音像　　④　四天王寺－阿修羅像

問4　下線部(c)に関連して，経典をめぐる出来事に関して述べた次の文Ⅰ〜Ⅲについて，古いもの
　　　から年代順に正しく配列したものを，下の①〜⑥の中から一つ選びなさい。 13

　　Ⅰ　鎮護国家を願った天皇によってつくられた小塔に，陀羅尼経が納められた。
　　Ⅱ　一門の繁栄を願った武士が，法華経などを厳島神社に奉納した。
　　Ⅲ　藤原道長が金峯山に登り，極楽往生を願って書写した法華経を筒に入れて埋納した。

　　① 　Ⅰ→Ⅱ→Ⅲ 　　② 　Ⅰ→Ⅲ→Ⅱ 　　③ 　Ⅱ→Ⅰ→Ⅲ
　　④ 　Ⅱ→Ⅲ→Ⅰ 　　⑤ 　Ⅲ→Ⅰ→Ⅱ 　　⑥ 　Ⅲ→Ⅱ→Ⅰ

問5　下線部(d)に関連して，天皇や摂関家から帰依を受けていた寺院について述べた文として最
　　　も適当なものを，次の①〜④の中から一つ選びなさい。 14
　　① 　最澄の死後，大乗戒壇の設立が公認され，延暦寺は仏教教学の中心となった。
　　② 　園城寺は，唐に留学した円仁によって再興された。
　　③ 　東大寺は，平忠常によって焼打ちされた。
　　④ 　興福寺の僧兵は，日吉神社の神輿を担いで強訴した。

問6　下線部(e)に関連して，鎌倉仏教と呼ばれた宗派に関して述べた次の文X・Yについて，その
　　　正誤の組合せとして最も適当なものを，下の①〜④の中から一つ選びなさい。 15

　　X　只管打坐によって悟りを得ようとした曹洞宗は，鎌倉幕府の有力者に重んじられた。
　　Y　題目をとなえることで救われると説いた日蓮宗は，室町時代には京都の商工業者に広まっ
　　　た。

　　① 　X　正　Y　正 　　　　　　　　② 　X　正　Y　誤
　　③ 　X　誤　Y　正 　　　　　　　　④ 　X　誤　Y　誤

問7　下線部(f)について，五山寺院を管理するために設置された僧録に就いた僧侶として最も適
　　　当なものを，次の①〜④の中から一つ選びなさい。 16
　　① 　春屋妙葩 　　　② 　一休宗純 　　　③ 　夢窓疎石 　　　④ 　蘭渓道隆

問8　下線部(g)に関連して，室町時代に結ばれた宗教一揆に関して述べた文a〜dの組合せにつ
　　　いて正しいものを，下の①〜④の中から一つ選びなさい。 17

　　a　加賀の一向一揆は，富樫政親を倒した。
　　b　加賀の一向一揆は，山名氏清を倒した。
　　c　天文の法華一揆は，山科本願寺を焼打ちした。
　　d　天文の法華一揆は，延暦寺を焼打ちした。

　　① 　a・c 　　② 　a・d 　　③ 　b・c 　　④ 　b・d

問9　下線部(h)に関連して，織田信長による仏教勢力の制圧について述べた文として**適当でない**ものを，次の①〜④の中から一つ選びなさい。　18

①　法華宗徒の多い京都を支配下においた。
②　畿内・北陸・東海の一向一揆を屈伏させた。
③　南都に侵攻して東大寺大仏殿を焼打ちした。
④　浅井・朝倉氏と結んだ比叡山延暦寺を焼打ちした。

3　近世に日本に来航した外国船に関する次の文章を読み，下の問い（**問1〜9**）に答えなさい。

　近世の日本には，多くの外国船が来航した。16世紀末，スペイン船サン＝フェリペ号が漂着した際には，(a)豊臣政権の方針によって26聖人殉教が起こったものの，(b)1600年にリーフデ号が漂着した際には，徳川家康はリーフデ号の航海士ヤン＝ヨーステン（耶揚子）と水先案内人のウィリアム＝アダムズ（三浦按針）を江戸にまねいて外交・貿易の顧問とした。
　家康はスペインとの貿易にも積極的であった。ルソンの前総督ドン＝ロドリゴが漂着した際には，ロドリゴをスペイン領メキシコに送った際，　ア　を派遣してスペイン領メキシコとの通商を求めたが，通商を開くことはできなかった。その後，キリスト教信仰が体制の否定につながることをおそれた幕府は段階的に禁教令を出した。家康の死後，幕府は貿易港を長崎と平戸に限定し，1624年にスペイン船の来航を禁止した。(c)最終的には，スペイン船以外の外国船に対しても制限がかけられた。
　鎖国体制が完成した後も，日本には外国船が来航した。一例として，(d)朝鮮の使節がしばしば来日した。朝鮮とは文禄・慶長の役で関係が悪化していたが，江戸時代，対馬藩主宗氏の尽力により講和が実現されて己酉約条が結ばれると，釜山の倭館で貿易を行った。(e)江戸時代における朝鮮との外交は対馬藩を中心に行われ，国書もやりとりされていた。当初，幕府は外交文書において，将軍の外交称号を「　イ　」としていた。
　18世紀後半になると，ロシア船が蝦夷地厚岸に来航し，松前藩に通商を要求した。(f)この状況を受けて幕府は蝦夷地への関心を高め，さまざまな政策を講じていった。一方，19世紀にはイギリス船の来航もみられるようになり，幕府は1825年に外国船を撃退する法令を出した。(g)この法令にもとづいて起こった事件がモリソン号事件である。アヘン戦争を契機に日本の外国船対応が薪水給与令に切り替えられると，日本にたびたび外国船が来航し，(h)新たな外国との通商が開かれることになった。

問1　空欄　ア　・　イ　に入る語句の組合せとして最も適当なものを，次の①〜④の中から一つ選びなさい。　19

①　ア　田中勝介　イ　日本国王　　②　ア　田中勝介　イ　日本国大君
③　ア　支倉常長　イ　日本国王　　④　ア　支倉常長　イ　日本国大君

問2　下線部(a)に関連して，豊臣秀吉が出したバテレン追放令に関して述べた次の文X・Yについて，その正誤の組合せとして最も適当なものを，下の①〜④の中から一つ選びなさい。　20

X　バテレン追放令は，南蛮貿易を制限するものではなかった。
Y　バテレン追放令によって，キリシタン大名は国外追放された。

① X 正 Y 正   ② X 正 Y 誤
③ X 誤 Y 正   ④ X 誤 Y 誤

問3　下線部(b)について，リーフデ号が漂着した場所として最も適当なものを，次の地図上に示した位置①～④の中から一つ選びなさい。 $\boxed{21}$

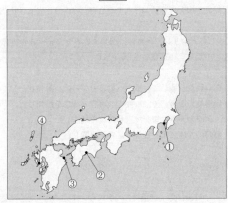

問4　下線部(c)に関連して，江戸幕府による外国船に対する制限に関して述べた次の文Ⅰ～Ⅲについて，古いものから年代順に正しく配列したものを，下の①～⑥の中から一つ選びなさい。 $\boxed{22}$

Ⅰ　オランダ商館を長崎の出島に移した。
Ⅱ　ポルトガル船の来航を禁止した。
Ⅲ　唐人屋敷を設けて，中国人の居住地を限定した。

① Ⅰ→Ⅱ→Ⅲ   ② Ⅰ→Ⅲ→Ⅱ   ③ Ⅱ→Ⅰ→Ⅲ
④ Ⅱ→Ⅲ→Ⅰ   ⑤ Ⅲ→Ⅰ→Ⅱ   ⑥ Ⅲ→Ⅱ→Ⅰ

問5　下線部(d)に関連して，朝鮮から日本への使節は4回目以降，修好を目的としたものになった。この使節の名称として最も適当なものを，次の①～④の中から一つ選びなさい。 $\boxed{23}$
① 通信使   ② 謝恩使   ③ 慶賀使   ④ 回答兼刷還使

問6　下線部(e)に関連して，対馬藩に仕えて朝鮮外交を担当した儒学者と，その儒学者の師との組合せとして最も適当なものを，次の①～④の中から一つ選びなさい。 $\boxed{24}$
① 新井白石－中江藤樹   ② 新井白石－木下順庵
③ 雨森芳洲－中江藤樹   ④ 雨森芳洲－木下順庵

問7　下線部(f)に関連して，幕府の蝦夷地政策について述べた文として最も適当なものを，次の①〜④の中から一つ選びなさい。　25

① オランダ風説書を受けて，幕府は最上徳内を蝦夷地に派遣した。

② 根室に来航したロシア使節レザノフの通商要求を拒否した。

③ 幕府は蝦夷地を直轄にして松前奉行の支配下に置いた。

④ 間宮林蔵に択捉島を探査させ「大日本恵登呂府」の標柱を立てさせた。

問8　下線部(g)に関連して，モリソン号事件に関して述べた文a〜dの組合せについて正しいものを，下の①〜④の中から一つ選びなさい。　26

a　林子平が『海国兵談』を著して，事件への幕府の対応を批判した。

b　渡辺崋山が『慎機論』を著して，事件への幕府の対応を批判した。

c　安政の大獄で，幕府の対外政策を批判した者を処罰した。

d　蛮社の獄で，幕府の対外政策を批判した者を処罰した。

①　a・c　　②　a・d　　③　b・c　　④　b・d

問9　下線部(h)について，日米修好通商条約の内容について述べた文として**適当でないもの**を，次の①〜④の中から一つ選びなさい。　27

① 日本の関税については，相互で協議して定めることになった。

② 日本に滞在するアメリカ人に，領事裁判権を認めた。

③ 下田と箱館の2港を開くことを認めた。

④ 開港場に居留地を設け，そこにアメリカ人が居住することを認めた。

4　近現代の金融制度に関する次の文章を読み，空欄　28　〜　36　に入る語句として最も適当なものを，それぞれの①〜④の中から一つ選びなさい。

　明治政府は，紙幣を全国で通用させるためにさまざまな政策を行った。

　まず，金本位制を建前とする新貨条例を定めて通貨の単位をそろえた。次いで，欧米列強の影響を受けて，　28　〔①イギリス　②フランス　③アメリカ　④ドイツ〕の制度にならった条例を定め，それにもとづき発行した　29　〔①日本銀行券　②国立銀行券　③明治通宝札　④太政官札〕の正貨兌換を義務づけた。正貨兌換とは，金貨あるいは銀貨と紙幣との交換比率を固定し，その比率での交換を保証するシステムである。しかし早々に正貨不足が発生し，正貨兌換の義務は廃止された。再び兌換紙幣が発行されたのは，松方正義大蔵卿の政策により，銀貨に対する紙幣の価値がほぼ　30　〔①2倍になった　②3倍になった　③4倍になった　④等しくなった〕1885年以降であった。

　日本で名実ともに金本位制が確立したのは，日清戦争後である。　31　〔①松方正義　②大隈重信　③伊藤博文　④板垣退助〕首相兼蔵相によって貨幣法案が閣議に提出され，帝国議会で可決されると，この法にもとづき，日清戦争で得た賠償金の一部を準備金として金本位制が採用された。その後，　32　〔①犬養毅　②寺内正毅　③浜口雄幸　④高橋是清〕内閣では，日本もアメリカの金本位制離脱にあわせて一時的に金本位制から離脱していたが，1930年には金本位制に復帰した。しかし世界恐慌の影響などで深刻な不況におちいるなか，金流出が拡大したため，翌1931年には再び金本位制から離脱した。すると円相場は大幅に下落し，輸出が飛躍的に拡大した。これにより，　33　〔①綿織物　②綿花　③機械　④屑鉄〕の輸出が世界第1位の規模となった。

　第二次世界大戦後，国際経済は　34　〔①GATT　②IMF　③ODA　④OECD〕のもとで，金と交換性のあるドルを基軸通貨とする固定相場制（ブレトン＝ウッズ体制）を敷いた。日本でも　35　〔①シャウプ　②ダレス　③ロイヤル　④ドッジ〕による経済政策で1ドル＝360円の単一為替レートが設定された。この体制に支えられて，1950年代から60年代における日本の貿易は黒字基調となったが，1971年のニクソン大統領による金とドルとの交換停止の発表により，固定相場制は崩壊し，変動相場制に移行した。

　変動相場制に移行すると，日本の為替相場は円高基調を定着させたものの，企業によるME技術の導入などでハイテク産業の輸出を伸ばし，貿易黒字を継続させた。そのため，アメリカとの間での貿易摩擦が深刻化した。1985年の　36　〔①プラザ合意　②スミソニアン体制　③ウルグアイ＝ラウンド　④パリ協定〕でドル高是正の合意がなされると，円高は一気に加速し，輸出産業を中心に深刻な不況となった。

◀B　日　程▶

（2科目　120分）

1 原始・古代から近現代までの道具に関する次の文章を読み，下の問い（**問1～9**）に答えなさい。

　縄文時代になると，日本列島の気候は温暖になり，現在の自然環境に近くなった。(a)こうした自然環境の変化に対応して，人々は道具を改良しながら暮らした。(b)農耕が伝来すると，道具も農耕に適したものがつくられた。それらの多くは現在の農具の原型となっている。このように人々は自然環境や社会の変化に応じて道具を生み出してきた。

　道具のなかには，海外から持ち込まれたものも多い。その一つが，火薬を用いた武器である。火薬の原料である　ア　は，もともと日本から輸出されていた。元軍はそれを武器に用いて日本軍を苦しめた。それ以降，日本で火薬を用いた武器が(c)本格的に使用されるようになったのは，16世紀に東南アジアで改良された火縄銃が持ち込まれてからであった。同様に，海外から持ち込まれた(d)活字印刷術は，宣教師によって金属製の活字によるものが伝えられ，朝鮮人捕虜によって木製の活字によるものが伝えられた。

　楽器もまた，道具の一つである。近世には，　イ　から伝わった三味線が芸能を支える主要な楽器となった。特に，三味線は(e)語り物である浄瑠璃の伴奏として取り入れられ，それに人形操りを組み合わせた人形浄瑠璃の流行に貢献した。江戸時代後期に人形浄瑠璃が(f)歌舞伎の人気に圧倒されて以降も，三味線は唄浄瑠璃や歌舞伎の伴奏としても用いられ続け，江戸時代を通じて人々の娯楽に欠かせないものとなった。三味線はこうして都市だけでなく地方民謡の伴奏にも用いられ，現在に至っている。

　近代になると，マス・メディアが人々に情報をもたらす道具となった。1869年に本木昌造が鉛製活字の量産技術導入に成功すると，(g)日刊新聞や雑誌が次々と発行された。また，西洋思想が流入するなかで，さまざまな結社がつくられ，そこからも多数の刊行物が出された。人々はそれらの刊行物から情報を得て，さらに新しいものを生み出した。一方で機械の性能も向上し，1925年にはラジオ放送が開始された。一度に多くの人への情報伝達を可能にするしくみは，(h)戦後のテレビ放送でより顕著となった。

問1　空欄　ア・イ　に入る語句の組合せとして最も適当なものを，次の①～④の中から一つ選びなさい。　1
①　ア　硫黄　　イ　琉球　　　　②　ア　硫黄　　イ　蝦夷地
③　ア　石炭　　イ　琉球　　　　④　ア　石炭　　イ　蝦夷地

問2　下線部(a)に関連して，縄文時代の道具について述べた文として最も適当なものを，次の①～④の中から一つ選びなさい。　2
①　漁労のために，ナウマンゾウの骨を使った釣針が用いられた。
②　効率よく狩猟をするために，打製の石鏃は使われなくなった。

③　採取した木の実をすりつぶすために，石皿が用いられた。

④　食物を保存するために，のぼり窯を用いて硬質な須恵器がつくられた。

問3　下線部(b)に関連して，弥生時代前期の農具に関して述べた次の文X・Yについて，その正誤の組合せとして最も適当なものを，下の①〜④の中から一つ選びなさい。　3

　X　地下水位が高く湿潤な水田が一般的であったため，田下駄が用いられた。
　Y　耕作用の農具は，一般的に刃先が鉄製の鍬や鋤が用いられた。

①　X　正　Y　正　　　　　　　②　X　正　Y　誤
③　X　誤　Y　正　　　　　　　④　X　誤　Y　誤

問4　下線部(c)に関連して，火縄銃を日本に伝えた人物が属する国と，日本で火縄銃が生産された地域との組合せとして最も適当なものを，次の①〜④の中から一つ選びなさい。　4
①　ポルトガル−和泉の堺　　　　②　ポルトガル−近江の坂本
③　スペイン−和泉の堺　　　　　④　スペイン−近江の坂本

問5　下線部(d)に関連して，伝来した活字印刷術に関して述べた文a〜dの組合せについて正しいものを，下の①〜④の中から一つ選びなさい。　5

　a　金属製の活字による印刷術は，宣教師ヴァリニャーニによって伝えられた。
　b　金属製の活字による印刷術は，宣教師ガスパル=ヴィレラによって伝えられた。
　c　木製の活字による書物が，後陽成天皇の勅命で出版された。
　d　木製の活字による書物が，後小松天皇の勅命で出版された。

①　a・c　　②　a・d　　③　b・c　　④　b・d

問6　下線部(e)に関して，江戸時代前期に活躍した人形浄瑠璃の語り手として最も適当なものを，次の①〜④の中から一つ選びなさい。　6
①　高三隆達　　②　竹本義太夫　　③　辰松八郎兵衛　　④　近松門左衛門

問7　下線部(f)の歌舞伎に関して述べた次の文Ⅰ〜Ⅲについて，古いものから年代順に正しく配列したものを，下の①〜⑥の中から一つ選びなさい。　7

　Ⅰ　歌舞伎狂言作者の河竹黙阿弥による，白浪物が上演された。
　Ⅱ　「団菊左時代」と呼ばれる，歌舞伎の黄金時代を迎えた。
　Ⅲ　東洲斎写楽によって，歌舞伎役者の絵が描かれた。

①　Ⅰ→Ⅱ→Ⅲ　　②　Ⅰ→Ⅲ→Ⅱ　　③　Ⅱ→Ⅰ→Ⅲ
④　Ⅱ→Ⅲ→Ⅰ　　⑤　Ⅲ→Ⅰ→Ⅱ　　⑥　Ⅲ→Ⅱ→Ⅰ

問8　下線部(g)に関連して，近代に発行された刊行物について述べた文として最も適当なものを，次の①～④の中から一つ選びなさい。　　8

①　日本で最初に発刊された日刊新聞は，『東京日日新聞』であった。

②　河上肇の『太陽のない街』によって，マルクス主義が広まった。

③　平民社の『国民新聞』が，日清戦争開戦とともに対外膨張論に転じた。

④　政教社の雑誌『日本人』が，高島炭鉱の労働者の惨状を報じた。

問9　下線部(h)に関連して，テレビで放映された内容について述べた文として最も適当なものを，次の①～④の中から一つ選びなさい。　　9

①　法隆寺金堂壁画が焼損する様子が，上空から放映された。

②　東京駅で行われた，東海道新幹線開業式の様子が放映された。

③　湯川秀樹が，ノーベル物理学賞を受賞する様子が生放送された。

④　美空ひばりが，デビュー曲の「リンゴの唄」を生放送で披露した。

2　古代から近世の土地制度に関する次の文章を読み，下の問い（**問1～9**）に答えなさい。
　　（史料は，一部省略したり，書き改めたりしたところもある。）

　ヤマト政権における土地の把握は，一元的ではなかった。大王は在地の有力豪族を国造として地域の支配権を認めるなかで，(a)大王の経済基盤となる土地を管理させた。朝廷は改新の詔で公地公民制への移行を宣言すると，人民を戸籍によって把握し，戸ごとに口分田を班給する体制を徐々に構築していった。こうして律令制のもと，班給される田地面積や税率などを固定し，土地を国家が一元的に管理する体制が整った。しかし，実際には戸籍に登録された本籍地を離れる者が現われたり，人口増加にともなう田地不足，疫病や飢饉にともなう班給した田地の荒廃など，さまざまな課題が出てきた。このため，(b)政府は面積の上限を決めたうえで開墾した土地を私有することを認める法令を出した。

　10世紀前半になると，(c)国司の最上席者である受領が田地を対象として課税する体制を整えた。受領は課税対象とする田地を名という徴税単位に分け，田堵と呼ばれる有力農民に納税を請け負わせて負名とし，負名から徴税した。しかし，受領の裁量によって開発地の税の免除が認められる　**ア**　もあったことから，この課税体制は不安定な要素を含むものであった。このため(d)11世紀半ば以降，政府は荘園整理令を出して中央主導の地方行政に戻そうとした。

　鎌倉時代になると，(e)幕府と朝廷による公武二元支配体制がとられた。その前提となったのが，知行国の制度である。朝廷は全国に知行国主を任命し，一国の支配権を与えた。将軍家にも，もっとも多い時で9ヵ国が与えられ，これを　**イ**　と呼んだ。こうして鎌倉幕府も多くの荘園をもつようになった。また，幕府は将軍家の荘園以外の荘園や公領（国衙領）にも(f)御家人を地頭として任命し，土地制度を通して幕府の支配体制を固めていった。

　南北朝の動乱は，荘園領主にとって転機となった。南北朝の動乱のなか，地方武士もさまざまな土地を押領しており，(g)室町幕府も地方武士を動員するために守護の権限を拡大したため，荘園領主による支配は動揺した。戦国時代に入ると戦国大名による領国支配が進展して，荘園を維持することは困難になっていった。そして(h)豊臣（羽柴）秀吉による全国規模の検地によって，中世の荘園は完全に姿を消した。

問1　空欄　**ア・イ**　に入る語句の組合せとして最も適当なものを，次の①〜④の中から一つ選びなさい。　**10**

①　ア　官省符荘　　イ　関東御分国　　②　ア　官省符荘　　イ　関東御領

③　ア　国免荘　　イ　関東御分国　　④　ア　国免荘　　イ　関東御領

問2　下線部(a)に関連して，大王の直轄領と，その地の耕作民との組合せとして最も適当なものを，次の①〜④の中から一つ選びなさい。　**11**

①　屯倉－田部　　②　屯倉－部曲

③　田荘－田部　　④　田荘－部曲

問3　下線部(b)について，この法令の内容について述べた文として最も適当なものを，次の①〜④の中から一つ選びなさい。　**12**

①　開墾した土地では，国司・郡司の介入を排除することができた。

②　開墾した土地は，官人だけでなく庶民も私有することができた。

③　開墾した土地は，賃租の形式とされ，税はかからなかった。

④　開墾した土地の私有面積は，灌漑施設の新旧によって異なった。

問4　下線部(c)に関連して，受領に関して述べた次の文X・Yについて，その正誤の組合せとして最も適当なものを，下の①〜④の中から一つ選びなさい。　**13**

X　受領に権力が集中し，受領以外の国司は実務から排除されていった。

Y　受領には任期があったが，この任期を延長することを遙任という。

①　X　正　Y　正　　②　X　正　Y　誤

③　X　誤　Y　正　　④　X　誤　Y　誤

問5　下線部(d)に関連して，11世紀半ばに荘園整理令を出した天皇と，その法令以降に公領（国衙領）で採用された度量衡との組合せとして最も適当なものを，次の①〜④の中から一つ選びなさい。　**14**

①　後三条天皇－宣旨枡　　②　後三条天皇－京枡

③　醍醐天皇－宣旨枡　　④　醍醐天皇－京枡

問6　下線部(e)に関連して，この制度のもとで，所領をめぐる紛争が次第に増加した。そのことに関して述べた文a〜dの組合せについて正しいものを，下の①〜④の中から一つ選びなさい。　**15**

a　所領に関する訴訟が増加したことを受け，幕府は評定衆を任命した。

b　所領に関する訴訟が増加したことを受け，幕府は引付を設置した。

c　地頭は荘園領主との間で，村による年貢納入の請け負いを認める地頭請所の契約を結ぶ場合もあった。

d　地頭は荘園領主との間で，土地を分割し，相互の支配権を認めあう下地中分を行う場合もあった。

① a・c　②　a・d　③　b・c　④　b・d

問7　下線部(f)に関連して，鎌倉時代の守護や地頭について述べた文として**適当でないもの**を，次の①〜④の中から一つ選びなさい。　16
① 有力な御家人のなかから，大犯三カ条を職務とする守護が任命された。
② 女性の地位は比較的高く，女性が地頭になることもあった。
③ 地頭職は惣領のみに相続され，庶子が地頭になることはなかった。
④ 新補地頭には，新補率法にもとづいて段別5升の加徴米を徴収することが認められた。

問8　下線部(g)に関連して，次の史料は南北朝の動乱期に出された半済令の一部である。この史料から考えられることに関して述べた下の文**X・Y**について，その正誤の組合せとして最も適当なものを，あとの①〜④の中から一つ選びなさい。　17

一　寺社本所領の事　　観応三・七・廿四御沙汰
　諸国擾乱に依り，寺社の荒廃，本所の牢籠^(注1)，近年倍増せり。而るに，適静謐の国々も，武士の濫吹^(注2)未だ休まずと云々。
　……近江・美濃・尾張三ヶ国の本所領半分の事，兵粮料所^(注3)として，当年一作，軍勢に預け置くべきの由，守護人等に相触れ^(注4)訖んぬ。半分に於いては，宜しく本所に分かち渡すべし。若し預人事を左右に寄せ^(注5)，去渡さざれば，一円に本所に返付すべし。

（建武以来追加）

（注1）牢籠：所領を失い苦境に陥ること。
（注2）濫吹：秩序を乱すこと。
（注3）兵粮料所：兵粮米の用途のために指定された所領。
（注4）相触れ：通知する。
（注5）左右に寄せ：あれこれいいのがれをして。

X　この法令が出る前から，寺社本所領では武士の略奪があったと考えられる。
Y　この法令は，荘園領主にとっても室町幕府の保障を得られる効果があったと考えられる。

① X 正 Y 正　　　　　② X 正 Y 誤
③ X 誤 Y 正　　　　　④ X 誤 Y 誤

問9　下線部(h)に関連して，太閤検地が行われた時期の出来事に関して述べた次の文 I 〜Ⅲについて，古いものから年代順に正しく配列したものを，下の①〜⑥の中から一つ選びなさい。　18

I　全国の大名に対し，その領国の検地帳と国絵図の提出を命じた。
Ⅱ　全国の大名に停戦を命じ，領国確定を秀吉の裁定で行うことを強制した。
Ⅲ　山崎の合戦に勝利した後，山城国を中心に秀吉による検地が行われた。

① Ⅰ→Ⅱ→Ⅲ　　② Ⅰ→Ⅲ→Ⅱ　　③ Ⅱ→Ⅰ→Ⅲ
④ Ⅱ→Ⅲ→Ⅰ　　⑤ Ⅲ→Ⅰ→Ⅱ　　⑥ Ⅲ→Ⅱ→Ⅰ

3　江戸時代の幕政改革に関する次の文章を読み，空欄　19　～　27　に入る語句として最も
　適当なものを，それぞれの①～④の中から一つ選びなさい。

　8代将軍徳川吉宗による幕政改革を享保の改革と呼ぶ。この改革の大きな柱となったのが，支出抑
制と収入増加である。支出抑制では，倹約令の発令に加え，旗本の登用にあたって役職ごとに基準の
役高を定め，禄高が基準に満たない場合，在職中に限って不足分を支給することにした。この制度に
よって禄高が加増された人物には，　19　〔①青木昆陽　②荻生徂徠　③大岡忠相　④室鳩巣〕が
いる。収入増加では，諸大名に対して，石高　20　〔①1000石　②1万石　③10万石　④100万
石〕につき100石を幕府に献上させ，代わりに参勤交代での在府期間を半減した。また，新田開発を
奨励して耕地面積の増加をはかり，商品作物生産を奨励して畑地からの年貢収入をめざした。享保の
改革では，年貢率について従来の検見法を改め，定免法への転換をはかった。また　21　〔①町
奉行（江戸）　②勘定奉行　③寺社奉行　④道中奉行〕神尾春央による，徹底した年貢増収をはか
った。

　11代将軍徳川家斉のもと，老中首座松平定信によって進められた幕政改革を寛政の改革と呼ぶ。
この改革では，荒廃した村の復興と江戸の秩序回復がめざされた。村の復興としては，江戸に流入
した貧民に資金を与えて帰村を促した。また，飢饉に備えて囲米を命じ，各地に社倉・義倉の設置
を勧めて米穀を蓄えさせた。江戸の秩序回復としては，　22　〔①石川島　②小石川　③日本橋
④浅草〕に人足寄場を設け，無宿人を強制的に収容し，職業訓練を行った。さらに，江戸の町に町
費節約を命じ，節約分の　23　〔①1割　②3割　③5割　④7割〕を積み立てさせた。

　12代将軍徳川家慶のもと，老中首座水野忠邦が進めた幕政改革を天保の改革と呼ぶ。この改革で
も，江戸に流入した貧民の帰郷を強制し，飢饉で荒廃した農村の再建がはかられた。また，江戸の
物価騰貴に対応するために，株仲間の解散を命じた。これは幕府にとって運上・冥加の収入を失う
ものであったが，幕府はそれ以上に江戸での物価引下げを期待した。しかし実際の物価騰貴の原因
は，　24　〔①越前　②岡山　③肥前　④長州〕藩の越荷方の活動などによって上方市場への商品
流通量が減少していたためであり，解散はかえって江戸への物流を減らすものとなった。さらに，
財政の安定や対外防備の強化をはかるために　25　〔①上げ米　②棄捐令　③上知令　④分地制
限令〕を出して，江戸・大坂周辺の大名領・旗本知行地を直轄にしようとしたが，大名・旗本の反
対により実施できなかった。

　幕末の幕政改革では，13代将軍のもと，老中首座　26　〔①阿部正弘　②井伊直弼　③徳川斉
昭　④堀田正睦〕が日米和親条約に調印し，一方で江戸湾に台場を築くなどの国防対策を行った。
公武合体を推進した文久の改革では，幕府の職制も改められ，政事総裁職に　27　〔①島津久光
②島津斉彬　③松平慶永　④松平容保〕を任命するなど，親藩から要職に就ける体制を敷いた。

4 近現代の日中関係に関する次の文章を読み，下の問い（**問 1～9**）に答えなさい。

江戸時代の日本は中国と正式な国交を結んでいなかったが，明治時代になると，日本は清国に使節を派遣して対等な条約を結んだ。だが，(a)琉球処分を機に日本と清国の関係は悪化し，処分後も琉球をめぐる問題は双方合意とはならなかった。その後，壬午軍乱を機に，日清両国は朝鮮をめぐって関係を悪化させた。日清間の緊張は一時緩和した時期もあったが，朝鮮で起こった ア を機に日清両軍が朝鮮に出兵し，日清戦争が始まった。

日清戦争は日本の勝利に終わり，下関で講和条約が結ばれた。これにより，清国の朝鮮に対する宗主権は放棄された。(b)台湾が割譲されたことで，沖縄についても日本への帰属が事実上確定し，一方で清国は欧米列強による分割を余儀なくされた。その後(c)北清事変が発生し，日本はふたたび清国と交戦した。

次に日中間で紛争が起こったのは第一次世界大戦である。日本は日英同盟を理由に第一次世界大戦に参戦し，ドイツの根拠地である山東省青島やドイツ領南洋諸島の一部を占領したうえで，中国の イ 政府に(d)二十一ヵ条の要求を突きつけた。第一次世界大戦後，山東省の権益はアメリカなどから警戒され，最終的にワシントン会議で返還した。

一方，中国では国民党と共産党が提携し，北方軍閥を打倒して中国全土の統一をめざしていた。そうした北伐の動きに対抗するため，日本は 3 次にわたる山東出兵を行った。しかし，満州軍閥の張作霖が国民革命軍に敗れると，(e)関東軍の一部による満州支配が計画され，張作霖を暗殺する事件が発生した。これをきっかけとして，張作霖の子張学良が国民政府に合流し，満州全土で国民党の青天白日旗が掲げられ，日中関係はさらに悪化した。その後，(f)柳条湖事件をきっかけに満州事変が，盧溝橋事件をきっかけに日中戦争がそれぞれ勃発し，ふたたび日中両国軍は軍事衝突した。(g)日中戦争は結果的にアメリカとの関係も悪化させ，太平洋戦争へと突入していった。

第二次世界大戦後，日本は連合国の占領統治を受けた。日本は(h)サンフランシスコ平和条約に調印し，独立国としての主権を回復するまで，外国との国交は断絶したままであった。その後，中国との国交は正常化したが，多くの課題が未解決のままである。

問 1 空欄 ア ・ イ に入る語句の組合せとして最も適当なものを，次の①～④の中から一つ選びなさい。 28

① ア 甲午農民戦争 イ 袁世凱
② ア 甲午農民戦争 イ 段祺瑞
③ ア 甲申事変 イ 袁世凱
④ ア 甲申事変 イ 段祺瑞

問 2 下線部(a)に関連して，琉球処分の経過に関して述べた次の文Ⅰ～Ⅲについて，古いものから年代順に正しく配列したものを，下の①～⑥の中から一つ選びなさい。 29

Ⅰ 政府は，琉球藩および琉球王国を廃止した。
Ⅱ 政府は，軍人や士族の強硬論におされて台湾に出兵した。
Ⅲ 台湾に漂着した琉球の漂流民が台湾で殺害された。

① Ⅰ→Ⅱ→Ⅲ ② Ⅰ→Ⅲ→Ⅱ ③ Ⅱ→Ⅰ→Ⅲ
④ Ⅱ→Ⅲ→Ⅰ ⑤ Ⅲ→Ⅰ→Ⅱ ⑥ Ⅲ→Ⅱ→Ⅰ

問3　下線部(b)に関して，割譲後の台湾統治について述べた文として最も適当なものを，次の①〜
　　④の中から一つ選びなさい。　30
　　①　ロシア・フランス・ドイツの3国から返還要求がなされた。
　　②　台湾総督府が置かれ，初代台湾総督に寺内正毅が任命された。
　　③　民政局長の江藤新平が，台湾の土地調査事業に着手した。
　　④　産業の振興がはかられ，台湾製糖会社が設立された。

問4　下線部(c)について述べた文として**適当でないもの**を，次の①〜④の中から一つ選びなさい。
　　31
　　①　北清事変は，「扶清滅洋」をとなえる義和団に同調して起こった。
　　②　北清事変には，日本だけでなく大韓帝国も出兵した。
　　③　北清事変を機に，ロシアは満州を事実上占領した。
　　④　北清事変後，北京の公使館に守備隊の駐留が承認された。

問5　下線部(d)に関連して，二十一カ条の要求の内容に関して述べた次の文X・Yについて，その
　　正誤の組合せとして最も適当なものを，下の①〜④の中から一つ選びなさい。　32

　　X　二十一カ条の要求により，長春以南の鉄道とその付属利権を獲得した。
　　Y　二十一カ条の要求により，中国の製鉄会社である漢冶萍公司の日中合弁化がはかられた。

　　①　X　正　Y　正　　　　　　　②　X　正　Y　誤
　　③　X　誤　Y　正　　　　　　　④　X　誤　Y　誤

問6　下線部(e)について，事件を起こした首謀者と，その事件が起きた場所との組合せとして最も
　　適当なものを，次の①〜④の中から一つ選びなさい。　33
　　①　井上日召−奉天郊外　　　　②　井上日召−北京郊外
　　③　河本大作−奉天郊外　　　　④　河本大作−北京郊外

問7　下線部(f)に関連して，満州事変勃発から日中戦争勃発までの出来事に関して述べた次の文
　　Ⅰ〜Ⅲについて，古いものから年代順に正しく配列したものを，下の①〜⑥の中から一つ選び
　　なさい。　34

　　Ⅰ　河北省の塘沽において，日中間で停戦協定が結ばれた。
　　Ⅱ　関東軍によって，華北分離工作が公然と進められた。
　　Ⅲ　清朝最後の皇帝を執政として，満州国が建国された。

　　①　Ⅰ→Ⅱ→Ⅲ　　②　Ⅰ→Ⅲ→Ⅱ　　③　Ⅱ→Ⅰ→Ⅲ
　　④　Ⅱ→Ⅲ→Ⅰ　　⑤　Ⅲ→Ⅰ→Ⅱ　　⑥　Ⅲ→Ⅱ→Ⅰ

問8　下線部(g)に関連して，日中戦争中に出された東亜新秩序声明はアメリカの警戒をまねいた。
日本が東亜新秩序声明を出した時の国民政府の首都として最も適当なものを，次の地図上に示
した位置①〜④の中から一つ選びなさい。　[35]

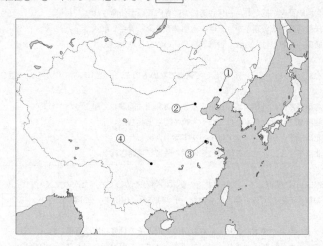

問9　下線部(h)に関連して，サンフランシスコ平和条約調印での中国をめぐる動向について述べ
た文a〜dの組合せについて正しいものを，下の①〜④の中から一つ選びなさい。　[36]

a　日本社会党右派は，中国を含む全交戦国との講和を主張した。
b　日本社会党左派は，中国を含む全交戦国との講和を主張した。
c　この平和条約調印の翌年，中華人民共和国と平和条約を結んだ。
d　この平和条約調印の翌年，中華民国と平和条約を結んだ。

①　a・c　　②　a・d　　③　b・c　　④　b・d

世界史

◀A　日　程▶

（2科目 120分）

1　古代ローマ史について述べた次の文A～Cを読み，下の問い（**問1～10**）に答えなさい。

A　イタリア半島中部に建設された都市国家ローマでは，前6世紀末に 　ア　 の王が追放されて共和政が樹立された。当初，(a)貴族が最高公職者のコンスル（執政官・統領）を独占するなど，貴族と平民の間には身分上の差別があったため，平民は身分闘争を展開した。前3世紀前半にイタリア半島を統一したローマは，ポエニ戦争でカルタゴに勝利し，その後ヘレニズム世界にも進出した。一方，(b)長期にわたる外征は，ローマ本国に変化をもたらした。この変化に対処するため，グラックス兄弟が行った改革は失敗に終わり，ローマは「内乱の1世紀」とよばれる混乱の時代に突入した。(c)第1回三頭政治・第2回三頭政治の時代をへて，オクタウィアヌスがアクティウムの海戦でクレオパトラと結んだ 　イ　 を撃破したことで，地中海世界の政治的統一が実現した。

問1　文章中の空欄 　ア　・　イ　 に入る語句の組合せとして最も適当なものを，次の①～④のうちから一つ選びなさい。 1
　①　**ア**－エトルリア人　　**イ**－アントニウス
　②　**ア**－エトルリア人　　**イ**－ポンペイウス
　③　**ア**－ラテン人　　　　**イ**－アントニウス
　④　**ア**－ラテン人　　　　**イ**－ポンペイウス

問2　下線部(a)に関連して，次の年表に示したa～dの時期のうち，コンスルの1名は平民から選出することを定めたリキニウス・セクスティウス法が成立した時期として最も適当なものを，下の①～④のうちから一つ選びなさい。 2

a
前494年　護民官が設置された
b
前5世紀半ば　十二表法が制定された
c
前287年　ホルテンシウス法が制定された
d

① a　　　　　② b　　　　　③ c　　　　　④ d

問3　下線部(b)について述べた文として**誤っているもの**を，次の①〜④のうちから一つ選び
なさい。 **3**

①　属州から安価な穀物が流入し，中小農民が没落した。

②　戦争捕虜を奴隷として使役するラティフンディア（ラティフンディウム）が広まった。

③　元老院議員や徴税を請け負う騎士身分のもとに富が集中した。

④　平民の不満を背景に，ペイシストラトスなど独裁政治を行う僭主があらわれた。

問4　下線部(c)について述べた次の文aとbの正誤の組合せとして最も適当なものを，下の
①〜④のうちから一つ選びなさい。 **4**

a　カエサルがガリア遠征に成功し，指導権を獲得した。

b　剣闘士（剣奴）がブルートゥスに率いられて反乱を起こした。

①　a－正　　b－正　　②　a－正　　b－誤

③　a－誤　　b－正　　④　a－誤　　b－誤

B　前27年，オクタウィアヌスはアウグストゥス（尊厳者）の称号を元老院から与えられ，事
実上の帝政を開始した。これ以後，(d)五賢帝末期までの約200年間は，「ローマの平和」（パ
クス＝ロマーナ）とよばれる平穏な時代が続いた。3世紀になると，各地の軍団が皇帝を擁立
する軍人皇帝の時代をむかえ，社会不安が高まった。この混乱はディオクレティアヌス帝に
よって収拾され，(e)コンスタンティヌス帝もディオクレティアヌス帝の政策を引き継いだ。
4世紀後半になると，民族移動の混乱によってローマ帝国は動揺し，395年，テオドシウス
帝によってローマ帝国は東西に分割され，(f)西ローマ帝国と東ローマ帝国（ビザンツ帝国）
が成立した。

問5　下線部(d)について述べた次の文aとbの正誤の組合せとして最も適当なものを，下の
①〜④のうちから一つ選びなさい。 **5**

a　ネロ帝は，五賢帝時代の最初の皇帝となった。

b　トラヤヌス帝の時代にローマ帝国の領土が最大となった。

①　a－正　　b－正　　②　a－正　　b－誤

③　a－誤　　b－正　　④　a－誤　　b－誤

問6　下線部(e)について述べた文として最も適当なものを，次の①〜④のうちから一つ選び
なさい。 **6**

①　ミラノ勅令によってキリスト教を公認した。

②　専制君主政（ドミナトゥス）を始めた。

③　ハギア＝ソフィア聖堂を建立した。

④　帝国の全自由人にローマ市民権を与えた。

問7 下線部(f)に関連して，西ローマ帝国を滅ぼした人物として最も適当なものを，次の①～④のうちから一つ選びなさい。 **7**

① アッティラ王 　　　② エグバート
③ クヌート（カヌート）　④ オドアケル

C ローマ人は，法律や土木・建築技術など実用的な文化に優れ，　**ウ**　とよばれる円形闘技場，浴場，道路，水道橋などが建設された。ローマ帝国各地に建設された都市には，これらの痕跡がみられる。

一方，精神文化の面ではギリシア文化の影響がみられる。(g)歴史記述の分野や，『地理誌』を著した　**エ**　など，さまざまな分野でギリシア人が活躍した。文芸の分野では，アウグストゥスの時代にラテン文学が黄金期をむかえた。思想面では，ストア派哲学が流行した。また，ローマ支配下のパレスチナで生まれた(h)キリスト教は，当初は迫害されたものの，やがてローマ帝国の国教の地位を獲得し，後世の文化に大きな影響を与えた。

問8 文章中の空欄　**ウ**・**エ**　に入る語句の組合せとして最も適当なものを，次の①～④のうちから一つ選びなさい。 **8**

① **ウ**－コロッセウム 　　**エ**－プリニウス
② **ウ**－コロッセウム 　　**エ**－ストラボン
③ **ウ**－ジッグラト 　　　**エ**－プリニウス
④ **ウ**－ジッグラト 　　　**エ**－ストラボン

問9 下線部(g)について述べた次の文aとbの正誤の組合せとして最も適当なものを，下の①～④のうちから一つ選びなさい。 **9**

a ヘロドトスは，ローマ興隆の要因を政体循環史観で説明した。
b プルタルコスは，『対比列伝』（『英雄伝』）を著した。

① a－正　 b－正　　② a－正　 b－誤
③ a－誤　 b－正　　④ a－誤　 b－誤

問10 下線部(h)について述べた文として最も適当なものを，次の①～④のうちから一つ選びなさい。 **10**

① カルケドン公会議では，アリウス派が異端とされた。
② ギリシア語で記された『旧約聖書』のみがキリスト教の教典となった。
③ アタナシウスの説は三位一体説として確立された。
④ 教父アリスタルコスは，『神の国』（『神国論』）を著した。

2　　トルコ系民族をめぐる歴史について述べた次の文A～Cを読み，下の問い（問1～10）
に答えなさい。

A　トルコ系民族とは，トルコ系諸語を用いる民族の総称で，中央アジアから東ヨーロッパ，
シベリアなどに広がる。中国の歴史書では，前3世紀頃から活躍し，(a)匈奴に服属していた
トルコ系の丁零の記述がみられる。丁零の後身である高車は5世紀末に　ア　から独立し，
アルタイ山脈西方に勢力を築いた。　ア　は5～6世紀にモンゴル高原で活躍し，北魏と
対立したことで知られる騎馬遊牧民で，6世紀中頃にトルコ系の突厥によって滅ぼされた。
突厥はモンゴル高原から中央アジアを支配したが，内紛や(b)隋の離間策によって6世紀後
半に東西に分裂した。東突厥は7世紀初めに最盛期をむかえたが，唐に一時服属し，西突厥
も唐に敗れた。その後，東突厥は独立を回復したが，8世紀半ばにトルコ系のウイグルに滅
ぼされた。ウイグルは安史の乱に際し，唐に援軍を送るなど強勢を誇ったが，9世紀半ばに
トルコ系の　イ　によって滅ぼされた。

問1　文章中の空欄　ア　・　イ　に入る語句の組合せとして最も適当なものを，次の①
～④のうちから一つ選びなさい。　11
①　ア－烏孫　　イ－スキタイ
②　ア－烏孫　　イ－キルギス
③　ア－柔然　　イ－スキタイ
④　ア－柔然　　イ－キルギス

問2　下線部(a)について述べた次の文aとbの正誤の組合せとして最も適当なものを，下の
①～④のうちから一つ選びなさい。　12

a　匈奴の冒頓単于は，前漢の高祖に敗れた。
b　月氏を攻撃し，中央アジアのタリム盆地を支配した。

①　a－正　　b－正　　　②　a－正　　b－誤
③　a－誤　　b－正　　　④　a－誤　　b－誤

問3　下線部(b)について述べた文として最も適当なものを，次の①～④のうちから一つ選び
なさい。　13
①　税制として，租調庸制を採用した。
②　官僚登用制度として，九品中正を創始した。
③　土地制度として，占田・課田法を採用した。
④　兵制として，屯田制を採用した。

B　ウイグル滅亡後，その一部が中央アジアに移住したことで中央アジアのトルコ化が進み，パミール高原の東西はトルキスタン（「トルコ人が住む地域」を意味する）とよばれるようになった。また，8世紀以降はイスラーム化が進展し，10世紀には中央アジア最初のトルコ系イスラーム王朝である　ウ　が成立した。中央アジアから西方に進出したトルコ人は，11世紀に(c)セルジューク朝を樹立した。11世紀後半にはアム川流域にトルコ系のホラズム=シャー朝が成立し，12世紀には　ウ　を滅ぼしたが，13世紀に(d)チンギス=ハンの攻撃を受けた。一方，アフガニスタンでは，ガズナ朝やゴール朝がインドへの侵攻を繰り返し，13世紀初めにインド最初のイスラーム王朝である(e)奴隷王朝が成立した。以後，デリーを都としたイスラーム王朝はデリー=スルタン朝と総称され，最後の　エ　を除く4王朝はトルコ系であった。

問4　文章中の空欄　ウ　・　エ　に入る語句の組合せとして最も適当なものを，次の①～④のうちから一つ選びなさい。　14
　①　ウ－サーマーン朝　　　エ－ロディー朝
　②　ウ－サーマーン朝　　　エ－ハルジー朝
　③　ウ－カラハン朝　　　　エ－ロディー朝
　④　ウ－カラハン朝　　　　エ－ハルジー朝

問5　下線部(c)について述べた次の文aとbの正誤の組合せとして最も適当なものを，下の①～④のうちから一つ選びなさい。　15

　a　宰相のニザーム=アルムルクは，各地にマドラサを設けた。
　b　ウルグ=ベクの時代には，都に天文台を建設した。

　①　a－正　　　b－正　　　②　a－正　　　b－誤
　③　a－誤　　　b－正　　　④　a－誤　　　b－誤

問6　下線部(d)について述べた文として最も適当なものを，次の①～④のうちから一つ選びなさい。　16
　①　クリルタイによってハン位についた。
　②　カラコルムを建設した。
　③　軍事・行政組織として八旗を組織した。
　④　金を滅ぼし，華北を領有した。

問7　下線部(e)について，奴隷王朝の創始者として最も適当なものを，次の①～④のうちから一つ選びなさい。　17
　①　アクバル　　②　アイバク　　③　バーブル　　④　バイバルス

C　13世紀末頃，アナトリア西北部にトルコ系のオスマン帝国が築かれた。オスマン帝国はバルカン半島に進出し，14世紀後半にはアドリアノープル（現在のエディルネ）を首都とした。1453年にはコンスタンティノープルを攻略してビザンツ帝国を滅ぼし，この地を首都とした。これ以後，コンスタンティノープルはイスタンブルの名でよばれるようになった。セリム1世の時代には，マムルーク朝を滅ぼしてシリアやエジプトを併合し，続く(f)スレイマン1世の時代にオスマン帝国は最盛期をむかえた。スレイマン1世は，(g)サファヴィー朝から南イラクを奪い，(h)ウィーン包囲（第1次）によってヨーロッパ諸国を脅かした。

問8　下線部(f)について述べた次の文aとbの正誤の組合せとして最も適当なものを，下の①～④のうちから一つ選びなさい。　18

　　a　ワールシュタットの戦いで，ドイツ・ポーランド軍を破った。
　　b　レパントの海戦で，スペイン・ヴェネツィア連合艦隊を破った。

　　①　a－正　　　b－正　　　　②　a－正　　　b－誤
　　③　a－誤　　　b－正　　　　④　a－誤　　　b－誤

問9　下線部(g)について述べた文として最も適当なものを，次の①～④のうちから一つ選びなさい。　19
　　①　アッバース1世によって樹立された。
　　②　都をサマルカンドに定め，イマームのモスクを建てた。
　　③　シーア派を国教とし，シャーの称号を用いた。
　　④　ホルムズ島からオランダ人の勢力を駆逐した。

問10　下線部(h)について，次の年表に示したa～dの時期のうち，第1次ウィーン包囲が行われた時期として最も適当なものを，下の①～④のうちから一つ選びなさい。　20

a
1555年　アウクスブルクの和議が成立した
b
1699年　カルロヴィッツ条約が結ばれた
c
1744年頃　ワッハーブ王国が建てられた
d

　　①　a　　　　②　b　　　　③　c　　　　④　d

3 中国における宗教について述べた次の文A〜Cを読み，下の問い（**問1〜10**）に答えなさい。

A インドで成立した仏教は，紀元前後頃に中国に伝わった。4〜5世紀になると，西域出身の ┃ ア ┃ らが仏典の翻訳を行い，多くの人々に受け入れられるようになった。(a)唐代になると，仏教は帝室の保護を受けて隆盛し，浄土宗や禅宗などの宗派も成立した。(b)仏典を求めてインドを訪れた僧もおり，教理の研究が進展した。

　　チベットでは，インドの仏教とチベットの民間信仰が融合したチベット仏教（ラマ教）が形成された。元の時代にはチベット仏教が手厚く保護されたが，国費によってチベット仏教の寺院が建設されたことは元の財政悪化の要因となった。14世紀になると ┃ イ ┃ がチベット仏教の改革運動を展開し，黄帽派（ゲルク派）を創始した。16世紀にチベットに勢力を拡大した韃靼（タタール）の(c)アルタン=ハンはチベット仏教を信仰し，黄帽派の指導者にダライ=ラマの称号をおくった。

問1　文章中の空欄 ┃ ア ┃・┃ イ ┃ に入る人名の組合せとして最も適当なものを，次の①〜④のうちから一つ選びなさい。 21
　① ア−鳩摩羅什　　イ−ツォンカパ　　② ア−鳩摩羅什　　イ−ソンツェン=ガンポ
　③ ア−孔穎達　　　イ−ツォンカパ　　④ ア−孔穎達　　　イ−ソンツェン=ガンポ

問2　下線部(a)に関連して，唐代の文化について述べた文として最も適当なものを，次の①〜④のうちから一つ選びなさい。 22
　① 白居易（白楽天）や謝霊運などの詩人が活躍した。
　② 欧陽脩や蘇軾などの名文家が活躍した。
　③ 院体画の名手である呉道玄は，「桃鳩図」を描いた。
　④ ポロ競技など，イラン系の風俗が流行した。

問3　下線部(b)について，仏典を求めてインドへ赴いた唐代の僧と，その事績の組合せとして最も適当なものを，下の①〜④のうちから一つ選びなさい。 23

インドへ赴いた唐代の僧
a　玄奘　　b　法顕

事績
あ　インドからの帰路，シュリーヴィジャヤ王国に滞在した。
い　ハルシャ王の厚遇を受け，ナーランダー僧院で学んだ。

　① a−あ　　② a−い　　③ b−あ　　④ b−い

問4　下線部(c)について述べた次の文aとbの正誤の組合せとして最も適当なものを，下の①〜④のうちから一つ選びなさい。 24

a　チベット仏教の高僧パスパに命じてパスパ文字を作成させた。
b　土木の変で明の正統帝を捕虜とした。

① a－正　b－正　　② a－正　b－誤
③ a－誤　b－正　　④ a－誤　b－誤

B　道教は，中国古来の神仙思想や民間信仰，(d)道家の思想などが融合して成立した宗教で，北魏の時代に寇謙之によって大成された。北魏の(e)太武帝は寇謙之を信任して道教を国教とし，仏教を排斥した。道教は唐代にも帝室の保護を受けて繁栄し，国費によって道観（道教の寺院）が設立された。金代になると，王重陽を開祖として儒・仏・道を調和した全真教が成立し，華北に広まった。一方，(f)江南では旧来の道教である正一教が流行した。

　道教の教義は雑然としているが，不老長寿など現世利益的な性格によって中国の民衆に広く受け入れられた。道教は多神教で，最高神である元始天尊や，三国時代の蜀の武将である関羽を神格化した関帝，航海の神である媽祖，かまどの神である竈神など，非常に多くの神がいる。

問5　下線部(d)について述べた文として最も適当なものを，次の①〜④のうちから一つ選びなさい。 25
① 家族道徳である孝を重視した。
② 血縁をこえた無差別の愛を重視した。
③ 無為自然による生き方を重視した。
④ 農民の統治方法や農業技術を論じた。

問6　下線部(e)について述べた次の文aとbの正誤の組合せとして最も適当なものを，下の①〜④のうちから一つ選びなさい。 26

a　華北を統一した。
b　平城から洛陽に遷都した。

① a－正　b－正　　② a－正　b－誤
③ a－誤　b－正　　④ a－誤　b－誤

問7　下線部(f)の歴史について述べた次の出来事a〜cが，時代の古い順に正しく配列されているものを，下の①〜⑥のうちから一つ選びなさい。 27

a　華北と江南を結ぶ大運河が完成した。
b　「湖広熟すれば天下足る」といわれたように，長江中流域が穀倉地帯となった。
c　司馬睿が建康を都として東晋を建てた。

① a→b→c　　② a→c→b　　③ b→a→c
④ b→c→a　　⑤ c→a→b　　⑥ c→b→a

C　唐代には，西方からさまざまな宗教が伝来し，キリスト教の一派であるネストリウス派も伝わった。ネストリウス派は景教とよばれ，唐の都長安には景教の中国伝来の沿革を刻んだ大秦景教流行中国碑が建てられた。元代になると，ローマ教皇の使節として派遣された　ウ　が大都の大司教に任じられ，中国で初めてカトリックを布教した。16 世紀以降，(g)キリスト教宣教師が中国に来航するようになり，実用的なヨーロッパ文化を中国に伝えた。清代にはキリスト教布教の方法をめぐって典礼問題が起こり，1724 年に　エ　によって全面的にキリスト教布教が禁止された。アロー戦争後，キリスト教布教の自由が認められたが，布教活動が活発になると各地で仇教運動とよばれる反キリスト教運動が起こり，1900〜01 年の(h)義和団事件では反帝国主義的な性格も帯びるようになった。

問8　文章中の空欄　ウ　・　エ　に入る人名の組合せとして最も適当なものを，次の①〜④のうちから一つ選びなさい。　28
　　①　ウープラノ=カルピニ　　　　エー雍正帝
　　②　ウープラノ=カルピニ　　　　エー康熙帝
　　③　ウーモンテ=コルヴィノ　　　エー雍正帝
　　④　ウーモンテ=コルヴィノ　　　エー康熙帝

問9　下線部(g)について述べた文として最も適当なものを，次の①〜④のうちから一つ選びなさい。　29
　　①　アダム=シャールは，徐光啓とともに『幾何原本』を漢訳した。
　　②　マテオ=リッチは，「坤輿万国全図」を作製した。
　　③　フランシスコ=ザビエルは，「皇輿全覧図」を作製した。
　　④　カスティリオーネは，『崇禎暦書』を作成した。

問10　下線部(h)について述べた次の文 a と b の正誤の組合せとして最も適当なものを，下の①〜④のうちから一つ選びなさい。　30

　　a　義和団は「扶清滅洋」をとなえて教会や鉄道を破壊した。
　　b　義和団を支持した清は列強に宣戦したが，8 カ国連合軍によって北京が占領された。

　　①　a －正　　b －正　　　　②　a －正　　b －誤
　　③　a －誤　　b －正　　　　④　a －誤　　b －誤

4　世界史上の国際会議について述べた次の文A～Cを読み，下の問い（**問1～10**）に答え
なさい。

A　1814～15年，フランス革命以来の混乱を収拾するため，ヨーロッパ諸国の代表が参加する
(a)ウィーン会議が開催され，ウィーン体制とよばれる国際秩序が築かれた。ウィーン体制下
では自由主義やナショナリズムの動きはおさえられ，ロシア皇帝　**ア**　の提唱した神聖同
盟によってウィーン体制の強化がはかられた。

　　1871年に成立したドイツ帝国の首都ベルリンでは，ビスマルクによって国際会議が開催さ
れた。ロシア＝トルコ（露土）戦争後，ロシアの勢力拡大にイギリス・オーストリアが反対す
ると，ビスマルクは1878年に(b)ベルリン会議を開催し，列国の利害を調整した。また，ア
フリカをめぐってヨーロッパ諸国が対立すると，ビスマルクは1884～85年にベルリン会議
（ベルリン＝コンゴ会議）を開催し，(c)アフリカ植民地化の原則が定められた。

　　1899年，1907年には，ロマノフ朝最後の皇帝　**イ**　のよびかけにより，オランダのハー
グで万国平和会議が開催され，国際紛争の平和的解決などについて討議された。

問1　文章中の空欄　**ア**　・　**イ**　に入る人名の組合せとして最も適当なものを，次の①
　　　～④のうちから一つ選びなさい。　**31**
　　①　**ア**－アレクサンドル1世　　**イ**－アレクサンドル2世
　　②　**ア**－アレクサンドル1世　　**イ**－ニコライ2世
　　③　**ア**－ニコライ1世　　　　　**イ**－アレクサンドル2世
　　④　**ア**－ニコライ1世　　　　　**イ**－ニコライ2世

問2　下線部(a)について述べた文として**誤っているもの**を，次の①～④のうちから一つ選び
　　　なさい。　**32**
　　①　オーストリアのメッテルニヒが議長をつとめた。
　　②　フランス外相タレーランは，正統主義をとなえた。
　　③　35君主国と4自由市からなるドイツ連邦が組織された。
　　④　スイスとオランダの独立が国際的に承認された。

問3　下線部(b)について，ベルリン会議で結ばれた条約について述べた次の文aとbの正誤
　　　の組合せとして最も適当なものを，下の①～④のうちから一つ選びなさい。　**33**

　　a　黒海の中立化が定められた。
　　b　イギリスはキプロス島の行政権を認められた。

　　①　a－正　　b－正　　　②　a－正　　b－誤
　　③　a－誤　　b－正　　　④　a－誤　　b－誤

問4　下線部(c)に関連して，アフリカに進出したヨーロッパ列強と，その列強が植民地とした
地域を示す次の地図中のａまたはｂの組合せとして最も適当なものを，下の①～④のうち
から一つ選びなさい。　34

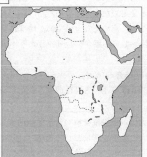

① イタリアーａ　　② ドイツーａ　　③ イギリスーｂ　　④ フランスーｂ

B　1919年，第一次世界大戦の終結のための国際会議として(d)パリ講和会議が開催された。
この会議ではアメリカ合衆国・イギリス・フランスの発言権が大きく，ソヴィエト政権は招
かれなかった。アメリカ合衆国大統領ウィルソンの提唱した十四カ条が原則とされ，ドイツ
との間に(e)ヴェルサイユ条約が調印された。また，国際連盟の設立も決定され，この会議に
よって形成された国際秩序はヴェルサイユ体制とよばれた。

　1921～22年には(f)ワシントン会議が開催され，アジア・太平洋地域の国際秩序が定めら
れた。この会議によって形成されたワシントン体制は，ヴェルサイユ体制とともに1920年代
の国際秩序の柱とされた。

問5　下線部(d)について，この会議に参加したイギリス首相として最も適当なものを，次の①
～④のうちから一つ選びなさい。　35
① ネヴィル=チェンバレン　　② チャーチル
③ ロイド=ジョージ　　　　　④ マクドナルド

問6　下線部(e)について述べた次の文ａとｂの正誤の組合せとして最も適当なものを，下の
①～④のうちから一つ選びなさい。　36

ａ　ドイツに軍備制限が課せられ，徴兵制が廃止された。
ｂ　ドイツはすべての海外植民地を失った。

① ａ－正　　ｂ－正　　② ａ－正　　ｂ－誤
③ ａ－誤　　ｂ－正　　④ ａ－誤　　ｂ－誤

問7　下線部(f)について述べた文として最も適当なものを，次の①～④のうちから一つ選び
　　　なさい。　**37**
　　　① 共和党のアメリカ合衆国大統領ハーディングの提唱によって開催された。
　　　② 中国の主権尊重などを定めた四カ国条約が結ばれた。
　　　③ 太平洋諸島地域について定めた九カ国条約が結ばれた。
　　　④ 国際紛争解決の手段としての戦争の放棄をうたう不戦条約が結ばれた。

C　第二次世界大戦中の1944年8～10月，ダンバートン=オークス会議が開催され，国際連合
　　憲章の草案が作成された。1945年4～6月に開催されたサンフランシスコ会議では国際連合
　　憲章が採択され，1945年10月に(g)国際連合が発足した。国際連合では全加盟国が参加する
　　総会や，米英仏ソ中の五大国が拒否権を持つ安全保障理事会が設置された。
　　　第二次世界大戦後，冷戦の激化を背景として(h)核兵器の開発競争が進んだ。これに対し，
　　原水爆禁止運動が起こり，1957年には科学者たちのよびかけによってカナダの　**ウ**　で国
　　際科学者会議が開催された。また，東西両陣営のどちらにも属さない第三勢力を形成しよう
　　とする潮流が生まれ，1955年にはインドネシアの　**エ**　でアジア=アフリカ会議が開催さ
　　れ，1961年にはユーゴスラヴィアで第1回非同盟諸国首脳会議が開催された。

問8　文章中の空欄　**ウ**　・　**エ**　に入る語句の組合せとして最も適当なものを，次の①
　　　～④のうちから一つ選びなさい。　**38**
　　　① **ウ**―オタワ　　　　　　　**エ**―バタヴィア
　　　② **ウ**―オタワ　　　　　　　**エ**―バンドン
　　　③ **ウ**―パグウォッシュ　　　**エ**―バタヴィア
　　　④ **ウ**―パグウォッシュ　　　**エ**―バンドン

問9　下線部(g)について述べた次の文aとbの正誤の組合せとして最も適当なものを，下の
　　　①～④のうちから一つ選びなさい。　**39**

　　　a　国際連合の本部はスイスのジュネーヴにおかれた。
　　　b　アデナウアーの東方外交の結果，東西ドイツの国際連合同時加盟が実現した。

　　　① a―正　　b―正　　　② a―正　　b―誤
　　　③ a―誤　　b―正　　　④ a―誤　　b―誤

問10　下線部(h)に関連して，核兵器をめぐる動きについて述べた文として最も適当なものを，
　　　次の①～④のうちから一つ選びなさい。　**40**
　　　① ビキニ環礁でソ連が行った水爆実験によって，日本の漁船が被害を受けた。
　　　② キューバ危機後，米英ソは部分的核実験禁止条約を結んだ。
　　　③ 米英ソなど核保有国の主導により，中距離核戦力（INF）全廃条約が結ばれた。
　　　④ 冷戦終結後，米ソ間で第1次戦略兵器制限交渉（SALT Ⅰ）が開始された。

◀B　日　程▶

（2科目　120分）

1　古代のイランについて述べた次の文A〜Cを読み，下の問い（問1〜10）に答えなさい。

A　前2千年紀におこったアッシリア王国は，前7世紀前半にメソポタミアや(a)<u>エジプト</u>を征服して全(b)<u>オリエント</u>を統一し，初の世界帝国となった。アッシリア王国は重税や強制移住などで服属民の反発を招き，前612年に滅亡した。その後，4王国が分立し，イラン高原は　**ア**　が支配した。前6世紀半ば，イラン人（ペルシア人）が　**ア**　から自立してアケメネス（アカイメネス）朝を樹立し，オリエントは再び統一された。第3代の(c)<u>ダレイオス1世</u>の時代にはエーゲ海からインダス川にいたる広大な領域を支配したが，イオニア地方の植民市　**イ**　の反乱をきっかけとしてギリシア諸ポリスとの戦争が始まった。

問1　文章中の空欄　**ア**・**イ**　に入る語句の組合せとして最も適当なものを，次の①〜④のうちから一つ選びなさい。　**1**
① **ア**ーメディア　　　　　　　**イ**ースサ
② **ア**ーメディア　　　　　　　**イ**ーミレトス
③ **ア**ーリディア（リュディア）　**イ**ースサ
④ **ア**ーリディア（リュディア）　**イ**ーミレトス

問2　下線部(a)に関連して，古代エジプトの歴史について述べた次の出来事a〜cが，時代の古い順に正しく配列されているものを，下の①〜⑥のうちから一つ選びなさい。　**2**

a　アメンホテプ4世（イクナートン）がテル=エル=アマルナに遷都した。
b　クフ王らがピラミッドを建設した。
c　シリア方面からヒクソスが流入した。

①　a→b→c　　②　a→c→b　　③　b→a→c
④　b→c→a　　⑤　c→a→b　　⑥　c→b→a

問3　下線部(b)に関連して，古代オリエント世界の民族について述べた文として最も適当なものを，次の①〜④のうちから一つ選びなさい。　**3**
①　シュメール人は，十進法やゼロの概念を生み出した。
②　アッカド人は，ミタンニ王国を征服した。
③　アラム人は，ダマスクスを拠点として内陸都市を結ぶ中継貿易を行った。
④　ヘブライ人は，アルファベットの起源となる文字をつくった。

問4　下線部(c)について述べた次の文aとbの正誤の組合せとして最も適当なものを，下の
　　①〜④のうちから一つ選びなさい。　　4

　　a　サトラップとよばれる監察官を派遣して州行政を監視させた。
　　b　「王の道」とよばれる国道をつくり，駅伝制を整備した。

　　①　a－正　　　b－正　　　　②　a－正　　　b－誤
　　③　a－誤　　　b－正　　　　④　a－誤　　　b－誤

B　前4世紀,マケドニアのアレクサンドロス大王は東方遠征を開始し,前333年の　　ウ　　で
アケメネス朝のダレイオス3世を破った後，前330年にアケメネス朝を滅ぼした。アレクサ
ンドロス大王の死後，その領土はディアドコイ（後継者）によって争われ，アケメネス朝が
支配した西アジア地域は　エ　が支配した。前3世紀になると，　エ　から独立したギ
リシア人がアム川流域にバクトリアを建てた。また，イラン系遊牧民はイラン高原に(d)パル
ティアを樹立し，　エ　の勢力を退けた。パルティアは，(e)東西交易路をおさえて繁栄し，
ローマと抗争した。

問5　文章中の空欄　　ウ　・　エ　　に入る語句の組合せとして最も適当なものを，次の①
　　〜④のうちから一つ選びなさい。　　5
　　①　ウ－イッソスの戦い　　　　エ－セレウコス朝
　　②　ウ－イッソスの戦い　　　　エ－アンティゴノス朝
　　③　ウ－プラタイアの戦い　　　エ－セレウコス朝
　　④　ウ－プラタイアの戦い　　　エ－アンティゴノス朝

問6　下線部(d)について述べた次の文aとbの正誤の組合せとして最も適当なものを，下の
　　①〜④のうちから一つ選びなさい。　　6

　　a　アルサケスによって創始された。
　　b　都をティグリス川東岸のニネヴェに定めた。

　　①　a－正　　　b－正　　　　②　a－正　　　b－誤
　　③　a－誤　　　b－正　　　　④　a－誤　　　b－誤

問7　下線部(e)に関連して，東西交易について述べた文として**誤っているもの**を，次の①〜④
　　のうちから一つ選びなさい。　　7
　　①　中央ユーラシアの草原地帯を結ぶ交易路は，「草原の道」とよばれた。
　　②　インド洋交易については，『エリュトゥラー海案内記』に記述がみられる。
　　③　クチャやホータンなどの中央アジアのオアシス都市は，隊商交易の拠点となった。
　　④　イラン系のクルド人は，ソグディアナを本拠として隊商交易に従事した。

C　3世紀になると，アルダシール1世がパルティアを破り，ササン朝を樹立した。アルダシール1世は古代イランの民族宗教である(f)ゾロアスター教を国教に定め，国の統一をはかった。第2代のシャープール1世は，西方ではローマ皇帝ウァレリアヌスを捕虜とし，東方ではインドの(g)クシャーナ朝を破ってインダス川西岸にいたる地域を支配した。6世紀のホスロー1世の時代にはビザンツ帝国との戦いを有利に進め，ササン朝は最盛期をむかえた。ホスロー1世の死後，ササン朝の国力はしだいに衰え，(h)642年のニハーヴァンドの戦いでイスラーム勢力に敗れ，651年に滅亡した。

　　ササン朝の時代には，ガラス器や銀製品などの美術・工芸の分野が発達し，その影響は中国を経て日本にまで及んだ。

問8　下線部(f)に関連して，ゾロアスター教における光明神とゾロアスター教の教典の組合せとして最も適当なものを，次の①〜④のうちから一つ選びなさい。　　8
　①　アーリマン―『シャクンタラー』
　②　アーリマン―『アヴェスター』
　③　アフラ=マズダー―『シャクンタラー』
　④　アフラ=マズダー―『アヴェスター』

問9　下線部(g)について述べた次の文aとbの正誤の組合せとして最も適当なものを，下の①〜④のうちから一つ選びなさい。　　9

　a　カニシカ王の時代に最盛期をむかえた。
　b　ガンダーラ地方を中心として仏教美術が栄えた。

　①　a―正　　b―正　　　②　a―正　　b―誤
　③　a―誤　　b―正　　　④　a―誤　　b―誤

問10　下線部(h)に関連して，642年当時のイスラーム世界の状況について述べた文として最も適当なものを，次の①〜④のうちから一つ選びなさい。　　10
　①　正統カリフのもとで大規模な征服活動（ジハード）が行われた。
　②　3人のカリフが並立する分裂状態であった。
　③　民族による差別は廃止され，イスラーム法に基づく統治が行われた。
　④　土地の徴税権を軍人や官僚に与えるイクター制が実施された。

② 東ヨーロッパ世界について述べた次の文A〜Cを読み，下の問い（**問 1〜10**）に答えなさい。

A ローマ帝国の東西分裂後，東ヨーロッパ世界では(a)ビザンツ帝国（東ローマ帝国）を中心とする独自の世界が形成された。ビザンツ帝国は，6世紀のユスティニアヌス1世（大帝）の時代にローマ帝国の旧地中海領を回復した。しかし，ユスティニアヌス1世の死後には，イスラーム勢力や異民族の侵入などによってしだいに領土を縮小させていった。8世紀のレオン3世は，イスラーム勢力と対抗するため聖像禁止令を発布したが，(b)ローマ=カトリック教会との対立を招いた。11世紀にセルジューク朝がアナトリアに進出すると，ビザンツ帝国はローマ教皇に救援を要請して十字軍遠征が開始されたが，(c)第4回十字軍により国内は混乱した。その後，ビザンツ帝国の国力は回復することはなく，オスマン帝国によって1453年に滅ぼされた。

問 1 下線部(a)に関連して，ビザンツ文化について述べた文として**誤っているもの**を，次の①〜④のうちから一つ選びなさい。 | 11 |

① ローマ法を集大成した『ローマ法大全』が編纂された。
② ピサ大聖堂に代表されるビザンツ様式の教会建築が生まれた。
③ スラヴ人を教化するため，キリル文字がつくられた。
④ イエスや聖人などを描いたイコンが制作された。

問 2 下線部(b)に関連して，次の年表に示したa〜dの時期のうち，ギリシア正教会とローマ=カトリック教会が相互に破門して東西教会が分裂した時期として最も適当なものを，下の①〜④のうちから一つ選びなさい。 | 12 |

a
1122年　ヴォルムス協約の締結
b
1209年　イギリスのジョン王が破門される
c
1309年　「教皇のバビロン捕囚」が始まる
d

① a　　　　② b　　　　③ c　　　　④ d

問 3 下線部(c)について述べた次の文aとbの正誤の組合せとして最も適当なものを，下の①〜④のうちから一つ選びなさい。 | 13 |

a フランス王ルイ9世が参加した。
b ヴェネツィア商人の要求により，コンスタンティノープルが占領された。

① a−正　　b−正　　② a−正　　b−誤
③ a−誤　　b−正　　④ a−誤　　b−誤

B　大航海時代の影響により，西ヨーロッパで商工業が活発となる一方，(d)東ヨーロッパ地域では西欧諸国向けの穀物が生産されるなど，東西間の分業と格差が明確となった。17 世紀になると，北ドイツではプロイセン公国が成長し，　ア　によって 18 世紀初めに王国に昇格した。また，ロマノフ朝が成立したロシアでは(e)ピョートル 1 世（大帝）が西欧化政策を進め，東ヨーロッパにおける大国の地位を固めた。19 世紀になると，オスマン帝国の支配下に入っていたバルカン地域で独立の動きが起こり，独立戦争を経てギリシアが独立した。また，19 世紀半ばの二月革命の影響により，(f)各地で民族運動が展開された。19 世紀後半，ロシア＝トルコ（露土）戦争後のベルリン会議の結果，ルーマニア・セルビア・　イ　のオスマン帝国からの独立が承認された。

問 4　文章中の空欄　ア　・　イ　に入る語句の組合せとして最も適当なものを，次の①
　　　～④のうちから一つ選びなさい。　14
　　①　ア―オーストリア継承戦争　　イ―ブルガリア
　　②　ア―オーストリア継承戦争　　イ―モンテネグロ
　　③　ア―スペイン継承戦争　　　　イ―ブルガリア
　　④　ア―スペイン継承戦争　　　　イ―モンテネグロ

問 5　下線部(d)に関連して，エルベ川以東の東ヨーロッパ地域について述べた次の文 a と b
　　　の正誤の組合せとして最も適当なものを，下の①～④のうちから一つ選びなさい。　15

　　　a　農場領主制（グーツヘルシャフト）が広まった。
　　　b　ユンカーとよばれる領主層が農民支配を強化した。

　　①　a―正　　　b―正　　　②　a―正　　　b―誤
　　③　a―誤　　　b―正　　　④　a―誤　　　b―誤

問 6　下線部(e)について述べた文として最も適当なものを，次の①～④のうちから一つ選び
　　　なさい。　16
　　①　デカブリスト（十二月党員）の乱を鎮圧した。
　　②　武装中立同盟を提唱した。
　　③　北方戦争でスウェーデンを破った。
　　④　ラクスマンを日本に派遣した。

問 7　下線部(f)に関連して，19 世紀半ばに民族運動が展開された地域とその説明の組合せと
　　　して最も適当なものを，下の①～④のうちから一つ選びなさい。　17

　　民族運動が展開された地域
　　a　ポーランド　　　b　ハンガリー

　　説明
　　あ　コシューシコ（コシチューシコ）が蜂起した。
　　い　コシュートが独立を宣言した。

　　①　a－あ　　②　a－い　　③　b－あ　　④　b－い

C　(g)20世紀初め，列強の利害が対立していたバルカン半島は，「ヨーロッパの火薬庫」とよ
ばれた。1914年には第一次世界大戦が勃発し，大戦後には旧オーストリア=ハンガリー帝国・
旧ロシア帝国領から多くの新興独立国が誕生した。第二次世界大戦中，東欧諸国の多くは枢
軸国によって占領されたが，ソ連によって解放された。第二次世界大戦後，ソ連・東欧諸国
は社会主義陣営を形成してアメリカ合衆国を中心とする資本主義陣営と対立し，1947年には
各国共産党の情報交換機関として　ウ　を創設してマーシャル=プランに対抗した。1956
年にソ連の　エ　が行ったスターリン批判をきっかけとして，東欧諸国では自由化を求め
る動きが起こったが，ソ連の介入を受けた。ソ連の統治下で経済が停滞した東欧では，ソ連
でペレストロイカ（改革）が始まったことをきっかけとして大きな社会変動が起こり，(h)東
欧革命によって東欧社会主義圏は消滅した。

問8　文章中の空欄　ウ　・　エ　に入る語句の組合せとして最も適当なものを，次の①
　　～④のうちから一つ選びなさい。　18
　　①　ウ－コミンフォルム　　　エ－ブレジネフ
　　②　ウ－コミンフォルム　　　エ－フルシチョフ
　　③　ウ－コミンテルン　　　　エ－ブレジネフ
　　④　ウ－コミンテルン　　　　エ－フルシチョフ

問9　下線部(g)について述べた次の文aとbの正誤の組合せとして最も適当なものを，下の
　　①～④のうちから一つ選びなさい。　19

　　a　オーストリアは，青年トルコ革命に乗じてボスニア・ヘルツェゴヴィナを併合した。
　　b　ドイツの後押しによってバルカン同盟が結成された。

　　①　a－正　　b－正　　　②　a－正　　b－誤
　　③　a－誤　　b－正　　　④　a－誤　　b－誤

問10　下線部(h)について述べた文として最も適当なものを，次の①～④のうちから一つ選び
　　なさい。　20
　　①　ポーランドでは，ドプチェクを指導者とする自主管理労組「連帯」が選挙に勝利した。
　　②　ハンガリーでは，ナジ=イムレのもとで複数政党制に移行した。
　　③　東ドイツでは，ブラント書記長が退陣し，ベルリンの壁が開放された。
　　④　ルーマニアでは，チャウシェスクによる独裁体制が崩壊した。

3　アメリカ合衆国の大統領について述べた次の文A〜Cを読み，下の問い（問1〜10）に
答えなさい。

A　リンカンは，1834年にイリノイ州議会議員に選出され，1847年には下院議員となった。
(a)アメリカ=メキシコ戦争に反対したことで人気を失い，一時政界を引退した。奴隷制をめ
ぐって(b)北部と南部の対立が激化すると，リンカンは奴隷制の拡大を望まない穏健な立場
をとり，共和党に参加した。リンカンは1860年の大統領選挙に際し，共和党から出馬して勝
利した。これに対し，南部諸州はアメリカ合衆国から離脱してアメリカ連合国を結成し，1861
年に(c)南北戦争が始まった。リンカンは南北戦争中に大統領に再選され，北部を勝利に導い
たが，戦争終結直後に南部人によって暗殺された。

問1　下線部(a)について述べた次の文aとbの正誤の組合せとして最も適当なものを，下の
①〜④のうちから一つ選びなさい。　21

　　a　アメリカ合衆国がテキサスを併合したことが，開戦の要因となった。
　　b　戦争の結果，アメリカ合衆国はカリフォルニアなどを獲得した。

①　a－正　　b－正　　　　②　a－正　　b－誤
③　a－誤　　b－正　　　　④　a－誤　　b－誤

問2　下線部(b)に関連して，北部の貿易政策と国家体制の立場の組合せとして最も適当なも
のを，下の①〜④のうちから一つ選びなさい。　22

貿易政策
a　保護関税政策　　　b　自由貿易

国家体制の立場
あ　州権主義　　い　連邦主義

①　a－あ　　　②　a－い　　　③　b－あ　　　④　b－い

問3　下線部(c)について述べた文として最も適当なものを，次の①〜④のうちから一つ選び
なさい。　23
①　アメリカ連合国は，トマス=ジェファソンを大統領に選んだ。
②　戦争中に東西を結ぶ最初の大陸横断鉄道が完成した。
③　戦争中に奴隷解放宣言が発表された。
④　南部の首都ゲティスバーグが陥落して南軍は降伏した。

B　フランクリン=ローズヴェルトは，1910 年にニューヨーク州上院議員となり，ウィルソン
　　大統領のもとで海軍次官をつとめた。フランクリン=ローズヴェルトは小児麻痺を患ったた
　　め，一時政界を引退したが，1929 年にニューヨーク州知事として政界に復帰した。世界恐慌
　　に際して革新的政策によって対応し，1932 年の大統領選挙で共和党の　ア　を破って当選
　　した。フランクリン=ローズヴェルト大統領は恐慌対策として(d)ニューディールとよばれる
　　政策を推進し，ラテンアメリカ諸国に対して　イ　を展開した。第二次世界大戦が始まる
　　と武器貸与法を成立させて連合国側を援助し，(e)連合国首脳と会談を重ねた。大戦中の大統
　　領選挙で異例の４選となったが，終戦直前の 1945 年４月に病死した。

問4　文章中の空欄　ア　・　イ　に入る語句の組合せとして最も適当なものを，次の①
　　〜④のうちから一つ選びなさい。　24
　　①　ア−クーリッジ　　　イ−宣教師外交
　　②　ア−クーリッジ　　　イ−善隣外交
　　③　ア−フーヴァー　　　イ−宣教師外交
　　④　ア−フーヴァー　　　イ−善隣外交

問5　下線部(d)について述べた文として誤っているものを，次の①〜④のうちから一つ選び
　　なさい。　25
　　①　自動車専用道路であるアウトバーン建設などの大土木工事をおこした。
　　②　テネシー川流域開発公社（TVA）などの大公共事業をおこした。
　　③　農業調整法（AAA）により，農産物の生産を調整した。
　　④　ワグナー法により，労働者の団結権・団体交渉権を認めた。

問6　下線部(e)について述べた次の文 a と b の正誤の組合せとして最も適当なものを，下の
　　①〜④のうちから一つ選びなさい。　26

　　a　テヘラン会談では，ノルマンディー上陸作戦が協議された。
　　b　カイロ会談の秘密協定では，ソ連の対日参戦などが定められた。

　　①　a −正　　　b −正　　　②　a −正　　　b −誤
　　③　a −誤　　　b −正　　　④　a −誤　　　b −誤

C　ニクソンは，1947 年に共和党から下院議員となり，1951 年には上院議員となった。1953 年
　　から　ウ　の副大統領をつとめたが，大統領選挙やカリフォルニア州知事選挙に敗北した
　　ことで，一時政界を引退した。1968 年の大統領選挙に勝利し，翌年に大統領に就任した。当
　　時，アメリカ合衆国の国際収支は(f)ベトナム戦争の負担や社会保障費の増大などによって
　　悪化していたため，ニクソン大統領は 1971 年にドルの金兌換停止を発表し，(g)ドル=ショッ
　　クを引き起こした。1972 年には(h)中国を訪問して米中関係の改善をはかり，同年の大統領
　　選挙で再選を果たした。1973 年にはアメリカ軍のベトナム撤退を実現したが，　エ　をき
　　っかけとして 1974 年に大統領を辞任した。

問7　文章中の空欄　**ウ**　・　**エ**　に入る語句の組合せとして最も適当なものを，次の①
　　　　～④のうちから一つ選びなさい。　27

　　①　**ウ**ートルーマン　　　　　　**エ**ーウォーターゲート事件
　　②　**ウ**ートルーマン　　　　　　**エ**ー九・三〇事件
　　③　**ウ**ーアイゼンハワー　　　　**エ**ーウォーターゲート事件
　　④　**ウ**ーアイゼンハワー　　　　**エ**ー九・三〇事件

問8　下線部(f)に関連して，第二次世界大戦後のベトナムについて述べた文として最も適当
　　　　なものを，次の①～④のうちから一つ選びなさい。　28
　　①　アメリカ合衆国に支援されたバオダイは，ベトナム共和国を樹立した。
　　②　南ベトナム解放民族戦線は，南ベトナムと連携してゲリラ戦を展開した。
　　③　アメリカ合衆国のブッシュ大統領は北ベトナムを爆撃し，介入を本格化した。
　　④　アメリカ軍撤退後，南北が統一されてベトナム社会主義共和国が成立した。

問9　下線部(g)の影響について述べた次の文aとbの正誤の組合せとして最も適当なものを，
　　　　下の①～④のうちから一つ選びなさい。　29

　　a　アメリカ合衆国は，ドル=ブロックを形成した。
　　b　先進工業国は，変動相場制に移行した。

　　①　a－正　　　b－正　　　　②　a－正　　　b－誤
　　③　a－誤　　　b－正　　　　④　a－誤　　　b－誤

問10　下線部(h)に関連して，中華人民共和国の対外関係について述べた次の出来事a～cが，
　　　　時代の古い順に正しく配列されているものを，下の①～⑥のうちから一つ選びなさい。
　　　　30

　　a　中ソ友好同盟相互援助条約を結んだ。
　　b　イギリスから香港が返還された。
　　c　日中平和友好条約を結んだ。

　　①　a→b→c　　　②　a→c→b　　　③　b→a→c
　　④　b→c→a　　　⑤　c→a→b　　　⑥　c→b→a

4　朝鮮半島の歴史について述べた次の文Ａ〜Ｃを読み，下の問い（**問1〜10**）に答えなさい。

A　古代の朝鮮半島では，衛満によって衛氏朝鮮が建てられた。衛氏朝鮮は，(a)前漢の武帝の攻撃を受けて前108年に滅亡し，朝鮮北部には　ア　など朝鮮4郡が設置された。4世紀になると，中国東北地方から朝鮮半島北部を支配した高句麗によって　ア　は滅ぼされた。4世紀半ばには，朝鮮半島南部に百済や(b)新羅がおこった。高句麗・百済・新羅が並び立つ三国時代が続いたが，7世紀に唐と結んだ新羅が百済と高句麗を滅ぼした。朝鮮半島を統一した新羅は，唐の諸制度を取り入れて栄えたが，9世紀末に分裂した。918年，　イ　が建国した(c)高麗は，935年に新羅を滅ぼした。12世紀後半になると，高麗では武臣（軍人）が政治の実権を握って社会が混乱し，13世紀にはモンゴルの攻撃を受けてその属国となった。

問1　文章中の空欄　ア ・ イ　に入る語句の組合せとして最も適当なものを，次の①〜④のうちから一つ選びなさい。　31
　　①　ア−楽浪郡　　イ−王建　　②　ア−楽浪郡　　イ−大祚栄
　　③　ア−日南郡　　イ−王建　　④　ア−日南郡　　イ−大祚栄

問2　下線部(a)について述べた文として最も適当なものを，次の①〜④のうちから一つ選びなさい。　32
　　①　焚書・坑儒による思想統制を行った。
　　②　里甲制を全国に施行した。
　　③　張騫を大月氏に派遣した。
　　④　李朝を滅ぼし，ベトナム北部を支配した。

問3　下線部(b)について，新羅の都とその位置を示す次の地図中のａまたはｂの組合せとして最も適当なものを，下の①〜④のうちから一つ選びなさい。　33

　　①　開城−ａ　　②　開城−ｂ　　③　金城（慶州）−ａ　　④　金城（慶州）−ｂ

問4　下線部(c)について述べた次の文aとbの正誤の組合せとして最も適当なものを，下の
①～④のうちから一つ選びなさい。　34

　　a　骨品制とよばれる特権的な身分制度が社会の基盤となった。
　　b　仏教が盛んとなり，大蔵経が刊行された。

　　①　a－正　　　b－正　　　②　a－正　　　b－誤
　　③　a－誤　　　b－正　　　④　a－誤　　　b－誤

B　1392年，高麗を倒した李成桂が朝鮮王朝を建てた。朝鮮王朝は(d)明の制度を取り入れて
　朱子学を官学とし，15世紀には　ウ　が訓民正音（ハングル）を制定した。16世紀末には
　豊臣秀吉の侵攻を受け，17世紀前半には清の侵攻を受けてこれに服属した。
　　19世紀後半になると，朝鮮王朝をめぐって清と日本が対立した。日本は朝鮮に開国を迫っ
　て日朝修好条規（江華条約）を結び，清も宗主国として圧力を強めた。1894年の　エ　を
　きっかけとして日清戦争が始まり，戦争の結果，朝鮮は独立した。1897年，朝鮮は大韓帝国
　の称号を用いて独立国であることを示した。その後，日本とロシアが韓国の支配や満州をめ
　ぐって対立するようになり，(e)日露戦争の結果，日本が韓国の指導・監督権を獲得した。

問5　文章中の空欄　ウ　・　エ　に入る語句の組合せとして最も適当なものを，次の①
　～④のうちから一つ選びなさい。　35
　　①　ウ－高宗　　　エ－甲午農民戦争（東学の乱）
　　②　ウ－高宗　　　エ－壬午軍乱
　　③　ウ－世宗　　　エ－甲午農民戦争（東学の乱）
　　④　ウ－世宗　　　エ－壬午軍乱

問6　下線部(d)について述べた文として最も適当なものを，次の①～④のうちから一つ選び
　なさい。　36
　　①　尚書省が六部を管轄した。
　　②　明律・明令を定めた。
　　③　軍制として千戸制を採用した。
　　④　租税台帳として魚鱗図冊を作成した。

問7　下線部(e)について述べた次の文aとbの正誤の組合せとして最も適当なものを，下の
　①～④のうちから一つ選びなさい。　37

　　a　この戦争中，ロシアでは第1次ロシア革命が起こった。
　　b　アメリカ合衆国大統領マッキンリーの斡旋により，ポーツマス条約が結ばれた。

　　①　a－正　　　b－正　　　②　a－正　　　b－誤
　　③　a－誤　　　b－正　　　④　a－誤　　　b－誤

C　第2次日韓協約によって韓国は日本の保護国とされ，これに対して民衆による武装抗日闘争が盛んになった。1910 年，日本は韓国を併合し，朝鮮総督府を設置して武断政治により朝鮮を統治した。第一次世界大戦後の 1919 年，朝鮮では三・一独立運動とよばれる独立運動が全国に広がった。この運動は日本によって弾圧されたものの，日本の統治政策は「文化政治」とよばれる同化政策に転換された。

　　(f)第二次世界大戦後，朝鮮は日本による支配から解放されたが，北緯 38 度線を境としてアメリカ合衆国とソ連によって分割占領された。米ソの対立を背景として南北は分断され，1948 年に南部で(g)大韓民国（韓国），北部で(h)朝鮮民主主義人民共和国（北朝鮮）の独立が宣言された。

問8　下線部(f)について述べた次の文 a と b の正誤の組合せとして最も適当なものを，下の①～④のうちから一つ選びなさい。　**38**

　　a　ソ連はフィンランドに侵攻し，国際連盟から除名された。
　　b　スターリングラードの戦いでソ連軍はドイツ軍に勝利した。

　　①　a－正　　　b－正　　　②　a－正　　　b－誤
　　③　a－誤　　　b－正　　　④　a－誤　　　b－誤

問9　下線部(g)について述べた文として**誤っているもの**を，次の①～④のうちから一つ選びなさい。　**39**
　　①　李承晩大統領の時代に日韓基本条約が結ばれた。
　　②　急速な経済成長を遂げ，新興工業経済地域(NIES)の一つに数えられるようになった。
　　③　朝鮮民主主義人民共和国と同時に国際連合に加盟した。
　　④　民主化を求める光州事件が起こったが，政府によって弾圧された。

問10　下線部(h)について，朝鮮民主主義人民共和国初代首相として最も適当なものを，次の①～④のうちから一つ選びなさい。　**40**
　　①　金泳三　　　②　金正日　　　③　金大中　　　④　金日成

数　学

■解答上の注意

1　問題文中の ア ， イウ などには，特別な指示がない限り，数字（0〜9），符号（−）が入ります。ア，イ，ウ，……の1つ1つは，これらのいずれか1つに対応します。それらを解答用紙のア，イ，ウ，……で示された解答欄にマークして答えなさい。

　　なお，同一の問題文中に ア ， イウ などが2度以上現れる場合，2度目以降は， ア ， イウ のように細字で表記します。

2　分数形で解答する場合は，既約分数（それ以上約分できない分数）で答えなさい。また，符号は分子につけ，分母につけてはいけません。

3　根号を含む形で解答する場合は，根号の中に現れる自然数が最小となる形で答えなさい。例えば，$6\sqrt{2}$ と答えるところを，$3\sqrt{8}$ のように答えてはいけません。

4　根号を含む分数形で解答する場合，例えば $\dfrac{\boxed{エ}+\boxed{オ}\sqrt{\boxed{カ}}}{\boxed{キ}}$ に $\dfrac{3+2\sqrt{2}}{2}$ と答えるところを，$\dfrac{6+4\sqrt{2}}{4}$ や $\dfrac{6+2\sqrt{8}}{4}$ のように答えてはいけません。

5　比を解答する場合は，最も簡単な整数の比で答えなさい。例えば，11：3 と答えるところを，22：6 のように答えてはいけません。

◀A　日　程▶

（2 科目 120 分）

1　次の各問いの空欄に適するものを，下の選択肢から選び番号で答えなさい。ただし，同じものを繰り返し選んでもよい。

問1　$a+b=2ab=4$ のとき，$a^2+b^2=$ ┃ ア ┃ であり，$(a^2-a)(b^2-b)=$ ┃ イ ┃ である。

①　-2　　　②　-4　　　③　-6　　　④　8
⑤　10　　　⑥　12　　　⑦　14　　　⑧　16

問2　n を自然数とし，x, y を実数とする。

(1)　n が 30 の約数であることは，n が 15 の約数であるための ┃ ウ ┃。

(2)　$x+y$ が無理数であることは，x, y の少なくとも一方が無理数であるための ┃ エ ┃。

①　必要十分条件である
②　必要条件であるが十分条件ではない
③　十分条件であるが必要条件ではない
④　必要条件でも十分条件でもない

問3　袋の中に赤玉が 4 個，白玉が 4 個あり，それぞれには 1, 2, 3, 4 の番号が 1 つずつ書かれている。この袋の中から同時に 2 個の玉を取り出す。

(1)　取り出した玉の中に番号 1 の玉が含まれている確率は ┃ オ ┃ である。

(2)　取り出した 2 個の玉が赤玉と白玉であるとき，その中に番号 1 の玉が含まれている条件付き確率は ┃ カ ┃ である。

①　$\dfrac{5}{14}$　　②　$\dfrac{7}{16}$　　③　$\dfrac{9}{16}$　　④　$\dfrac{9}{28}$

⑤　$\dfrac{13}{28}$　　⑥　$\dfrac{15}{28}$　　⑦　$\dfrac{19}{28}$　　⑧　$\dfrac{27}{56}$

問4　θ は $0° < \theta < 180°$ の範囲の角で，$\cos\theta = 3\sin\theta$ を満たしている。

このとき，$\tan\theta =$ **キ** であり，$\cos(90° - \theta) \times \sin(180° - \theta) =$ **ク** である。

① 1　　　　② 3　　　　③ $\dfrac{1}{3}$　　　　④ $\dfrac{1}{10}$

⑤ $-\dfrac{1}{10}$　⑥ $\dfrac{3}{10}$　⑦ $\dfrac{9}{10}$　⑧ $-\dfrac{9}{10}$

問5　右の図は，20人の生徒に10点満点の英単語と漢字の小テストを行ったときの得点の結果を表している。枠の中の数は，英単語と漢字の得点の組合せに対応する人数であり，この20人の英単語および漢字の平均点はいずれも7点である。

この20人の英単語の得点の分散は **ケ** であり，英単語と漢字の得点の相関係数に最も近い値は **コ** である。

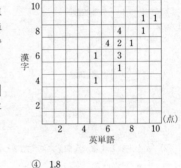

〔 **ケ** の選択肢〕

① 0.8　　② 1.2　　③ 1.5　　④ 1.8

〔 **コ** の選択肢〕

① 0.54　　② 0.67　　③ 0.70　　④ 0.75

$\boxed{2}$　次の各問いに答えなさい。

〔1〕　$x=\sqrt{5}+\sqrt{7}$，$y=2\sqrt{6}$ として，x，y の大小関係を調べる。

$$\left(\sqrt{5}+\sqrt{7}-2\sqrt{6}\right)\left(\sqrt{5}+\sqrt{7}+2\sqrt{6}\right)=\boxed{ア}\left(\sqrt{\boxed{イウ}}-\boxed{エ}\right)$$

この値は $\boxed{オ}$ であるから，x，y の大小関係は $\boxed{カ}$ である。

$\boxed{オ}$，$\boxed{カ}$ には適するものを，次の①～③のうちから一つずつ選び番号で答えなさい。

〔$\boxed{オ}$ の選択肢〕

① 正　　　　　② 0　　　　　③ 負

〔$\boxed{カ}$ の選択肢〕

① $x>y$　　　② $x=y$　　　③ $x<y$

〔2〕　a を定数とする。実数 x に関する 2 つの条件 p，q を次のように定める。

$p:x^2\leqq x+6$

$q:|x-a|>5$

(1)　命題 $p\Rightarrow q$ が真であるような a の値の範囲は

$a<\boxed{キク}$，　$\boxed{ケ}<a$

である。

(2)　$a=\boxed{ケ}$ のとき，命題 $p\Rightarrow q$ は偽である。

このときの反例は $x=\boxed{コ}$ である。

3　a を定数とし，x の 2 次関数 $f(x)$ を $f(x)=x^2-ax+a(a-3)$ とする。$y=f(x)$ のグラフを C とするとき，次の各問いに答えなさい。

(1)　グラフ C の頂点の y 座標を Y とすると，$Y=\dfrac{\boxed{ア}}{\boxed{イ}}a^2-\boxed{ウ}\,a$ であり，a が実数全体を動くとき，Y の最小値は $\boxed{エオ}$ である。

(2)　グラフ C と x 軸との位置関係について考える。

　（ⅰ）　グラフ C のすべてが x 軸より上方にあるような a の値の範囲は $\boxed{カ}$ で表され，$p=\boxed{キ}$，$q=\boxed{ク}$ である。

　（ⅱ）　グラフ C が x 軸の $x>1$ の部分と異なる 2 点で交わるような a の値の範囲は $\boxed{ケ}$ で表され，$p=\boxed{コ}+\sqrt{\boxed{サ}}$，$q=\boxed{シ}$ である。

　　　　$\boxed{カ}$，$\boxed{ケ}$ には適する不等式を，次の①，②のうちから一つずつ選び番号で答えなさい。ただし，同じものを繰り返し選んでもよい。

　　　①　$p<a<q$　　　　　②　$a<p,\ q<a$

(3)　$a>0$ とし，グラフ C が点 $(a-1,\ 3)$ を通るとする。

　　このとき，$a=\boxed{ス}+\sqrt{\boxed{セ}}$ であり，この a は $\boxed{ソ}<a<\boxed{ソ}+1$ を満たす。したがって，$1\leqq x\leqq 4$ における $f(x)$ の最大値は $\boxed{タチ}-\boxed{ツ}\sqrt{\boxed{テ}}$ である。

$\boxed{4}$　実際には測ることのできない2点間の距離などの量を，三角比を利用して求める方法がある。例えば，次の［課題］のような塔の高さを求めるときにも利用できる。

［課題］

水平な地面に垂直に立っている塔 PQ がある。

地面に2地点 A，B をとり，図のように

　　AB $=x$m，$\angle$QAB $= \alpha$，$\angle$QBA $= \beta$，$\angle$PAQ $= \gamma$

とし，これらの値がわかっているとする。

この場合に，塔の高さ PQ をどのように求めればよいか。

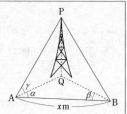

次の各問いに答えなさい。

(1)　［課題］において，塔の高さ PQ を x および α，β，γ などの三角比を用いて表すことができる。次の $\boxed{}$ 内は，その手順をまとめたものである。

$\triangle$ABQ において，辺 AQ の長さを考えると

$$AQ = \frac{\boxed{ア}}{\boxed{イ}}x \quad \cdots\cdots(\text{i})$$

次に，直角三角形 PAQ において，辺 PQ の長さを調べると

$$PQ = AQ \times \boxed{ウ} \quad \cdots\cdots(\text{ii})$$

と表される。

(i)，(ii)から，塔の高さ PQ を式で表すことができる。

　　$\boxed{ア}$，$\boxed{イ}$，$\boxed{ウ}$ に適するものを，次の①〜⑨から一つずつ選び番号で答えなさい。ただし，同じものを繰り返し選んでもよい。

① $\sin\alpha$　　　　　② $\sin\beta$　　　　　③ $\sin\gamma$

④ $\cos\alpha$　　　　　⑤ $\cos\beta$　　　　　⑥ $\cos\gamma$

⑦ $\sin(\alpha+\beta)$　　⑧ $\cos(\alpha+\beta)$　　⑨ $\tan\gamma$

(2)　［**課題**］の図において，$\alpha = 30°$，$\beta = 40°$，$\gamma = 70°$，$x = 20$(m)のとき，塔の高さ PQ を求める。

三角比の表

θ	$\sin\theta$	$\cos\theta$	$\tan\theta$
20°	0.3420	0.9397	0.3640
21°	0.3584	0.9336	0.3839
22°	0.3746	0.9272	0.4040
23°	0.3907	0.9205	0.4245
24°	0.4067	0.9135	0.4452
25°	0.4226	0.9063	0.4663
26°	0.4384	0.8988	0.4877
27°	0.4540	0.8910	0.5095
28°	0.4695	0.8829	0.5317
29°	0.4848	0.8746	0.5543
30°	0.5000	0.8660	0.5774
31°	0.5150	0.8572	0.6009
32°	0.5299	0.8480	0.6249
33°	0.5446	0.8387	0.6494
34°	0.5592	0.8290	0.6745
35°	0.5736	0.8192	0.7002
36°	0.5878	0.8090	0.7265
37°	0.6018	0.7986	0.7536
38°	0.6157	0.7880	0.7813
39°	0.6293	0.7771	0.8098
40°	0.6428	0.7660	0.8391

右の三角比の表を用いて，小数第2位以下を切り捨てて表すと

$$PQ = \boxed{\text{エオ}} . \boxed{\text{カ}} \text{(m)}$$

となる。

(3)　［**課題**］の図で与えられている角の条件を変えて，塔の高さ PQ を求めてみることにする。

右の図のように

PQ⊥面 ABQ

∠PAQ = 30°，∠PBQ = 45°，

∠AQB = 150°，AB = 35m

とする。

このように設定した場合，塔の高さ PQ は $\boxed{\text{キ}}\sqrt{\boxed{\text{ク}}}$ m である。

次に，線分 AB 上に点 C をとり，点 C から点 P を見上げる角の大きさを考える。

この角は∠PCQ であり，これを θ とする。

θ が最大となるように点 C をとるとき

$$\tan\theta = \dfrac{\boxed{\text{ケ}}\sqrt{\boxed{\text{コサ}}}}{\boxed{\text{シ}}}$$

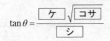

である。

◀**B　日　程**▶

（2科目　120分）

1　次の各問いの空欄に適するものを，下の選択肢から選び番号で答えなさい。ただし，同じものを繰り返し選んでもよい。

問1　$x = \dfrac{\sqrt{6}}{\sqrt{3}+1}$，$y = \dfrac{\sqrt{6}}{\sqrt{3}-1}$ のとき，$x+y = \boxed{\ ア\ }$ であり，

$(x-2y)(2x-y) = \boxed{\ イ\ }$ である。

① $\sqrt{2}$　　② $3\sqrt{2}$　　③ $2\sqrt{6}$　　④ $4\sqrt{2}$

⑤ 3　　⑥ 6　　⑦ 9　　⑧ 12

問2　放物線 $y = -2x^2 + 3x + 5$ を原点に関して対称移動し，さらに x 軸方向に 3，y 軸方向に -7 だけ平行移動したところ，放物線 $y = 2x^2 + ax + b$ に重なった。

このとき，$a = \boxed{\ ウ\ }$，$b = \boxed{\ エ\ }$ である。

① 3　　　　② 5　　　　③ 7　　　　④ 9

⑤ -3　　　⑥ -5　　　⑦ -7　　　⑧ -9

問3　8人の生徒を何組かに分けるとき，その分け方の総数を考える。

1人，2人，5人の3組に分ける方法は $\boxed{\ オ\ }$ 通りある。

また，各組の人数は1人以上であるとして，A, B の2組に分ける方法は $\boxed{\ カ\ }$ 通りある。

① 152　　② 168　　③ 192　　④ 200

⑤ 248　　⑥ 254　　⑦ 256　　⑧ 258

問4　△ABC において，AB=AC=3，BC=2 であり，

この三角形の外心を O，内心を I とする。

このとき，線分 OI の長さは $\boxed{\ キ\ }$ である。

① $\dfrac{1}{4}$　　② $\dfrac{3}{4}$　　③ $\dfrac{\sqrt{2}}{4}$　　④ $\dfrac{3\sqrt{2}}{4}$

⑤ $\dfrac{1}{8}$　　⑥ $\dfrac{\sqrt{2}}{8}$　　⑦ $\dfrac{3\sqrt{2}}{8}$　　⑧ $\dfrac{\sqrt{5}}{8}$

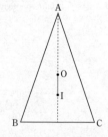

問5　右の図は，20個の値の組からなる2つの変量
　　　X，Yについての散布図である。

　　　いま，$Y-X$の値を変量Zとする。

　　　図の中にかき入れている斜めの直線を参考にす
　　　ると，次の①〜④のうち，Zの箱ひげ図として
　　　最も適切であるものは $\boxed{\text{ク}}$ である。

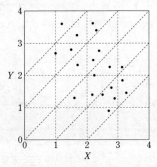

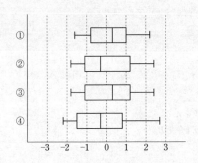

$\boxed{2}$ 1 から 15 までの整数が 1 つずつ書かれたカードがそれぞれ 1 枚ある。この 15 枚のカード
の中から同時に 3 枚を取り出し，それらのカードに書かれた数を小さい方から順に x, y, z と
する。

次の各問いに答えなさい。

(1) $x=5$ となるようなカードの取り出し方は全部で $\boxed{\text{アイ}}$ 通りある。

(2) $y = \dfrac{x+z}{2}$ となる確率は $\dfrac{\boxed{\text{ウ}}}{\boxed{\text{エオ}}}$ である。

(3) 「xyz が 3 の倍数である」という事象を A，
　　「$x+y+z$ が 3 の倍数である」という事象を B
として，この 2 つの事象を考える。

以下，事象 X の起こるカードの取り出し方の総数を $n(X)$ で表すことにすると

$$n(A) = \boxed{\text{カキク}}$$
$$n(A \cup B) = \boxed{\text{ケコサ}}$$
$$n(A \cap B) = \boxed{\text{シスセ}}$$

である。

また，事象 A が起こったときの事象 B の起こる条件付き確率は $\dfrac{\boxed{\text{ソタ}}}{\boxed{\text{チツ}}}$ である。

$\boxed{3}$　△ABC において，AB＝5，BC＝7，CA＝8 とし，この三角形の外接円の中心を O とする。
　　　このとき，次の各問いに答えなさい。

(1)　$\cos\angle BAC = \dfrac{\boxed{ア}}{\boxed{イ}}$ であり，△ABC の外接円の半径は $\dfrac{\boxed{ウ}\sqrt{\boxed{エ}}}{\boxed{オ}}$ である。

　　　また，次の①～③の距離のうち，最も小さいものは $\boxed{カ}$ であり，その値は

$$\dfrac{\sqrt{\boxed{キ}}}{\boxed{ク}}$$ である。

　　　$\boxed{カ}$ は，次の①～③のうちから一つ選び番号で答えなさい。

　　　①　点 O と辺 AB の距離
　　　②　点 O と辺 BC の距離
　　　③　点 O と辺 CA の距離

(2)　点 P を頂点とし，△ABC を底面とする三角錐
　　PABC を考える。
　　　ここで，PA＝PB＝PC＝7 とする。

　　　このとき，PO $= \dfrac{\boxed{ケ}\sqrt{\boxed{コ}}}{\boxed{サ}}$ である。

　　　次に，直線 PO を軸としてこの三角錐を 1 回転
　　させるとき，三角錐全体が通過する部分の体積は

$$\dfrac{\boxed{シスセ}\sqrt{\boxed{ソ}}}{\boxed{タチ}}\pi$$ である。

　　　また，直線 PO を軸としてこの三角錐を 1 回転させるとき，三角錐の 3 つの側面 PAB，

PBC，PCA が通過する部分の体積は $\dfrac{\boxed{ツテト}\sqrt{\boxed{ナ}}}{\boxed{ニ}}\pi$ である。

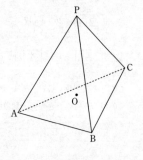

4 ある店で販売している商品 A の 1 個の
売り値に対する 1 か月の売上個数について，
これまでの資料をもとにその平均値を算出
したところ，右の表のようになった。

売り値(円)	100	150	200
売上個数(個)	3300	2400	1700

商品 A を販売するのにかかる経費を 1 個あたり 50 円と仮定し，1 か月の利益を

(売り値 − 50)×(売上個数)

と考える。そして，売り値をいくらに設定すれば利益が最大となるかを考える。
次の各問いに答えなさい。

(1) まず，計算式を簡略にするため，$\dfrac{売り値}{100}$ を x，
$\dfrac{売上個数}{100}$ を y として，x と y の関係を右のように

表とグラフに表してみた。

x	1	$\dfrac{3}{2}$	2
y	33	24	17

このグラフが 2 次関数 $y=ax^2+bx+c$ のグラフの
一部であると仮定した場合，

$a+b+c=$ アイ

$\dfrac{9}{4}a+\dfrac{3}{2}b+c=24$

ウ $a+2b+c=17$

したがって

$a=$ エ ，$b=-$ オカ ，$c=$ キク

である。

このときの関数 $y=ax^2+bx+c$ を利用すれば，
売り値が 250 円のときの売上個数は ケコサシ 個

となる。

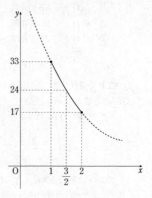

(2) (1)で設定した x，y と求めた関数を利用すると，(売り値 − 50)×(売上個数)は x の 3 次式と
なるため，最大値が求めにくい。そこで，売上個数を x の 1 次式で表し，利益のおよその値
を調べることにする。

x が 1 から 2 まで増加したときの変化の割合は −16 である。

そこで，$a=$ エ ，$b=-$ オカ ，$c=$ キク とし，

不等式

$-16x+k \leqq ax^2+bx+c$ ……(＊)

を考える。

(＊)がすべての実数 x について成り立つような定数 k の値の範囲は

$k \leqq$ スセ

である。

(3) (1), (2)の結果をふまえ, x に対する y の値を $-16x +$ $\boxed{スセ}$ と仮定して 1 か月の利益の
    最大値を考えることにする。

　このように設定した x, y において, 1 か月の利益を z 円とする。

$$z = (売り値 -50) \times (売上個数)$$
$$= 100^2 \times \frac{(売り値 -50)}{100} \times \frac{(売上個数)}{100}$$

であるから

$$z = 100^2 \times \left(x - \frac{\boxed{ソ}}{\boxed{タ}} \right) \times \left(-16x + \boxed{スセ} \right)$$

と表される。

　x の変域を, $x > 0$ かつ $z > 0$ を満たす範囲とすれば, z は

$$x = \frac{\boxed{チ}}{\boxed{ツ}} のとき, 最大値 \boxed{テト} \times 100^2$$

をとる。

　以上により, x に対する y の値を $-16x +$ $\boxed{スセ}$ と仮定した場合は, 売り値を

$\boxed{ナニヌ}$ 円にしたときに利益が最大となることがいえる。

　実際の売上個数を(1)で仮定した 2 次関数であるとし, $N =$ $\boxed{テト}$ $\times 100^2$ とすれば, (*)の
条件により次のことがいえる。

　　　$\boxed{ネ}$

　$\boxed{ネ}$ に適するものを, 次の①〜④から一つ選び番号で答えなさい。

① 1 か月の実際の利益の最大値は, N 円である。

② 1 か月の実際の利益の最大値は, N 円よりも高いことが見込める。

③ 1 か月の実際の利益の最大値が, N 円より高いことはあり得ない。

④ 1 か月の実際の利益の最大値は, N 円より高い場合と低い場合がある。

物　理

◀A日程（物理基礎・物理）▶

（2科目　120分）

1 次の問い（問1〜7）に答えなさい。

問1　次の文章中の空欄 ア ・ イ に入れる数値と語句の組み合わせとして最も適当なものを，下の①〜⑥の中から一つ選びなさい。 1

図1のように，川の上につり橋がかかっている。A さんは，つり橋から川の水面までの距離を知りたいと思い，つり橋から小石を静かに放して，水面に落下するまでの時間をストップウオッチで測ったところ，3.0 s であった。重力加速度の大きさを 9.8 m/s² とし，空気抵抗を無視すると，小石を放した点から水面までの距離は ア m と計算できた。実際には，空気抵抗がはたらくため，小石を放した点から水面までの距離の真の値は ア m より イ と考えられる。

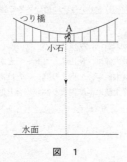

図　1

	ア	イ
①	15	大きい
②	15	小さい
③	30	大きい
④	30	小さい
⑤	44	大きい
⑥	44	小さい

問2　図2のように，質量 m のおもり A と質量 $2m$ のおもり B を軽くて伸び縮みしない糸でつなぎ，おもり A に鉛直上向きに一定の力を加えて，全体を鉛直上向きに大きさ a の等加速度直線運動をさせた。このときの糸の張力の大きさとして最も適当なものを，下の①〜⑥の中から一つ選びなさい。ただし，重力加速度の大きさを g とする。　2

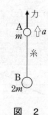

図　2

①　ma　　　　　　　　②　$2ma$　　　　　　　　③　$m(a-g)$

④　$2m(a-g)$　　　　　⑤　$m(a+g)$　　　　　　⑥　$2m(a+g)$

問3　図3のように，水平であらい床面上に質量 m の物体を置き，物体に水平方向に力を加え，その力の大きさを少しずつ大きくしていくと，やがて物体は動き始めた。動き始めた直後の物体の加速度の大きさとして最も適当なものを，下の①〜⑥の中から一つ選びなさい。ただし，動き始めた直後に物体に加えている力の大きさは，物体が動き始める直前に加えていた力の大きさと等しいとみなす。また，物体と床面の間の静止摩擦係数を μ，動摩擦係数を μ' とし，重力加速度の大きさを g とする。　3

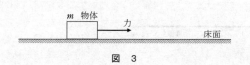

図　3

①　μg　　　　　　　　②　$\mu' g$　　　　　　　　③　$\dfrac{1}{2}(\mu-\mu')g$

④　$(\mu-\mu')g$　　　　⑤　$\dfrac{1}{2}(\mu+\mu')g$　　　⑥　$(\mu+\mu')g$

問4　熱効率が e の熱機関がある。この熱機関が高温熱源から熱量 Q を吸収し，仕事をして，熱量を吸収する前の状態に戻った。この間に熱機関が低温熱源に排出した熱量として最も適当なものを，次の①〜⑥の中から一つ選びなさい。　4

①　eQ　　　　　　　　②　$(1-e)Q$　　　　　　③　$(1+e)Q$

④　$\dfrac{Q}{e}$　　　　　　⑤　$\dfrac{Q}{1-e}$　　　　　⑥　$\dfrac{Q}{1+e}$

問5　x軸上を負の向きに速さ 2.0 m/s で進む連続した正弦波（入射波）があり，$x=0$ m の位置にある反射壁で固定端反射をしている。反射した正弦波（反射波）は，x軸上を正の向きに速さ 2.0 m/s で進んでいる。図4は，x軸上を負の向きに進む正弦波（入射波）の，時刻 $t=0$ s における変位 y〔m〕と位置 x〔m〕の関係を表すグラフである。$t=0$ s において，$x \geqq 0$ m の領域には入射波と反射波が重なり合って合成波（定常波）がつくられている。この合成波の $x=2.0$ m での変位 y〔m〕と時刻 t〔s〕の関係を表すグラフとして最も適当なものを，下の①〜⑤の中から一つ選びなさい。　　5

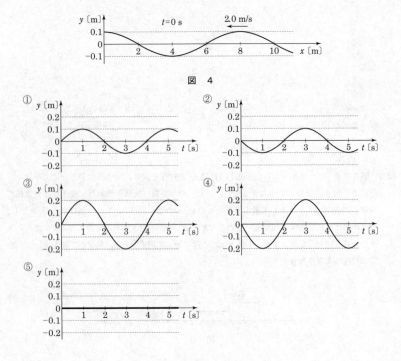

図　4

問6　次の文章中の空欄　ウ　・　エ　に入れる数値の組み合わせとして最も適当なものを，下の①〜⑥の中から一つ選びなさい。　　6

　　音さ A, B がある。音さ A が出す音の振動数は 440 Hz である。音さ A と音さ B を同時に鳴らすと，2秒間に8回のうなりが観測された。このときのうなりの周期（うなりの1回あたりの時間）は　ウ　s である。

　　次に，音さ A に細い針金を巻き付けて音さ A と音さ B を同時に鳴らすと，針金を巻き付ける前のうなりと比べて，1秒間あたりのうなりの回数が減少した。このことから，音さ B が出す音の振動数は　エ　Hz であることがわかる。

	ウ	エ
①	0.25	436
②	0.25	444
③	0.50	436
④	0.50	444
⑤	4.0	436
⑥	4.0	444

問7　次の文章中の空欄 **オ** ・ **カ** に入れる式の組み合わせとして最も適当なものを，下の①～⑥の中から一つ選びなさい。 **7**

　　図5のように，同じ材質でできた長さl，断面積Sの抵抗Aと長さ$\frac{1}{2}l$，断面積$3S$の抵抗Bを並列に接続する。抵抗Aの抵抗値をRとすると，抵抗Bの抵抗値は **オ** であり，これら抵抗A，Bが並列に接続された合成抵抗の抵抗値は **カ** である。

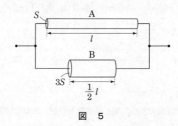

図　5

	オ	カ
①	$\frac{1}{6}R$	$\frac{1}{7}R$
②	$\frac{1}{6}R$	$\frac{7}{6}R$
③	$\frac{2}{3}R$	$\frac{2}{5}R$
④	$\frac{2}{3}R$	$\frac{5}{3}R$
⑤	$\frac{3}{2}R$	$\frac{3}{5}R$
⑥	$\frac{3}{2}R$	$\frac{5}{2}R$

2 次の文章（Ⅰ・Ⅱ）を読み，下の問い（問1〜6）に答えなさい。

Ⅰ 図1のように，床面上になめらかな斜面をもつ三角台を固定する。軽くて伸び縮みしない糸の両端にそれぞれ質量 m の物体Aと質量 m の物体Bを取り付け，軽くてなめらかな滑車に糸を通し，物体Aを斜面上で支えて，全体を静止させる。物体Aから静かに手をはなすと，物体A，Bはそれぞれ加速度の大きさ a の等加速度直線運動を始めた。このときの糸の張力の大きさを T とし，重力加速度の大きさを g とする。物体Bが床面に衝突するまで，物体Aと滑車の間の糸は斜面に平行で，物体Bと滑車の間の糸は鉛直である。また，三角台の斜面が水平面となす角度を θ とすると，$\sin\theta = \dfrac{1}{3}$ である。

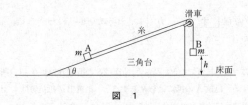

図 1

問1 加速度の大きさ a はいくらか。最も適当なものを，次の①〜⑥の中から一つ選びなさい。

$a = \boxed{8}$

① $\dfrac{1}{9}g$ ② $\dfrac{1}{6}g$ ③ $\dfrac{1}{3}g$ ④ $\dfrac{4}{9}g$ ⑤ $\dfrac{5}{9}g$ ⑥ $\dfrac{2}{3}g$

問2 糸の張力の大きさ T はいくらか。最も適当なものを，次の①〜⑥の中から一つ選びなさい。

$T = \boxed{9}$

① $\dfrac{2}{9}mg$ ② $\dfrac{1}{3}mg$ ③ $\dfrac{4}{9}mg$ ④ $\dfrac{2}{3}mg$ ⑤ $\dfrac{4}{3}mg$ ⑥ $\dfrac{5}{3}mg$

問3 物体A，Bが動き始めてから，物体Bが距離 h だけ降下して床面に衝突した。この後，物体Aは斜面に沿って上昇を続け，やがて最高点に達した。物体Aが動き始めてから最高点に達するまでの間に斜面に沿って移動した距離として最も適当なものを，次の①〜⑥の中から一つ選びなさい。ただし，物体Aは滑車に衝突することはないものとし，物体Bが床面に衝突した後は糸が物体Aの運動に影響を与えることはないものとする。$\boxed{10}$

① $\dfrac{4}{3}h$ ② $\dfrac{5}{3}h$ ③ $2h$ ④ $\dfrac{5}{2}h$ ⑤ $\dfrac{8}{3}h$ ⑥ $3h$

II　図2のように，斜面上の点Pを質量 m の小物体が斜面に沿って下向きに速さ v_0 で通過し，点Pから距離 l だけすべり降りた点Qで静止した。斜面はあらく，水平面となす角度は $30°$ であり，小物体と斜面の間の動摩擦係数を μ'，重力加速度の大きさを g とする。

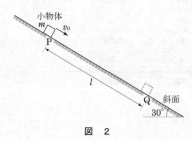

図　2

問4　小物体が点Pから点Qまですべり降りる間に，重力が小物体にした仕事を W_G とする。W_G を表す式として最も適当なものを，次の①〜⑥の中から一つ選びなさい。$W_G = \boxed{11}$

① $-mgl$　　　　　　② $-\dfrac{\sqrt{3}}{2}mgl$　　　　　　③ $-\dfrac{1}{2}mgl$

④ $\dfrac{1}{2}mgl$　　　　　⑤ $\dfrac{\sqrt{3}}{2}mgl$　　　　　　⑥ mgl

問5　小物体が点Pから点Qまですべり降りる間に，動摩擦力が小物体にした仕事を W_F とする。W_F を表す式として最も適当なものを，次の①〜⑥の中から一つ選びなさい。$W_F = \boxed{12}$

① $-\mu'mgl$　　　　　② $-\dfrac{\sqrt{3}}{2}\mu'mgl$　　　　　③ $-\dfrac{1}{2}\mu'mgl$

④ $\dfrac{1}{2}\mu'mgl$　　　　⑤ $\dfrac{\sqrt{3}}{2}\mu'mgl$　　　　⑥ $\mu'mgl$

問6　次の文章中の空欄 $\boxed{ア}$ ・ $\boxed{イ}$ に入れる式と語句の組み合わせとして最も適当なものを，下の①〜⑥の中から一つ選びなさい。$\boxed{13}$

　　小物体が点Pから点Qまですべり降りる間に，斜面からはたらく垂直抗力は小物体の移動の向きに垂直にはたらくため仕事をしない。したがって，点Pでの小物体の運動エネルギーは，W_G と W_F を用いて $\dfrac{1}{2}mv_0{}^2 = \boxed{ア}$ と表される。小物体が点Pから点Qまですべり降りる間に，小物体の力学的エネルギーを変化させたものは $\boxed{イ}$ が小物体にした仕事である。

	ア	イ
①	$W_G + W_F$	重力
②	$W_G + W_F$	動摩擦力
③	$W_G - W_F$	重力
④	$W_G - W_F$	動摩擦力
⑤	$-W_G - W_F$	重力
⑥	$-W_G - W_F$	動摩擦力

3　次の文章（I・II）を読み，下の問い（問1〜6）に答えなさい。

I　図1のように，水平でなめらかな床面上にばね定数 k の軽いばねを置き，ばねの一端を壁面に固定して，他端に質量 $2m$ の直方体の物体 A を取り付ける。床面上で，物体 A に質量 m の直方体の物体 B を押しつけてばねを自然の長さから距離 x_0 だけ縮ませて静かに手を放すと，物体 A，B は一体となって運動を始め，ばねが自然の長さに戻ったとき，物体 B は物体 A から離れた。

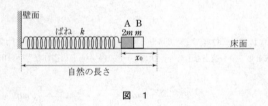

図　1

問1　ばねを自然の長さから距離 x_0 だけ縮ませて静かに手を放した直後に，物体 B が物体 A から受ける力の大きさとして最も適当なものを，次の①〜⑥の中から一つ選びなさい。　14

① $\frac{1}{3}kx_0$　　② $\frac{1}{2}kx_0$　　③ $\frac{2}{3}kx_0$　　④ kx_0　　⑤ $\frac{3}{2}kx_0$　　⑥ $2kx_0$

問2　ばねが自然の長さに戻り，物体 B が物体 A から離れるときの物体 A の速さとして最も適当なものを，次の①〜⑥の中から一つ選びなさい。　15

① $x_0\sqrt{\dfrac{k}{3m}}$　　　　　② $x_0\sqrt{\dfrac{2k}{3m}}$　　　　　③ $x_0\sqrt{\dfrac{k}{m}}$

④ $x_0\sqrt{\dfrac{m}{3k}}$　　　　　⑤ $x_0\sqrt{\dfrac{2m}{3k}}$　　　　　⑥ $x_0\sqrt{\dfrac{m}{k}}$

問3　物体A, Bが一体となって運動をしている間は，質量が $3m$ の物体が単振動をしているとみ なせる。この単振動の角振動数を ω とする。物体A, Bが一体となって運動を始めてから物体B が物体Aから離れるときまでの時間として最も適当なものを，次の①～⑥の中から一つ選びな さい。　16

① $\dfrac{1}{4\omega}$　　② $\dfrac{1}{2\omega}$　　③ $\dfrac{1}{\omega}$　　④ $\dfrac{\pi}{4\omega}$　　⑤ $\dfrac{\pi}{2\omega}$　　⑥ $\dfrac{\pi}{\omega}$

Ⅱ　図2のように，一定質量の単原子分子の理想気体の圧力 p と体積 V を，状態Aから A→B→C →A と変化させた。A→B は定積変化，B→C は等温変化，C→A は定圧変化である。状態Aの絶 対温度を T_0 とする。

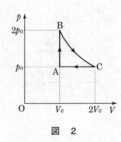

図　2

問4　A→B の過程で気体が外部から吸収した熱量として最も適当なものを，次の①～⑥の中から 一つ選びなさい。　17

① $-\dfrac{5}{2}p_0V_0$　　　　② $-\dfrac{3}{2}p_0V_0$　　　　③ $-\dfrac{1}{2}p_0V_0$

④ $\dfrac{1}{2}p_0V_0$　　　　⑤ $\dfrac{3}{2}p_0V_0$　　　　⑥ $\dfrac{5}{2}p_0V_0$

問5　C→A の過程で気体が外部にした仕事として最も適当なものを，次の①～⑥の中から一つ選 びなさい。　18

① $-2p_0V_0$　　　　② $-\dfrac{3}{2}p_0V_0$　　　　③ $-p_0V_0$

④ p_0V_0　　　　⑤ $\dfrac{3}{2}p_0V_0$　　　　⑥ $2p_0V_0$

問6　図2の状態変化を気体の体積 V と絶対温度 T の関係として表したグラフの概形として最も適当なものを，次の①～⑥の中から一つ選びなさい。ただし，どの点が状態 A，B，C かは示されていない。 19

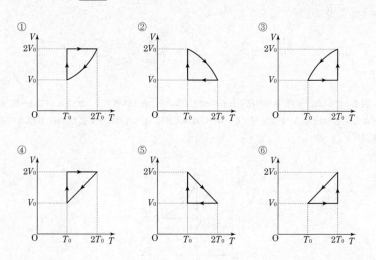

4　次の文章（I・II）を読み，下の問い（問1～6）に答えなさい。

I　図1は，水面に小球 S_1，S_2 を置き，それらを同じ振動数，同じ振幅，同位相で上下に振動させたとき，S_1，S_2 から広がっていく同心円状の円形波の，ある時刻での山の波面を実線で，谷の波面を破線で示したものである。波長を λ とし，波が広がっても振幅は減衰しないものとする。

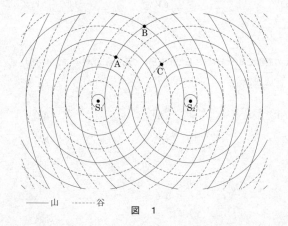

———山　-----谷

図　1

問1 次の文章中の空欄 ア ・ イ に入れる記号の組み合わせとして最も適当なものを，下の①〜⑥の中から一つ選びなさい。 20

図1に示された点 A，B，C での水面の振動を考える。小球 S_1，S_2 の位置から出た二つの波が重なり合って，強め合う点は ア であり，弱め合う点は イ である。

	ア	イ
①	A	B, C
②	B	A, C
③	C	A, B
④	B, C	A
⑤	A, C	B
⑥	A, B	C

問2 水面上の任意の点 P で二つの波が弱め合う条件として最も適当なものを，次の①〜⑥の中から一つ選びなさい。ただし，m を負でない整数（$m = 0,\ 1,\ 2,\ \cdots$）とする。 21

① $|S_1P - S_2P| = \dfrac{1}{2}m\lambda$　　　　② $|S_1P - S_2P| = m\lambda$

③ $|S_1P - S_2P| = 2m\lambda$　　　　④ $|S_1P - S_2P| = \dfrac{1}{2}\left(m + \dfrac{1}{2}\right)\lambda$

⑤ $|S_1P - S_2P| = \left(m + \dfrac{1}{2}\right)\lambda$　　　　⑥ $|S_1P - S_2P| = (2m+1)\lambda$

問3 二つの波が弱め合う点を連ねた線を節線という。図1と同じ位置で小球 S_1，S_2 を同じ振動数，同じ振幅で互いに逆位相で上下に振動させたとき，水面にできる節線の数として最も適当なものを，次の①〜⑥の中から一つ選びなさい。ただし，波長は図1と同じ λ であるとする。 22

① 4　　　　② 5　　　　③ 6　　　　④ 7　　　　⑤ 8　　　　⑥ 9

Ⅱ　**図2**のように，x軸上の$x=-a$ ($a>0$) の点Aに電気量Q ($Q>0$) の点電荷を固定し，$x=a$の点Bに電気量$2Q$の点電荷を固定する。点Oはx軸の原点 ($x=0$) である。クーロンの法則の比例定数をkとし，x軸の正の向きを力や電場（電界）の正の向きとする。

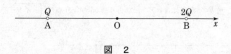

図　2

問4　点Aにある点電荷が点Bにある点電荷から受ける静電気力として最も適当なものを，次の①～⑥の中から一つ選びなさい。　23

①　$-\dfrac{2kQ^2}{a^2}$　　　　　②　$-\dfrac{kQ^2}{a^2}$　　　　　③　$-\dfrac{kQ^2}{2a^2}$

④　$\dfrac{kQ^2}{2a^2}$　　　　　⑤　$\dfrac{kQ^2}{a^2}$　　　　　⑥　$\dfrac{2kQ^2}{a^2}$

問5　点Oの電場として最も適当なものを，次の①～⑥の中から一つ選びなさい。　24

①　$-\dfrac{2kQ}{a^2}$　　　　　②　$-\dfrac{kQ}{a^2}$　　　　　③　$-\dfrac{kQ}{2a^2}$

④　$\dfrac{kQ}{2a^2}$　　　　　⑤　$\dfrac{kQ}{a^2}$　　　　　⑥　$\dfrac{2kQ}{a^2}$

問6　点Aにある点電荷の固定を外す。外部から力を加えて，この点電荷を点Aから点Oまでゆっくりと運ぶのに要する仕事として最も適当なものを，次の①～⑥の中から一つ選びなさい。　25

①　$-\dfrac{2kQ^2}{a}$　　　　　②　$-\dfrac{kQ^2}{a}$　　　　　③　$-\dfrac{kQ^2}{2a}$

④　$\dfrac{kQ^2}{2a}$　　　　　⑤　$\dfrac{kQ^2}{a}$　　　　　⑥　$\dfrac{2kQ^2}{a}$

◀A日程（物理基礎）▶

（2科目　120分）

（注）　化学基礎または生物基礎とともに解答し，1科目の扱いとする。

☐1　◀A日程（物理基礎・物理）▶の〔1〕に同じ。

☐2　◀A日程（物理基礎・物理）▶の〔2〕に同じ。

◀B日程（物理基礎・物理）▶

（2科目 120分）

$\boxed{1}$　次の問い（問1〜7）に答えなさい。

問1　図1のように，水平面となす角度が θ のあらい斜面上に質量 m の物体を置き，斜面に平行で上向きに大きさ F の力を加えて，物体を斜面上で静止させる。F を少しずつ大きくしていくと，F が F_0 を超えたとき，物体は斜面に沿って上向きに動き始めた。F_0 を表す式として最も適当なものを，下の①〜⑥の中から一つ選びなさい。ただし，物体と斜面の間の静止摩擦係数を μ，動摩擦係数を μ' とし，重力加速度の大きさを g とする。$F_0 =$ $\boxed{1}$

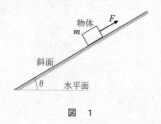

図　1

①　$mg(\sin\theta + \mu\cos\theta)$　　②　$mg(\sin\theta - \mu\cos\theta)$　　③　$mg(\mu\sin\theta - \cos\theta)$

④　$mg(\sin\theta + \mu'\cos\theta)$　　⑤　$mg(\sin\theta - \mu'\cos\theta)$　　⑥　$mg(\mu'\sin\theta - \cos\theta)$

問2　次の文章中の空欄 $\boxed{\text{ア}}$ ・ $\boxed{\text{イ}}$ に入れる語句と式の組み合わせとして最も適当なものを，下の①〜⑥の中から一つ選びなさい。$\boxed{2}$

　　図2のように，なめらかな台の上面に置かれた質量 $2m$ の物体Aに，軽くて伸び縮みしない糸の一端を付け，糸を軽くてなめらかな滑車に通して，糸の他端に質量 m の物体Bを付ける。物体Aを手で支えて全体を静止させてから，物体Aを静かに放すと，物体A，Bは運動を始めた。物体Aを放した後，物体Aが糸から受ける力の大きさは，物体Bにはたらく重力の大きさ $\boxed{\text{ア}}$ 。また，物体A，Bが同じ大きさの加速度で運動する原因となる力は物体Bにはたらく重力だけなので，全体の運動を考えると，物体A，Bの加速度の大きさは $\boxed{\text{イ}}$ と表される。ただし，重力加速度の大きさを g とし，物体Aと滑車の間の糸は水平を，物体Bと滑車の間の糸は鉛直を保つものとする。

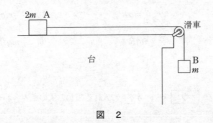

図　2

	ア	イ
①	に等しい	$\frac{1}{6}g$
②	に等しい	$\frac{1}{3}g$
③	に等しい	$\frac{1}{2}g$
④	より小さい	$\frac{1}{6}g$
⑤	より小さい	$\frac{1}{3}g$
⑥	より小さい	$\frac{1}{2}g$

問3　**図3**のように，半円筒形のなめらかな曲面があり，円筒の中心軸を O，半径を R とする。曲面上の点 P に質量 m の小球を静かに置くと，小球は曲面をすべり降り，最下点 Q を通過した。線分 OP が鉛直な線分 OQ となす角度を 60° とする。小球が点 P ですべり始めてから点 Q に達するまでに，小球が曲面から受ける垂直抗力と重力がした仕事の和として最も適当なものを，下の①～⑥の中から一つ選びなさい。ただし，重力加速度の大きさを g とする。

3

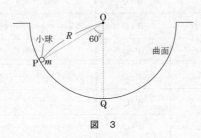

図　3

① $\frac{1}{2}mgR$ ② $\frac{\pi}{6}mgR$ ③ $\frac{\sqrt{3}}{3}mgR$

④ $\frac{\sqrt{3}}{2}mgR$ ⑤ mgR ⑥ $\frac{\pi}{3}mgR$

問4 次の文章中の空欄 ウ ～ オ に入れる語句と式の組み合わせとして最も適当なものを，下の①～⑧の中から一つ選びなさい。 4

図4のように，ペットボトルに水を $\frac{1}{3}$ ほど入れ，水温が室内と同じ温度になるまで待つ。次に，ペットボトルのふたを閉めて，ペットボトルを手で一定の時間だけ振り続けた。その後，中の水が静止してから，ふたを開けてデジタル温度計で素早く水温を測ると，振る前の水温より少し上昇していた。これは手による力学的な仕事が，ペットボトル内の水の運動エネルギーになり，それがさらに水分子の ウ 熱運動による熱エネルギーに変換されたためと考えられる。

ボトルを振り続ける時間を2倍にしても，2倍の温度上昇にならなかった。これは，水から外部に熱が移動するためと考えられる。ペットボトルを振り続けた間の，水分子の熱運動による熱エネルギーの変化を ΔU，水がされた仕事を W，水から外部に放出された熱量を Q とすると，$\Delta U =$ エ と表される。このような関係を オ 法則という。ただし，水の分子間力による位置エネルギーの変化は無視できるものとする。

水   ペットボトル

図 4

	ウ	エ	オ
①	無秩序な	$W+Q$	熱力学第1
②	無秩序な	$W+Q$	力学的エネルギー保存の
③	無秩序な	$W-Q$	熱力学第1
④	無秩序な	$W-Q$	力学的エネルギー保存の
⑤	規則正しい	$W+Q$	熱力学第1
⑥	規則正しい	$W+Q$	力学的エネルギー保存の
⑦	規則正しい	$W-Q$	熱力学第1
⑧	規則正しい	$W-Q$	力学的エネルギー保存の

問5　図5のように，細長い円筒形のガラス管にピストンを挿入し，管口付近に置いたスピーカーから一定の振動数の音を発生させる。ピストンを管口からゆっくりと遠ざけていくと，管口からピストンまでの距離が l_1 になったとき，はじめて共鳴が起き，その距離が l_2 になったとき，2回目の共鳴が起きた。このときの開口端補正として最も適当なものを，下の①〜⑥の中から一つ選びなさい。ただし，管口付近の定常波の腹は管口より少し外側にでき，管口からその腹の位置までの距離を開口端補正という。　**5**

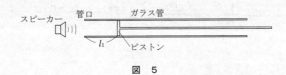

図　5

①　$\frac{1}{4}(l_2 - l_1)$　　　②　$\frac{1}{4}(l_2 - 2l_1)$　　　③　$\frac{1}{4}(l_2 - 3l_1)$

④　$\frac{1}{2}(l_2 - l_1)$　　　⑤　$\frac{1}{2}(l_2 - 2l_1)$　　　⑥　$\frac{1}{2}(l_2 - 3l_1)$

問6　図6は，抵抗 A，B のそれぞれに電圧 V〔V〕を加えたときに流れる電流 I〔A〕を測定してグラフにしたものである。抵抗 A，B を並列に接続したときの合成抵抗の抵抗値として最も適当なものを，下の①〜⑥の中から一つ選びなさい。　**6**　Ω

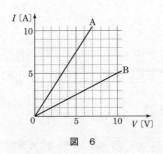

図　6

①　0.46　　②　0.50　　③　2.0　　④　2.2　　⑤　2.7　　⑥　3.5

問7　図7は，発電所から家庭までの電力の輸送を表した模式図である。発電所側の変圧器1から家庭側に送り出される電力を P，そのときの電圧を V とする。送電線の全抵抗値を r とするとき，電流が流れて送電線全体で消費される電力として最も適当なものを，下の①〜⑥の中から一つ選びなさい。　**7**

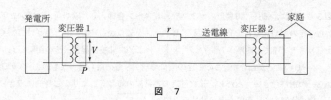

図 7

① $\dfrac{PV}{r}$　　② $\dfrac{PV^2}{r}$　　③ $\dfrac{P^2V}{r}$　　④ $\dfrac{Pr}{V}$　　⑤ $\dfrac{P^2r}{V}$　　⑥ $\dfrac{P^2r}{V^2}$

$\boxed{2}$　次の文章（Ⅰ・Ⅱ）を読み，下の問い（問1〜6）に答えなさい。

Ⅰ　図1のように，水平でなめらかな床面上に質量 M の板Aを置き，板Aの上に質量 m の小物体Bを置く。小物体Bに水平右向きに大きさ v_0 の初速度を与えると，小物体Bが動き始めると同時に板Aも水平右向きに動き始めた。その後，小物体Bは板Aの上面に対してある距離をすべり，板Aから見て静止した。板Aの上面と小物体Bの間の動摩擦係数を μ'，重力加速度の大きさを g とし，板Aと小物体Bは同一方向に運動するものとする。水平右向きを速度や加速度の正の向きとする。

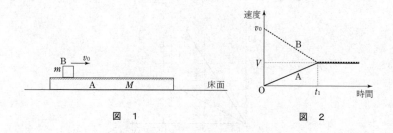

図 1　　　　　　　　　　　　　図 2

問1　小物体Bが板Aの上面に対してすべっているとき，床面から見た小物体Bの加速度として最も適当なものを，次の①〜⑥の中から一つ選びなさい。 $\boxed{8}$

①　$-\mu'g$　　　　　　　② $-\dfrac{m}{M}\mu'g$　　　　　　③ $-\dfrac{M}{m}\mu'g$

④　$-\dfrac{M}{M+m}\mu'g$　　⑤ $-\dfrac{m}{M+m}\mu'g$　　⑥ $-\dfrac{M-m}{M+m}\mu'g$

問2　小物体 B が板 A の上面に対してすべっているとき，床面から見た板 A の加速度として最も適当なものを，次の①～⑥の中から一つ選びなさい。　9

① $\mu' g$　　　　　　　② $\dfrac{m}{M}\mu' g$　　　　　　　③ $\dfrac{M}{m}\mu' g$

④ $\dfrac{M}{M+m}\mu' g$　　　⑤ $\dfrac{m}{M+m}\mu' g$　　　⑥ $\dfrac{M-m}{M+m}\mu' g$

問3　小物体 B は動き始めてから時間 t_1 後に板 A から見て静止し，このときの床面から見た両者の速度は V であった。**図2**は，板 A，小物体 B の速度と板 A，小物体 B が動き始めてからの時間の関係を表したグラフである。小物体 B が板 A から見て静止するまでに板 A の上面に対してすべった距離は，v_0, V, t_1 のうちから必要なものを用いてどのように表されるか。最も適当なものを，次の①～⑥の中から一つ選びなさい。　10

① $\dfrac{1}{2}v_0 t_1$　　　　　② $v_0 t_1$　　　　　③ $\dfrac{1}{2}V t_1$

④ $V t_1$　　　　　　　⑤ $\dfrac{1}{2}(v_0-V)t_1$　　　⑥ $(v_0-V)t_1$

II　**図3**のように，天井にばね定数 k の軽いばねの一端を固定し，他端に質量 m のおもりをつり下げた。このとき，ばねが自然の長さから距離 x_0 だけ伸びた位置で，おもりは力がつり合って静止した。重力加速度の大きさを g とする。

天井

ばね k

自然の長さ

x_0

おもり m

図　3

問4　x_0 はどのように表されるか。最も適当なものを，次の①～⑥の中から一つ選びなさい。
$x_0 =$　11

① $\dfrac{mg}{2k}$　② $\dfrac{mg}{k}$　③ $\dfrac{2mg}{k}$　④ $\sqrt{\dfrac{mg}{2k}}$　⑤ $\sqrt{\dfrac{mg}{k}}$　⑥ $\sqrt{\dfrac{2mg}{k}}$

問5　図3の静止しているおもりに鉛直下向きに力を加えて，つり合いの位置からさらにばねを距離 x_0 だけゆっくりと伸ばした。この間のばねの弾性力による位置エネルギーの増加量として最も適当なものを，次の①〜⑥の中から一つ選びなさい。　12

① $\frac{1}{2}kx_0^2$　② kx_0^2　③ $\frac{3}{2}kx_0^2$　④ $2kx_0^2$　⑤ $\frac{5}{2}kx_0^2$　⑥ $3kx_0^2$

問6　問5でつり合いの位置からさらにばねを距離 x_0 だけゆっくりと伸ばすために，おもりに鉛直下向きに加えた力がした仕事として最も適当なものを，次の①〜⑥の中から一つ選びなさい。　13

① $\frac{1}{2}kx_0^2$　② kx_0^2　③ $\frac{3}{2}kx_0^2$　④ $2kx_0^2$　⑤ $\frac{5}{2}kx_0^2$　⑥ $3kx_0^2$

3　次の文章（Ⅰ・Ⅱ）を読み，下の問い（問1〜6）に答えなさい。

Ⅰ　図1のように，質量 M，半径 R の地球のまわりを，質量 m の小さい人工衛星が地表から距離 R の高度を保って等速円運動をしている。万有引力定数を G とする。ただし，地球は一様な球であるとし，地球の自転，公転や空気抵抗の影響は考えないものとする。

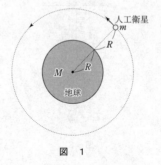

図　1

問1　この人工衛星にはたらいている万有引力の大きさとして最も適当なものを，次の①〜⑥の中から一つ選びなさい。　14

① $\frac{GMm}{4R}$　② $\frac{GMm}{2R}$　③ $\frac{GMm}{R}$　④ $\frac{GMm}{4R^2}$　⑤ $\frac{GMm}{2R^2}$　⑥ $\frac{GMm}{R^2}$

問2　この人工衛星の等速円運動の速さとして最も適当なものを，次の①〜⑥の中から一つ選びなさい。 15

① $\sqrt{\dfrac{GMR}{2}}$　② $\sqrt{GMR}$　③ $\sqrt{\dfrac{GM}{2R}}$　④ $\sqrt{\dfrac{GM}{R}}$　⑤ $\dfrac{GM}{2R}$　⑥ $\dfrac{GM}{R}$

問3　人工衛星から後方に打ち出された小物体が，人工衛星の円軌道上から，地球から見て静止した状態で地表に向かって落下し始めた（初速度 0 の落下をした）とする。この小物体が地表に衝突する直前の速さとして最も適当なものを，次の①〜⑥の中から一つ選びなさい。 16

① $\sqrt{\dfrac{GMR}{2}}$　② $\sqrt{GMR}$　③ $\sqrt{\dfrac{GM}{2R}}$　④ $\sqrt{\dfrac{GM}{R}}$　⑤ $\dfrac{GM}{2R}$　⑥ $\dfrac{GM}{R}$

Ⅱ　**図2**のように，水平な床面に断面積 S の円筒形容器を鉛直に立て，質量 M のなめらかに動くピストンで，ある物質量の単原子分子の理想気体を封入する。はじめ，容器の底からピストンまでの距離は h で，気体の圧力は p，絶対温度は T であり，ピストンは静止していた。このときを状態Ⅰとする。次に，ヒーターで容器内の気体をゆっくりと加熱すると，ピストンが距離 $\dfrac{1}{2}h$ だけ上昇して静止した。このときを状態Ⅱとする。ただし，大気圧を p_0，重力加速度の大きさを g とする。また，容器とピストンは断熱材でできており，熱を伝えないものとし，ヒーターの体積は無視できるものとする。

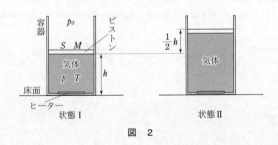

図　2

問4　状態Ⅰでの気体の圧力 p を表す式として最も適当なものを，次の①〜④の中から一つ選びなさい。 $p =$ 17

① $p_0 + Mg$　　② $p_0 - Mg$　　③ $p_0 + \dfrac{Mg}{S}$　　④ $p_0 - \dfrac{Mg}{S}$

問5 次の文章中の空欄 ア ・ イ に入れる語句と式の組み合わせとして最も適当なものを，下の①～⑥の中から一つ選びなさい。 18

状態Ⅱでの気体の圧力は，状態Ⅰでの気体の圧力 p ア 。また，状態Ⅱでの気体の絶対温度は イ である。

	ア	イ
①	より大きい	$\frac{2}{3}T$
②	より大きい	$\frac{3}{2}T$
③	より大きい	$2T$
④	と等しい	$\frac{2}{3}T$
⑤	と等しい	$\frac{3}{2}T$
⑥	と等しい	$2T$

問6 状態Ⅰから状態Ⅱになる過程で，気体がヒーターから吸収した熱量は，p, S, h を用いてどのように表されるか。最も適当なものを，次の①～⑥の中から一つ選びなさい。 19

① $\frac{1}{2}pSh$　　② $\frac{3}{4}pSh$　　③ pSh　　④ $\frac{5}{4}pSh$　　⑤ $\frac{3}{2}pSh$　　⑥ $\frac{5}{2}pSh$

4　次の文章（Ⅰ・Ⅱ）を読み，下の問い（問1～6）に答えなさい。

Ⅰ　図1のように，ロウソクとスクリーンを距離50cmだけ離して固定する。薄い凸レンズをスクリーンのある位置からロウソクに向かってゆっくりと移動させていくと，スクリーンから凸レンズまでの距離が20cmになったとき，はじめてスクリーン上にロウソクの鮮明な像ができた。ただし，ロウソクとスクリーンは凸レンズの光軸に垂直であるとする。

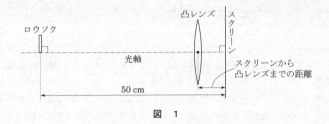

図　1

問1　次の文章中の空欄　ア　・　イ　に入れる数値と語句の組み合わせとして最も適当なものを，下の①～⑥の中から一つ選びなさい。　20

この凸レンズの焦点距離は　ア　cmである。スクリーンから凸レンズまでの距離が20cmになったとき，スクリーン上にできた像の種類は　イ　である。

	ア	イ
①	10	正立虚像
②	10	倒立実像
③	12	正立虚像
④	12	倒立実像
⑤	15	正立虚像
⑥	15	倒立実像

問2　スクリーンから凸レンズまでの距離が20cmとなったところから，凸レンズをロウソクに向かってさらにゆっくりと移動させていくと，再びスクリーン上にロウソクの鮮明な像ができた。スクリーンから凸レンズまでの距離が20cmとなったところから，再びスクリーン上にロウソクの鮮明な像ができるまでの間に，凸レンズを移動させた距離として最も適当なものを，次の①～⑥の中から一つ選びなさい。　21　cm

① 5.0　　　② 8.0　　　③ 10　　　④ 12　　　⑤ 15　　　⑥ 20

問3　問2でスクリーン上に再びできたロウソクの鮮明な像の長さは，スクリーンから凸レンズ
までの距離が 20 cm となったときにスクリーン上にできたロウソクの鮮明な像の長さの何倍
か。最も適当なものを，次の①〜⑤の中から一つ選びなさい。　[22]　倍

① $\dfrac{4}{9}$　　　　② $\dfrac{2}{3}$　　　　③ 1　　　　④ $\dfrac{3}{2}$　　　　⑤ $\dfrac{9}{4}$

Ⅱ　図2のように，電気容量がそれぞれ C, $2C$ のコンデンサーC_1, C_2，抵抗 R，起電力が V の
直流電源，スイッチ S_1, S_2 からなる電気回路をつくる。はじめ，スイッチ S_1, S_2 はともに開
かれており，コンデンサーC_1, C_2 には電気量はともに蓄えられていない。図2の点 P は接地さ
れており，この点の電位を 0 とする。また，抵抗 R 以外の電気抵抗は無視できるものとする。

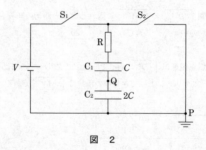

図　2

問4　スイッチ S_1 を閉じて十分に時間が経過してから，スイッチ S_1 を開いた。このとき，コン
デンサーC_1 に蓄えられている電気量として最も適当なものを，次の①〜⑥の中から一つ選び
なさい。　[23]

① $\dfrac{1}{3}CV$　　② $\dfrac{2}{3}CV$　　③ CV　　④ $\dfrac{3}{2}CV$　　⑤ $2CV$　　⑥ $3CV$

問5　問4のとき，図2の点 Q の電位として最も適当なものを，次の①〜⑥の中から一つ選びな
さい。　[24]

① $-V$　　② $-\dfrac{2}{3}V$　　③ $-\dfrac{1}{3}V$　　④ $\dfrac{1}{3}V$　　⑤ $\dfrac{2}{3}V$　　⑥ V

問6 問4に続いて，スイッチ S_1 を開いたまま，スイッチ S_2 を閉じて十分に時間が経過した。スイッチ S_2 を閉じてから十分に時間が経過するまでの間に，抵抗 R で発生したジュール熱として最も適当なものを，次の①〜⑥の中から一つ選びなさい。 | 25 |

① $\dfrac{2}{9}CV^2$ ② $\dfrac{1}{3}CV^2$ ③ $\dfrac{4}{9}CV^2$ ④ $\dfrac{5}{9}CV^2$ ⑤ $\dfrac{2}{3}CV^2$ ⑥ $\dfrac{4}{3}CV^2$

◀B日程（物理基礎）▶

（2科目 120分）

（注）　化学基礎または生物基礎とともに解答し，1科目の扱いとする。

1　◀B日程（物理基礎・物理）▶の〔1〕に同じ。

2　◀B日程（物理基礎・物理）▶の〔2〕に同じ。

化　学

◀A日程（化学基礎・化学）▶

（2科目 120分）

必要ならば，次の数値を使いなさい。
原子量　H=1.0, O=16, Al=27, S=32, Cl=35.5, K=39, Cu=64

---

1 次の問い（**問1～6**）に答えなさい。

問1 原子について述べた次の文の ア ～ ウ に当てはまる語句の組合せとして最も適当なものを，あとの①～⑧の中から一つ選びなさい。 1

水素には，水素，重水素，三重水素の3種類があり，これらは ア の数が同じで， イ の数が異なり，互いに ウ であるという。

	ア	イ	ウ
①	陽子	中性子	同位体
②	陽子	中性子	同素体
③	陽子	電子	同位体
④	陽子	電子	同素体
⑤	中性子	電子	同位体
⑥	中性子	電子	同素体
⑦	中性子	陽子	同位体
⑧	中性子	陽子	同素体

問2　原子のイオン化エネルギーについて述べた次の文の　ア　～　ウ　に当てはまる語句の組合せとして最も適当なものを，あとの①～⑧の中から一つ選びなさい。　2

　　　原子の第一イオン化エネルギーとは，原子が1個の電子を　ア　，1価の　イ　になるときに　ウ　エネルギーのことである。

	ア	イ	ウ
①	受け取って	陽イオン	必要な
②	受け取って	陽イオン	放出する
③	受け取って	陰イオン	必要な
④	受け取って	陰イオン	放出する
⑤	失って	陽イオン	必要な
⑥	失って	陽イオン	放出する
⑦	失って	陰イオン	必要な
⑧	失って	陰イオン	放出する

問3　硫酸イオンとアンモニウムイオンの組合せでできる物質の化学式として最も適当なものを，次の①～⑥の中から一つ選びなさい。　3

① $(NH_3)_2SO_4$　　　　② $NH_3(SO_4)_2$　　　　③ $(NH_4)_2SO_3$
④ $(NH_4)_2SO_4$　　　　⑤ $NH_4(SO_4)_2$　　　　⑥ NH_4SO_4

問4　遷移元素とその原子や単体の特徴について述べた文として最も適当なものを，次の①～⑤の中から一つ選びなさい。　4

① 遷移元素は，すべて非金属元素である。
② 遷移元素は，周期表の3～10族の元素である。
③ 遷移元素は，周期表の同じ周期で隣り合う元素の化学的性質が似ていることが多い。
④ 遷移元素は，原子の最外殻電子の数が2である。
⑤ 金属元素は，すべて遷移元素である。

問5　気体分子の熱運動について述べた次の文の　ア　，　イ　に当てはまるものの組合せとして最も適当なものを，あとの①～⑥の中から一つ選びなさい。　5

気体をつくる分子は熱運動によって空間を飛びまわっている。同じ温度でも，それぞれの分子の速さは同じではないため，いろいろな温度における分子の速さを比較するには，　ア　の速さが用いられる。異なる温度，t_1, t_2 における気体分子の速さの分布が，**図1**のように表されるとき，温度が高いのは，　イ　の方である。

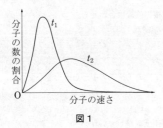

図1

	ア	イ
①	最も速い分子	t_1
②	最も速い分子	t_2
③	平均	t_1
④	平均	t_2
⑤	最も遅い分子	t_1
⑥	最も遅い分子	t_2

問6　次の実験について，(1), (2)の問いに答えなさい。

水とエタノールの混合物を，**図2**の装置を用いて加熱した。このときの温度変化は**図3**のようになった。

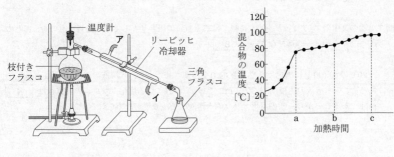

図2　　　　　　　　　　　図3

⑴ **図2**の装置で分離操作を行うときに注意すべき点として**誤っているもの**を，次の①～⑤の中から一つ選びなさい。 6

① 枝付きフラスコには沸騰石を入れる。
② 混合液の量は枝付きフラスコの 1/2 以下にする。
③ 温度計の球部は枝付きフラスコの枝の付け根の位置に合わせる。
④ リービッヒ冷却器には，**イ→ア**の向きに水を流す。
⑤ 三角フラスコは密栓する。

⑵ **図3**のグラフの説明として最も適当なものを，次の①～⑤の中から一つ選びなさい。
7

① 加熱時間 a のとき，枝付きフラスコ内の液体は蒸発していない。
② 加熱時間 a－b のとき，三角フラスコ内に集まっている物質の多くはエタノールである。
③ 加熱時間 b－c のとき，エタノールも水も気体になっていない。
④ この溶液が沸騰し始める温度は 100℃である。
⑤ この溶液が沸騰する温度は 100℃より高い。

2 次の問い（Ⅰ・Ⅱ）に答えなさい。

Ⅰ 次の文章を読み，下の問い（**問1～3**）に答えなさい。

　　塩化カリウムは常温で固体の物質であり，水100 gに対する溶解度は，20℃で34.0 g，40℃で40.0 gである。硫酸銅(Ⅱ)は通常，硫酸銅(Ⅱ)五水和物$CuSO_4\cdot5H_2O$のように結晶中に水分子を一定の割合で含んでいる。このような結晶中の水分子を水和水という。硫酸銅(Ⅱ)の溶解度は，水和水をもたないものを溶質として，その質量で表され，水100 gに対しては，20℃で20.0 g，60℃で40.0 gである。

問1 次の文中の **ア** ， **イ** に当てはまる数値の組合せとして最も適当なものを，あとの①～⑨の中から一つ選びなさい。 8

　　20℃の水 100 g に塩化カリウムを 34.0 g 溶解させたとき，水溶液の密度は 1.20 g/cm³ である。この水溶液の体積は **ア** mL であり，溶けている塩化カリウムの物質量は **イ**
mol であることから，この塩化カリウム水溶液のモル濃度が求められる。

	ア	イ
①	112	0.109
②	112	0.456
③	112	2.19
④	138	0.109
⑤	138	0.456
⑥	138	2.19
⑦	161	0.109
⑧	161	0.456
⑨	161	2.19

問2　40℃の水に塩化カリウムを溶かした飽和水溶液 100 g を 20℃まで冷やしたとき析出する塩化カリウムの結晶は何 g か。最も適当な値を，次の①～⑥の中から一つ選びなさい。　$\boxed{9}$ g

① 4.29　　　② 6.00　　　③ 8.40
④ 9.71　　　⑤ 11.4　　　⑥ 15.0

問3　硫酸銅(II)の飽和水溶液を冷やすと，硫酸銅(II)五水和物の結晶が析出する。60℃の硫酸銅(II)の飽和水溶液 100 g を 20℃まで冷やしたときに析出する結晶は何 g か。最も適当な値を，次の①～⑥の中から一つ選びなさい。　$\boxed{10}$ g

① 20　　　② 21　　　③ 25
④ 48　　　⑤ 49　　　⑥ 62

Ⅱ　次の文章を読み，下の問い（問4，5）に答えなさい。

　硫酸酸性の過酸化水素水に過マンガン酸カリウム水溶液を加えたときに起こる反応は，次の化学反応式で表される。

$$2KMnO_4 + \boxed{ア}\, H_2O_2 + \boxed{イ}\, H_2SO_4 \longrightarrow 2MnSO_4 + 5O_2 + 8H_2O + K_2SO_4$$

濃度不明の過酸化水素水 10 mL に希硫酸を加えて酸性にしたのち，コニカルビーカーに入れて，0.020 mol/L の過マンガン酸カリウム水溶液を滴下したところ，12 mL を加えたところで完全に反応した。

問4　文中の ア , イ に当てはまる係数の組合せとして最も適当なものを，次の①〜⑨
　　の中から一つ選びなさい。 11

	ア	イ
①	3	2
②	3	3
③	3	4
④	4	2
⑤	4	3
⑥	4	4
⑦	5	2
⑧	5	3
⑨	5	4

問5　文中の下線部の反応について，次の(1)，(2)の問いに答えなさい。

(1)　この反応の終点前後におけるコニカルビーカー内の水溶液の色の変化として最も適当なも
　　のを，次の①〜⑥の中から一つ選びなさい。 12

①　黄色→緑色　　　②　無色→褐色　　　③　赤紫色→無色
④　緑色→黄色　　　⑤　褐色→無色　　　⑥　無色→赤紫色

(2)　過酸化水素水のモル濃度として最も適当なものを，次の①〜⑥の中から一つ選びなさい。
　　 13 mol/L

①　0.020　　　　②　0.048　　　　③　0.060
④　0.096　　　　⑤　0.12　　　　　⑥　0.18

3　次の問い（I・II）に答えなさい。

I　次の文章を読み，下の問い（**問1～3**）に答えなさい。

　　フッ素の単体の常温・常圧での状態は　　ア　　であり，その色は　　イ　　である。フッ化
水素は，ホタル石（主成分はフッ化カルシウム）を　　ウ　　ことで得られる。

問1　文中の　　ア　　，　　イ　　に当てはまる語句の組合せとして最も適当なものを，次の①～⑨
の中から一つ選びなさい。　14

	ア	イ
①	固体	黄褐色
②	固体	黄緑色
③	固体	淡黄色
④	液体	黄褐色
⑤	液体	黄緑色
⑥	液体	淡黄色
⑦	気体	黄褐色
⑧	気体	黄緑色
⑨	気体	淡黄色

問2　文中の　　ウ　　に当てはまる操作として最も適当なものを，次の①～⑤の中から一つ選び
なさい。　15

①　濃硫酸とともに加熱する
②　アンモニア水とともに加熱する
③　水酸化ナトリウム水溶液とともに加熱する
④　水とともに加熱する
⑤　水酸化カルシウムに吸収させる

問3　フッ化水素の性質として最も適当なものを，次の①～⑤の中から一つ選びなさい。　16

①　他のハロゲン化水素より沸点が低い。
②　水溶液はガラスと反応する。
③　アンモニアと反応して白煙を生じる。
④　デンプンの検出に用いられる。
⑤　水溶液は強酸である。

Ⅱ　次の文章を読み，下の問い（**問 4 〜 6**）に答えなさい。

　　　鉄を希塩酸に溶解させると，| ア |が生じる。この水溶液に| イ |を通じて酸化すると，| ウ |の水溶液になる。この水溶液に水酸化ナトリウム水溶液を加えると，| エ |色の沈殿を生じる。

問 4　文中の| ア |〜| ウ |に当てはまる語句の組合せとして最も適当なものを，次の①〜⑧の中から一つ選びなさい。| 17 |

	ア	イ	ウ
①	塩化鉄(Ⅱ)	水素	塩化鉄(Ⅲ)
②	塩化鉄(Ⅱ)	塩化水素	塩化鉄(Ⅲ)
③	塩化鉄(Ⅱ)	硫化水素	塩化鉄(Ⅲ)
④	塩化鉄(Ⅱ)	塩素	塩化鉄(Ⅲ)
⑤	塩化鉄(Ⅲ)	水素	塩化鉄(Ⅱ)
⑥	塩化鉄(Ⅲ)	塩化水素	塩化鉄(Ⅱ)
⑦	塩化鉄(Ⅲ)	硫化水素	塩化鉄(Ⅱ)
⑧	塩化鉄(Ⅲ)	塩素	塩化鉄(Ⅱ)

問 5　文中の| エ |に当てはまる色として最も適当なものを，次の①〜⑤の中から一つ選びなさい。| 18 |

　　① 濃青　　　② 青緑　　　③ 淡緑　　　④ 黄褐　　　⑤ 赤褐

問 6　塩化鉄(Ⅱ)と塩化鉄(Ⅲ)のそれぞれの水溶液に加えると濃青色の沈殿を生じる水溶液の組合せとして最も適当なものを，次の①〜⑥の中から一つ選びなさい。| 19 |

	塩化鉄(Ⅱ)	塩化鉄(Ⅲ)
①	KSCN 水溶液	$K_3[Fe(CN)_6]$水溶液
②	KSCN 水溶液	$K_4[Fe(CN)_6]$水溶液
③	$K_3[Fe(CN)_6]$水溶液	KSCN 水溶液
④	$K_3[Fe(CN)_6]$水溶液	$K_4[Fe(CN)_6]$水溶液
⑤	$K_4[Fe(CN)_6]$水溶液	KSCN 水溶液
⑥	$K_4[Fe(CN)_6]$水溶液	$K_3[Fe(CN)_6]$水溶液

4　次の文章を読み，下の問い（**問1〜5**）に答えなさい。

　　炭素，水素，酸素でできた芳香族2置換体の化合物Pと芳香族1置換体の化合物Qがある。Pの分子式はC_7H_8Oであり，2つの置換基はパラ位に結合し，そのうちの1つは炭化水素基である。Qの1分子を構成する炭素原子の数はPと同じであるが，水素原子と酸素原子の数は異なっている。

　　Pを無水酢酸と反応させると，芳香族化合物Rと酢酸が生成した。また，Qとメタノールを反応させると，分子量が14増加した芳香族化合物Sが生成した。この反応には，メタノールとともに濃硫酸が必要であった。

　　PとQを混合し，ジエチルエーテルを加えた溶液Xに水酸化ナトリウム水溶液を加えたのち，水層のみを2つの容器1と容器2に分取した。容器1の水溶液Yにジエチルエーテルを加え，二酸化炭素を吹き込むと，Pがエーテル層に抽出された。こののち，水層のみを再び別の容器3に分取し，この水溶液にジエチルエーテルを加え，　ア　を加えると，Qがエーテル層に抽出された。また，容器2の水溶液Yにジエチルエーテルを加え，二酸化炭素を吹き込まずに，　ア　を加えると，　イ　がエーテル層に抽出された。

問1　化合物Pの2つの置換基の組合せとして最も適当なものを，次の①〜⑨の中から一つ選びなさい。　20

① メチル基，ホルミル基（アルデヒド基）
② メチル基，ヒドロキシ基
③ メチル基，カルボキシ基
④ エチル基，ホルミル基（アルデヒド基）
⑤ エチル基，ヒドロキシ基
⑥ エチル基，カルボキシ基
⑦ ビニル基，ホルミル基（アルデヒド基）
⑧ ビニル基，ヒドロキシ基
⑨ ビニル基，カルボキシ基

問2　化合物Qの分子式として最も適当なものを，次の①〜⑤の中から一つ選びなさい。　21

① C_7H_6O　　② $C_7H_6O_2$　　③ $C_7H_7O_2$　　④ C_7H_8O　　⑤ $C_7H_8O_3$

問3　化合物Qの性質として最も適当なものを，次の①〜⑤の中から一つ選びなさい。　22

① 塩化鉄(Ⅲ)水溶液を加えると，紫色に呈色する。
② さらし粉水溶液を加えると，赤紫色に呈色する。
③ 炭酸水素ナトリウム水溶液を加えると，気体が発生する。
④ 硫酸酸性の二クロム酸カリウム水溶液を加えると，黒色の物質を生じる。
⑤ ヨウ素と水酸化ナトリウム水溶液を加えると，黄色沈殿を生じる。

問4　文中の　ア　，　イ　に当てはまる語句または記号の組合せとして最も適当なものを，次の①〜⑧の中から一つ選びなさい。　23

	ア	イ
①	アンモニア水	PとQ
②	アンモニア水	Qのみ
③	臭素水	PとQ
④	臭素水	Qのみ
⑤	酢酸鉛（Ⅱ）水溶液	PとQ
⑥	酢酸鉛（Ⅱ）水溶液	Qのみ
⑦	希硫酸	PとQ
⑧	希硫酸	Qのみ

問5　化合物Pの異性体について，次の⑴，⑵に答えなさい。

⑴　芳香族化合物である異性体は，化合物Pを除いて何種類あるか。最も適当なものを，次の①〜⑥の中から一つ選びなさい。　24

①　3種類　　②　4種類　　③　5種類　　④　6種類　　⑤　7種類　　⑥　8種類

⑵　⑴の異性体のうち，無水酢酸と反応して，芳香族化合物と酢酸を生じるものは何種類あるか。最も適当なものを，次の①〜⑥の中から一つ選びなさい。　25

①　1種類　　②　2種類　　③　3種類　　④　4種類　　⑤　5種類　　⑥　6種類

◀A日程（化学基礎）▶

（2科目　120分）

（注）　物理基礎または生物基礎とともに解答し，1科目の扱いとする。

1　◀A日程（化学基礎・化学）▶の〔1〕に同じ。

2　◀A日程（化学基礎・化学）▶の〔2〕に同じ。

◀B日程（化学基礎・化学）▶

（2科目 120分）

> 必要ならば，次の数値を使いなさい。
> 原子量　H=1.0，C=12，O=16，Na=23
> 標準状態で気体1 mol が占める体積=22.4 L

1　次の問い（問1〜5）に答えなさい。

問1　物質を構成する粒子について述べた次の文の　ア　〜　ウ　に当てはまる語句の組合せとして最も適当なものを，あとの①〜⑧の中から一つ選びなさい。　1

　　1803年に，ドルトンは，物質は　ア　でできていることを提唱した。1811年に，　イ　は，気体はいくつかの　ア　が結びついた　ウ　でできていることを提唱した。

	ア	イ	ウ
①	原子	アボガドロ	分子
②	原子	アボガドロ	イオン
③	原子	プルースト	分子
④	原子	プルースト	イオン
⑤	電子	アボガドロ	分子
⑥	電子	アボガドロ	原子
⑦	電子	プルースト	分子
⑧	電子	プルースト	原子

問2　結晶について述べた次の文の ア ， イ に当てはまる語句の組合せとして最も適当なものを，あとの①～⑥の中から一つ選びなさい。 2

　　天然に水晶や石英として存在する ア の結晶は，構成する粒子が交互に イ 結合で結びついている。

	ア	イ
①	塩化ナトリウム	イオン
②	塩化ナトリウム	共有
③	炭酸カルシウム	イオン
④	炭酸カルシウム	共有
⑤	二酸化ケイ素	イオン
⑥	二酸化ケイ素	共有

問3　次の文の ア ～ ウ に当てはまる語句または数値の組合せとして最も適当なものを，あとの①～⑥の中から一つ選びなさい。 3

　　窒素の沸点は，−196℃（絶対温度 ア K）であり，酸素の沸点は，−183℃である。液体の イ に空気が長時間触れていると， ウ が液体になる。

	ア	イ	ウ
①	−59	窒素	酸素
②	−59	酸素	窒素
③	77	窒素	酸素
④	77	酸素	窒素
⑤	469	窒素	酸素
⑥	469	酸素	窒素

問4 次の実験について，(1)，(2)の問いに答えなさい。

実験 ヨウ素とヨウ化カリウムの混合水溶液を分液ろうとに入れ，ヘキサンを加えてよく振って静置すると，二層に分かれた。

(1) ヨウ素とヨウ化カリウムは，それぞれどのような結晶に分類されるか。その組合せとして最も適当なものを，次の①〜⑥の中から一つ選びなさい。 4

	ヨウ素	ヨウ化カリウム
①	金属結晶	イオン結晶
②	金属結晶	分子結晶
③	分子結晶	イオン結晶
④	分子結晶	分子結晶
⑤	共有結合の結晶	イオン結晶
⑥	共有結合の結晶	分子結晶

(2) 次の文の ア ， イ に当てはまる語句の組合せとして最も適当なものを，あとの①〜⑥の中から一つ選びなさい。 5

　この実験では， ア は分液ろうと内の上の層に分離される。このような分離操作を イ という。

	ア	イ
①	ヨウ素	分留
②	ヨウ素	抽出
③	ヨウ素	昇華
④	ヨウ化カリウム	分留
⑤	ヨウ化カリウム	抽出
⑥	ヨウ化カリウム	昇華

問5 カリウム，マグネシウム，塩素の3種類の元素，および，原子やイオンについて，(1)，(2)の問いに答えなさい。

(1) これらの元素とその原子に共通する特徴を，次の①〜⑥の中から一つ選びなさい。 6

① アルカリ金属に属する元素である。
② 周期表の第3周期の元素である。
③ 非金属元素である。
④ 原子の最外電子殻は，M殻である。
⑤ 最外殻電子の数は2である。
⑥ L殻の電子の数は8である。

(2) イオン半径の大小関係として最も適当なものを，次の①～⑥の中から一つ選びなさい。
　　 7

① カリウム＞マグネシウム＞塩素
② カリウム＞塩素＞マグネシウム
③ マグネシウム＞塩素＞カリウム
④ マグネシウム＞カリウム＞塩素
⑤ 塩素＞カリウム＞マグネシウム
⑥ 塩素＞マグネシウム＞カリウム

2　次の問い（Ⅰ・Ⅱ）に答えなさい。

Ⅰ　次の文章を読み，下の問い（問1～3）に答えなさい。

　エタンC_2H_6とブタンC_4H_{10}は，いずれも標準状態において気体であり，私たちの生活の中では，燃料として用いられることが多い。ブタンは，常温で比較的低い圧力をかけると液体になるため，卓上用のガスコンロに用いるカセットボンベに充填して，LPガス（液化石油ガス）の表示をして市販されている。

問1　エタンの完全燃焼を表す次の化学反応式において，a～dは，化学式の係数を表している。これらの係数のうち，b，cに当てはまる係数の組合せとして最も適当なものを，あとの①～⑨の中から一つ選びなさい。　8

$$a C_2H_6 + b O_2 \rightarrow c CO_2 + d H_2O$$

	b	c
①	5	2
②	5	4
③	5	6
④	7	2
⑤	7	4
⑥	7	6
⑦	9	2
⑧	9	4
⑨	9	6

問2 内容量 250 g の液化したブタンを充填したカセットボンベを用いたとき，ボンベ内のブタ
ンをすべて燃焼させるために必要な酸素の体積は，標準状態において何 L になるか。最も近
い値を，次の①～⑧の中から一つ選びなさい。 | 9 | L

① 15   ② 28   ③ 1.2×10^2 ④ 3.6×10^2
⑤ 6.3×10^2 ⑥ 1.4×10^3 ⑦ 2.3×10^3 ⑧ 8.5×10^3

問3 エタンとブタンの混合気体 10 L に，80 L の酸素を加え，混合気体を完全に燃焼させたと
き，燃焼後の気体の体積は 58 L であった。はじめの混合気体に含まれていたエタンの体積は
何 L か。最も近い値を，次の①～⑧の中から一つ選びなさい。ただし，気体の体積はすべて
標準状態での値であり，生成した水はすべて液体であったものとする。 | 10 | L

① 1.0   ② 2.0   ③ 3.0   ④ 4.0
⑤ 5.0   ⑥ 6.0   ⑦ 7.0   ⑧ 8.0

Ⅱ 次の文章を読み，下の問い（**問4～6**）に答えなさい。

　　水溶液中で水素イオンを生じる物質が酸であり，酸の水溶液は酸性を示す。水溶液中で水
酸化物イオンを生じる物質が塩基であり，塩基の水溶液は塩基性を示す。
　　水溶液の酸性や塩基性の強さの程度を，ₐpH で比較することができる。水溶液の pH によ
って，色が変化する試薬を pH 指示薬といい，ᵦメチルオレンジ，フェノールフタレインなど
がある。

問4　0.10 mol/L のアンモニア水に含まれる水酸化物イオンの濃度が 0.0013 mol/L であるとき，アンモニアの電離度として最も適当な値を，次の①～⑧の中から一つ選びなさい。　11

① 0.00065　　② 0.0013　　③ 0.0026　　④ 0.0065
⑤ 0.013　　　⑥ 0.026　　　⑦ 0.065　　　⑧ 0.13

問5　文中の下線部 a について，pH は何の濃度にもとづく指標か。最も適当なものを，次の①～⑥の中から一つ選びなさい。　12

① 水素イオン　　　② 水酸化物イオン　　　③ 酸化物イオン
④ 塩化物イオン　　⑤ 硫酸イオン　　　　　⑥ アンモニウムイオン

問6　文中の下線部 b について，メチルオレンジとフェノールフタレインの変色域の組合せとして最も適当なものを，次の①～⑥の中から一つ選びなさい。　13

	メチルオレンジ	フェノールフタレイン
①	pH3.1～4.4	pH6.0～7.6
②	pH3.1～4.4	pH8.0～9.8
③	pH6.0～7.6	pH3.1～4.4
④	pH6.0～7.6	pH8.0～9.8
⑤	pH8.0～9.8	pH3.1～4.4
⑥	pH8.0～9.8	pH6.0～7.6

3 次の問い（I・II）に答えなさい。

I 次の文章を読み，下の問い（問1～3）に答えなさい。

周期表において，硫黄は ア と同じ16族の元素であり，硫化水素や二酸化硫黄，亜硫酸ナトリウムなど，いろいろな元素と化合物をつくる。ₐ硫化水素の水溶液に二酸化硫黄の気体を吹き込むと，反応して水溶液が イ 色に濁る。また，ᵦ水酸化ナトリウムの水溶液に，二酸化硫黄の気体を吹き込むと，反応して亜硫酸ナトリウムの水溶液になる。

問1 文中の ア ， イ に当てはまる語句の組合せとして最も適当なものを，次の①～⑨の中から一つ選びなさい。 14

	ア	イ
①	窒素	赤
②	窒素	白
③	窒素	黒
④	酸素	赤
⑤	酸素	白
⑥	酸素	黒
⑦	リン	赤
⑧	リン	白
⑨	リン	黒

問2 二酸化硫黄が発生する操作として**誤っているもの**を，次の①～⑤の中から一つ選びなさい。 15

① 硫黄を燃焼する。
② 亜硫酸ナトリウムに希硫酸を加える。
③ 銅に熱濃硫酸を作用させる。
④ 塩化ナトリウムに濃硫酸を加える。
⑤ 亜硫酸水素ナトリウムに希硫酸を加える。

問3 文中の下線部 a，b の反応に関する記述として最も適当なものを，次の①～⑤の中から一つ選びなさい。 16

① a，bともに中和反応である。
② aは酸化還元反応で，二酸化硫黄は酸化剤としてはたらいている。
③ aは酸化還元反応で，二酸化硫黄は還元剤としてはたらいている。
④ bは酸化還元反応で，二酸化硫黄は酸化剤としてはたらいている。
⑤ bは酸化還元反応で，二酸化硫黄は還元剤としてはたらいている。

Ⅱ 次の文章を読み，下の問い（問4〜6）に答えなさい。

　　アルミニウムの単体は，酸の水溶液にも強塩基の水溶液にも溶解する。このような金属を両性金属といい，アルミニウムのほかに， ア などがある。
　　アルミニウムは希塩酸，水酸化ナトリウム水溶液に溶解して， イ を発生するが，濃硝酸には不動態となり反応が進まない。

問4 文中の ア ， イ に当てはまる語句の組合せとして最も適当なものを，次の①〜⑥の中から一つ選びなさい。 17

	ア	イ
①	亜鉛やスズ	水素
②	亜鉛やスズ	酸素
③	亜鉛やスズ	水蒸気
④	鉛や銅	水素
⑤	鉛や銅	酸素
⑥	鉛や銅	水蒸気

問5 アルミニウムと希塩酸の反応後の水溶液に，少量のアンモニア水を加えたとき，および，過剰量のアンモニア水を加えたときの反応として最も適当なものを，次の①〜⑥の中から一つ選びなさい。 18

① 少量でも過剰量でも変化は起こらない。
② 少量加えても変化は起こらないが，過剰量を加えると白色沈殿が生じる。
③ 少量加えると白色沈殿が生じ，過剰量を加えると沈殿が溶解する。
④ 少量加えると白色沈殿が生じ，過剰量を加えても沈殿は溶解しない。
⑤ 少量加えると青白色沈殿が生じ，過剰量を加えると沈殿が溶解する。
⑥ 少量加えると青白色沈殿が生じ，過剰量を加えても沈殿は溶解しない。

問6 文中の下線部について，アルミニウムのほかに，不動態を形成する金属として最も適当なものを，次の①〜⑥の中から一つ選びなさい。 19

　　① Zn, Fe, Pb　　　② Zn, Sn, Pb　　　③ Fe, Cr, Ni
　　④ Ni, Sn, Fe　　　⑤ Fe, Cu, Ag　　　⑥ Ag, Pt, Au

$\boxed{4}$　次の文章を読み，下の問い（**問1～4**）に答えなさい。

　　油脂を加水分解して生じる天然の脂肪酸には，$\boxed{\quad ア \quad}$ のような飽和脂肪酸と $\boxed{\quad イ \quad}$ の
ような不飽和脂肪酸がある。
　　ある油脂 P を加水分解して得られる脂肪酸は脂肪酸 X のみであった。<u>218 g の油脂 P に，
水酸化ナトリウム水溶液を十分な量を加えて反応させると，グリセリン 23.0 g が得られた。</u>
　　また，ニッケルを触媒にして，油脂 P の C=C 結合の一部に水素を付加した油脂 Q を加水
分解すると，2 種類の脂肪酸 X_1 と X_2 が生じた。

問1　脂肪酸に関する記述として**誤っているもの**を，次の①～⑤の中から一つ選びなさい。
　　　$\boxed{20}$

　　① 脂肪酸は，一価のカルボン酸である。
　　② 分子中にヒドロキシ基を多くもつ脂肪酸を高級脂肪酸という。
　　③ 天然の油脂を構成する脂肪酸は，炭素数が 16 か 18 のものが多い。
　　④ 脂肪は，脂肪油に比べて，高級飽和脂肪酸を多く含む。
　　⑤ オリーブ油を構成する脂肪酸は，不飽和脂肪酸の割合が多い。

問2　文中の $\boxed{\quad ア \quad}$，$\boxed{\quad イ \quad}$ に当てはまる語句の組合せとして最も適当なものを，次の①～⑥
の中から一つ選びなさい。$\boxed{21}$

	ア	イ
①	パルミチン酸，リノール酸，リノレン酸	オレイン酸，ステアリン酸
②	オレイン酸，ステアリン酸	パルミチン酸，リノール酸，リノレン酸
③	リノール酸，リノレン酸，ステアリン酸	オレイン酸，パルミチン酸
④	オレイン酸，パルミチン酸	リノール酸，リノレン酸，ステアリン酸
⑤	オレイン酸，リノール酸，リノレン酸	パルミチン酸，ステアリン酸
⑥	パルミチン酸，ステアリン酸	オレイン酸，リノール酸，リノレン酸

問3　文中の下線部について，次の(1)〜(3)の問いに答えなさい。

(1)　218 g の油脂 P をけん化するために必要な水酸化ナトリウムの物質量は何 mol か。最も適当なものを，次の①〜⑥の中から一つ選びなさい。　| 22 | mol

①　0.083　　②　0.13　　③　0.25　　④　0.50　　⑤　0.75　　⑥　1.0

(2)　脂肪酸 X の分子量として最も適当なものを，次の①〜⑥の中から一つ選びなさい。　| 23 |

①　218　　②　256　　③　278　　④　284　　⑤　291　　⑥　436

(3)　このときグリセリンとともに得られるセッケンは何 g か。最も適当なものを，次の①〜⑥の中から一つ選びなさい。　| 24 | g

①　100　　②　125　　③　200　　④　225　　⑤　250　　⑥　300

問4　油脂 Q の構造は何種類あると考えられるか。最も適当なものを，次の①〜⑥の中から一つ選びなさい。ただし，鏡像異性体は区別しないものとする。　| 25 | 種類

①　2　　②　3　　③　4　　④　5　　⑤　6　　⑥　7

◀B日程（化学基礎）▶

（2科目 120分）

（注）　物理基礎または生物基礎とともに解答し，1科目の扱いとする。

1　◀B日程（化学基礎・化学）▶の〔1〕に同じ。

2　◀B日程（化学基礎・化学）▶の〔2〕に同じ。

生　物

◀A日程（生物基礎・生物）▶

（2科目 120分）

1　次の問い（**問1～7**）に答えなさい。

問1　大腸菌とヒトの細胞の違いに関する記述として最も適当なものを，次の①～⑥の中から一つ
選びなさい。　　1

① 大腸菌もヒトの細胞と同様の核をもつ。
② 大腸菌の方が細胞1個あたりのDNA量が多い。
③ ヒトの細胞の多くは大腸菌よりも小さい。
④ 大腸菌のDNAは細胞内にほぼ均一に分布している。
⑤ 大腸菌は細胞壁をもつが，ヒトの細胞はもたない。
⑥ 大腸菌は葉緑体をもつが，ヒトの細胞はもたない。

問2　**図1**は，ある倍率の光学顕微鏡を用いて，接眼ミクロメーターと対物ミクロメーター（1目盛
りが 10 µm）の目盛りが重なって見えたときのもの（左）と，中央付近に見えるある細胞の細胞
壁を含めた大きさ（長径）を左と同じ接眼ミクロメーター，対物レンズを用いて測定したもの
（右）である。この細胞の細胞壁を含めた大きさ（長径）として最も適当なものを，下の①～⑤の
中から一つ選びなさい。　　2

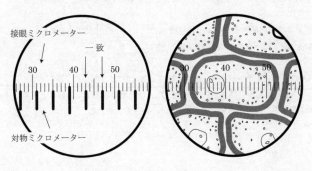

図1

①　22 µm　　②　31 µm　　③　55 µm　　④　110 µm　　⑤　133 µm

問3　肺炎球菌(肺炎双球菌)には病原性をもつ S 型菌と，病原性をもたない R 型菌がある。次の
（あ）〜（う）の液を実験用マウスに注射したときに，マウスが肺炎を発症するものを過不足な
く含むものを，下の①〜⑦の中から一つ選びなさい。　　**3**

（あ）加熱殺菌していない S 型菌と加熱殺菌した R 型菌を混合した液
（い）加熱殺菌した S 型菌と加熱殺菌していない R 型菌を混合した液
（う）加熱殺菌した S 型菌と加熱殺菌した R 型菌を混合した液

①　（あ）　　　　　　　　②　（い）　　　　　　　　③　（う）
④　（あ）と（い）　　　　⑤　（あ）と（う）　　　　⑥　（い）と（う）
⑦　（あ）と（い）と（う）

問4　タマネギの根端細胞が活発に分裂している様子を観察するために，プレパラートを次の手順
で作成した。これらの手順に関する記述として**誤っているもの**を，下の①〜④の中から一つ選
びなさい。　　**4**

［手順1］　タマネギの根の先端部を 1cm 程度切り取り，エタノールと酢酸の混合溶液に 10 分
間浸した。
［手順2］　この根を水で十分に洗った後，60℃程度の湯で温めた希塩酸に 1 分間浸した。
［手順3］　この根を水洗いした後，スライドガラス上で先端から 2〜3mm の部分を切り取
り，酢酸カーミン液（または酢酸オルセイン液）を 1 滴加えた。
［手順4］　カバーガラスをかけ，その上からろ紙ではさんで指の腹で押しつぶした。

①　手順1は固定の操作であり，これを行わないと細胞内の構造が時間とともに変化してしま
う。
②　手順2は手順1の効果を中断する操作であり，これを行わないと細胞内の構造が分解して
しまう。
③　手順3に用いる液は，核や染色体を染めるはたらきがある。
④　手順4は，細胞どうしの重なりをなくして観察しやすくするために行う。

問5　ヌクレオチドに関する次の文中の空欄　**ア**　，　**イ**　に入る語の組合せとして最も適当
なものを，下の①〜⑥の中から一つ選びなさい。　　**5**

DNA はヌクレオチドが多数，鎖状に結合したもので，DNA のヌクレオチドは　**ア**　とい
う糖，リン酸，塩基から構成されている。DNA のヌクレオチドを構成する塩基は 4 種類あり，
2 本鎖 DNA 中では常に同数のアデニンと　**イ**　が含まれる。

	ア	イ
①	リボース	シトシン
②	リボース	グアニン
③	リボース	チミン
④	デオキシリボース	シトシン
⑤	デオキシリボース	グアニン
⑥	デオキシリボース	チミン

問6 適応（獲得）免疫に関する記述として最も適当なものを，次の①〜⑥の中から一つ選びなさい。 ☐ 6

① 鼻毛，鼻水は，呼吸において異物の侵入を防いでいる。
② くしゃみ，せきは，異物の排除にはたらく。
③ 気管は，繊毛上皮のはたらきで異物を排除している。
④ 涙には異物を洗い流すほか，病原体の活動を弱めるはたらきもある。
⑤ 一度感染した経験のある細菌に対しては，抗体がよりすみやかにつくられる。
⑥ 好中球やマクロファージなどは，食作用を示す。

問7 地球温暖化について述べた次の（あ），（い）の文の正誤の組合せとして最も適当なものを，下の①〜④の中から一つ選びなさい。 ☐ 7

（あ）二酸化炭素は，地球表面から放射される赤外線を吸収し，その一部を地表に再放出している。
（い）二酸化炭素の排出量の規制に関して，世界規模での取り組みはまったくなされていない。

	（あ）	（い）
①	正	正
②	正	誤
③	誤	正
④	誤	誤

2 　ヒトの水分量の調節と植生に関する文章Ⅰ・Ⅱを読み，問い（**問1〜9**）に答えなさい。

I　ヒトのからだには，体重の 60%程度の水分が含まれており，水分量を一定範囲内に保つ仕組み
　が備わっている。ヒトの体内の水分量の調節は目に見えるかたちでは飲水，食事中の水分の摂取，
　排尿，発汗などがある。

問1　ヒトの体液について述べた次の（**あ**）〜（**う**）の文のうち，正しい文を過不足なく含むもの
　　を，下の①〜⑦の中から一つ選びなさい。 　8

　　（**あ**）組織液の一部がリンパ管に入ってリンパ液となる。
　　（**い**）血液の重さの約 90%が液体成分である。
　　（**う**）組織液中に含まれるイオンにはナトリウムイオンなどがある。

　　①　（あ）　　　　　　　②　（い）　　　　　　　③　（う）
　　④　（あ）と（い）　　　⑤　（あ）と（う）　　　⑥　（い）と（う）
　　⑦　（あ）と（い）と（う）

問2　健康なヒトの腎臓の構造と機能に関する記述として**誤っているもの**を，次の①〜⑤の中から
　　一つ選びなさい。 　9

　　①　腎臓は左右に 1 対存在する。
　　②　ネフロン（腎単位）という構造が多数存在する。
　　③　ボーマンのうでは，血しょうの中の水分とそれに溶けている低分子のイオンやアミノ酸な
　　　　どがこし出されて原尿がつくられる。
　　④　ある物質の血しょう中の濃度を尿中の濃度で割った値を，その物質の濃縮率という。
　　⑤　毛細血管が密集した糸球体と，それを囲むボーマンのうを合わせて腎小体という。

問3　次の文中の空欄 　ア 　〜 　ウ 　に入る語句の組合せとして最も適当なものを，下の①〜
　　⑥の中から一つ選びなさい。 　10

　　　海に生息する硬骨魚類は，体液の塩類濃度が海水と比較して低い。そのため海水を 　ア ，
　 　イ 　塩類濃度の尿を少量排出する。また，体内の塩類を積極的に 　ウ 　する仕組みをもっ
　ている。

	ア	イ	ウ
①	ほとんど飲まず	体液と等しい	排出
②	ほとんど飲まず	体液と等しい	吸収
③	ほとんど飲まず	体液より低い	排出
④	積極的に飲み	体液より低い	吸収
⑤	積極的に飲み	体液と等しい	排出
⑥	積極的に飲み	体液と等しい	吸収

問4　ヒトの体内の水分量の増減は，体液の塩類濃度の変化によって感知されている。ヒトの体内の水分量の調節について述べた次の（あ），（い）の文の正誤の組合せとして最も適当なものを，下の①～④の中から一つ選びなさい。　11

　（あ）体液の塩類濃度の上昇が感知されたときに分泌されるバソプレシンの標的細胞は，腎臓の集合管などにある。
　（い）体液の塩類濃度の上昇が感知されると，原尿からの水の再吸収量が減少し，尿量も減少する。

	（あ）	（い）
①	正	正
②	正	誤
③	誤	正
④	誤	誤

問5　ヒトの体内の水分調節には鉱質コルチコイドも関与している。鉱質コルチコイドに関する次の文中の空欄　エ　，　オ　に入る語の組合せとして最も適当なものを，下の①～⑥の中から一つ選びなさい。　12

　　鉱質コルチコイドは副腎　エ　から分泌されるホルモンであり，腎臓で　オ　イオンの再吸収を促進することで，間接的に水の再吸収の促進にはたらく。

	エ	オ
①	皮質	ナトリウム
②	皮質	カリウム
③	皮質	カルシウム
④	髄質	ナトリウム
⑤	髄質	カリウム
⑥	髄質	カルシウム

Ⅱ　ある地域に生育している植物全体を植生という。植生はその地域のさまざまな環境に影響を受け，徐々に変化していく。またその地域の植生とそこに生息する動物などを含めた生物のまとまりをバイオームという。

問6　日本に生息する陽樹と陰樹の代表的な種の組合せとして最も適当なものを，次の①～⑥の中から一つ選びなさい。　13

	陽樹	陰樹
①	アカマツ, コナラ	タブノキ, ブナ
②	アカマツ, タブノキ	コナラ, ブナ
③	アカマツ, ブナ	コナラ, タブノキ
④	コナラ, タブノキ	アカマツ, ブナ
⑤	コナラ, ブナ	アカマツ, タブノキ
⑥	タブノキ, ブナ	アカマツ, コナラ

問7　海底火山の噴火で形成された離島(地域 A)と, 火事で植生がすべて焼失した離島(地域 B)の
どちらの方がよりすみやかに極相に達するか, およびその理由の組合せとして最も適当なもの
を, 次の①～⑤の中から一つ選びなさい。ただし, 地域 A, B の気象条件と面積は同程度であ
り, ヒトの関与はないものとする。　14

① 地域 A で, 害虫や病原体が存在しないから。
② 地域 A で, 水はけがよいから。
③ 地域 A で, 火山灰が養分となるから。
④ 地域 B で, すでに土壌形成が進んでいるから。
⑤ 地域 B で, 保水力が低いから。

問8　裸地からの遷移の初期に見られる植物の総称と, その特徴の組合せとして最も適当なものを,
次の①～⑥の中から一つ選びなさい。　15

	植物の総称	特徴
①	陽樹	光飽和点が低い
②	陽樹	害虫や病気に強い
③	陰樹	乾燥に強い
④	陰樹	日陰でも十分に光合成できる
⑤	先駆植物 (先駆種)	水や養分が少なくても成長できる
⑥	先駆植物 (先駆種)	多くのものが毒をもっていて動物に食べられにくい

問9　日本の中緯度地域の森林の極相は, 陰樹林であることが多い。その理由として最も適当なも
のを, 次の①～⑥の中から一つ選びなさい。　16

① 陰樹は害虫に強く, 寿命が長いから。
② 陽樹は樹高が高くなりすぎると折れやすいから。
③ 陰樹は種子をより多くつくり, 繁殖力が高いから。
④ 陰樹の幼木は, 林床でも生育できるから。
⑤ 陽樹は水分を多く含み, 落雷を多く受けるから。
⑥ 陽樹は陰樹よりも光補償点が低いから。

3　細胞接着に関わるタンパク質と刺激の受容に関する文章Ⅰ・Ⅱを読み，問い（**問1～8**）に答えなさい。

Ⅰ　多細胞生物において，個体の形状を一定に保つために細胞どうし，あるいは細胞と細胞外基質をつなぎとめる必要があり，その仕組みを細胞接着という。動物において細胞接着はタンパク質によって行われている。

問1　密着結合に関する次の文中の空欄　　ア　　，　　イ　　に入る語句の組合せとして最も適当なものを，下の①～⑥の中から一つ選びなさい。　17

　　密着結合では細胞膜中のタンパク質が　　ア　　分布し，細胞間で水などの低分子を　　イ　　というはたらきを担っている。

	ア	イ
①	直線状に隙間なく並んで	通さない
②	直線状に隙間なく並んで	分子の種類に応じて通す
③	直線状に隙間なく並んで	特定の条件の場合にのみ通す
④	斑状にところどころ集中して	通さない
⑤	斑状にところどころ集中して	分子の種類に応じて通す
⑥	斑状にところどころ集中して	特定の条件の場合にのみ通す

問2　固定結合について述べた次の（あ），（い）の文の正誤の組合せとして最も適当なものを，下の①～④の中から一つ選びなさい。　18

（あ）接着結合は細胞骨格の微小管からつながったタンパク質が，同じ種類の細胞どうしを強く固定する。

（い）デスモソームは細胞骨格の中間径フィラメントと結合していて，細胞と細胞の間をつなぎとめる。

	（あ）	（い）
①	正	正
②	正	誤
③	誤	正
④	誤	誤

問3　ある固定結合において，細胞の外側で結合するタンパク質として最も適当なものを，次の①～④の中から一つ選びなさい。　19

①　アクアポリン　②　アクチン　　③　ミオシン　　④　カドヘリン

問4 ギャップ結合に関する次の文中の空欄 ウ ～ オ に入る語の組合せとして最も適当なものを，下の①～⑥の中から一つ選びなさい。 20

　　ギャップ結合に使われるタンパク質は ウ と呼ばれ，物質を選択的に透過する エ としてはたらいている。これは隣り合う細胞の間で オ などを輸送しており，心筋の細胞では興奮を隣の細胞に伝える仕組みとして機能している。

	ウ	エ	オ
①	サルコメア	チャネル	核酸
②	サルコメア	チャネル	イオン
③	サルコメア	ポンプ	核酸
④	コネクソン	ポンプ	イオン
⑤	コネクソン	チャネル	核酸
⑥	コネクソン	チャネル	イオン

Ⅱ　ヒトにとっての視覚とは，光刺激に対する感覚である。視覚は単に対象物の形や色を判断するだけではなく，対象物までの距離や動きなど，より複雑な情報も把握することができる。

問5 ヒトの眼の遠近調節に関する次の文中の空欄 カ ～ ク に入る語句の組合せとして最も適当なものを，下の①～⑥の中から一つ選びなさい。 21

　　ヒトの眼はレンズのような構造をしていて，対象物の像を網膜に結ぶはたらきがある。遠近調節は カ の厚みを変化させることで行っている。近くのものを見るときには，チン小帯が キ ， カ が ク くなる。

	カ	キ	ク
①	角膜	ゆるみ	厚
②	角膜	ゆるみ	薄
③	角膜	引っぱられ	厚
④	水晶体	ゆるみ	薄
⑤	水晶体	ゆるみ	厚
⑥	水晶体	引っぱられ	薄

問6 ヒトの眼の明暗調節に関する次の文中の空欄 ケ ～ シ に入る語の組合せとして最も適当なものを，下の①～⑥の中から一つ選びなさい。 22

　　ヒトが明所から暗所に移動することで眼に入る光量が急激に減ると， ケ のはたらきにより瞳孔が拡大する反射がすばやく起こる。また視細胞においては，光量の減少から数分間は主に コ で感度上昇(閾値低下)が起こり，その後は主に サ で シ が増加することで感度上昇(閾値低下)が起こる。

	ケ	コ	サ	シ
①	交感神経	錐体細胞	桿体細胞	ロドプシン
②	交感神経	錐体細胞	桿体細胞	キネシン
③	交感神経	桿体細胞	錐体細胞	ロドプシン
④	副交感神経	桿体細胞	錐体細胞	キネシン
⑤	副交感神経	錐体細胞	桿体細胞	ロドプシン
⑥	副交感神経	錐体細胞	桿体細胞	キネシン

問7　ヒトの眼における網膜の構造について述べた次の（**あ**）～（**う**）の文のうち，正しい文を過不足なく含むものを，下の①～⑦の中から一つ選びなさい。　23

（**あ**）盲斑には，視細胞が分布していない。

（**い**）桿体細胞は，黄斑に集中している。

（**う**）錐体細胞には，赤，青，緑の光の波長（色）に対応する3種類がある。

①	（**あ**）	②	（**い**）	③	（**う**）
④	（**あ**）と（**い**）	⑤	（**あ**）と（**う**）	⑥	（**い**）と（**う**）
⑦	（**あ**）と（**い**）と（**う**）				

問8　**図1**は，ヒトの視覚がどのように大脳（視覚野）に伝わるかを示した模式図である。**図1**から考えられる内容について述べた次の（**あ**）～（**う**）の文のうち，正しい文を過不足なく含むものを，下の①～⑦の中から一つ選びなさい。　24

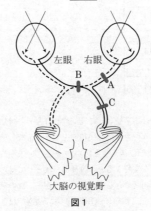

図1

（**あ**）Aの位置で神経を切断すると，右眼の視覚が失われる。

（**い**）Bの位置で神経を切断しても，視覚にはまったく影響がない。

（**う**）Cの位置で神経を切断すると，両眼の右側の視野の視覚が失われる。

① （あ）　　　　　　② （い）　　　　　　③ （う）
④ （あ）と（い）　　⑤ （あ）と（う）　　⑥ （い）と（う）
⑦ （あ）と（い）と（う）

4　遺伝子の組換えと PCR 法に関する文章Ⅰ・Ⅱを読み，問い（問1〜8）に答えなさい。

Ⅰ　減数分裂の第一分裂において対合した相同染色体がその一部を交換することがある。これを乗換えといい，その結果として相同染色体間で遺伝子の交換が起こる現象を組換えという。また，すべての配偶子に対する組換えの起こった配偶子の割合を組換え価という。

問1　遺伝子の連鎖に関する次の文中の空欄　ア 　，　イ 　に入る語と数値の組合せとして最も適当なものを，下の①〜⑥の中から一つ選びなさい。 25

　　メンデルはエンドウの対立形質を複数組挙げ，それらの決定にはたらく遺伝子(要素)が互いに影響を受けることなく子孫に伝わるという　ア 　の法則が成り立つことを実験的に示した。ここでエンドウの染色体数は 2n＝14 であることから，各遺伝子(要素)がそれぞれ別々の染色体に存在し，組換えの影響はないものと仮定すると，対立形質は理論上　イ 　組まで　ア 　の法則が成り立つと考えられる。

	ア	イ
①	優性	7
②	優性	14
③	分離	7
④	分離	14
⑤	独立	7
⑥	独立	14

問2　ある植物は赤い花を咲かせる系統(以後，赤と記す)とその対立形質として白い花を咲かせる系統(以後，白と記す)があり，さらに丸い花粉をつくる系統(以後，丸と記す)とその対立形質として長い花粉をつくる系統(以後，長と記す)がある。いま赤長の形質を示す純系の個体と白丸の形質を示す純系の個体を交配すると，雑種第一代として得られた個体は表現型がすべて赤丸であった。この結果から判断できる内容について述べた次の （あ）〜（う）の文のうち，正しい文を過不足なく含むものを，下の①〜⑦の中から一つ選びなさい。ただし，2 組の遺伝子の間で組換えは起こらないものとする。 26

（あ）赤と白では赤が優性形質である。
（い）丸と長では丸が優性形質である。
（う）この実験だけでは 2 組の遺伝子が独立しているか連鎖しているかの判断はできない。

① （あ）　　　　　　② （い）　　　　　　③ （う）
④ （あ）と（い）　　⑤ （あ）と（う）　　⑥ （い）と（う）
⑦ （あ）と（い）と（う）

問3　3組の対立遺伝子 A(a)，B(b)，C(c)はいずれも連鎖している。いま遺伝子 A(a) と B(b) の間の組換え価が 13%，B(b) と C(c) の間の組換え価が 20%，C(c) と A(a) の間の組換え価はB(b) と C(c) の間の組換え価よりも小さかった。3 組の対立遺伝子は染色体上にどのように配置していると考えられるか。図1中の　ウ　～　オ　に対応する遺伝子の組合せとして最も適当なものを，下の①～⑥の中から一つ選びなさい。　27

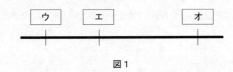

図1

	ウ	エ	オ
①	a	b	c
②	a	c	b
③	b	a	c
④	b	c	a
⑤	c	a	b
⑥	c	b	a

問4　ある哺乳類について，体毛の色と長さに関する遺伝子は連鎖している。黒い体毛(以後，黒と記す)は灰色の体毛(以後，灰と記す)に対して優性であり，短い体毛(以後，短と記す)は長い体毛(以後，長と記す)に対して優性である。黒短の形質を示す純系の個体と灰長の形質を示す純系の個体を交配して得られた雑種第一代どうしをさらに交配したところ，雑種第二代の表現型分離比は黒短：黒長：灰短：灰長＝281：19：19：81 であった。これらの遺伝子間の組換え価(%) として最も適当なものを，次の①～⑥の中から一つ選びなさい。　28

① 5%　　　　　　② 8%　　　　　　③ 10%
④ 12%　　　　　⑤ 15%　　　　　⑥ 20%

Ⅱ　PCR 法は少量の DNA 断片を人工的に増幅させる方法であって，1983 年にキャリー・マリスによって発明された。PCR(Polymerase Chain Reaction)はポリメラーゼ連鎖反応と訳され，近年では新型コロナウイルス(COVID-19)の検査にも用いられている。

問5　PCR 法において反応液を作成するうえで，次の（あ）～（う）のうち，**加える必要のないもの**を過不足なく含むものを，下の①～⑦の中から一つ選びなさい。　29

(あ) ヌクレオチド(4種)
(い) DNA ヘリカーゼ
(う) DNA ポリメラーゼ

① (あ)　　　　　② (い)　　　　　③ (う)
④ (あ)と(い)　　⑤ (あ)と(う)　　⑥ (い)と(う)
⑦ (あ)と(い)と(う)

問6 PCR法においては，約95℃→約60℃→約72℃の温度変化(以後，サイクルと記す)を必要回数繰り返す。それぞれの温度において，次の (あ)〜(う) のうち，どの工程が行われるか。その組合せとして最も適当なものを，下の①〜⑥の中から一つ選びなさい。 30

(あ) プライマーが結合する。
(い) DNAを合成する。
(う) 2本鎖DNAを1本鎖に分離する。

① 約95℃:(あ) → 約60℃:(い) → 約72℃:(う)
② 約95℃:(あ) → 約60℃:(う) → 約72℃:(い)
③ 約95℃:(い) → 約60℃:(あ) → 約72℃:(う)
④ 約95℃:(い) → 約60℃:(う) → 約72℃:(あ)
⑤ 約95℃:(う) → 約60℃:(あ) → 約72℃:(い)
⑥ 約95℃:(う) → 約60℃:(い) → 約72℃:(あ)

問7 PCR法では，1回のサイクル(問6の温度変化)において1本鎖DNA1本から1本鎖DNAが2本得られる。仮に何らかの原因で複製に不具合が生じ，特定の1本鎖DNAについて50%の確率で複製がまったく進行せず1本のままであり，残りの50%の確率で1本鎖DNAが2本得られるとする。また，この不具合はすべてのサイクルにおいて，反応液中のすべての1本鎖DNAについて発生するものとする。この不具合が生じる場合，20回のサイクルで得られるDNAの量は，不具合が生じない場合の量の何倍になるか。最も適当なものを，次の①〜⑥の中から一つ選びなさい。 31

① $\frac{1}{20} \times \frac{1}{4}$ 倍　　　② $\frac{1}{20} \times \frac{1}{2}$ 倍　　　③ $\frac{1}{20} \times \frac{3}{4}$ 倍

④ $\left(\frac{1}{4}\right)^{20}$ 倍　　　⑤ $\left(\frac{1}{2}\right)^{20}$ 倍　　　⑥ $\left(\frac{3}{4}\right)^{20}$ 倍

問8 1000塩基対の2本鎖DNA1分子をもとにして，PCR法にて10回のサイクル(問6の温度変化)後，すべて1本鎖DNAにしたところ，1000塩基からなるものと，900塩基からなるもの，800塩基からなるもの，700塩基からなるものの4種類が得られた。DNAの複製は理想的に行われたものとして，1000塩基の1本鎖DNAと700塩基の1本鎖DNAの本数として最も適当なものを，次の①〜⑥の中から一つ選びなさい。 32

① 1000 塩基：1 本，700 塩基：1013 本
② 1000 塩基：1 本，700 塩基：1023 本
③ 1000 塩基：1 本，700 塩基：1024 本
④ 1000 塩基：2 本，700 塩基：2026 本
⑤ 1000 塩基：2 本，700 塩基：2046 本
⑥ 1000 塩基：2 本，700 塩基：2048 本

◀A日程（生物基礎）▶

（2科目 120分）

(注)　物理基礎または化学基礎とともに解答し，1科目の扱いとする。

1　◀A日程（生物基礎・生物）▶の〔1〕に同じ。

2　◀A日程（生物基礎・生物）▶の〔2〕に同じ。

◀B日程（生物基礎・生物）▶

（2科目 120分）

1　次の問い（**問1～7**）に答えなさい。

問1　地球上にはさまざまな種類の生物が生息しているが，すべての生物に共通する特徴も存在する。すべての生物に共通する特徴として最も適当なものを，次の①～⑤の中から一つ選びなさい。　1

① 雌雄の区別がある。
② ミトコンドリアをもっている。
③ 遺伝情報の本体は，DNA という物質である。
④ 細胞膜であらゆる物質の通過を防いでいる。
⑤ 代謝の触媒として糖質を用いている。

問2　植物の光合成について述べた次の（**あ**）～（**う**）の文のうち，正しい文を過不足なく含むものを，下の①～⑦の中から一つ選びなさい。　2

（**あ**）光エネルギーを用いて，二酸化炭素と水を有機物と酸素に変える。
（**い**）光エネルギーはいったん ATP として化学エネルギーに置き換えられる。
（**う**）光合成はミトコンドリアで行われている。

① （あ）　　　　　② （い）　　　　　③ （う）
④ （あ）と（い）　⑤ （あ）と（う）　⑥ （い）と（う）
⑦ （あ）と（い）と（う）

問3　バナナの果肉から DNA を取り出す実験を次の手順で行った。溶液 A に当てはまるものとして最も適当なものを，下の①～⑥の中から一つ選びなさい。　3

［手順1］　バナナの果肉を袋に入れ，手でよくつぶした。
［手順2］　これに溶液 A を加え，軽くなじませた。
［手順3］　ガーゼに移し，さらに溶液 A を加えてろ過した。
［手順4］　ろ液に静かにエタノールを加えると，エタノールとの境界面で DNA が凝集・沈殿した。

① 食塩水と希硫酸の混合物
② 食塩水と希塩酸の混合物
③ 食塩水と水酸化ナトリウム水溶液の混合物
④ 食塩水とアンモニア水の混合物
⑤ 食塩水とブドウ糖水溶液の混合物
⑥ 食塩水と中性洗剤の混合物

問4　次の（あ）〜（う）のうち，ミトコンドリアと葉緑体が共通にもつ特徴を過不足なく含むもの
を，下の①〜⑦の中から一つ選びなさい。　4

（あ）一つの細胞内に一つだけ存在する。
（い）独自の DNA をもつ。
（う）植物の細胞のみに存在する。

① （あ）　　　　　　　　② （い）　　　　　　　③ （う）
④ （あ）と（い）　　　　⑤ （あ）と（う）　　　⑥ （い）と（う）
⑦ （あ）と（い）と（う）

問5　タンパク質について述べた次の（あ）〜（う）の文のうち，正しい文を過不足なく含むものを，
下の①〜⑦の中から一つ選びなさい。　5

（あ）代謝の触媒となる酵素は，主にタンパク質でできている。
（い）RNA→DNA→タンパク質の順に遺伝情報が流れる原則を，セントラルドグマという。
（う）遺伝子ごとに決まったアミノ酸配列をもつタンパク質が合成される過程を，転写とい
う。

① （あ）　　　　　　　　② （い）　　　　　　　③ （う）
④ （あ）と（い）　　　　⑤ （あ）と（う）　　　⑥ （い）と（う）
⑦ （あ）と（い）と（う）

問6　ランダムに体細胞分裂している細胞集団（培養細胞）において細胞1個あたりに含まれる
DNA 量とその細胞数を調べ，分布をグラフにしたところ，図1のようになった。図1の領域
A，B，C の面積の比は9：5：4である。細胞周期の平均の長さを18時間とするとS期の長さ
は約何時間になるか。また，この実験だけではその時期の長さがわからないものを過不足なく
含むのはどれか。その組合せとして最も適当なものを，下の①〜⑥の中から一つ選びなさい。
6

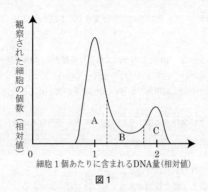

図1

	S 期の長さ	時期の長さがわからないもの
①	4 時間	G₁ 期, G₂ 期
②	4 時間	G₂ 期, M 期
③	5 時間	G₁ 期, G₂ 期
④	5 時間	G₂ 期, M 期
⑤	9 時間	G₁ 期, G₂ 期
⑥	9 時間	G₂ 期, M 期

問7　世界のバイオームとその主な分布に関する記述として最も適当なものを，次の①〜⑥の中から一つ選びなさい。　| 7 |

① 地中海沿岸には硬葉樹林が分布している。

② シベリアには砂漠が分布している。

③ アマゾン川流域にはサバンナが分布している。

④ オーストラリア中央部には熱帯多雨林が分布している。

⑤ 北アフリカ内陸部には針葉樹林やツンドラが分布している。

⑥ 東南アジアにはステップが分布している。

2 ヒトの血液のはたらきと生態系に関する文章 I・II を読み，問い（問1〜9）に答えなさい。

I ヒトの血液は体重の約 1/13 を占める。またその体積の約 45％が有形成分，約 55％が血しょうであり，生命維持においてさまざまな役割を担っている。出血によって血液の 20％程度が失われると出血性ショックの症状が現れ，血液の 30％程度が失われると生死に関わる状況となる。

問1 ヒトの血液および循環系に関する記述として最も適当なものを，次の①〜⑤の中から一つ選びなさい。 8

① 肺動脈には静脈血が流れている。
② 止血の際に最も主要な役割を果たすものは，好中球である。
③ 動脈には弁があり，血液の逆流を防いでいる。
④ 試験管に入れた血液が凝固したとき，その上澄みにできる淡黄色の液体を血ぺいという。
⑤ 肝門脈を流れる血液が，栄養分が特に少ない。

問2 成人の血液の有形成分に関する記述として最も適当なものを，次の①〜⑤の中から一つ選びなさい。 9

① 血小板は，主に二酸化炭素の運搬にはたらく。
② 赤血球は肝臓でつくられる。
③ 赤血球の寿命は 120 日程度である。
④ 赤血球は複数の核をもつ。
⑤ 白血球の中で最も数が多いものはマクロファージである。

問3 図1はヘモグロビンの酸素解離曲線であり，二つの曲線の一方は二酸化炭素濃度が高いときのもので，他方は低いときのものである。これらのうち一方は肺胞，他方は組織の二酸化炭素濃度に対応している。肺胞で酸素と結合したヘモグロビンは組織の毛細血管を流れる時点で何％が酸素を放出することになるか。最も適当なものを，下の①〜⑥の中から一つ選びなさい。ただし，肺胞から組織までの間に放出される酸素はないものとする。 10

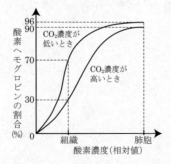

図1

① 約40%　　　　　　② 約50%　　　　　　③ 約60%
④ 約70%　　　　　　⑤ 約80%　　　　　　⑥ 約90%

問4　ヒトが激しい運動をすると，酸素解離曲線（安静時のもの）にどのような変化が生じるかについて予想した記述として最も適当なものを，次の①〜⑥の中から一つ選びなさい。　11

① 交感神経が直接はたらいて左に移動する。
② 副交感神経が直接はたらいて右に移動する。
③ 酸素濃度が減少するので左に移動する。
④ 二酸化炭素濃度が増加するので右に移動する。
⑤ 運動では変化しない。
⑥ 運動の種類によって右にも左にも移動しうる。

問5　酸素解離曲線に関する次の文中の空欄　ア　〜　ウ　に入る記号の組合せとして最も適当なものを，下の①〜⑥の中から一つ選びなさい。　12

　　成人のヘモグロビンの酸素解離曲線は**図2**のAのようなS字型である。また，組織での酸素濃度において最もグラフの傾きが大きいものは　ア　である。　イ　のような酸素解離曲線では，組織に移動するまでにほとんどの酸素を放出してしまう。なお，　ウ　はヘモグロビンが組織に達しても酸素をほとんど解離できない。

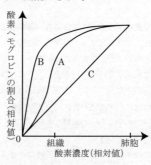

図2

	ア	イ	ウ
①	A	B	C
②	A	C	B
③	B	C	A
④	B	A	C
⑤	C	A	B
⑥	C	B	A

Ⅱ　ヒトは，さまざまな生物資源や鉱物資源を採取・加工し，そして廃棄している。そしてそれら
のことは生態系にさまざまな影響を及ぼしている。

問6　人間生活の環境への影響も，その程度がわずかであれば，自然浄化の作用によって生態系に
ただちに大きな影響を及ぼすことはない。自然浄化について述べた次の（あ）～（う）の文のう
ち，正しい文を過不足なく含むものを，下の①～⑦の中から一つ選びなさい。　13

（あ）自然浄化の範囲を大幅に超える汚水が河川に流れ込んでも，一時的であればまったく問
題ない。
（い）大量の水や空気による希釈，拡散によって毒性がほとんどなくなる物質もある。
（う）干潟には河川からの有機物や栄養塩類を浄化するはたらきがある。

①　（あ）　　　　　　　②　（い）　　　　　　　③　（う）
④　（あ）と（い）　　　⑤　（あ）と（う）　　　⑥　（い）と（う）
⑦　（あ）と（い）と（う）

問7　人間生活が海や河川，湖に与える影響に関する記述として**誤っているもの**を，次の①～⑤の
中から一つ選びなさい。　14

①　生活排水に含まれる有機物が分解される過程で酸素が大量に消費され，多くの生物が死滅
することがある。
②　農耕地に用いる化学肥料が多すぎた場合にも，海や湖などで富栄養化が起こりうる。
③　赤潮は海が富栄養化してプランクトンが異常に増殖することで生じる。
④　工場排水は無機物が多いので，生態系には影響を及ぼさない。
⑤　淡水が富栄養化して水面が青緑色になる現象を，水の華（アオコ）という。

問8　二酸化炭素と地球温暖化について述べた次の（あ）～（う）の文のうち，正しい文を過不足な
く含むものを，下の①～⑦の中から一つ選びなさい。　15

（あ）人間生活による二酸化炭素の排出は，化石燃料の燃焼によるところが大きい。
（い）地球温暖化の原因となる気体は，二酸化炭素のみである。
（う）一年の二酸化炭素濃度の変化を調べると，植物のはたらきにより，夏にやや低く，冬に
やや高くなる。

①　（あ）　　　　　　　②　（い）　　　　　　　③　（う）
④　（あ）と（い）　　　⑤　（あ）と（う）　　　⑥　（い）と（う）
⑦　（あ）と（い）と（う）

問9　人間生活が生態系に与える影響に関する記述として**誤っているもの**を，次の①〜⑥の中から一つ選びなさい。　16

① 紀元前などの人口が少なく工業が発達していない時代では，人間生活が生態系に与える影響もわずかであった。
② 化学物質は，排出量が少なくても食物連鎖を経て生物の体内で濃縮されることがある。
③ 工場排水や生活排水が海に流入することで，赤潮が発生する。
④ ペットや養殖目的などで持ち込んだ動物が，移入先の生態系を大きく乱すことがある。
⑤ 外来生物には，人体に危害を加えたり，産業に悪影響を及ぼしたりする種はいない。
⑥ 樹木の伐採や家畜の過放牧などにより，砂漠化や熱帯林の減少が進んでいる地域がある。

3 動物の行動と遺伝子の変化に関する文章 I・II を読み，問い（問1〜8）に答えなさい。

I 動物が生まれながらに示す行動を生得的行動という。それに対して後天的な経験によって行動が持続的に変容することを学習という。学習には単純なものから知能行動と呼ばれる高度なものまでさまざまな種類がある。

問1　動物の行動に関する記述として最も適当なものを，次の①〜④の中から一つ選びなさい。
17

① 生得的行動を引き起こす刺激を適刺激という。
② 同種の他の個体に生得的行動を促す物質をロドプシンという。
③ ふか(孵化)してすぐのアヒルのひなが動くものについていく行動は，刷込みである。
④ ショウジョウバエの求愛行動は学習によるものである。

問2　アメフラシの水管を刺激すると，えら引っ込め反射(以後，反射と記す)を起こすが，何度も水管を刺激すると反射は弱くなる(以後，慣れと記す)。反射や慣れについて述べた次の (あ)〜(う) の文のうち，正しい文を過不足なく含むものを，下の①〜⑦の中から一つ選びなさい。
18

(あ) 反射は，水管の感覚ニューロンの興奮が，えらの運動ニューロンに直接伝達されることで起こる。
(い) 慣れを起こした個体の尾部を刺激すると，再び反射が起こるようになる。
(う) 慣れは単純な学習と考えられる。

① (あ)　　　　　　② (い)　　　　　　③ (う)
④ (あ) と (い)　　⑤ (あ) と (う)　　⑥ (い) と (う)
⑦ (あ) と (い) と (う)

問3　日本のある地域において春分（太陽が午前6時に真東から昇り，午後6時に真西に沈むものとする）に近いある日の午前10時ごろ，**図1**のようにミツバチの巣箱からやや離れた位置に餌を設置したところ，これを見つけたはたらきバチが巣に帰り，仲間に餌の位置を伝えようとしていた。8の字ダンスが垂直な巣板で行われるとき，予想される8の字ダンスの様子として最も適当なものを，下の①〜⑥の中から一つ選びなさい。ただし，それぞれの選択肢の図は，上下を巣板と一致させ，垂直上向の方向を矢印で示して描いてあるものとする。　19

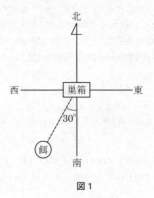

図1

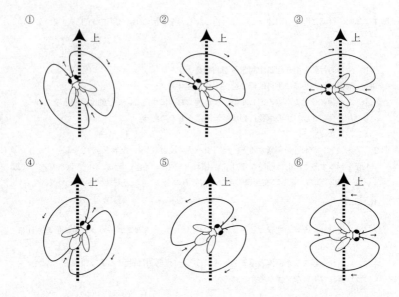

問4　学習について述べた次の（あ）〜（う）の文のうち，オペラント条件付けに当たるものを過不足なく含むものを，下の①〜⑦の中から一つ選びなさい。　20

（あ）サルにイモを与えていたところ，ある個体が海水でイモを洗うようになり，他の個体も真似をするようになった。

（い）イヌに餌を与えるときベルを鳴らしていると，ベルの音を聞いただけでだ液を分泌するようになった。

（う）偶然にレバーを押して餌を得たハトは，この経験を繰り返すうちに自発的にレバーを押すようになった。

① （あ） 　　　　　　② （い） 　　　　　　③ （う）
④ （あ）と（い） 　　⑤ （あ）と（う） 　　⑥ （い）と（う）
⑦ （あ）と（い）と（う）

II　鎌状赤血球症は，ヒトの第 11 番染色体上の遺伝子が変異することでヘモグロビン β 鎖が正常に合成されず，貧血の症状を起こす遺伝性疾患である。変異した遺伝子をヘテロ接合でもつ場合の症状は軽度であるが，ホモ接合でもつ場合は重度の貧血症状を示す。

問5　鎌状赤血球症はわずか一つの塩基対が別のものに置き換わっていることで起こる。一般にこのような変異が DNA のエキソンの部分（スプライシングの位置が変化することによる影響は考えないものとする）に発生した場合，合成されるタンパク質に起こりうる変化として**誤っているもの（起こる可能性がまったくないもの）**を，次の①〜⑥の中から一つ選びなさい。　21

① タンパク質がまったく合成されない。
② 元のタンパク質が途中で切れたようなタンパク質が合成される。
③ 元のタンパク質のアミノ酸配列が途中からでたらめになり，アミノ酸の数も変化する。
④ タンパク質の一つのアミノ酸が変化し，正常に機能しない。
⑤ タンパク質の一つのアミノ酸が変化するが，正常に機能する。
⑥ タンパク質がまったく変化しない。

問6　鎌状赤血球症ではヘモグロビン β 鎖のタンパク質のうち，ある位置のグルタミン酸がバリンに変化することで起こる。また変化する前のグルタミン酸に対応するコドンは（GAG）であり，変化した後のバリンに対応するコドンは（GUG）である。**図 2** は鎌状赤血球ヘモグロビン遺伝子の塩基配列のうち，変異した塩基を含む一部を示しているが，必ずしも端から 3 個ごとに区切ったものがコドンを表すわけではなく，どちらが mRNA の鋳型になる鎖（アンチセンス鎖）かも示していない。**図 2** 中で，mRNA の鋳型になる鎖（アンチセンス鎖）における変異した塩基の位置として最も適当なものを，下の①〜⑥の中から一つ選びなさい。　22

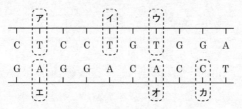

図2

① ア　　　　　　　　　② イ　　　　　　　　　③ ウ
④ エ　　　　　　　　　⑤ オ　　　　　　　　　⑥ カ

問7　ヒトの遺伝性疾患の一つに，フェニルケトン尿症がある。フェニルケトン尿症は鎌状赤血球症とは異なり，劣性ホモ接合体でのみ発症し，ヘテロ接合体の場合には症状を示さない。また発生頻度に男女の差はみられない。**図3**は架空の患者の家系図であり，■と●はそれぞれ発症した男女を，□と○はそれぞれ発症していない男女を示す。また，発症していない男女については A〜F で個人を識別する。A〜F のうち，遺伝子型が**図3**からだけでは**確定できないもの**を過不足なく含むものを，下の①〜⑥の中から一つ選びなさい。　23

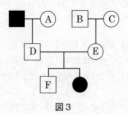

図3

① A　　　　　　　　　② B, C　　　　　　　　③ F
④ A, B, C　　　　　　⑤ B, C, F　　　　　　⑥ A, B, C, F

問8　鎌状赤血球症は，正常な遺伝子を少なくとも一つもっていれば重症(症状が重度のもの)にはならず，変異した遺伝子をまったくもたなければ正常(症状を示さないもの)である。仮に鎌状赤血球症を発病する遺伝子が X 染色体(性染色体)上にあったとすると，次の (あ)〜(う) のうち，鎌状赤血球症の重症(症状が重度のもの)，軽症(症状が軽度のもの)の発生頻度に関する記述として適当なものを過不足なく含むものを，下の①〜⑦の中から一つ選びなさい。　24

(あ) 重症の女子はみられない。
(い) 軽症の男子はみられない。
(う) 男女間で軽症，重症の発生頻度はそれぞれ変わらない。

① (あ)　　　　　　　　② (い)　　　　　　　　③ (う)
④ (あ)と(い)　　　　　⑤ (あ)と(う)　　　　　⑥ (い)と(う)
⑦ (あ)と(い)と(う)

$\boxed{4}$　呼吸の仕組みとホメオティック遺伝子に関する文章Ⅰ・Ⅱを読み，問い（**問1～8**）に答え
なさい。

Ⅰ　呼吸によって生じる二酸化炭素の体積を，消費した酸素の体積で割った値を呼吸商という。**図
1**のような装置を用いて呼吸商を求める実験を行った。同一の装置を2組（装置A，装置Bとす
る）用意し，その中に発芽直前のダイズの種子をそれぞれ等しい量入れた。装置に装着したガラ
ス管には少量のインクが注入されていて，装置内部の気体の変化量(体積変化)が観察できるよう
にしてある。また，**図1**の「液体」と記した部分に装置Aは蒸留水を，装置Bは呼吸で発生した
二酸化炭素を吸収する性質をもつ溶液Xを入れた。また，装置Aと装置Bに入れた液体の体積
は等しいものとする。二つの装置を同一条件にして暗所で一定時間観察したところ，装置Aはイ
ンクが装置内部の方向に a [cm]，装置Bは b [cm]移動した。

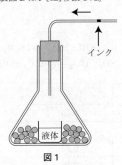

図1

問1　装置Bに入れた溶液Xは何か。また，装置Aに蒸留水を入れた目的は何か。溶液Xと，装
置Aに蒸留水を入れた目的の組合せとして最も適当なものを，次の①～⑥の中から一つ選びな
さい。　$\boxed{25}$

	溶液X	装置Aに蒸留水を入れた目的
①	塩化カリウム水溶液	溶液Xに対する対照実験として
②	塩化カリウム水溶液	伸びてきた根に水を与えるため
③	水酸化カリウム水溶液	溶液Xに対する対照実験として
④	水酸化カリウム水溶液	伸びてきた根に水を与えるため
⑤	硫酸マグネシウム水溶液	溶液Xに対する対照実験として
⑥	硫酸マグネシウム水溶液	伸びてきた根に水を与えるため

問2　一定時間経過後の呼吸商を求める式として最も適当なものを，次の①〜⑥の中から一つ選びなさい。 26

①　$\dfrac{a+b}{a}$　　　　　②　$\dfrac{a-b}{a}$　　　　　③　$\dfrac{b-a}{a}$

④　$\dfrac{a+b}{b}$　　　　　⑤　$\dfrac{a-b}{b}$　　　　　⑥　$\dfrac{b-a}{b}$

問3　呼吸基質がすべてステアリン酸（$C_{17}H_{35}COOH$）だった場合と，すべてイソロイシン（$C_6H_{13}NO_2$）だった場合の呼吸商は，それぞれいくらになるか。その組合せとして最も適当なものを，下の①〜⑥の中から一つ選びなさい。ただし，必要であれば次の化学反応式を用いてもよい。 27

$$C_{17}H_{35}COOH + 26O_2 \longrightarrow 18CO_2 + 18H_2O$$
$$2C_6H_{13}NO_2 + 15O_2 \longrightarrow 12CO_2 + 2NH_3 + 10H_2O$$

	ステアリン酸	イソロイシン
①	0.60	0.75
②	0.60	0.80
③	0.69	0.75
④	0.69	0.80
⑤	0.70	0.75
⑥	0.70	0.80

問4　ヒトの呼吸商を測定するには呼気中の酸素濃度と二酸化炭素濃度を測定すればよいが，これだけでは呼吸基質の割合を調べることはできない。一定時間あたりのタンパク質の代謝量を測定するにはどのような方法があるか。最も適当なものを，次の①〜⑥の中から一つ選びなさい。ただし，DNAなどの窒素を含む物質の代謝による影響は無視できるほど小さいとする。 28

①　体重の変化を厳密に測定する。
②　体温の変化を厳密に測定する。
③　体脂肪率の変化を厳密に測定する。
④　血糖濃度を測定する。
⑤　尿中の尿素量を測定する。
⑥　糞便中の炭素量を測定する。

II　ホメオティック遺伝子群が変異した個体では，器官形成の誘導に必要なタンパク質に過不足が生じる。これにより組織や器官が通常では生じない位置に誘導されたり，本来あるべき位置に生じなかったりする。シロイヌナズナの花の形成にはAクラス，Bクラス，Cクラスのホメオティック遺伝子が関与し，発現領域は**図2**のようになっている。A遺伝子のみ発現する部分にはがくが形成され，A遺伝子とB遺伝子が両方とも発現する部分には花弁が形成される。同様にB遺伝子とC遺伝子が両方とも発現する部分にはおしべが形成され，C遺伝子のみ発現する部分にはめしべが形成される。またA遺伝子が発現しない対立遺伝子をa遺伝子とすると，A遺伝子はa遺伝子に対して優性であって，遺伝子型がaaである個体をA変異体と呼ぶことにする。なおB，Cについても同様とし，A，B，Cの各遺伝子は独立しているとする。

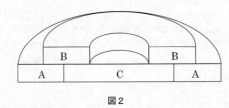

図2

問5　A〜Cの変異体のうち，自家受精が可能であるものを過不足なく含むものを，次の①〜⑥の中から一つ選びなさい。 29

①　A変異体   ②　B変異体
③　C変異体   ④　A変異体とB変異体
⑤　A変異体とC変異体   ⑥　B変異体とC変異体

問6　B遺伝子を本来の領域に限らず，花が形成されるすべての領域で発現するように遺伝子操作した個体を作製した。この個体の花の器官の形成はどのようになるか。最も適当なものを，次の①〜⑥の中から一つ選びなさい。 30

①　すべての部分に花弁が形成される。
②　すべての部分におしべが形成される。
③　すべての部分にめしべが形成される。
④　中央にめしべが，周辺に花弁が形成される。
⑤　中央におしべが，周辺にがくが形成される。
⑥　中央におしべが，周辺に花弁が形成される。

問7　遺伝子型が aaBBCC の A 変異体と遺伝子型が AAbbCC の B 変異体とは交配可能である。この交配で得られた雑種第一代をさらに自家受精して得られた雑種第二代のうち，めしべだけしか形成されないものの割合はどのようになるか。最も適当なものを，次の①〜⑥の中から一つ選びなさい。　31

① $\dfrac{1}{16}$　　　　② $\dfrac{1}{8}$　　　　③ $\dfrac{3}{16}$

④ $\dfrac{3}{8}$　　　　⑤ $\dfrac{1}{2}$　　　　⑥ $\dfrac{9}{16}$

問8　キイロショウジョウバエは飼育が容易なため遺伝の研究が進んでおり，ホメオティック突然変異体の存在も知られている。キイロショウジョウバエのホメオティック突然変異に関する次の文中の空欄 ア ， イ に入る語句の組合せとして最も適当なものを，下の①〜⑥の中から一つ選びなさい。　32

キイロショウジョウバエのアンテナペディア変異体では頭部に触角の代わりに ア が形成され，バイソラックス変異体は後胸の代わりに中胸が形成されて イ もつ。

	ア	イ
①	眼	翅を4枚
②	眼	脚を4本
③	口	翅を4枚
④	口	脚を4本
⑤	脚	翅を4枚
⑥	脚	脚を4本

◀B日程（生物基礎）▶

（2科目 120分）

(注)　物理基礎または化学基礎とともに解答し，1科目の扱いとする。

| 1 | ◀B日程（生物基礎・生物）▶の〔1〕に同じ。 |

| 2 | ◀B日程（生物基礎・生物）▶の〔2〕に同じ。 |

国　語

◀Ａ　日　程▶

（二科目　一二〇分）

1　次の問い（問1〜4）に答えなさい。

問1　ア〜エの傍線部のカタカナに相当する漢字と同じ漢字を含むものを、次の各群の①〜④の中からそれぞれ一つ選びなさい。　1 、 2 、 3 、 4

ア　卒業の日を迎えてアイカンが入り交じった感情になる。　1
　　① 連敗で最下位にカンラクする。
　　② 事前の準備が何よりもカンジンだ。
　　③ 遠方へ旅立つ友人をカンソウする。
　　④ 手間をかけずカンイな包装で済ます。

イ　格差の問題が放置されてフンガイする。　2
　　① 元大統領がダンガイ訴追を受ける。
　　② 不幸なキョウガイに光が差し込む。
　　③ 不景気なので状況が好転するガイゼン性は低い。
　　④ ことさら炎上をあおる風潮にガイタンする。

ウ　過去の過ちを思い出してカイコンの涙を流す。　3
　　① 苦労はカクゴの上でエベレスト登頂を目指す。
　　② 人権ヨウゴ団体の活動について調べる。
　　③ 世話になった恩人のサイゴを看取る。
　　④ 曖昧な物言いのせいでゴカイを招いた。

エ　主語と述語がショウオウした文を書く。　4
　　① オウギを極めようと修行に励む。
　　② 京都と東京を新幹線でオウフクする。
　　③ 友人の試合のオウエンに行く。
　　④ 好奇心がオウセイな子ども。

問2　ア・イの四字熟語の空欄 5 、 6 に入る漢字を、次の各群の①〜④の中からそれぞれ一つ選びなさい。 5 、 6

ア　才色 5 備
① 研　② 堅　③ 兼　④ 間

イ　不俱 6 天
① 堆　② 戴　③ 泰　④ 滞

問3　ア〜ウの慣用表現の空欄 7 〜 9 に入る漢字を、次の①〜⑨の中からそれぞれ一つ選びなさい。 7 、 8 、 9

ア　衣食足りて 7 節を知る

イ　自家 8 籠中の物

ウ　 9 竹の勢い

① 令　② 薬　③ 苦　④ 葉　⑤ 貞

⑥ 礼　⑦ 印　⑧ 油　⑨ 破

問4　ア〜ウに該当するものを、次の各群の①〜④の中からそれぞれ一つ選びなさい。 10 、 11 、 12

ア　『星条旗の聞こえない部屋』などを著し、母語でない日本語で創作を行う作家 10
① ドナルド・キーン　② 小泉八雲　③ リービ英雄　④ 楊逸

イ　新思潮派でない作家 11
① 芥川龍之介　② 菊池寛　③ 久米正雄　④ 武者小路実篤

ウ　北原白秋の詩集 12
① 『邪宗門』　② 『月に吠える』　③ 『在りし日の歌』　④ 『天地有情』

② 次の文章を読んで、後の問い（問1〜6）に答えなさい。

音楽が楽しまれるために、曲は既存の一定の形式に従ったものでなければならない。他方でその音楽があられて響きになるためには、一定の逸脱が必要である。しかもその逸脱の方法は、伝統的な逸脱方法から逸脱しているだけでなければならない。あられた逸脱の方法では、新奇さが失われるからである。

そこで作曲家は、確立された様式にとどまりつつも、新しい方法で逸脱しようとする。逸脱が大きすぎると、音楽は不快になってしまう。だから作曲家は、逸脱が不快になる直前で、新奇さの追求をやめなければならない。しかしその「快適さと不快の境目」がどこにあるかについて、事前には十分からない。音楽を鑑賞する側も、その境界をあらかじめ明確に知ることはできない。

音楽のなかには、もっぱら穏やかな快適さのみを追求して、新奇性を追求しない「実用音楽」もある。例えば、レストランの食卓音楽、ホテルの木上音楽、モーツァルトの嬉遊曲などである。こうした音楽は、度が過ぎて不快になる心配がないように作られている。けれどもストラヴィンスキーが関心を寄せるのは、覚醒的な力を持った音楽である。日常生活を軽く彩る音楽ではなく、人々の感受性を脳の情報処理能力を最大限に刺激するような音楽である。そのような音楽は、伝統的な様式からあえるだけ逸脱しようとする。

実用音楽の理想は、人々に「安楽（comfort）」をもたらすものであるだろう。これに対して、刺激の強い音楽の理想は、安楽を超えて、人々の「快楽（pleasure）」を最大限に高めるものである。ストラヴィンスキーは明確に論じてはいないが、いまりの区別によって安楽と快楽を分けてみるなら、人はたんなる安楽を求めるのではなく、五感をすべて用いて最大限の快楽を求める存在でもある。その場合の快楽はしかし、最大限の不快と隣り合わせにあり、その境目は明確ではない。人はしばしば快楽の度が過ぎて、最大限の不快をこうむってしまうことがある。

この安楽と快楽の区別は、例えば、私たちが絵画を鑑賞する際に「快い」と感じる絵と「興味深い」と感じる絵を認識することに対応するだろう。ストラヴィンスキー、芸術作品を鑑賞する人々の生理的反応を調べた実験を参照しつつ、穏やかな刺激を与える作品は「快いもの＝安楽」であるのに対して、不安を伴うような興奮の感覚を与える作品は「興味深いもの＝快楽」であると解している。安楽としての快楽、安心して得られる快楽である。これに対して逸脱から得られる快楽は、不快のリスクが大きいけれども、脳や五感を最大限に活用して、最大限に得られるものである。

最大限の快楽を得るためにはしかし、脳の能力や五感の感受性を掘り下げてくという、修練の過程を必要としている。人はマニアとして、玄人として、修行者として、あるいは道楽者として、脳や五感を掘り下げることによって、最大限の快楽を得る。というのその最大限の快楽は、既存の快楽からの逸脱によって得られるものであるから、下手をすると最大限の不快くというリスクがある。最大限の快楽は、逸脱を通じてマニアに掘り下げた刺激である。その掘り下げ方が凡庸なものであれば、いつでも刺激を失うであろう。またその掘り下げ方に失敗すれば、快楽は不快なものに転化するだろう。いずれにせよ、最大限の快楽を得るためには、逸脱的なものを求めなければならないけれども、またその快楽を持続させるには、逸脱に次ぐ逸脱を求めなければならない。

ポスト近代の消費社会とは、このような逸脱による快楽を求める社会であった、ということができる。しかし新奇さの追求は、限度を超えると不快なものへ転化する。もはや新奇さが快楽を生みすかえって不快の源泉になる場合には、どのようにすればいいのか。ストラヴィンスキー自身は、人は安楽と快楽の自由選択において、合理的に判断できるだろうと考えた。人は快楽が不快に転化するリスクを削御できると考えた。もしそうだとすれば、次のように言うことができる。消費のマニアリスクが生まれる背景には、逸脱的な新奇さがもたらす不快のリスクが上昇したのではないか、そしてそのリスク

に対して人々は回避的になってきたのではないか、と。

　逸脱的な新奇さを追求していくと、それは同時に、不快のリスクを上昇させる。そのようなリスクは、ネット社会における「情報の過剰」とともに高まっているかもしれない。クラウチは『退屈と退屈』で、モノや情報が過剰になると人生はかえって無意味に、退屈になるというパラドクスを指摘している。

　クラウチによれば、人間には、興味深いと感じる情報量の(注)閾値というものがある。例えば、物事を細かにわたって描写していくと、それは興味を引きつける点を越えて、しだいに退屈度を高めていくだろう。サルトールがいうように「退屈な人である証は、なにもかも語るところ」である。聞き手がうんざりするまで語の細部を積み重ねる人は、他人を退屈させてしまう。あるいはまた、体力的な問題もある。例えば博物館で、私たちが一時間から二時間程度鑑賞すると、疲れてしまう。それ以上に鑑賞しても、興味を持続させてもらえなくなる。人は疲れると、体力や精神の集中が減退し、それで退屈してしまう。第三に、人はあまりに多様な経験に喜びを感じなくなってしまうのである。テニスなどのスポーツ競技には、一定のルールがある。もしそのルールが変更されたり、あるいはルールによる縛りが少なくなると、人はスポーツ競技を楽しむことができなくなるだろう。あまりに ▢X▢ が高いと、人は退屈を感じてしまう。このように ▢Y▢ がある閾値を超えると、人は意味を受け取ったり、意味を創造したり、意味を解したりする営みを劣化させてしまう。情報が増えても、それらを意味として受けとめることをできなくなる。

　クラウチは、情報が凡庸なもの（劣化するプロセスについて、いくつかのパターンをリスト化している。(1)忘れられる。情報化する、といった心理的なプロセス。(2)情報が繰り返されるなかで、その細部が失われてしまう場合。例えば、何度もコピーされて伝承された噂話や、ある本物の安価な複製（キッチュ）は、凡庸なものとなる。(3)機械的に大量生産されたもの。それらは単調に感じられる。(4)ポピュラー文化のように画一的に拡散されるもの。それらは凡庸に感じられる。(5)模倣されたファッションも、凡庸に感じられる。(6)情報を親しいグループもしくはネットワークに限定してしまうと、凡庸化してしまう。(7)自然な／現実的な／正統なといった、文化的な意味の基準を当てはめることで排除されたものは、否定的な意味を受け取るが、文化的意味の基準が多すぎると、意味を否定されるものも多くなる。(8)意味の欠如は退屈をもたらす。しかしその退屈を紛らわせてくれるような、慰安となるエンターテインメントがある。テレビのバラエティ番組などは、意味の欠如を代償してくれる（クラウチはそれを「社会的プラシーボ（偽薬）」と呼んでいる）。

　こうした意味の凡庸化とその代償の享受から免れるためには、次のような実践が効果的であるかもしれない。慣習化した行動をすべてやめる。高価なモノを志向する。大量生産されたものを買わない。画一的なポピュラー文化に近づかない。ファッションは最低限にする。情報はできるだけオープンにする。既存の文化的意味の基準によって物事を排除しない（差異のコードを否定する）。無意味な生を癒してくれる陰薬（慰安的娯楽）には近寄らない、等々である。こうした実践は、一方ではハイカルチャー（上位文化）を肯定し、他方ではミニマリズムに接近するだろう。ミニマリズムは、情報の凡庸化を克服するための、一つの手段になりうるかもしれない。

　　　　　　　　　　　　（橋本努『消費ミニマリズムの倫理と脱資本主義の精神』による。
　　　　　　　　　　　　　　　なお、本文中に一部省略したところがある。）

(注)　閾値──限界値。ある反応を起こすのに必要となる値の水準。

問1　傍線部A「実用音楽の理想は、人々に『安楽(comfort)』をもたらすものであるだろう。これに対して、刺激の強い音楽の理想は、安楽を超えて、人々の『快楽(pleasure)』を最大限に高めるものである。」とあるが、「実用音楽」と「刺激の強い音楽」について説明したものとして最も適当なものを、次の①〜⑤の中から一つ選びなさい。　 13

① 「実用音楽」は既存の形式を守ることで快適さをもたらそうとするものだが、「刺激の強い音楽」はまったく新しい形式で人々の欲求を解放することを試みるものである。

② 「実用音楽」は万人が心地よく感じることに主眼を置くものだが、「刺激の強い音楽」は一部の人が不快に感じるとしても個の最大限の快楽を追求するものである。

③ 「実用音楽」は不安を与えないことを重視するものだが、「刺激の強い音楽」は不快と感じる寸前まで様式を逸脱することで生じる快楽を重視するものである。

④ 「実用音楽」は聴いている人々を不快にさせない程度の新奇性を目指すものだが、「刺激の強い音楽」は人々を覚醒させるような究極の新奇性を求めるものである。

⑤ 「実用音楽」は鑑賞者が快適さを感じることが保証されたものだが、「刺激の強い音楽」は鑑賞者にとっては聴く前に快・不快が判断しづらいものである。

問2　傍線部B「最大限の快楽を得るためには、逸脱的なものを求めなければならない。またその快楽を持続させるには、逸脱に次ぐ逸脱を求めなければならない」とあるが、この内容に関連して、安楽と快楽を区別したうえで、逸脱と快／不快の関係について示した〈図〉として最も適当なものを、次の①〜④の中から一つ選びなさい。　14

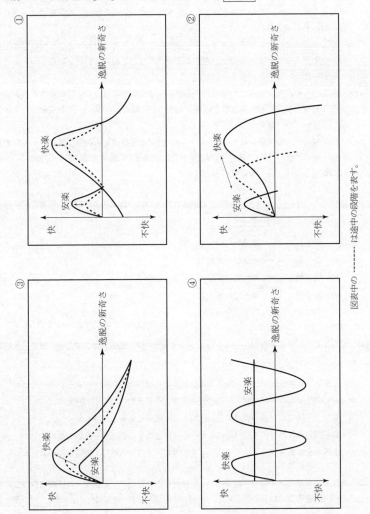

図表中の --------- は途中の段階を表す。

問3　傍線部C「消費のミニマリズムが生まれる背景には、逸脱的な新奇さがもたらす不快のリスクが上昇したのではないか。そしてそのリスクに対して人々は回避的になってきたのではないか」とあるが、ここで筆者は何を言おうとしているのか。その説明として最も適当なものを、次の①〜⑤の中から一つ選びなさい。　15

① あらゆるものを自由に選択して消費をする社会になったことで、人々は消費から得られる刺激を求めることよりも、刺激を求めることで生じる経済的なリスクを避けるようになったということ。

② 過剰な新奇さが追求されるという社会的な変化によって、人々は目新しいものから受ける刺激を感じにくくなり、不快感を感じるリスクを負ってまで目新しさや新奇性を求める意味を見失ったということ。

③ 過剰な新奇性に対して拒否反応を示す消費者の声が大きくなり、その声に危機感を持った生産者側が奇抜な商品を避け商品を作るようになったことで生産が縮小し、それに伴い消費も縮小していったということ。

④ 逸脱による快楽を求める社会では、逸脱の新奇さが過剰になって消費者が不快感じる場面が増えたため、人々が過剰な刺激を避けようと自身にとって快適な消費の仕方を理性的に判断するようになったということ。

⑤ 生産者が人々に感動を与えようと、こぞって逸脱的な奇抜さを追い求めたことで逸脱の形式が飽和状態になった結果、商品はかえって凡庸化し、量産されていく新奇さのない商品に消費者が次第に飽き始めたということ。

問4　空欄　X　・　Y　に入る表現の組み合わせとして最も適当なものを、次の①〜⑤の中から一つ選びなさい。　16

①　X　完成度　　Y　普遍性や安定性
②　X　自由度　　Y　多様性や複雑性
③　X　満足度　　Y　公共性や規範性
④　X　許容度　　Y　規則性や画一性
⑤　X　期待度　　Y　娯楽性や遊興性

問5　傍線部D「意味の凡庸化」とあるが、その具体例として適当でないものを、次の①〜⑤の中から一つ選びなさい。　17

①　一流ブランドの流行にデザインを似せた同型の安価な服が各メーカーで量産される。
②　ある曲が大ヒットした後、どの音楽番組でもその曲ばかりが取り上げられる。
③　有名な画家の代表作とされる絵が印刷された商品が大量に生産される。
④　新進気鋭のピアニストによるコンサートが母国以外の会場でも開催される。
⑤　一個人のSNSでのコメントが取り上げられて、コメントの一部が拡散されていく。

問6　高校生五人が本文を読んで話し合った。本文の内容を踏まえた発言として適当でないものを、次の①〜⑤の中から二つ選びなさい。ただし、解答の順序は問わない。　18　、　19

①　生徒A…筆者は、ポピュラーな文化を庶民的なものであるとして否定的な見解を示しているるね。高級志向のハイカルチャーは確かに素晴らしいけれど、皆がそれを享受できるわけではないし、バラエティ番組などにもとても面白いものがあるのに。

②　生徒B…文化が画一的に拡散されることによって、物事の意味が劣化していくと考えているようだね。大量生産の安価な複製がもたらす凡庸性について述べているのであって、人気のあるものをすべて否定してはならないことやないか。

③　生徒C……上位文化的と大衆的な文化と対置されるけれど、優劣を比較しているというより、上位文化が意味の凡庸化に対して持つ力に着目しているんだと思う。情報があふれ意味が凡庸化する社会だからこそ、本物を見極めることが大事なんだね。

④　生徒D……それはそうだね、一線を画す新奇性があれば、文化としての意味が認められるということだね。心の慰安となるエンターテインメントは退屈を一時的に埋めてはくれるけど、「偽薬」、つまり意味の欠如を根本から解決するものではないんだね。

⑤　生徒E……私もインターネットのニュースサイトや新聞で、時事問題などの記事を読んでいると難しくて複雑すぎてうんざりしてしまうことがあるだけれど、筆者の言うように情報の過剰さに退屈を感じているということなのかもしれないな。

3　次の文章を読んで、後の問い（問1〜6）に答えなさい。

> 淳之祐は幼い頃に高橋家に婿として引き取られた。高橋家は代々医者の家系で、淳之祐自身も医者になるが、幕府が設置した小石川養生所に勤めてからほとんど家に帰っておらず、義兄の基則に本を返すために久しぶりに高橋家を訪れた。淳之祐は久しぶりに会った佳枝の変わせた様子に驚きつつ、縁側で基則が来るのを待っていた。

高橋の家の者は、養子の淳之祐に優しかった。辛い思いをしたことはない。歳の離れた義兄の基則はなんでも教えてくれて、淳之祐につきあって右げ応え挙げ、剣術の稽古の相手をしてくれたこともあった。しかし喧嘩をしたことはない。ぶつかったことは一度もなかった。基則はいつも話のわかる義兄だった。

A　淳之祐にはそれが寂しかった。

そう感じたのは贅沢だったのだと今は思えるが、当時は桜の木の下でいつまでも膝を抱えて座り地面に絵を描いて遊んでいた。

桜は関山という種類の古木で幹が太い。

淳之祐は中庭に降り、桜の黒い木肌に触れてみた。ざらついた感触は昔のままである。満開の頃はハハに座って釣りをもせず見上げていたこともあった。

弓なりに曲がった枝からいっぱいに大ぶりの花を付ける関山は、圧倒されるくらい美しい八重桜だった。

散り際がまた一段と綺麗だった。花びらが雪のように次から次へと舞い落ち、吹く風が淡い桜色に染まり自分をも包んでくるような気がした。

目を閉じると暖かい陽を浴びていた感覚までも蘇ってくる。

あのとき、広縁に佳枝が座っていた。二度や三度ではない。目につったら立ち止まる気にかけていたのだ。

穏やかに「淳之祐さん、綺麗ですね」と一緒に眺めていてくれたのを思い出した。艶やかな髪をきちんと結い茶らか頬に笑みを浮かべていた。膝の上でゆったりと組まれた指先は白魚のようになめらかで美しかった。その手を差し伸べ「いらっしゃい」と声をかけてくれたのに淳之祐は足を送ることもできなかった。

どうすればいいのかわからず、頑なな子どもだったと思う。

そんな淳之祐を佳枝は受け入れ、見守ってくれていたのだろう。

「まだ咲きませんよ」

a 子どもにも声に我に返った。

広縁に幼い佳枝が立っていた。

「もう少ししたら咲くので、お祖母様が教えてくれました」

「楽しみだね」

淳之祐が歩み寄ると廷は後ずさった。

つらいの前まで赤ん坊だと思っていたが、もうこんな口をきくようになったのかと驚いた。

「いくつになったのかな」

「四つ」

「そうか、大きくなったね」

淳之祐が傍らに腰をかけると、奥から甥の隆俊が慌ててやってきた。

「こっちにおいで、叔父上は御用があるのだから」

淳之祐に向き直り、「いらっしゃいませ」と挨拶した。隆俊は八つだった。

（ずいぶんしっかりしたものだ）

淳之祐が感心していると、未庵が広縁に現れた。

「待たせたな、淳之祐」

「父上」

義兄に写本を返すつもりだったが、未庵が出てきたので驚いた。未庵は二人の孫に「下がっていなさい」と静かに言うと、隆俊が妹を連れていった。

「ようやく来てくれたな」

未庵は笑みを浮かべた。

「兄上の写本をお返しに来ました」

「そうでもしないと、おまえはいっこうに来てくれない」

「Ｂ、それは、兄上……」

「私が頼んだことだが、基則は本心からおまえに貸してやりたかったそうだ。どうだ、役に立ったか」

「それはもう、前々から筆写したかったものので」

淳之祐は風呂敷包みを解いて、写本を差し出した。

「うちの蔵へ帰してくれれば、おまえが読みたい本もたくさんあるだろう。うちから医学館に通えば今の何倍も勉強できるぞ」

「それは、そうですが」

淳之祐は返事に困った。

「淳之祐と話す機会がほしくてな」

未庵は行灯を少し引き寄せた。

明りに照らされた義父は少し歳を取ってみえた。引き締まった表情は変わらないが、白髪が増え、皺が深くなっている。ｂ遠い棚に未庵の影が映り、微かに揺れていた。

「まだ養生所にいるつもりなのか」

「はい」

ｃ淳之祐は迷らない答えた。

未庵は「やはりそうか」と呟いた。

「養生所で経験を積むのも修業だと思う、おまえの望むままに出したのだが」

義父や義兄が養生所に長くいるのは望んでいないだろうと淳之祐も察していた。それもあって家に足が向かなくなっていた。

「いつまで養生所にいるつもりだ。肝煎もおられるのだから淳之祐がいなくてもいいのではないか、責任のある立場でもなかろうに」

養生所は設立以来、小川笙船の子孫が起居している。

「このまま残って（注2）御番医を目指しているのか」

「御番医ですか……」

　考えたこともなかった。

　津留川ならともかく、自分にそのつもりはないと淳之祐は首を振る。

「うちに戻って、基則と一緒にやってくれてもらう」

　そう思わないでもなかったが、義兄は基後という跡取りがいる。自分が戻ったところで家の役に立つとは思えない。

「うちに引き取ったときはまだ五歳だったか」

　未庵は懐かしそうだった。

「ここまでよく努力したものだ」

「父上や兄上のお陰です」

　淳之祐は素直に頭を下げた。

「鈴木の家を再興してもらうのだ」

　未庵の言葉に淳之祐は顔を上げた。

　父が語る腹を切らされ、家は断絶した。姉の那歌は十五のときに歳の離れた下級武士の後添えに出された。淳之祐が幼い頃は何度か高橋の家を訪ねてくれたが、もう何年も会っていない。女児が一人生まれ、その子はもう姉に縁づいた年格好になっているはずだ。姉は今も番町に住んでいる。

「姓を付けても戻してもらうのではないか。亡くなった御両親も望んでおられるだろう」

　未庵に勧められたが、淳之祐は押し黙っていた。

「おまえが立派な医者として歩み始め、私は自分の役目を果たしたと思っている。なんの（7）気兼ねもいらないのだ。高橋の次男の身までいるのなら、それをそれをもらうん嬉しい」

　淳之祐は未庵の気持ちがありがたかった。

「今はただ、勉強を続けられることだけを望んでいます」

「そうか。私の考えを話しただけだ。一度は言っておこうと思っていたのでな。（注3）追々を考えていけばよい」

　未庵はどこか落ち着かない様子だった。淳之祐がなぜ未庵が今そのようなことを切りだしたのか（2）腑に落ちず、返事のしようがなく気まずくなる。

「たまには顔を出しなさい。佳枝も会いたがっている」

「母上ですか」

　未庵は頷き、視線を落とした。

「おまえを気づかうのであろう」

　淳之祐は思わず驚きの声を上げそうになった。

「あと半年か三月かというところだろう。胃の腑の上のあたりに腫瘍があってな。吐き気と痛みは薬でなんとか抑えているが、ものが食べられない。本人が床につくのを嫌がるので普段通りに過ごしているが、それもあとどのくらいか」

　未庵は絞り出すように話した。

「母上は、ものりはは」

「話してはならない。しかし、察しているのかもしれぬ。薬で治るという私と基則の言葉を信じているふりをしているようだ」

　明るく病を隠していた母の姿が胸に迫ってくる。

「だからと言って、今すぐおまえの身の振り方を決めて佳枝に報告してほしいというのではない。あれはおまえのことを心配しているだろうから、機会があれば安心させてやってくれと思ったのだ」

「わかりました。父上の仰しゃる通りだと思います。しかし、今すぐには決めかねます」

淳之祐はありのままを話した。

「それはそうだろうな」

「顔を出すようにします。でも、急に頻繁にというのでは、かえって母上がお辛い思いをするかもしれません」

「また写本を貸そう。おまえの好きな桜山ももうすぐ咲く。佳枝と一緒に眺めにはどうだ」

末庵は中庭を眺め、桜が見えているかのように目を細めた。

「父上は覚えておられるのですか」

「覚えているとも。時々、一人になりたがって、関山の根元で一日中でも座り込んでいた。すなお良い子ではあったから、その分、我慢を言いたかったり寂しかったりするのを我慢していたのかもしれん。佳枝がそんなおまえを心配して、よく見ていたな」

末庵は懐かしそうに語った。

そして、その様子を義父は見守ってくれていたのかと淳之祐は胸が熱くなった。

血の繋がりはなくても、親子であり、家族なのだと改めて感じ、淳之祐は今は亡き関山に目を移した。

（安住洋子「春告げ坂　小石川診療記」による。）

(注)　1　肝煎──養生所の代表のこと。
　　　2　御番医──江戸幕府において若年寄(幕府の重役)の配下に属し、殿中で体調不良者の診察にあたった医師。

問1　傍線部(ア)～(ウ)の語句の本文における意味として最も適当なものを、次の各群の①～⑤の中からそれぞれ一つ選びなさい。 20 、 21 、 22

(ア)　頑なな　　20
　　　① 物静かな
　　　② 扱うのが大変な
　　　③ 立場をわきまえた
　　　④ 片意地を張った
　　　⑤ 恥ずかしがりやの

(イ)　気兼ね　　21
　　　① 迷い
　　　② 遠慮
　　　③ 不安
　　　④ 同情
　　　⑤ 謙遜

(ウ)　腑に落ちず　　22
　　　① 共感できず
　　　② 心が落ち着かず
　　　③ 納得できず
　　　④ 許すことができず
　　　⑤ 見当もつかず

問2　傍線部A「そう感じたのは贅沢だったと今では思えるが、当時は桜の木の下でいつまでも膝を抱えて座り、地面に絵を描いて遊んでいた」とあるが、当時を振り返っている淳之祐の様子を説明したものとして最も適当なものを、次の①～⑤の中から一つ選びなさい。 23

① 誠実に向き合ってくれる義兄をもった自分が、いかに恵まれていたかに気づいたことができ、月日の流れと自身の成長を感じて感慨深く思っている。

② 高橋家と疎遠になってしまったことを今になって思うと、親しく接してくれた義兄にもっと素直に甘えていればよかったと、感傷的な気持ちになっている。

③ いつも優しく接してくれる義兄に感謝するよりも、その態度にかえって距離を感じて孤独感を抱いていた幼い頃の自分を懐かしく思い返している。

④ 義兄は思いやりのある素晴らしい人物であったにもかかわらず、その完璧さに反発していた昔の自分の身勝手さを恥ずかしく思っている。

⑤ 義兄の優しさに甘え、自分の気持ちを伝えられずわかり合うことができなかった当時の自分に対して、我儘であったと気がかりがめている。

問3 傍線部B「でも、兄上は……」とあるが、このときの淳之祐の心情を説明したものとして最も適当なものを、次の①〜⑤の中から一つ選びなさい。 24

① 写本を返すという名目だったもの、本当は義兄に会いたい気持ちが強かったため、自分に会いたがっていたのは義父だったとわかって、残念に思っている。

② 義兄が写本を貸してくれたのは、自分を家に来させるために義父が命じたことだったのだと気づき、義父の真意を測りかねて不審に思っている。

③ 写本を返すために気がすすまないながらも家に来てみたという、義父が画策して家に来るよう仕向けられたのだとわかり、だまされたことに傷ついている。

④ 家に寄り付かない自分のために貴重な写本を貸してくれたうえで、今日は自分と義父に気遣って家を留守にしているのであろう義兄に申し訳なさを感じている。

⑤ 義兄が大切な写本を貸してくれたのは、自分を家に来させるための理由づけであったのだと今初めて思い至り、驚きとともに戸惑いを感じている。

問4 傍線部C「未庵はどこか落ち着かない様子だった」とあるが、その理由の説明として最も適当なものを、次の①〜⑤の中から一つ選びなさい。 25

① 病気の佳枝を安心させるためにも淳之祐に将来の指針を示してやりたかったが、急な提案に戸惑う淳之祐の心の中を察して、自分の気持ちを押しつけてしまったことを反省し、父としてふがいなく思っているから。

② 佳枝の病状のことを口にせずにいたが、その話題に触れないままでは佳枝を安心させてやってほしいという自分の真意が淳之祐に伝わらないため、どこから話を切りだそうかと迷っているから。

③ 明るく振る舞う佳枝の思いを汲んで病気のことは伏せておくつもりでいたが、淳之祐が家に戻る気がないことを悟り、佳枝のためにどうやってうまく淳之祐を説得できないだろうかと考えを巡らせているから。

④ 淳之祐なら自分がこうして家に呼び寄せた裏には別の事情があると気づいてくれるだろうと思っていたが、一向に察する様子がないのでどのように対応してよいかわからず、気持ちが焦り始めたから。

⑤ 佳枝のためにも淳之祐に家に戻ってほしいと考えていたが、養生所で勉学を続けたいという意志の固さを知り、息子の成長を感じつつも、家族より勉学を優先する姿に悲しみを抑えられなかったから。

問5 波線部a〜eの内容や表現に関する説明として**適当でないもの**を、次の①〜⑤の中から一つ選びなさい。　26

① a「子どもの声に我に返った」は、少年期の回想にひたっていた淳之祐が子どもに話しかけられて現実に戻った様子を表しており、孤独で内気だった自分と全く物怖じしない義兄の子との対比を通して、その無邪気さをまぶしく思う心理描写を導いている。

② b「遠い棚に朱庵の影が映り、微かに揺れていた」は、淳之祐と長く顔を合わせていないうちに年老いた義父が、淳之祐の将来の見通しがつかないままに、病で妻の先が知れない状態でいることに対して不安を抱いている様子を暗示している。

③ c「淳之祐は迷いなく答えた」には、淳之祐がこれからも養生所にいるということを望んでいないであろう義父の問いかけに対して、たとえ望まれなかったとしても、高橋家における自分自身の立場を考えて意志を貫こうという淳之祐の思いの強さが表れている。

④ d「朱庵は絞り出すように話した」は、余命いくばくもなく食事もままならないが、懸命にいつもと変わらない様子で振る舞おうとする佳枝のことを考えると悲しみが込み上げやるせない思いで淳之祐に病状を伝える朱庵の様子を描いている。

⑤ e「桜が見えているかのように目を細めた」は、子どもの頃の淳之祐と、それを見守る佳枝の様子を大切なものとして思い浮かべている朱庵の心情を表現しており、今年もその花のそばでかけがえのない家族の時間をもってほしいと願っていることがうかがえる。

問6 この文章で描かれている家族に対する淳之祐の心情を説明したものとして最も適当なものを、次の①〜⑤の中から一つ選びなさい。　27

① 養子であることを理由に高橋家から足が遠のいていたが、少年期の桜の話を通して、自分が医者として歩み始めたことを佳枝だけでなく朱庵も認めてくれていたとわかり、自分もやはり高橋家の人間なのだという実感を強めている。

② 桜の木を通して少年期を思い出すとともに、久しぶりに会った佳枝の病や心労を重ねたのであろう朱庵の老いを目の当たりにし、自分を大切に思ってくれていた二人に対する自身のこれまでの不義理な対応に胸を痛めている。

③ 家を訪れない間に成長した義兄の息子の姿や年老いた父母の様子に時間の経過を感じ、昔から変わらない桜が過去も今も家族を結びつける唯一の存在のように思え、そのはかない美しさに家族の思い出を重ねて胸を打たれている。

④ 寂しさをまぎらわすように桜の木の下で過ごしていた少年期の自分を、近くで寄り添おうとしていた佳枝だけでなく、朱庵もまた気にかけ理解してくれていたことを知り、家族のつながりというあたたかさに感極まっている。

⑤ 桜の話題をきっかけに、祖母や佳枝に甘えることができずにいた少年期の自分を気遣ってくれる朱庵の思いを聞いたことで、やっと家族の絆を実感でき、当時の辛さが消えていくように感じて、心が晴れやかになっている。

◀ B 日 程 ▶

（二科目 一二〇分）

1 次の問い（問1〜4）に答えなさい。

問1 ア〜エの傍線部のカタカナに相当する漢字と同じ漢字を含むものを、次の各群の①〜④の中からそれぞれ一つ選びなさい。 1 、 2 、 3 、 4

ア シュミタクな予算が研究を下支えする。 1
 ① 警備員がビル内をジュンカイする。
 ② ホウジュンな大地で農作物を育てる。
 ③ 生物多様性条約のジュンコク国を調べる。
 ④ ジュンドの高い金と薬を作らう。

イ サヨナラ負けを呼んだケンコンのエラー。 2
 ① ダムに残された旧人類のコンセキを調べる。
 ② 入植者が荒れ地をカイコンして畑にする。
 ③ ヒンコンな発想ではイノベーションは起こせない。
 ④ 犯行の動機はエンコンと見られる。

ウ 挑戦者は判定によりキンサで敗れた。 3
 ① 自宅でのキンシンを命じられる。
 ② 彼女の演奏は心のキンセンに触れた。
 ③ 社員のキンゾク年数を確認する。
 ④ 人気の展覧会の図録が残部キンショウとなる。

エ リョウカイの範囲内を航行する。 4
 ① 仕事の休憩時間にドウリョウと連れ立って昼食に行く。
 ② 「リョウユウ並び立たず」でどちらかが倒れる。
 ③ 夏の夜にノウリョウのイベントを企画する。
 ④ 得意な科目の試験でホンリョウを発揮する。

問2 ア・イの四字熟語の空欄 5 、 6 に入る漢字を、次の各群の①〜④の中からそれぞれ一つ選びなさい。 5 、 6

ア 阿鼻叫 5
 ① 勧 ② 歓 ③ 喚 ④ 憶

イ　一律 6 反

① 排　② 背　③ 廃　④ 配

問3　ア〜ウの慣用表現の空欄 7 〜 9 に入る漢字を、次の①〜⑨の中からそれぞれ一つ選びなさい。 7 、 8 、 9

ア　得手に 7 を揚げる

イ　精 8 尽きる

ウ　二の 9 が継げない

① 根　② 帆　③ 句　④ 魂　⑤ 神
⑥ 足　⑦ 旗　⑧ 穂　⑨ 苦

問4　ア〜ウに該当するものを、次の各群の①〜④の中からそれぞれ一つ選びなさい。
10 、 11 、 12

ア　大江健三郎の著作 10

① 『飼育』　② 『道化の華』　③ 『アメリカン・スクール』　④ 『様の王様』

イ　柳田國男の著作 11

① 『死者の書』　② 『遠野物語』　③ 『不機嫌の時代』　④ 『私の個人主義』

ウ　坪内逍遥や二葉亭四迷が始まりとなった文学思潮 12

① 浪漫主義　② 反自然主義　③ 擬古典主義　④ 写実主義

2 次の〈文章Ⅰ〉と〈文章Ⅱ〉を読んで、後の問い（問1～6）に答えなさい。

〈文章Ⅰ〉

（注1）フランクルは、未来にある意味を仮託することが、あるいはわれわれも未来の視点に立って現在を見ることが、そのひとをからうじて自己崩壊から救うということについて、ナチの強制収容所での体験から語れるかぎりのものの記述をしている。収容所のなかで未来をからめたと言うことができる者は、いくばくか生を延びることができた。もっともそれがわれわれ自身に対するトリックでしかないのはあきらか。フランクル自身は皓々と照らしだされた大きな講演会場で大勢の聴衆を前に強制収容所の心理学について講演しているところを空想したのだった。が、このトリックが破綻したとき、もう未来に深い絶望がやってくる。ひとは未来を失うとともに、「内的に崩壊して」いったのであって、こうした危機はたいてい、つぎのようなかたちから始まった。

　　当の囚人はある日、ベランカに寝たまま横たわり、衣服を着替えたり手洗いに行ったり点呼場に行ったりするために動こうとはしなくなる。何をしても彼には役立たない。何ものも彼をおどかすことはできない――懇願しても威嚇しても殴打しても――すべては無駄である。彼はまさにそこに横たわり、殆ど身動きもしなくなるのである。そしてこの危機を起こした病気であれば、彼は病舎に運んで行かれるのを拒絶するのであり、あるいは何かしら貰うのを拒絶するのである。彼は自己を放棄したのである。彼自身の糞尿にまみれて彼はそこに横たわり、もはや何ものも彼をわずらわすことはなくなるのである。　（『夜と霧――ドイツ強制収容所の体験記録』霜山徳爾訳）

　　こういう危機を一気に押し寄せるのは、クリスマスから新年にかけてだという。一九四四年のクリスマスから四五年の新年にかけても、それまでにないほど大量の死者が出た。「この大量死亡の原因は単に人の多数がクリスマスには家に帰れるだろうという、世間で行われる素朴な希望に身を委ねせた事実の中に求められる」とフランクルは書いている。「何故生きるかを知っている者は、殆どあらゆる如何に生きるかに耐える」。が、なお生きることの意味が消えてしまうと、ひとは「縋り所」を失う。やがて倒れてゆく。これに対し、絶望の淵にあるひとをいかなる慰めることをも拒絶する人びとに典型的な口のきき方は、次のようであるという。「私はもはや人生から期待すべき何ものをも持っていないのだ」。この問いかけに対してわたしたちはいったいどのように答えることができるだろうか。

　　フランクルは「ここで必要なのは生命についての問いの観点変更である」と答える。「人生から何をわれわれはまだ期待できるかが問題なのではなくて、むしろ人生が何をわれわれから期待しているかが問題なのである」、と。

　　この「観点変更」がわたしたちにとって興味深いのは、ここでわたしたちは人生の意味を問う者としてではなく、B それを「問われた者」として体験させられていると言われているからである。フランクルは言う。「人生は彼らからまだあるものを期待しているというように、すなわち人生における何ものかが未来において彼等を待っているということを示すのに私は成功したのである。事実、一人の人間には彼を並外れた愛情をもっている一人の子供が外国で彼を『待っていた』のであり、他の一人には人間ではないが他のもの、すなわち彼の仕事が『待っていた』のである。だから「待たれる」という受動性がここでもきわめて重要なのだということを支える。だが、あるひとが何かじぶんを『待っている』という確信、それにもかかわらず奪われたとき、ひとはいかにして「なお生きる」というように耐えられるのだろうか。死なないでいる理由をここに見いだすことができるだろうか。

　　ここで苦しみそのものを「受難」とか「犠牲」といったキリスト教的な解釈のなかで意味づける

ではつらい。あるいはその苦しみを、苦悩をたとえばラテン人のように「苦悩しぬく人」という（注2）homo patiens の「しみなみ」という意味のなかで回収するのも重苦しい。むしろ地くたにはついてのつ苦しいのはおたがいさまと、とでも言うのがいいのだ。英語のヒューマンhuman という語は、ラテン humus という地面と腐食土を意味するラテン語からきている。人間はこの地上の被造物であるということをヒューマニティ humanity と呼ばれる。よく似た単語に、ヒューマニリティ humility がある。謙虚という意味だ。これもやはり humus を語源としている。いわば、地面に近く、それは低いということから謙虚の意になる。慎ましやかというよりも、なさけなく、卑しい、つまらないものを意味するくらいで、humble も、やはり humus（腐食土）を語源としている。あくまでもみずからの存在の低さにあふれるそういう言葉のなかで、ホモ・パタィエンスであったにちがいない。苦悩どよりの「ゆたかな」意味を求めるような「苦しみ」の概念には、やはり抵抗がある。荷物が重いと誰にこういうひとの荷物を半分持ってあげるように。他者の苦しみをもわば半分分を持ってつ──いい、──いい──はどうむもしどもも若しむ」という意味である──ホモ・パタィエンスのいうような概念には「なにかお手伝いしてもらいことがありますか？」（Can I help you?）というので、軽いこいはどをという対応をせてみたら。

他者の現在を思いやるとは、それが分からないから思いやるのであって、理解できるから思いやるのではない。料理を供する母は、どういうではない「あなた」の口に合うか、それがとても気にかかるから「おいしい？」と訊くのである。「おいしい」という返事をもらうことで、じぶん自身の行為にはじめてポジティブな意味をあたえることができるのである。

いんな単純な事実をもちあげるのは、生きる理由がどこにも見当たらないからなのだけど、どこらかほしいというにも生きるのめらとする者であることをどころんと納得させるのが、思いのほかずかしいからだ。そのとき、たとえば死への恐怖はたらくても、倫理や道徳はたらかない。生きるということが楽しいものであるということのなりよっとした経験、そういう人生くの肯定の感におなして、ひとはじぶんが死ななくていいということをどとんでは肯定なさせるのだ。「子供の教育において第一になすべきことは、道徳を教えることではなく、人生が楽しいということ、つまり自己の生が根源において肯定されるくものであることを、体に覚え込ませてやることである」と永井均もその著『これがニーチェだ』のなかで述べている。

しかしこの経験がたらのようのとはできないだろうか。そのときには、他者がそれを贈るのである。花束を差しだすように、こう。

「わたし、ほんとに、生きていていいですか。」
「ここにいて、おまえは、そのままで。」

他者をそのままでという肯定するには、条件をつけない。カントのいうような無条件の命令（定言命法）とはない、無条件の肯定である。こいう贈り物があるからこそは、みたびそのひとが、つまり贈るひと自身が、かつてたった一度をうものであっても、無条件でその存在を肯定された経験があるからうにかにかできている。おいうそだたのだらうが、静かにいうだらうが、そんな届条件なしに、その存在が全的に肯定されるには。現在をたらうらうませてもらう、乳で濡れた口元を拭いてもらう、抱っこしたおもちを給ってもらう、便じまみれたお尻を上げてもらうことにもらう、髪を頼の下、脇の下を、指の間、膣の間をていねいに洗ってもらった経験。相手の側から見れば、他者の存在をそのひものままを受容しなれる「存在の世話」ともらつく行為である。ケアの根っこにあるくを経験はそういうものではないだろうか、ひとは生きるために、その生涯の出発点で、他者からの援助を必要とする。見棄てられたという感情、寄る辺なさという感情（Hilfosigkeit）が、ひとの存在から生きる力を奪ってしまうのは、そういうわけである。

〈文章Ⅱ〉

　ある本のなかで、特別養護老人ホームの指導員のひとりが、とても印象的なことばにふれたことがある。

　人は自らの最期をどのように迎えるべきか、という問いに対し、普遍的な答えを用意することは不可能でしょう。また本人の決定権を重視するにしても、その人が本当に息絶える瞬間の気持ちは誰にもわからないでしょう。つまり、人の最期の迎え方千差万別であり、それは本人のそれまでの生き方によって決定されるものと考えます。例えばそれまでずっと「医者ぎらい」であった人が終末期において自らの意思を伝えることが不可能になったため、最高の医療のもとで命絶えたとし、それは満足といえるでしょうか。

　ターミナルケアの本質は、（延命的）医療行為をすくなくするか、どう迎えるか等ではなく、最期を「誰と」迎えるかであると考えます。もうひとつ「独り」もしくは『諸機器だけの中で』息途切れるのは、余りにも哀しいということです。少なくとも施設でのターミナルケアの本質はそこにあると考えます。

　わたしたちはその生の始まりと終わりに、他人といものとのぶぶんの生に触れる。そのとき重要なことは、なにかのためではなく、ただいにともにあるのであって、それ以上でもそれ以下でもないという、ただそれだけの事実のなかで、だれかとともにぶぶんの最期を迎えるということである。

　右のことばが引かれていた広井良典の著作『ケアを問いなおす』は、わたしのいう意味の外部で他者に触れるということを、別の表現で語りだしている。「時間をあげる」という表現である。「誰にでも、自分が好きな人、あるいは大切と思う相手に対しては時間をおしむことはないが、そうではない相手に対しては時間を過すするを極力減らそうとする。このことから考えると、ケアとはその相手と「時間をあげる」こと、と言ってもよいような面をもちえる。あるいは、時間をともに過すするということ自体がひとつのケアである」。つまり、「いる」というのはゼロではない。なにかをしてあげるとケアするになるのではない。

　（〈文章Ⅰ〉〈文章Ⅱ〉はともに鷲田清一『「聴く」ことの力――臨床哲学試論』による。）

（注）1　フランクル――一九〇五～一九九七　オーストリアの精神科医。
　　　2　homo patiens――苦悩する人間、を意味するフランクルが造語した語。

問1　傍線部A「何故生きるかを知っている者は、殆どあらゆる如何に生きるか、に耐える」とあるが、どういうことか。その説明として最も適当なものを、次の①〜⑤の中から一つ選びなさい。　13

①　じぶんがだれかに待ってもらっている存在だと認識できた者は、人生におけるあらゆる困難を克服することができるということ。

②　じぶんに未来があると信じて生きている者は、わが身に降りかかったとしての不幸を乗り越えて生き延びようとする意欲を持っているということ。

③　自己が社会に対して何をすべきかその目的を知っている者は、いかれのない責め苦や困難であってもおおむね寛容であるということ。

④　未来を信じている者は、殴打や病などを意に介さない自暴自棄に見える態度を取っていても最後まで生を延びるということ。

⑤　困難の後に待っているクリスマスのような幸福を信じることができる者は、それまでに厳しい生活苦にあえだとしても我慢できるということ。

問2　傍線部B「それを『問われた者』として体験される」とあるが、どういうことか。その説明として最も適当なものを、次の①～⑤の中から一つ選びなさい。　14

①　人生から何を期待して生きるのかという受動的な考え方を捨てて、人生が何をわれわれから期待しているかを問うという方針転換を行うということ。

②　子供や仕事が自分を「待っている」という確信を得ることを、不幸なほどに収容所という自己の存在意義を問われるような立場で体験したということ。

③　人生に絶望しているひとに生きる意味を問われてその生きたにものをみかん、受動性にそがひとの生きる意味であるという観点変更に思ぶ至ったということ。

④　生命についての問いの観点変更をみずからの意思で行うのではなく、ナチおよびその強制収容所の強制によって考えざるを得なくなってしまったということ。

⑤　生きる意味を人生に見いだそうとする能動的な思考から、他者や何かから未来のじぶんの存在が期待されているのだという受動的な思考に転換するということ。

問3　傍線部C「軽らいとばをもっで対応させたくない」とあるが、筆者がそのように述べるのはなぜか。その理由の説明として最も適当なものを、次の①～⑤の中から一つ選びなさい。　15

①　人間は苦しみをたがいに分かり合える存在であり、ときやかな声かけて相手を思いやることができると考えているから。

②　ひとをなぐさめるという局面においては、堅苦しい言葉よりも謙虚な言葉遣いこそが適切と思っているから。

③　敬語を使ったり威圧的な態度を取ったりすることは、苦しむひとをさらに苦しめるということを認識しているから。

④　ひとはだれかの苦しみを理解できないので、苦しんでいる当人が望むことを尋ねるしかないと自覚しているから。

⑤　表現を工夫しても苦しみそのものは消えないが、おたがいさまの精神こそがひとをひとたらしめると考えているから。

問4　傍線部D「花束を差しだすように」とあるが、「花束」とは何をたとえたものか。その説明として最も適当なものを、次の①～⑤の中から一つ選びなさい。　16

①　みずからを生きるにあたいする存在だと自覚して強く生きている者を応援する力。

②　自身の経験を肯定できないでいるひとに、外部からその経験を認めてあげるための言葉。

③　苦しみを伴ったり正義を貫いたりするためのものではなく、楽しいものとしての生。

④　生きるにに否定的なひとに贈る、あなたを無条件に肯定しているというメッセージ。

⑤　子供の頃の経験の中で見いだされ、人生のどこかの局面で花開くであろう才能。

問5　傍線部E「ケアの根っこにあるべき経験とはそういうものではなかろうか」とあるが、〈文章Ⅱ〉の内容も踏まえると、筆者はどういうことを言おうとしているのか。その説明として最も適当なものを、次の①～⑤の中から一つ選びなさい。　17

①　いかに表面的に相手の全存在を肯定しているように見えても、ケアの対象は最終的に死を迎えるのだという覚悟を根っこの部分で持てなければ、相手との信頼関係は構築できな

ということ。

② ケアは実際には具体的な支援の行動を伴うものであるが、どのような形でケアするかという手段や方法よりもまず、相手の生を受容し「時間をあげる」ようにともに過ごすことが大事なのだということ。

③ 他者をそのとおりそのまま肯定するという精神を心の奥底に持っていないと、日々のケアをいかに充実させたとしても、いかなるものにしようにもあげるという献身はいっさい不可能だということ。

④ 死に瀕するひとが納得のいく形で生をまっとうするように、ケアする人間は相手のそれまでの生き方を十分に理解するためにも、まず相手の言い分を全肯定し、意見を受容する姿勢が必要だということ。

⑤ 体をさすったり身の回りの世話をしたりという、いわば〈時間をあげる〉という行為をケアの中心に据えないと、その他のケアがいかにうまくいっても本質的にはお世話をしたことにはならないということ。

問6　高校生五人が〈文章Ⅰ〉と〈文章Ⅱ〉を読んで話し合った。〈文章Ⅰ〉と〈文章Ⅱ〉の内容を踏まえた発言として**適当でないもの**を、次の①〜⑤の中から一つ選びなさい。　| 18 |

① 生徒A…フランクルは自分自身の経験から、生きることを放棄する、逆に言うと死に向かってしまうひとの心理状態に考えが至ったんだね。未来を信じることができない者は過酷な生活やその先にある死にも抵抗しないようだよ。

② 生徒B…人生の目的というものは、どんなふうにひとのために尽くすものだとばかり思っていただけど、どのような形であれ他人から求められる存在であることが当人の生きる意味になりうるというのは新たな気づきをもらえたかな。

③ 生徒C…筆者が述べている、ひととひとは同じ地平を生きる者同士であり、謙虚で「低い」存在としておたがいを思いあえるものだという人間観は、ヒューマという語の語源や派生語を見ているといくらでも明らかにされているよね。

④ 生徒D…ひとが生きる理由を他者に説いたりするよりも、どんなふうに生きるためにしようとするものだという点から得心するほうが思いが難しいと言っていたよ。だからいつも、ひとは他人から無条件に肯定されることを求めてしまうんだね。

⑤ 生徒E…祖父が亡くなるまでの数か月間、私はお見舞いに行くことしかできなかったので、ただそばにいることが大事という筆者の主張は心に響いたよ。ともに過ごすことがケアになるという考えに救われるひとは多いと思うよ。

3　次の文章を読んで、後の問い（問1〜6）に答えなさい。

> 恭平は妻・京香が亡くなった後、一人娘の志乃を〔…〕シングルファーザーの資格を持つ友人の力を借りながら育てている。恭平と志乃は京香の墓参りをしたが、妻の死と向き合うため恭平だけが遺骨の入った骨壷を見ていた。その後、陶芸家である京香の父の元を久しぶりに訪ねている。

「志乃ちゃんはもう寝た？」

「はい。疲れたみたいで、すぐに寝ました」

「だいぶ眠そうだったもんね」

　木製の丸椅子を出してもらったので、礼を言って腰かける。義父はろくろの上にあった、作りかけの大皿を脇に移動させていた。木製のくらや、コテ、スポンジなど、作陶のための道具がいろいろと載っている作業台の上を何気なく見ているうちに、黒い石でできた熊の形のペーパーウェイトが目に留まる。それは何年か前の父の日に、京香が義父にプレゼントしたものだった。一緒に買い物をしているときに「これどう思う？」と意見を求められたから覚えている。

「その熊は京香にもらったんだよ」

　知っていますよとは伝えずに、手を伸ばして取り上げた。片手で持てるサイズのものだが、胸が自然と下がるくらいずっしりとした重みがある。背中の部分を指でなぞると、a 石の冷たさとは全然別に、京香の温もりのようなものがわずかに残っているように感じられた。

「もう一年になるね」

　義父はろくろの前の椅子にようやく腰を落ち着けた。そうですね、というような相づちをうちながら熊を元の場所に戻すと、恭平くんは大丈夫かと熊を気にかけるようなことを言っている。その口元には相手を思いやるような笑みが浮かんでいたが、b言葉を出された顔の奥には疲労感が滲んでいた。

「僕はまだまだ甘いよ。子どもを亡くすのは特別な苦しさがあるというか……何のために生きているのかわからなくなる」

　うつむいている義父にかける言葉を恭平は見つけられなかったので、A死というものが持つ重力が、体をいつもよりも重くしているように感じられる。でも、それはあくまでも、ほんの数秒のことだった。出された茶が元に戻り、見慣れた自分の手が膝の上にある。

　義父は長い沈黙のあとで、「子どもというのはやっぱりいいもんだよ」と感服したように言った。自分の命よりも大事なものができてしまう、というのがその理由らしい。

「もちろん、そうじゃないっていう親も中にはいるのかもしれない。でも、ちゃんと愛情を持って迷い悩みながら子どもを育ててきた親の多くは、みんなそう言う。そう思わせる何かが、子育ての中にあるんだろうね」

　B言っていることは理解できるが、引け目を感じた。俺が黙り込んでいるのを見て、どうかしたのかと義父が声をかけてきた。

「いや、お義父さんの言われたことが、自分には当てはまらない気がしたんです。もちろん志乃が大事であることに違いはないんですけど、俺は子育てを京香に任せっきりにして、c仕事にかまけていた人間なので。そんな自分が、今少しは志乃をみるようになったとはいえ、本当に子どものことをちゃんと愛せるのかなと思って」

　焼き鳥屋で（注1）新田と話したときも、自分が慰められても忘れられなかった。自分は何も知らずに理解した人間だと思っていたが、実際には行動のともなわない理想論を口にして、（注2）マウントを取っていただけだったのだ。だから志乃のことでも、大事にしていると言いながらもいい加減にしか考えていない可能性は十分にある。

「恭平くんは陶芸をやったことはある？」

「えっ。」

「今ちょっとやってみなよ。土を触ると気持ちが楽になるぞ」

唐突な誘いに困惑する俺をよそに、義父は立ち上がって早くも準備を始めている。新しい粘土がろくろの上に置かれ、再び椅子に座った義父が粘土の側面を両手で可にしている。回転を始めたろくろの上で、粘土をゆっくりと引き上げるように伸ばしては、また押さえ付けて元の大きさに戻している。こうすることで土の密度が均一になって成形しやすくなるそうだ。

「ひとつだ」

形を整えた粘土を台の上に残すと、義父はそう言って椅子から離れた。予備のエプロンを渡され、いいままれると断るいともできなくて、半ば押し切られるようにろくろの前に腰を下ろす。

「湯呑みでも茶碗でも、なんでも好きなものを作ってごらん。ただ、事前にイメージは持っておいた方がいいかも。頭の中にないものは作れないから」

そんなことを言われたが、湯呑みや茶碗を別に作りたいわけじゃない。少し考えてみたものの、やはり何も浮かばないので、とりあえず湯呑みでいいかと思った。

袖をまくって足元のペダルを踏み、回転を始めた粘土に両手で触れる。手の中でぬめぬめと土がすべっていくのが思いのほか気持ちよく、子どもの頃にした泥遊びを思い出した。義父の助言に従って、あらかじめ作ってあった中央のくぼみに両手の親指を突き立てる。このくぼみを少しずつ深くしていけば、とりあえず器の形にはなるらしい。

いったん手を離して体を起こし、回り続ける半端な形の器を眺めているうちに、ふいに意識のほうについてくるものがあった。できるかどうかわからないが、どうせやるならやってみるかと、そのイメージを頭に留める。作りたいものが決まると、それを実現させたい気持ちが出てきて真剣になった。昼間義父がやっているのを見たときは簡単そうに見えたのだが、実際にやってみると、あれは熟練の技なんだというのがわかる。特に両手の指で中と外から粘土を挟んで、微妙な加減をしながら自分の思う形を成形するのが難しかった。洗面器に張られた水で指を濡らしつつ、まだまだ頭の中の完成図にはほど遠いことを思い知る。

それから十五分ほどかけて自分なりに試行錯誤を重ねたが、できあがったのはイメージしたものからほど遠く、高さもずっと小振りな「かめ」のようなものだった。大きさも中途半端で、形も微妙に歪んでいるし、何よりも肝心のふたがない。

「あらまり納得してないみたいだね」

近いものならともかくとやなかと思って自分の浅はかさを笑いたくなった。あんな難易度の高いものを素人がいきなり作れるわけがないのだ。

「何を作ろうとしたの？」

「……骨壺です」

「骨壺？」

「前に、京香の骨壺をお義父さんが作られていたのを思い出したので、自分も作ってみたくなって」

危うく実物を見たとは言いそうになる。義父は驚いていたが、それでもまだ俺の真剣さに敬意を払ってくれたのか、「なるほど。たしかに僕の作ったものに似てるね」とお世辞を言った。不出来でもその道のプロが認めてくれたからか、実際に骨壺を前にしているもう、静謐な沈黙が広がっていく。

小さなものをわざわざ大きくしていくように、激しい後悔の念が湧いてきた。こんなものを作って、妻の死を悼んだつもりか。俺はもっと早く京香の墓参りに来るべきだったのだ。彼女がもういないことを受け止めて、自分が立ち直っていくべきだということを自覚するべきだったのだ。

「恭平くん、少し変わったね」

隣に立っている義父が独り言のように言ったので、「えっ。」とその顔を見返した。思ったことが口つい

口から出してしまったのだろう。弁解するように「あ、いや」と言葉を振りつつ笑っている。

「いらんな言い方失礼かもしれないけど、僕の知っている君は、いっちうちょものを作ったりするんじゃなかったから。ちょっとびっくりしただけ」

たしかに以前の俺は、骨壺を作るような男ではなかった。もちろん志乃香が生きていたからそれは当然なのだが、もっと広い意味で死者などという目に見えない存在に重きを置くような人間ではなかったのだ。でも、結局今それが、愛や親子の絆というか、同じように目に見えない大事なものを俺から遠ざけていたのかもしれない。何より、志乃を自分で着てもらうという当たり前のことを受け止められるようになるまでに、一年という時間を要したのは、からいか情けないことだと思う。

「(注3)昇間も言ったけど、それは僕も同じだったよ」

義父は励ますように言うと、その場にかがみこんで俺の作品をじっくりと眺めた。

「Dなんにせよ、この骨壺はとても素敵だと思う」

客間に戻ると、志乃は布団をかぶっていなかった。自分で引っ張り出したのか、お腹が丸出しだったので、寝間着の裾をズボンの中に入れてやる。胸の辺りまで布団をかけてやってから、横でごろりをかいて寝顔を眺めた。義父があぁ言ってくれたが、こうして志乃の隣にいると、自分が変わったような気はしなかった。ただ、骨壺を作ったというこただけが、f硬い石を呑み込んだような胃の辺りで事実として残っていた。

（白岩玄『ヲリンド・フラザー』集英社による）

（注）　1　新田──恭平が働く会社の社員。焼き鳥屋で話をした際、旧来的な男女の役割分担を主張する新田に、恭平は反論していた。
　　　　2　マウントを取っていた──自分の正しさや優位をアピールする、といった意味。
　　　　3　「昇間も……同じだったよ」──昇香の父を妻を早くにしし、昇香とその妹を一人で育て上げていた。

問１　傍線部（ア）〜（ウ）の語句の本文中における意味として最も適当なものを、次の各群の①〜⑤の中からそれぞれ一つ選びなさい。　19 ， 20 ， 21

（ア）仕事にかまけて
19
　① 仕事に誇りを感じて
　② 仕事にはけ口を求めて
　③ 仕事にばかり注力して
　④ 仕事におして社員けぬよう
　⑤ 仕事に逃げるように生きて

（イ）脈絡のない
20
　① 意図が今一つ読み切れない
　② 感情が一切りももっていない
　③ ふざけているとしか思えない
　④ これまでの話とつながらない
　⑤ 突然すぎて理解が追い付かない

（ウ）静謐な
21
　① 静かで沈痛な
　② 静かで穏やかな
　③ 静かで冷たい
　④ 静かで気詰まりな
　⑤ 静かな緊張感のある

問2 傍線部A「死というものが持つ重力が、体そのものよりも重しというように感じられる」とあるが、このときの恭平の様子を説明したものとして最も適当なものを、次の①〜⑤の中から一つ選びなさい。 **22**

① 一年弱という時間を経てもなお、娘を亡くした苦しみをかかえている義父を前にして、妻の死をまるで昨日のことのように思い出している。

② 娘と一緒に墓参りをすることで泣くほど思いは清算されたはずだったが、義父の苦しむ姿を目のあたりにして、改めて大きな喪失感にとらわれている。

③ 自分と同様、義父もまた悲しみにくれながらこの一年弱を送ったことに今の今まで思い至らなかった自分の浅はかさに、身体がいたんでいる。

④ 愛する人の死という現実が義父と自分の上にのしかかってくるなか、義父を慰めようにも、自らもまたその現実の前に言葉を見つけられないでいる。

⑤ 比較しても意味がないとは承知しているが、娘の死という重い現実に直面している義父は、妻を亡くした自分よりも辛いだろうと感じている。

問3 傍線部B「言っていることは理解できるが、引け目を感じた」とあるが、このときの恭平の心情を説明したものとして最も適当なものを、次の①〜⑤の中から一つ選びなさい。 **23**

① 義父の子育て論は素晴らしいものだが、自分と娘の現状を考えるとそのまま受け入れることはできず、反論の言葉を見つけられないでいる。

② 義父の発言は得心のいくものであり、妻の生前から迷い悩みながらも愛情を持って娘に接していればよかったと、今更ながらに悔やんでいる。

③ 義父の発言はもっともなものだが、妻の生前ろくに子育てに参加せず、今も娘をうまく愛せているか覚束ない自分は父親としての自信が持てずにいる。

④ 義父の言う通りに子どもはかすがいものだという思いに早く至っていれば、娘への愛情も確かなものになっていたはずだと、自責の念からのがれられている。

⑤ 義父の発言は表面上は納得がいくが、「そうじゃないという親」という言い方に自分を責めるような響きを感じ取り、自分は父親失格だと痛感している。

問4 傍線部C「激しい後悔の念が湧いてきた」とあるが、このときの恭平の「後悔」を説明したものとして最も適当なものを、次の①〜⑤の中から一つ選びなさい。 **24**

① 妻の死を受け入れて娘を育てていくのだという決意を固めるのに時間がかかっただけでなく、骨壺を作ってみることで妻に対する形ばかりの追悼のようなことをした自分を後になって嘆かわしく感じている。

② 義父の勧めがあったとはいえ、骨壺という死の象徴のようなものを作ってしまったことで妻の死を再認識し、自ら妻の死を受け止めて娘を育てていくという決心を鈍らせてしまったことを悔いている。

③ 墓参りに行った際に妻の骨壺を見たことで、陶芸を勧められて骨壺を作ってみたものの、自ら作った骨壺の不格好さが決意を固められない自分に似ているように見えてきて、羞恥心からのがれている。

④ 墓参りに来ることにする時間がかかり、さらには自分の娘を育てるという当然のことに

対する決心もつかなくてなにもしなかった自分が、いくらかの変化を義父に認められてもそれにふさわしい人間とは思えないから。

⑤ 妻の遺骨を納めている骨壺を見ていたせいではあるが、自分の気持を楽にしようと陶芸を勧めてくれた義父の前で、彼にとって娘の死を思い出させるような骨壺を作ってしまった自分のうかつさに呆れている。

問5 傍線部D「なんにせよ、りの骨壺はとても素敵だと思う」とあるが、恭平の義父がりのように言ったのはなぜか。その理由の説明として最も適当なものを、次の①〜⑤の中から一つ選びなさい。　**25**

① 骨壺の出来は確かに自分には及ばないものだが、京香に対する愛情が込められた作品であり、見た目からはわからない素晴らしさがあるように思えたから。

② 自分の娘を育てていくという決心はまだ確固としたものではないようだが、こうして孫の顔を見せに来てくれるという、前向きな変化があったことをうれしく思ったから。

③ 優柔不断なところはあるにせよ、自分の娘を育てていく決心が固まったように思える恭平が初めて作った陶芸作品を、はなむけの意味も込めて褒めてあげたいと思ったから。

④ 恭平が本当に変わったのかは自信が持てないが、土を触ってみてはという自分の誘いに乗ってくれたことは、恭平の中で陶芸への興味が芽生えた証のように思えたから。

⑤ 子育てに対する自信はまだないようだが、骨壺を作ったことに心境の変化は表れていて、かつての自分のように恭平も悩みつつ前進していくだろうと思えたから。

問6 波線部ａ〜ｆの内容や表現に関する説明として最も適当なものを、次の①〜⑤の中から一つ選びなさい。　**26**

① ａ「石の冷たさとは別に」には、義父とのプレゼントを選んだことを単に思い出すのではなく、生前の妻と真摯に向き合ってこなかったこのエピソードとして後悔とともに回想している恭平の心情が表れている。

② ｂ「吐き出された溜め息には疲労感が混じっていた」には、りの時点では恭平の前向きな変化に気づけていない義父の、自分の娘を幸せにしてくれなかった男に対する一種の憎しみのようなものが、わずかににじみ出ている。

③ ｃ「土を触ると、気持ち楽になるよ」は、ともに大事な人を亡くした人間として恭平を見る義父の優しさから出たもので、自分もまた土を触ることで悲しみを癒やそうとしてきたであろう彼の姿を想起させられる言葉である。

④ ｄ「湯呑みも茶碗も別に作りたくはない」と恭平が思っていることを義父が見透かしていることは、ｅ「あんまり納得してないみたいだね」という言葉からわかるが、こうした発言が、明示されない緊張感を作品に与えている。

⑤ ｆ「硬い石を呑み込んだように」は、骨壺という死の象徴のようなものを自ら作り上げてしまったことで、認めたくなかった妻の死を受け入れ、志乃とともに生きていくという覚悟の重さに恭平が苦しんでいる様子を比喩的に表現している。

解 答 編

英 語

◀A　日　程▶

① 解答

1 —④　2 —②　3 —①　4 —③　5 —③　6 —①
7 —④　8 —③　9 —④　10 —②　11 —④　12 —③

解説

1.「この建物は20階建てで，5年前に建てられた」という内容。「〜階建て」は 〜 stories high と表現する（〜は2以上）。

2.「ケンは何が起ころうと，私たちの味方だよ」という内容。stand by 〜 で「〜のそばにいる，支持する」という表現。

3.「兄が部屋に駆け込んできたとき，私は出るところだった」という内容。be about to *do* で「〜するところ」という意味。

4.「父が階下で古い歌を歌っているのを聞いた」という内容。hear *A doing* で「*A* が〜しているのを聞く」という表現。

5.「その音楽のイベントは明日雨が降れば延期になるだろう」という内容。put off は「延期する」という意味。本問は受動態になるので③が正解。

6. inherited の目的語が抜けているので，下線部①には関係代名詞を入れなければならない。The house は場所としてではなく，祖父から受け継いだ「もの」としての扱い。よって，正しくは which である。

7. 下線部④の task は可算名詞であるので，正しくは tasks となる。

8. 下線部③はこのままだと第2文型であるので，possible であるのが You となり，内容がおかしくなる。よって，正しくは It is possible for you としなければならない。possible は人を主語には取らない。

9. Clerk に対して Alyson は延泊を申し出ている。よって，④one more「もう1泊」が一番強調される。

10. Alyson に対して Clerk は，延泊は可能であるが，部屋を移動してもらわなければならないことを伝えている。よって，②move が強調される。

11. 少年が母親に自転車のカギを知らないかと尋ねている。母親の問いに対して少年はある場所を答えているがそこにはないと言っている。よって，母親の発言は④の「いつもはどこに置いているの？」が正解。

12. 女性が男性にある書籍について質問しているが，その次の女性の発言では，「予約できますか？」とある。よって，③の「来週の月曜日に出版の予定です」が正解。

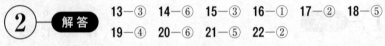

② 解答　13—③　14—⑥　15—③　16—①　17—②　18—⑤
　　　　　19—④　20—⑥　21—⑤　22—②

=== 解説 ===

13・14. (I finally found the book) I <u>had</u> been <u>looking</u> for(.)「私はついに探していた本を見つけた」

　look for は「探す」という意味。

15・16. (Judy waited for the bus for one hour, but eventually) <u>couldn't</u> help <u>but</u> give up (waiting and walk home.)「ジュディーは1時間バスを待っていたが，ついには待つのを諦め，歩いて帰った」

　can't help but *do* は「〜せずにいられない」という意味。

17・18. (Lisa) kept <u>the door</u> open <u>so</u> that (a man carrying a large case could pass through.)「リサは大きな箱を持った男の人が通れるように，ドアを開けたままにした」

　so that はここでは目的を意味していて，… so that 〜 で「〜するために…する」となる。

19・20. (I) <u>found</u> it <u>difficult</u> to carry (out my plan by myself.)「私は自力で私の計画を実行することは困難であるとわかった」

　it は形式目的語。真目的語は to 以下である。

21・22. (Never) have <u>I</u> seen <u>such</u> a creative (work of art.)「そのような創造的な芸術作品を見たことがない」

　否定語が文頭に出てきているので倒置が起こって have が前に出ている。

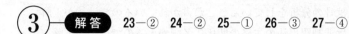 **解答** 23—② 24—② 25—① 26—③ 27—④

=========================== **解説** ===========================

《旅行会社とのメールのやり取り》

23. Activity list on Elmo lsland の表に，伝統的な踊りを鑑賞できる Dinner show にかかる費用は，80 ドルであるが*2 にエルモホテルに滞在していれば 20 ドルの割引があるとある。The reply from Tadashi to Katy の 2 からそのホテルに滞在することがわかるので②が正解。

24. Activity list on Elmo lsland の表で，②の the photo tour は★印が付いているので，10 ドルの割引が受けられる。55 ドル以下になるものを探しているということで②が正解。

25. The answers from Katy to Tadashi の 4 の第 1 文（I've heard that …）から，値引きしてもらうための条件として①が正解。

26. ここでは事実を選べということなので The reply from Tadashi to Katy の 1（We do not …）からわかる事実は③で，a diving license を持っていない人もいるという内容である。①のめったに雨が降らないという表現は，本文では The answers from Katy to Tadashi の 3 の第 2 文（However, it rains …）に 7 月は月に 3 日ほどしか雨は降らないと返答があるが，この頻度をどう捉えるかは主観的で意見と言える。問題文に one fact（not an opinion）とあることから③を選ぶ。

27. ここでは意見を選べということなので The answers from Katy to Tadashi の 2（Maybe there is … $40 per day.）に，移動手段として公共交通機関がないこととタクシーなら片道で 20 ドル，レンタカーなら 1 日 40 ドルで借りられることが書かれており，④の「コール公園はエルモホテルから遠く離れており，車で現地に向かうことが推奨される」が正解。

 **解答** 28—② 29—① 30—③ 31—② 32—⑥
33・34・35—①・⑤・⑧（順不同）

=========================== **解説** ===========================

《T-rex のクローン》

28. 下線部を含む 1 文を訳すと「17 回それをするまで信じることができなかった」となり，同じ第 2 段第 2 文（When the researchers …）から

研究者たちは骨の分析をしていることが書かれているので，②が正解。

29. 空所には非制限用法の主格の関係代名詞が入るので，①が正解。

30. 空所の直前部には「T-rex そのものの物質であるかもしれない」という記述があり，空所に続く箇所には「何世紀もの間にほかの化学物質にとってかわられたかもしれない」とあるので，③の「しかしながら」が適切。

31. 第7段第3文（He speculated that …）から，同じ内容の②「ある科学者は，傷ついていないタンパク質から DNA を抽出できるかもしれないと信じていた」が正解。

32. (There's) a reasonable chance <u>that</u> there may be (intact proteins.)「傷ついていないタンパク質があるかもしれない理にかなった可能性がある」という内容。4番目にくる that は同格の働きをしている。

33・34・35. 第1段に恐竜の復活について書かれており，①は本文の内容に一致している。

　第5段第2文（（　イ　）, it could be …）から，もともとの恐竜からタンパク質は何世紀もの間にほかの化学物質にとってかわられていることもあり得ると書かれており，さらに次の文では「科学者たちが，2億2500万年前に琥珀に閉じ込められていた無傷の細胞を回復させたが，結局は年月とともに細胞核が他の物質に変わってしまっていた」という内容なので，⑤の「T-rex の骨の軟組織はダメージを受けていると推測される」は本文の内容に一致している。

　第10段第1・2文（Cloning a T-rex … the desert bighorn sheep.）より，⑧「T-rex をクローン化するには克服すべき多くの課題があり，莫大な数の細胞核を必要とする」は本文の内容に一致している。

2024年度 一般前期 英語

◀B 日 程▶

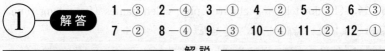

1 解答 1—③ 2—④ 3—① 4—② 5—③ 6—③
7—② 8—④ 9—③ 10—④ 11—② 12—①

━━━━━━━ 解説 ━━━━━━━

1.「読み終わったら私の机にその本を置いておいてくれますか」という内容。place は「～を置く」という意味。

2.「赤は情熱と活力を表すことが多い」という内容。stand for ～ で「～を表す」という意味。

3.「その女の子は誰かが彼女の腕をつかんだので驚いた」という内容。catch *A* by the arm で「*A* の腕をつかむ」という表現。

4.「もしお金がたくさんあったら，それをどうしますか」という内容。現在に対する仮定であるので，仮定法過去を用いる。

5.「どうにもお助けできないことを残念ながらお伝えします」という内容。regret to *do* で「残念ながら～する」という意味。

6. 彼が混乱しているという状態の場合は he was still confused という形になる。

7.「どちらが高いですか」は Which is taller? である。よって下線部②は正しくは one が不要。

8.「～を聞く」は listen to ～ である。よって下線部④は正しくは，listen to each other となる。

9. 予約通りの診察ができない旨を伝えているが，その理由が医師の緊急の仕事による外出であるので，③が強調される。

10. 診察時間の提案であるので，その時間が一番強調される。よって，④が正解。

11. 学校で何かいいことがあったことに対する父親の予想は，数学のテストの成績がいいことであったのに対して，満点だったと少女は答えている。よって，②の「何でわかったの？」が正解。

12. 空所に続く会話で，「どこか中央の座席は空いてますか」とあるので，①の「お席のお好みはございますか」が正解。

②　**解答**　13—⑥　14—④　15—⑤　16—④　17—①　18—②
19—③　20—⑥　21—④　22—⑤

═══════════════ **解説** ═══════════════

13・14.（I）don't let my children play video games（for a long time.）
「私は子供に長い時間ゲームをさせない」

let *A do* は「*A* に～させる」という意味。

15・16.（The park doesn't have as many）trees as it used to（have.）
「その公園は以前ほど多くの木がない」

used to *do* で「以前～した」という意味。

17・18.（The officer）told us which bus to（catch to go to the
hospital.）「警察官は病院に行くためにどのバスに乗るべきか教えてくれ
た」

19・20.（My aunt never）starts her day without drinking（a cup of
coffee.）「私の叔母は必ずコーヒーを飲んで1日を始める」という内容。

without *doing* で「～することなしに」という意味。本問は二重否定に
なっていて，強い肯定を意味する。

21・22.（Not）a single word could I say（in front of her.）「彼女の前
で一言も発することができなかった」

Not a single word という否定を意味する語が文頭に来ているため，助
動詞の could も前に出て倒置が起こっている。

③　**解答**　23—③　24—④　25—①　26—②　27—④

═══════════════ **解説** ═══════════════

《カフェのウェブ広告とそれを見てのプレゼント》

23. October's Bestsellers の一覧表と表の下の文から，200 g の Brazilian
は \$10 であるが，★印がついているため 10％引きで \$9 であり，Full
Body は \$10，そして，the shipping cost が \$5 であるので，これらを合
計すると③24 dollars が正解。

24. マーティンのメモから3種類選んでほしいとあり，予算は輸送費を込
みで \$20 とある。予算的に \$8 の Special Blend は厳しい。またエイミー
は酸味がきついのは好きではないと思うとあるので，Brazilian は選べな

い。よって，正解は④である。

25. About our shops の第2段第3文（If you would …）から①が正解。イベントスペースを使いたい場合はマネージャーにメールで連絡を取るようにと書かれている。

26. 一覧表に続く文章の第2文（We can also …）から②が正解。

27. About our shops の第1段第2文（We are in …）から④が正解。O-zone カフェがコーヒー農園の周りの自然環境に気を遣い，農場ともフェアトレードをする良い関係であることが述べられている。

④　**解答**　　28—⑤　29—③　30—①　31—③　32—②
33・34・35—①・③・⑥（順不同）

══════════════ **解説** ══════════════

《栄養摂取に対する考え方の動向》

28. (Trends) that arise from groundswells are more common (than those that arise from major milestones.) 「世論の高まりから生じた動向は，大きな画期的な出来事から生じたものより一般的である」

　that は主格の関係代名詞。動詞は are である。than があることから比較表現であることがわかり，直前部に more common を置く。

29. feed off ～ は「～を情報源として利用する」という意味であるので，③の「メディアの中の話は互いに影響する傾向がある」が正解。

30. 食べているものの栄養価に対する人々の懸念の高まりが落ち着いてきた理由を尋ねられている。第5段第5～8文（I think this … an ongoing process."）には，ころころ変わるアドバイスがただ諦めている人々に影響を及ぼすことや，一度にたくさんの情報が出てくることが書かれており，①の「変わりやすい栄養成分についての情報によって人々が混乱させられている」が正解。

31. 空所の直前の文では，no-cholesterol diets, low-fat diets へ変わり，また空所の後，low-saturated fats, low-trans-fat diets と変わっていっているので，空所には「その後」を意味する③が入る。

32. 下線部は訳すと，「科学は進行中の過程である」となるので，②の「科学は新しい理論を発表することで真理を発見する研究を続けている」が正解。

33・34・35. 第3段第1文（Felicia Busch agrees …）には栄養と健康に関しての読み物へのマスコミの影響があることが述べられており，①の「ちまたの栄養に関する新しい科学的理論が広がりを見せるのにメディアが役割を担っている」という内容は本文と一致する。

　第3段第2〜5文（"People get their … and vice versa."）に，人々の情報源はメディアであり，新聞記事やテレビの報道はお互いに情報を得ながら主流の情報源として依存しあっていることが書かれており，③の「消費者の欲求や必要はメディアと同様に本からも影響を受けている」という内容と一致する。

　第4段最終文（Since then, this …）より，⑥は本文の内容と一致する。設問Cで，なぜ自分たちが食べているものの栄養価に対する熱が冷めてきたかの理由を問われているが，第5段第2文の Felicia の発言（"During the period from …）に⑥の内容に至った経緯が書かれていると考えると正しい。

日本史

◀A 日 程▶

① **解 答** 《古代～現代の天皇》

1─② 2─① 3─④ 4─① 5─① 6─④ 7─⑤ 8─③
9─②

② **解 答** 《古代～近世の宗教》

10─④ 11─③ 12─② 13─② 14─① 15─③ 16─① 17─①
18─③

③ **解 答** 《近世の外交》

19─② 20─② 21─③ 22─③ 23─① 24─④ 25─③ 26─④
27─③

④ **解 答** 《近現代の経済》

28─③ 29─② 30─④ 31─① 32─② 33─① 34─② 35─④
36─①

◀B　日　程▶

① 解答　《原始〜現代の道具》

1 —①　　2 —③　　3 —②　　4 —①　　5 —①　　6 —②　　7 —⑤　　8 —④

9 —②

② 解答　《古代〜近世の土地制度》

10 —③　　11 —①　　12 —②　　13 —②　　14 —①　　15 —④　　16 —③　　17 —①

18 —⑥

③ 解答　《江戸時代の政治》

19 —③　　20 —②　　21 —②　　22 —①　　23 —④　　24 —④　　25 —③　　26 —①

27 —③

④ 解答　《近現代の日中関係》

28 —①　　29 —⑥　　30 —④　　31 —②　　32 —③　　33 —③　　34 —⑤　　35 —④

36 —④

世 界 史

◀A 日 程▶

① 解答 《古代ローマ史》

1 —① 　2 —③ 　3 —④ 　4 —② 　5 —③ 　6 —① 　7 —④ 　8 —②
9 —③ 　10—③

② 解答 《トルコ系民族をめぐる歴史》

11—④ 　12—③ 　13—① 　14—③ 　15—② 　16—① 　17—② 　18—④
19—③ 　20—①

③ 解答 《中国における宗教》

21—① 　22—④ 　23—② 　24—④ 　25—③ 　26—② 　27—⑤ 　28—③
29—② 　30—①

④ 解答 《世界史上の国際会議》

31—② 　32—④ 　33—③ 　34—① 　35—③ 　36—① 　37—① 　38—④
39—④ 　40—②

◀B　日　程▶

① 解答　《古代のイラン》

1 ─② 　2 ─④ 　3 ─③ 　4 ─③ 　5 ─① 　6 ─② 　7 ─④ 　8 ─④
9 ─① 　10─①

② 解答　《東ヨーロッパ世界》

11─② 　12─① 　13─③ 　14─④ 　15─① 　16─③ 　17─④ 　18─②
19─② 　20─④

③ 解答　《アメリカ合衆国大統領》

21─① 　22─② 　23─③ 　24─④ 　25─① 　26─② 　27─③ 　28─④
29─③ 　30─②

④ 解答　《朝鮮半島の歴史》

31─① 　32─③ 　33─④ 　34─③ 　35─③ 　36─② 　37─② 　38─①
39─① 　40─④

数　学

◀A　日　程▶

① 解答　問1．ア—⑥　イ—①　問2．ウ—②　エ—③
　　　　　　問3．オ—⑤　カ—②　問4．キ—③　ク—④
問5．ケ—③　コ—②

=== 解説 ===

《小問5問》

問1. $ab=2$ より

$$a^2+b^2=(a+b)^2-2ab=4^2-4=12 \quad (\rightarrow ア)$$

$$(a^2-a)(b^2-b)=ab\{ab-(a+b)+1\}$$
$$=2(2-4+1)$$
$$=-2 \quad (\rightarrow イ)$$

問2. (1) $p:n$ は30の約数，$q:n$ は15の約数　とする。

「$q \Rightarrow p$」は真，「$p \Rightarrow q$」は偽（反例：$n=2$）であるから，p は q であるための必要条件であるが十分条件でない。（→ウ）

(2) $p:x+y$ は無理数，$q:x,\ y$ の少なくとも一方は無理数　とする。

「$p \Rightarrow q$」の対偶は，「$x,\ y$ がともに有理数ならば $x+y$ は有理数である」は真であるから，元の命題も真である。

「$q \Rightarrow p$」は偽（反例：$x=\sqrt{2}$，$y=-\sqrt{2}$）であるから，p は q であるための十分条件であるが必要条件でない。（→エ）

問3. (1) 取り出した玉の中に番号1の玉が含まれない確率は

$$\frac{{}_6 C_2}{{}_8 C_2}=\frac{15}{28}$$

よって，求める確率は

$$1-\frac{15}{28}=\frac{13}{28} \quad (\rightarrow オ)$$

(2) 取り出した2個の玉が赤玉と白玉であるのは

$$4 \times 4 = 16 \text{ 通り}$$

　　取り出した玉に番号1の玉が2個含まれるのは1通り。番号1の玉が1
個だけ含まれるのは番号1の玉が赤と白の場合で3通りずつあるので

　　　1＋3＋3＝7 通り

よって，求める条件付き確率は

$$\frac{7}{16} \quad (\to \text{カ})$$

問4. $\tan\theta = \dfrac{\sin\theta}{\cos\theta} = \dfrac{\sin\theta}{3\sin\theta} = \dfrac{1}{3} \quad (\to \text{キ})$

$1 + \tan^2\theta = \dfrac{1}{\cos^2\theta}$ より

$$\cos^2\theta = \frac{1}{1+\tan^2\theta} = \frac{9}{10}$$

よって

$$\cos(90°-\theta) \times \sin(180°-\theta) = \sin^2\theta$$
$$= 1 - \cos^2\theta$$
$$= \frac{1}{10} \quad (\to \text{ク})$$

問5. 英単語の得点の分散を $S_x{}^2$，漢字の得点の分散を $S_y{}^2$，共分散を S_{xy}，
相関係数を r とする。

$$S_x{}^2 = \{(5-7)^2 \times 2 + (6-7)^2 \times 4 + (7-7)^2 \times 10 + (8-7)^2 \times 1$$
$$+ (9-7)^2 \times 2 + (10-7)^2 \times 1\} \div 20$$
$$= 30 \div 20$$
$$= 1.5 \quad (\to \text{ケ})$$

$$S_y{}^2 = \{(4-7)^2 \times 1 + (5-7)^2 \times 1 + (6-7)^2 \times 4 + (7-7)^2 \times 7$$
$$+ (8-7)^2 \times 5 + (9-7)^2 \times 2\} \div 20$$
$$= 30 \div 20$$
$$= 1.5$$

一方の得点が7点のとき，偏差の積は0になるから

$$S_{xy} = \{(5-7)(4-7) + (5-7)(6-7) + (9-7)(8-7)$$
$$+ (9-7)(9-7) + (10-7)(9-7)\} \div 20$$
$$= 20 \div 20$$
$$= 1$$

$$r=\frac{S_{xy}}{\sqrt{S_x{}^2}\times\sqrt{S_y{}^2}}=\frac{1}{\sqrt{1.5}\times\sqrt{1.5}}=\frac{2}{3}\fallingdotseq0.67 \quad (\to コ)$$

②　解答　〔1〕**ア．** 2　**イウ．** 35　**エ．** 6　**オ**—③　**カ**—③
〔2〕(1)**キク．** -7　**ケ．** 8　(2)**コ．** 3

=== 解説 ===

《小問2問》

〔1〕 $(\sqrt{5}+\sqrt{7}-2\sqrt{6})(\sqrt{5}+\sqrt{7}+2\sqrt{6})$

$=(\sqrt{5}+\sqrt{7})^2-(2\sqrt{6})^2$ ……①

$=2(\sqrt{35}-6)$ （→ア～エ）

よって，①より

$x^2-y^2=2(\sqrt{35}-\sqrt{36})<0$ （→オ）

$x^2<y^2$

$x>0$，$y>0$ より

$x<y$ （→カ）

〔2〕 $x^2\leqq x+6$ を解くと

$x^2-x-6\leqq0$

$(x+2)(x-3)\leqq0$

$-2\leqq x\leqq3$

$|x-a|>5$ を解くと

$x-a<-5,\ 5<x-a$

$x<a-5,\ a+5<x$

(1) 命題 $p\Rightarrow q$ が真であるとき

$a+5<-2$ または $3<a-5$

$a<-7,\ 8<a$ （→キ～ケ）

(2) $a=8$ のとき，$q:x<3,\ 13<x$ となるから，反例は $x=3$ である。

（→コ）

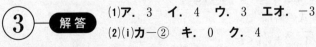

③　解答　(1)**ア．** 3　**イ．** 4　**ウ．** 3　**エオ．** -3
(2)(i)**カ**—②　**キ．** 0　**ク．** 4

(ii)**ケ**—①　**コ．** 2　**サ．** 3　**シ．** 4

(3)**ス.** 2　**セ.** 6　**ソ.** 4　**タチ.** 12　**ツ.** 3　**テ.** 6

═══════ 解　説 ═══════

《頂点の座標，２次関数の最大値・最小値，グラフと x 軸との位置関係》

(1)　$f(x) = \left(x - \dfrac{a}{2}\right)^2 + \dfrac{3}{4}a^2 - 3a$

よって

$$Y = \frac{3}{4}a^2 - 3a \quad (\to \text{ア} \sim \text{ウ})$$

$$= \frac{3}{4}(a-2)^2 - 3$$

Y は $a=2$ で最小値 -3 をとる。　（→エオ）

(2)(i)　頂点の y 座標 Y が正となればよいので

$$\frac{3}{4}a^2 - 3a > 0$$

$$a(a-4) > 0$$

$$a < 0, \ 4 < a$$

よって，$a < p$, $q < a$ で表され，$p=0$, $q=4$ である。　（→カ～ク）

(ii)　グラフ C が x 軸の $x > 1$ の部分と異なる２点で交わる条件は

$$Y < 0, \ (\text{放物線の軸について}) \ \frac{a}{2} > 1, \ f(1) > 0$$

となればよい。

$Y < 0$ より

$$a(a-4) < 0$$

$$0 < a < 4$$

$\dfrac{a}{2} > 1$ より

$$a > 2$$

$f(1) > 0$ より

$$a^2 - 4a + 1 > 0$$

$a^2 - 4a + 1 = 0$ を解くと，$a = 2 \pm \sqrt{3}$

よって，不等式の解は

$$a < 2 - \sqrt{3}, \ 2 + \sqrt{3} < a$$

共通範囲を求めて

$$2+\sqrt{3}<a<4$$

よって，$p<a<q$ で表され，$p=2+\sqrt{3}$，$q=4$ である。（→ケ～シ）

(3) 点 $(a-1,\ 3)$ を通るので

$$(a-1)^2-a(a-1)+a(a-3)=3$$

$$a^2-4a-2=0 \quad\cdots\cdots①$$

$$a=2\pm\sqrt{6}$$

$a>0$ より

$$a=2+\sqrt{6}\quad(→ス，セ)$$

$\sqrt{4}<\sqrt{6}<\sqrt{9}$ より，$2<\sqrt{6}<3$ であるから

$$4<a<4+1\quad(→ソ)$$

$2<\dfrac{a}{2}<\dfrac{5}{2}$ であるから，$f(x)$ は $x=4$ のとき最大となる。

①より，$a^2-4a=2$ であるから，最大値は

$$f(4)=4^2-4a+a^2-3a$$
$$=16+2-3(2+\sqrt{6})$$
$$=12-3\sqrt{6}\quad(→タ～テ)$$

　**解答** **(1)ア**—②　**イ**—⑦　**ウ**—⑨
(2)エオ. 37　**カ**. 5
(3)キ. 5　**ク**. 7　**ケ**. 2　**コサ**. 21　**シ**. 3

=== 解　説 ===

《正弦定理・余弦定理，線分の長さ（三角比の表の利用），角の最大と正接の値》

(1) $\angle AQB=180°-(\alpha+\beta)$ であるから，△ABC において，正弦定理より

$$\frac{AQ}{\sin\angle QBA}=\frac{AB}{\sin\angle AQB}$$

$$AQ=\frac{\sin\beta}{\sin\{180°-(\alpha+\beta)\}}x=\frac{\sin\beta}{\sin(\alpha+\beta)}x\quad(→ア，イ)$$

$\tan\angle PAQ=\dfrac{PQ}{AQ}$ より

$$PQ=AQ\times\tan\gamma\quad(→ウ)$$

(2)　$AQ = \dfrac{\sin 40°}{\sin(30°+40°)} \times 20$ より

$PQ = \dfrac{\sin 40°}{\sin 70°} \times 20 \times \tan 70° = 20 \times \dfrac{\sin 40°}{\sin 70°} \times \dfrac{\sin 70°}{\cos 70°}$

$= 20 \times \dfrac{\sin 40°}{\sin 20°} = 20 \times \dfrac{0.6428}{0.3420}$

$= 37.5\cdots\cdots$

$\fallingdotseq 37.5$　（→エ〜カ）

(3)　$\triangle PAQ$ と $\triangle PBQ$ は直角三角形であるから，$PQ = x$ とすると

$AQ = \sqrt{3}\,PQ = \sqrt{3}\,x,\ BQ = PQ = x$

$\triangle ABQ$ において，余弦定理より

$AB^2 = AQ^2 + BQ^2 - 2\cdot AQ\cdot BQ\cos 150°$

$35^2 = (\sqrt{3}\,x)^2 + x^2 - 2\cdot\sqrt{3}\,x\cdot x\left(-\dfrac{\sqrt{3}}{2}\right)$

$x^2 = 5^2\cdot 7$

$x > 0$ より

$x = 5\sqrt{7}$　（→キ，ク）

$\triangle PQC$ は直角三角形であるから

$\tan\theta = \dfrac{PQ}{CQ}$

$0° < \theta < 90°$ で PQ は一定であるから，CQ が最小となるとき，$\tan\theta$ と θ が最大となる。

このとき，$AB\perp CQ$ であるから

$\triangle ABQ = \dfrac{1}{2}\times AB\times CQ = \dfrac{1}{2}\times AQ\times BQ\times\sin 150°$ より

$\dfrac{1}{2}\cdot 35\cdot CQ = \dfrac{1}{2}\cdot\sqrt{3}\,x\cdot x\cdot\dfrac{1}{2}$

$CQ = \dfrac{\sqrt{3}}{70}x^2$

よって

$\tan\theta = \dfrac{x}{\dfrac{\sqrt{3}}{70}x^2} = \dfrac{70}{\sqrt{3}\,x} = \dfrac{2\sqrt{21}}{3}$　（→ケ〜シ）

◀B 日 程▶

 **解答** 問1．アー②　イー⑦　問2．ウー⑧　エー⑤
問3．オー②　カー⑥　問4．キー⑦　問5．クー②

=== 解説 ===

《小問5問》

問1． x と y の分母を有理化して

$$x=\frac{\sqrt{6}\,(\sqrt{3}-1)}{2},\quad y=\frac{\sqrt{6}\,(\sqrt{3}+1)}{2}$$

よって

$$x+y=3\sqrt{2}\quad(\to \text{ア})$$
$$xy=3$$
$$\begin{aligned}(x-2y)(2x-y)&=2x^2-5xy+2y^2\\&=2(x+y)^2-9xy\\&=2(3\sqrt{2}\,)^2-9\cdot3\\&=9\quad(\to \text{イ})\end{aligned}$$

問2． 原点に関して対称移動して

$$-y=-2(-x)^2+3(-x)+5$$
$$y=2x^2+3x-5$$

さらに，x 軸方向に 3，y 軸方向に -7 だけ平行移動して

$$y-(-7)=2(x-3)^2+3(x-3)-5$$
$$y=2x^2-9x-3$$

よって

$$a=-9,\ b=-3\quad(\to \text{ウ，エ})$$

問3． 8人から1人選び，次に残った7人から2人選ぶと，残りの5人は自動的に決まるから，分け方の総数は

$$_8C_1\times {_7C_2}=8\times21=168\text{ 通り}\quad(\to \text{オ})$$

8人を A，B の2組のどちらかに分ける方法は，2^8 通り。

このうち，A，B の一方だけに分ける方法は2通り。

よって，A，B の2組に分ける方法は

$2^8-2=256-2=254$ 通り　（→カ）

問4. 辺 BC の中点を M とすると，3点 O，I，M は角 A の二等分線上にある。

$$BM=\frac{1}{2}BC=1$$

$$AM=\sqrt{AB^2-BM^2}=\sqrt{3^2-1^2}=2\sqrt{2}$$

直線 BI は角 B の二等分線より

$$AI:IM=BA:BM=3:1$$

よって

$$IM=\frac{1}{3+1}AM=\frac{\sqrt{2}}{2}$$

直角三角形 ABM において

$$\sin\angle ABC=\sin\angle ABM=\frac{AM}{AB}=\frac{2\sqrt{2}}{3}$$

△ABC において，AO は外接円の半径であるから，正弦定理により

$$\frac{3}{\sin\angle ABC}=2AO$$

$$AO=\frac{1}{2}\cdot 3\cdot\frac{3}{2\sqrt{2}}=\frac{9\sqrt{2}}{8}$$

したがって

$$OI=AM-IM-AO=2\sqrt{2}-\frac{\sqrt{2}}{2}-\frac{9\sqrt{2}}{8}=\frac{3\sqrt{2}}{8}\quad（→キ）$$

問5. 中央値は，10，11番目のデータの平均値。

右図より，$-2<$最小値<-1，$-1<$中央値<0。

したがって，最も適切であるものは②である。（→ク）

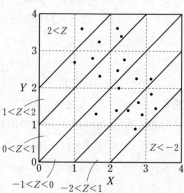

②　解答　(1)**アイ**. 45

(2)**ウ**. 7　**エオ**. 65

(3)**カキク**. 335　**ケコサ**. 355　**シスセ**. 135　**ソタ**. 27　**チツ**. 67

═══════════ 解説 ═══════════

《整数が書かれたカードを取り出す場合の数と確率，条件付き確率》

(1)　5 のカードと 6 から 15 までの 10 枚のカードから 2 枚取り出す場合の数であるから

$$_{10}C_2 = 45 \text{ 通り}　（→アイ）$$

(2)　すべての場合の数は $_{15}C_3$ 通り。

1 から 15 までの整数から偶奇が一致する 2 つの整数 a, b（$a < b$）を選ぶと，$\dfrac{a+b}{2}$ は 2 から 14 までの整数で，$a < \dfrac{a+b}{2} < b$ を満たす。

よって，$y = \dfrac{x+z}{2}$ を満たすような取り出し方は，1 から 15 までの整数から偶奇の一致する 2 つの整数の選び方に等しく

$$_7C_2 + _8C_2 \text{ 通り}$$

よって，求める確率は

$$\frac{_7C_2 + _8C_2}{_{15}C_3} = \frac{7}{65}　（→ウ～オ）$$

(3)　$\overline{A}$ は「x, y, z はすべて 3 の倍数でない」であるから

$$n(A) = _{15}C_3 - n(\overline{A}) = _{15}C_3 - _{10}C_3 = 455 - 120 = 335　（→カ～ク）$$

15 枚のカードを次の 3 つのグループに分ける。

$$P = \{1, 4, 7, 10, 13\}$$
$$Q = \{2, 5, 8, 11, 14\}$$
$$R = \{3, 6, 9, 12, 15\}$$

B となるのは，P, Q, R のそれぞれから，3 枚ずつ取り出す場合と，P, Q, R から 1 枚ずつ取り出す場合であるから

$$n(B) = 3 \times _5C_3 + 5^3 = 3 \times 10 + 125 = 155$$

$A \cap B$ となるのは，R から 3 枚取り出す場合と P, Q, R から 1 枚ずつ取り出す場合である。

$$n(A \cap B) = 10 + 125 = 135　（→シ～セ）$$
$$n(A \cup B) = n(A) + n(B) - n(A \cap B)$$

$$=335+155-135$$
$$=355 \quad (→ケ～サ)$$

また

$$P_A(B)=\frac{n(A\cap B)}{n(A)}=\frac{135}{335}=\frac{27}{67} \quad (→ソ～ツ)$$

③ 解答 (1)**ア.** 1 **イ.** 2 **ウ.** 7 **エ.** 3 **オ.** 3 **カ**—③
キ. 3 **ク.** 3

(2)**ケ.** 7 **コ.** 6 **サ.** 3 **シスセ.** 343 **ソ.** 6 **タチ.** 27
ツテト. 112 **ナ.** 6 **ニ.** 9

━━━━━━━━━ 解説 ━━━━━━━━━

《余弦定理，外接円の半径，外心と辺の距離，三角錐を回転させるときの三角錐全体が通過する部分の体積と側面が通過する部分の体積》

(1) △ABC において，余弦定理より

$$\cos\angle BAC=\frac{5^2+8^2-7^2}{2\cdot5\cdot8}=\frac{1}{2} \quad (→ア，イ)$$

$0°<\angle BAC<180°$ より

$$\angle BAC=60°$$

△ABC の外接円の半径を R とすると，正弦定理より

$$\frac{BC}{\sin60°}=2R$$

$$R=\frac{7}{2\times\frac{\sqrt3}{2}}=\frac{7\sqrt3}{3} \quad (→ウ～オ)$$

OA=OB=OC=R，AB<BC<CA であるから，点 O と辺 CA の距離が最も小さく，その値は　(→カ)

$$\sqrt{OA^2-\left(\frac{CA}{2}\right)^2}=\sqrt{\left(\frac{7\sqrt3}{3}\right)^2-4^2}=\frac{\sqrt3}{3} \quad (→キ，ク)$$

(2) 頂点 P より，平面 ABC に垂線 PQ を引く。

△PQA と △PQB と △PQC において

$$\angle PQA=\angle PQB=\angle PQC=90°, \quad PA=PB=PC=7, \quad PQ は共通。$$

よって

$$△PQA\equiv△PQB\equiv△PQC$$

したがって

QA＝QB＝QC

となるから，2点 O と Q は同一点である。

よって

$$PO=\sqrt{PA^2-OA^2}=\sqrt{7^2-\left(\frac{7\sqrt{3}}{3}\right)^2}=\frac{7\sqrt{6}}{3}\quad(\rightarrow\text{ケ}\sim\text{サ})$$

よって，求める体積は，底面の半径が R，高さ PO の円錐の体積だから

$$\frac{1}{3}\times\pi\times\left(\frac{7\sqrt{3}}{3}\right)^2\times\frac{7\sqrt{6}}{3}=\frac{343\sqrt{6}}{27}\pi\quad(\rightarrow\text{シ}\sim\text{チ})$$

3つの側面を1回転させるとき，平面 ABC 上で通過する部分は，半径 R の円と外心 O と △ABC の辺との距離を半径とする円の間の部分である。

外心 O と △ABC の辺との距離で最も小さいものは(1)より $\frac{\sqrt{3}}{3}$ であるから，3つの側面が通過しない部分の円錐の体積は

$$\frac{1}{3}\times\pi\times\left(\frac{\sqrt{3}}{3}\right)^2\times\frac{7\sqrt{6}}{3}=\frac{7\sqrt{6}}{27}\pi$$

よって，側面が通過する部分の体積は

$$\frac{343\sqrt{6}}{27}\pi-\frac{7\sqrt{6}}{27}\pi=\frac{112\sqrt{6}}{9}\pi\quad(\rightarrow\text{ツ}\sim\text{ニ})$$

④ **解答** (1)**アイ.** 33　**ウ.** 4　**エ.** 4　**オカ.** 28　**キク.** 57　**ケコサシ.** 1200

(2)**スセ.** 48

(3)**ソ.** 1　**タ.** 2　**チ.** 7　**ツ.** 4　**テト.** 25　**ナニヌ.** 175　**ネ**—②

========== 解説 ==========

《2次関数の決定，2次不等式，2次関数の最大値》

(1)　3点 $(1,\ 33)$，$\left(\frac{3}{2},\ 24\right)$，$(2,\ 17)$ を通るから

$$a+b+c=33\quad(\rightarrow\text{アイ})$$

$$\frac{9}{4}a+\frac{3}{2}b+c=24$$

$$4a+2b+c=17 \quad (\rightarrow \text{ウ})$$

これを解いて

$$a=4, \quad b=-28, \quad c=57 \quad (\rightarrow \text{エ〜ク})$$

売り値が 250 円のとき，$x=\dfrac{250}{100}=\dfrac{5}{2}$ であるから

$$y=4\left(\frac{5}{2}\right)^2-28\cdot\frac{5}{2}+57=12$$

売上個数は

$$100y=1200 \text{ 個} \quad (\rightarrow \text{ケ〜シ})$$

(2)　$-16x+k \leqq 4x^2-28x+57$ より

$$4x^2-12x+57-k \geqq 0$$

$4x^2-12x+57-k=0$ の判別式を D とすると

$$\frac{D}{4}=(-6)^2-4(57-k)=4(k-48)$$

（＊）がすべての実数について成り立つためには，x^2 の項の係数が正であるから，$D \leqq 0$ である。

よって

$$k \leqq 48 \quad (\rightarrow \text{スセ})$$

(3)　$\dfrac{\text{売り値}-50}{100}=\dfrac{\text{売り値}}{100}-\dfrac{50}{100}=x-\dfrac{1}{2}$ であるから

$$z=100^2 \times \left(x-\frac{1}{2}\right) \times (-16x+48) \quad (\rightarrow \text{ソ，タ})$$

$$=-16 \times 100^2 \times \left(x-\frac{1}{2}\right)(x-3) \quad \cdots\cdots\text{(A)}$$

$$=-16 \times 100^2\left(x-\frac{7}{4}\right)^2+25 \times 100^2$$

$x>0$，$z>0$ のとき，(A)より

$$x>0, \quad \frac{1}{2}<x<3$$

よって，$\dfrac{1}{2}<x<3$ であるから，z は $x=\dfrac{7}{4}$ のとき，最大値 25×100^2 をとる。（$\rightarrow$チ〜ト）

このときの売り値は

　　　$100x = 175$ 円　　（→ナ～ヌ）

　$k = 48$ のとき，直線 $y = -16x + 48$ は，(1)で仮定した 2 次関数に接して
いるので，1 か月の実際の利益の最大値は，N 円よりも高いことが見込
める。　（→ネ）

物　理

◀A日程（物理基礎・物理）▶

①　解答　問1．⑥　問2．⑥　問3．④　問4．②　問5．④
問6．①　問7．①

―――――――― 解説 ――――――――

《小問集合》

問1． 求める距離は　$\dfrac{1}{2}\times9.8\times3.0^2=44.1=44\,[\mathrm{m}]$

空気抵抗がはたらくと，加速度が $9.8\,\mathrm{m/s^2}$ よりも小さくなっていくため，真の値は $44\,\mathrm{m}$ よりも小さい。

問2． 求める張力の大きさを T とおく。Bの運動方程式をたてると
$$2ma=T-2mg\quad\therefore\quad T=2m(a+g)$$

問3． 動き始める直前に加えていた力の大きさを F とおく。動き始める直前の力のつり合いより
$$F=\mu mg$$
求める加速度の大きさを a とおくと，運動方程式は
$$ma=F-\mu'mg=(\mu-\mu')mg\quad\therefore\quad a=(\mu-\mu')g$$

問4． 求める熱量を q とおく。熱効率の公式より
$$e=\dfrac{Q-q}{Q}\quad\therefore\quad q=(1-e)Q$$

問5． 図4より入射波の波長 $\lambda\,[\mathrm{m}]$ は，$\lambda=8.0\,\mathrm{m}$。固定端反射なので $x=0\,\mathrm{m}$ の位置が定常波の節になる。$x=2.0\,\mathrm{m}$ は節から $\dfrac{1}{4}\lambda$ 離れているので定常波の腹（振幅 $0.20\,\mathrm{m}$）になる。

$t=0\,\mathrm{s}$ における反射波を描くと次の図のようになり，$x=2.0\,\mathrm{m}$ の媒質の定常波による振動は，$t=0\,\mathrm{s}$ で $y=0\,\mathrm{m}$。少しだけ時間をずらして入射波と反射波を描くと，$x=2.0\,\mathrm{m}$ の媒質は負の向きに動くので選ばれるグラフは④になる。

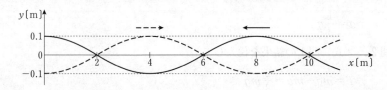

問6. うなりの周期は $\dfrac{2}{8}=0.25\,\text{s}$

　また，1秒間に4回のうなりが観測されたので，音さ B の振動数を f_B〔Hz〕とおくと，f_B は 444 Hz または 436 Hz である。

　次に，針金を巻き付けた音さ A の振動数を $f_A{}'$〔Hz〕とおくと，$f_A{}'<440$ なので，もし $440<f_B$ ならば，$|f_B-f_A{}'|=f_B-f_A{}'$ は4より大きくなる。

　よって，$f_B<440$ なので，$f_B=436\,\text{Hz}$ となる。

問7. 材質の抵抗率を ρ とおくと　　$R=\rho\dfrac{l}{S}$

抵抗 B の抵抗値は　　$R_B=\rho\dfrac{\left(\dfrac{1}{2}l\right)}{3S}=\dfrac{1}{6}\times\rho\dfrac{l}{S}=\dfrac{1}{6}R$

　求める抵抗値を R' とおくと

$$\dfrac{1}{R'}=\dfrac{1}{R}+\dfrac{1}{R_B}=\dfrac{7}{R}\qquad\therefore\quad R'=\dfrac{1}{7}R$$

② 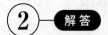　**Ⅰ.** 問1. ③　問2. ④　問3. ③
　　　　　　　　　　　Ⅱ. 問4. ④　問5. ②　問6. ⑥

=========================== 解説 ===========================

《三角台上の滑車でつながれた2物体の運動，摩擦のある斜面上の物体の運動》

Ⅰ. 問1. 糸の方向に沿った A，B それぞれの運動方程式をたてると

$$\begin{cases}\text{A}:ma=T-mg\sin\theta　\cdots\cdots①\\[4pt]\text{B}:ma=mg-T　\cdots\cdots②\end{cases}$$

①式と②式の両辺の和を計算して

$$2ma=mg(1-\sin\theta)=\dfrac{2}{3}mg$$

$$\therefore\quad a=\frac{1}{3}g$$

問2. ②式に問1の結果を代入して

$$T=mg-ma=\frac{2}{3}mg$$

問3. Bが床面に衝突したときのAの速さをvとおく。等加速度運動の式より

$$2ah=v^2-0^2\quad\therefore\quad v=\sqrt{2ah}=\sqrt{\frac{2}{3}gh}$$

　Bが床面に衝突した後のAの加速度の大きさをa'とおく。鉛直上向きを正として運動方程式をたてると

$$ma'=-mg\sin\theta\quad\therefore\quad a'=-\frac{1}{3}g$$

斜面を上がった距離をxとおく。等加速度運動の式より

$$2a'x=0^2-v^2\quad\therefore\quad x=-\frac{v^2}{2a'}=h$$

よって，動き始めてから移動した距離は

$$h+x=2h$$

Ⅱ．問4. 点Pから点Qまでの高低差は

$$l\sin30°=\frac{1}{2}l$$

問5. 斜面に垂直な向きの力のつり合いより，小物体にはたらく垂直抗力の大きさNは

$$N=mg\cos30°=\frac{\sqrt{3}}{2}mg$$

はたらく動摩擦力は，大きさが$\mu'N=\frac{\sqrt{3}}{2}\mu'mg$で，向きは進行方向の逆向きなので仕事の値は負である。

問6. 小物体は点Qで静止したので運動エネルギーは0である。仕事とエネルギーの関係より

$$\frac{1}{2}mv_0{}^2+W_G+W_F=0$$

$$\therefore\quad\frac{1}{2}mv_0{}^2=-W_G-W_F$$

　また，重力は保存力なので力学的エネルギーは変化させない。変化させたのは動摩擦力である。

③　**解　答**　　Ⅰ．問1．① 問2．① 問3．⑤
　　　　　　　　Ⅱ．問4．⑤ 問5．③ 問6．⑥

━━━━━━━━━━━━━ 解　説 ━━━━━━━━━━━━━

《水平面でばねにつながれた物体，p–V 図で示された理想気体の熱サイクル》

Ⅰ．問1． 物体 A，B の加速度の大きさを a，AB 間にはたらく垂直抗力の大きさを N とおく。A，B それぞれの運動方程式をたてると

$$\begin{cases} \text{A} : 2ma = kx_0 - N & \cdots\cdots① \\ \text{B} : ma = N & \cdots\cdots② \end{cases}$$

①式と②式の両辺の和を計算して

$$3ma = kx_0 \quad \therefore \quad a = \frac{kx_0}{3m}$$

②式に代入して

$$N = \frac{1}{3}kx_0$$

問2． 求める速さを v とおく。力学的エネルギー保存則より

$$\frac{1}{2}kx_0{}^2 = \frac{1}{2}\cdot 3mv^2 \quad \therefore \quad v = x_0\sqrt{\frac{k}{3m}}$$

問3． この単振動の周期 T は　　$T = \dfrac{2\pi}{\omega}$

求める時間は周期の $\dfrac{1}{4}$ なので

$$\frac{1}{4}T = \frac{\pi}{2\omega}$$

Ⅱ．問4． A → B で気体がした仕事 W_{AB} は　　$W_{AB} = 0$

状態 B の絶対温度を T_B とおく。A，B それぞれでの理想気体の状態方程式をたてると

$$\begin{cases} \text{A} : p_0 V_0 = nRT_0 & \cdots\cdots③ \\ \text{B} : 2p_0 V_0 = nRT_B & \cdots\cdots④ \end{cases}$$

③式と④式より

$T_B=2T_0$

A→Bでの内部エネルギー変化 $\varDelta U_{AB}$ は，③式も利用して

$$\varDelta U_{AB}=\frac{3}{2}nR(2T_0-T_0)=\frac{3}{2}nRT_0=\frac{3}{2}p_0V_0$$

熱力学第一法則より

$$Q_{AB}=W_{AB}+\varDelta U_{AB}=\frac{3}{2}p_0V_0$$

問5. 求める仕事 W_{CA} は　　　$W_{CA}=p_0(V_0-2V_0)=-p_0V_0$

問6. A→Bは体積一定（V_0）で，温度が $T_0\to2T_0$

B→Cは温度一定（$2T_0$）で，体積が $V_0\to2V_0$

C→A については圧力一定であるが，理想気体の状態方程式（$pV=nRT$）より p が一定のとき V と T は比例するので，グラフ上は原点を通る直線になる。

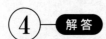 **解答**　**I.問1.** ④　**問2.** ⑤　**問3.** ④
II.問4. ③　**問5.** ②　**問6.** ⑤

=== **解説** ===

《水面波の干渉，x 軸上にある2つの点電荷》

I.問1. 図1より，点Aには逆位相の波が，点B，Cには同位相の波が重なり合っている。

問3. 図1の状態では線分 S_1S_2 上に強め合う点（定常波の腹）が7個ある。S_1 と S_2 が逆位相になれば，この点が全て弱め合う点（定常波の節）になり，これらの点を節線が通る。

II.問4. クーロンの法則より静電気力の大きさ F は

$$F=k\frac{Q\cdot2Q}{(2a)^2}=\frac{kQ^2}{2a^2}$$

互いに斥力がはたらくので，点Aの点電荷が受ける静電気力の向きは x 軸負の向き。

問5. 点Aの点電荷がつくる電場は x 軸正の向きで，大きさ E_A は

$$E_A=\frac{kQ}{a^2}$$

点Bの点電荷がつくる電場は x 軸負の向きで，大きさ E_B は

$$E_B = \frac{2kQ}{a^2}$$

よって，求める電場は

$$E_A - E_B = -\frac{kQ}{a^2}$$

問6. 点Bの点電荷が点Aと点Oにつくる電位 V_A, V_O は，無限遠点を基準にしてそれぞれ

$$V_A = \frac{k \cdot 2Q}{2a} = \frac{kQ}{a}, \quad V_O = \frac{k \cdot 2Q}{a} = \frac{2kQ}{a}$$

運ぶのに要する仕事は

$$Q(V_O - V_A) = \frac{kQ^2}{a}$$

物理

◀A日程（物理基礎）▶

① ◀A日程（物理基礎・物理）▶の〔1〕に同じ。

② ◀A日程（物理基礎・物理）▶の〔2〕に同じ。

◀B日程（物理基礎・物理）▶

問1．① 問2．⑤ 問3．① 問4．③ 問5．⑥
問6．② 問7．⑥

━━━━━━━━━━ 解　説 ━━━━━━━━━━

《小問集合》

問1． 動き始める直前には，最大摩擦力 $\mu mg\cos\theta$ が斜面下向きにはたらく。

　動き始める直前の斜面に沿った方向の力のつり合いより

$$F_0 = mg\sin\theta + \mu mg\cos\theta = mg(\sin\theta + \mu\cos\theta)$$

問2． 糸の張力の大きさを T，加速度の大きさを a とおく。A，Bそれぞれの運動方程式をたてると

$$\begin{cases} \text{A} : 2ma = T & \cdots\cdots① \\ \text{B} : ma = mg - T & \cdots\cdots② \end{cases}$$

①式と②式の両辺の和を計算して

$$3ma = mg \quad \therefore \quad a = \frac{1}{3}g$$

①式に代入して

$$T = \frac{2}{3}mg < mg$$

問3． 垂直抗力の向きと移動の向きは常に直交するので，垂直抗力がした仕事は0である。

　点Pと点Qの高低差は $R - R\cos 60° = \frac{1}{2}R$ なので，重力がした仕事は

$$mg \cdot \frac{1}{2}R = \frac{1}{2}mgR$$

問5． ガラス管内部にできる定常波の様子はそれぞれ図のようになり，波長 λ は

$$\lambda = 2(l_2 - l_1)$$

開口端補正を Δl とおくと

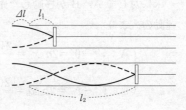

$$\varDelta l = \frac{\lambda}{4} - l_1 = \frac{1}{2}(l_2 - 3l_1)$$

問6. グラフの傾きより，抵抗 A，B の抵抗値はそれぞれ

$$R_\mathrm{A} = \frac{4.0}{6.0} = \frac{2.0}{3}[\Omega], \quad R_\mathrm{B} = \frac{4.0}{2.0} = 2.0[\Omega]$$

求める抵抗値を R とおくと

$$\frac{1}{R} = \frac{1}{R_\mathrm{A}} + \frac{1}{R_\mathrm{B}} = 2.0 \quad \therefore \quad R = 0.50[\Omega]$$

問7. 送電線を流れる電流を I とおくと　　$I = \dfrac{P}{V}$

消費される電力は　　$rI^2 = \dfrac{P^2 r}{V^2}$

② 解答　　**Ⅰ.** 問1. ①　問2. ②　問3. ①
　　　　　　　　Ⅱ. 問4. ②　問5. ③　問6. ①

================ 解 説 ================

《摩擦力を及ぼし合う2物体の運動，ばねにつられたおもりの運動》

Ⅰ. 問1. 板 A と小物体 B の間には大
きさ $\mu' mg$ の動摩擦力が，それぞれ図の
向きにはたらく。求める加速度を a_B と
おく。B の運動方程式をたてると

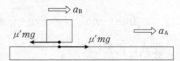

$$ma_\mathrm{B} = -\mu' mg$$

$$\therefore \quad a_\mathrm{B} = -\mu' g$$

問2. 求める加速度を a_A とおく。A の運動方程式をたてると

$$Ma_\mathrm{A} = \mu' mg \quad \therefore \quad a_\mathrm{A} = \frac{m}{M}\mu' g$$

問3. グラフの傾きより　　$a_\mathrm{A} = \dfrac{V}{t_1}, \quad a_\mathrm{B} = \dfrac{V - v_0}{t_1}$

床に対して A，B が移動した距離をそれぞれ x_A，x_B とおく。等加速度
運動の式より

$$\begin{cases} \mathrm{A}: V^2 - 0^2 = 2a_\mathrm{A} x_\mathrm{A} = \dfrac{2V x_\mathrm{A}}{t_1} & \cdots\cdots① \\[3mm] \mathrm{B}: V^2 - v_0^2 = 2a_\mathrm{B} x_\mathrm{B} = \dfrac{2(V - v_0) x_\mathrm{B}}{t_1} & \cdots\cdots② \end{cases}$$

$$\therefore\quad x_\text{A}=\frac{Vt_1}{2},\quad x_\text{B}=\frac{(V+v_0)t_1}{2}$$

よって

$$x_\text{B}-x_\text{A}=\frac{1}{2}v_0t_1$$

別解　グラフより，時間 $0\sim t_1$ までの A の直線と時間軸で囲まれた面積が A の移動距離 $x_\text{A}=\frac{1}{2}Vt_1$，同様に B の移動距離は $x_\text{B}=\frac{1}{2}(V+v_0)t_1$ として考える。

Ⅱ．問4． 重力とばねの弾性力とのつり合いより

$$mg=kx_0\quad\cdots\cdots①\qquad\therefore\quad x_0=\frac{mg}{k}$$

問5． ばねの弾性力による位置エネルギーは，はじめの状態で

$$\frac{1}{2}kx_0{}^2$$

さらに伸ばした状態で

$$\frac{1}{2}k(2x_0)^2=2kx_0{}^2$$

よって

$$2kx_0{}^2-\frac{1}{2}kx_0{}^2=\frac{3}{2}kx_0{}^2$$

問6． ばねの弾性力による位置エネルギーの増加分は，前問の答えより

$$\frac{3}{2}kx_0{}^2$$

重力による位置エネルギーの増加分は，①式を用いて

$$-mgx_0=-kx_0{}^2$$

よって

$$\frac{3}{2}kx_0{}^2+(-kx_0{}^2)=\frac{1}{2}kx_0{}^2$$

③ **解答** Ⅰ．問1．④　問2．③　問3．④
Ⅱ．問4．③　問5．⑤　問6．④

━━━━━━━━━━━━ 解　説 ━━━━━━━━━━━━

《地球を周回する人工衛星，垂直に立てられた容器内の理想気体の状態変化》

Ⅰ. 問1. 地球の中心からは $2R$ 離れているので

$$G\frac{Mm}{(2R)^2}=\frac{GMm}{4R^2}$$

問2. 求める速さを v_1 とおく。運動方程式をたてると

$$m\frac{v_1{}^2}{2R}=\frac{GMm}{4R^2}\quad\therefore\quad v_1=\sqrt{\frac{GM}{2R}}$$

問3. 無限遠点を基準にした万有引力による位置エネルギーは，はじめの高度では $-G\dfrac{Mm}{2R}$，地表では $-G\dfrac{Mm}{R}$ である。

　求める速さを v_2 とおく。力学的エネルギー保存則より

$$-G\frac{Mm}{2R}=\frac{1}{2}mv_2{}^2+\left(-G\frac{Mm}{R}\right)\quad\therefore\quad v_2=\sqrt{\frac{GM}{R}}$$

Ⅱ. 問4. ピストンにはたらく力のつり合いより

$$pS=p_0S+Mg\quad\therefore\quad p=p_0+\frac{Mg}{S}$$

問5. ピストンにはたらく力は状態Ⅰと状態Ⅱで変わらない（定圧変化）。

　気体の物質量を n，気体定数を R，状態Ⅱの温度を T' とおく。状態Ⅰ，Ⅱでの理想気体の状態方程式をたてると

$$\begin{cases} \text{Ⅰ}：pSh=nRT & \cdots\cdots① \\ \text{Ⅱ}：pS\cdot\dfrac{3}{2}h=nRT' & \cdots\cdots② \end{cases}$$

①式と②式より

$$\frac{3}{2}=\frac{T'}{T}\quad\therefore\quad T'=\frac{3}{2}T$$

問6. 気体がした仕事 W は

$$W=pS\cdot\frac{1}{2}h=\frac{1}{2}pSh$$

気体の内部エネルギー変化 $\varDelta U$ は

$$\varDelta U=\frac{3}{2}nR(T'-T)=\frac{3}{4}nRT=\frac{3}{4}pSh\quad(\because\quad①)$$

熱力学第一法則より気体が吸収した熱量 Q は

$$Q = W + \Delta U = \frac{5}{4}pSh$$

 解答　Ⅰ．問1．④　問2．③　問3．⑤
Ⅱ．問4．②　問5．④　問6．②

=== 解　説 ===

《凸レンズによる実像，2つのコンデンサーを含む直流回路》

Ⅰ．問1．凸レンズの焦点距離を f〔cm〕とおく。レンズの式より

$$\frac{1}{f} = \frac{1}{50-20} + \frac{1}{20} = \frac{1}{12} \quad \therefore \quad f = 12〔cm〕$$

像は凸レンズの後方にできるので倒立実像である。

問2．再び像ができたときのスクリーンから凸レンズまでの距離を x〔cm〕とおく。レンズの式より

$$\frac{1}{12} = \frac{1}{50-x} + \frac{1}{x} = \frac{50}{(50-x)x} \quad \therefore \quad x = 20,\ 30〔cm〕$$

（ここで $x = 20\,cm$ は最初に像ができた位置）

よって

$$30 - 20 = 10〔cm〕$$

問3．最初にできた像の倍率 n_1 は　　$n_1 = \frac{20}{30} = \frac{2}{3}$

再びできた像の倍率 n_2 は　　$n_2 = \frac{30}{20} = \frac{3}{2}$

よって

$$\frac{n_2}{n_1} = \frac{9}{4}$$

Ⅱ．問4．C_1 と C_2 の合成容量を C' とおく。

$$\frac{1}{C'} = \frac{1}{C_1} + \frac{1}{C_2} = \frac{1}{C} + \frac{1}{2C} = \frac{3}{2C} \quad \therefore \quad C' = \frac{2}{3}C$$

C_1 にも C_2 にも同量の電気量が蓄えられるので

$$Q = C'V = \frac{2}{3}CV$$

問5．C_2 の極板間電圧に等しいので　　$V_2 = \frac{Q}{C_2} = \frac{1}{3}V$

問6. C_1 と C_2 に蓄えられていた静電エネルギーの和は

$$\frac{1}{2}C'V^2=\frac{1}{3}CV^2$$

これが抵抗 R でジュール熱として消費される。

◀B日程（物理基礎）▶

① ◀B日程（物理基礎・物理）▶の〔1〕に同じ。

② ◀B日程（物理基礎・物理）▶の〔2〕に同じ。

化　学

◀A日程（化学基礎・化学）▶

① 解答　問1．① 問2．⑤ 問3．④
問4．③ 問5．④ 問6．(1)—⑤ (2)—②

========== 解　説 ==========

《同位体，イオン化エネルギー，化学式，遷移元素，分子の熱運動，蒸留》

問1． ア：陽子　イ：中性子　ウ：同位体

　陽子の数が同じで，中性子の数が異なるため，質量数も異なる原子を互いに同位体という。

問2． ア：失って　イ：陽イオン　ウ：必要な

　原子から電子を1個放出して1価の陽イオンにするために必要なエネルギーを第一イオン化エネルギーという。

問3． 硫酸イオン：SO_4^{2-}

　アンモニウムイオン：NH_4^+

　電荷の合計が0になるために

　硫酸イオン：アンモニウムイオン＝1：2

である必要がある。

　したがって，$(NH_4)_2SO_4$ の硫酸アンモニウムとなる。

問4． ①誤文。遷移元素はすべて金属元素である。

②誤文。遷移元素は3族〜12族の元素である（12族元素は含めない場合もある）。

③正文。

④誤文。原子の最外殻電子の数が1個の元素もある（例 Cu）。

⑤誤文。典型元素にも金属元素は存在する（例 Al）。

問5． ア：平均　イ：t_2

　温度が高いほうが分子の平均の速さが速く，動きの速い分子の割合が増える。

問6． (1)　①〜④正文。

⑤誤文。密閉状態で蒸留すると，装置内の圧力が大きくなり危険であるため，三角フラスコを密閉してはいけない。

(2)　①・③誤文。試料の液体は常温でも蒸発は起こっている。

②正文。エタノールの方が沸点が低く，初めはエタノールの割合が多くなる。

④誤文。エタノールの沸点は 80°C 付近であるため，沸騰し始めるのは 80°C 付近である。

⑤誤文。水の沸点が 100°C であるため，液体が存在している限り 100°C を超えることはない。

I．問1．②　**問2．**①　**問3．**③

II．問4．⑧　**問5．**(1)—⑥　(2)—③

=== 解説 ===

《固体の溶解度，過酸化水素と過マンガン酸カリウムの酸化還元滴定》

I．問1． ア．質量〔g〕÷密度〔g/cm³〕=体積〔cm³〕

$$=〔mL〕 より$$

$$\frac{100+34.0}{1.20}=111.6≒112〔mL〕$$

イ．塩化カリウムの式量：74.5 より

$$\frac{34.0}{74.5}=0.4563≒0.456〔mol〕$$

問2．水溶液の質量に対する塩化カリウムの結晶の析出量は比例する。

析出する塩化カリウムの結晶の質量を x〔g〕とすると

$$\frac{x}{100}=\frac{40.0-34.0}{100+40}\qquad x=4.285≒4.29〔g〕$$

問3．水溶液の質量に対する溶解する硫酸銅(II)無水物の質量は比例する。

水溶液 100 g に溶けている硫酸銅(II)無水物の質量を x〔g〕とすると

$$\frac{x}{100}=\frac{40.0}{100+40.0}\qquad x=28.57〔g〕$$

析出した硫酸銅(II)五水和物の質量を y〔g〕とすると

$$\frac{28.57-\frac{160}{250}y}{100-y}=\frac{20.0}{100+20.0}\qquad y=25.1≒25〔g〕$$

Ⅱ．問4．生成物の S の数から H_2SO_4 の係数 イ は 3，H の数は，生成物の合計が 16，反応物の H_2SO_4 が 6 より，H_2O_2 からは H が 10 個必要である。したがって，係数 ア は 5 となる。

　他に，過マンガン酸イオンと過酸化水素の半反応式から導くこともできる。

問5．(1)　滴定前は過酸化水素水のみで無色。滴定中は滴下した赤紫色の過マンガン酸イオンが過酸化水素と反応して Mn^{2+} になるため，ほぼ無色であるが，過酸化水素がなくなって滴定が終了すると，過マンガン酸イオンの赤紫色が消えなくなる。

(2)　過酸化水素水の濃度を c[mol/L] とすると

　　問題文の化学反応式より

$$c \times \frac{10}{1000} \times 2 = 0.020 \times \frac{12}{1000} \times 5 \qquad c = 0.060 \text{[mol/L]}$$

---

③ 解答　Ⅰ．問1．⑨　問2．①　問3．②
　　　　　　Ⅱ．問4．④　問5．⑤　問6．④

━━━━━ 解説 ━━━━━

《フッ素とその化合物の性質，鉄とその化合物の性質》

Ⅰ．問1．フッ素の単体は常温・常圧で淡黄色の気体である。

問2．フッ化水素は次の化学反応式で示すように，ホタル石に濃硫酸を加えて加熱することで，揮発性の酸の遊離が起こり生成される。

$$CaF_2 + H_2SO_4 \longrightarrow CaSO_4 + 2HF$$

問3．①誤文。分子間で水素結合を形成するので沸点は他のハロゲン化水素より高い。

②正文。ガラスの主成分である二酸化ケイ素と次の反応が起こる。

$$SiO_2 + 6HF \longrightarrow H_2SiF_6 + 2H_2O$$

③誤文。フッ化水素は塩化水素の検出に用いられる。

④誤文。デンプンの検出にはフッ化水素ではなくヨウ素溶液が用いられる。

⑤誤文。フッ化水素酸は弱酸である。

Ⅱ．問4．ア．鉄と希塩酸の反応は次の化学反応式で表される。

$$Fe + 2HCl \longrightarrow FeCl_2 + H_2$$

イ．選択肢のうち，酸化剤としてはたらくのは塩素のみである。

ウ．塩素が酸化剤として，次の反応が起こる。

$$2FeCl_2 + Cl_2 \longrightarrow 2FeCl_3$$

問5. 水酸化鉄(Ⅲ)の赤褐色沈殿が生じる。

問6. Fe^{2+} に $K_3[Fe(CN)_6]$ 水溶液を加えると濃青色沈殿(ターンブル青)が，Fe^{3+} に $K_4[Fe(CN)_6]$ 水溶液を加えると濃青色沈殿(紺青)が生じる。

④ 解答 問1. ② 問2. ② 問3. ③ 問4. ⑦
問5. (1)―② (2)―③

解説

《芳香族化合物の構造決定，エーテル抽出》

問1・問2. 分子式 C_7H_8O で表される芳香族化合物の異性体は次の5つである。

化合物 P

化合物 P はパラ2置換体であるため， で囲まれた構造式で表される。

P はフェノール類であるため，次のように無水酢酸と反応してエステルである化合物 R が生成する。

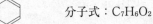
化合物 R

次に，化合物 Q について，炭素数は P と同じ7の芳香族化合物である。また，メタノールと脱水縮合するため，カルボキシ基があることが予想される。したがって，Q の構造式，分子式は次のようになる。

構造式：　　　　　　分子式：$C_7H_6O_2$

最後に，P と Q の抽出分離は次のように行われる。

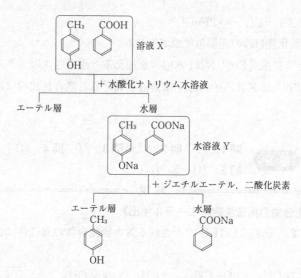

問3． ③は化合物 Q（安息香酸）より弱い酸である炭酸の塩の水溶液を
加えるため，弱酸の遊離が起こり，二酸化炭素が発生する。

①はフェノール類の検出反応である。

②・④はアニリンの検出反応である。

⑤はヨードホルム反応である。安息香酸は反応しない。

問4． ア．水層に残っているのは安息香酸の塩である。したがって，カル
ボン酸より強い酸を加えると，弱酸である Q（安息香酸）が遊離し，エ
ーテル層に抽出される。したがって加えるのは，選択肢より希硫酸である。

イ．水溶液 Y に希硫酸を加えると，フェノール類の P もカルボン酸の Q
もどちらも遊離するため，P，Q ともにエーテル層に抽出される。

問5． (1)　前述のとおり，P をのぞくと次の4種類である。

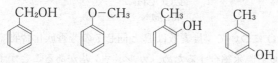

(2)　ヒドロキシ基をもつ化合物はすべて反応するため，P を除くと次の3
種類である。

CH₂OH

CH₃ OH

CH₃ OH

◀A日程（化学基礎）▶

① ◀A日程（化学基礎・化学）▶の〔1〕に同じ。

② ◀A日程（化学基礎・化学）▶の〔2〕に同じ。

◀B日程（化学基礎・化学）▶

① 解答　問1．①　問2．⑥　問3．③
　　　　　問4．⑴—③　⑵—②　問5．⑴—⑥　⑵—⑤

────────── 解説 ──────────

《化学の基本法則，結晶，絶対温度，抽出，元素とその原子の特徴，イオン半径の大小》

問1． ドルトンは原子説，アボガドロは分子説を唱えた。また，プルーストは定比例の法則を唱えた。

問2． 水晶や石英は二酸化ケイ素の結晶であり，共有結合結晶である。

問3． ア．273+(−196)＝77〔K〕

イ・ウ．窒素の方が沸点が低いので，空気が窒素に触れていると，空気が冷やされて酸素が凝縮する。

問4． ⑴　ヨウ素は非金属元素のみの分子からなる分子結晶で，ヨウ化カリウムは金属−非金属元素のイオン結合からなるイオン結晶である。

⑵　ア：ヨウ素　イ：抽出

　ヘキサンはガソリンの成分であり，水より密度が小さい。したがって分液ろうとの上層がヘキサン，下層が水になり，無極性分子のヨウ素は無極性溶媒のヘキサンに溶けやすいため，はじめヨウ化カリウム水溶液に溶けていたヨウ素がヘキサンに分離された。この操作を抽出という。

問5． ⑴　①誤文。カリウムはアルカリ金属，マグネシウムは第2族，塩素はハロゲンである。

②誤文。カリウムは第4周期，マグネシウムと塩素は第3周期である。

③誤文。カリウムとマグネシウムは金属元素，塩素は非金属元素である。

④誤文。カリウムの最外殻はN殻，マグネシウムと塩素の最外殻はM殻である。

⑤誤文。最外殻電子の数は，カリウムは1，マグネシウムは2，塩素は7である。

⑥正文。

⑵　マグネシウムイオンはネオンと，カリウムイオン・塩化物イオンはアルゴンと同じ電子配置である。

同じ電子配置のイオンの場合，陽子数が多いほどイオン半径は小さくなる。

(2) **解 答**   Ⅰ. 問1. ⑤ 問2. ⑤ 問3. ③
               Ⅱ. 問4. ⑤ 問5. ① 問6. ②

════════ **解 説** ════════

《エタンとブタンの燃焼，酸・塩基と指示薬の変色域》

Ⅰ. 問1. エタンの燃焼を表す化学反応式は次のようになる。

$$2C_2H_6 + 7O_2 \longrightarrow 4CO_2 + 6H_2O$$

問2. ブタンの燃焼を表す化学反応式は次のようになる。

$$2C_4H_{10} + 13O_2 \longrightarrow 8CO_2 + 10H_2O$$

ブタンの分子量 58，化学反応式の係数の比より

$$\frac{250}{58} \times \frac{13}{2} \times 22.4 = 627 \fallingdotseq 6.3 \times 10^2 \, [L]$$

問3. 混合気体中のエタン x [L]，ブタン y [L] とする。

$$x + y = 10 \quad \cdots\cdots ①$$

問1，問2の化学反応式より

必要な酸素の体積：$\dfrac{7}{2}x + \dfrac{13}{2}y$ [L]

生成した二酸化炭素の体積：$\dfrac{4}{2}x + \dfrac{8}{2}y$ [L]

これより，反応後の全気体の体積は

$$80 - \left(\frac{7}{2}x + \frac{13}{2}y\right) + \left(\frac{4}{2}x + \frac{8}{2}y\right) = 58 \quad \cdots\cdots ②$$

①式，②式より，$x = 3.0$，$y = 7.0$

したがって，エタンは 3.0 L である。

Ⅱ. 問4. アンモニアは1価の塩基で，アンモニア分子が1分子電離すると水酸化物イオンは1個生成するため，電離したアンモニア分子は 0.0013 mol となる。

$$NH_3 + H_2O \rightleftharpoons NH_4^+ + OH^-$$

これより，電離度 α は次のようになる。

$$\alpha = \frac{0.0013}{0.10} = 0.013$$

問5. pH は水素イオン指数である。

問6．メチルオレンジは酸性側，フェノールフタレインは塩基性側に変色域がある。

③　解答　　Ⅰ．問1．⑤　問2．④　問3．②
　　　　　　Ⅱ．問4．①　問5．④　問6．③

＝＝＝＝＝＝＝＝＝＝＝＝　解　説　＝＝＝＝＝＝＝＝＝＝＝＝

《硫黄とその化合物の性質と反応，アルミニウムの性質と反応》

Ⅰ．問1．ア：酸素　イ：白

ア．窒素，リンは 15 族である。

イ．次の反応により，硫黄が析出し，水溶液が白く濁る。

$$2H_2S+SO_2 \longrightarrow 3S+2H_2O$$

問2．①正文。化学反応式は次のとおり。

$$S+O_2 \longrightarrow SO_2$$

②正文。化学反応式は次のとおり。

$$Na_2SO_3+H_2SO_4 \longrightarrow Na_2SO_4+SO_2+H_2O$$

③正文。化学反応式は次のとおり。

$$Cu+2H_2SO_4 \longrightarrow CuSO_4+2H_2O+SO_2$$

④誤文。次のような反応が起こり，二酸化硫黄は生じない。

$$NaCl+H_2SO_4 \longrightarrow NaHSO_4+HCl$$

⑤正文。化学反応式は次のとおり。

$$2NaHSO_3+H_2SO_4 \longrightarrow Na_2SO_4+2H_2O+2SO_2$$

問3．a．次の化学反応式で表され，二酸化硫黄が酸化剤，硫化水素が還元剤としてはたらく酸化還元反応である。

$$2H_2S+SO_2 \longrightarrow 3S+2H_2O$$

b．次の化学反応式で表され，二酸化硫黄が酸としてはたらく中和反応である。

$$2NaOH+SO_2 \longrightarrow Na_2SO_3+H_2O$$

Ⅱ．問4．ア：亜鉛やスズ　イ：水素

ア．両性元素は Al，Zn，Sn，Pb などである。

イ．希塩酸，水酸化ナトリウム水溶液と，それぞれ次のように反応する。

$$2Al+6HCl \longrightarrow 2AlCl_3+3H_2$$

$$2Al+2NaOH+6H_2O \longrightarrow 2Na[Al(OH)_4]+3H_2$$

問5．問4より，反応後の水溶液は塩化アルミニウムの水溶液である。

Al^{3+} を含む水溶液に少量のアンモニア水を加えると，$Al(OH)_3$ の白色沈殿が生じ，さらに過剰のアンモニア水を加えても，沈殿が溶解することはない。

問6．この他に，コバルトなども不動態を形成する。

問1． ②　**問2．** ⑥
問3． (1)—⑤　(2)—③　(3)—④　**問4．** ③

==================== 解説 ====================

《油脂の構造と性質》

問1． ①・③・④・⑤正文。
②誤文。炭素原子の数が多い脂肪酸を高級脂肪酸という。

問2． ア：パルミチン酸，ステアリン酸
イ：オレイン酸，リノール酸，リノレン酸

パルミチン酸は炭素数 16，ステアリン酸は炭素数 18 の飽和脂肪酸である。オレイン酸は二重結合を 1 つ，リノール酸は二重結合を 2 つ，リノレン酸は二重結合を 3 つもつ炭素数 18 の不飽和脂肪酸である。

問3． (1)　1.0 mol の油脂 P をけん化するために必要な水酸化ナトリウムは 3.0 mol であり，このとき生成するグリセリン（分子量 92）は 1.0 mol である。したがって，23.0 g のグリセリンを生成するのに必要な水酸化ナトリウムの物質量は次のようになる。

$$\frac{23.0}{92} \times 3 = 0.75 [mol]$$

(2)　(1)より，油脂 P の物質量と生成するグリセリンの物質量は等しい。したがって，油脂 P の分子量 M_P は

$$\frac{23.0}{92} = \frac{218}{M_p} \qquad M_p = 872$$

油脂 P はグリセリン 1 分子と脂肪酸 X3 分子から 3 分子の水が脱水したトリエステルである。脂肪酸 X の分子量を M_X とすると

$$92 + M_X \times 3 - 18 \times 3 = 872 \qquad M_X = 278$$

(3)　得られるセッケンは，脂肪酸 X のカルボキシ基（$-COOH$）がナトリウム塩（$-COONa$）になったものである。したがって，セッケンの式

量は

$$278-1+23=300$$

また，得られるセッケンの物質量は必要な水酸化ナトリウムの物質量と同じであることから

$$0.75\times300=225[g]$$

問4. 油脂Qの構造は，次の4種類である。

$$\left[\begin{matrix}X_1\\X_1\\X_2\end{matrix}\right.\quad\left[\begin{matrix}X_1\\X_2\\X_1\end{matrix}\right.\quad\left[\begin{matrix}X_1\\X_2\\X_2\end{matrix}\right.\quad\left[\begin{matrix}X_2\\X_1\\X_2\end{matrix}\right.$$

◀B日程（化学基礎）▶

①　◀B日程（化学基礎・化学）▶の〔1〕に同じ。

②　◀B日程（化学基礎・化学）▶の〔2〕に同じ。

生　物

◀A日程（生物基礎・生物）▶

① 　解答　　問1. ⑤　問2. ③　問3. ④　問4. ②　問5. ⑥
　　　　　　　　問6. ⑤　問7. ②

================= 解　説 =================

《小問7問》

問2. 図1の左図より対物ミクロメーター1目盛り分と接眼ミクロメーター4目盛り分が等しい長さであることがわかる。対物ミクロメーター1目盛りは $10\,\mu\text{m}$ であるため，接眼ミクロメーター1目盛りの大きさは

　　　　1目盛り×$10\,\mu\text{m}$÷4目盛り=$2.5\,\mu\text{m}$

となる。

　図1の右図より，細胞の細胞壁を含めた大きさは，接眼ミクロメーター22目盛り分であるため，細胞の大きさは

　　　　$2.5\,\mu\text{m}$×22目盛り=$55\,\mu\text{m}$

となる。

問3. ㈎では加熱殺菌していないS型菌が，㈦では加熱殺菌していないR型菌が加熱殺菌したS型菌のDNAによってS型菌へ形質転換したものが肺炎を発症させる。

問4. 手順2の希塩酸は，細胞どうしの接着を弱めるための操作である。

問6. ①～④は物理的・化学的な生体防御を，⑥は食作用を示している。

② 　解答　　Ⅰ. 問1. ⑤　問2. ④　問3. ⑤　問4. ②
　　　　　　　　問5. ①
Ⅱ. 問6. ①　問7. ④　問8. ⑤　問9. ④

================= 解　説 =================

《ヒトの体液，植生の遷移》

Ⅰ. 問1. ㈦誤文。液体成分の重さの割合は，血液全体の約55％である。

問2. ④誤文。濃縮率は，ある物質の尿中の濃度を血しょう中の濃度で割

った値である。

問4．(い)誤文。尿量は，原尿からの水の再吸収量が増加することで減少する。

 　I．問1．①　問2．③　問3．④　問4．⑥
　Ⅱ．問5．⑤　問6．①　問7．⑤　問8．①

==================== 解　説 ====================

《細胞接着，ヒトの眼》

I．問2．(あ)誤文。接着結合に関わる細胞骨格はアクチンフィラメントである。

Ⅱ．問6．明所では主に錐体細胞がはたらいており，桿体細胞は明所ではロドプシンが光によって分解されているためほとんどはたらかない。明所から暗所に入ると，まずは明所ではたらいていた錐体細胞の感度が上昇する。その間に桿体細胞内のロドプシンが増加し，最終的に主に桿体細胞がはたらく状態に切り替わる。

問7．(い)誤文。黄斑には錐体細胞が集中しており，桿体細胞は黄斑の周辺部に分布している。

問8．(い)誤文。Bの位置で神経を切断すると，右眼の左側の網膜から脳へつながる神経（破線）と，左眼の右側の網膜から脳へつながる神経（実線）が切断される。この結果，右眼の左側の網膜に当たる光と，左眼の右側の網膜に当たる光を感知することができなくなる。

(う)誤文。実線で示されている，右眼の右側の網膜と左眼の右側の網膜に当たる光を感知することができなくなる。右眼，左眼ともに右側の網膜に当たる光は，視野の左方向から入ってくるため，両眼の左側の視野の視覚が失われることとなる。

 　I．問1．⑤　問2．⑦　問3．⑤　問4．③
　Ⅱ．問5．②　問6．⑤　問7．⑥　問8．④

==================== 解　説 ====================

《連鎖と組換え，PCR法》

I．問1．染色体数が $2n=14$ ということは，相同染色体の組合せが7組存在することを示している。よって，最大7組の対立形質までに独立の法

則が成り立つ。

問2． ㈠・㈢正文。赤長の純系個体と白丸の純系個体の交配で得られた雑種第一代がすべて赤丸であったことから，赤と丸が優性（顕性）形質となる。㈢正文。純系どうしの交配結果は，連鎖，独立関係なく結果が同じとなる。

問3． 組換え価の値は，遺伝子間の距離が大きいほど大きくなる。A(a) と B(b) 間が13％，最も離れている B(b) と C(c) 間が20％であることから，A(a) と C(c) 間は約7％であると考えることができる。よって，A(a) は B(b) と C(c) の間にあるが，B(b) よりも C(c) に近いところに位置していると考えることができる。

問4． 体毛を黒くする遺伝子を B，灰色にする遺伝子を b，体毛を短くする遺伝子を S，長くする遺伝子を s とすると，雑種第一代までの交配は次のように表すことができる。

　　　親）BBSS×bbss ⟶ 雑種第一代）BbSs

　雑種第一代の両親の遺伝子型から，雑種第一代では B と S，b と s が連鎖をしていると考えられ，さらに，この雑種第一代から生じる配偶子は

　　　BS：Bs：bS：bs＝m：n：n：m　ただし (m＞n)

とすることができる。この配偶子どうしの受精によって生じる子の表現型とその分離比を次の表を使って計算する。

	mBS	nBs	nbS	mbs
mBS	m^2 黒短	mn 黒短	mn 黒短	m^2 黒短
nBs	mn 黒短	n^2 黒長	n^2 黒短	mn 黒長
nbS	mn 黒短	n^2 黒短	n^2 灰短	mn 灰短
mbs	m^2 黒短	mn 黒長	mn 灰短	m^2 灰長

　表より

　　黒短：黒長：灰短：灰長

　　＝$3m^2+4mn+2n^2$：$2mn+n^2$：$2mn+n^2$：m^2

　問題文より，黒短：黒長：灰短：灰長＝281：19：19：81 とあることから m＝9，n＝1 となり，組換え価は

　　　$(1+1)\div(9+1+1+9)\times100=10$〔％〕

となる。

Ⅱ．問7． 2本鎖 DNA に置き換えて考えてみると，まず，正常な状態で

は 2 本鎖 DNA1 本からは 2 本鎖 DNA が 2 本，つまり 1 本鎖 DNA が 4
本得られる。次に 2 本鎖 DNA の複製において 50％の確率で不具合が生
じると考えると，2 本鎖 DNA の一方の 1 本鎖 DNA からは正常に複製が
行われ 2 本の 1 本鎖 DNA が，他方の 1 本鎖 DNA では不具合が起こり 1
本鎖のまま，合計 3 本の 1 本鎖 DNA が得られることとなる。正常な場合
は 1 本鎖 DNA が 4 本，不具合が生じる場合は 1 本鎖 DNA が 3 本，つま
り，不具合が生じることで得られる DNA の量が $\frac{3}{4}$ 倍となる。これが 20
回のサイクル繰り返されるため，DNA の量は不具合が生じない場合の量
の $\left(\frac{3}{4}\right)^{20}$ 倍となる。

問 8. 1000 塩基対の 2 本鎖 DNA から PCR 法をはじめていることから，
鋳型となる 1 本鎖 DNA は 1000 塩基，最終的に増幅したい領域の 1 本鎖
DNA は得られた最も短い 700 塩基である。（下図参照）PCR 法において
n 回のサイクルを行った場合，増幅したい領域の 1 本鎖 DNA の本数は，
$2^{n+1}-2n-2$　で表すことができる。よって 10 回のサイクルにおける
700 塩基の 1 本鎖 DNA の本数は

$$2^{10+1}-2\times10-2=2026 \text{ 本}$$

となる。

　なお，鋳型となる 1000 塩基対の 2 本鎖 DNA は，1000 塩基対数のまま
で複製されることはないため，1000 塩基の 1 本鎖 DNA は 2 本のままで
ある。

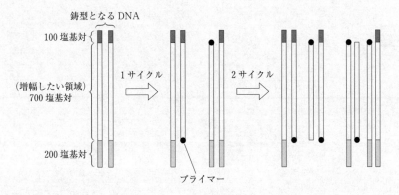

322999

◀A日程（生物基礎）▶

① ◀A日程（生物基礎・生物)▶の〔1〕に同じ。

② ◀A日程（生物基礎・生物)▶の〔2〕に同じ。

2024年度　一般前期　生物

◀B日程（生物基礎・生物）▶

① 解答 問1．③　問2．④　問3．⑥　問4．②　問5．①
　　　　　問6．④　問7．①

━━━━━━━━━━━━━ 解　説 ━━━━━━━━━━━━━

《小問7問》

問1． ①誤文。無性生殖で増える生物の多くは雌雄の区別がない。

②誤文。原核生物にはミトコンドリアは存在しない。

④誤文。細胞膜は，細胞内に必要なもの，逆に細胞内で生じた老廃物など，さまざまな物質を通過させることができる。

⑤誤文。代謝の触媒は主にタンパク質である。

問3． DNAを取り出す実験で用いられる食塩水はDNAを析出させるために，中性洗剤は脂質でできている細胞膜や核膜を溶かすために用いる。

問6． 体細胞分裂において，細胞1個あたりに含まれるDNA量（相対値）が1となる時期はG₁期，2となる時期はG₂期とM期である。S期はDNA量が1から2へ変化する時期である。よって，図1の領域AはG₁期，BはS期，CはG₂期とM期を示す。それぞれの時期の長さは，観察された細胞の個数に比例するため，S期は

$$18 \times \frac{5}{9+5+4} = 5 \text{ 時間}$$

となる。領域Cに含まれるG₂期とM期は，それぞれの個数がわからないため，それぞれの時期の長さがわからない。

② 解答 Ⅰ．問1．①　問2．③　問3．④　問4．④
　　　　　問5．②
Ⅱ．問6．⑥　問7．④　問8．⑤　問9．⑤

━━━━━━━━━━━━━ 解　説 ━━━━━━━━━━━━━

《ヒトの血液と酸素解離曲線，生態系の保全》

Ⅰ．問1． ②誤文。止血の際は血小板が最も主要な役割を果たす。

③誤文。弁があるのは静脈である。

④誤文。血液が凝固したときの上澄みは血清という。

⑤誤文。肝門脈を流れる血液は，小腸で吸収された栄養分が最も多く含まれる。

問2．①誤文。二酸化炭素の運搬は，血しょうのはたらきである。

②誤文。赤血球は骨髄でつくられる。

④誤文。赤血球は無核細胞である。

⑤誤文。マクロファージの数は白血球数のうちの約5%である。

問3．酸素ヘモグロビンの割合は，図1より肺胞では96%，組織では30%である。よって

$$\frac{96-30}{96} \times 100 ≒ 68.8$$

より約70%となる。

問4．酸素解離曲線は，激しい運動時には二酸化炭素濃度が増加し右に移動する。この結果，ある酸素濃度における酸素ヘモグロビンの割合が安静時よりも低下する。このことは，運動時のヘモグロビンの酸素との親和性低下，つまり，ヘモグロビンが酸素を離しやすい状態になり，組織への酸素供給が増えることを示す。

Ⅱ．問8．(い)誤文。地球温暖化の原因となる気体には，他にメタンやフロンなどもある。

(う)正文。夏は植物の光合成が盛んである。よって，二酸化炭素が植物によって吸収され，空気中の二酸化炭素濃度がやや低下する。

Ⅰ．問1． ③　**問2．** ⑦　**問3．** ⑤　**問4．** ③

Ⅱ．問5． ③　**問6．** ⑤　**問7．** ⑥　**問8．** ②

━━━━━ 解説 ━━━━━

《動物の行動，遺伝子突然変異》

Ⅰ．問1． ①誤文。生得的行動を引き起こす刺激は鍵刺激である。

②誤文。同種の他個体に作用する物質はフェロモンである。

④誤文。ショウジョウバエの求愛行動は生得的行動である。

問3．午前10時ごろの太陽は，南から東へ30°のところに存在する。巣箱にいるはたらきバチが，この太陽を正面に見て，太陽から右方向に60°向き直った方向に進むと餌にたどりつく。これを8の字ダンスで示すと，上が太陽，8の字の中央の直進方向が太陽に対して向き直って進む方向を

示している。

問4. オペラント条件付けとは，報酬や罰に適応して自発的に目的の行動を増やしたり減らしたりする学習のことであり，(う)のみが該当する。

Ⅱ. 問5. ある1つの塩基対の変化は，その変化した部分から翻訳されるアミノ酸にのみ影響する。よって，③のように，変化した部分以外のアミノ酸配列も変わってしまうことは起こりえない。

問6. 変化後のバリンに対応するコドン GUG に対して鋳型となる DNA の塩基配列は CAC である。

問7. フェニルケトン尿症を発症する劣性の遺伝子を a，これに対して発症しない正常な遺伝子を A とする。D と E は，子に発症者（遺伝子型 aa）が生じていることから，ともに遺伝子型が Aa である。他は，この家系図からは AA か Aa かは確定できない。

問8. 鎌状赤血球症に関して，正常な遺伝子を B，変異した遺伝子を b とすると，遺伝子型とその症状は以下のようになる。

　　　男子：$X^B Y \longrightarrow$ 正常　　$X^b Y \longrightarrow$ 重症

　　　女子：$X^B X^B \longrightarrow$ 正常　　$X^B X^b \longrightarrow$ 軽症　　$X^b X^b \longrightarrow$ 重症

④　解答　　Ⅰ. 問1. ③　問2. ⑥　問3. ④　問4. ⑤
　　　　　　　　Ⅱ. 問5. ①　問6. ⑥　問7. ①　問8. ⑤

══════════════ **解説** ══════════════

《呼吸商，ホメオティック遺伝子》

Ⅰ. 問2. 装置 A では，種子が吸収した酸素と排出した二酸化炭素の差の分だけ装置内部の気体が減少しインクが移動する。装置 B では，種子から排出された二酸化炭素がすべて溶液 X に吸収されるため，種子が吸収した酸素の分だけ装置内部の気体が減少しインクが移動する。よって，a は「呼吸で吸収した酸素－呼吸で排出した二酸化炭素」，b は「呼吸で吸収した酸素」を示し，呼吸商（二酸化炭素÷酸素）を求める式は $\dfrac{b-a}{b}$

となる。

問3. ステアリン酸の呼吸商は

　　　$18 \div 26 \fallingdotseq 0.69$

　イソロイシンの呼吸商は

2
0
2
4
年
度

一
般
前
期

生
物

　　　　　　$12 \div 15 = 0.80$

となる。

問4． タンパク質を呼吸で消費すると窒素化合物であるアンモニアが生じ，このアンモニアは肝臓で尿素に作り変えられて尿の成分として排出される。

Ⅱ．問5． B遺伝子とC遺伝子が発現すればおしべやめしべが形成されるため自家受精が可能となる。

問6． すべての領域でB遺伝子が発現すると，A遺伝子のみ発現する部分，C遺伝子のみ発現する部分がともになくなるため，花弁とおしべのみの花となる。

問7． aaBBCC と AAbbCC の交配で得られる雑種第一代は AaBbCC である。この雑種第一代の自家受精によって得られる雑種第二代は，次の表から求めることができる。

	ABC	AbC	aBC	abC
ABC	AABBCC	AABbCC	AaBBCC	AaBbCC
AbC	AABbCC	AAbbCC	AaBbCC	AabbCC
aBC	AaBBCC	AaBbCC	aaBBCC	aaBbCC
abC	AaBbCC	AabbCC	aaBbCC	aabbCC

　雑種第二代のうち，めしべだけしか形成されないもの，つまり，A遺伝子，B遺伝子ともに変異したものは aabbCC のみであり，割合は $\dfrac{1}{16}$ となる。

◀B日程 (生物基礎)▶

① ◀B日程 (生物基礎・生物)▶の〔1〕に同じ。

② ◀B日程 (生物基礎・生物)▶の〔2〕に同じ。

国　語

◀　A　日　程　▶

① 解答

問1　ア—③　イ—④　ウ—①　エ—③
問2　ア—③　イ—②
問3　ア—⑥　イ—②　ウ—⑨
問4　ア—③　イ—④　ウ—①

②

出典　橋本努『消費ミニマリズムの倫理と脱資本主義の精神』(筑摩書房)

解答

問1　③
問2　②
問3　④
問4　②
問5　④
問6　①・⑤ (順不同)

③

出典　安住洋子『春告げ坂——小石川診療記』〈桜の風〉(新潮社)

解答

問1　(ア)—④　(イ)—②　(ウ)—③
問2　③
問3　⑤
問4　②
問5　①
問6　④

◀B 日 程▶

1 **解答**　問1　ア—②　イ—④　ウ—④　エ—④
　　　　　　　問2　ア—③　イ—②
問3　ア—②　イ—①　ウ—③
問4　ア—①　イ—②　ウ—④

2 **出典**　鷲田清一『「聴く」ことの力──臨床哲学試論』〈第七章 享けるということ　第八章 ホモ・パティエンス〉(TBSブリタニカ)

解答　問1　②
　　　　問2　⑤
問3　①
問4　④
問5　②
問6　④

3 **出典**　白岩玄『プリティ・バード・ファーザー』〈恭平〉(集英社)

解答　問1　(ア)—③　(イ)—④　(ウ)—②
　　　　問2　④
問3　③
問4　①
問5　⑤
問6　③

//////////////// · memo · ////////////////

2023
年度

問題と解答

■公募推薦選抜：Ａ日程・Ｂ日程・Ｃ日程

問題編

▶試験科目・配点

教　科	科　　　　　目	配　点
基礎学力テスト	「コミュニケーション英語Ⅰ・Ⅱ・Ⅲ，英語表現Ⅰ・Ⅱ」，「数学Ⅰ・Ａ」，「国語総合（古文・漢文を除く）・現代文Ｂ」から試験当日に２科目選択	200 点（各 100 点）

▶備　考

- 「数学Ａ」は学習指導要領に示された内容のうち，「⑴場合の数と確率，⑶図形の性質」から出題。

- 出願したすべての日程・方式ごとに合否を判定する。Ａ方式への出願が必須。

　Ａ方式（調査書プラス）：基礎学力テストの成績＋調査書 50 点（学習成績の状況×10）…250 点満点

　Ｓ方式（得意科目重視）：基礎学力テストの成績（高得点科目の点数を 2 倍）…300 点満点

　特色方式（調査書＆活動評価プラス）：基礎学力テストの成績＋調査書 70 点（学習成績の状況×14）＋活動評価 30 点…300 点満点

英語

◀A　日　程▶

（2科目 90分）

1 次の問い（A〜E）に答えなさい。

A 次の問1〜問5の空欄 **1** 〜 **5** に入れるのに最も適当なものを，それぞれ下の①〜④から一つずつ選び，番号で答えなさい。

問1 According to the TV weather report, it is **1** to rain heavily next Sunday and Monday.
① able　　　② probable　　　③ likely　　　④ about

問2 "Look! There's a long line at the taxi stand. We **2** walk to the exhibition hall." "OK."
① may well　　② might as well　　③ as well as　　④ no longer

問3 **3** , I would have played the role of Hamlet on stage at the school festival.
① If I didn't injure　　　　② Not having injured
③ Were it not my injury　　④ But for my injury

問4 She became more and more positive **4** she got older.
① as　　　② so　　　③ than　　　④ during

問5 It will take you **5** hour or so to clean up your room.
① some　　② other　　③ another　　④ more

B 次の問1・問2の下線部のうち，間違いを含むものを，それぞれの①〜④から一つずつ選び，番号で答えなさい。

問1 It had been snowing in Hokkaido for a week ①when I left.　After a two-hour flight, I arrived in Tokyo, ②where it was sunny and I saw a cat ③sleep in the sun.　Japan's climate varies ④considerably from place to place. **6**

問2 The price of coffee beans ①has raised sharply because Brazil, the world's biggest

producer of coffee beans, has had the worst harvest ②in two decades, ③owing to a lack of
rainfall.　Moreover, ④increasing demand for coffee in Asia has pushed up the price of coffee
beans.　　7

C　次の会話について，下線部の中で最も強調して発音されるものを，下の①～④から一つ選び，番
　　号で答えなさい。　　8

（状況）Kei と Nick が話している。

Kei　：How was your basketball game last Sunday?
Nick：We beat Green High School 62-48.
Kei　：Great!　How many points did you score?
Nick：Eighteen, but Joe played better than me.　He scored forty!
Kei　：So, he is the best player on your team, right?
Nick：Yes.　As a player he is good, but as our captain he is amazing.　We can't win without him.

①　player　　　　　　②　good　　　　　　③　but　　　　　　④　captain

D　次の問1・問2の会話の空欄　　9　・　10　に入れるのに最も適当なものを，それぞれ下の
　　①～④から一つずつ選び，番号で答えなさい。

問1　Jane：You should buy that red dress.　It's so lovely.
　　　Mai　：　9　It's too short, and besides I don't like red very much.
　　　Jane：Oh, really?　I'm sure you would look gorgeous in red.

①　Definitely.
②　Are you kidding?
③　You can say that again!
④　I couldn't agree more.

問2　Beth：You've made beef stew!　Can I have a taste?
　　　Alex：Sure.　10
　　　Beth：It's so delicious!　I love your cooking.
　　　Alex：Thanks.　It's my favorite recipe.

①　It's on me.
②　Hold on.
③　Good for you.
④　Help yourself.

E　次の問1・問2の英文を完成させるために，それぞれ下の①〜⑥の語(句)を正しく並べ替えた時，空欄　11　〜　14　にあたる語(句)を一つずつ選び，番号で答えなさい。ただし，不要な語(句)が一つずつ含まれている。

問1　This new hotel can accommodate　11　＿＿＿　＿＿＿　12　＿＿＿ as that old one.

① guests　　　② as　　　③ times
④ three　　　⑤ of　　　⑥ many

問2　This scene seems to ＿＿＿　13　＿＿＿　14　＿＿＿ the main story of the movie.

① do　　　② away　　　③ have
④ nothing　　　⑤ with　　　⑥ to

2　次の文章を読み，問1〜問4の空欄　15　〜　18　に入れるのに最も適当なものを，それぞれ下の①〜④から一つずつ選び，番号で答えなさい。なお，*のついた語(句)は後に注がある。

Lisa, who is going to work as a summer camp leader, is surfing the Net to find fun activities for kids.　This is one of the websites she found.

Outdoor and Indoor Games for Kids

Instructions on how to play three games which help kids have a lot of fun

●**Hot and Cold**

1　One small object and at least two people are required.

2　One player, chosen as the Hunter, must search the room for the small object hidden by the other players, who help the Hunter find it by saying temperature words.

3　When the Hunter is moving away from the object, the other players must say low temperature words like "cold," and when the Hunter is getting closer to it, they must say high temperature words like "hot." The game ends when the hidden object is found.

●**Red Rover**

1　At least six people are required, divided into two equal teams.

2　Both the teams *line up opposite each other ten meters apart.　Each team forms a chain by holding hands.

3　One team calls one player on the other team, chanting "Red Rover, Red Rover, let (the player's name) come over!" The called player dashes to the other team, trying to break the chain.　If the attempt fails, the called player joins the other team.　If it succeeds, the two players whose link was broken by the dash join the other team. The two teams take turns chanting "Red Rover" and calling a player.

4　The game ends when all the players end up on one side.

●Simon Says

1 At least three people are required.   The more people, the more fun the game will be.

2 One player, chosen to be Simon, tells the other players to do something like standing on one foot.   They must obey commands that begin with the words, "Simon says."

3 If Simon gives a command without saying, "Simon says" first, the players mustn't obey it.   Those who obey it are out.   The last player remaining wins the game.

Reviews

Toby Jones   April 11, 2021

· Children like Red Rover very much, but holding hands too tightly may cause injury, so it is important not to make them too excited when playing the game.

Dawn Moore   May 5, 2021

· I think children of different ages can enjoy Hot and Cold and Simon Says together, but I had trouble when I tried to get children of different ages to play Red Rover.

（注）line up「一列に並ぶ」

問1   If Lisa has to take care of five children outdoors, it will be good to have them play   15   .

①   all the games on this website

②   both Hot and Cold and Simon Says

③   Simon Says but not Red Rover nor Hot and Cold

④   either Hot and Cold or Red Rover

問2   According to this website,   16   .

①   the Hunter will start to look in a different place if the other players say "chilly"

②   the Hunter will keep looking in one place if the other players say "freezing"

③   if Simon says, "Simon says jump," the players who jump are considered to be out

④   if Simon says, "Jump," the other players don't have to do anything except jump

問3   According to the Red Rover instructions on this website,   17   .

①   you need more than five players and a chain used to tie the players' hands together

②   the team chanting "Red Rover" loses one player if its chain is broken

③   the game ends when there is only one player left on either team

④   the players chanting "Red Rover" try to keep holding hands with each other

問4   The reviews show that   18   .

①   Toby Jones knows some children who got injured while playing Red Rover

②   Toby Jones thinks children tend to hold hands too tightly when they are excited

③　Dawn Moore thinks younger children need some help when they play Red Rover

④　none of the games on this website are good for a group of children of different ages

3　次の文章を読み，問い（A〜E）に答えなさい。

　　Long ago, people saw the world around them and believed certain truths.　The sun came up every day.　The Earth was flat.　Then scientists came along, and they began to question many of the things that people knew.　As science progressed more and more, scientists began to challenge other things that people believed as a matter of religion.　They began to challenge people's beliefs in the supernatural.

　　Supernatural means "above nature" and includes such things as gods, spirits, and angels. These things cannot be proved by science because they cannot be observed regularly or tested by experiment.　For that reason, many scientists are (1)naturalists.　Naturalists don't believe in the supernatural.　However, there are a lot of scientists who do believe in the supernatural.　They are supernaturalists.

　　A survey conducted in the US in 2009 asked a large group of scientists about their religious beliefs.　Fifty-one percent said that they believed in God or other higher powers.　Around forty percent said they did not believe in any higher power.　Very likely, those who did not believe were naturalists.　And a fairly large number of scientists appear to be supernaturalists.

　　But whether or not a scientist believes in the supernatural should not be a problem.　After all, science is supposed to be independent of people's personal ideas or beliefs.　Take, for example, research into the amazing DNA string.　Both the naturalist and the supernaturalist know that DNA tells our bodies how to develop and function.　But neither type of scientists can tell us how DNA came into being.　One side believes that supernatural forces caused (2)it; the other side believes that it happened by itself.　Sadly, though, the personal beliefs of the naturalists have had a negative effect on science.

　　Not long ago, a scientist could speak openly of their belief in God or gods.　But these days, scientists who do that are often laughed at.　（　3　）, they are sometimes prevented from working in universities.　And it is not because they are bad scientists.　It is because they believe in the supernatural.　As a result, many supernaturalist scientists are afraid to talk about supernatural events.

　　It is important to understand that both types of scientists are exercising their beliefs.　The supernaturalist believes that there are realities beyond nature.　The naturalist believes that there are not.　It is too bad that today (4)one group is being silenced by the other.

A　下線部(1)の naturalists について本文の内容と一致するものを，次の①〜④から一つ選び，番号で答えなさい。　　19

①　People who only believe in things that they can observe by experiments.

出典追記：Timed Reading for Fluency 4 by Paul Nation and Casey Malarcher, Compass Publishing

② People who try to see things that are related to religion.

③ People who believe in God but don't believe in other higher powers.

④ People who try to find out things people believe as a matter of religion.

B　下線部(2)の it の指示内容として最も適当なものを，次の①～④から一つ選び，番号で答えなさい。　　20

① belief　　　　　② DNA　　　　　③ one side　　　　　④ a problem

C　空欄（　3　）に補う語(句)として最も適当なものを，次の①～④から一つ選び，番号で答えなさい。　　21

① Because　　　　② Instead　　　　③ For instance　　　④ In addition

D　下線部(4)の one group is being silenced by the other について本文の内容と一致するものを，次の①～④から一つ選び，番号で答えなさい。　　22

① Supernaturalists are needed more than naturalists.

② Both types of scientists are in danger of being excluded from universities.

③ The opinions of naturalists are more widely spread than those of supernaturalists.

④ Some scientists are not arguing about the ideas that supernaturalists believe in.

E　本文の内容と合っているものを，次の①～⑥から二つ選び，番号で答えなさい。ただし，解答の順序は問わない。　　23　・　24

① Supernaturalists began to question many religious beliefs.

② Scientific things can be tested or observed repeatedly in experiments.

③ More than half of the scientists in a survey denied that they believed in God.

④ Scientists' personal beliefs in supernatural things do not affect their ability.

⑤ Supernaturalists know how DNA came into being but naturalists don't.

⑥ Naturalists are superior because they don't believe in things beyond nature.

◀B 日 程▶

(2科目 90分)

1 次の問い（A〜E）に答えなさい。

A 次の問1〜問5の空欄 1 〜 5 に入れるのに最も適当なものを，それぞれ下の①〜④から一つずつ選び，番号で答えなさい。

問1 He will let me know as soon as he 1 the tickets for the concert.
① get ② gets ③ got ④ will get

問2 To be honest, it's about time Jimmy became 2 of his parents.
① independent ② indifferent ③ dispensable ④ dependent

問3 We've come to the conclusion 3 we made a mistake in our calculations.
① which ② if ③ when ④ that

問4 The number of tourists 4 by five percent due to the cold summer.
① have declined ② were declined ③ has declined ④ was declined

問5 5 in many countries in Central and South America, Spanish can be very useful.
① Speak ② Speaking ③ Spoken ④ Having spoken

B 次の問1・問2の下線部のうち，間違いを含むものを，それぞれの①〜④から一つずつ選び，番号で答えなさい。

問1 Mary and Amy were twins and ①resembled to each other, not only in appearance, but in personality. ②To tell one from the other was difficult, so both of them ③would play tricks on people by ④pretending to be the other. 6

問2 The history of the Sumida River Fireworks Festival in Tokyo goes back to the Edo era, ①of which two leading fireworks manufacturers, ②called Kagiya and Tamaya, ③competed against each other. People enjoyed watching the fireworks, and cheered and shouted for ④either "Kagiya" or "Tamaya." 7

C　次の会話について，下線部の中で最も強調して発音されるものを，下の①〜④から一つ選び，番号で答えなさい。　8

（状況）Anne と Kai が話している。

Anne：I dropped by your house yesterday morning, but you were out.

Kai　：I'm sorry, I was in the cafe across from the library.

Anne：Ah, that new cafe?　Were you alone?

Kai　：Yes.　I was studying there.　I had a math exam today.

Anne：A cafe isn't a good place to study.　<u>You should study in the library instead.</u>

Kai　：I know, but the library is too quiet, and besides, I like studying over a coffee and some cakes.

① You　　　　　　② study　　　　　　③ library　　　　　　④ instead

D　次の問1・問2の会話の空欄　9・10　に入れるのに最も適当なものを，それぞれ下の①〜④から一つずつ選び，番号で答えなさい。

問1　Sally：Do you mind if I use the kitchen for a while?

　　　Jane　：　9　What are you going to make?

　　　Sally：I've got an easy recipe for an apple pie.　I want to try it.

① Go ahead.

② Good for you.

③ Never you mind.

④ Here you are.

問2　Rick：Have you read the book I lent you last week?

　　　Joe　：No, not yet.　I'm halfway through it.

　　　Rick：　10　I need it to finish my report.

　　　Joe　：Tomorrow.　Is that OK?

① How long has it taken you to read it?

② How soon can I have it back?

③ How come you will give it back to me?

④ How do you feel about it?

E　次の問1・問2の英文を完成させるために，それぞれ下の①〜⑥の語(句)を正しく並べ替えた時，空欄　11〜14　にあたる語(句)を一つずつ選び，番号で答えなさい。ただし，不要な

語(句)が一つずつ含まれている。

問1　The sign says that all visitors _____ | 11 | _____ | 12 | _____ off.

① ought　　　　　② to　　　　　　③ their shoes
④ required　　　　⑤ are　　　　　　⑥ take

問2　I _____ | 13 | _____ _____ | 14 | the mall this afternoon.

① going　　　　　② to　　　　　　③ feel
④ at　　　　　　　⑤ like　　　　　　⑥ shopping

| 2 |　次の文章を読み，問1～問4の空欄 | 15 |～| 18 | に入れるのに最も適当なものを，それぞれ下の①～④から一つずつ選び，番号で答えなさい。なお，*のついた語は後に注がある。

Dick's little sister likes blowing bubbles and asked him for some new ideas.　He visited several websites and this was one of them.

Play with Bubbles!

You can easily make *bouncing bubbles and frozen bubbles at home!

★How to make bouncing bubbles

Ingredients for bouncing bubble solution:

・4 tablespoons of water　・1 tablespoon of dishwashing liquid　・2 tablespoons of sugar

Tools:・a small plastic bowl　・a plastic straw　・soft-knit winter gloves

※You can make normal bubble solution without sugar.　Sugar helps the bubbles last longer.

●Instructions

1　Mix the water and sugar thoroughly in the bowl.

2　Add in the dishwashing liquid and stir slowly for three minutes.　Leave it to stand for a few hours, and the bubble solution will be ready to be used.

3　Put on the gloves and gently blow bubbles with the straw.

4　You can bounce the bubbles on your hands.

★How to make frozen bubbles indoors

You need bubble solution, a plastic straw, a baking sheet, and a freezer.

※Any bubble solution will do.

●Instructions

1　Put a baking sheet in the freezer for ten minutes and take it out.

2　Pour some of your bubble solution onto the middle of the sheet.

3　Hold the straw near the solution on the sheet, blow a bubble gently, and get it to settle in the solution.

4　Put the sheet back in the freezer.　Keep the freezer door slightly open so as not to

---

change the pressure inside.   Changing the pressure could burst your bubble.

5   Wait ten minutes, and you'll have a frozen bubble.

Reviews

Eric Higgins   April 24, 2021

・Some sites say wet gloves are better than dry ones for bouncing bubbles.   I tried both of them, but I didn't think there was much difference.   I was able to make beautiful frozen bubbles, but I forgot to take pictures of them.

Kate Clark   May 16, 2021

・I used gum syrup instead of sugar, and it worked!   One website says cooling the solution helps make bubbles stronger.   I'll try it next time.

（注）bounce「弾む，…を弾ませる」

問 1   According to the instructions, when you make bouncing bubble solution, you have to   15   .

①   use sugar to get beautiful bubbles

②   mix the sugar and dishwashing liquid first

③   stir the solution for a few hours

④   start making it at least a few hours before you want to use it

問 2   According to the instructions,   16   to make a frozen bubble.

①   you must cool all the tools and the bubble solution

②   you must blow a bubble carefully into the freezer

③   it takes not more than ten minutes

④   you need to keep the pressure inside the freezer stable

問 3   According to this website,   17   .

①   it's difficult to make bubble solution for bouncing bubbles at home

②   you don't have to use sugar to make bubble solution for frozen bubbles

③   it is not frozen bubbles but bouncing bubbles that you can make indoors

④   you can make frozen bubbles outdoors without a freezer in winter

問 4   The reviews show that   18   .

①   Eric Higgins couldn't decide which gloves were better for bouncing bubbles, wet ones or dry ones

②   Eric Higgins took pictures of his beautiful frozen bubbles

③   Kate Clark didn't use sugar or gum syrup to make her bubble solution

④   Kate Clark was able to make stronger bubbles by cooling her bubble solution

3　次の文章を読み，問い（A〜E）に答えなさい。

The city of New York has had to face a number of tough issues with long histories — including traffic, unemployment, and homelessness.　Now we learn, in a study just published, that they are searching for a way to solve a problem that is as old as the subway system: rats.

Scientists and subway officials examined the entire system for the presence of rats, which have regularly been sighted in subway tunnels and stations since the subway opened more than a century ago.　According to some estimates, the rat population in the city of New York is over a million.

A joint project of the city and the Metropolitan Transportation Authority (MTA), the study looked at the system over a two-year period.　The MTA has fought rats for decades, though the methods adopted so far, including the use of traps and poison, have not been effective.

The findings, revealed yesterday, contrast with (1)popular myths.　The rats do not live deep in the subway tunnels in vast rat cities.　Said to be very intelligent animals, they apparently are aware of the danger of touching the electrified tracks.　In any case, they have no reason to go out into the tunnels; what they want is food, and they can find all they want in the stations.　They live in cracks or openings in the station walls, and emerge regularly to look for food.

(2)The authors of the study did not offer any permanent solutions to the rat problem, but they did give some practical advice, beginning with better maintenance and cleanliness in the subway stations.　Station and track cleaners sometimes do not do their jobs as they should.　(3), the fault is of the subway riders who leave food and trash in the stations.

Of the 18 stations examined in lower Manhattan, almost half received a rating of fair or poor. The main problem was litter on the ground and overfull trash cans, particularly on weekends and holidays, when the trash quickly builds up.

The study also recommended keeping the storage rooms in the stations cleaner.　Storage rooms filled with trash bags are like restaurants for rats.　The study further recommended placing poison near the bags, removing full bags more often, and keeping the doors closed at all times.　New high-tech systems for catching rats were also mentioned in the study, though with today's budget concerns it is unlikely that the city can afford to install (4)them.

A　下線部(1)の popular myths について本文の内容と一致するものを，次の①〜④から一つ選び，番号で答えなさい。　　19

① New York is facing problems including traffic, unemployment and homelessness.
② There are over a million rats living in New York.
③ In New York, rats prefer to live in the subway tunnels.
④ Rats in New York are said to be clever so traps are not effective.

B　下線部(2)の The authors of the study について本文の内容と一致するものを，次の①〜④から一つ選び，番号で答えなさい。　　20

出典追記：More Reading Power 3 by Linda Jeffries, Beatrice Mikulecky, Pearson Education

① They suggested closing the storage rooms so that people don't leave food around.
② They suggested station cleaners get rid of trash bags immediately.
③ They proposed the introduction of vacuum cleaners in the subway stations.
④ They proposed some solutions for keeping the subway stations clean.

C　空欄（　3　）に補う語句として最も適当なものを, 次の①〜④から一つ選び, 番号で答えなさい。　　21

① More often　　　　　　　　　② Less likely
③ More naturally　　　　　　　④ More practically

D　下線部(4)の them の指示内容として最も適当なものを, 次の①〜④から一つ選び, 番号で答えなさい。　　22

① rats　　　　　　　　　　　　② budget concerns
③ high-tech systems　　　　　　④ storage rooms

E　本文の内容と合っているものを, 次の①〜⑥から二つ選び, 番号で答えなさい。ただし, 解答の順序は問わない。　　23　・　24

① Rats have long been causing problems in New York subway stations.
② There are lots of rats in New York, but they are seldom seen in subway stations.
③ The MTA has just started to adopt ways to decrease the number of rats.
④ The findings showed that rats go deep into the tunnels to find food.
⑤ The rat problem in stations is made worse by people who leave food and trash.
⑥ The study proposed that New York City place stronger chemicals in the stations.

◀C　日　程▶

（2科目　90分）

1　次の問い（A～E）に答えなさい。

A　次の問1～問5の空欄　1　～　5　に入れるのに最も適当なものを，それぞれ下の①～④から一つずつ選び，番号で答えなさい。

問1　　1　I told you before, it's up to you to decide whether or not to accept the offer.
① What　　　　② Then　　　　③ When　　　　④ As

問2　He looks very sleepy.　He　2　up late watching the soccer game on TV last night.
① cannot have stayed　　　　　② must have stayed
③ shouldn't stay　　　　　　　④ might stay

問3　My sneakers are covered in mud.　They need　3　.
① to wash　　　　② washing　　　　③ washed　　　　④ being washed

問4　This is Ms. Smith's beautiful garden, of　4　she is really proud.
① which　　　　② that　　　　③ where　　　　④ so

問5　Because Tom was studying for his exams, I watched TV in another room so as not to
get　5　.
① his own way　　　　② in his way　　　　③ on his way　　　　④ out of his way

B　次の問1・問2の下線部のうち，間違いを含むものを，それぞれの①～④から一つずつ選び，番号で答えなさい。

問1　The Sagrada Familia, ①which attracts millions of tourists from all over the world,
②has been under construction for about 140 years.　It is supposed ③to complete in another
several years, though construction ④could be further delayed for various reasons.
　6

問2　It was in the park ①that I saw a little boy crying.　He seemed ②to be lost because
neither his father nor mother ③were with him.　Although I talked to him, he just cried
④hardly and wouldn't stop crying.　7

C　次の会話について，下線部の中で最も強調して発音されるものを，下の①〜④から一つ選び，番号で答えなさい。　　8

（状況）Amy と Mai が話している。

Amy：How was your weekend?
Mai ：Nothing special.　I was at home.　How about you?
Amy：I went to the new shopping mall that opened last month.
Mai ：Oh, really?　I'm going there next Sunday.　How did you like it?
Amy：Well, I found several good shops, but it's huge.　I got tired.
Mai ：I see.　I'll check the mall map on the web before going there.

①　found　　　　　　②　good　　　　　　③　but　　　　　　④　huge

D　次の問1・問2の会話の空欄　　9　・　10　に入れるのに最も適当なものを，それぞれ下の①〜④から一つずつ選び，番号で答えなさい。

問1　Man　　：Excuse me.　Could you tell me the way to the city hall?
　　　Woman：Sorry, I'm not familiar with this area.　　9　at that convenience store?
　　　Man　　：OK.　I will.　Thanks.

①　Shall we ask someone
②　How come you ask someone
③　Could you ask someone
④　Do you mind if I ask someone

問2　Nick：Hi, Jim.　Did you enjoy your trip to Hawaii?
　　　Jim ：Well, actually, it rained every day during my stay.
　　　Nick：　10　Does it rain a lot there in April?
　　　Jim ：They said it was very unusual.

①　Don't mention it.
②　What a shame!
③　It's on me.
④　It depends.

E　次の問1・問2の英文を完成させるために，それぞれ下の①〜⑥の語(句)を正しく並べ替えた時，空欄　11　〜　14　にあたる語(句)を一つずつ選び，番号で答えなさい。ただし，不要な語(句)が一つずつ含まれている。なお，文頭にくる語(句)も小文字にしてある。

問1　| 11 |　_____　_____　| 12 |　_____ , I would go with you.

①　you　　　　　　②　move　　　　　③　to
④　should　　　　　⑤　were　　　　　⑥　abroad

問2　She caught _____　| 13 |　_____　| 14 |　_____ stopped him from crossing the road.

①　and　　　　　　②　by　　　　　　③　her son
④　with　　　　　　⑤　hand　　　　　⑥　the

| 2 |　次の文章を読み，問1〜問4の空欄　| 15 |〜| 18 |　に入れるのに最も適当なものを，それぞ
れ下の①〜④から一つずつ選び，番号で答えなさい。

Carla, a 17-year-old high school student, is a big fan of the TV drama series *Mike and Billy*.　This
drama features two popular teenage actors as Mike and Billy, high school students in the small
city of Faremont.　Looking at its website, Carla is thinking about joining a tour of locations
featured on the show.

Mike and Billy Bus Tour

This tour includes 5 locations featured in *Mike and Billy*.

● **Availability**: Saturdays

● **Length of the tour**: 4 hours　　　　　　　　┌─────────────────┐
　　　　　　　　　　　　　　　　　　　　　　　　│ Click here to make a │
● **Ages**: Minimum age is 6.　　　　　　　　　│ reservation! │
　　　　　　　　　　　　　　　　　　　　　　　　└─────────────────┘
● **Price per ticket**: Adults $55 (We offer a student discount of $10 per ticket.) / Children (under
12) $30

※The minimum number of participants is 6 and the maximum is 12 per tour.

※You will receive a full refund of the tour price if you cancel at least 7 days before the tour date.
Should the tour be canceled due to lack of participants, you will receive a full refund.

● **What's included?**: A tour guide who is a local actor who appears in the drama

● **Meeting point and time**: Faremont Public Library at 11:30 a.m.

・This library is where Billy spoke to Jennifer for the first time.

● **What you can enjoy**:

・Have lunch at Laptus Burger, Mike and Billy's favorite restaurant.

・Visit Sunny Music Shop.　This is where Mike and Billy were talking about their dream of
becoming musicians.　This shop has a guitar signed by Mike and a bass signed by Billy and you
can take your picture with them.

・Visit Sue's T-shirt Shop next to the music shop.　Do you remember when Mike bought a blue T-
shirt for his girlfriend at this shop?　You can buy the same T-shirt!

・Take a walk in Faremont Central Park.　This is where Mike broke up with his girlfriend. At the
cafe in the park, your tour guide will ask you five questions about the drama.　Answer all of them

correctly, and you can win a prize!

Reviews by people who went on the bus tour

Wendy Johnson　April 24, 2021

・We talked with our guide, Cindy, about the drama.　She was very nice, and I became a fan of hers.　The questions were all easy and I won a towel as a prize!

Amy Hurd　July 26, 2021

・I tried a fish burger, Mike's favorite, at Laptus Burger.　I liked it!　My sister ate a cheeseburger, Billy's favorite, which also looked good.

問1　If Carla joins the tour with her sister, who is a 12-year-old junior high school student, the total tour price will be 15 .

① one hundred and ten dollars
② ninety dollars
③ eighty-five dollars
④ seventy-five dollars

問2　According to the website, 16 .

① the tour will be canceled if the number of participants is 9 including 3 children
② you can get a full refund even if you cancel less than seven days before the tour date
③ the *Mike and Billy* bus tour finishes around three thirty in the afternoon
④ you can get a picture of Mike and Billy in a shop during the tour

問3　In the TV drama series *Mike and Billy*, 17 .

① Billy met Jennifer for the first time at a restaurant
② both Mike and Billy want to be musicians
③ Mike got a blue T-shirt from his girlfriend
④ Billy broke up with his girlfriend in Faremont Central Park

問4　The reviews show that 18 .

① Wendy Johnson was already a fan of Cindy before she joined the tour
② Wendy Johnson was the only participant that was able to win a prize
③ Amy Hurd didn't eat a cheeseburger, but she did eat a fish burger at Laptus Burger
④ Amy's sister chose a cheeseburger at Laptus Burger because she is a fan of Billy

③　次の文章を読み，問い（A～E）に答えなさい。なお，*のついた語は後に注がある。

Consumers love clothes.　Before, clothing stores would plan their season's clothes 18 months in advance.　Now shoppers can wear similar designs to celebrities like Victoria Beckham and Paris Hilton in a matter of weeks.　And the clothes are getting cheaper — women's clothes are 35 percent cheaper than they were ten years ago.　Because of the low prices, people can buy new clothes, wear them a few times, and then throw them away.　(1)They can always look fashionable without going into debt.

Cherie, who works in a high-class restaurant in London, is typical of the people who really like fast fashion.　She says her image is very important to her.　Price is also very important to working women like Cherie.　"When the economy is bad, you can't always afford to buy designer brands.　Fast fashion helps people have fun and manage their money."

As well as designer-style clothing, global modern production means that shoppers in developed countries can buy regular clothing, like T-shirts, tracksuits, and jeans, much more cheaply than ever before.　As soon as they get bored of them, they can throw them away and buy more.

But in places like Uganda in Africa, there is (2)another side to fast fashion that most shoppers never see.　Mountains of used clothing cover the landscape.　This place is a *landfill where most of the clothes are sent when they are thrown away.　Some of the fast fashion that is thrown away is recycled into other products, like carpets and mattresses.　(　3　) far more, two million tons from Britain alone, is exported abroad every year.

Businesses in Uganda sell the clothes to local people.　They like the stylish, affordable clothing, but there is far too much of it.　Most of the clothes go into landfill sites.　Because most of them are made of cheap synthetic materials, like nylon and polyester, they never *biodegrade.　This damages the soil and can affect food production.

Another problem is the factories that make the clothes.　Fast fashion is a huge business in some developing countries.　In Bangladesh, for example, two million people work in the garment industry.　Eighty percent of its foreign income comes from clothing.　But conditions for workers are not always good.　Children as young as 12 are often sent to work in factories.　Because of the tight deadlines, workers are often not even allowed to talk, and have to do up to 50 hours overtime.　And because the clothes have to be sold so cheaply, wages are very low. Often people are paid as little as US$20 a month.

In order to protect the environment and give workers fair pay, a campaign for "(4)slow clothes" has started in Europe and America.　Politicians, industry experts, and fashion models say more clothes should be made from natural fabrics like organic cotton.　These can be recycled and biodegrade naturally.　They also say stores should sign a contract to say they do not use child labor in factories.　Many major stores agree with the campaign.　But at the moment, most shoppers seem more concerned with getting the latest fashions at the lowest price.

（注）landfill「ゴミの埋め立て地」　biodegrade「生物分解する」

A　下線部(1)の They の指示内容として最も適当なものを，次の①〜④から一つ選び，番号で答えなさい。　　19

① low prices　　　② people　　　③ new clothes　　　④ women's clothes

B　下線部(2)の another side の具体的内容を表すものとして最も適当なものを，次の①〜④から一つ選び，番号で答えなさい。　　20

① Some developing countries cannot cope with the quantity of clothes thrown away.
② People in developing countries can have easy access to fast fashion.
③ An African country is exporting fast fashion clothes to Britain.
④ Local people in Uganda cannot buy cheap fast fashion clothes.

C　空欄（　3　）に補う語として最も適当なものを，次の①〜④から一つ選び，番号で答えなさい。　　21

① So　　　② Otherwise　　　③ But　　　④ Hence

D　下線部(4)の slow clothes について本文の内容と一致するものを，次の①〜④から一つ選び，番号で答えなさい。　　22

① Workers in developing countries are made to work longer hours.
② The campaign is not supported by many major stores in the U.S.
③ People use fast fashion products to save money and save time.
④ People want the garment industry to use recyclable fabrics to protect the environment.

E　本文の内容と合っているものを，次の①〜⑥から二つ選び，番号で答えなさい。ただし，解答の順序は問わない。　　23 ・ 24

① Upper-class people typically choose cheap clothes to make themselves fashionable.
② Working people cannot buy fast fashion clothes when the economy is bad.
③ Fast fashion clothes are affordable in advanced countries but not in developing countries.
④ A large amount of fast fashion products thrown away has damaged the environment.
⑤ Mass production of fast fashion clothing demands low-paid workers in developing countries.
⑥ Most big stores are reluctant to say they are not selling clothing made by child labor.

■数学■

■解答上の注意

1　問題文中の ア ，イウ などには，特別な指示がない限り，数字（0〜9），符号（−）が入ります。ア，イ，ウ，……の1つ1つは，これらのいずれか1つに対応します。それらを解答用紙のア，イ，ウ，……で示された解答欄にマークして答えなさい。

　　なお，同一の問題文中に ア ，イウ などが2度以上現れる場合，2度目以降は， ア ，イウ のように細字で表記します。

2　分数形で解答する場合は，既約分数（それ以上約分できない分数）で答えなさい。また，符号は分子につけ，分母につけてはいけません。

3　根号を含む形で解答する場合は，根号の中に現れる自然数が最小となる形で答えなさい。例えば，$6\sqrt{2}$ と答えるところを，$3\sqrt{8}$ のように答えてはいけません。

4　根号を含む分数形で解答する場合，例えば $\dfrac{\boxed{エ}+\boxed{オ}\sqrt{\boxed{カ}}}{\boxed{キ}}$ に $\dfrac{3+2\sqrt{2}}{2}$ と答えるところを，$\dfrac{6+4\sqrt{2}}{4}$ や $\dfrac{6+2\sqrt{8}}{4}$ のように答えてはいけません。

5　比を解答する場合は，最も簡単な整数の比で答えなさい。例えば，11：3 と答えるところを，22：6 のように答えてはいけません。

◀A 日 程▶

（2 科目 90 分）

1 次の各問いの空欄に最も適するものを，下の選択肢から選び，番号で答えなさい。ただし，同じものを繰り返し選んでもよい。

問 1　40 人のクラスでテストを行い，得点が高い順に並べた結果，上位 x 人の生徒の得点の平均値が 83.0（点），その他の生徒の得点の平均値が 74.5（点）であった。このとき，クラス全員の平均値を x を用いて表すと　**ア**　（点）である。また，クラス全員の平均値の小数第 1 位を四捨五入すると，78（点）であるとき，x のとり得る値の最小値は　**イ**　である。

   ① $\dfrac{340x + 2980}{40}$ ② $\dfrac{340x + 119200}{40}$ ③ $\dfrac{83x + 2980}{40}$ ④ $\dfrac{8.5x + 2980}{40}$

   ⑤ 14   ⑥ 15   ⑦ 17   ⑧ 18

問 2　a, b は定数とし，$0 < b$ とする。2 次関数 $f(x) = ax^2 - 4ax + a^2 - 4$（$a \neq 0$）があり，$f(x)$ の最小値は 1 である。このとき，$a =$　**ウ**　である。さらに，このとき，$0 \leqq x \leqq b$ における $f(x)$ の最大値が $f(0)$ となるような b の値の範囲は　**エ**　である。

   ① −5   ② −1   ③ 1   ④ 5

   ⑤ $0 < b \leqq 2$ ⑥ $0 < b \leqq 4$ ⑦ $2 \leqq b$ ⑧ $4 \leqq b$

問 3　下の図は，75 人の生徒に対して行ったテストの得点のデータの箱ひげ図である。

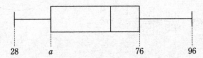

このデータの四分位偏差が，範囲の $\dfrac{1}{4}$ に等しいとき，$a =$　**オ**　である。また，このとき，得点が 40（点）未満の生徒の人数として考えられる人数は　**カ**　である。

   ① 40   ② 42

   ③ 48   ④ 59

   ⑤ 0 人以上 18 人以下   ⑥ 1 人以上 18 人以下

   ⑦ 0 人以上 19 人以下   ⑧ 1 人以上 19 人以下

問 4　2 つの袋 A，B がある。袋 A には赤玉が 1 個，白玉が 2 個，袋 B には赤玉が 2 個，白玉が 3 個入っている。袋 A，B からそれぞれ 1 個ずつ玉を取り出す。このとき，少なくとも

1 個の玉が赤玉である確率は $\boxed{\text{キ}}$ である。また，取り出した 2 個の玉のうち赤玉は 1 個
であったとき，その赤玉が袋 B から取り出された玉である条件付き確率は $\boxed{\text{ク}}$ である。

① $\dfrac{1}{3}$　　　② $\dfrac{3}{8}$　　　③ $\dfrac{2}{5}$　　　④ $\dfrac{3}{7}$

⑤ $\dfrac{1}{2}$　　　⑥ $\dfrac{4}{7}$　　　⑦ $\dfrac{3}{5}$　　　⑧ $\dfrac{5}{8}$

問 5　3 点 A, B, C を通る半径が 5 の円がある。線分 AB はこの円の直径であり，AC = 8 であ
る。また，∠ABC の二等分線と線分 AC の交点を D とする。このとき，BD = $\boxed{\text{ケ}}$ であ
り，△ABD の内接円の半径を r とすると $r = \boxed{\text{コ}}$ である。

① $\dfrac{13-\sqrt{61}}{6}$　　② $\dfrac{12}{11}$　　③ $\dfrac{7-\sqrt{13}}{3}$　　④ $\dfrac{5-\sqrt{5}}{2}$

⑤ $3\sqrt{5}$　　⑥ $2\sqrt{13}$　　⑦ $\sqrt{61}$　　⑧ 8

$\boxed{2}$　右の図のように，円 K 上に 4 点 A, B, C, D があり，
直線 AB, CD の交点を P とするとき，AB = 7，
PD = DC = AD = 3 である。
　また，線分 AC と線分 BD の交点を E とする。次の各
問いに答えなさい。

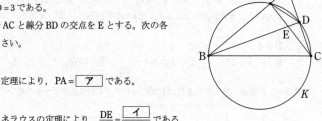

(1) 方べきの定理により，PA = $\boxed{\text{ア}}$ である。

　　また，メネラウスの定理により，$\dfrac{\text{DE}}{\text{EB}} = \dfrac{\boxed{\text{イ}}}{\boxed{\text{ウ}}}$ である。

(2) $\cos\angle\text{APD} = \dfrac{\boxed{\text{エ}}}{\boxed{\text{オ}}}$ であり，△PAD の外接円の半径は $\dfrac{\boxed{\text{カ}}\sqrt{\boxed{\text{キ}}}}{\boxed{\text{ク}}}$ である。

　　また，△AED の面積は $\dfrac{\boxed{\text{ケ}}\sqrt{\boxed{\text{コ}}}}{\boxed{\text{サ}}}$ である。

(3) BC = $\boxed{\text{シ}}$ であることから，∠BDC に注目すると，△PED の外心 O′ は $\boxed{\text{ス}}$ と一致する。

　　$\boxed{\text{ス}}$ に当てはまるものを，次の①〜⑧のうちから 1 つ選びなさい。

① 線分 PA の中点　　　　　　② 線分 AD の中点
③ 線分 DP の中点　　　　　　④ 線分 AE の中点
⑤ 線分 DE の中点　　　　　　⑥ 線分 PE の中点
⑦ 線分 AD と線分 PE の交点　⑧ 線分 AD を PA : PD の比に内分する点

また，円 K の中心を O とするとき，$OO' = \dfrac{\boxed{セソ}\sqrt{\boxed{タ}}}{\boxed{チ}}$ である。

---

3 袋の中に，$\boxed{0}$, $\boxed{1}$, $\boxed{2}$, $\boxed{3}$, $\boxed{4}$, $\boxed{5}$, $\boxed{6}$ の 7 枚のカードが入っている。次の各問いに答えなさい。

(1) 袋から 3 枚のカードを取り出し，横一列に並べる並べ方は全部で $\boxed{アイウ}$ 通りある。

(2) 袋から同時に 2 枚のカードを取り出すとき，2 枚のカードに書かれた数の和が偶数となる取り出し方は全部で $\boxed{エ}$ 通りある。

(3) 袋の中にある 7 枚のカードのうち，4 枚のカードを使い，横一列に並べて 4 桁の整数をつくり，千の位，百の位，十の位，一の位の数をそれぞれ a, b, c, d とする。

(ⅰ) 異なる整数は全部で $\boxed{オカキ}$ 個できる。また，このうち奇数は全部で $\boxed{クケコ}$ 個できる。

(ⅱ) 積 ad が偶数であるような整数は全部で $\boxed{サシス}$ 個できる。

(ⅲ) 次の $\boxed{セ}$，$\boxed{ソ}$ については当てはまるものを，下の①〜⑨のうちから 1 つずつ選びなさい。

条件 p：$|b-c|=4$ かつ $a<d$

とする。条件 p を満たすような整数が全部で何個できるかについて考える。

例えば，$b=0$，$c=4$ のとき，条件 p を満たす整数は全部で $\boxed{セ}$ 個できる。また，

$b=1$，$c=5$ のとき，条件 p を満たす整数は全部で $\boxed{ソ}$ 個できる。

これより，条件 p を満たす整数は全部で

$\boxed{セ} \times \boxed{タ} + \boxed{ソ} \times \boxed{チ} = \boxed{ツテ}$ （個）できる。

$\boxed{\text{セ}}$, $\boxed{\text{ソ}}$ の解答群（同じものを繰り返し選んでもよい。）

① $_4C_2$ ② $_4P_2$ ③ $4!$

④ $_5C_2$ ⑤ $_5P_2$ ⑥ $5!$

⑦ $_6C_2$ ⑧ $_6P_2$ ⑨ $6!$

◀B　日　程▶

（2 科目 90 分）

1 次の各問いの空欄に最も適するものを，下の選択肢から選び，番号で答えなさい。ただし，同じものを繰り返し選んでもよい。

問1 $a = \left| \sqrt{3} - 2\sqrt{2} \right| - \left| \sqrt{2} - 1 \right|$ とする。

このとき，$a = \boxed{\text{ア}}$ であり，$\dfrac{1}{a^2 - 2a - 2} = \boxed{\text{イ}}$ である。

① $\sqrt{3} - 3\sqrt{2} + 1$ 　② $\sqrt{3} - \sqrt{2} - 1$ 　③ $-\sqrt{3} + \sqrt{2} + 1$ 　④ $-\sqrt{3} + 3\sqrt{2} - 1$

⑤ $-\dfrac{1+\sqrt{6}}{10}$ 　⑥ $\dfrac{1-\sqrt{6}}{10}$ 　⑦ $\dfrac{\sqrt{6}-1}{10}$ 　⑧ $\dfrac{1+\sqrt{6}}{10}$

問2 2 次関数 $f(x) = 2x^2 - 4ax + a^2 + a + 2$ （a は定数）がある。$f(2) = -2$ のとき，$a = \boxed{\text{ウ}}$ である。また，方程式 $f(x) = 0$ が実数解をもつような a の値の範囲は $\boxed{\text{エ}}$ である。

① $-5, -2$ 　② $-4, -3$ 　③ $2, 5$ 　④ $3, 4$

⑤ $a < -1,\ 2 < a$ 　⑥ $a \leqq -1,\ 2 \leqq a$ 　⑦ $-1 \leqq a \leqq 2$ 　⑧ $-1 < a < 2$

問3 鋭角三角形 ABC において，BC $= 7$，CA $= 5$，外接円の半径は $\dfrac{35\sqrt{6}}{24}$ である。

このとき，$\sin A = \boxed{\text{オ}}$ であり，△ABC の面積は $\boxed{\text{カ}}$ である。

① $\dfrac{1}{5}$ 　② $\dfrac{\sqrt{6}}{5}$ 　③ $\dfrac{2\sqrt{6}}{5}$ 　④ $\dfrac{4\sqrt{6}}{5}$

⑤ $\sqrt{6}$ 　⑥ $4\sqrt{6}$ 　⑦ $6\sqrt{6}$ 　⑧ $12\sqrt{6}$

問4 男子 6 人，女子 4 人がいる。この 10 人の中から男女 3 人ずつ計 6 人を選ぶ選び方は全部で $\boxed{\text{キ}}$ 通りある。また，選んだ 6 人に対し，この 6 人を横一列に並べるとき，男子どうしが隣り合わない並べ方は全部で $\boxed{\text{ク}}$ 通りある。

① 24 　② 36 　③ 72 　④ 80

⑤ 144 　⑥ 210 　⑦ 400 　⑧ 576

問5 △ABC の辺 AB の中点を D，辺 AC を $1:2$ に内分する点を E，線分 BE と線分 CD の交点を F とする。このとき，$\dfrac{\text{BF}}{\text{FE}} = \boxed{\text{ケ}}$ である。また，直線 AF と辺 BC の交点を G とするとき，△BFG の面積は△ABC の面積の $\boxed{\text{コ}}$ 倍である。

① $\dfrac{1}{15}$　　② $\dfrac{2}{15}$　　③ $\dfrac{1}{5}$　　④ $\dfrac{1}{2}$

⑤ $\dfrac{2}{3}$　　⑥ 1　　⑦ $\dfrac{3}{2}$　　⑧ $\dfrac{15}{2}$

$\boxed{2}$ △ABC があり，BC $= 4$，CA $= 3$，∠BCA $= 90°$ である。2 点 A，B を除く辺 AB 上に点 P をとり，点 P を通り辺 BC に平行な直線と辺 AC の交点を Q とする。さらに，辺 BC の中点を M とし，直線 AM と線分 PQ の交点を N，また，直線 AM 上に点 A とは異なる点 R を AN $=$ RN を満たすようにとる。

　AP $= t$ とし，点 P が辺 AB 上を動くとき，△ABC と△PQR の共通部分 F の面積を S とする。次の各問いに答えなさい。

(1) t のとり得る値の範囲は $0 < t < \boxed{\text{ア}}$ である。また，四角形 APRQ の形状は $\boxed{\text{イ}}$ であり，△PQR の面積と $\boxed{\text{ウ}}$ の面積は等しい。

　　$\boxed{\text{イ}}$ に最も適するものを，次の①〜⑤のうちから 1 つ選びなさい。

　① 台形　　② 平行四辺形　　③ ひし形　　④ 長方形　　⑤ 正方形

　　$\boxed{\text{ウ}}$ に当てはまるものを，次の①〜⑥のうちから 1 つ選びなさい。

　① △APM　　② △APQ　　③ △AQM　　④ △BPR　　⑤ △CQR
　⑥ △BCR

(2) $t = 1$ のとき，$S = \dfrac{\boxed{\text{エ}}}{\boxed{\text{オカ}}}$ である。また，点 R が点 M と一致するとき，$t = \dfrac{\boxed{\text{キ}}}{\boxed{\text{ク}}}$ である。

(3) $0 < t \leqq \dfrac{\boxed{\text{キ}}}{\boxed{\text{ク}}}$ のとき，

　F の形状はつねに $\boxed{\text{ケ}}$ であり，$S = \dfrac{\boxed{\text{コ}}}{\boxed{\text{サシ}}} t^2$ と表される。

　$\dfrac{\boxed{\text{キ}}}{\boxed{\text{ク}}} < t < \boxed{\text{ア}}$ のとき，

　F の形状はつねに $\boxed{\text{ス}}$ であり，辺 BC と辺 PR の交点を S とすると

$\dfrac{\text{RS}}{\text{AC}} = \dfrac{\boxed{セ}\,t - \boxed{ソ}}{\boxed{タ}}$ であるから，$S = \dfrac{\boxed{チ}}{\boxed{ツテ}}\left(-3t^2 + \boxed{トナ}\,t - \boxed{ニヌ}\right)$ と表される。

したがって，S は $t = \dfrac{\boxed{ネノ}}{\boxed{ハ}}$ のとき，最大値 $\boxed{ヒ}$ をとる。

$\boxed{ケ}$，$\boxed{ス}$ に最も適するものを，次の①〜⑧のうちから 1 つずつ選びなさい。ただし，同じものを繰り返し選んでもよい。

① 正三角形　　　② 直角三角形　　　③ 台形　　　　④ 平行四辺形
⑤ ひし形　　　　⑥ 長方形　　　　　⑦ 正方形　　　⑧ 五角形

$\boxed{3}$　袋の中に赤玉が 1 個，白玉が 1 個，黒玉が 2 個，計 4 個の玉が入っている。袋の中から玉を 1 個取り出し，玉の色を確認して袋に戻す試行を 4 回繰り返す。次の各問いに答えなさい。

(1)　黒玉が 4 回取り出される確率は $\dfrac{\boxed{ア}}{\boxed{イウ}}$ である。

また，赤玉が 1 回，黒玉が 3 回取り出される確率は $\dfrac{\boxed{エ}}{\boxed{オ}}$ である。

(2)　赤玉が 1 回だけ取り出される確率は $\dfrac{\boxed{カキ}}{\boxed{クケ}}$ である。

また，赤玉が 1 回，白玉が 1 回，黒玉が 2 回取り出される確率は $\dfrac{\boxed{コ}}{\boxed{サシ}}$ である。

(3)　赤玉が 3 回以上取り出された場合は A さんの勝ち，白玉が 3 回以上取り出された場合は B さんの勝ち，それ以外の場合は C さんの勝ちとする。

A さんが勝つ確率を P とすると，$P = \dfrac{\boxed{スセ}}{\boxed{ソタチ}}$ である。このとき，C さんが勝つ確率を P を用いて表すと，$\boxed{ツ}$ である。

$\boxed{ツ}$ に当てはまるものを，次の①〜⑤のうちから 1 つ選びなさい。

①　P　　　②　$2P$　　　③　$1-P$　　　④　$1-2P$　　　⑤　$2(1-P)$

また，C さんが勝ったとき，黒玉が 1 回も取り出されていなかった条件付き確率は

$$\frac{\boxed{テ}}{\boxed{トナニ}}$$ である。

◀C 日 程▶

（2 科目 90 分）

1 次の各問いの空欄に最も適するものを，下の選択肢から選び，番号で答えなさい。ただし，同じものを繰り返し選んでもよい。

問1 $P = |3a - 5| + 2a$ がある。$a < \dfrac{5}{3}$ のとき，$P = a^2 - 1$ を満たす a の値は **ア** である。また，$P < |b - 2|$（b は正の定数）を，$a = 1$ は満たすが $a = 3$ は満たさないとき，b のとり得る値の範囲は **イ** である。

①　-3 　　　　　② 1 　　　　　③ 2 　　　　　④ 4
⑤　$4 < b < 10$ 　　⑥ $4 < b \leqq 10$ 　　⑦ $6 < b < 12$ 　　⑧ $6 < b \leqq 12$

問2 x は実数とする。不等式で表される x についての 3 つの条件
$$p : (\sqrt{5} - a)x > 1, \ q : x > 5, \ r : x < -1$$
を考える。ただし，a は定数とする。

$a = 2$ のとき，p は q であるための **ウ** 。また，p が r であるための十分条件となるような定数 a の値の範囲は **エ** である。

①　必要条件であるが十分条件ではない　　②　十分条件であるが必要条件ではない
③　必要十分条件である　　　　　　　　　④　必要条件でも十分条件でもない
⑤　$a \leqq \sqrt{5} + 1$ 　　　　　　　　　⑥　$\sqrt{5} < a \leqq \sqrt{5} + 1$
⑦　$a > \sqrt{5}$ 　　　　　　　　　　　⑧　$a \geqq \sqrt{5} + 1$

問3 2 次関数 $f(x) = ax^2 + 4x + a + 3$（a は 0 でない定数）がある。$a = -1$ のとき，$y = f(x)$ のグラフが x 軸の上方にあるような x の値の範囲は **オ** である。また，$y = f(x)$ のグラフがつねに x 軸の下方にあるような a の値の範囲は **カ** である。

①　$x \leqq 2 - \sqrt{6}, \ 2 + \sqrt{6} \leqq x$ 　　　　②　$x < 2 - \sqrt{6}, \ 2 + \sqrt{6} < x$
③　$2 - \sqrt{6} \leqq x \leqq 2 + \sqrt{6}$ 　　　　　④　$2 - \sqrt{6} < x < 2 + \sqrt{6}$
⑤　$a < -4$ 　　　　　　　　　　　　　⑥　$-4 < a < 0$
⑦　$0 < a < 3$ 　　　　　　　　　　　⑧　$a > 3$

問4 $BC = 7$ である四角形 ABCD があり，対角線の交点を E とするとき，△ABE は 1 辺の長さが 3 の正三角形である。このとき，$EC =$ **キ** である。また，$CD = 7$ であるとき，四角形 ABCD の面積は **ク** である。

  ① 5   ② 6   ③ 7   ④ 8

  ⑤ 22   ⑥ $22\sqrt{3}$ ⑦ 44   ⑧ $44\sqrt{3}$

問 5 1 から 12 までの数がそれぞれ 1 つずつ記された 12 枚のカードが入っている袋がある。この袋から 1 枚ずつ順に計 3 枚のカードを取り出す。ただし,一度取り出したカードは袋に戻さない。このとき,1 桁の数と 2 桁の数が記されたカードがともに取り出される確率は **ケ** である。また,1 桁の数と 2 桁の数が記されたカードがともに取り出されていたとき,1 枚目のカード,2 枚目のカードとも 1 桁の数が記されていた条件付き確率は **コ** である。

  ① $\dfrac{3}{55}$ ② $\dfrac{4}{45}$ ③ $\dfrac{9}{55}$ ④ $\dfrac{4}{15}$

  ⑤ $\dfrac{17}{44}$ ⑥ $\dfrac{27}{44}$ ⑦ $\dfrac{34}{55}$ ⑧ $\dfrac{219}{220}$

---

2 2 次方程式 $x^2 - ax + 1 = 0$ （a は定数） ……①がある。また,①の判別式を D とする。

(1) 方程式①の解の 1 つが 3 であるとき,他の解は $\dfrac{\boxed{\text{ア}}}{\boxed{\text{イ}}}$ である。また,方程式①が重解を

もつとき,その重解は **ウエ** または **オ** である。

(2) 方程式①が 0 より大きい異なる 2 つの実数解をもつような a の値の範囲を考える。

  $f(x) = x^2 - ax + 1$ とおくと,$y = f(x)$ のグラフ G は下に凸の放物線であり,方程式①が 0 より大きい異なる 2 つの実数解をもつのは,G が x 軸の $x > 0$ の部分と異なる 2 つの共有点をもつときである。

  G が x 軸と異なる 2 つの共有点をもつための条件は

$$D \boxed{\text{カ}} \boxed{\text{キ}}$$

であり,G の軸が $x > 0$ の範囲にあるための条件は

$$\boxed{\text{ク}} \boxed{\text{ケ}} \dfrac{a}{2}$$

である。

  方程式①が 0 より大きい異なる 2 つの実数解をもつような a の値の範囲は **コ** である。

  カ , **ケ** に当てはまるものを,次の①～⑥のうちから 1 つずつ選びなさい。ただし,同じものを繰り返し選んでもよい。

  ① $=$ ② $\neq$ ③ $>$ ④ $\geqq$ ⑤ $<$ ⑥ $\leqq$

$\boxed{コ}$ に当てはまるものを，次の①〜⑥のうちから 1 つ選びなさい。

① $a<-2$　　　② $a\leqq-2$　　　③ $a>0$

④ $a\geqq0$　　　⑤ $a>2$　　　⑥ $a\geqq2$

次に，方程式①が 0 より大きく 4 より小さい異なる 2 つの実数解をもつような a の値の範囲を考える。

G の軸が $0<x<4$ の範囲にあるための条件は

$$\boxed{ク}\quad\boxed{ケ}\quad\frac{a}{2}\quad\boxed{ケ}\quad\boxed{サ}$$

であり，方程式①が 0 より大きく 4 より小さい異なる 2 つの実数解をもつような a の範囲は $\boxed{シ}<a<\dfrac{\boxed{スセ}}{\boxed{ソ}}$ である。

また，方程式①が，$0<x<1$ の範囲に 1 つの実数解をもち，さらに，$2<x<4$ の範囲にもう 1 つの実数解をもつような a の値の範囲を考える。

ここで，$\boxed{シ}<a<\dfrac{\boxed{スセ}}{\boxed{ソ}}$ のとき，$f(1)$ のとり得る値の範囲が

$\dfrac{\boxed{タチ}}{\boxed{ツ}}<f(1)<\boxed{テ}$ であることに注意すると，求める a の値の範囲は

$\dfrac{\boxed{ト}}{\boxed{ナ}}<a<\dfrac{\boxed{ニヌ}}{\boxed{ネ}}$ である。

$\boxed{3}$ △ABC があり，AB $=8$，∠BAC $=60°$，$\cos\angle$ACB $=\dfrac{1}{7}$ である。次の各問いに答えなさい。

(1) $\sin\angle$ACB $=\dfrac{\boxed{ア}\sqrt{\boxed{イ}}}{\boxed{ウ}}$ である。また，BC $=\boxed{エ}$ である。

(2) CA $=\boxed{オ}$ である。また，△ABC の面積を S とすると，$S=\boxed{カキ}\sqrt{\boxed{ク}}$ である。

⑶ △ABC を底面とし，OA＝OB＝OC＝BC を満たす点 O を頂点とする四面体 OABC をつくる。また，点 O から平面 ABC に垂線を引き，平面 ABC との交点を H とする。点 H は △ABC

の $\boxed{\text{ケ}}$ だから，$AH = \dfrac{\boxed{\text{コ}}\sqrt{\boxed{\text{サ}}}}{\boxed{\text{シ}}}$ である。

$\boxed{\text{ケ}}$ に当てはまるものを，次の①～④のうちから 1 つ選びなさい。

① 外心   ② 内心   ③ 重心   ④ 垂心

四面体 OABC の体積は $\dfrac{\boxed{\text{スセ}}\sqrt{\boxed{\text{ソ}}}}{\boxed{\text{タ}}}$ であり，点 A から平面 OBC に引いた垂線の長さ

を h とすると，$h = \dfrac{\boxed{\text{チツ}}\sqrt{\boxed{\text{テ}}}}{\boxed{\text{トナ}}}$ である。

国語

◀Ａ　日　程▶

（二科目九〇分）

1　次の問い（問1〜3）に答えなさい。

問1　ア〜ウの傍線部のカタカナに相当する漢字を、次の各群の①〜④の中からそれぞれ一つずつ選びなさい。　1　2　3

　ア　イギを正して式典に臨む。　1
　　① 田　② 戚　③ 為　④ 異

　イ　和楽器のアイセツな音色が聞こえる。　2
　　① 哀　② 挨　③ 愛　④ 曖

　ウ　犯人は嘯け話で人をロウラクした。　3
　　① 弄　② 楼　③ 漏　④ 籠

問2　ア〜エの四字熟語の空欄　4　〜　7　に入る漢字を、次の①〜⑨の中からそれぞれ一つずつ選びなさい。　4　5　6　7

　ア　飲食業界は青息　4　息の状況だ。

　イ　多数派に付和　5　同する風潮を憂える。

　ウ　この人事は彼の深謀　6　慮の結果である。

　エ　新人の快刀　7　麻の活躍に驚く。

　　① 礼　② 乱　③ 拓　④ 雷　⑤ 赤
　　⑥ 切　⑦ 吐　⑧ 遠　⑨ 薬

問3　ア〜ウの作者の作品を、次の各群の①〜④の中からそれぞれ一つずつ選びなさい。　8　9　10

　ア　仮名垣魯文　8
　　① 『安愚楽鍋』　② 『花柳春話』　③ 『小説神髄』　④ 『多情多恨』

イ　中原中也（なかはらちゅうや）　9
①　『道程』　②　『草枕』　③　『在りし日の歌』　④　『測量船』

ウ　上田敏（うえだびん）　10
①　『蒼氓』　②　『地獄変』　③　『若菜集』　④　『海潮音』

2　次の文章を読んで、後の問い（問1〜6）に答えなさい。

「すべての主張を吟味にさらし、かつ否定の対象とすることをためらわない」哲学の特性は、一般に想定されている「議論」や「共同討議」のイメージからすると、ずいぶんと異質なものに映るということがあるかもしれない。

この点について考えてみるために、少し極端かもしれないが、A<u>ある主張をする人のことを考えてみ</u>よう。

　「いまから二百年後。二十三世紀の地球に暮らす人びとは、二十一世紀の初頭に生きるわたしたちが採用する道徳のあり方をどのように評価するだろうか。考えようによっては——目線の取りようによっては——「自己決定の自由」や「個の尊厳に基づく万人の平等」を何よりも重視するこの時代の社会システムが、「後の世代の人びとを考えず、みずからの繁栄だけを望み、既得権益としがみついては資源を食らいつくした、人類史上最悪の利己的な世代」と評価される可能性はないだろうか。

　真に理性的に思考してみよう。そして、この星の将来のあり方について真剣に考えてみよう。わたしたちがすでに直面しつつある資源の枯渇状況等を冷静に見据えるならば、「終わりのない経済成長」や「万人に平等な資源の配分」といった思想がすでに破綻の淵にあることは一目瞭然ではないのか。

　たとえば、この国のいまの医療費の現状を考えてみよう。本当に、これらすべてが「必要な支出」として正当化されるべく価値を有しているのだろうか。「老後に安心していられる」といわれるような時代が続いてほしい。「自由」であったり、「平等」であったり、さまざまな概念に依拠した正当化がなされているが、それらはすべて「自分たちが既得権益を手放したくないので見苦しくじたばたしているだけ」であることをごまかすための便法にすぎないのではないか。

　二十三世紀の人類が想定する「真の道徳的改革者」とは、どのような人物であろうか。それは「危険思想」であることを厭わず、「異端者」として迫害の目にさらされることを恐れず、「人類が存続するために真に必要なこと」を明確に理解し、それを可能にする道徳システムを確立するべく奮闘する人間ではないだろうか。すなわち、「個の尊厳に基づく万人の自由と平等」というこの時代の価値観に真正面から叛旗を翻してみせる人間ではないだろうか。

　しかし、そのような未来の改革者たちに先導された強烈な価値の転換は、人類がぎりぎりにまで追い詰められた限界状況のなかで生じることになるだろう。そして、逃げ場のない道へと追い詰められた人類は、一部の活動家たちが主導する無慈悲かつ残虐な暴力を手段として、その革命的な価値体系の転換を遂行することになるだろう。そして、その際には、間違いなく大量の血が流され、たくさんの命が失われることになるだろう。

　だとするなら、そのような血なまぐさい惨劇を避けるために、いまわたしたちに必要とされるのはどのような態度であるのか。「生命の尊厳」や「自己決定の権利」といった建前上の正当化装置を

隠れとする偽善的な利己主義から脱却し「人類の存続を最上位の価値とする新しい道徳」を創造する方向くと、みずから全面的に舵を切ってみせるにはなぜか」

　直観的に言って、いまのわたしたちには非常に受け入れにくい考え方があるいは否定をならだろう。「個の尊厳」や「自己決定の権利」を真っ向から否定する論調に共感しかねる、というのがわたし自身の率直な意見でもある。しかし「配分可能な資源の枯渇」という動かしようのない現実を前にするとき、B厳密にかつ説得的な仕方でこの主張を論駁するには意外と難しいのではないか、ともわたしは思わざるをえない。

　リリではこの問題そのものについて議論することが目的ではないし、これ以上の深入りは控えよう。しかし、正直な見通しとして、この問題について真剣な検討がなされなければなれるほど、おそらくは決定打を欠くままにさまざまな意見が提出され、賛否いずれにもかたよらままに議論は平行線を辿る可能性が高いのではないか。

　これは、たしかに「意見の収束なき議論というものがある」ことを示すための例としてはあまりに極端なものであるかもしれない。しかし、実際のところ、異なった立場に立つもの同士に一つの問題について徹底的に議論するとき、かならずと言ってしいほど辿りのつかれるのは「このわからず屋が―」の一言であることはわたしたちは身に染みて経験したものではないだろうか。

「他者の目線に立って考えてみること」。それ自体をきわめて重要なこの原則の帰結として得られるのは、異なる立場に立つもの同士の共感と思いやりに満ちた合意などではなく、相互理解の最終的な不可能性という冷厳な事実である。そう言わざるをえないというにはなぜか。そして、正直なところをあらち明けにして言えば「全面的に、何かしら論のてこるとは言わないが、それでもぼくは君の主張に賛成することはできない」。しいしいとまで議論が尽くしたるとき、わたしたちが最後に辿り着けるのはそのような若渋に満ちた一言でしかありえないことを、わたしたちはふだんのいくらか受け入れているのではないだろうか。

　まだ、以上の点について、さらに注意しておくべきことがある。

　哲学的討議の帰結として生じる不同意とは「自分には他者の言う分を認めることはできない」という形での、他者の見解に対する自己の側からの否定的評価とともに「自分の見解もまた他者に受け入れられることはない」という形での、自己の見解に対する他者からの否定的評価が含まれることになる、という点である。

　これは、哲学に特徴的な「否定」のあり方が「単なる感情的拒絶」ではなく、あくまで ［ Ｘ ］であることの必然的帰結であると言うことができる。「相互の不同意の原因は相手側の主張が全面的に間違っているにこるにある」という独断的な態度から距離を取るということ、それが、冷静と熱意の第一歩をなす態度であるとすれば、この態度には、以下の二点に関する気うが含まれているように思われるからである。すなわち、①他者の側が、自説を擁護するために展開する主張が全面的に無効なわけではない（あるいは、自分が他者に向けて行なう批判が全面的に有効なだけではない）ということと、②他者の側が、わたしの側の説を批判するために展開する主張にも一定程度の妥当性が認められる（すなわち、自分の説が全面的に正しいわけではない）ということ。以上の二点に関する気うをもたらす。

　そして、これは特別なことではない。自分とは異なる主張を行なう他者との議論の結果として、思わず「このわからず屋が―」という一言が飛び出す。しかし、冷静さを取り戻し、論争相手の主張をよくよく吟味し直してみると「ひょっとしたら相手の言う分にも一理あるのかもしれないな」。そんな気持ちが見え隠れし始める。そして、そんなとき、他者の見解に対する冷静な評価の裏側で「ひょっとすると、自分の側にも問題があるのかもしれない」という、いくらばかりの若々しさもに恥ずかしさを伴った感情が生じ始める。そんなふうに、他者との対話をきっかけにして、堅固だと思われていた

た自分自身の主張の基盤が掘り崩されるという出来事を、わたしたちは幾度となく経験してきたことがあるのではないだろうか。

（三谷尚澄「哲学してもらっては困ります？ ―― 文系学部不要論くのちおやかな反論 ―― 」による。本文中に一部省略したところがある。）

問1　傍線部A「いろんな主張をする人のいとを考えてみよう」とあるが、Aに続く「いまから二百年後。……」からはじまる「 」内の主張の部分の内容を整理するために高校生が次のような【メモ】を作成した。空欄 Ⅰ ・ Ⅱ に入る内容として、最も適当なものを、後の各群の①〜⑤の中からそれぞれ一つずつ選びなさい。

【メモ】

〈1〉【二百年後の人々から見た現代のわたしたちの評価（予想）】
・「自己決定の自由」「個の尊厳に基づく万人の平等」を重視
　　その結果……
・後の世代のいとを考えず、資源を使い尽くしてしまった「最悪の利己的世代」

〈2〉【二百年後の人々にとって望ましい改革者】
・二十一世紀の価値観やそれに依拠する社会システムを　Ⅰ　ことで覆そうとする人

〈3〉【改革が惨劇の形をとらないために必要ないと】
・　Ⅱ

Ⅰ　11
① 「人類の未来い存続」に価値を置く
② 「世界を変える革命」に価値を置く
③ 「無慈悲で残虐な暴力」を避ける
④ 「答えの出ない討議」を重視する
⑤ 「老後の医療の遣近」を避ける

Ⅱ　12
① 偽善的な利己主義を脱却し他者と支え合ういとに価値を置く教育を実践していくいと
② 政治家だけでなく市民が政治に積極的に参画していくいとを当たり前にしていくいと
③ 現在の豊かさだけでなく未来を生きる人類の想像をめぐらせた政策を実現していくいと
④ 限られた資源を人類一人ひとりに平等に配分していくための制度を構築していくいと
⑤ 現実と真摯に向き合ういと、そこから脱却した価値観の再考をせまる道徳を創造していくいと

問2　傍線部B「厳密に、かつ説得的な仕方でいの主張を論駁するいとは意外と難しいのではないか」

とあるが、それはなぜか。その理由の説明として最も適当なものを、次の①〜⑤の中から一つ
選びなさい。　13

① 一見すると受け入れ難い考え方ではあるが、実情を冷静に考えるならば、理にかなった主
張であると言えるから。

② 感覚的には受け入れ難い考え方ではあるが、代替の余地がないことを考えるならば、主張
を認めざるを得ないから。

③ 直観的な思いつきではあるが本質をついており、未来を真剣に考えるならば、主張を無視
することはできないから。

④ 危険な発想ではあるが、思考実験としては興味深く、新しい世界を構築していくためには
斬新な発想が必要であるから。

⑤ 極度に単純化した発想ではあるが、前提さえ整えば実現する恐れもあり、主張を吟味す
る価値はあるから。

問3　傍線部C「意見の収束しない議論」とあるが、哲学におけるこのような議論についての説明
として最も適当なものを、次の①〜⑤の中から一つ選びなさい。　14

① 最終的に相互理解を得ることができず、感情的に相手を批判することしか収束することが
できない欠点がある議論。

② 異なった立場のもの同士がどこまで理解し合うことができるか追求するためにあり、知
性を錬磨するために必要な議論。

③ 異なる考え方をもつもの同士が、独断的な態度から距離をとって互いの主張を吟味し合っ
たうえでなお、相手の主張を否定し続ける議論。

④ 考え方が違うものが意見を出し合い、より創造的なアイディアを生み出し、世の中を変革
していくことにつなげる議論。

⑤ 他者の目線になって考えるという偽善的なものではなく、自分の信念をかけて議論を戦わ
せ、本質的な答えを探究していく議論。

問4　本文中の空欄Xに入る語句として最も適当なものを、次の①〜⑤の中から一つ選びなさい。
　15

① 総合的討議に基づいた不信感
② 独断的判断に基づいた不同意
③ 客観的判断に基づいた不信感
④ 合理的討議に基づいた不同意
⑤ 概念的判断に基づいた不同意

問5　次は本文の内容について5人の高校生で話し合ったものである。本文の内容に即した発言とし
て最も適当なものを、次の①〜⑤の中から一つ選びなさい。　16

① Aさん：哲学的討議とは、普段考えないような抽象的な問題について、様々な角度から検証を重ねて、最も妥当性のある見解を筋道立てた議論によって見出していくことだというということがわかったよ。

② Bさん：意見を一つに収束させることではなく、他者との対話を通して自分の考え方が絶対なものでないと気づくことが大切と知って納得した。議論をする際は、意見をぶつけるだけでなく、そういった気づきも大切だよね。

③ Cさん：自分が筋道立てて考えているのと同様に他者も筋道立てて考えているという事実を知ることで、よりクリエイティブな意見を生み出すことができるという記述も興味深いね。哲学的討議を深めることで新しい気づきがあるということだね。

④ Dさん：現在当たり前のように享受している人権や自由という理念も、将来にわたって保障されているとは限らないとわかったよ。それらが奪われることのないように、哲学的討議をしながら新しい価値理念を創り出していくことが大切だよね。

⑤ Eさん：私たちは生きている現在のことばかりを考えがちだけど、未来を生きる他者についても考えることが大切で、そのためには哲学的討議の場を大切にしていく必要があるという筆者の主張が胸に響いたな。

問6 本文の内容についての説明として最も適当なものを、次の①～⑤の中から一つ選びなさい。

17

① 筆者は私たちが行っている議論のあり方に疑問の目を向け、その上で正しい哲学的討議のあり方について積極的な提案をしている。

② 筆者は議論には複数の種類があることを具体例を挙げながら指摘し、議論することの意義と限界について解説をしている。

③ 筆者は極端な議論の事例を示しながら、私たちが意見の異なる相手と議論することで陥りがちな罠について解説をしている。

④ 筆者は具体的な論争の事例を引きながら、哲学的討議を通して相互に理解を深めるためにはどういうことが必要かを説明している。

⑤ 筆者は異質ともいえる哲学的討議の性質を具体的な議論の事例を用いて論じ、議論のあり方そのものを見直す視座を提供している。

③ 次の文章を読んで、後の問い（問１〜５）に答えなさい。

> 妹の羽衣子と共に祖父の吹きガラス工房を継いだ「ぼく（里中遼）」は、田沢さんという女性の依頼でガラス犬のための骨壺を作ったが、羽衣子は、工房で骨壺を作ることに賛成していない。次の文章は、その骨壺を納品に行く場面である。

　とりかかる昼食をとってから電車に乗ってからもうそろそろという時間になる。工房にいる時の昼食はお弁当を買うことにしているのだが、外に出た時はカレーに決めている。カレーならたいていどこにでもあるから「なにを食べようか」と考えずに済む。たくさん考えることがあると疲れる。あらかじめ選択肢をすくなくしておきたい。

「オーダーの打ち合わせですか？」

「いいえ、納品に行きます」

　地下鉄に乗るなら公園を通っていきませんか。薔薇をもらえるから一緒に見ましょう、と誘われる。葉山さんはほど薔薇が好きなようだ。

　街を歩くときもみんな言葉少なだ。ロぼくを地に覆うっうっき頭を加減に歩いている。こられたわけではないがぼくたちもとくに話をすることなく歩いた。風が吹いて、自転車を押して歩く葉山さんがまぶしく目をうごむ。風が止んだら、葉山さんの前髪に小さな葉っぱがついていた。手を伸ばして取ると、葉山さんがこっちを向く。なにか話したいけど、具体的には思い浮かばなくて、結局、今日納品する相手である田沢さんという女性の話をした。

「十年一緒に暮らした犬の骨壺を頼まれたんです」

「犬ですか」

「ゴールデンレトリーバーのロイなんです」

　ロイさん、と復唱して、葉山さんは頷く。

「遼さんは、犬ともさんと付くなんですね」

「はい」

　はじめに工房にやってきた時、田沢さんはずっと泣きながら喋っていた。話を聞いた羽衣子も泣いていた。

　ともに時間を過ごした相手を喪うつらさは、たぶん犬も人間も同じだ。そう話すと、葉山さんは大きく頷いた。

「わたし、遼さんのつくる骨壺にかかわて、幸せです」

　あくくな意味じゃないですよ、と葉山さんが顔の前で片手を振っている。どんな意味なんだろうと思ったけど、地下鉄の入り口についてしまった。

「じゃあ、ここで失礼します」

「はい、また」

　階段を数段降りて振り返ると、葉山さんはまだそこに立っていた。顔の横で、小さく手を振ってくれる。手を振り返してから、階段を駆け降りた。なんだか、ホームまで一気に走りたいような気分だ。

　地下鉄から京阪電車に乗り換える。駅の改札を抜けたところで、人待ち顔で立っている田沢さんを見つけた。家まで持っていく約束だったから、面食らってその場に立ち尽くしてしまう。

　ぼくを迎えにきたのだろうか。田沢さんがぼくに気づいて、手を振る。向かいあって立つと、頭びというふうに小さい。灰色がかった髪が左右に動く。

「待ちきれなくて、来てしまいました」

「はい。……はい」

　なんとかそう答えることができたが、顔がひきつっていたかもしれない。頭で描いていた手順と違っていたおかげで不安になる。何度か深呼吸をして、一から十まで数え、今度は十から一まで数えた。これはミイラをおろしてもらった時のおまじないのようなものだ。

　田沢さんの家は駅のすぐ近くにあるマンションだった。骨壺のデザインを決めるため、一度訪れたロイさんの写真も見せてもらった。もふもふとやわらかそうな毛並みと丸い瞳を持つ、ふちねこ大だった。

「かわいい子でした」

　田沢さんはティーバッグを入れたマグカップに湯を注ぎながら、［A］のあるじと同じ口調で話をする。ロイさんはもともと田沢さんの親戚の家にいたのだが、事情があって飼えなくなり、田沢さんが引き取った当時は田沢さんと田沢さんのお母さんのふたり暮らしだった。お母さんが亡くなった時、ロイさんはずっと田沢さんのそばから離れなかったのだという。

「お散歩が大好きだったのに、最後はもう自分で歩けなくなっちゃってね」

　部屋の隅に積まれているくドトン・シーツやくダーン・ジョは、その頃の名残なのだろう。もうかわないとわかっているのに捨てられないのだ。母も、祖父が入院している頃につかっていたものをしばらく捨てずに置いていた。

　木箱から骨壺を取り出す。ロイさんの毛と同じようなきつね色にしたかったので、全体的に珀色で仕上げた。田沢さんが「もうお骨を入れてもらうんですか」と声を懸げる。

　ロイさんのお骨は、ペット霊園で火葬を済ませた時のまま、小さな陶器の壺に入っていた。

「お骨をうつす時は手袋をしたほうがいいと思います」

　持参したビニール手袋を手渡した。カビを防ぐため、一緒に乾燥剤を入れておき、蓋の項目をテープを巻いて密閉しておくと良いと田沢さんにアドバイスする。以前、ぼくも祖父の骨を真空パックにしてもらったけど、大きなものへのサービスは利用できるのかどうかはわからない。あとで調べてみようと手帳にメモをする。

　うっすらと黄色い骨を、田沢さんは希少な宝石をあつかうように慎重に骨壺にうつしていく。

「あの、これ、巻いてあげてもらえますか」

　田沢さんが差し出した赤いくバンダナには見覚えがある。写真の中のロイさんが首に巻いていたものだ。

「もちろんです」

　持ち手のところに巻いてから、田沢さんは何度か頷く。

「［B］あの、これからロイさんといっ緒に、散歩に行きませんか」

　どういたんたいしを言ってしまったのか、自分でもよくわからない。納品したらすぐに帰るつもりだった。ぼくは子定が変わるのがいちばん嫌いだから。でもどうしても田沢さんとなにかしたかった。

　田沢さんが立ち上がって、骨壺を抱える。

　京阪電車の高架をクロスするように、駅の脇を川が流れている。その川沿いの道を、ぼくたちは歩いた。朝と夕方の一度、川を散歩したという。下校中の小学生と会うと、彼らはかならず寄ってきた。ロイさんはおとなしく、彼らに吠えたりするようなことは一度もなかった。

　川のほうからぼしゃんという音がはねるような音がした。水鳥が三、四羽、水面をくぐるように移動していく。彼らが進んだ後の水面にはまっすぐな線が生まれ、すぐに消える。

「わたし、ひとりぼっちだったんです」

　黙っていた田沢さんが、とつぜん話はじめた。

　勤めていた会社で「ちょっとした人間関係のトラブル」があって、電車に乗れなくなった。会社を辞

めるし、今度はちょっと近所に行くのもいやになった。

「自分で言うのもなんだけど『いい子』だったんですよ、ぼく」

　ただ、そんないい子も、学校で問題をおこすいい子、成績をおとすいい子、でもそのたびに一度の「ちょっとした人間関係のトラブル」で、つまずいてしまった。

「マンションの一階の郵便受けを見に行くのさえ、そんないやなわけくたうになったんです。わかりますか」

「……はあ」

　もちろん、語そのものは理解できるが、心情が理解できないだけ。ぼくは「いい子」じゃなかったから。

「母はそんなわたしに『がんばりなさい』と言いました。今までがんばってきたんだから、と、〔ア〕叱りました。でも、今までがんばったにもかかわらずできなくなるんだと思って、あるべきです、やっぱり。あるんです、だって誰にでも」

　ロンをかうようになったのは、そんな時期だった。

　ロンをかいは一日に何度も散歩に行きたがった。広い場所を駆けまわりたがった。

「リードでつながで歩いてるでしょう。あの子、ときどきいちを振り返るんですね、散歩って楽しいよね、みんな顔して。ほんとうにかわいくて……かわいくて」

　田沢さんが笑いながら骨童を抱えなおす。笑っているのに瞳が濡れている。

「あの子を散歩させてると、いろんな人と話しかけていくるんですよね。最初はそれが面倒だったけど、それもうしして慣れてきて。ロンのことをかわいいと言ってもらえるとぼくのうれしくてね。ただ、遅くまで足を延ばしすぎようなので……また働くようになったんです。ロンのはんだとか、病院代とか、稼がなきゃならないからね」

「そうですか」

　リンな時、羽衣子ならもっといのいんといまく話せるのだろう。吹きガラス教室の生徒を〔ア〕切了なくちくしは様子を思い出しながら、〔ア〕唇を噛む。以前嫂ちんをセレンたんに『前なか向かなくてもらく』と言って、羽衣子緩らせたことがある。

「いつかまた、大を飼うかもしれません」

　田沢さんは前を向いて、歩を続ける。

「その大は、でも、ロンの代わりではないんです」

「はあ」

　今度は「わかります？」とは訊かなかっただけど、ちゃんとわかった。誰も、誰かの代わりにはなれない。

　川できまた本音がしたけど、ぼくはもう、そちらを見なかった。田沢さんも。

　　　　　　　　　　（寺地はるな「ガラスの海を渡る舟」PHP研究所による）

（注）　嬢さん —— 祖父の葬儀を担当した斎場の職員。道の作る骨董を斎場で扱っている。

問1　傍線部（ア）〜（ウ）の語句の本文中における意味として最も適当なものを、次の各群の①〜⑤の中からそれぞれ一つずつ選びなさい。　18　　19　　20

(ア)　詰られ
　[18]

① 激しく怒鳴られ
② やんわり批判され
③ 責め立てられ
④ ゆっくり論され
⑤ しつこく注意され

(イ)　如才なく
　[19]

① だれかれ構わず
② 次から次に
③ 落ち着いて
④ 立派に
⑤ 愛想よく

(ウ)　唇を噛む
　[20]

① 言葉を飲み込む
② 考えを巡らせる
③ 怒りをあらわにする
④ 悔しさをこらえる
⑤ 気を紛らわせる

問2　傍線部A「いのあらしと同じ語をする」とあるが、なぜだと考えられるか。その理由の説明として最も適当なものを、次の①〜⑤の中から一つ選びなさい。　[21]

① ロンが亡くなったにしては余りにもあっけなくて衝撃から立ち直れず、ロンとの思い出の品を目にすると、気持ちがたかぶってしまうから。

② ロンが亡くなったショックが大きくてまだ冷静に状況を受け止めることができず、自分がロンのことを誰に話したかはもう覚えていないから。

③ ロンが亡くなったことは頭で理解できてはいるがまだ納得はできず、何度も同じ語をすることで少しずつ現実を受け止めようと努めているから。

④ ロンが亡くなった寂しさからまだ立ち直ることができておらず、生前のロンを知っている人に思い出話をすることで気を紛らわしたいから。

⑤ ロンが亡くなった悲しみがまだ吹まりきっておらず、心の中で反響される記憶や思いが、ふっかけさえあれば言葉としてあふれ出てしまうから。

問3　傍線部B「あの、これからロンさんと一緒に散歩に行きませんか」とあるが、「ぼく」がこのような発言をしたのはなぜだと考えられるか。その理由の説明として最も適当なものを、次の①〜⑤の中から一つ選びなさい。　[22]

① ロンのことが忘れられず悲嘆にくれていた田沢さんの様子を見ていると、以前ロンと散歩をした懐かしい気持ちを思い出すとともに、せめて散歩道に対する気持ちだけでも明るいものにしてほしいと思ったから。

② ロンの骨を丁寧にしたおしてから骨壺に移す田沢さんの様子を見ていると、ロンが大好きだった散歩に行くことを提案することで、今の田沢さんの気持ちに少しでも寄り添いたいと思ったから。

③ ロンの骨を骨壺に移すことでロンとの記憶にも蓋をしてしまおうとしている田沢さんの様子に胸を痛め、散歩をしながらゆっくりと田沢さんの気持ちを聞き、できるだけ一緒にいてあげたいと思ったから。

④ ロンの骨を大切に骨壺に入れていく田沢さんの様子を見ていると、自分も祖父の骨を拾った記憶がよみがえり、ロンを亡くした田沢さんの悲しみが一層感じられ、少しでも力になりたいと思ったから。

⑤ ロンと最後の別れを厳粛に行うと思うつめた田沢さんの様子を見ていると、骨壺を納品した後に田沢さんを一人きりにしてしまうことが心配になり、一緒に散歩を提案することで様子をみようと思ったから。

問4　傍線部C「川でまた水音がした──ぼくはもう、そちらを見なかった。田沢さんも」とあるが、作者は、この一文によりどのようなことを表現していると考えられるか。その説明として最も適当なものを、次の①〜⑤の中から一つ選びなさい。　23

① 田沢さんはロンのかけがえのなさを道にはっきりと言葉にして伝え、道は田沢さんのその思いをしっかり理解して、二人が共有した気持ちを反映しているということ。

② 田沢さんはロンの死を受け入れ新しい犬を飼うという将来を示唆し、道は田沢さんの強い気持ちに勇気づけられ、二人がそれぞれ前を生きていくことを表している。

③ 田沢さんはロンがいなくなる寂しさは今後も続くことを道に伝え、道は田沢さんが心の傷を抱えていることに気づき、二人は今後助け合いながら生きていくだろうということ。

④ 田沢さんはロンのお陰で自分は社会に復帰できたことを道に伝え、道は田沢さんの人生の苦悩を確かに理解し、二人の気持ちが少し打ち解けたということ。

⑤ 田沢さんはロンと過ごした日々を包み隠さず話し、道は田沢さんが自分のことを信頼してくれていると思い、二人が純粋な気持ちで向き合うことができたということ。

問5　本文全体からうかがえる道の人物像に関する説明として最も適当なものを、次の①〜⑤の中から一つ選びなさい。　24

① 責任感が強く約束を守らない人物に対して不快感を覚えるなど自分にも他者にも厳しい一面がある一方で、さりげない会話の中から仕事に活かせる気づきを得ようと向上心を持ち合わせており、ガラス職人としての矜持を持って仕事に取り組んでいる。

② 人と協調することが苦手で、相手の心情を慮ることなく言葉を発してしまう自身の性質に気づかない不器用さもあるが、他人に惑わされることなく自分の経験と直感を信じて、真摯にガラス製作に向き合うひたむきな姿勢がある。

③ 予想外のことに臨機応変に対応することや他人の意図を察することは苦手とするものの、そのことを自覚して補う工夫をしながら、誠実に仕事に取り組んでおり、相手の悲しみに寄り添おうとする優しさを持っている。

④　共に祖父の後継ぎである妹の羽衣子に対して強い対抗心を抱いている一方で、自分とは異なる魅力を持つ彼女のことを内心では認めており、心強いビジネスパートナーとして歩み寄りたいと思っている。

⑤　こだわりの強い職人気質であり、仕事以外のことも自分のやり方に固執してしまう頑固さがあるが、人間関係においては、相手のことを理解できるまで静かに対話を続ける粘り強さもあり、依頼者に深く寄り添おうとする姿勢がある。

◀ B　日　程 ▶

（二科目九〇分）

1 次の問い（問1～3）に答えなさい。

問1 ア～ウの傍線部のカタカナに相当する漢字を、次の各群の①～④の中からそれぞれ一つずつ選びなさい。 **1** **2** **3**

ア　大会が成功し、委員長はマンエツの表情を見せた。 **1**
　　① 悦　　② 越　　③ 謁　　④ 閲

イ　ミャクラクのない話をする。 **2**
　　① 落　　② 絡　　③ 楽　　④ 酪

ウ　長編小説をドクリョウした。 **3**
　　① 了　　② 料　　③ 領　　④ 瞭

問2 ア～エの四字熟語の空欄 **4** ～ **7** に入る漢字を、次の①～⑨の中からそれぞれ一つずつ選びなさい。 **4** **5** **6** **7**

ア　その二つの王国は、 **4** 歯木の地にある。
イ　私はいつも率先 **5** 範を心がけている。
ウ　初詣でに行き、家族の無病 **6** 災を願う。
エ　資格試験の合格の一報を受け、姉は **7** 顔一笑した。

　　① 垂　　② 心　　③ 息　　④ 喜　　⑤ 衣
　　⑥ 破　　⑦ 見　　⑧ 外　　⑨ 無

問3 ア～ウの作者の作品を、次の各群の①～④の中からそれぞれ一つずつ選びなさい。 **8** **9** **10**

ア　若山牧水 **8**
　　①『邪宗門』　　②『海の声』　　③『みだれ髪』　　④『山羊の歌』

イ　石川啄木 **9**
　　①『桐の花』　　②『春と修羅』　　③『悲しき玩具』　　④『海やまのあひだ』

ウ　有吉佐和子 **10**

① 『蒲田行進曲』　② 『時代屋の女房』　③ 『父の詫び状』　④ 『憂鬱の人』

2　次の文章を読んで、後の問い（問1～6）に答えなさい。

　いま森のなかを歩いているとしよう。周囲にはたくさんの木が見える。一歩進むごとに、周囲の木の見え方、景色の全体は次々と変わる。木陰に鳥がいる。木の枝に隠れて見えないので、私は少し伸び上がったり、歩いて位置を変えたりして、鳥をよく見ようとする。Ａこの一連のプロセスのなかで、私はいつも、個々の物や世界全体の見え方という、Ｂ体のあり方が決定的な役割を果たしているということを意識している。主題的に意識しているわけではないが、それを非主題的に意識しているのでなければ、歩いて位置を変えたり、伸び上がって何かを見ようとしたりする行為は説明できない。私が歩を進めるたびに、歩きながら首をめぐらしたり、眼球を動かしたりするたびに、周囲の見え方は次々と激しく変化するが、その変化を、私は自分の身体の動きと連動する仕方で捉えているかぎり、不思議に思うことはない。

　これに対し、身体を動かしている意識がないのに、周囲の景色が激しく動き始めたら、私はすぐに異変に気づく。自分が目眩を起こしているのか、自分が乗っている地面が激しく振動し始めたのか、何が起こっているのかを確かめようとする。そして私が異変に気づくというのは、私が現われの変化をいつも身体の動きと一緒に意識している証拠である。身体が動いていないのに、周囲の景色が激しく動くのは、明らかに通常の状態と異なるからである。ここから逆に「通常の状態」では、私はつねに、私の身体の動きと、世界の現われ方の変化とを一定の相関において捉えているとわかるのであり、この相関が一定の規則的構造のなかに収まっているかぎり、私は世界を安定的に経験することができるのである。

　世界の現われがどんなに激しく変動しても、それが一定の相関構造を維持する仕方で進んでいるかぎり、私は不安に思うことはない。そして私は、世界を確かに、それがある通りに経験しているという感じをもつことができる。逆に、身体と世界との相関構造が崩れ、身体は止まっているのに世界はぐるぐる回り続けている場合（目眩を起こした場合）、私は世界をあるがままに確かに経験しているという感じをもつことができなくなる。経験のかなりの部分が　　Ｘ　　。この不安から逃れるために、私は周囲にある何らかの物体につかまる。見えている世界はぐるぐる回り続けているが、この変動する現象のなかで、少なくとも、その物体をつかむ私の手の感覚は恒常的である（変動せず安定的である）。そして私は、乱雑に変動する現象に対して、変化せずにとどまり続ける経験の一小範囲を確保することができる。これを拠りどころにして、私は何とか新しい相関構造を再確立しようとする。私が慣れ親しんだ身体と世界との相関構造を乱す新しい唐を打ち、新たな現象に対して、何かしらでも新しい規則性を見出そうとするのである。

　このように「私がここにいて、身体がここにあり、世界は安定的に周囲に広がっている」という経験は、われわれにとっていつからともあたりまえと思えるが、それもまた、変動する現象の規則的な相関構造によって可能になっているということがわかる。この相関構造が崩れれば、私にとって世界は安定的に存在するものではなくなる。たとえ、先ほどの例――なお身体が止まっているのに世界が回っている――という例の反対を考えてみよう。ありえない想定だが、私が身体を動かし、歩いたり首をめぐらしたりしても、世界の現われがそれに応じて変化するということがまったくなかったらどうだろう。歩いても周囲の景色は変わらない。首を回しても、周囲の見え方はまったく変わらない。これは異常な状況である。もしこういうことがあったとしたら、私は世界を世界として経験しているという感じをも

ことはできなくなるだろう。むしろ、何か静止した「像」のようなものをずっと見せられているように思うだろう（たとえば、知らない間に、同じ画像だけを映し出すモニターをのぞかされているように思うだろう）。

いまあなたは、世界を安定したあなたの周りに存在していると感じているだろう。しかし、ちょっと観察してみれば容易にわかることだが、あなたが見ている周囲の現われは、一瞬も静止していることはない。歩いたり首を回したりすれば、見え方は大きく変わるし、じっと止まっていても、眼球はずっと振動している（これを固視微動という）。このように、あなたの経験している世界の現われは絶えず変化しているが、その変化はすべて、おなじみの規則的構造をつくっている。身体がこう動けば、世界はこう見える、という相関的な構造が維持されているかぎり、あなたの現われがいかに大きく変動しても不思議に思うことはない。ここでやはり、われわれが経験のなかで頼りにしているというのは、経験される個々のイメージではなく、そこに現われている規則的な構造である。現われが変動しても、その変化に対する現われそのものが、変化しない規則的な相関構造を示すのである。「私はここにいて、世界はここにある」という感じは、このような相関構造なしにはありえない。

この相関構造は、変化する個々の状態の間に、それらの相関として見えているものである。たとえばいま見えている景色と、次に見えてくる景色との関係が、いま感じられている身体の状態と次に感じられる身体の状態との関係に、どのように相関しているか、が問題とされている。このように問題なのは、個々のイメージではなく、つねにさまざまな「関係」である。この「関係」は、個々の状態が変化しなければ現われてこない。身体もつねに動いており、世界の現われもつねに変動しているが、この動きそのものが、動きの形として、はじめて「関係」や「構造」が見えてくるのである。実験で確認されているが、特殊な装置を用いて、眼球の微動を相殺し、入ってくる視覚像を眼球に対して完全に静止させると、それまで見えていた物の輪郭や景色がふっと消えてしまう。物が見えるためには、視覚像はたえず動いていなければならない。この実験からもわかるように、われわれが世界を経験するよりどころにしているのは、静止画像のような経験の各ページではなく、動きのなかに姿を現わす「関係」であり、動きそれ自体がとる形、あるいはその「構造」なのである。

本章の叙述を通して明らかになってきたのは、物の現われ、身体の運動、世界の現われに関して、いずれもわれわれがたよりにしているのは、瞬間的な静止像や現われの各ページではなく、その動きそのもののなかに現われる「構造」、変化そのものの形であるということであった。とはいえ、そのような「構造」は、通常は主題的な意識には上ってこない。われわれが主題的に注意を向けているのは、個々の「物」であり、その性質や動きなどである。「物」を見ているときには、われわれは通常、本章で述べてきたようなこの細かで多様な構造の生成にはほとんど気づいていない。しかし、それが非主題的には意識されているということは、そのような「目明性」の意識をわれわれは実質として、はじめて主題的な対象の意識が成立しうるのだということを、本章では示してきたつもりである。

（田口茂「現象学という思考〈自明なもの〉の知く」による。
本文中に一部省略したところがある。）

問1　傍線部A「この一連のプロセス」とあるが、筆者はこのプロセスから何を伝えようとしているか。その説明として最も適当なものを、次の①〜⑤の中から一つ選びなさい。　　[11]

① 森を歩いていく場合としても、目で、周りの木やその陰にいる鳥など様々なものを映し出し、視界を刻々と変化させていくということ。

② 森を歩いていきなば、日常の無意識の状態とは異なって、目に映るものが何であるかを意

識し、積極的に像を捉えようとしていること。

③ 森を歩く際のことを考えればわかるように、視界に映る像は全体のほんの一部にすぎず、人は自らの周辺しか把握できないということ。

④ 森を歩く際を想像してもそうであるが、視界は自分の身体が動くにつれて移り変わり、見ている人自身もそれを理解しているということ。

⑤ 森を歩くときを一例にすぎないが、人は主体的に周囲のものをよく観察し、何であるかを認識するために移動するものだということ。

問2 傍線部B「主題的に意識しているわけではないが、それを非主題的に意識している」とあるが、本文の出典の他の箇所から引用した次の（文章）の内容を踏まえた傍線部Bの説明として最も適当なものを、後の①～⑤の中から一つ選びなさい。　12

（文章）

　自分の経験のすべてを意識しているわけではないとは、自転車に乗っているときに、ペダルを漕いだりハンドルを左右に動かしたりという複雑な身体運動のすべてを「主題」として意識の「目標」として組んでいるわけではないということ。自動車を運転しているときに、個々の動作はほとんど考えることなしに行われているように考えれば、容易に理解できる。しかし、そのような仕方で、自転車に乗ったり自動車を運転したりしているとき、われわれは夢遊病者のように、自分が何をやっているのかまったくわからないというわけではない。自転車に乗ったり自動車を運転したりする際の個々の運動は、それなりに意識されており、「自分がそれを行っている」という意識は、十分にある。ただ、それらの運動は、いまや人は注意を向けている対象ではないのだ。それらが背景に沈まなくに、われわれは道を渡る歩行者や、対向車の動きなどに注意を向けることができる。

① 自動車や自転車の運転をしている際に、目的地に着くこと自体が「主題」であり「目標」といえる。よって運転のための動作自体には非主題的な意識が向けられるが、物の見え方については同じような構造で意識がなされている。

② 自動車や自転車を運転する際に、個々の動作は無意識に行われている。もっとも何をしているかがわからないわけではないので運転するうえでは支障がないが、物を見る際も見やすい位置に移動するのも同じく無意識下の行為である。

③ 自動車や自転車を運転する際に、ハンドルやペダルを動かす行為は逆に意識されることがない。これは身体運動が個別的でなく連続的に行えるようになった状態が背景にあるのであり、この状況は物を視覚で捉える際にも必須である。

④ 自動車や自転車を運転する際に、個々の運動は主観的な意識がなされず行われている。夢遊病者のような状態ではないが、歩行者などに十分な注意が向けられているとは言えず、人が視覚で捉えた像と同じ理由から完全ではない。

⑤ 自動車や自転車を運転する際に、主題的な意識は自分の前後の人や車などに向けられる。したがって運転のための動作は意識的には注意が向けられないが、物の見え方や身体との関わりについても似たような構造で認識がなされている。

問3 本文中の空欄Xに入る表現として最も適当なものを、次の①〜⑤の中から一つ選びなさい。

[13]

① 予習をしておくべきアイテムであることに気づかされるのである

② 構造化されてしかないデータや現象へと変化してしまうのである

③ ナンセンスな過去に変わり無価値なものになってしまうのである

④ アイデンティティーを危うくするものに反転してしまうのである

⑤ 自らの視覚が生み出したフィクションにすぎないと知るのである

問4 傍線部C「もしこういうことがあったとしたら、私は世界を世界として経験しているという感じをもつことができなくなる」とあるが、①のように言える理由として最も適当なものを、次の①〜⑤の中から一つ選びなさい。[14]

① 実際の現実世界というものは一瞬たりとも静止しているということはなく、常に何らかの変化が生じているものであるため、まったく変化しない景色を見せられたとしても、現実を見ているという実感がわかないから。

② たとえ歩くことによって前に進んだとしても、目に映る景色が変化しなければ、実際に自分が前進できているという確証がわからないため、同じ画像を映し出すゴーグルなどをかぶりながら歩く感覚に陥るから。

③ 移動したり身体の向きを変えたりすれば、それに伴って視界が変化することを経験的に認識しているため、その相関構造に齟齬が生じると自分の身体と世界との結びつきが破綻し、現実世界にいると感じられなくなるから。

④ 歩いても動いても目に映る景色がまったく変化しないことによって、同じ画像を人工的に見せられているバーチャルリアリティーのなかにいると感じてしまうため、現実世界のなかにいるという感覚が失われるから。

⑤ 首を回しても歩いても目に映る景色がまったく変わらないとすれば、それは周囲がどこも同じ背景色であることを意味するが、現実世界では経験しえない異常な状況であるため、自分自身の感覚を信頼できなくなるから。

問5 傍線部D「変化する現われそのものが、変化しない規則的な相関構造を示す」とあるが、それに当てはまる例として適当でないものを、次の①〜⑤の中から一つ選びなさい。[15]

① 額の前に片手をかざすとまぶしさが軽減したことから、目に入る光をさえぎると視界が暗くなることがわかった。

② 山頂に登ると見晴らしのよさに感動し爽快さを覚えたことから、視界の高さが山登りの達成感に影響を与えることがわかった。

③ ボールを蹴ると遠ざかるボールが小さく見えることから、遠くに行くものは相対的に小さく感じられることがわかった。

④ かがんだときに机の下の鍵に気が付いたことから、視線の高さを変えると隠れていたものが見えてくることがわかった。

⑤ 回転する遊具に乗ると視界が激しく変化したことから、身体を回転させると景色の見え方も運動することがわかった。

問6　傍線部E「そのような『自明性』の意識をわれは媒質として、はじめて主観的な対象の意識が成立しうる」を踏まえ、本文の内容について高校生5人が話し合った。本文の内容を踏まえた発言として適当でないものを、次の①～⑤の中から二つ選びなさい。ただし、解答の順序は問わない。　16　17

①　Aさん：私は、非主観的な意識、というものの存在に本文を読んで初めて気づかされたよ。目の前の景色が突然大きく変化しても驚かずにいられるときは、非主観的な意識の予期した通りに視界が動いているときなんだね。

②　Bさん：「『自明性』の意識」というのは、明確に自覚されている意識のことなんだね。これは、何かをはっきりと目指している意識のことであるから「主観的な対象の意識が成立しうる」ということは理解することができる。

③　Cさん：「媒質」って何かの仲介役になるもののことだよね。リリは非主観的な意識が動きを自体の「構造」をかちリリで、もうや主観的な意識は物や世界を見ることができるようになって、筆者は言いたんじゃないかな。

④　Dさん：「媒質」は結びつけるものだから、リリは身体と世界をつなぐものだと考えられる。自分は動いていないのに視界が揺れると不安になるのは、身体と世界のつながりの安定性が壊れて目眩を起こしているように感じるからだと思う。

⑤　Eさん：動きの規則性のなかで世界との「関係」を意識するから、動きが完全に止まって「関係」がつかめなくなると、世界を認識できなくなる。微動する眼球に対して想像像を停止させると、捉えていた景色が消えてしまうなんて驚いたよ。

3　次の文章を読んで、後の問い（問1～5）に答えなさい。

> 北海道に新設された私立中学校に入った東京出身の宮田は、新しく入ったビアノを弾こうと思う、同級生たちとともに、校内の旧宣教師館に行くことにした。

旧宣教師館の正面には、煉瓦のアプローチがあって、その脇にはまだ幼い樹々が、等間隔で植えられている。
「真帆、なんかにおう。」
その手前で由梨が立ち止まると、後ろの宮田はつっかえた。
「なにかにおう？」
「香木とか」
すうりいふふう匂いすると由梨が鼻を利かせると、すぐにみんな真似をした。宮田も鼻から大きく息を吸うと、ひと筋、甘い匂いが黄色い香りの。
A 金木犀だ、と呟くと、本当だ、と綾が言った。
何それ、とみなみが声を上げると、その反応を見て真帆が笑った。
「ウソ、知らないの？」
「知らないよ」
「よく咲いてんじゃん、ここ匂いがするよ」
あるよね、と真帆が綾に同意を求める。私も知らない…、とみなからせるように蓉が言った。

「北海道には自生しない木なんやなぁの。寒いから」

　宮田がほそっと呟くと、「ま咲いてたんやなぁ」と馨が笑いながら。

「人の手で植えたから咲いてるんやなぁ。記念植樹したんやって、入学式で言ってたよ」

　いい句だね、と澤沢が言う。澤沢もまた、金木犀を知らないようだった。

　重に扉を押して館内へ入ると、入学式の時よりもホールの中は狭く見えた。漆喰の丸い天井にタ陽が反射して、というかホールの中は眩しい。

　寄贈されたというグランドピアノは、厳かに佇まいをしていた。

「宮田さん、ピアノっていつからやってるの?」

　ステージによじ登った真帆が、脚をブラつかせながら尋ねる。

「三歳」

「早っ」

　馨のオーバーリアクションに構わず、宮田はピアノを覆っていた布カバーを取っ払った。鍵盤の蓋を開けて、息を止めて大屋根を持ち上げる。

　ポーン、と音を叱いてみると、ちゃんと調律されていた。

「ぐーふぇんみたいなの弾くの?」

　由梨が知っている単語で訊いた。

「弾いた事もあるよ」

「ぐーすいら」

　キラキラーが多すぎるせいで、宮田はいくにやる気をなくしていた。高さを調節してピアノ椅子に腰を下ろすと、みなみが再びさっきの鼻歌を歌い始めた。

「いま、弾けるの?」

「なんとかいけるかな」

　軽やかな手つきで宮田がピアノを弾き始めると、おお、とみなみが声を上げた。夜の葉に落ちる雨粒のようなメロディが、切ない旋律へと変わっていく。

　マイ・フェイバリット・シングス。

　私のお気に入り。

　悲しいことがあった日でも、自分の大好きなものを思い浮かべれば、そんなに悪くない日だと思えてくる。そんな曲だった。

　宮田はどうしても、それがきれいだとは思われた。そんな風に思えるほど、好きなものが自分にはない。悲しみにしたって、自分の中のどれが悲しみで、どれが悲しみではないのか、あまりわからないような気がした。

　突然、不穏な気配に鳥肌が立って、宮田は一瞬、目線を上げた。

　澤沢。

　ステージで談笑している輪の中で、澤沢だけがじっと宮田を見つめていた。それは奇妙な光景だった。まるで平たい絵画の中で、そこだけが飛び出ているかのように。

　宮田はこの種の視線を何度も浴びたことがある。

（注1）六階詰めの最前列で。コンクールの会場で。

　これは嫉妬だ。

　けど何が? と宮田は思った。授業中でも、テストの返却時でもない今、何故?

　みなみのリクエスト曲は、そろそろ終わりを迎えようとしていた。もう一度宮田がステージを見やると、澤沢の目はまだ攻撃的にこちらを射ていた。

(注2)
B
そう思うのなら、やってみろ。

ラフマニノフの《楽興の時》第四番。

いきなり宮田が前傾し、曲を変えて②、激しい演奏を始めると、みみの肩が跳ね上がった。

空気が一変して、肉厚のベルベットのような重厚な音楽がホールの中に響き渡る。鋭い楔を打ちつけてくるかのように、宮田の指は躍動した。

気がつくと、真帆だったものを③いつのまにか見つめていた。複数の聴衆の息づかいを感じながら、ピアノを弾くのはコンクール以来のことで、宮田の身体はぞくりと震えた。

c まだ、自分の指は衰えてはいない。まだ、やれる。

凍てついた土地を蘇らせる旋律を奏でながら、宮田は南汁とやって来た日のことを思い出していた。たったひとりで、アイスクレーのキャリーケースを引いてきた日のことを。

はっと宮田がおもてを上げると、ステージの上では拍手が巻き起こっていた。

「びっくりした、ピアノ弾くの、いらっしゃったんだ……」

「ねえ宮田さん、すごいなら⁉」

由梨が興奮して目を輝かせている。真帆も怜も、いつものしらけ癖がd嘘のように、はしゃいで手を叩いている。驚いたことに、いつも自分に突っかかってばかりの僰一番感動しているようだった。

e まるで紙吹雪が空高く舞っているのを眺めているかのように、宮田はその新鮮な光景をしばし呆然と見上げた。

「あんた、やっぱすごいね」

傍らにいるみなみが、ゆっくりとウインクする。

その日、宮田に賛辞を送らなかったのは、奥沢中だけだった。

(安壇美緒『金木犀とメテオラ』集英社による。)

(注) 1 六華館 —— 宮田が東京に住んでいたときに中学受験のために通っていた進学塾。

2 ラフマニノフ —— ロシア出身のピアニスト・作曲家。

問1 傍線部（ア）〜（ウ）の語句の本文中における意味として最も適当なものを、次の各群の①〜⑤の中からそれぞれ一つずつ選びなさい。 18 19 20

（ア）笑ってかかる
18
① 疑問を投げかける
② 遠慮なく物を言う
③ 冷淡な言い方をする
④ 軽率にからかう
⑤ 強い口調で反論する

（イ）不穏な気配
19
① どことなく違和感を覚える気配
② 漠然と不安な気持ちを抱かせる気配
③ あからさまに盾を売ろうとする気配
④ 悪いことが起こりそうな不吉な気配
⑤ ねたみを感じさせる好意的でない気配

（ウ）物々しい　20
- ① 大げさでもったいぶった
- ② 高度で難しい
- ③ 古典的で品格のある
- ④ 厳格で堂々とした
- ⑤ 暗くて物悲しい

問2 傍線部A「金木犀」とあるが、□の花をめぐるやり取りから読み取れる内容として最も適当なものを、次の①〜⑤の中から一つ選びなさい。　21

① 宮田と真帆は金木犀を知っていたが、他の人は金木犀を知らなかった。□のことから宮田は金木犀は北海道には自生しない木だと考え、人の手で植えられたために□の北の地で花を咲かせている金木犀に自身の姿を重ねている様子が読み取れる。

② 由梨と真帆、それに悠は金木犀を知っていたが、他の人は金木犀を知らなかった。名前すら知らないみんなを茶化す真帆の様子から、自分たちが北海道に自生しない木を知らないのは当然だと考える宮田がさりげなく反論する状況が読み取れる。

③ 宮田と真帆と悠は金木犀を知っていたが、他の人は金木犀を知らなかった。真帆はみんなが金木犀を知らないことに驚き、悠に同意を求めるが、馨が声高に「私も知らない!」と言ったために悠は知っていると言うらしくなった様子が読み取れる。

④ 由梨とみなみ、馨と奥沢は金木犀を知らなかった。北海道には自生しない木なのだと宮田は思っていたが、現に金木犀が咲いているという事実を馨がすかさず指摘して雰囲気が気まずくなったため、奥沢が論を論じようと発言したことが読み取れる。

⑤ 宮田と真帆と悠は金木犀を知っていたが、他の人は知らないようだった。それをもとに、宮田は金木犀が北海道には自生しない木なのだろうと推測しており、北海道で生まれ育った人もそうでない人がその場に混在している状況が読み取れる。

問3 傍線部B「そう思うのなら、やってやる」とあるが、□のときの宮田の心情の説明として最も適当なものを、次の①〜⑤の中から一つ選びなさい。　22

① 以前から授業やテストの際などに自分と張り合う様子が感じられた奥沢であったが、今ピアノの演奏にまでライバル意識を隠さない様子を見て驚きいらだったら受けて立とうと奮い立つ気持ちでいる。

② ピアノを弾くつもりで来たものの、その場の雰囲気にやる気をそがれて簡単な曲で適当に流そうと思っていたが、奥沢の鋭い視線に刺激を受け、自分の本気の演奏を聴かせてやろうという気になっている。

③ 奥沢を好意的に見ていたのに、突然一方的に相手が嫉妬や憎悪のまなざしを向けてきたことに傷つき、至る所で受け続けてきた嫉妬の視線に□□でまたもやらされることになるのかとあきらめている。

④ 奥沢の射るようなまなざし視線から相手もピアノの腕に相当な自信を持っていると察したので、本気の演奏を聴かせてしまえば、良好な友人関係が保てなくなるだろうと感じつつも、全力で弾く決意を固めている。

⑤　勉強などであれば、スライドで視されるものも理解できたが、ピアノの演奏に関しては、嫉妬を向けられること自体にプライドが傷つき、実力の違いを思い知らせてやりたいという気を抑えられなくなっている。

問４　傍線部Ｃ「宮田の身体はぞくりと震えた」とあるが、その理由として最も適当なものを、次の①〜⑤の中から一つ選びなさい。 24

①　複数の人に生の演奏を聴いてもらうのは久しぶりであり、同級生たちの反応を感じながら、自分の思うままに指が動く喜びやピアノの演奏に没頭していく快感を覚えたから。

②　同級生たちが息を呑んで自分の演奏を見つめているこ気づき、人前でピアノを弾くのははじめてであったが、今ここで失敗するわけにはいかないと緊張したから。

③　普段自分を軽視するような態度を見せる同級生たちが、果然と演奏に聴き入っている様子を肌で感じ、初めて彼女たちの前で本当の実力を解放した快感に浸っているから。

④　人前での演奏が久しぶりであるうえ、聴衆が同級生たちであったことで気持ちが動揺して集中できず、まだ腕は萎えていないはずだと自分に言い聞かせようとしたから。

⑤　周囲からの嫉妬を受けるのがつらく、人前で本気で弾くのをいつしか避けていたが、今演奏してみて、自分は本当にピアノが好きなのだということを改めて実感したから。

問５　二重傍線部ａ〜ｅの内容や表現に関する説明として適当でないものを、次の①〜⑤の中から一つ選びなさい。 24

①　ａ「ひと筋、甘い匂いが黄色く香った」は、鼻から息を吸い込んだりした金木犀の甘い匂いが鼻孔に感じられた様子を描写しており、「黄色く香った」という表現は、その匂いが金木犀の花の色合いまで瞬間的に思い起こさせたことを表している。

②　ｂ「夜の葉に落ちる雨粒のようなメロディ」は、鍵盤から軽やかに澄んだ音がぽろぽろと出してくるようなイメージを表現しており、譜面無しに「なんとなく」弾いていても情感豊かな演奏ができる宮田の表現力や解釈の繊細さを表されている。

③　ｃ「まるで平たい絵画の中で、そこだけが飛び出ているかのように」は、視界に広がる光景の中でそこだけが明らかに異質で目立っている様子を表しており、奥沢一人が宮田に対して攻撃的な視線を真っすぐに向けている異様さを強調している。

④　ｄ「凍てついた土地を思わせる旋律を奏でながら」は、曲調が作曲家ラフマニノフの母国である北国の冬の厳しさを思い起こさせ、宮田自身の記憶が重ね合わさたりして、指が奏でるのように冷たく強張るのを感じている様子が描かれている。

⑤　ｅ「まるで紙吹雪が空高く舞っているのを眺めているかのように」は、同級生たちから向けられた拍手や激しい表情などを、祝福の象徴ともいえる紙吹雪にたとえることで、思わず涙を流した皆の賞賛に戸惑う宮田の様子を表現している。

◀C 日 程▶

（二科目九〇分）

１ 次の問い（問1〜3）に答えなさい。

問1　ア〜ウの傍線部のカタカナに相当する漢字を、次の各群の①〜④の中からそれぞれ一つ選びなさい。 [1][2][3]

ア　大仏のカイゲン法要を行う。 [1]
　① 験　② 元　③ 眼　④ 弦

イ　犯罪のケンギが晴れる。 [2]
　① 兼　② 険　③ 嫌　④ 懸

ウ　コケを脱して安堵する。 [3]
　① 己　② 虎　③ 誇　④ 孤

問2　ア〜エの四字熟語の空欄 [4] 〜 [7] に入る漢字を、次の①〜⑨の中からそれぞれ一つ選びなさい。 [4][5][6][7]

ア　[4]楼国の人物に憧れる。
イ　大義 [5] 分のない無益な戦い。
ウ　討論会は百家 [6] 鳴で盛況のまま終わった。
エ　あの人の言葉は単なる外交辞 [7] だ。

　①争　② 明　③ 情　④ 銘　⑤ 令
　⑥名　⑦ 共　⑧ 命　⑨ 志

問3　ア〜ウの作者の作品を、次の各群の①〜④の中からそれぞれ一つ選びなさい。 [8][9][10]

ア　徳田秋声 [8]
　① 『黴』　② 『蒲團』　③ 『浮雲記』　④ 『暗夜行路』

イ　和辻哲郎 [9]
　① 『生活の探求』　② 『雑種文化』　③ 『古寺巡礼』　④ 『日本の修辞学』

ウ　伊集院静 [10]

① 『機関車先生』　② 『高円寺純情商店街』　③ 『鉄道員』
④ 『悪響の彼方に』

2　次の〈文章Ⅰ〉・〈文章Ⅱ〉を読んで、後の問い（問1～6）に答えなさい。

〈文章Ⅰ〉

　一つの社会現象をメディアが取り上げる場合、いかなる側面に注目するか、それをどのように語るかによって読者に与える印象は大きく異なってくる。コップ一杯に注がれた酒を半分飲んで「もう半分も飲んでしまった」と嘆くか、「まだ半分残っている」と喜ぶか。最近の「不平等化論」にもこれと似た悲観と楽観論が交差しているように見える。

　フランスの経済学者ピケティ氏の力作『21世紀の資本』は、所得と富の不平等が一九八〇年代から拡大しているというわれわれの悲観論をさらに痛撃したようだ。ピケティ氏は、経済的平等度を測る指標として「高額所得者（例えばトップ1％）の所得がGDP（国内総生産）に占める割合」を用いている。その数字を見る限り、ほとんどの英語圏の国々では彼の推論を裏打ちするような動きが観察される。金融界のスーパーネットワーカーの高所得を考え合わせると、「不平等化論」は否定できないように見えるのだ。

　しかしこうした数字だけから、資本主義国では不平等が際限なく進行しているとは一般化するのは性急に過ぎる。指標を変えて見た場合に同じ結論を得られるのかが明らかにされなければならないからだ。例えば、世界銀行が示す「1日1・二五ドル以下で生活する人々の人口に占める割合」を見ると、八〇年代初頭から二〇一〇年までの約三〇年間で、こうした貧困層の割合は（ジョージアなどの例外はあるものの）多くの国や地域で飛躍的に減少しているのがわかる。

　だがピケティ氏と世界銀行が示す数字は決して矛盾するものではない。ピケティ氏は一部の富裕層がより多くの割合の富と所得を得ていると言うが、中間層や貧困層の状態には注目していない。他方、世界銀行のデータはこの三〇年間で貧困層が大幅に減少したと指摘しているにすぎない。人はこうした数字のどちらが強調されるのか。読者は悲観的にも楽観的にもなりうるのだ。情報には常に「偏り」がある。そもそも何を発信するか取捨選択する段階で、すでにその情報に対する価値判断が働いている。ましてや主張が先だって、その主張を裏打ちする証拠がなかったり、問題っていたりするような報道は公共の利益を大きく損なうだけだ。不正確な記事で読者を誤った方向へ誘導することは難しくない。その点で「言論の自由」についてわれわれは常に反省を迫られている。

　確かに「言論の自由」は、人間の品位を傷つけない限り、最も大切にされるべき精神的価値の一つではある。その価値を守るために、国家権力の弾圧からの自由という側面がこれまで強調されてきた。しかし「言論の自由」は、国家は悪だという前提から、国家権力の不当な圧迫を牽制すれば足りる、といった性質のものではない。同じ用心ぐ～くは、はつも意識されないまま、社会が醸し出す「空気」によってこの種の自由が侵されてしまう危険だ。異論を唱えにくい雰囲気が「正義」の装いをまとうとき、国民を知らず知らずのうちに思わぬ方向へと誘い込んでしまうことがある。（　Ⅰ　）

　すでに一九三〇年代の半ば、英国の小説家、E・M・フォースターがこの点を鋭く指摘している（「イギリスにおける自由」）。「ファシズム」には警戒しなければならないのだが、われわれを脅かしているのは「持久的ファシズム（Fabio-Fascism）」とでも呼ぶべき圧力だと言う。合法的な仮面をかぶった専制精神とでも言おうか。「世論」とそれに迎合するメディアからのこの同調圧力様となるリヴァイアサンなのだ。不都合なニュースをもみ消す牙会を王様は殺してしまわないのだ。それを予想する書き手や語り手が、

進んで「自己検閲」をしてしまいかねないことが恐ろしいのだ。（　Ⅱ　）こうした事態を回避するためには、新聞だけでなく、もう少し長期的な視野に立つ言論の場が必要になろう。

一つの方策は、月刊の論壇誌や週刊新聞の持つ役割を見直すことだ。新聞は速報ニュースの伝達が本来の使命であるから、どうしても世論の感情的な反応に関心を傾けやすくなる。テレビの場合は尚更そうだろう。「改めて考えてみると」というところまで、反省的、批判的、核心に迫る時間は与えられていない。（　Ⅲ　）一方、メディアのほうも、こうした無意識の欲求に応えなければ、多くの視聴者や購読者の期待に応えないと考えても不思議ではない。

しかし残念なことに、四半世紀の中長期的な視野に立つ時論を掲載する論壇誌が日本でも外国でもいくつか姿を消した。日本の場合は改めて例を挙げる必要はないだろう。英国の月刊誌 *Encounter* は一九九一年に、米国の季刊誌 *The Public Interest* は二〇〇五年にそれぞれ廃刊になった。論壇誌衰亡の原因の一つとして、政治や経済の論考自体が、一昔前より一層専門的知識が必要とされる時代になったにもかかわらず、書き手を少なくし、専門的な議論に関心を示す読者も増えないという事情があるのだろう。（　Ⅳ　）言論界を取り巻く状況が「短期決戦型」に変わってしまったのだ。

それでも欧米諸国には、時論の場として週刊新聞が刊行されている国も多い。日本にも類似のメディアが存在するものの、読者層の厚薄の差がまだ経済的にも存続が難しいのが現状ではなかろうか。（　Ⅴ　）ほとんどのニュース媒体の経済基盤は広告収入に大きく依存しているから、メディアがその独立性を維持するのが難しいという局面も生じうる。

多くの先進国で若者の一部が新聞やテレビから離れ始めているのは、インターネットの普及のためだけではなかろう。　　　　　　Ｘ　　　　　　という事情があるのではないか。堅実な読者が求めるのは、根拠のない楽観論でもなければ、ただ「権力は悪だ」と言いつのる「正義」を装う悲観論でもない。その双方を越えた長期的なヴィジョン（展望）を意識した議論なのだ。そのためにも、バランスのとれた良質な週刊新聞や月刊の論壇誌の活性化が今はむしろ必要な時代ではないか。新聞はデモクラシーに欠かせない言論媒体である。しかし週単位、月単位でわれわれの長期的ヴィジョンを磨き上げるメディアも同じく不可欠なのだ。

冒頭に例として挙げた「不平等化」をめぐる議論も、富裕階級に対する反発心を煽るだけで終わってはならない。いまだに一日・一・五ドル以下の生活を送っている人々が、貧困の罠から抜け出るための社会的条件をいかに整えるのかをも合わせて考えるようなヴィジョンを示しうる場が求められている。長期的な視野に立つ論議の場があってはじめて、悲観論も楽観論の歪みを克服した確かな時論の展開が可能となるのだ。

〈文章Ⅱ〉

(注1)清沢洌は「現代ジャーナリズムの批判」という講演の中で、もっともう一つ重要な指摘をしている。それは、週刊新聞の重要性とも関わる点だ。清沢は、人間の考えには「第一思念」「第二思念」の二つがあると言う。「第一思念」は First thought、最初に浮かんだ考えとか反応、「第二思念」は Second thought、少し間があってよく考えてみたものだ、という意味だ。「第一思念」は、「感情」「伝統」あるいは「習慣」などに由来する思考様式や行動様式が、その人間に反射的に表れたものである。これに対して「第二思念」は、理性すなわち教育と訓練の結果、そこに生まれる、反省的、批判的な思考のことを言う。清沢は明治期のジャーナリズムには「第二思念」が認められたが、その後、購読者層が拡大するにつれ、読者の「第一思念」に阿るジャーナリズムが増えてしまったと嘆くのだ。

日本には芸能関係の情報や政治家のスキャンダルを中心とした週刊誌があるが、週単位でニュースを振り返って「第二思念」を展開する週刊新聞は無きに等しいと言っても過言ではない。海外主要国の週刊新聞と類似の機能を果たしてきた「総合雑誌」「論壇誌」が存在感を弱めつつあることに、言論が多く

の読者のセンチメント (popular sentiment) に流される危険性と隣り合わせである。近年「ダイバーシティー」という言葉をよく耳にするが、現実はその逆で、質化と多くの傾向が多くの分野で目立つ。事件の進行や事態の変化を刻一刻迅速に伝えるメディアも必要だが、事件や出来事の推移を全体的・中長期的な視点から「改めて考えてみよう」という役割を持つ「第二思念」の総合雑誌・論壇誌は不可欠なのだ。しかし現実には、専門的な議論が軽視され「共通感覚」（健全なアマチュアリズム）も力を弱めている。国際政治や経済政策の混迷を極めているからこそ、総合雑誌と論壇の果たす役割は大きいはずだ。

報道の多くは、日々起こっていることをその日その日の情報として提供している。情報は直ちに消費されるだけで、時間をおいて十分に検討するということがない。特に近年の日本の活字メディアは週刊新聞的な機能が軽視されている。清沢例が言うように「反省的・批判的」に議論する場としてのメディアが日本には少ないのだ。週刊誌にもコラム的に政治経済に関する記事が出るものの、本質的な議論へと展開するまでには扱われていない。（注2）トクヴィルが指摘していたように、公人の私的事柄への関心ばかりが先行して、私生活の問題をあげつらうことにエネルギーが使われる。「第一思念」が重要だという清沢の指摘は、現在ではさらに重い意味を持つようになった。

デモクラシーにとって危険なことは、真の論争が生まれず、反対論・異論が表に現れなくなり、異論と共存するという寛容さを失うリベラリズムの精神が失われることである。トクヴィルが明らかにしたように、デモクラシーは一つ道を誤ると「全体の全体に対する専制」へと至る。専制というのはヒトラーやレーニンのような独裁者による専制とは限らないのだ。

　　　　　　　（猪木武徳『デモクラシーの宿命 —— 歴史に何を学ぶのか』による。
　　　　　　　　本文中に一部省略したところがある。）

（注）　1　清沢例 —— ジャーナリスト、評論家。一八九〇〜一九四五年。
　　　　2　トクヴィル —— フランスの政治思想家、法律家、政治家。一八〇五〜一八五九年。

問1 次の一文は、本文中の（ Ⅰ ）〜（ Ⅴ ）のうちどの部分に入れることができるか。最も適当なものを、次の①〜⑤の中から一つ選びなさい。　　11

　　情報の受け手側は、短絡的な正義感から生まれる感情をメディアによって裏書きしてほしいと望んでいる。

　　①（ Ⅰ ）　②（ Ⅱ ）　③（ Ⅲ ）　④（ Ⅳ ）　⑤（ Ⅴ ）

問2 本文中の空欄Ｘに入る表現として最も適当なものを、次の①〜⑤の中から一つ選びなさい。　　12

　①　できるだけ中立の情報を、自主的に収集しようとする意識が一般的になった
　②　自分の興味の範疇で、必要な情報のみを得たいと考える人々が多数派になった
　③　社会に対する期待や問題意識を抱いても無駄だという諦観が若者の間に広がっている
　④　専門的な知識や知見を得られる手段がマス・メディアしかない時代ではなくなった
　⑤　画一的な意見や好み、自前の正義感を伝えようとするメディアに魅力を感じなくなった

問3　傍線部A「こうした数字のどちらが強調されるかで、読者は悲観的にも楽観的にもなりうるのだ」とあるが、筆者はどういうことを言おうとしているか。その説明として最も適当なものを、次の①～⑤の中から一つ選びなさい。　13

①　一部の富裕層に多くの富が集中しているからといって、経済的不平等が拡大しているとは言えないように、データを見ただけでは「不平等化論」は否定もできないということ。

②　高額所得者の所得がGDPに占める割合が増加しているからといって、貧困層の困窮の度合いが進行しているとは言えないように、指標は一つの目安でしかないということ。

③　先進国の高額所得者の高所得化がいっそう進んでいるからといって、発展途上国との経済格差が存在するとは言えないように、世界的な経済状況は単純に判断できないということ。

④　貧困層の割合、高額所得者の富のいずれに注目するかで経済的不平等の異なる結論を導きうるように、メディアの切り口によって取り上げられる事象のイメージは変わるということ。

⑤　一日一・二五ドル以下で生活する人々が飛躍的に減少しているからといって、貧困問題が解決したとは言えないように、経済政策は悲観論を前提として進めるべきだということ。

問4　傍線部B「不都合なニュースをもたらす伝令を、王様は殺しかねないのだ」とあるが、どういうことか。その説明として最も適当なものを、次の①～⑤の中から一つ選びなさい。　14

①　国家にとって不利益な情報を発信するメディアに対して国家権力が不当な圧力をかけ、国民が自由に発言することができなくなるということ。

②　世論をそれに迎合するメディアが自由な発言を抑圧する空気を醸成することで、社会にとって必要な議論を行う場が封殺されるということ。

③　富裕階級に対する反発心を助長するような情報を、書き手や話し手の「自己検閲」によって社会に発信することができなくなってしまうということ。

④　「言論の自由」を守るうえでは、国家権力の圧力よりも、「正義」の装いをまとって国民を誘導するメディアの方を警戒すべきだということ。

⑤　迅速なニュースの伝達を至上とする風潮が蔓延し、中長期的な視野に立つ時論を掲載する論壇誌や週刊新聞が消えていくということ。

問5　傍線部C「少し長期的な視野に立つ議論の場」とあるが、〈文章Ⅱ〉の中で、この「議論の場」として述べられているものはどれか。最も適当なものを、次の①～⑤の中から一つ選びなさい。　15

①　読者の感情に訴えかけ、「第一思念」に同調をもたらしはするが、読者層を拡大してきた総合雑誌。

②　海外主要国の週刊新聞と連携することで、理性による国際政治・経済政策への監視を行う週刊新聞。

③　週単位で事件を振り返り、反省や批判といった視点を内包した「第二思念」を展開する週刊新聞。

④　事件の進行や変化を迅速に伝えつつも、中長期的な視点を保持し、冷静な議論を喚起する

論壇誌。

⑤　メディアの均質化を防ぐため、情報に対して批判的な立場をとると表明している専門的な総合雑誌。

問6　次は本文の内容について5人の高校生で話し合ったものである。〈文章Ⅰ〉・〈文章Ⅱ〉の内容を踏まえていない発言を、次の①～⑤の中から一つ選びなさい。　16

①　Aさん：〈文章Ⅰ〉に「情報には常に『偏り』がある」と書いてあるけど、考えてみれば確かに。どんな情報にも何らかの価値判断が働いているよね。だけど新聞の情報は公平で正確なものというイメージがあるから、迅速なニュースの伝達を優先するため、感情的な反応や関心に傾きやすいとは思ってなかったよ。

②　Bさん：〈文章Ⅱ〉でも、「言論が多くの読者のセンチメント」に流される危険性に触れているね。筆者の言うように、報道の多くを感情のままに消費するのではなく受け手が冷静に判断すべきだと思う。政治や経済の論考なんかは特に、日々の新聞を追いかけるよりも自ら情報を整理していく必要があるんじゃないかな。

③　Cさん：私は〈文章Ⅰ〉の「社会が醸し出す『空気』」という言葉が印象的だった。例えば批判が集中していることに対して、擁護する意見を言うのは勇気がいる。インターネットの普及した現代社会ではSNSで誰でもすぐに意見を発信できるから、「空気」が作られるスピードは速くなっているかもしれない。

④　Dさん：〈文章Ⅱ〉にデモクラシーは「一つ道を誤ると『全体の全体に対する専制』へと至る」とあるけど、これと同じじゃないのかな。民主主義は多数決で物事が決まることが多いから、少数派の異論や反論が抑えつけられて、議論の場がなくなる可能性があるよ。

⑤　Eさん：〈文章Ⅱ〉には「異論と共存するという寛容を核とするリベラリズムの精神」とも書いてある。日々消費されるだけで議論を生まない報道や、反対意見を言いにくい空気の広がりは、リベラリズムを損なうんだね。長期的な展望を意識した真の論争が生まれる場を作るべきだと筆者は言いたかったのだろう。

③ 次の文章を読んで、後の問い（問1～5）に答えなさい。

> 明治時代後半、妻木・矢橋・大熊らは大蔵省の臨時建築部で技師として働いている。次の文章は「日本橋」の装飾意匠を任されている妻木が、打ち合わせとして大熊を呼び出した場面である。

「今、君だけど呼ばれたよな。僕の名呼ばれたらどうな」

矢橋は確かめるように繰り返したのち、力なく自席に座り、肘を見つめて大きな溜息をついた。

B室に一歩踏み入った大熊は、その場に立ち尽くした。

大机の上で、麒麟が一杯羽を広げていたのだ。顔つきは鋭く、双眸は天を睨んでいる。あまりの威厳さ、今にも取って食われそうな迫力に、大熊はわずかに後じさりをした。

「どうかな。」

麒麟の粘土細工の前に立った妻木が出し抜けに意見を請うてきたから、

「怖いです」

うっかり感じたままを答えてしまった。妻木は束の間目を丸くしてのち、身を折って笑いはじめる。平素滅多にそういうだ表情を見せない人物だけに、その笑顔はことさら鮮やかに映った。

「僕の恨みが、この像に出ちまったかな」

「恨み……あの、この模型は妻木さんがお作りになったんですか？」

「ああ。彫刻家に渡す前の叩き台にしようと思ってね」

叩き台にしては、途方もない完成度である。大熊は、というか得体の知れない妻木の新たな一側面に触れて混乱する。彼はぜんたい、どんだけ引き出しを持っているのか。

「君は、江戸期から明治に至る建築史を研究していると言っていたね」

急に話が変わったから、大熊は戸惑いつつ顎を引いた。

「そういや君も代々江戸に根付いてきた家柄だからかな？」

「それもありますが、江戸の町並みはともかく美しかったし、父から再々聞かされて参りましたので、今とどう違うのか興味が湧きまして」

大熊家は、先祖に源頼政を戴く家である。代々幕府に奉公してきた武家で、父もまた旗本だった。もっとも大熊は明治四年を過ぎた頃に生まれたから、江戸の記憶はない。父が亡くなり、江戸の町やら建物がいかに機能的で技巧に優れていたか、と語らうのを聞くうち、憧憬が募っていったのだ。

妻木はひとつ頷いて、言葉を継いだ。

「僕はね、なんだからなんまで欧化したこの東京に、恨みがあるんだよ。なんだってこうやって景色変えてしまうんだ、ってね。ドイツで学んで日本のほうこそ洋風建築を建てたきた僕が言うことじゃあないが、建築を通して江戸らしさを少しずつでも取り戻したいというのが本望でね」

妻木の江戸趣味は、日本勧業銀行の竣工の折から建築界では囁かれていたことだったが、さほど親しい間柄でもないので、本望まで打ち明けられ、大熊は再び歓喜び感じ覚う。

「日本橋は江戸の橋だろう。僕が長年胸えてきた恨み、この架け替えを思い切り晴らそう、そういう魂胆さ」

したすらほくそ笑う、この、あと彫刻家の渡辺長男と鋳金家の岡崎雪聲が来て打ち合わせをするから、君も一緒に聞いてほしい、と妻木は言い添えた。

「私でよろしいんでしょうか」

「無論だ。そのために呼んだ」

「そうしましたら、矢橋さんもお呼びしましょうか」

最前、妻木から名を呼ばれず、憮然と肩を丸めた矢橋の後ろ姿がふっと浮かんだのだ。が、妻木は

即座に首を横に振った。

「矢橋君は意匠のプロだから、今はいい」

斬って捨てるような言い様に驚いていると、

「しかし彼は、建物の構造をしっかり測る能力に非常に長けている。そちらの仕事を任せていくものだ」

Ｂ素木は柔らかに付け足して、矢橋の立場を救った。

ふたりの芸術家との打ち合わせは、彼らが到着するや挨拶もそこそこにはじまったのだが、議論の進み具合ははかばかしくなかった。両名共、素木の試作に難色を示したのである。工木と大きく羽を広げた像は不安定で、橋や橋柱に載せて飾るにはふさわしくない、というのだった。

「橋や燈柱に対して像が大きすぎるんです。なんの遮るものなく雨風の当たるというに、□のような像はいかがなものか、と」

渡辺が遠慮がちに⑤否やを唱えれば、

「鋳物ですからね、不安定な形が災いして、倒れて歩行者にでも当たれば事だ」

と、岡崎もまた渋い顔をする。枯土細工には村が違うからそうたやすくはないだろうが、それにしても、新たな試みに挑もうという素木の意志が相維にくく折られるのを見るようで、大熊はあまりいい気がしなかった。

途中から語り合うに加わった鋳田作造が、おそらくは彼らを紹介した手前、責任を感じたのだろう、
ｂ「なんということも」と伝法に渡辺らに迫るのを素木は遮り、

「橋梁に、いままで大きな装飾を施すのは、私らはじめての試みです。是井ともいれを、素晴らしい形で成し遂げたい。日本橋は、ただの橋ではありません。江戸の象徴であり、旅の始点であった場所です。東京地名が変わっても、変わらずこの土地に住む者の誇りとなるような橋にしたいのです」

低姿勢で頼み込んだ。目の前で頭を下げているのが、臨時建築部の頂点にいる人物だと思えば大熊は奇妙な光実には違いなかったが、なるほど芸術家や職人という、建築に欠かせぬ「手」に対してはこういう接すればよいものか、と大熊にとっては貴重な学びとなった。ひとり得心していると、不意に素木がこちらに向いた。

「大熊君はなにか意見があるか？」

傍観していたいと急に議論に引きずり込まれて、言葉に詰まる。困らなきか身体のあちらこちらが熱くなるのが常で、首筋や脇腹を忙しくしなる汗をかきながら必死に答えを探す。やがて、なぜまた自分のような入参間もない人間に訊くのだ、と不可解が滲み出しまして、開き直るや、

「意見という程のものではございませんが、しかしながら創造主も、なにか橋矢というべく努めりべきではないでしょうか」

思うところを口にしたのだ、素木がそっと頷くのが見えた。鋳田が「その通り」と大声をあげた。岡崎は口を結び渡辺は小さく息を出してから、

「私ども彫りまして、まずは安定したものにできるかどうかやってみましょう」

未だ不安を残した顔で告げた。それでいて天下の渡辺さんだ、と鋳田がまた馬鹿に大きな声を出し、素木は黙して深々と頭を下げた。

素木のしたためた麒麟や獅子の図案の束を受け取って、岡崎と渡辺が退出するのを見送りながら大熊は、自分の適当な言葉が彼らの矜持を傷つけることになったのではないか、と気が咎めるのだった。

（木内昇「剛心」による。）

（注）　伝法──粗暴な様子。

問１　傍線部（ア）〜（ウ）の語句の本文中における意味として最も適当なものを、次の各群の①〜⑤の中からそれぞれ一つずつ選びなさい。　17　・　18　・　19

（ア）　得体の知れない　17
- ① 素性がわからない
- ② 信用しきれない
- ③ どことなく胡散くさい
- ④ 実体がつかめられない
- ⑤ 身だしなみが整わない

（イ）　悄然と　18
- ① しょんぼりした様子で
- ② とりとめのない様子で
- ③ 憤慨している様子で
- ④ ふるまいている様子で
- ⑤ ぼんやりしている様子で

（ウ）　否や　19
- ① 諾否
- ② 異議
- ③ 不満
- ④ 疑念
- ⑤ 質問

問2　傍線部A「日本橋は江戸の橋だろう」とあるが、この言葉に込められた「妻木」の心情の説明として最も適当なものを、次の①〜⑤の中から一つ選びなさい。　20

① 文明開化という名目で急激に景色を変えてしまった明治政府へのあてつけで、日本橋を伝統的な仕様の橋に架け替え、恨み辛みを晴らしたいという心情。

② 地名が東京と変わってもこの土地に対する愛着を失うことなく住み続けている江戸の住民の一人である自分が、誇りに思える橋にしたいという心情。

③ 江戸の町や建物の美しさを熟知しながら、ドイツで学んだ技術を生かすために日本のほうほうより洋風建築を建ててきたことの罪滅ぼしをしたいという心情。

④ 東京の町並みがどんどん欧化していくなかで、江戸の象徴でもある日本橋に日本らしい意匠を施すことで、江戸らしさの回復を図りたいという心情。

⑤ 洋風建築が主流になった時代に、江戸趣味の建築家ともれて不遇をかこう妻木にとって、名誉を挽回する千載一遇の機会を無駄にしたくないという心情。

問3　傍線部B「妻木はそれから付け足して、矢橋の立場を救った」とあるが、「妻木」がこのような行動をとった理由の説明として最も適当なものを、次の①〜⑤の中から一つ選びなさい。　21

① これから行う打ち合わせは芸術家が相手であるため、意匠の才能がない矢橋を呼んでも無駄だと思っているが、つい、その本音を漏らしてしまったのはまずかったと気づいたから。

② 矢橋に意匠のことはわからないと率直な意見を述べてしまったが、得意な分野が違うだけ

で、矢橋本人を否定しているわけではないことを大熊に伝える必要があると考えたから。

③　驚いた表情の大熊を見て「意匠の才がない」という表現が露骨すぎたと気づき、大熊が動揺しないよう、自分が常に適材適所を心がけているという印象を与えようとしたから。

④　同様の矢橋の才能を否定したことで大熊が重圧を感じるおそれがあると思い、矢橋の長所も認めていると示すことで、大熊に緊張せず打ち合わせに臨んでほしいと考えたから。

⑤　日本橋に意匠を凝らす計画は、矢橋のような実務中心の人間には受け入れられないと考え、人望もない大熊を呼んだという本心を、大熊本人に悟られまいとしたから。

問４　傍線部C「大熊にとっては貴重な学びとなった」とあるが、「大熊」が学んだ内容の説明として最も適当なものを、次の①〜⑤の中から一つ選びなさい。　 22

①　難色を示している相手に対しては、鎌田のように強い口調で詰め寄るよりも、どうしても頼みたい理由を言葉を尽くして説明する方がよいということ。

②　建築部の頂点に立つ妻木が、芸術家や職人に頭を下げてまで実現したいと望む日本橋の意匠には、そこまでのめり込むだけの価値が確かにあるということ。

③　立場は上であっても、実際に建築に携わるのは芸術家や職人であるから、設計を形にしてくれる人々に敬意を払い真摯に接することが大切ということ。

④　芸術家や職人のようなこだわりの強い人間に対しては、官僚としての矜持をぬぐい捨ててでも、低姿勢で頼み込むような熱意が必要なのだということ。

⑤　なかなか合意を得ることができず交渉が難航しているときには、その場で最も重い責任を負う人間が、率先して説得に当たる必要があるということ。

問５　二重傍線部a〜eの内容や表現に関する説明として最も適当なものを、次の①〜⑤の中から一つ選びなさい。　 23

①　a「岡崎もまた渋い顔をする」は、妻木の試作を見て感想を遠慮がちに話す渡辺の様子を受け、橋や欄干に比して大きすぎる像がいかに危険であるか具体的に伝えることで、いい顔をしなかったにしたいと考える岡崎の心中を、表情によっても表現している。

②　b「『なんだからうち』と伝法に渡辺ずらりと迫った」という部分では、「伝法」という江戸っ子気質を端的に表現する言葉を用いることによって、鎌田の出目や、気に入らないことがあると大声で相手を威嚇してしまう粗暴な性格を効果的に描くことに成功している。

③　c「大熊君はなにか意見があるかな？」は、膠着した話し合いを有利に進めるために大熊の援護を期待していることを暗に伝える発言で、岡崎や渡辺の反応を予想して江戸文化に愛着の深い大熊を呼んだという妻木の用意周到な性格をうかがわせるものとなっている。

④　d「いかなる創造も、なにか痛みなくらく努めるくらではないでしょうか」は、新たな試みに挑もうとする妻木の意気を顧みない渡辺と岡崎に不満を覚えた大熊が、創造を旨とする芸術家に対していう挑戦的な物言いをしてしまう若者らしい様子を描いている。

⑤　e「渡辺は小さく息を吐いてから」は、大熊の発言に対する妻木や鎌田の反応から、これ以上の結論の先延ばしはよくないと諦めた渡辺が、今回の議論を穏便に済まそうとしたが得策であると考えて妻木の提案をひとまず好意的に受け入れようとする心情を表している。

解答編

■英語■

◀A 日 程▶

1 **解答**　　1 —③　2 —②　3 —④　4 —①　5 —③　6 —③
　　　　　　7 —①　8 —④　9 —②　10 —④　11 —④　12 —⑥
13 —④　14 —①

解説　1.「テレビの天気予報によると，次の日曜日と月曜日は雨がひどく降りそうだ」という内容。be likely to *do* で「〜しそうだ」という意味。

2.『見て！　タクシー乗り場が長い行列になっているわ。展示会場まで歩いたほうがいいでしょう』『わかりました』という会話。might as well *do* で「〜したほうがいい」という意味。

3.「けがをしなかったなら，学園祭の舞台でハムレットの役を演じることができたのに」という文章。But for〔Without〕〜 は「〜がなかったなら」という仮定法の意味。

4.「彼女は年を取るにつれて，ますます前向きになった」という内容。「〜につれて」という意味を持つ接続詞は as である。

5.「あなたは部屋を片付けるのにあと 1 時間ほどかかるでしょう」という内容。another は可算名詞単数形の前で「もう 1 つの」を表すことができる。よって，③が正解。

6. 該当箇所は知覚動詞を用いた第 5 文型となっていて，see O C「OがCするのを見る」という意味。C が sleep のように動詞の原形の場合，動作の一部始終を見たことになるが，本問では東京に着いた際に猫が寝ているところを一瞬見たということなので，sleeping としなければならない。

7. raise は「〜を上げる」という他動詞だが，①では目的語がない。SV

は受動態の関係と考え has been raised とするか，自動詞 rise「上がる」
を使い has risen としなければならない。

8．直前のケイの発言に，「ということは，彼が君のチームで一番の選手
なんだね？」とあるが，それに対する下線部では，「選手としてよいが，
キャプテンとして驚くほど素晴らしい」と後半が強調されているので，④
の captain が正解。

9．ジェーンが赤いドレスを勧めているのに対して，マイは「それは短い
し，それに赤はあまり好きではない」と答えているので，②の「冗談でし
ょ？（からかわないで）」が正解。

10．ベスが「味見をしていい？」と聞いていて，アレックスは「もちろ
ん」と答えているので，それに続くものとしては，④の「ご自由にどう
ぞ」が正解。

11・12．(This new hotel can accommodate) <u>three</u> times as <u>many</u>
guests (as that old one.)「この新しいホテルは，あの古いホテルの3倍，
宿泊客を収容できる」「〜の X 倍…」は倍数表現を原級比較の直前に置
く。

13・14．(This scene seems to) have <u>nothing</u> to <u>do</u> with (the main
story of the movie.)「この場面は映画の本筋と何も関係がないように思
う」 have nothing to do with 〜 で「〜と関係がない」という意味。

2 解答　15—③　16—①　17—④　18—②

解説　≪子供のための屋内外での遊び≫

15．Hot and Cold は2 (One player, chosen …) に「部屋の中を探す」
とあるので不適。また Red Rover は1 (At least six …) に「少なくと
も6人必要」とあるので不適。よって，③が正解。

16．Hot and Cold という遊びでは，3 (When the Hunter …) に「ハン
ターが物体から離れると，もう一方の人は『冷たい』のような，温度の低
い言葉を言わなければならない」とあるので，①の「ハンターは，相手が
『冷え冷えする』と言えば，別の場所を探し始めるでしょう」が正解。

17．Red Rover の3の第2文 (The called player …) に，「呼ばれた人
は相手チームの手の鎖をほどこうとダッシュする」とあるので，④の

「"Red Rover" と連呼している側は，互いの手をつなぎ続けようとする」が正解。

18.　Toby Jones の Reviews に，「子供たちは Red Rover が大好きだが，あまりに強く手をつなぐことは，けがを引き起こしかねない。よって，遊ばせるときにあまり興奮させすぎないことが大切だ」とあるので，②が正解。

$\boxed{3}$　**解答**　19―①　20―②　21―④　22―③
　　　　　　　　23・24―②・④（順不同）

解説　≪自然主義者と超自然主義者≫

19.　第 2 段第 2 文（These things cannot …）から，超自然的なものは実験によって検証したり定期的に観察したりできないとわかる。そして，下線部の直後に，「自然主義者は超自然的なものを信じない」とあるので，①の「実験によって観察できるものしか信じない人たち」が正解。

20.　前文（But neither type …）には「どちらのタイプの科学者も DNA がどのようにして生じたのかを説明することはできない」とあり，下線部を含む文では，「片方の科学者たちは超自然的な力が it を生み出したと信じている」となっているので，②が正解。

21.　空所の前文（But these days …）にはネガティブな内容があり，空所の後（they are sometimes …）も同じようにネガティブな内容が続くので，④の「加えて」が正解。

22.　下線部は「あるグループがもう一方のグループにより沈黙を強いられている」という意味で，第 4 段最終文（Sadly, though, the personal …）や第 5 段（Not long ago, …）にある，「自然主義者による嘲笑や就職の妨害のせいで，超自然主義者は自分の信仰などの考えを公言できなくなっている」という内容を指す。つまり，自然主義者の意見が超自然主義者の意見より強い影響力を持っているということなので，③の「自然主義者の意見は超自然主義者の意見より広く普及している」が正解。

23・24.　第 2 段第 2 文（These things cannot …）から，②の「科学的なものは，実験で検証され，繰り返し観察されることができる」が正解。第 4 段第 1・2 文（But whether or … ideas or beliefs.）から，④の「超自然的なものを科学者が個人的に信じていることは彼らの能力に影響しない」が正解。

◀ B　日　程 ▶

1 **解答**　　1 ─② 　2 ─① 　3 ─④ 　4 ─③ 　5 ─③ 　6 ─①
　　　　　　 7 ─① 　8 ─③ 　9 ─① 　10 ─② 　11 ─④ 　12 ─⑥
13 ─⑤ 　14 ─④

解説　1.「彼はコンサートのチケットが取れ次第，私に教えてくれる
だろう」という内容。時または条件の副詞節では，内容が未来のことであ
っても現在形で表記するので，②が正解。

2.「正直に言うと，ジミーはそろそろ親から自立してもよい頃だ」とい
う内容。①が「自立，独立した」という意味であり，正解。②は「無関心
な」，③は「なくても済む」，④は「頼っている」という意味。

3.「私たちは計算で間違いを犯した，という結論にたどり着いた」とい
う内容。空所の後には the conclusion の内容を説明する完全文がきてい
る。よって，空所には同格のはたらきをする④が入る。

4.「旅行者数は，冷夏のために 5 パーセント減少した」という内容。主
語は the number であるので単数扱い，そして decline は「減少する」と
いう意味では自動詞なので，能動態となる。よって，③が正解。

5.「中央アメリカ，南アメリカの多くの国で話されているので，スペイ
ン語は非常に役に立つ」という内容。選択肢から，コンマの前までの部分
は接続詞と主語がないことがわかり，分詞構文だと判断する。分詞構文の
主語は主節の主語と一致するので，Spanish を主語にした Because
Spanish is spoken in many countries … と同意と考える。動詞を分詞
にすると Being spoken in many countries … となるが，文頭にくる
Being は省略されることが多いので，③が正解。

6. resemble は他動詞なので，前置詞を必要としない。よって，正しく
は to を取る。

7. ①の先行詞は直前の「江戸時代」で，in the ～ era「～時代に」なの
で，正しくは in which となる。

8. 下線部の直前で「カフェは勉強をするのによい場所ではない」とあり，
下線部ではその代わりの場所として図書館を勧めているので，③が正解。

9. サリーが「しばらく台所を貸してもらえませんか？」とお願いし，ジ

ェーンは空所の直後で「何を作るの？」と聞いているので，キッチンを貸してあげるつもりだとわかる。よって，①の「どうぞ」が正解。

10. リックがジョーに本を貸していて，ジョーはまだ半分しか読んでいない。空所の直後に「レポートを仕上げるのにそれが必要なんだ」とあるので，②の「どのくらいで返してもらえる？」が正解。

11・12. (The sign says that all visitors) are <u>required</u> to <u>take</u> their shoes (off.)「表示には，すべての訪問者は靴を脱がなければならないとある」 be required to *do*「～することが求められる」

13・14. (I) feel <u>like</u> going shopping <u>at</u> (the mall this afternoon.)「今日の午後モールに買い物に行きたい気分だ」 feel like *doing* は「～したい気分だ」という意味。

2 解答　15—④　16—④　17—②　18—①

解説 ≪シャボン玉で遊ぼう≫

15. 1つ目の Instructions「指示」の②第 2 文 (Leave it to …) から，④の「使いたい少なくとも数時間前に作り始めること」が正解。

16. 2つ目の Instructions の④第 2・3 文 (Keep the freezer … burst your bubble.) から，④の「冷凍室の気圧を安定させる必要がある」が正解。

17. How to make frozen bubbles indoors「屋内で凍ったシャボン玉を作る方法」の下の材料説明に砂糖の記述はなく，※に，「どんなシャボン液でもよい」とあるので，②が正解。

18. エリック＝ヒギンズの Reviews の 2 文目 (I tried both …) に，「私はどちらも試したが，あまり大きな違いがあるようには思わなかった」とあるので，①が正解。

3 解答　19—③　20—④　21—①　22—③
　　　　　　23・24—①・⑤ （順不同）

解説 ≪ニューヨーク地下鉄のネズミ問題≫

19. 下線部の直後の文に「ネズミは地下鉄のトンネルの奥深くには生息しない」とあり，下線部直前の contrast with ～ は「～に反して，～と対照

をなす」という意味なので，③の「ニューヨークではネズミは地下鉄のトンネルに生息することを好む」が正解。

20. 下線部を含む文の後半に「よりよい維持管理や地下鉄駅構内の清潔に始まる，いくつかの実用的なアドバイスをしてくれた」，また，最終段第1文（The study also …）に「駅内の倉庫をもっと清潔に保つことを勧めた」とあることから，④「地下鉄の駅を清潔に保つことに対する解決策を提案した」が正解。

21. 空所直前の文の sometimes に着目する。空所に①の More often「より多くの場合」を入れると，前後で頻度の比較をしていることになり，「清掃人はやるべき仕事を果たさないときがある。（しかし，）駅に食べ物やゴミを残していく乗客の責任である場合のほうが多い」と意味が通る。

22. 下線部を含む文は，「その研究ではネズミを捕まえる新しいハイテクなシステムがまた言及されたが，今日の予算の懸念で，市がそれらを導入する余裕はなさそうだ」となっているので，③が正解。

23・24. 第1段最終文（Now we learn, …）から，①の「ネズミはニューヨーク地下鉄の駅で長い間問題を起こしてきた」は本文の内容と一致する。第5段最終文（（ 3 ）, the fault …）から，⑤の「駅でのネズミ問題は，食べ物やゴミを置いていく人たちによって，さらに悪くされている」は本文の内容と一致する。

◀C　日　程▶

1 解答　　1—④　2—②　3—②　4—①　5—②　6—③
　　　　　　7—④　8—④　9—③　10—②　11—⑤　12—②
13—②　14—⑤

解説　1．「以前君に言ったように，その提案を受けるかどうかを決めるのは君次第だ」という内容。接続詞「～のように」は as である。

2．「彼はとても眠たそうだ。昨晩遅くまで起きてテレビでサッカーの試合を見ていたに違いない」という内容。must have *done* で「～していたに違いない」という意味。

3．「私のスニーカーは泥だらけだ。洗う必要がある」という内容。need に続く動名詞は受動の意味を含むので注意。need *doing*「～される必要がある」

4．「これはスミスさんの美しい庭園で，彼女はこれを本当に誇りに思っている」という内容。空所の前の of は be proud of の of が前に出てきたもの。空所の前に前置詞があるので，空所には名詞または代名詞が入る必要があり，また，節が２つあるので，接続詞のはたらきもしなければならない。よって，その２つのはたらきを同時にする関係代名詞である①が正解。

5．「トムはテストに向けて勉強していたので，邪魔をしないように私は別の部屋でテレビを見ていた」という内容。get in *one's* way は「邪魔になる，足手まといになる」という意味。

6．S is supposed to *do*「S は～することになっている」という表現。下線部③の complete「完成する」の意味上の主語は It で，It は前文の The Sagrada Familia「サグラダ・ファミリア教会」を指すので，受動態にしなければならない。よって，正しくは to be completed となる。

7．hardly は「ほとんど～ない」という意味の副詞なので，文意にそぐわない。ここは hard とし，「彼は激しく泣くだけだった」という意味にする。

8．「新しいショッピングモールはどうだった？」と聞かれたことに対する返答。英語では重要な情報は後置される傾向がある。また，but の後に

は本当に相手に伝えたい情報が置かれることが多い。よって、④が正解。

9．空所の直前に「この辺りはわからないです」とあるので、「あのコンビニエンスストアで誰かに聞いてみてはいかがですか？」と続くのが自然。よって、③が正解。

10．ハワイへの旅行の感想を聞いていて、ずっと雨だったとあるので、「残念でしたね」という意味の②が正解。

11・12．<u>Were</u> you to <u>move</u> abroad(, I would go with you.)「万一あなたが海外へ引っ越しをすれば、私はあなたと一緒に行きます」 If you were to move abroad の If が省略されたことによって、倒置が起こり、上のような語順となっている。

13・14．(She caught) her son <u>by</u> the <u>hand</u> and (stopped him from crossing the road.)「彼女は息子の手をつかみ、道を渡らせないようにした」 catch *A* by the *B*「*A*（人・動物など）の *B*（体の部分）をつかむ」という表現。

2 解答 15—② 16—③ 17—② 18—③

解説 ≪『マイクとビリー』のバスツアーについて≫

15．Price per ticket「チケットごとの値段」のところに、「大人 55 ドル（学生は 10 ドル割引）/子ども 30 ドル（12 歳未満）」とある。カーラと妹はどちらも学生で割引がある。また、妹は 12 歳なので大人料金。よって、45 ドルが 2 人分の 90 ドルで、②が正解。

16．Meeting point and time「集合場所と時間」から、集合時間は午前11:30 であり、Length of the tour「ツアーの長さ」によると、ツアーの時間は 4 時間であるとわかる。よって、③が正解。

17．What you can enjoy「楽しめること」の第 2 項目第 2 文（This is where …）から、②の「マイクとビリーは両方、ミュージシャンになりたい」が正解。

18．エイミー＝ハードの Reviews（I tried a fish …）に「私はフィッシュバーガーを食べてみた」とあるので、③が正解。

3 **解答**　19—②　20—①　21—③　22—④
　　　　　　23・24—④・⑤（順不同）

解説　≪ファストファッションの功罪≫

19. 下線部を含む 1 文を訳すと，「彼らは借金をしなくても，いつでもオシャレに見えるようにできる」となり，They は前文の主語である②の people を指していることがわかる。

20. 第 4 段（But in places …）から，①の「途上国の中には，廃棄された服の量に対処できない国もある」が正解。

21. 空所の直前部には，「ファストファッションの中にはリサイクルされるものもある」とあるが，空所の直後には「はるかに多い 200 万トンもの服が，イギリスからだけでも毎年海外輸出されている」という内容が続くので，③の But が適切。

22. 最終段第 2・3 文（Politicians, industry experts, … and biodegrade naturally.）から，④の「人々は，衣服産業が環境を守るため，リサイクルできる生地を使うことを望んでいる」が正解。

23・24. 第 5 段最終 2 文（Because most of … affect food production.）より，④の「廃棄された大量のファストファッションの製品は，環境に被害を与えている」が正解。第 6 段最終 2 文（And because the clothes … US$20 a month.）から，⑤の「ファストファッションの衣類の大量生産は，途上国における賃金の低い労働者を必要とする」が正解。

■数学■

◀A　日　程▶

1 **解答** 問 1．ア—④　イ—⑥　問 2．ウ—④　エ—⑥
問 3．オ—②　カ—⑥　問 4．キ—⑦　ク—⑥
問 5．ケ—⑤　コ—④

解説 ≪小問 5 問≫

問 1．$\dfrac{83.0x+74.5(40-x)}{40}=\dfrac{8.5x+2980}{40}$　（→ア）

$77.5\leqq\dfrac{8.5x+2980}{40}<78.5$ を解いて

$$\dfrac{240}{17}\leqq x<\dfrac{320}{17}$$

よって，x のとり得る値の最小値は 15 である。（→イ）

問 2．$f(x)=a(x-2)^2+a^2-4a-4$

$a<0$ のとき，最小値はない。

$a>0$ のとき，$x=2$ で最小値 a^2-4a-4 をとる。

条件より

$$a^2-4a-4=1$$
$$a^2-4a-5=0$$
$$a=-1,\ 5$$

$a>0$ より　　$a=5$　（→ウ）

このとき，$f(x)=5x^2-20x+21$ で，$f(x)=f(0)$ を解くと

$$5x^2-20x+21=21$$
$$5x(x-4)=0$$
$$x=0,\ 4$$

$0<b$ より　　$0<b\leqq 4$　（→エ）

問 3．このデータの四分位偏差は $\dfrac{76-a}{2}$，範囲は $96-28$ であるから

$$\frac{76-a}{2}=\frac{1}{4}(96-28)$$

$$a=42 \quad (\to オ)$$

第 1 四分位数が 42 点で，この値は得点を小さい順に並べたときの 19 番目の値である。

よって，40 点未満の人数として考えられる人数は 1 人以上 18 人以下である。（→カ）

問 4．袋 A，B からともに白玉を取り出す確率は

$$\frac{2}{3}\times\frac{3}{5}=\frac{2}{5}$$

よって，少なくとも 1 個の玉が赤玉である確率は

$$1-\frac{2}{5}=\frac{3}{5} \quad (\to キ)$$

袋 A から赤玉，袋 B から白玉を取り出す確率は

$$\frac{1}{3}\times\frac{3}{5}=\frac{1}{5}$$

袋 A から白玉，袋 B から赤玉を取り出す確率は

$$\frac{2}{3}\times\frac{2}{5}=\frac{4}{15}$$

よって，取り出された 2 個の玉のうち赤玉が 1 個である確率は

$$\frac{1}{5}+\frac{4}{15}=\frac{7}{15}$$

したがって，求める条件付き確率は

$$\frac{4}{15}\div\frac{7}{15}=\frac{4}{7} \quad (\to ク)$$

問 5．AB は円の直径であるから，∠ACB＝90° である。

三平方の定理より

$$BC=\sqrt{AB^2-AC^2}=\sqrt{10^2-8^2}=6$$

BD は ∠ABC の二等分線であるから

$$CD：DA=BC：BA=6：10=3：5$$

よって，CD＝3 より

$$BD=\sqrt{BC^2+CD^2}=\sqrt{6^2+3^2}=3\sqrt{5} \quad (\to ケ)$$

$$\triangle ABD=\triangle ABC-\triangle BCD$$

$$= \frac{1}{2} \cdot 6 \cdot 8 - \frac{1}{2} \cdot 6 \cdot 3 = 15$$

したがって

$$\triangle ABD = \frac{1}{2} r (10 + 3\sqrt{5} + 5)$$

$$15 = \frac{1}{2} r (15 + 3\sqrt{5})$$

$$r = \frac{30}{15 + 3\sqrt{5}} = \frac{5 - \sqrt{5}}{2} \quad (\rightarrow \text{コ})$$

$\boxed{2}$ 　**解答**　(1)ア. 2　イ. 1　ウ. 7
(2)エ. 1　オ. 3　カ. 9　キ. 2　ク. 8　ケ. 7
コ. 2　サ. 8

(3)シ. 9　ス—⑥　セソ. 27　タ. 2　チ. 8

[解　説]　≪図形の性質≫

(1)　方べきの定理より

　　PA・PB＝PD・PC

　　PA(PA＋7)＝3・6

　　$PA^2 + 7PA - 18 = 0$

　　PA＝-9, 2

PA＞0 より　　PA＝2　(→ア)

△PBD と直線 AC について, メネラウスの定理より

$$\frac{DE}{EB} \cdot \frac{BA}{AP} \cdot \frac{PC}{CD} = 1$$

$$\frac{DE}{EB} \cdot \frac{7}{2} \cdot \frac{6}{3} = 1$$

$$\frac{DE}{EB} = \frac{1}{7} \quad (\rightarrow \text{イ, ウ})$$

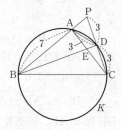

(2)　△PAD において, 余弦定理より

$$\cos \angle APD = \frac{2^2 + 3^2 - 3^2}{2 \cdot 2 \cdot 3} = \frac{1}{3} \quad (\rightarrow \text{エ, オ})$$

$0° < \angle APD < 180°$ より　　$\sin \angle APD > 0$

$$\sin \angle APD = \sqrt{1 - \cos^2 \angle APD}$$

$$= \sqrt{1-\left(\frac{1}{3}\right)^2} = \frac{2\sqrt{2}}{3}$$

$\triangle$PAD の外接円の半径を R とすると，正弦定理より

$$\frac{\text{AD}}{\sin\angle\text{APD}} = 2R$$

$$R = \frac{1}{2}\cdot 3\cdot\frac{3}{2\sqrt{2}} = \frac{9\sqrt{2}}{8} \quad (\rightarrow \text{カ}\sim\text{ク})$$

$$\triangle\text{PBD} = \frac{1}{2}\cdot\text{PB}\cdot\text{PD}\cdot\sin\angle\text{BPD}$$

$$= \frac{1}{2}\cdot 9\cdot 3\cdot\frac{2\sqrt{2}}{3} = 9\sqrt{2}$$

PA：AB＝2：7，(1)より，BE：ED＝7：1 であるから

$$\triangle\text{AED} = \frac{1}{7+1}\triangle\text{ABD} = \frac{1}{8}\cdot\frac{7}{2+7}\triangle\text{PBD}$$

$$= \frac{7\sqrt{2}}{8} \quad (\rightarrow \text{ケ}\sim\text{サ})$$

(3)　$\triangle$PBC において，余弦定理より

$$\text{BC}^2 = 9^2+6^2-2\cdot 9\cdot 6\cdot\cos\angle\text{BPC} = 81$$

BC＞0 より　　BC＝9　（→シ）

$\triangle$PBC は BP＝BC＝9 の二等辺三角形で，PD＝DC より

$$\angle\text{PDE} = \angle\text{BDC} = 90°$$

よって，$\triangle$PED は $\angle$PDE＝90° の直角三角形であるから，その外心 O′ は線分 PE の中点である。（→ス）

$\angle$BDC＝90° より，円 K の中心 O は線分 BC の中点である。

$$\text{BD} = \sqrt{9^2-3^2} = 6\sqrt{2}$$

DE：EB＝1：7 より

$$\text{BE} = \frac{7}{1+7}\text{BD} = \frac{21\sqrt{2}}{4}$$

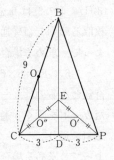

ここで，線分 EC の中点を O″ とすると，中点連結定理より

$$\text{BE}\,/\!/\,\text{OO}'',\quad \text{OO}'' = \frac{1}{2}\text{BE},\quad \text{CP}\,/\!/\,\text{O}'\text{O}'',\quad \text{O}'\text{O}'' = \frac{1}{2}\text{CP}$$

よって，OO″⊥O′O″ であるから

$$OO' = \sqrt{OO''^2 + O'O''^2} = \sqrt{\left(\frac{21\sqrt{2}}{8}\right)^2 + 3^2}$$

$$= \frac{27\sqrt{2}}{8} \quad (\rightarrow セ \sim チ)$$

$\boxed{3}$　$\boxed{解答}$　(1)アイウ．210
　　　　　　　　(2)エ．9

(3)(i)オカキ．720　クケコ．300　(ii)サシス．600

(iii)セ―④　ソ―①　タ．2　チ．4　ツテ．44

$\boxed{解説}$ ≪場合の数≫

(1)　7 枚のカードから 3 枚のカードを取り出して一列に並べる順列で
　　　${}_7\mathrm{P}_3 = 7 \cdot 6 \cdot 5 = 210$ 通り　（→ア～ウ）

(2)　2 枚のカードに書かれた数の和が偶数となるのは，2 枚とも偶数か 2
枚とも奇数のときである。

　2 枚とも偶数のとき

　　　${}_4\mathrm{C}_2 = \dfrac{4 \cdot 3}{2 \cdot 1} = 6$ 通り

　2 枚とも奇数のとき

　　　${}_3\mathrm{C}_2 = 3$ 通り

よって，求める場合の数は

　　　$6 + 3 = 9$ 通り　（→エ）

(3)(i)　千の位は 0 を除く 6 通り，他の位は 0 を含めた残りの 6 枚から 3
枚取る順列で ${}_6\mathrm{P}_3$ 通り。

　よって，求める場合の数は

　　　$6 \times {}_6\mathrm{P}_3 = 6 \times 6 \cdot 5 \cdot 4 = 720$ 個　（→オ～キ）

奇数となるのは，一の位が 1，3，5 の 3 通り，千の位は 0 と一の位で使っ
たカードを除く 5 通り，他の位は 0 を含めた残りの 5 枚から 2 枚取る順列
で ${}_5\mathrm{P}_2$ 通り。

　よって，求める場合の数は

　　　$3 \times 5 \times {}_5\mathrm{P}_2 = 3 \times 5 \times 5 \cdot 4 = 300$ 個　（→ク～コ）

(ii)　積 ad が奇数となるのは，a と d がともに奇数のときで ${}_3\mathrm{P}_2$ 通り，他

の位は ₅P₂ 通り。

　　₃P₂×₅P₂＝3・2×5・4＝120 個

よって，積 *ad* が偶数であるような整数は

　　720－120＝600 個　（→サ～ス）

⑶　*b*＝0，*c*＝4 のとき，他の位の並べ方は，残りの 5 枚から 2 枚を選んで，小さいほうの数を *a*，大きいほうの数を *d* に並べればよいから，₅C₂ 個できる。（→セ）

b＝1，*c*＝5 のとき，0 を選ぶと *a*＝0 となるので不適。

よって，他の位は 0，1，5 を除く 4 枚から 2 枚を選んで，小さいほうの数を *a*，大きいほうの数を *d* に並べればよいから，₄C₂ 個できる。（→ソ）

b または *c* に 0 を含むときは次の 2 通りある。

　　(*b*, *c*)＝(0, 4), (4, 0)

b と *c* にともに 0 を含まないときは次の 4 通りある。

　　(*b*, *c*)＝(1, 5), (2, 6), (5, 1), (6, 2)

よって，求める場合の数は

　　₅C₂×2＋₄C₂×4＝10×2＋6×4＝44 個　（→タ～テ）

▶B 日 程◀

$\boxed{1}$ **解答**　問 1．ア—③　イ—⑤　問 2．ウ—④　エ—⑥
　　　　　　　問 3．オ—③　カ—⑦　問 4．キ—④　ク—⑤

問 5．ケ—⑦　コ—②

解説　≪小問 5 問≫

問 1．$\sqrt{3}-2\sqrt{2}=\sqrt{3}-\sqrt{8}<0,\ \sqrt{2}-1=\sqrt{2}-\sqrt{1}>0$ であるから

$$a=-(\sqrt{3}-2\sqrt{2})-(\sqrt{2}-1)$$
$$=-\sqrt{3}+\sqrt{2}+1\quad(\rightarrow\text{ア})$$
$$a^2-2a-2=(a-1)^2-3=(-\sqrt{3}+\sqrt{2})^2-3$$
$$=2(1-\sqrt{6})$$

よって

$$\frac{1}{a^2-2a-2}=\frac{1}{2(1-\sqrt{6})}=-\frac{1+\sqrt{6}}{10}\quad(\rightarrow\text{イ})$$

問 2．$f(2)=-2$ より

$$2\cdot2^2-4a\cdot2+a^2+a+2=-2$$
$$a^2-7a+12=0$$
$$a=3,\ 4\quad(\rightarrow\text{ウ})$$

$f(x)=0$ の判別式を D とすると

$$\frac{D}{4}=(-2a)^2-2(a^2+a+2)$$
$$=2a^2-2a-4$$
$$=2(a+1)(a-2)$$

$f(x)=0$ が実数解をもつのは $D\geqq0$ のときで

$$2(a+1)(a-2)\geqq0$$
$$a\leqq-1,\ 2\leqq a\quad(\rightarrow\text{エ})$$

問 3．正弦定理より

$$\frac{\text{BC}}{\sin A}=2\times\frac{35\sqrt{6}}{24}$$
$$\sin A=\frac{1}{2}\times\frac{24}{35\sqrt{6}}\times7=\frac{2\sqrt{6}}{5}\quad(\rightarrow\text{オ})$$

△ABC は鋭角三角形であるから　　　$\cos A > 0$

$$\cos A = \sqrt{1-\sin^2 A} = \sqrt{1-\left(\frac{2\sqrt{6}}{5}\right)^2} = \frac{1}{5}$$

余弦定理より

$$7^2 = AB^2 + 5^2 - 2AB\cdot 5\cos A$$
$$AB^2 - 2AB - 24 = 0$$
$$AB = -4,\ 6$$

AB > 0 より　　　AB = 6

よって

$$\triangle ABC = \frac{1}{2}\cdot 6\cdot 5\cdot \sin A = \frac{1}{2}\cdot 6\cdot 5\cdot \frac{2\sqrt{6}}{5}$$
$$= 6\sqrt{6}\quad (\to \text{カ})$$

問 4．男子 6 人から 3 人を選ぶ選び方は $_6C_3$ 通り，女子 4 人から 3 人を選ぶ選び方は $_4C_3$ 通り。

よって，求める場合の数は

$$_6C_3 \times {}_4C_3 = \frac{6\cdot 5\cdot 4}{3\cdot 2\cdot 1}\times 4 = 80\ \text{通り}\quad (\to \text{キ})$$

女子 3 人の並べ方は 3! 通り。男子は女子の間の 2 カ所と両端の 2 カ所の 4 カ所から 3 カ所を選んで並べればよいから，$_4P_3$ 通り。

よって，求める場合の数は　　　　　　　　□囡□囡□囡□

$$3! \times {}_4P_3 = 3\cdot 2\cdot 1\times 4\cdot 3\cdot 2 = 144\ \text{通り}\quad (\to \text{ク})$$

問 5．△ABE と直線 CD において，メネラウスの定理より

$$\frac{BF}{FE}\cdot \frac{EC}{CA}\cdot \frac{AD}{DB} = 1$$
$$\frac{BF}{FE}\cdot \frac{2}{3}\cdot \frac{1}{1} = 1$$
$$\frac{BF}{FE} = \frac{3}{2}\quad (\to \text{ケ})$$

チェバの定理より

$$\frac{BG}{GC}\cdot \frac{CE}{EA}\cdot \frac{AD}{DB} = 1$$
$$\frac{BG}{GC}\cdot \frac{2}{1}\cdot \frac{1}{1} = 1$$

$$\frac{\mathrm{BG}}{\mathrm{GC}}=\frac{1}{2}$$

よって

$$\triangle \mathrm{BFG}=\frac{1}{1+2}\triangle \mathrm{FBC}=\frac{1}{3}\cdot\frac{3}{3+2}\triangle \mathrm{BCE}$$

$$=\frac{1}{5}\cdot\frac{2}{2+1}\triangle \mathrm{ABC}=\frac{2}{15}\triangle \mathrm{ABC}\quad(\rightarrow コ)$$

② 解答

(1)ア. 5　イ—②　ウ—②
(2)エ. 6　オカ. 25　キ. 5　ク. 2

(3)ケ—②　コ. 6　サシ. 25　ス—③　セ. 2　ソ. 5　タ. 5　チ. 6
ツテ. 25　トナ. 20　ニヌ. 25　ネノ. 10　ハ. 3　ヒ. 2

解説　≪2次関数≫

(1)　$\mathrm{AB}=\sqrt{4^2+3^2}=5$

これより，t のとり得る値の範囲は $0<t<5$ である。　（→ア）

また，$\triangle \mathrm{ABC}\backsim\triangle \mathrm{APQ}$ であるから

　　$\mathrm{PN}=\mathrm{NQ}$

よって，対角線がおのおのの中点で交わっているので，四角形 APRQ は
平行四辺形であり，$\triangle \mathrm{PQR}$ の面積と $\triangle \mathrm{APQ}$ の面積は等しい。

（→イ，ウ）

(2)　$\mathrm{AP}=t=1$ のとき

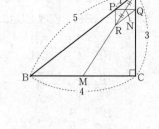

$$\mathrm{AQ}=\frac{1}{5}\mathrm{AC}=\frac{3}{5},\ \mathrm{PQ}=\frac{1}{5}\mathrm{BC}=\frac{4}{5}$$

$\angle \mathrm{AQP}=90°$ より

$$S=\frac{1}{2}\cdot \mathrm{AQ}\cdot \mathrm{PQ}=\frac{1}{2}\cdot\frac{3}{5}\cdot\frac{4}{5}$$

$$=\frac{6}{25}\quad(\rightarrow エ\sim カ)$$

また，点 R と点 M が一致するとき，線分 AM の中点が N となるから

$$t=\frac{5}{2}\quad(\rightarrow キ，ク)$$

(3)　$0<t<\dfrac{5}{2}$ のとき，$\angle \mathrm{RPQ}=\angle \mathrm{AQP}=90°$ であるから，F の形状はつ

ねに直角三角形である。（→ケ）

$$AQ = \frac{t}{5}AC = \frac{3}{5}t, \quad PQ = \frac{t}{5}BC = \frac{4}{5}t$$

$$S = \triangle PQR = \triangle APQ = \frac{1}{2} \cdot \frac{3}{5}t \cdot \frac{4}{5}t$$

$$= \frac{6}{25}t^2 \quad (\rightarrow \text{コ〜シ})$$

$\dfrac{5}{2} < t < 5$ のとき，BC∥PQ であるから，F の
形状はつねに台形である。（→ス）

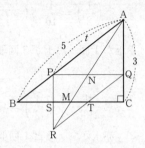

$$PR = AQ = \frac{3}{5}t$$

$$PS = QC = AC - AQ = 3 - \frac{3}{5}t$$

$$RS = PR - PS = \frac{3}{5}t - \left(3 - \frac{3}{5}t\right)$$

$$= \frac{6t - 15}{5}$$

よって

$$\frac{RS}{AC} = \frac{6t-15}{5} \times \frac{1}{3} = \frac{2t-5}{5} \quad (\rightarrow \text{セ〜タ})$$

辺 BC と辺 QR の交点を T とすると，△ABC∽△RTS であるから

$$S = \triangle PQR - \triangle RTS = \triangle APQ - \left(\frac{RS}{AC}\right)^2 \triangle ABC$$

$$= \frac{6}{25}t^2 - \frac{(2t-5)^2}{5^2} \cdot 6$$

$$= \frac{6}{25}(-3t^2 + 20t - 25) \quad (\rightarrow \text{チ〜ヌ})$$

$$= -\frac{18}{25}\left(t - \frac{10}{3}\right)^2 + 2$$

$\dfrac{5}{2} < t < 5$ より，S は $t = \dfrac{10}{3}$ のとき，最大値 2 をとる。（→ネ〜ヒ）

3　解答　(1)ア. 1　イウ. 16　エ. 1　オ. 8
　　　　　(2)カキ. 27　クケ. 64　コ. 3　サシ. 16

(3)スセ. 13　ソタチ. 256　ツー④　テ. 3　トナニ. 115

解説 ≪確　率≫

(1) 袋の中から玉を 1 個取り出したとき，黒玉である確率は

$$\frac{2}{4}=\frac{1}{2}$$

よって，黒玉が 4 回取り出される確率は

$$\left(\frac{1}{2}\right)^4=\frac{1}{16} \quad (\rightarrow ア \sim ウ)$$

赤玉が 1 回，黒玉が 3 回取り出されたときの色の出方は $\frac{4!}{1!3!}$ 通りあるから

$$\frac{4!}{1!3!}\cdot\frac{1}{4}\cdot\left(\frac{1}{2}\right)^3=4\cdot\frac{1}{4}\cdot\frac{1}{8}=\frac{1}{8} \quad (\rightarrow エ，オ)$$

(2) 赤玉がちょうど 1 回取り出される確率は

$$_4C_1\cdot\frac{1}{4}\cdot\left(1-\frac{1}{4}\right)^3=4\cdot\frac{1}{4}\cdot\frac{27}{64}=\frac{27}{64} \quad (\rightarrow カ \sim ケ)$$

赤玉が 1 回，白玉が 1 回，黒玉が 2 回取り出される確率は

$$\frac{4!}{1!1!2!}\cdot\frac{1}{4}\cdot\frac{1}{4}\cdot\left(\frac{1}{2}\right)^2=\frac{3}{16} \quad (\rightarrow コ \sim シ)$$

(3) 赤玉がちょうど 3 回取り出される確率は

$$_4C_3\cdot\left(\frac{1}{4}\right)^3\cdot\left(1-\frac{1}{4}\right)=4\cdot\frac{1}{4^3}\cdot\frac{3}{4}=\frac{3}{64}$$

赤玉が 4 回取り出される確率は

$$\left(\frac{1}{4}\right)^4=\frac{1}{256}$$

よって

$$P=\frac{3}{64}+\frac{1}{256}=\frac{13}{256} \quad (\rightarrow ス \sim チ)$$

白玉が 3 回以上取り出される確率は，赤玉と白玉の個数が同じなので，P である。

よって，C さんが勝つ確率は

$$1-(P+P)=1-2P \quad (\rightarrow ツ)$$

黒玉が 1 回も取り出されていなくて，C さんが勝つのは，赤玉と白玉が 2 回ずつ取り出されたときだから，その確率は

$$\frac{4!}{2!2!}\times\left(\frac{1}{4}\right)^4=\frac{3}{128}$$

したがって，求める条件付き確率は

$$\frac{3}{128}\div(1-2P)=\frac{3}{115}\quad(\rightarrow\text{テ}\sim\text{ニ})$$

◀C　日　程▶

1 **解答**　問 1．ア―①　イ―⑧　問 2．ウ―①　エ―⑥
　　　　　問 3．オ―④　カ―⑤　問 4．キ―①　ク―⑥

問 5．ケ―⑥　コ―④

解説　《小問 5 問》

問 1．$a < \dfrac{5}{3}$ のとき，$3a-5<0$ であるから

$$P = -(3a-5)+2a = -a+5$$

よって，$-a+5 = a^2-1$ を解いて

$$a^2+a-6 = 0$$
$$a = -3,\ 2$$

$a < \dfrac{5}{3}$ より　　$a = -3$　（→ア）

$a=1$ のとき　　$P = |-2|+2 = 4$

$4 < |b-2|$ を解いて

$$b < -2,\ 6 < b\quad \cdots\cdots ①$$

$a=3$ のとき　　$P = |4|+6 = 10$

このとき，与式を満たさないので，$10 \geqq |b-2|$ を解いて

$$-8 \leqq b \leqq 12\quad \cdots\cdots ②$$

$b>0$ と①，②の共通範囲を求めて

$$6 < b \leqq 12\quad （→イ）$$

問 2．$a=2$ のとき，$\sqrt{5}-2 = \sqrt{5}-\sqrt{4} > 0$ であるから

$$x > \dfrac{1}{\sqrt{5}-2} = \sqrt{5}+2$$

よって，「$q \Longrightarrow p$」は真，「$p \Longrightarrow q$」は偽（反例：$x=4.5$）であるから，必要条件であるが十分条件ではない。　（→ウ）

p が r であるための十分条件となるには，「$r \Longrightarrow p$」が偽，「$p \Longrightarrow r$」が真となればよい。

$a = \sqrt{5}$ のとき，p は成り立たない。

$a < \sqrt{5}$ のとき，$p : x > \dfrac{1}{\sqrt{5}-a} > 0$ となり，r と共通範囲がないので，不適。

$a>\sqrt{5}$ のとき, $p:x<\dfrac{1}{\sqrt{5}-a}$

よって, $\dfrac{1}{\sqrt{5}-a}\leqq-1$ となればよい。

$\sqrt{5}-a<0$ より

$\qquad 1\geqq-(\sqrt{5}-a)$

$\qquad a\leqq\sqrt{5}+1$

$a>\sqrt{5}$ より

$\qquad \sqrt{5}<a\leqq\sqrt{5}+1$　（→エ）

問 3．$a=-1$ のとき　　$f(x)=-x^2+4x+2$

$f(x)>0$ を解くと

$\qquad -x^2+4x+2>0$

$\qquad x^2-4x-2<0$

$\qquad 2-\sqrt{6}<x<2+\sqrt{6}$　（→オ）

$f(x)=0$ の判別式を D とすると, $a<0$ かつ $D<0$ となればよい。

$\qquad \dfrac{D}{4}=2^2-a(a+3)=-a^2-3a+4$

$\qquad\quad =-(a+4)(a-1)$

$D<0$ より

$\qquad (a+4)(a-1)>0$

$\qquad a<-4,\ 1<a$

$a<0$ より　　$a<-4$　（→カ）

問 4．$\angle BEC=180°-60°=120°$

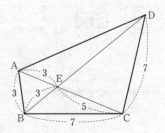

△EBC において, 余弦定理より

$\qquad 7^2=3^2+EC^2-2\cdot3\cdot EC\cdot\cos120°$

$\qquad EC^2+3EC-40=0$

$\qquad EC=-8,\ 5$

$EC>0$ より　　$EC=5$　（→キ）

$\angle CED=60°$ であるから, △CDE において余弦定理より

$\qquad 7^2=5^2+ED^2-2\cdot5\cdot ED\cdot\cos60°$

$\qquad ED^2-5ED-24=0$

ED$=-3$, 8

ED>0 より ED$=8$

よって，求める面積は

$$\frac{1}{2}\cdot AC\cdot BD\cdot \sin 60°=\frac{1}{2}\cdot 8\cdot 11\cdot \frac{\sqrt{3}}{2}$$
$$=22\sqrt{3}\quad(\to ク)$$

問5．1桁の数だけ取り出される確率は

$$\frac{9}{12}\cdot\frac{8}{11}\cdot\frac{7}{10}=\frac{21}{55}$$

2桁の数だけ取り出される確率は

$$\frac{3}{12}\cdot\frac{2}{11}\cdot\frac{1}{10}=\frac{1}{220}$$

よって，求める確率は

$$1-\left(\frac{21}{55}+\frac{1}{220}\right)=\frac{27}{44}\quad(\to ケ)$$

1枚目のカードと2枚目のカードが1桁の数で，3枚目のカードが2桁の数を取り出す確率は

$$\frac{9}{12}\cdot\frac{8}{11}\cdot\frac{3}{10}=\frac{9}{55}$$

よって，求める条件付き確率は

$$\frac{9}{55}\div\frac{27}{44}=\frac{4}{15}\quad(\to コ)$$

$\boxed{2}$ **解答** (1)ア．1 イ．3 ウエ．-1 オ．1
(2)カ―③ キ．0 ク．0 ケ―⑤ コ―⑤ サ．4
シ．2 スセ．17 ソ．4 タチ．-9 ツ．4 テ．0 ト．5
ナ．2 ニヌ．17 ネ．4

[解説] ≪2次関数≫

(1) $x=3$ が解だから

$$3^2-3a+1=0\quad a=\frac{10}{3}$$

このとき

$$x^2-\frac{10}{3}x+1=0$$

$$\left(x-3\right)\left(x-\frac{1}{3}\right)=0$$

他の解は　　$x=\frac{1}{3}$　（→ア，イ）

方程式①の判別式を D とする。

$$D=(-a)^2-4\cdot1\cdot1=a^2-4$$
$$=(a+2)(a-2)$$

方程式①が重解をもつのは，$D=0$ のときであるから

$$(a+2)(a-2)=0　　a=\pm2$$

このときの①の重解は　　$x=-\dfrac{-a}{2}=\dfrac{a}{2}$

よって，求める重解は

$a=-2$ のとき -1，$a=2$ のとき 1 である。（→ウ～オ）

(2)　G が x 軸と異なる 2 つの共有点をもつための条件は

$$D>0　　（→カ，キ）$$

である。

$$f(x)=\left(x-\frac{a}{2}\right)^2-\frac{a^2}{4}+1$$

G の軸は直線 $x=\dfrac{a}{2}$ であるから，これが $x>0$ の範囲にある条件は

$$0<\frac{a}{2}　　（→ク，ケ）$$

である。

$D>0$ より

$$(a+2)(a-2)>0$$
$$a<-2,\ 2<a\ \ \cdots\cdots②$$

$0<\dfrac{a}{2}$ より　　$0<a\ \ \cdots\cdots③$

$f(0)=1>0$ であるから，求める a の値の範囲は，②，③の共通部分で

$$a>2　　（→コ）\ \ \cdots\cdots④$$

G の軸が $0<x<4$ の範囲にあるための条件は

$$0<\frac{a}{2}<4　　（→サ）$$

$0<a<8$ ……⑤

さらに，$f(4)>0$ となればよい。

$4^2-4a+1>0$

$a<\dfrac{17}{4}$ ……⑥

よって，求める a の値の範囲は，④，⑤，⑥の共通範囲で

$2<a<\dfrac{17}{4}$ （→シ〜ソ）

また

$f(1)=2-a,\ f(2)=5-2a$

$2<a<\dfrac{17}{4}$ のとき，$\dfrac{-9}{4}<f(1)<0$ である（→タ〜テ）から，$f(2)<0$

となればよい。

$5-2a<0$　　$\dfrac{5}{2}<a$

したがって　$\dfrac{5}{2}<a<\dfrac{17}{4}$ （→ト〜ネ）

$\boxed{3}$ **解答** (1)ア. 4　イ. 3　ウ. 7　エ. 7
(2)オ. 5　カキ. 10　ク. 3

(3)ケ—①　コ. 7　サ. 3　シ. 3　スセ. 70　ソ. 2　タ. 3

チツ. 40　テ. 6　トナ. 21

解説 ≪図形と計量≫

(1) $0°<\angle\mathrm{ACB}<180°$ より，$\sin\angle\mathrm{ACB}>0$ であるから

$$\sin\angle\mathrm{ACB}=\sqrt{1-\cos^2\angle\mathrm{ACB}}=\sqrt{1-\left(\dfrac{1}{7}\right)^2}$$

$$=\dfrac{4\sqrt{3}}{7}\quad(\to\text{ア〜ウ})$$

正弦定理より

$$\dfrac{\mathrm{BC}}{\sin\angle\mathrm{BAC}}=\dfrac{\mathrm{AB}}{\sin\angle\mathrm{ACB}}$$

$$\mathrm{BC}=8\cdot\dfrac{7}{4\sqrt{3}}\cdot\dfrac{\sqrt{3}}{2}=7\quad(\to\text{エ})$$

(2)　余弦定理より

$$8^2 = 7^2 + CA^2 - 2 \cdot 7 \cdot CA \cdot \cos \angle ACB$$

$$CA^2 - 2CA - 15 = 0$$

$$CA = -3, \; 5$$

$CA > 0$ より　　$CA = 5$　（→オ）

$$S = \frac{1}{2} \cdot 8 \cdot 5 \cdot \sin 60° = 10\sqrt{3}　（→カ～ク）$$

(3)　$\triangle OHA$, $\triangle OHB$, $\triangle OHC$ はいずれも　$\angle H = 90°$ の直角三角形で

$$OA = OB = OC = 7, \; OH は共通$$

であるから，これらの直角三角形は合同である。

よって　　$AH = BH = CH$

したがって，点 H は $\triangle ABC$ の外心である。（→ケ）

AH は外接円の半径であるから，正弦定理より

$$\frac{BC}{\sin \angle BAC} = 2 \times AH$$

$$AH = \frac{1}{2} \cdot 7 \cdot \frac{2}{\sqrt{3}} = \frac{7\sqrt{3}}{3}　（→コ～シ）$$

直角三角形 OHA において

$$OH = \sqrt{OA^2 - AH^2} = \sqrt{7^2 - \left(\frac{7\sqrt{3}}{3}\right)^2} = \frac{7\sqrt{6}}{3}$$

よって，四面体 OABC の体積は

$$\frac{1}{3} \cdot S \cdot OH = \frac{1}{3} \cdot 10\sqrt{3} \cdot \frac{7\sqrt{6}}{3} = \frac{70\sqrt{2}}{3}　（→ス～タ）$$

$\triangle OBC$ は 1 辺の長さが 7 の正三角形であるから，その面積は

$$\frac{1}{2} \cdot 7 \cdot 7 \cdot \sin 60° = \frac{49\sqrt{3}}{4}$$

よって

$$\frac{70\sqrt{2}}{3} = \frac{1}{3} \cdot \frac{49\sqrt{3}}{4} \cdot h$$

$$h = \frac{40\sqrt{6}}{21}　（→チ～ナ）$$

国語

◀A　日　程▶

1 【解答】

問1　ア―② 　イ―① 　ウ―④

問2　ア―⑦ 　イ―④ 　ウ―⑧ 　エ―②

問3　ア―① 　イ―③ 　ウ―④

2

【出典】 三谷尚澄『哲学してもいいですか？――文系学部不要論へのささやかな反論』〈第5章　哲学の始め方〉（ナカニシヤ出版）

【解答】

問1　Ⅰ―① 　Ⅱ―⑤

問2　①

問3　③

問4　④

問5　②

問6　⑤

3

【出典】 寺地はるな『ガラスの海を渡る舟』〈第二章　海〉（PHP研究所）

【解答】

問1　（ア）―③ 　（イ）―⑤ 　（ウ）―④

問2　⑤

問3　②

問4　①

問5　③

◀ B 日 程 ▶

1 解答

問1　アー①　イー②　ウー①
問2　アー⑤　イー①　ウー③　エー⑥
問3　アー②　イー③　ウー④

2 出典

田口茂『現象学という思考——〈自明なもの〉の知へ』〈第2章 「物」——流れのなかで構造をつかむということ〉(筑摩選書)

解答

問1　④
問2　⑤
問3　②
問4　③
問5　②
問6　②・④

3 出典

安壇美緒『金木犀とメテオラ』〈宮田佳乃　十二歳の春〉(集英社文庫)

解答

問1　(ア)ー⑤　(イ)ー⑤　(ウ)ー④
問2　⑤
問3　②
問4　①
問5　④

◀Ｃ　日　程▶

1

解答

問1　アー③　イー③　ウー②

問2　アー⑨　イー⑥　ウー①　エー⑤

問3　アー①　イー③　ウー①

2

出典　猪木武徳『デモクラシーの宿命――歴史に何を学ぶのか』〈第3章　メディアの役割と読者の責任〉（中央公論新社）

解答

問1　③

問2　⑤

問3　④

問4　②

問5　③

問6　②

3

出典　木内昇『剛心』〈第四章〉（集英社）

解答

問1　（ア）ー④　（イ）ー①　（ウ）ー②

問2　④

問3　②

問4　③

問5　④

■一般選抜前期日程：Ａ日程・Ｂ日程

問題編

▶試験科目・配点

方式	学　科	教科	科　　　　　目	配　点
3科目型	理学療法・看護医療・健康栄養	英　語	コミュニケーション英語Ⅰ・Ⅱ・Ⅲ，英語表現Ⅰ・Ⅱ	100 点
		選　択	「数学Ⅰ・Ａ」，「物理基礎・物理」，「化学基礎・化学」，「生物基礎・生物」，基礎理科*，「国語総合（古文・漢文を除く）・現代文Ｂ」から出願時に2科目選択 ※理科2科目の選択は不可	各 100 点
	人間環境デザイン・現代教育	英　語	コミュニケーション英語Ⅰ・Ⅱ・Ⅲ，英語表現Ⅰ・Ⅱ	100 点
		選　択	日本史Ｂ，世界史Ｂ，「数学Ⅰ・Ａ」，「物理基礎・物理」，「化学基礎・化学」，「生物基礎・生物」，基礎理科*，「国語総合（古文・漢文を除く）・現代文Ｂ」から出願時に2科目選択 ※地理歴史2科目，理科2科目の選択は不可	各 100 点
2科目型	理学療法・看護医療・健康栄養	選　択	「コミュニケーション英語Ⅰ・Ⅱ・Ⅲ，英語表現Ⅰ・Ⅱ」，「数学Ⅰ・Ａ」，「物理基礎・物理」，「化学基礎・化学」，「生物基礎・生物」，基礎理科*，「国語総合（古文・漢文を除く）・現代文Ｂ」から出願時に2科目選択 ※理科2科目の選択は不可	各 100 点
	人間環境デザイン・現代教育	選　択	「コミュニケーション英語Ⅰ・Ⅱ・Ⅲ，英語表現Ⅰ・Ⅱ」，日本史Ｂ，世界史Ｂ，「数学Ⅰ・Ａ」，「物理基礎・物理」，「化学基礎・化学」，「生物基礎・生物」，基礎理科*，「国語総合（古文・漢文を除く）・現代文Ｂ」から出願時に2科目選択 ※地理歴史2科目，理科2科目の選択は不可	各 100 点

▶備　考

　＊「基礎理科」は「物理基礎」，「化学基礎」，「生物基礎」から 2 科目選択で 1 科目とみなす。

　・出願したすべての日程・方式ごとに合否を判定する。

　・3 科目型・2 科目型ともに以下の方式に出願できる。

【A 方式（均等配点）】

　・3 科目型：受験した 3 科目の得点を合計し，300 点満点で判定。

　・2 科目型：受験した 2 科目の得点を合計し，200 点満点で判定。3 科目受験した場合は，高得点 2 科目の得点を採用。

【S 方式（得意科目重視）】

　・3 科目型：高得点 1 科目の得点を 2 倍し，400 点満点で判定。

　・2 科目型：高得点 1 科目の得点を 2 倍し，300 点満点で判定。3 科目受験した場合は，最高得点 1 科目の得点を 2 倍し，次の高得点科目とあわせて，300 点満点で判定。

【T 方式（調査書プラス）】

　・3 科目型：受験した 3 科目の得点と調査書（学習成績の状況 × 10〈50 点満点〉）の 350 点満点で判定。

　・2 科目型：受験した 2 科目の得点と調査書（学習成績の状況 × 10〈50 点満点〉）の 250 点満点で判定。3 科目受験した場合は，高得点 2 科目の得点と調査書（学習成績の状況 × 10〈50 点満点〉）の 250 点満点で判定。

▶出題範囲

　・「数学 A」は学習指導要領に示された内容のうち，「(1)場合の数と確率，(3)図形の性質」から出題。

　・「物理」は学習指導要領に示された内容のうち，「(1)様々な運動，(2)波，(3)電気と磁気」から出題。

　・「化学」は学習指導要領に示された内容のうち，「(1)物質の状態と平衡，(2)物質の変化と平衡，(3)無機物質の性質と利用，(4)有機化合物の性質と利用」から出題。

　・「生物」は学習指導要領に示された内容のうち，「(1)生命現象と物質，(2)生殖と発生，(3)生物の環境応答」から出題。

■英語■

◀A 日 程▶

$$\left(\begin{array}{l}\text{3 科目型}\qquad\quad\text{60 分}\\\text{2 科目型}\quad\text{2 科目 120 分}\end{array}\right)$$

1 次の問い（A〜D）に答えなさい。

A 次の問1〜問5の空欄 1 〜 5 に入れるのに最も適当なものを，それぞれ下の①〜④から一つずつ選び，番号で答えなさい。

問1 Actually, I thought the performer's jokes were in poor 1 .
① interest ② judge ③ taste ④ view

問2 Unfortunately, I didn't know who to 2 to when I got into trouble.
① meet ② rely ③ stand ④ turn

問3 You can use this equipment, but it is at your own 3 .
① life ② payment ③ risk ④ safety

問4 The man who complained demanded that his identity 4 .
① be hidden ② hid ③ hide ④ should hide

問5 Jim is the pianist 5 we think will win first prize.
① of that ② what ③ who ④ which

B 次の問1〜問3の下線部のうち，間違いを含むものを，それぞれの①〜④から一つずつ選び，番号で答えなさい。

問1 My teacher gave me ①some advices about how to express myself, ②which encouraged me to make more effort. I ③had thrown myself into painting for two years before ④moving to a college of art in 2012. 6

問2 ①An estimated 5 million hectares of forest lands have been lost there in the last decade.

Our conservation plan seemed to ②be suited the area, but the people ③whose lives rely on forest lands ④were strongly opposed to it. 　7

問3　While cashless payments ①have made progress in recent years, ②on a whole, Japanese people from all generations still prefer cash.　Some of them might ③worry about exposing their personal information to being stolen.　Others like me ④are just more used to cash.
　8

C　次の会話について，下線部(1)，(2)の中で最も強調して発音されるものを，それぞれ下の①～④から一つずつ選び，番号で答えなさい。

（状況）電器店の店員と April が話をしている。

Clerk：Good morning.　How may I help you?

April：Hi, I'm having a problem with my tablet.　It suddenly shuts down soon after I turn it on.

Clerk：Could you let me check it?　… (1)It's likely that the battery is almost dead.

April：Oh, really?　How long will it take to replace it?

Clerk：It'll take about a week.

April：Uh, I'd appreciate it if you could do it by Saturday morning.

Clerk：(2)I think it will be possible, but there will be an extra charge.

April：It is not a problem.　I really need it this weekend.

問1　下線部(1)　　9
① It's　　　　　　② likely　　　　　③ almost　　　　　④ dead

問2　下線部(2)　　10
① think　　　　　② possible　　　　③ there　　　　　④ extra charge

D　次の問1，問2の会話の空欄　11 ，　12 　に入れるのに最も適当なものを，それぞれ下の①～④から一つずつ選び，番号で答えなさい。

問1　Tom　　：The meeting ran long.　It's already noon!
　　　Angela：I know a good restaurant near here.　How about lunch on me?
　　　Tom　　：Thank you, Angela!　　11

① How much will it cost me?
② It doesn't take long to get to my favorite place.
③ I've had enough.
④ Next time, it's on me.

問2　Amy：You look like you've lost a lot of weight!　How did you do it?
　　　Dan：These days I have only vegetable soup for lunch.

Amy：Uh, that sounds tough.

Dan：Not really.　| 12 |

① It's much easier than you think.
② It's less effective than I expected.
③ You've lost about 5 kilos in half a year.
④ You have to eat more meat than usual.

---

2 次の問1～問5の英文を完成させるために，それぞれ下の語(句)を正しく並べ替えたとき，
空欄 | 13 |～| 22 | にあたる語(句)を番号で答えなさい。ただし，不要な語(句)が一つずつ
含まれている。

問1 I ＿＿＿＿ | 13 | ＿＿＿＿ | 14 | ＿＿＿＿ the people in the village.

① pleasure　　　② on　　　③ helping
④ of　　　　　　⑤ got　　　⑥ out

問2 We should | 15 | ＿＿＿＿ | 16 | ＿＿＿＿ ＿＿＿＿ as that.

① going　　　　② with　　② a rule
④ do　　　　　 ⑤ such　　 ⑥ away

問3 There was ＿＿＿＿ | 17 | ＿＿＿＿ | 18 | ＿＿＿＿ celebrate the team's victory.

① did　　　　　② who　　　③ somebody
④ one　　　　　⑤ not　　　⑥ no

問4 Amy thought | 19 | ＿＿＿＿ | 20 | ＿＿＿＿ ＿＿＿＿ to quit her job.

① she　　　　　② better　　③ it
④ her　　　　　⑤ not　　　⑥ for

問5 It ＿＿＿＿ | 21 | ＿＿＿＿ | 22 | ＿＿＿＿ Kate called me.

① the weekend　② not　　　③ was
④ when　　　　 ⑤ that　　 ⑥ until

3 　次の文章を読み，**問1～問5**の空欄 23 ～ 27 に入れるのに最も適当なものを，それ
ぞれ下の①～④から一つずつ選び，番号で答えなさい。

Yuta, an exchange student at a high school in the US, is looking at a website for language
camps, while exchanging messages with a member of the staff at a language school.

GOLD LANGUAGE SCHOOL SUMMER CAMPS in 2023

	Age and recommended English score	Dates	Basic fee	Features
Basic	**Age:** 12 years or older **Score:** No English ability required	August 1st - 4th	$720	Involves many activities students enjoy
Intermediate	**Age:** Between 15 and 18 **Score:** At or above 200 points	August 6th - 10th	$800	Improves basic skills like grammar and word usage
Advanced	**Age:** 15 or older **Score:** At or above 250 points	August 1st - 8th	$1,500	Develops debating skills for topics about social issues
Business	**Age:** 18 or older **Score:** At or above 280 points	August 7th - 10th	$900	Specializes in practical English / Special lesson★

· For further details about the camps, please email David Wilson, the director of the summer camps.
  (dwilson@glanguageschool.com)
· Please fill out the application form (HERE) on the website at least two weeks before the start of the camp.
· You are required to attend an information session held at Coldwell School, two days before the start of each camp.
  If you can't come to Coldwell School, you can join the information session online.　(If you are planning to join the
  session online, call Gold Language School office before 5 pm on the day before the information session.)
  ★**This year's special lesson** (Extra fee: $80): The manager of a five-star hotel will teach you how to communicate
  with customers in English.

[Yuta sends an enquiry to Gold Language School]
Hi, I'm Yuta Tanaka, a 16-year-old student at Hudson High School.　I'm thinking about
joining one of your language camps and I have some questions.
  1. My English test score is 238 points.　Could I join the advanced camp to help me develop
     my debating skills?　I've heard that you also have other courses which focus on
     debating.　Would it be better for me to take one of those rather than go on the advanced
     summer camp?
  2. My budget is $1,500.　Are there any costs in addition to the basic fee?

[David Wilson answers Yuta's enquiry]
Thank you for your enquiry.　I'm David Wilson, the director of the summer camps.
If you want to develop your debating skills, your best option would be to join the advanced
camp.　You will spend 8 hours each day in lessons if you join one of our camps!　It is
preferable for students to have the recommended English score before the start of the camp,
but it is not a requirement for joining the camp.
The basic fee includes meals, accommodation, and transportation, so you only need to bring

some pocket money for any personal shopping.　However, you could choose to stay in a single room which would cost you an extra $50 a night.　If you apply a month before the start of the camp, you can get a 10% discount on the basic fee.

問 1　If you choose the intermediate camp and want to get a 10% discount, you have to apply by
　　　 23 　.
　　① July 1st　　　　　　② July 6th
　　③ July 23rd　　　　　④ August 6th

問 2　You would pay 　24　 if you apply to the business camp on July 20th, stay in a single room, and take the special lesson.
　　① 980 dollars　　　　② 1,050 dollars
　　③ 1,130 dollars　　　④ 1,500 dollars

問 3　What should you do if you cannot visit the place for the information session? 　25
　　① Fill in the form on the website.　② Pay an additional fee.
　　③ Email the teacher in charge.　④ Make a phone call to the language school office.

問 4　According to the website and messages, one fact (not an opinion) is that 　26　.
　　① Yuta can't join the advanced camp because of his lack of ability
　　② Yuta can't join the business camp because he does not meet the requirements
　　③ the business camp has many activities which students will enjoy
　　④ the more difficult the lessons become, the harder you need to work to take them

問 5　According to the website and messages, one opinion (not a fact) is that 　27　.
　　① studying in the advanced camp can be effective for developing debating skills
　　② you can take part in the basic camp even if you do not have enough points
　　③ the advanced camp is the most expensive and longest of the four camps
　　④ the lecturer for this year's special lesson works at a hotel

④　次の文章を読み，問い（A〜E）に答えなさい。

Digital technology is an increasingly familiar part of the school environment. Tablets have been introduced into many schools as the prices have dropped and versions for schools become available. Traditional chalkboards have been replaced by digital whiteboards in classrooms across Europe. In short, there's been a massive investment in both hardware and software in education. （　ア　）, there is still a shortage of people who are skilled and qualified in information and communication technologies (ICT). So where does the problem lie?

For some education experts, the issue is that pupils are not taught about how digital resources work. These experts are in favour of teaching computer coding and programming in the same way as other traditional school subjects. Others point out that the potential of the digital classroom has not been fully exploited yet: in effect, the argument is more about how the new technological tools can be used to revolutionize learning rather than the actual tools themselves. One expert, Gareth Mills, points out that an interactive whiteboard might still be used with a traditional teaching style where the teacher talks to a passive group of students. This is to （　イ　） the possibilities that putting the tools into the hands of the pupils can lead to. In Wales, a recent report recommended that, despite fears that students would be distracted if they had access to social networking sites, such sites should not be blocked in schools — (1)they can in fact be used as a platform for sharing learning materials.

The reality is that digital media can truly inspire and enable new approaches to teaching and learning. For example, when students can view the content of a lesson before and after the class via a computer or mobile device, this frees timetabled class time for interactive and more focused work with the teacher. Gareth Mills explains the benefits of working together on practical tasks and inter-school or even inter-country projects where students can develop problem-solving skills. This is precisely the type of skill that is needed to understand how ICT works, as the European Commission points out.

In addition, sharing learning materials can give schools more flexibility in the traditional organization of school timetables. For teenagers in particular, changing the school day so that lessons start later can have an important impact on how well they learn. One UK school ran a trial where lessons began at 10 am instead of 9 am. The exam results at the end of the year showed improvement across all subjects, with pass rates going up by 20 per cent in English and by 34 per cent in ICT.

The real value of digital tools, therefore, lies not only in the way they can deliver content to students but in the way they can change the whole landscape of classroom interaction. Events like the European e-Skills Week are key opportunities to show that where digital skills are concerned, schools need to look not (2){ ①also ②at ③but ④they ⑤only ⑥what ⑦how } teach.

A　文中の（　ア　），（　イ　）に入れるのに最も適当な語(句)を，次の①〜④から一つずつ選び，番号で答えなさい。

出典追記：Keynote, British English, Upper-Intermediate by Paul Dummett, Helen Stephenson, Lewis Lansford, Cengage Learning

（　ア　）　28
① Above all　　　② Nevertheless　　　③ Then　　　④ Besides

（　イ　）　29
① improve　　　② help　　　③ ignore　　　④ make

B　下線部(1)の they の指示内容として最も適当なものを，次の①～④から一つ選び，番号で答えなさい。　30

① schools　　② learning materials　　③ students　　④ social networking sites

C　下線部(2)の {　　　} 内の語を意味が通るように並べ替えたとき，3番目にくる語は①～⑦のうちどれか。番号で答えなさい。　31

D　Gareth Mills について本文の記述に最も合うものを，次の①～④から一つ選び，番号で答えなさい。　32

① He thinks that new technological tools have not been fully made use of.
② He thinks it would be better to use traditional teaching as well as digital technology.
③ He thinks the blackboard is still necessary for students to develop problem-solving skills.
④ He thinks students can benefit more without digital tools by working with other students.

E　本文の内容と合っているものを，次の①～⑧から三つ選び，番号で答えなさい。ただし，解答の順序は問わない。　33 ～ 35

① More and more digital technology is being used in place of traditional educational tools.
② There are problems with software that prevent skilled teachers from teaching well.
③ Experts agree that computer coding can also be taught in traditional ways.
④ Some experts think it is possible to use digital technology for all types of students.
⑤ Students who study with mobile devices before and after a lesson can learn effectively in class.
⑥ One expert says digital technology allows students to develop problem-solving skills.
⑦ The traditional organization of school timetables enables students to gain flexibility.
⑧ Digital tools can hardly change the way to interact in class.

◀B 日 程▶

$$\binom{3\,科目型 \qquad\qquad 60\,分}{2\,科目型 \quad 2\,科目 \ 120\,分}$$

1　次の問い（A〜D）に答えなさい。

A　次の問1〜問5の空欄　1　〜　5　に入れるのに最も適当なものを，それぞれ下の①〜④から一つずつ選び，番号で答えなさい。

問1　Gary took it as a　1　that his son would take over his farm.
① given　　　　② kind　　　　③ look　　　　④ thought

問2　The girl soon　2　out her running shoes through hard training.
① aged　　　　② broke　　　　③ ran　　　　④ wore

問3　Emily didn't show up until the last minute, so I had to　3　in for her.
① have　　　　② see　　　　③ stand　　　　④ take

問4　Cathy ate up a large amount of food in　4　five minutes.
① least　　　　② less than　　　　③ much as　　　　④ no more

問5　Ken was left　5　outside in the cold and rain.
① wait　　　　② waits　　　　③ waited　　　　④ waiting

B　次の問1〜問3の下線部のうち，間違いを含むものを，それぞれの①〜④から一つずつ選び，番号で答えなさい。

問1　Tom thought of himself as a shy guy, while his son, Austin, became more outgoing ①as he grew up.　Tom didn't think that his son ②is taking after him ③in character, but actually ④their way of thinking about life was quite similar.　　6

問2　You ①had better check whether you filled in each item on the application form ②before you hand it in to the career office.　If you ③fail completing the form, they might reject it or ④require you to resubmit it.　　7

問3　On the second day of our trip, our flight was cancelled ①due to a typhoon and we ②were stuck at the airport.　If there ③were no such trouble, we could have arrived in London on time and ④enjoyed the show we had wanted to see.　　8

C　次の会話について，下線部(1)，(2)の中で最も強調して発音されるものを，それぞれ下の①～④から一つずつ選び，番号で答えなさい。

（状況）受付でスタッフと Liz が話をしている。

Staff：Hello.　May I help you?

Liz　：Hi, I'm Liz Mason.　(1)I've seen an ad about your activities and I'd like to volunteer if I can.　Could you explain a little bit about the activities?

Staff：I'd love to.　We teach small children here, two or three times a month.

Liz　：That's wonderful.　I don't have any experience in teaching.　Is that OK?

Staff：No problem.　Experience is not essential.

Liz　：I'm relieved to hear that.

Staff：(2)You can support other volunteer teachers by cleaning rooms, preparing teaching materials, and so on.

Liz　：I see.　I will be happy to work with you.

問1　下線部(1)　| 9 |
① seen　　　　　　② ad　　　　　　③ volunteer　　　　④ can

問2　下線部(2)　| 10 |
① support　　　　② teachers　　　③ cleaning　　　　④ materials

D　次の問1，問2の会話の空欄　| 11 |，| 12 | に入れるのに最も適当なものを，それぞれ下の①～④から一つずつ選び，番号で答えなさい。

問1　Mother：There's water everywhere!　What happened?
　　　Boy　：| 11 |　The wind drove the rain through the open window.
　　　Mother：Okay, next time, close the window before you go out.

① It couldn't be helped.
② Everything will work out all right.
③ The weather will go bad.
④ You will clean the room.

問2　Eva　：Hi, I'm Eva Johnson and I made a reservation online for tonight.　Can I leave my baggage here until the check-in time?
　　　Clerk：Of course, Ms. Johnson.　| 12 |
　　　Eva　：OK. ... Here you are.　Thanks.　I'll be back by 4 pm.

① Can you fill in your details on this form?
② Can you keep your baggage till you come back?
③ Did you decide how many nights you want to stay?
④ Would you like to check in before 4 pm?

2 　次の問 1〜問 5 の英文を完成させるために，それぞれ下の語(句)を正しく並べ替えたとき，
　　空欄 13 〜 22 にあたる語(句)を番号で答えなさい。ただし，不要な語(句)が一つずつ
　　含まれている。なお，文頭にくる語(句)も小文字で示してある。

問1　How ＿＿＿＿ 13 ＿＿＿＿ 14 ＿＿＿＿ fake ones?

① tell　　　　　　② genuine diamonds　　③ can
④ difference　　　⑤ from　　　　　　　　⑥ you

問2　It seemed like our holiday was 15 ＿＿＿ 16 ＿＿＿ ＿＿＿ .

① an eye　　　　　② in　　　　　　　　　③ flashes
④ over　　　　　　⑤ of　　　　　　　　　⑥ the blink

問3　＿＿＿＿ 17 ＿＿＿＿ 18 ＿＿＿＿ the same mistake again.

① don't　　　　　② had　　　　　　　　③ not
④ make　　　　　⑤ better　　　　　　　⑥ you

問4　You should apologize 19 ＿＿＿ 20 ＿＿＿ ＿＿＿ to his letter.

① John　　　　　　② because　　　　　　③ to
④ replying　　　　⑤ not　　　　　　　　⑥ for

問5　It is necessary ＿＿＿＿ 21 ＿＿＿＿ 22 ＿＿＿＿ .

① I　　　　　　　② am　　　　　　　　③ the worst
④ prepare　　　　⑤ for　　　　　　　　⑥ that

3 　次の文章を読み，問 1 ～問 5 の空欄 23 ～ 27 に入れるのに最も適当なものを，それ
ぞれ下の①～④から一つずつ選び，番号で答えなさい。なお，*のついた語（句）は後に注がある。

Iris and Toby are having an email discussion about their plans for a skiing trip for students
with their friends.

[From Iris to Toby]

　Thank you for planning our skiing trip.　I did an online search for some hotels near the ski
resort.

　I liked the look of the Snow Valley Hotel which you recommended.　However, it does not
have non-smoking rooms available for the 2 nights when we want to stay there.　How about
the Ski Holiday Hotel?　Jim will be pleased because it has a good reputation for food.　Beth
and I want to use a spa on the morning of our final day.　The Abel Hotel is close to the airport
so we could easily visit other spas or restaurants if we stay there.

　By the way, my cousin has given me a pair of skis so I think I only need to rent ski wear.
Beth said that she is planning to send her skis and ski wear *by courier because she doesn't
want to carry heavy bags when we travel.　Do you think that is a good idea?　We will follow
your advice.

Hotel Name	Access to Ski Resort	Charge (per night)	Meals
Abel	30 minutes by *courtesy bus	50 dollars	No meals
Snow Valley	1 minute on foot	80 dollars	Breakfast and dinner
Blue Peaks	5 minutes by courtesy bus	100 dollars	Breakfast only
Ski Holiday	5 minutes on foot	150 dollars	Breakfast and dinner

・Guests staying at any of these 4 hotels can purchase a one-day combination ticket for $90,
which covers the cost of a lift pass, plus rental of skis, ski boots, and ski wear.

[From Toby to Iris]

　Thanks for the information about the hotels.　The Ski Holiday Hotel looks really nice, but
the room charge is over our budget of $100 per person per night.　We can't choose the Snow
Valley Hotel because Beth hates the smell of cigarettes.　The Blue Peaks Hotel is a large
hotel with many restaurants and a spa.　We aren't going to ski on the first day, and Jim and
I want to do a final session of skiing on the morning of our third day.　We do not want to
waste too much time traveling to the ski resort from the hotel.

　As for skiing equipment I recommend that you buy a combination ticket each day.　It will
be your first experience of skiing.　Even though your cousin has given you a pair of skis, you
would still need to rent ski boots and ski wear.　Jim and I will take all our equipment with
us, but if I were you, I would rent everything at the ski resort.　By the way, I think you should
join a skiing lesson on the morning of our second day.　Jim is the best skier in our group but
I think he would not be a good teacher.　If we stay at the Blue Peaks Hotel or the Ski Holiday
Hotel, you will be able to take ski lessons for free.

Toby's note: a list of charges				
Skis and ski boots	one-day: $30 / half-day: $15	Courier service	one-way: $30 / round trip: $50
Ski wear	one-day: $50 / half-day: $25	Skiing lessons	beginners: $100
Lift pass	one-day: $50 / half-day: $30		

（注）by courier「宅配便で」　courtesy bus「（無料の）送迎バス」

問1　Iris, Toby, Beth and Jim will probably stay at ┌ 23 ┐.

① the Abel Hotel　　　　② the Snow Valley Hotel
③ the Blue Peaks Hotel ④ the Ski Holiday Hotel

問2　To enjoy skiing all day on the second day, Iris will pay ┌ 24 ┐.

① 90 dollars　　　　② 100 dollars
③ 130 dollars　　　 ④ 190 dollars

問3　To enjoy skiing on the third day, Toby will pay ┌ 25 ┐.

① 30 dollars　　　　② 50 dollars
③ 60 dollars　　　　④ 70 dollars

問4　According to the emails, one fact (not an opinion) is that ┌ 26 ┐.

① Iris, who has never skied before, needs to take a skiing lesson
② of the four hotels, the Abel Hotel is located furthest from the ski resort
③ Jim can ski very well but can't teach people how to ski
④ Toby has stayed at the Blue Peaks Hotel before and recommended it to Iris

問5　According to the emails, one opinion (not a fact) is that ┌ 27 ┐.

① Iris doesn't choose to stay in a room where smoking is permitted
② none of the students is going to ski on the first day of their trip
③ buying the combination ticket will be a good deal for Iris
④ the four students have budgeted for 100 dollars per night per person for a room

4　次の文章を読み，問い（A～E）に答えなさい。なお，＊のついた語は後に注がある。

People use biotechnology to change living things.　People have used biotechnology for thousands of years.　In the past, they have used it to create new plants, animals, and microbes that make cheese, yogurt, bread, beer, and wine.　Biotechnology advanced very quickly when DNA was discovered in 1953.　Every living cell has DNA.　DNA is made up of genes.　Today, scientists who work in biotechnology can change genes and change living cells.

Farmers have been changing the genes of crops like corn, wheat, and rice for thousands of years, and today we grow better and better crops.　In the 1960s, scientists made new kinds of crops.　These crops grew faster, bigger, and were more resistant to disease.　In 1992, an American company changed the genes in some cotton plants.　The change made the leaves poisonous to certain kinds of insects that eat cotton plants.　(1) <u>In this way</u>, farmers grow more crops and do not need to use harmful insecticides.

Our fruits and vegetables are also changing.　When we go to the supermarket today, we may see many kinds of tomatoes.　They have different colors and sizes.　Some tomatoes are long-life types, meaning they stay fresh longer.　They are red and have a perfect shape, but they don't get soft.　Scientists have changed the genes of these tomatoes.　We do not know if changing the genes of plants we eat will be good for our health.　（　ア　）, we do not know what will happen to other natural plants that grow near these plants.

At the same time, we have improved breeds of animals over many years.　For example, we have created faster horses for horse racing and cows that give more milk.　Scientists now use the process of biotechnology to continue to create animals that are useful to humans.　In 1994, scientists in Australia invented a way of (2){ ①cutting ②from ③it ④off ⑤removing ⑥sheep without ⑦the wool }.　They gave the sheep a special hormone and wrapped a hairnet around the sheep.　After three weeks, they could peel the wool off by hand.　Scientists have used pigs to help humans receive heart transplants.　Pigs and humans have different genes.　However, the heart of a pig is similar to the human heart in size and shape.　Scientists put human genes into pigs.　This makes it possible for the human body to accept the heart of a pig in a transplant operation.

Scientists are also using biotechnology to clean up　（　イ　）　places.　When oil from ships or factories spills into the sea, it is poisonous.　The poisons endanger plants and animals in the area.　The poisons can also be passed on to the food we eat.　In laboratories, scientists now grow microbes that can digest or break up the oil.　In 1999, scientists in the United States developed a new microbe that eats waste material at nuclear sites and makes the sites less harmful.　Sometimes there is too much *arsenic, a poison, in the ground.　A little arsenic is fine, but too much is dangerous to plants, animals, and people.　Scientists have now created a plant that sucks up arsenic from the ground.

（注）arsenic「ヒ素」

A　下線部(1)の In this way の意味内容として最も適当なものを，次の①～④から一つ選び，番号で答えなさい。　　28

①　By changing the genes in some cotton plants to make them resistant to harmful insects.

出典追記：Weaving It Together 2 by Milada Broukal, Cengage Learning

② By using the genes of certain kinds of insects to make plants stronger.

③ By creating new kinds of plants from the genes of some cotton plants.

④ By making the genes of poisonous plants and transplanting them into crops.

B　文中の（　ア　），（　イ　）に入れるのに最も適当な語(句)を，次の①～④から一つずつ選び，番号で答えなさい。

（　ア　）　　[29]

① In short　　　② Likewise　　　③ On the contrary　　　④ However

（　イ　）　　[30]

① scientific　　　② distant　　　③ dangerous　　　④ industrial

C　下線部(2)の｛　　　　｝内の語(句)を意味が通るように並べ替えたとき，6番目にくる語(句)は①～⑦のうちどれか。番号で答えなさい。　　[31]

D　microbe について本文の記述に最も合うものを，次の①～④から一つ選び，番号で答えなさい。
[32]

① Scientists have found that microbes are the main cause of making the ocean dirty.

② Biotechnology enables scientists to create microbes from waste material at nuclear sites.

③ A microbe has been found to be effective in helping to break up the oil spilt in the sea.

④ The use of microbes is not effective when there is too much arsenic in the ground.

E　本文の内容と合っているものを，次の①～⑧から三つ選び，番号で答えなさい。ただし，解答の順序は問わない。　　[33]～[35]

① Biotechnology has a long history of helping people improve nature to make their daily lives better.

② Scientists made advances in biotechnology after the discovery of DNA in the 1950s.

③ Farmers began to grow new kinds of crops resistant to disease in the 1980s.

④ Scientists succeeded in developing chemicals that kill insects by using biotechnology.

⑤ It is still difficult to make a variety of fruits, not only in size but also in color.

⑥ We cannot be certain if genetically modified food products are good for humans.

⑦ Scientists are working on animals that are useful for humans without using biotechnology.

⑧ Robots which work in poisonous places in place of humans are based on biotechnology.

■■■■日本史■■■■

◀A　日　程▶

（2 科目 120 分）

1　古代から現代にかけての税制に関する次の文章を読み，下の問い（**問 1 ～ 9**）に答えなさい。
　　（史料は，一部省略したり，書き改めたりしたところもある。）

　　原始時代においてクニが成立していく過程で身分の差が生まれ，労働や様々な物などを上級身
分の人々へ貢納する仕組みが形成された。中国の歴史書である　**ア**　には，邪馬台国には身分
の差があり，納められた租税を蓄えるための倉庫が存在していたことが記されている。その後，
ヤマト政権が支配を拡大していく中で，ヤマト政権に対して労働や様々な物を貢納する仕組みが
整えられた。7 世紀に入ると，天皇を中心とする中央集権国家へ移行する契機が訪れ，税制も
ヤマト政権時の仕組みから(a)令に基づく仕組みへと変化した。
　　令における税制は，戸籍や計帳を作成して個人に対して賦課する仕組みであった。しかし(b)8
世紀後半以降，しだいに個人に対して賦課することが困難となり，10 世紀頃には個人ではなく土
地に対して課税する仕組みへと変化した。そして荘園公領制が成立すると，(c)土地ごとに課せら
れた税負担を，荘園領主や国司などに貢納する仕組みが整えられた。13 世紀以降に貨幣経済が社
会に浸透すると，しだいに現物による貢納から銭納へと変化していった。14 世紀に成立した室町
幕府はこの仕組みを利用して，(d)銭貨による税負担を様々な立場の人々に広く賦課した。
　　戦国時代には貫高制を採用する大名もいたが，豊臣秀吉は石高制を全国的に統一した仕組みと
して採用した。江戸幕府は石高制を継承し，(e)石高は大名や民衆に対する賦課の基準として用い
られた。18 世紀以降には，石高制に基づく賦課を幕府の経済的基盤として，銭貨による税収入が
幕府財政の一端を担うようになった。特に老中であった　**イ**　は株仲間を広く公認し，運上や
冥加などの営業税の増収をめざした。
　　明治時代になると(f)地租改正条例が定められ，税制改革が実行された。その後，(g)政府は社会
情勢にあわせて地租の税率を改定するとともに，地租以外の税も増やして増収をはかろうとした。
第二次世界大戦後の占領期は，税制の抜本的改革が行われた。戦後の混乱により低迷する国家財政
に対して，(h)アメリカの租税専門家チームが来日して日本政府に税制改革を勧告した。その後，
1980 年代末には消費税が導入されるなど，日本の税制は社会情勢にあわせて変化してきた。

問 1　空欄　**ア**・**イ**　に入る語句の組合せとして最も適当なものを，次の①～④の中から
　　一つ選びなさい。　**1**
　　①　**ア**　「魏志」倭人伝　　**イ**　新井白石　　②　**ア**　「魏志」倭人伝　　**イ**　田沼意次
　　③　**ア**　『漢書』地理志　　**イ**　新井白石　　④　**ア**　『漢書』地理志　　**イ**　田沼意次

問2　下線部(a)について，令で規定された内容について述べた文として**適当でないもの**を，次の①
　　〜④の中から一つ選びなさい。　2

　　①　口分田から収穫された稲の一部は，租として主に地方の財源となった。
　　②　各地で収穫・生産された特産物は，調として中央政府に納められた。
　　③　成人男性に対して，地方で60日以内の労役を行う雑徭が課せられた。
　　④　成人男性に対して，庸などを都まで運ぶ労役として歳役が課せられた。

問3　下線部(b)について，個人に対して賦課することが難しくなった要因について述べた次の文
　　X・Yについて，その正誤の組合せとして最も適当なものを，下の①〜④の中から一つ選びな
　　さい。　3

　　　X　毎年作成されていた戸籍に，女性を男性と偽って記録することが増えたから。
　　　Y　税負担から逃れるために，民衆が本籍地を離れて浮浪や逃亡などを行うことが増えたか
　　　　ら。

　　①　X　正　Y　正　　　　　　　　　②　X　正　Y　誤
　　③　X　誤　Y　正　　　　　　　　　④　X　誤　Y　誤

問4　下線部(c)に関連して，荘園の荘官の呼称と，公領の支配にあたる国衙で実務を担当した役人
　　の呼称との組合せとして最も適当なものを，次の①〜④の中から一つ選びなさい。　4
　　①　預所－在庁官人　　　　　　　　　②　預所－下司
　　③　領家－在庁官人　　　　　　　　　④　領家－下司

問5　下線部(d)について，民衆に賦課された税負担と，賦課された対象との組合せとして最も適当
　　なものを，次の①〜④の中から一つ選びなさい。　5
　　①　段銭－貿易を行う商人　　　　　　②　分一銭－五山の僧侶
　　③　抽分銭－高利貸　　　　　　　　　④　関銭－運送業者

問6　下線部(e)について，石高を基準とした賦課について述べた次の文a〜dについて，最も適当
　　なものの組合せを，下の①〜④の中から一つ選びなさい。　6

　　　a　江戸時代を通じて，大名からは石高1万石につき100石の米が幕府へ上納された。
　　　b　大名は石高に応じて一定数の兵馬を常備し，戦時には将軍の命令で出陣した。
　　　c　村に対しては石高に応じて年貢が課せられ，納入は村全体で請け負った。
　　　d　村政に参加できる水呑には，石高を基準として本途物成が課せられた。

　　①　a・c　　②　a・d　　③　b・c　　④　b・d

問7　下線部(f)について，次に示す史料は地租改正の太政官布告の一部である。史料中に示されて
　　いる内容について述べた下の文X・Yについて，その正誤の組合せとして最も適当なものを，
　　下の①〜④の中から一つ選びなさい。　7

今般地租改正ニ付，旧来田畑貢納ノ法ハ悉皆相廃シ，更ニ地券調査相済次第，土地ノ代価ニ随ヒ百分ノ三ヲ以テ地租ト相定ムヘキ旨仰セ出サレ候条，改正ノ旨趣別紙条例ノ通相心得ヘシ。

X　江戸時代に定められた，石高を基準とする年貢納入法は廃止された。
Y　土地の代価である地価の3％を，地租とすることが定められた。

① X　正　Y　正　　　　　　　② X　正　Y　誤
③ X　誤　Y　正　　　　　　　④ X　誤　Y　誤

問8　下線部(g)に関連して，地租の税率の変更に関して述べた次の文Ⅰ～Ⅲについて，古いものから年代順に正しく配列したものを，下の①～⑥の中から一つ選びなさい。　| 8 |

Ⅰ　第2次山県有朋内閣は，地租の税率を3.3％に変更した。
Ⅱ　日露戦争の最中，地租の税率が5.5％に変更された。
Ⅲ　地租改正反対一揆をうけて，地租の税率が2.5％に変更された。

① Ⅰ→Ⅱ→Ⅲ　　② Ⅰ→Ⅲ→Ⅱ　　③ Ⅱ→Ⅰ→Ⅲ
④ Ⅱ→Ⅲ→Ⅰ　　⑤ Ⅲ→Ⅰ→Ⅱ　　⑥ Ⅲ→Ⅱ→Ⅰ

問9　下線部(h)について，勧告を行った財政学者と，その勧告方針との組合せとして最も適当なものを，次の①～④の中から一つ選びなさい。| 9 |
① シャウプ－間接税中心主義　　② シャウプ－直接税中心主義
③ ニクソン－間接税中心主義　　④ ニクソン－直接税中心主義

2 藤原氏に関する次の文章を読み，空欄 10 ～ 18 に入る語句として最も適当なものを，それぞれの①～④の中から一つ選びなさい。

藤原氏は古くから祭祀を職能とした中臣氏から分岐した氏族で，乙巳の変後， 10 〔①皇太子 ②国博士 ③右大臣 ④内臣〕の地位についていた中臣鎌足が，死に臨んで天智天皇から大織冠と藤原の姓を賜ったことに始まる。鎌足の子不比等は持統太上天皇の信頼を得て大宝律令の制定に参画し，さらには平城遷都にも尽力した。不比等の子の武智麻呂など4兄弟はいずれも参議以上に上り，長屋王を死に追い込んだ後，政権を掌握したが，天然痘によって4兄弟は相次いで病死した。そして橘諸兄が政権を握ると，藤原氏式家の 11 〔①藤原広嗣 ②藤原宇合 ③藤原百川 ④藤原種継〕が九州で反乱を起こし，鎮圧された。その後，光明皇太后と結んだ藤原仲麻呂が淳仁天皇を擁立して一時政権を握った。この時，藤原仲麻呂は天皇から恵美押勝の名を賜り， 12 〔①法王 ②大師 ③摂政 ④関白〕の地位を得た。しかし，孝謙太上天皇との争いで敗死した。孝謙太上天皇が重祚した称徳天皇の死後，天武天皇系に代わって天智天皇系の光仁天皇が即位した。光仁天皇の子である桓武天皇は 13 〔①大津宮 ②難波宮 ③長岡京 ④藤原京〕に遷都したが，宮都造営の責任者が暗殺される事件が起こった。

平安時代に入ると藤原氏のなかで北家が台頭したが，そのきっかけとなったのは 14 〔①平城太上天皇の変 ②承和の変 ③応天門の変 ④安和の変〕の際に藤原冬嗣が蔵人頭に任命されたことであった。平安時代中期には，藤原北家の人物が天皇の外戚として摂政・関白に就任して政治を主導する摂関政治が行われ，藤原道長・頼通の時期にはその全盛期を迎えた。

院政期に入ると，摂関・関白の地位は院に左右されるようになり，摂関家は院に従属するようになったが，以後も朝廷内での権威や地位を保ち続けた。鎌倉幕府が開かれると摂関家は将軍家との関係を深め，3代将軍源実朝の暗殺後には，摂関家出身の 15 〔①藤原良房 ②藤原基経 ③藤原時平 ④藤原頼経〕が新将軍に迎えられ，2代にわたって摂家将軍が続いた。その後は 16 〔①後鳥羽上皇 ②後嵯峨上皇 ③順徳上皇 ④後深草上皇〕の皇子である宗尊親王が将軍として迎えられた。

南北朝時代に入ると，政治的混乱の中，摂関家の人々が文化面で活躍する機会が増えてきた。北朝方の摂政・関白に就任した二条良基もその一人である。彼は『 17 』〔①新撰菟玖波集 ②菟玖波集 ③新古今和歌集 ④閑吟集〕を編纂して連歌の地位を高めた。また，室町時代中期には一条兼良があらわれ，博学多才で当代随一の学者と言われた。彼は9代将軍 18 〔①足利義持 ②足利義教 ③足利義尚 ④足利義政〕の問いに答えた意見書である『樵談治要』を著した。このように，摂関家の人々は自らの文化的素養を軸にして，混乱する世の中を乗り越えて摂関家の家柄を後世へと残していった。

3　近世の文学・俳諧などに関する次の文章を読み，下の問い（問 1 〜 9）に答えなさい。

　江戸時代初期には，文学で教訓・道徳を主とした仮名草子があらわれた。一方，俳諧は連歌から独立し，松永貞徳の貞門俳諧が流行した。形式化した貞門俳諧に対して，　ア　は自由で平易な談林俳諧を創始した。談林俳諧で注目を集めていた井原西鶴は，現世否定的で教訓を主とする仮名草子とは異なり，享楽現実的で(a)風俗小説である浮世草子に転じて，文学に新しい世界を開いた。同じ頃，俳諧においては，奇抜な趣向をねらう談林俳諧に対して，(b)松尾芭蕉が幽玄閑寂な蕉風（正風）俳諧を確立して俳諧の地位を向上させた。

　江戸時代中期の文学隆盛を支えたのは，本屋や貸本屋の存在であった。本屋では耕書堂を営んだ蔦屋重三郎があらわれ，小説の出版・販売だけでなく絵画の販売も行った。蔦屋は本に浮世絵を挿し絵として取り入れるなどの企画を行い，また(c)東洲斎写楽の作品を販売するなどして大きく業績を伸ばした。こうした絵入りの小説は草双紙とよばれ，対象によって赤本・青本・黒本などと分類されており，青本から転化して黄表紙があらわれた。また，浮世草子が衰退したのち，江戸の遊里を描いた洒落本が流行したが，のちに(d)一部の作家は，寛政の改革で処罰された。同じ頃，俳諧では，(e)蕪村が絵画にそのまま描けるような句をよんだ。また柄井川柳は，俳句の形式を借りて世相や風俗を風刺する(f)川柳を，文学の一分野として定着させた。

　江戸時代後期には，(g)洒落本や黄表紙の流れをくむ小説や読本なども流行したが，一部の作家は天保の改革において処罰された。また，川柳とともに　イ　がさかんにつくられた。その中には為政者を鋭く批判するものや世相を皮肉るものもみられ，大田南畝や石川雅望などが代表的作者であった。地方においては，風俗や民俗を紹介する作品が生み出された。(h)越後の商人であった鈴木牧之は江戸の文化人とも交わり，雪国の自然や生活を紹介した。

問1　空欄　ア・イ　に入る語句の組合せとして最も適当なものを，次の①〜④の中から一つ選びなさい。　19
①　ア　西山宗因　イ　寄席　　　②　ア　西山宗因　イ　狂歌
③　ア　千利休　　イ　寄席　　　④　ア　千利休　　イ　狂歌

問2　下線部(a)について，井原西鶴が著した好色物について述べた次の文X・Yについて，その正誤の組合せとして最も適当なものを，下の①〜④の中から一つ選びなさい。　20

　X　遊女らとの生活を描いた，『好色一代男』を著した。
　Y　遊女お初との心中を描いた，『曽根崎心中』を著した。

①　X　正　Y　正　　　　　　　②　X　正　Y　誤
③　X　誤　Y　正　　　　　　　④　X　誤　Y　誤

問3　下線部(b)に関連して，松尾芭蕉が活躍していた 17 世紀末の社会の様子について述べた文として最も適当なものを，次の①〜④の中から一つ選びなさい。　21
①　生類憐みの令が出されたことで，迷惑を被る庶民もみられた。
②　目安箱を通じて，庶民が直接将軍に意見を述べることができた。
③　天明の飢饉により，東北地方を中心に庶民の生活は苦しくなった。

④　林子平は海岸防備を説いたことで，幕府から弾圧された。

問4　下線部(c)について，東洲斎写楽の作品として最も適当なものを，次の①〜④の中から一つ選びなさい。　22
①　『雪松図屛風』　　②　『婦女人相十品』　　③　『不忍池図』　　④　『市川鰕蔵』

問5　下線部(d)について，寛政の改革で処罰された人物と，その作品のジャンルとの組合せとして最も適当なものを，次の①〜④の中から一つ選びなさい。　23
①　山県大弐－洒落本　　　　②　山県大弐－滑稽本
③　山東京伝－洒落本　　　　④　山東京伝－滑稽本

問6　下線部(e)について，蕪村の絵画作品について述べた次の文 a〜d について，最も適当なものの組合せを，下の①〜④の中から一つ選びなさい。　24

a　蕪村が描いた絵画は，文人画とよばれた。
b　蕪村が描いた絵画は，美人画とよばれた。
c　蕪村は，池大雅との合作で『十便十宜図』を描いた。
d　蕪村は，写実的な作品として，『鷹見泉石像』を描いた。

①　a・c　　②　a・d　　③　b・c　　④　b・d

問7　下線部(f)について，「役人の子はにぎにぎを能く覚え」という川柳で皮肉られた政治改革を行った人物と，彼が主導した政策との組合せとして最も適当なものを，次の①〜④の中から一つ選びなさい。　25
①　松平定信－南鐐二朱銀の鋳造　　②　松平定信－棄捐令の発令
③　田沼意次－南鐐二朱銀の鋳造　　④　田沼意次－棄捐令の発令

問8　下線部(g)について，江戸時代後期の文学ジャンルとその代表的作者について述べた文として**適当でないもの**を，次の①〜④の中から一つ選びなさい。　26
①　滑稽本は洒落本から分かれたジャンルで，十返舎一九が代表的作者であった。
②　人情本は黄表紙から分かれたジャンルで，竹田出雲が代表的作者であった。
③　合巻は数冊分の本を綴じ合わせたもので，柳亭種彦が代表的作者であった。
④　読本は文章を主体として書かれた作品で，上田秋成が代表的作者であった。

問9　下線部(h)について，鈴木牧之の作品として最も適当なものを，次の①〜④の中から一つ選びなさい。　27
①　『東海道中膝栗毛』　　②　『南総里見八犬伝』
③　『雨月物語』　　　　　④　『北越雪譜』

4　近現代の日米関係に関する次の文章を読み，下の問い（問 1 〜 9）に答えなさい。

　　幕末において日本の開国にきっかけを与えたのはアメリカであった。アメリカはペリーを日本
へ派遣して，日米和親条約の調印に成功した。その後，(a)他の欧米諸国も同様の和親条約を日本
と結び，日本は開国した。条約に基づいて(b)アメリカ総領事として日本に着任したハリスの働き
もあって，日本は日米修好通商条約を結んだ。また，他の国とも同様な条約を結び，欧米諸国と
の貿易が始まった。しかし，アメリカ国内において大規模な内戦が勃発したこともあり，開国当
初における日本の最大の貿易相手国は　ア　であった。
　　明治時代になると，条約改正のために(c)岩倉使節団が米欧に派遣された。しかし最初の訪問国
であるアメリカで交渉は中止され，派遣の目的が米欧の視察へと変更された。その後の改正交渉
では，アメリカがいち早く関税自主権の回復を承認したものの，他国の反対により無効となった。
その後，(d)領事裁判権の撤廃に成功したのは日清戦争の直前であった。
　　日清戦争後に日露関係が悪化すると，アメリカは中国の門戸開放を主張して日本を支持した。
日露戦争中に日本による韓国の保護国化を承認したアメリカは，(e)アメリカのポーツマスで日
露戦争の講和会議を開いて，講和条約の締結を仲介した。この後，日本は南満州鉄道を日米共同
で経営することを承認したが，直後に破棄され，日米関係が悪化した。最終的に，日露戦争を戦
った日本とロシアが満州鉄道中立化案を提唱するアメリカに対抗して，日露協約を結ぶこととな
った。この頃からアメリカでは日本人移民排斥運動が起こり，特に　イ　では日本人学童の入
学拒否事件が起こった。
　　第一次世界大戦においても，日本とアメリカの緊張は続いていた。第一次世界大戦が終結する
と，ヨーロッパにおける新たな国際協調の体制としてヴェルサイユ体制が整えられ，同様に(f)東
アジア・太平洋周辺に関する国際協調の体制としてワシントン体制が成立した。　(g)満州事変以
降，この体制が大きく崩れ始め，日本は国際社会の中でしだいに孤立し，アメリカとの関係も悪
化していった。そして，ついに日本とアメリカとの戦争が勃発し，日本の敗戦で幕を閉じた。敗
戦後の日本の占領については，(h)アメリカが中心となって間接的に統治する体制がとられた。ア
メリカにおいて連合国と日本との間で講和会議が開かれると，日本は西側陣営の一員として独立
をはたした。

問 1　空欄　ア ・ イ　に入る語句の組合せとして最も適当なものを，次の①〜④の中から
　　一つ選びなさい。　28
　　① ア　フランス　イ　ニューヨーク　　② ア　フランス　イ　サンフランシスコ
　　③ ア　イギリス　イ　ニューヨーク　　④ ア　イギリス　イ　サンフランシスコ

問 2　下線部(a)について，択捉島の帰属問題を決定した条約を結んだ相手国として最も適当なも
　　のを，次の①〜④の中から一つ選びなさい。　29
　　① ロシア　　② フランス　　③ オランダ　　④ イギリス

問 3　下線部(b)について，ハリスが最初に着任した場所として最も適当なものを，次の地図上に示
　　した位置①〜④の中から一つ選びなさい。　30

問4　下線部(c)について，岩倉使節団について述べた次の文X・Yについて，その正誤の組合せとして最も適当なものを，下の①〜④の中から一つ選びなさい。　31

　　X　使節団とともに渡米した留学生の中に，女性はいなかった。
　　Y　この使節団が米欧訪問中に，留守政府は朝鮮への出兵を実行した。

①　X　正　Y　正　　　　　　　　　　②　X　正　Y　誤
③　X　誤　Y　正　　　　　　　　　　④　X　誤　Y　誤

問5　下線部(d)に関して，この時の内閣と外務大臣との組合せとして最も適当なものを，次の①〜④の中から一つ選びなさい。　32
①　第2次伊藤博文内閣−青木周蔵　　　②　第2次伊藤博文内閣−陸奥宗光
③　第2次山県有朋内閣−青木周蔵　　　④　第2次山県有朋内閣−陸奥宗光

問6　下線部(e)について，この時結ばれた条約の内容について述べた次の文a〜dについて，最も適当なものの組合せを，下の①〜④の中から一つ選びなさい。　33

　　a　この条約により，日本は北緯50度以南のサハリン（樺太）を譲り受けた。
　　b　この条約により，日本はロシアから多額の賠償金を獲得した。
　　c　この条約に調印した日本の首席全権は，桂太郎であった。
　　d　この条約に調印したロシアの首席全権は，ウィッテであった。

①　a・c　　②　a・d　　③　b・c　　④　b・d

問7　下線部(f)に関連して，ワシントン会議において締結された中国に関する条約と，その条約で廃棄された協定との組合せとして最も適当なものを，次の①〜④の中から一つ選びなさい。
　　34

① 四カ国条約－石井・ランシング協定　　② 四カ国条約－桂・タフト協定
③ 九カ国条約－石井・ランシング協定　　④ 九カ国条約－桂・タフト協定

問8　下線部(g)に関連して,満州事変以降の動向に関して述べた次の文 I 〜Ⅲについて,古いものから年代順に正しく配列したものを,下の①〜⑥の中から一つ選びなさい。　35

I　アメリカによる対日石油輸出の禁止が行われた。
Ⅱ　アメリカは日米通商航海条約の廃棄を日本側に通告した。
Ⅲ　日本は国際連盟からの脱退を通告した。

① I→Ⅱ→Ⅲ　　② I→Ⅲ→Ⅱ　　③ Ⅱ→I→Ⅲ
④ Ⅱ→Ⅲ→I　　⑤ Ⅲ→I→Ⅱ　　⑥ Ⅲ→Ⅱ→I

問9　下線部(h)について,対日占領政策決定の最高機関としてワシントンに設置された機関として最も適当なものを,次の①〜④の中から一つ選びなさい。　36
① 極東委員会　　　　　　　② 対日理事会
③ 安全保障理事会　　　　　④ 連合国軍最高司令官総司令部（GHQ）

◀ B 日 程 ▶

（2 科目 120 分）

1 古代から近現代までの中華思想に基づく対外関係に関する次の文章を読み，下の問い（問1
～9）に答えなさい。（史料は，一部省略したり，書き改めたりしたところもある。）

　古代中国において，皇帝が支配する中国が世界の中心（中華）であり，その周辺に存在する国々
は中国へ朝貢することで皇帝から冊封されるという思想が存在した。さらにその外側には皇帝の支
配が及ばない国や地域が存在し，蕃夷などとよばれた。この思想を中華思想といい，(a)古代におけ
る倭の国々は中国の冊封体制下に置かれていた。7世紀後半以降，日本列島において天皇を中心と
する中央集権国家が形成されると，日本を中華としてとらえて，周囲の地域や民族を蕃夷とする思
想が生まれた。この思想に基づいて，(b)朝廷は東北や九州に対する支配拡大を進めていった。
　唐の衰退・滅亡とその後に続く内乱を受け，中国の周辺諸国では独自の文化と外交関係の形成が
進んだ。日本では文化の国風化が見られ，貴族の邸宅は　ア　とよばれる日本風の様式が採用さ
れた。文学では，かな文字による作品が数多く生み出された。外交面では中国を統一した宋と正式
な国交を結ばず，(c)商人による交易だけの関係を築いた。その後モンゴル民族は，東アジアだけで
なく中央アジア・東ヨーロッパまでを含む大帝国を形成し，(d)日本を含む周辺諸国に大きな影響を
与えた。
　明が中国を統一すると，明を中心とする中華思想のもと，(e)日本を含む東アジア諸国は明の冊
封体制下に置かれた。その後，戦国時代に入って国内が混乱した日本は，しだいに明の冊封体制か
らはなれていった。国内を統一した豊臣秀吉は，日本を中心とする新たな国際秩序の形成をめざし
て，東アジア諸国に対して服属と入貢を求めた。(f)江戸幕府においても日本を中華とする思想のも
と，東アジア地域において日本独自の外交関係が構築された。
　市民革命と産業革命により近代化を進めた欧米諸国は，植民地の獲得をめざして世界各地へ進出
した。この動きは日本を含む東アジア諸国へも影響を与え，(g)日本は開国して近代化をめざすこと
となった。欧米諸国は，世界中の国々を欧米諸国と対等な関係を結ぶ国，欧米諸国と不平等な関係
を結ばせる国，植民地として管理する国に区分した。日本は当初，欧米諸国と　イ　国として認
識されており，関係の改善が課題であった。その後何度かの戦争を経て，日本は植民地を獲得する
立場となり，その利害関係から中国や欧米諸国と対立し，戦争を始めた。最終的に日本は欧米諸国
に降伏し，その結果，戦前に日本が獲得した領土は中国や欧米諸国によって統治されることとなっ
た。その一方で，(h)連合国が占領した日本固有の領土は，一部は日本へ返還されたが，現在にいた
るまで未解決の領土問題が残されている。

問1　空欄　ア・イ　に入る語句と文の組合せとして最も適当なものを，次の①～④の中
　　から一つ選びなさい。 1
　　①　ア　書院造　　イ　対等な関係を結ぶ
　　②　ア　書院造　　イ　不平等な関係を結ばせる
　　③　ア　寝殿造　　イ　対等な関係を結ぶ

④　ア　寝殿造　　イ　不平等な関係を結ばせる

問2　下線部(a)に関連して，中国の冊封下に入った倭の王などに関して述べた次の文Ⅰ〜Ⅲについて，古いものから年代順に正しく配列したものを，下の①〜⑥の中から一つ選びなさい。
　　　2

　　Ⅰ　卑弥呼は，魏の皇帝から「親魏倭王」の称号を授かった。
　　Ⅱ　倭王武は，宋の皇帝から「安東大将軍倭王」の称号を授かった。
　　Ⅲ　倭の奴国の王は，後漢の皇帝から印綬を授かった。

　　①　Ⅰ→Ⅱ→Ⅲ　　②　Ⅰ→Ⅲ→Ⅱ　　③　Ⅱ→Ⅰ→Ⅲ
　　④　Ⅱ→Ⅲ→Ⅰ　　⑤　Ⅲ→Ⅰ→Ⅱ　　⑥　Ⅲ→Ⅱ→Ⅰ

問3　下線部(b)について述べた次の文X・Yについて，その正誤の組合せとして最も適当なものを，下の①〜④の中から一つ選びなさい。　　　3

　　X　東北支配の拠点として，太平洋側に多賀城が築かれた。
　　Y　隼人とよばれた人々が住む地域には，大隅国がおかれた。

　　①　X　正　Y　正　　　　　　　②　X　正　Y　誤
　　③　X　誤　Y　正　　　　　　　④　X　誤　Y　誤

問4　下線部(c)について，日宋貿易における主な輸入品として最も適当なものを，次の①〜④の中から一つ選びなさい。　　　4
　　①　金　　②　硫黄　　③　陶磁器　　④　刀剣

問5　下線部(d)について，モンゴルによる支配拡大の影響について述べた文として**適当でないも**のを，次の①〜④の中から一つ選びなさい。　　　5
　　①　高麗では，元の支配に抵抗していた三別抄が平定された。
　　②　南宋を滅ぼしたモンゴル民族は，大都（北京）へ都を移して国号を元と定めた。
　　③　フビライ＝ハンは日本に朝貢を求めたが，北条時宗はこれを拒否した。
　　④　文永の役後，幕府は異国警固番役の強化を命じた。

問6　下線部(e)について，明の冊封体制下におかれた日本や琉球王国の動向について述べた次の文a〜dについて，最も適当なものの組合せを，下の①〜④の中から一つ選びなさい。　　　6

　　a　日本から中国へ渡航した人々は，三浦の港で交易を行った。
　　b　日本から中国へ渡航した人々は，中国から与えられた勘合を使用した。
　　c　琉球王国は，日本や明を含む東アジア諸国間の中継貿易で活躍した。
　　d　琉球王国の首都は那覇にあり，その外港である首里は貿易港として栄えた。

　　①　a・c　　②　a・d　　③　b・c　　④　b・d

問7　下線部(f)に関して，鎖国体制が完成した後の日本の外交について述べた文として最も適当なものを，次の①〜④の中から一つ選びなさい。　7

①　清国とは正式な国交を結ばず，長崎における交易だけの関係であった。

②　朝鮮からは，幕府の将軍代替わりと朝鮮国王就任の際に使節が来日した。

③　琉球は薩摩藩の支配下にあったため，国としては認めず使節の往来もなかった。

④　アイヌは対馬の宗氏によって支配されていた。

問8　下線部(g)について，日米和親条約の一部である次の史料中の空欄　ウ　・　エ　に入る語句の組合せとして最も適当なものを，下の①〜④の中から一つ選びなさい。　8

　　　　第二ヶ条　一　伊豆　ウ　・松前地　エ　の両港ハ，日本政府ニ於て，亜墨利加船薪水・食料・石炭欠乏の品を，日本にて調ひ候丈ハ給し候為メ，渡来の儀差し免し候。…

①　ウ　神奈川　エ　新潟　　　　　②　ウ　神奈川　エ　箱館

③　ウ　下田　　エ　新潟　　　　　④　ウ　下田　　エ　箱館

問9　下線部(h)に関して，日本へ返還された地域と，その地域を占領・統治していた国との組合せとして最も適当なものを，次の①〜④の中から一つ選びなさい。　9

①　小笠原諸島−ソ連　　　　②　沖縄−アメリカ

③　択捉島−フランス　　　　④　台湾−イギリス

　2　古代から中世の絵画・彫刻などに関する次の文章を読み，下の問い（**問1**〜**9**）に答えなさい。

　弥生時代に祭祀などで使用された青銅製祭器には，絵画を鋳出したものがある。これを見ると，(a)建物や農業の様子，生き物などが描かれており，当時の様子をうかがい知ることができる。古墳時代になると，古墳内部の壁面に絵を描いていることがあり，当時の服装などを知るだけでなく，(b)大陸との関連についても考察することができる。また古墳の周囲などに並べられていた　ア　を見ると，人や動物の形，建物の形など様々な種類があり，当時どのような葬送儀礼を行っていたのかを推察できる。

　飛鳥時代には，絵画や彫刻において仏教に関連した作品が見られる。特に(c)仏像などの彫刻作品は大陸の影響を受けながら時期ごとに特徴があり，主な製作方法も時期ごとに異なっている。絵画については(d)奈良時代にかけて人物などを描いた作品がいくつかあり，当時の風俗を知ることができる。平安時代に密教が中国から取り入れられると，絵画や仏像において密教の影響を受けた作品が多くつくられた。また末法思想の広がりを受けて，平安中期には(e)浄土信仰を具現化した仏像や絵画作品がつくられた。

　文化の国風化が進むと，貴族の邸宅にある襖や屏風などには，日本の風物を題材とした大和絵も描かれた。そして院政期になると，(f)絵と詞書を織りまぜて表現した絵巻物が大和絵の手法を用いてつくられた。鎌倉時代には絵巻物が全盛期を迎え，(g)合戦の様子を描いた作品や高僧の伝記などを描いた作品がつくられた。また肖像画も描かれ，禅宗では師僧の肖像を描いた　イ　を崇拝する風習が中国から伝わって始まった。室町時代には(h)かつての大和絵だけでなく禅の精神

を具体化した水墨画が広まり，絵画において新たな流れが生み出された。

問1　空欄　| ア |・| イ |　に入る語句の組合せとして最も適当なものを，次の①〜④の中から一つ選びなさい。| 10 |

①　ア　埴輪　　イ　公案　　　　②　ア　埴輪　　イ　頂相
③　ア　土偶　　イ　公案　　　　④　ア　土偶　　イ　頂相

問2　下線部(a)に関連して，弥生時代の生活の様子について述べた文として最も適当なものを，次の①〜④の中から一つ選びなさい。| 11 |

①　食料を確保するため，農耕だけでなく狩猟や漁労，採取なども行われていた。
②　一般の人々の住居は高床式になっており，屋根には瓦を葺いていた。
③　石器や骨角器，青銅製の道具を使用しており，鉄製の道具はなかった。
④　土器は，大陸から伝わった技術でつくられた土師器が主に使用された。

問3　下線部(b)について，奈良県にあり，大陸・朝鮮半島の影響を受けて描かれた女性の群像などが残っている古墳として最も適当なものを，次の①〜④の中から一つ選びなさい。| 12 |

①　誉田御廟山古墳　　②　岩戸山古墳　　③　箸墓古墳　　④　高松塚古墳

問4　下線部(c)について，仏像などの彫刻作品の特徴と製作方法について述べた次の文 a 〜 d について，最も適当なものの組合せを，下の①〜④の中から一つ選びなさい。| 13 |

a　法隆寺金堂釈迦三尊像は金銅像で，北魏様式の特徴を持っている。
b　薬師寺金堂薬師三尊像は塑像で，中国南朝様式の特徴を持っている。
c　興福寺阿修羅像は金銅像で，豊かな表情が特徴である。
d　唐招提寺鑑真像は乾漆像で，肖像彫刻の代表的作品である。

①　a・c　　②　a・d　　③　b・c　　④　b・d

問5　下線部(d)について，人物を描いた作品とその作品がある寺院との組合せとして最も適当なものを，次の①〜④の中から一つ選びなさい。| 14 |

①　天寿国繡帳－飛鳥寺　　　　②　吉祥天像－薬師寺
③　鳥毛立女屏風－法隆寺　　　④　両界曼荼羅－東大寺

問6　下線部(e)について述べた次の文 X・Y について，その正誤の組合せとして最も適当なものを，下の①〜④の中から一つ選びなさい。| 15 |

X　平等院鳳凰堂には，寄木造の阿弥陀如来像が安置された。
Y　阿弥陀如来が迎えに来る様子を描いた，聖衆来迎図がつくられた。

①　X　正　Y　正　　　　　　②　X　正　Y　誤
③　X　誤　Y　正　　　　　　④　X　誤　Y　誤

問7　下線部(f)について，絵巻物について述べた文として**適当でないもの**を，次の①〜④の中から一つ選びなさい。 16

①　『伴大納言絵巻』は，応天門の変を題材に描かれている。

②　『信貴山縁起絵巻』は，聖の生き方や人物・風景などが描かれている。

③　『鳥獣戯画』は，動物を擬人化して描かれている。

④　『扇面古写経』は，朝廷の年中行事が描かれている。

問8　下線部(g)について，『蒙古襲来絵巻』を描かせた人物として最も適当なものを，次の①〜④の中から一つ選びなさい。 17

①　長崎高資　　②　竹崎季長　　③　安達泰盛　　④　平頼綱

問9　下線部(h)について，絵画に関連する人物とその人物の代表作との組合せとして最も適当なものを，次の①〜④の中から一つ選びなさい。 18

①　雪舟－『四季山水図巻』　　　②　狩野元信－『男衾三郎絵巻』

③　如拙－『一遍上人絵伝』　　　④　土佐光起－『北野天神縁起絵巻』

3 近世の都市に関する次の文章を読み，空欄 19 〜 27 に入る語句として最も適当なものを，それぞれの①〜④の中から一つ選びなさい。

1590 年，豊臣秀吉によって 19 〔①毛利　②長宗我部　③島津　④北条〕氏が滅ぼされ，関東に移ることになった徳川家康は江戸を拠点とした。その後，家康は幕府を開き，全国の大名に江戸の市街地造成の普請役を負担させた。こうして江戸は政治の中心地となり，「将軍のお膝元」とよばれるようになった。

江戸には多くの人々が集まり，江戸の町は一大消費地として繁栄していった。その消費をまかなうために，幕府は江戸の商人である 20 〔①河村瑞賢　②角倉了以　③末次平蔵　④茶屋四郎次郎〕に，江戸と大坂を軸とした全国的な海上交通網を整備させ，消費物資の供給の安定をはかろうとした。また，江戸において町人を中心とした文化が発達し，芸能では歌舞伎がさかんになった。文学においては，滑稽さや笑いをもとに庶民生活をいきいきと描いた滑稽本や，恋愛ものを扱った人情本などが広く庶民に受け入れられた。しかし中には人情本作家の 21 〔①十返舎一九　②式亭三馬　③為永春水　④曲亭馬琴〕のように，風俗に害を及ぼすという理由で，天保の改革で処罰された人もいた。

大坂は浄土真宗寺院の寺内町として発展したが，一向一揆の本拠であった 22 〔①山科本願寺　②石山本願寺　③延暦寺　④興福寺〕は 11 年にわたる戦争を経て織田信長に屈伏しその支配下に入った。信長のあとを継いだ秀吉はこの地に大坂城を築き，大坂は政治・経済の中心地となった。江戸時代に入ると，江戸と大坂を中心とした海上交通網が整備され，大坂には全国各地から様々な物資が集められた。各藩は領内の年貢米や特産物である 23 〔①蔵物　②納屋物　③札差　④掛屋〕を蔵屋敷へ運び入れ，それを換金して貨幣を獲得していた。大坂にはこうした物資を売買する卸売市場が設けられた。特に享保年間に公認された 24 〔①天満　②日本橋　③堂島　④神田〕の米市場は，米価の調整に重要な役割をはたした。

幕府が開かれて政治の中心が江戸へ移ったあとも，京都には天皇や公家たちが暮らしており，幕府にとって重要な都市であった。そのため幕府は 25 〔①側用人　②若年寄　③武家伝奏

④京都所司代〕を譜代大名から任命して，朝廷や公家を監視した。一方，江戸時代初期の京都では町人を中心に優れた芸術作品が数多く生み出され，多才な文化人として知られた 26 〔①狩野探幽　②本阿弥光悦　③久隅守景　④酒井田柿右衛門〕が「舟橋蒔絵硯箱」などのすぐれた作品を残した。絵画では，俵屋宗達があらわれ，装飾画である『 27 』〔①風神雷神図屏風　②紅白梅図屏風　③見返り美人図　④富嶽三十六景〕を描いた。この２人の作風は，元禄期に活躍した尾形光琳・乾山兄弟へ影響を与え，特に兄の尾形光琳は装飾性豊かな作品を制作し琳派をおこして，後の画家たちに大きな影響を与えた。

4 　近現代の地方支配に関する次の文章を読み，下の問い（問１〜９）に答えなさい。

　江戸時代の支配体制は幕藩体制とよばれ，幕府の直轄地と藩が各地に存在しており，各藩の統治は基本的に藩主に委任されていた。村の様子を見てみると，各村では自治が行われており，村ごとに独立した組織が存在していた。明治政府は，こうした重層的な支配体制を打破するため，地方支配の転換を進めた。政府はまず(a)1868 年に政体書を公布して，旧幕府の直轄都市には府を，旧幕府領には県を置き，藩はそのまま存続させる府藩県三治制を実施した。そして 1871 年に(b)廃藩置県を断行して，中央集権的な支配体制を確立した。廃藩置県後，政府は各村を直接的に支配するために，(c)大区小区制を定めて画一的に村を支配しようと試みた。しかし，独立性の強い村の政治組織は大区小区制を定めた後も実質的に存続しており，府県内の統治を任された府知事や県令は，制度の見直しを希望するようになった。

　1875 年に開かれた(d)大阪会議の結果，府知事・県令からなる地方官会議が設置された。これにより各府知事・県令から地方の実情が報告され，それをもとにして 1878 年に(e)地方三新法が制定された。この中の一つである郡区町村編制法により，府県のもとには区・郡が置かれ，郡の下には江戸時代から続く町や村が行政の末端組織として定められた。1880 年代後半には，ドイツ人顧問 ア の助言を得て，市制・町村制と，府県制・郡制が定められた。この制度により，(f)政府の強い統制下において地域の有力者を担い手とする地方自治制が確立された。

　明治期に一定の完成を見た地方自治は，(g)選挙権拡大にあわせて，より幅広い階層の人々が政治に参加できるようになった。昭和に入って戦時体制への移行が進むと，国民生活や地方行政に対する統制が強まった。上意下達機関として首相が総裁を兼任する イ が結成され，道府県・市郡・町村の下には最末端組織として５〜10 戸ほどを１つの単位とする隣組が置かれた。終戦後，(h)各種法律の制定・改正にあわせて，地方に関する法令や憲法の条文の見直しが行われ，現在の地方自治の形ができあがった。

問１　空欄 ア ・ イ に入る語句の組合せとして最も適当なものを，次の①〜④の中から一つ選びなさい。 28
　　①　ア　ロエスレル　　イ　大日本産業報国会
　　②　ア　ロエスレル　　イ　大政翼賛会
　　③　ア　モッセ　　　　イ　大日本産業報国会
　　④　ア　モッセ　　　　イ　大政翼賛会

問２　下線部(a)に関連して，政体書が制定された前後の時期には戊辰戦争が行われていた。この戊

辰戦争に関して述べた次の文 I 〜Ⅲについて，古いものから年代順に正しく配列したものを，下の①〜⑥の中から一つ選びなさい。 29

I　五稜郭の戦いでは，榎本武揚らが新政府軍に降伏した。
Ⅱ　西郷隆盛と勝海舟の会談により，江戸城の開城が決定された。
Ⅲ　鳥羽・伏見の戦いでは，旧幕府軍が新政府軍に敗れた。

①　I→Ⅱ→Ⅲ　　②　I→Ⅲ→Ⅱ　　③　Ⅱ→I→Ⅲ
④　Ⅱ→Ⅲ→I　　⑤　Ⅲ→I→Ⅱ　　⑥　Ⅲ→Ⅱ→I

問3　下線部(b)について，廃藩置県について述べた文として**適当でないもの**を，次の①〜④の中から一つ選びなさい。 30
①　廃藩置県を断行するために，御親兵が集められた。
②　知藩事は罷免され，中央から府知事・県令が派遣された。
③　廃藩置県後の官制改革により，神祇官が太政官から独立した。
④　琉球では，全国での廃藩置県後にまず琉球藩が設置された。

問4　下線部(c)について，大区小区制と同じように，画一的に小学校を配置することを定めた教育に関する法令と，それが模範とした学校制度をとっていた国との組合せとして最も適当なものを，次の①〜④の中から一つ選びなさい。 31
①　学制 ―フランス　　②　学制 ―アメリカ
③　教育令―フランス　　④　教育令―アメリカ

問5　下線部(d)について，大阪会議について述べた文として最も適当なものを，次の①〜④の中から一つ選びなさい。 32
①　大阪会議は，大久保利通と西郷隆盛が中心となって開かれた。
②　大阪会議の中で，国会開設の勅諭が出された。
③　大阪会議により，元老院と大審院が新たに設置された。
④　大阪会議を開く一方で，弾圧策として集会条例が公布された。

問6　下線部(e)について述べた次の文X・Yについて，その正誤の組合せとして最も適当なものを，下の①〜④の中から一つ選びなさい。 33

X　府県会規則により府県会の設置が全国的に認められ，統一の規則が定められた。
Y　地方税規則により国税は廃止され，すべて地方税として徴収されるようになった。

①　X 正 Y 正　　　　②　X 正 Y 誤
③　X 誤 Y 正　　　　④　X 誤 Y 誤

問7　下線部(f)について，地方自治を監督した中央官庁として最も適当なものを，次の①〜④の中から一つ選びなさい。 34
①　文部省　②　大蔵省　③　農商務省　④　内務省

問8　下線部(g)について，満25歳以上の男性に選挙権が与えられた時の首相と，その首相が属していた政党名との組合せとして最も適当なものを，次の①〜④の中から一つ選びなさい。
　　　35

① 加藤高明－憲政会   ② 加藤高明－立憲政友会
③ 犬養毅－憲政会   ④ 犬養毅－立憲政友会

問9　下線部(h)について述べた次の文**X・Y**について，その正誤の組合せとして最も適当なものを，下の①〜④の中から一つ選びなさい。　36

X　地方自治法により，都道府県知事は選挙で選出できるようになった。
Y　日本国憲法では，新たに地方自治に関する条文が追加された。

① **X** 正 **Y** 正   ② **X** 正 **Y** 誤
③ **X** 誤 **Y** 正   ④ **X** 誤 **Y** 誤

■世界史■

◀A 日 程▶

（2科目 120 分）

1 古代の中国について述べた次の文A〜Cを読み，下の問い（問1〜10）に答えなさい。

A 中国の古代文明は，黄河と長江の流域に発生した。黄河流域には畑作に適した黄土が堆積し，アワやキビなどの雑穀が栽培された。前5千年紀には黄河中流域を中心として彩文土器（彩陶）を特色とする ア が成立した。一方，長江流域では，前5000年頃から稲作を中心とする新石器文化がめばえた。その後，黄河中・下流域に イ とよばれる大規模な集落が形成されるようになり，有力な イ を中心として連合組織がつくられるようになった。現在確認できる最古の王朝である(a)殷（商）も イ の連合体である。渭水流域におこった(b)周は，前11世紀頃に殷を倒し，新たな イ の連合の長となった。

問1 文章中の空欄 ア ・ イ に入る語句の組合せとして最も適当なものを，次の①〜④のうちから一つ選びなさい。 1

① ア—仰韶文化 イ—鎮
② ア—仰韶文化 イ—邑
③ ア—竜山文化 イ—鎮
④ ア—竜山文化 イ—邑

問2 下線部(a)について述べた次の文aとbの正誤の組合せとして最も適当なものを，下の①〜④のうちから一つ選びなさい。 2

a 神権政治が行われ，占いの結果は甲骨文字で獣骨などに刻まれた。
b 祭祀用の酒器や食器に青銅器が用いられた。

① a—正 b—正 ② a—正 b—誤
③ a—誤 b—正 ④ a—誤 b—誤

問3 下線部(b)について述べた文として**誤っているもの**を，次の①〜④のうちから一つ選びなさい。 3
① 周王は，一族・功臣や有力な首長を諸侯とした。

② 卿・大夫・士などの家臣は，地位と封土を与えられた。

③ 家臣は，複数の主君を持つことができた。

④ 宗族の維持のため，宗法とよばれる規範が定められた。

B　前 8 世紀，周王室の内紛や西方辺境の遊牧民の攻撃により，周は都を渭水流域の ウ から東方に移した。これ以前を西周，以後を東周という。さらに東周の時代の前半を春秋時代，後半を戦国時代という。春秋時代には，周王の権威のもとに覇者とよばれる有力諸侯が互いに争ったが，戦国時代になると周王の権威は無視され，戦国の七雄とよばれる有力国によって勢力争いが繰り広げられた。(c)春秋・戦国時代には農業や経済が発展し，個人の能力が重視されるようになった。各国の君主は有能な人材を求め，(d)諸子百家と総称される思想家が活躍した。前 221 年，秦によって初めて中国が統一され，(e)始皇帝のもとで統一政策が進められたが，秦は短期間で滅亡した。秦の滅亡後，名族出身の項羽と農民出身の エ が争い，勝利した エ によって前漢が樹立された。

問4　文章中の空欄 ウ ・ エ に入る語句の組合せとして最も適当なものを，次の①〜④のうちから一つ選びなさい。 4

① ウ－鎬京　　エ－劉邦　　　② ウ－鎬京　　エ－劉備

③ ウ－洛邑　　エ－劉邦　　　④ ウ－洛邑　　エ－劉備

問5　下線部(c)について述べた次の文 a と b の正誤の組合せとして最も適当なものを，下の①〜④のうちから一つ選びなさい。 5

a　鉄製農具の使用が始まり，農業生産力が向上した。

b　江南の開発が進み，長江下流域が穀倉地帯となった。

① a－正　　　b－正　　　② a－正　　　b－誤

③ a－誤　　　b－正　　　④ a－誤　　　b－誤

問6　下線部(d)について，諸子百家の思想家とその思想の組合せとして最も適当なものを，次の①〜④のうちから一つ選びなさい。 6

① 孟子－性善説

② 荘子－性悪説

③ 韓非－無為自然

④ 孫子－兼愛

問7　下線部(e)について述べた文として最も適当なものを，次の①〜④のうちから一つ選びなさい。 7

① 商鞅を登用して国力をつけた。

② 郡国制を全国に施行した。

③ 長城を修築し，匈奴の侵入に備えた。

④ 官吏登用法として九品中正を創始した。

C　前漢は，秦の制度の多くを継承し，第7代の(f)武帝の時代までに中央集権的支配体制が確
　立された。前漢の最盛期を現出した(g)武帝の時代には，儒学が官学とされた。武帝の死後に
　は宦官や外戚が権力を握るようになり，1世紀初めには外戚によって帝位が奪われて新が建
　てられた。新は社会の実情にあわない政策を行ったため，反乱が続発し，まもなく滅亡した。
　漢の一族によって漢が再興された。(h)後漢では，2世紀中頃になると，豪族の勢力と宦官や
　外戚などの争いによって政治が混乱した。2世紀末には黄巾の乱がおこり，その後，各地に
　軍事集団が割拠するようになって220年に後漢は滅亡した。

問8　下線部(f)について述べた文として最も適当なものを，次の①〜④のうちから一つ選び
　なさい。　 8
　①　張角を西域に派遣した。
　②　村落制度として三長制を創始した。
　③　市易法や均輸法による物価統制策をとった。
　④　塩・鉄・酒の専売を行った。

問9　下線部(g)について，武帝に儒学の官学化を提案した儒学者として最も適当なものを，次
　の①〜④のうちから一つ選びなさい。　 9
　①　鄭玄　　②　班固　　③　李斯　　④　董仲舒

問10　下線部(h)について述べた次の文aとbの正誤の組合せとして最も適当なものを，下の
　①〜④のうちから一つ選びなさい。　 10

　a　官僚・学者に対する弾圧である文字の獄がおこった。
　b　製紙法が改良された。

　①　a－正　　b－正　　　②　a－正　　b－誤
　③　a－誤　　b－正　　　④　a－誤　　b－誤

2 　教皇権の盛衰について述べた次の文A〜Cを読み，下の問い（問1〜10）に答えなさい。

A　教皇（法王）とは，ローマ=カトリック教会の最高位の聖職者を指す称号である。ローマ司
　教は，十二使徒の筆頭である　ア　がローマで殉教したことからその後継者を自任し，教
　皇と称するようになった。726 年，ビザンツ皇帝　イ　が聖像禁止令を発布すると，ゲル
　マン人への布教に聖像を用いたローマ教会はこれに反発し，フランク王国に接近するように
　なった。(a)教皇はフランク王国の新王権を承認し，この返礼として寄進された領土は教皇領
　の起源となった。さらに，教皇はフランク王国の(b)カール大帝（シャルルマーニュ）にロー
　マ皇帝の帝冠を授け，西ヨーロッパ中世世界が誕生した。1054 年，教皇を首長とするローマ
　=カトリック教会と，ビザンツ皇帝を首長とするギリシア正教会は破門しあい，ヨーロッパの
　キリスト教世界は二分された。

問1　文章中の空欄　ア　・　イ　に入る人名の組合せとして最も適当なものを，次の①
　　〜④のうちから一つ選びなさい。　11
　　①　ア－アウグスティヌス　　イ－レオン3世
　　②　ア－アウグスティヌス　　イ－ヘラクレイオス1世
　　③　ア－ペテロ（ペトロ）　　イ－レオン3世
　　④　ア－ペテロ（ペトロ）　　イ－ヘラクレイオス1世

問2　下線部(a)について，カロリング朝を開いた人物と教皇に寄進された領土の組合せとし
　　て最も適当なものを，次の①〜④のうちから一つ選びなさい。　12
　　①　ピピン（小ピピン）－ラヴェンナ地方
　　②　ピピン（小ピピン）－シャンパーニュ地方
　　③　カール=マルテル－ラヴェンナ地方
　　④　カール=マルテル－シャンパーニュ地方

問3　下線部(b)について述べた次の文aとbの正誤の組合せとして最も適当なものを，下の
　　①〜④のうちから一つ選びなさい。　13

　　a　アヴァール人を撃退した。
　　b　トゥール・ポワティエ間の戦いでイスラーム軍を撃退した。

　　①　a－正　　　b－正　　　②　a－正　　　b－誤
　　③　a－誤　　　b－正　　　④　a－誤　　　b－誤

B　(c)11 世紀後半，教皇と神聖ローマ皇帝との間で叙任権闘争がおこった。11 世紀末には，
　教皇ウルバヌス2世の提唱により聖地回復をめざす(d)十字軍遠征が開始された。その後，13
　世紀初めの教皇インノケンティウス3世の時代に教皇権は最高潮に達した。しかし，十字軍
　が最終的に失敗に終わったことにより，教皇権は傾き始めた。13 世紀末に教皇となったボ
　ニファティウス8世は聖職者への課税に反対して(e)フランス王フィリップ4世と争い，
　1303 年にはローマ近郊の　ウ　で一時とらえられ，屈辱のうちに急死した。その後，教

皇庁は南フランスに移され，複数の教皇が並び立つ教会大分裂（大シスマ）となった。このような混乱を収拾するため，1414 年から　エ　が開催され，教会大分裂（大シスマ）は解消された。

問4　文章中の空欄　ウ・エ　に入る語句の組合せとして最も適当なものを，次の①〜④のうちから一つ選びなさい。　14

① ウーアヴィニョン　　　エーカルケドン公会議
② ウーアヴィニョン　　　エーコンスタンツ公会議
③ ウーアナーニ　　　　　エーカルケドン公会議
④ ウーアナーニ　　　　　エーコンスタンツ公会議

問5　下線部(c)について述べた次の文aとbの正誤の組合せとして最も適当なものを，下の①〜④のうちから一つ選びなさい。　15

a　教皇グレゴリウス 7 世は，神聖ローマ皇帝ハインリヒ 4 世を破門した。
b　叙任権闘争は，ヴォルムス協約により終息した。

① a一正　　b一正　　　② a一正　　b一誤
③ a一誤　　b一正　　　④ a一誤　　b一誤

問6　下線部(d)について述べた文として**誤っているもの**を，次の①〜④のうちから一つ選びなさい。　16

① クレルモン宗教会議で十字軍の派遣が提唱された。
② 第 2 回十字軍によって，イェルサレム王国が建設された。
③ 第 3 回十字軍は，アイユーブ朝と戦った。
④ 第 4 回十字軍によって，ラテン帝国が建設された。

問7　下線部(e)について述べた次の文aとbの正誤の組合せとして最も適当なものを，下の①〜④のうちから一つ選びなさい。　17

a　身分制議会の模範議会を初めて招集した。
b　百年戦争に勝利した。

① a一正　　b一正　　　② a一正　　b一誤
③ a一誤　　b一正　　　④ a一誤　　b一誤

C　イタリアで 14 世紀から始まった(f)ルネサンスでは，富裕な商人や各国の権力者，ローマ教皇などが文芸の保護者となった。メディチ家出身の教皇レオ 10 世はルネサンスの保護者として知られ，サン＝ピエトロ大聖堂の新築資金を調達するために贖宥状（免罪符）の販売を許可した。ドイツのマルティン＝ルターは 1517 年に九十五カ条の論題を発表して贖宥状の販売を批判し，宗教改革が始まった。宗教改革はスイスにも広がり，(g)カルヴァンは独自の宗教改革を展開した。一方，ローマ＝カトリック教会も自己改革をはかり，(h)対抗宗教改革（反

宗教改革）を展開した。1545 年からはトリエント公会議が開催され，教皇の至上権が再確認
された。

問 8　下線部(f)について述べた文として最も適当なものを，次の①～④のうちから一つ選び
なさい。　18

①　ペトラルカは，『叙情詩集』を著した。

②　トマス=モアは，『愚神礼賛』を著した。

③　ラファエロは，「最後の審判」を描いた。

④　ブルネレスキは，「農民の踊り」を描いた。

問 9　下線部(g)について述べた文として最も適当なものを，次の①～④のうちから一つ選び
なさい。　19

①　チューリヒで宗教改革を行った。

②　予定説を説いた。

③　ドイツ農民戦争を指導した。

④　『新約聖書』のドイツ語訳を行った。

問10　下線部(h)に関連して，イグナティウス=ロヨラらにより結成され，対抗宗教改革の旗手
となった修道会として最も適当なものを，次の①～④のうちから一つ選びなさい。　20

①　ベネディクト修道会　　　　　　②　フランチェスコ修道会

③　イエズス会（ジェズイット教団）　④　ドミニコ修道会

3　覇権国家の移り変わりについて述べた次の文A～Cを読み，下の問い（**問 1～10**）に答
えなさい。

A　覇権国家とは，軍事・政治・経済力において国際社会の動向の中心となった国家で，17 世
紀のオランダ，19 世紀のイギリス，20 世紀後半のアメリカ合衆国が該当する。
　(a)オランダは，16 世紀後半よりスペインからの独立戦争を展開し，1609 年には独立を事
実上達成した。オランダは，1602 年に東インド会社，1621 年に(b)西インド会社を設立し，
アジアや南北アメリカ大陸に進出して世界中に貿易網をめぐらせた。17 世紀前半には，オラ
ンダの　ア　が国際金融の中心となった。オランダは宗教にも寛容であったため，亡命者
などが集まり，学芸が発達した。市民の生活を題材に「夜警」などを描いた　イ　らが活
躍したのもこの時代である。

問 1　文章中の空欄　ア　・　イ　に入る語句の組合せとして最も適当なものを，次の①
～④のうちから一つ選びなさい。　21

①　アーアントウェルペン（アントワープ）　　イーゴッホ

②　アーアントウェルペン（アントワープ）　　イーレンブラント

③　アーアムステルダム　　　　　　　　　　　イーゴッホ

④　アーアムステルダム　　　　　　　　　　　イーレンブラント

問2　下線部(a)について述べた文として最も適当なものを，次の①～④のうちから一つ選び
なさい。　22

①　ベーメン（ボヘミア）の新教徒の反乱が発端となった。
②　北部7州はカルマル同盟を結成した。
③　オラニエ公ウィレム（オレンジ公ウィリアム）が独立を指導した。
④　ベルギーは，オランダの独立を支援した。

問3　下線部(b)について，オランダ西インド会社の活動について述べた次の文aとbの正誤
の組合せとして最も適当なものを，下の①～④のうちから一つ選びなさい。　23

　　a　北アメリカにニューネーデルラント植民地を建設した。
　　b　ケベックを中心にカナダへ進出した。

①　a－正　　　b－正　　　　②　a－正　　　b－誤
③　a－誤　　　b－正　　　　④　a－誤　　　b－誤

B　産業革命で先行したイギリスは，19世紀半ばには「世界の工場」の地位を占めた。この頃，
　イギリスが圧倒的な軍事力と経済力を持ったことは，パクス=ブリタニカ（「イギリスの平和」
　の意）と称される。(c)イギリスは，19世紀前半に自由主義的改革を実施して自由貿易政策
　を実現した。(d)ヴィクトリア女王の治世期はイギリスの黄金時代とされ，自由党と保守党の
　二大政党による議会政治が定着した。19世紀後半，イギリスは帝国主義政策をとり，(e)イ
　ンドやアフリカなど世界各地に植民地を広げたが，これに対して現地の人々が(f)抵抗運動
　を展開することもあった。

問4　下線部(c)について述べた文として最も適当なものを，次の①～④のうちから一つ選び
なさい。　24

①　審査法が制定された。
②　オコンネルらの運動の結果，穀物法が廃止された。
③　航海法が廃止された。
④　コブデンらの運動の結果，カトリック教徒解放法が制定された。

問5　下線部(d)について述べた次の文aとbの正誤の組合せとして最も適当なものを，下の
①～④のうちから一つ選びなさい。　25

　　a　ロンドン万国博覧会が開催された。
　　b　第3回選挙法改正により，農業労働者・鉱業労働者が選挙権を獲得した。

①　a－正　　　b－正　　　　②　a－正　　　b－誤
③　a－誤　　　b－正　　　　④　a－誤　　　b－誤

問6　下線部(e)に関連して，近現代のインドにおけるイギリスの動きについて述べた次の出
来事a～cが，時代の古い順に正しく配列されているものを，下の①～⑥のうちから一つ

選びなさい。 26

  a　イギリスはベンガル分割令を出した。
  b　イギリスはシパーヒーの反乱を鎮圧した。
  c　イギリスはマラーター戦争に勝利した。

  ① a→b→c　　　② a→c→b　　　③ b→a→c
  ④ b→c→a　　　⑤ c→a→b　　　⑥ c→b→a

問7　下線部(f)に関連して，1881～98 年におこった反英武力闘争と，その武装闘争がおこっ
    た地域を示す次の地図中の a または b の組合せとして最も適当なものを，下の①～④のう
    ちから一つ選びなさい。 27

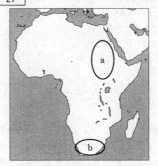

  ① ウラービー（オラービー）運動－a　　② ウラービー（オラービー）運動－b
  ③ マフディー運動－a　　　　　　　　　④ マフディー運動－b

C　アメリカ合衆国は，第一次世界大戦後に債務国から債権国に転じ，第二次世界大戦を通じ
  て経済力を高めた。第二次世界大戦後，アメリカ合衆国は世界経済の覇権を握り，(g)新しい
  国際経済体制の形成に際して主導権を握った。アメリカ合衆国は資本主義陣営の中心として
  政治や経済の動向を左右したが，ベトナム戦争の泥沼化などによって政治的・経済的な威信
  は低下した。アメリカ合衆国の国際収支が悪化したことで，アメリカ合衆国大統領 ウ は
  1971 年にドルの金兌換停止を表明し，国際経済体制は転換点をむかえた。1989 年， エ
  で(h)冷戦の終結が宣言され，1991 年にソ連が消滅した。アメリカ合衆国は唯一の超大国と
  なったが，さまざまな反発を招いた。

問8　文章中の空欄 ウ ・ エ に入る語句の組合せとして最も適当なものを，次の①
  ～④のうちから一つ選びなさい。 28
  ① ウ－ニクソン　　　エ－ヤルタ会談
  ② ウ－ニクソン　　　エ－マルタ会談
  ③ ウ－ケネディ　　　エ－ヤルタ会談
  ④ ウ－ケネディ　　　エ－マルタ会談

問9　下線部(g)について述べた次の文 a と b の正誤の組合せとして最も適当なものを，下の①～④のうちから一つ選びなさい。　29

　　a　ダンバートン=オークス会議で国際通貨基金（IMF）の設立が合意された。
　　b　ドルを基軸通貨とする変動相場制が採用された。

　　①　a－正　　　　b－正　　　　②　a－正　　　　b－誤
　　③　a－誤　　　　b－正　　　　④　a－誤　　　　b－誤

問10　下線部(h)に関連して，冷戦終結後のアメリカ合衆国について述べた文として最も適当なものを，次の①～④のうちから一つ選びなさい。　30
　　①　同時多発テロ事件がおこった。
　　②　マッカーシーらによる「赤狩り」が始まった。
　　③　米州機構（OAS）の結成に合意した。
　　④　核拡散防止条約（NPT）に調印した。

4　　ベトナム史について述べた次の文A～Cを読み，下の問い（問1～10）に答えなさい。

A　ベトナム北部では，前4世紀にドンソン文化とよばれる金属文化が発展した。その後，ベトナム北部は中国の支配を受けるようになり，漢代にはベトナム北部に交趾郡，ベトナム中部に　ア　が設置された。　ア　には，2世紀中頃に大秦王安敦の使節が到着したとされる。その後，ベトナム北部は中国からの独立を達成し，初の長期王朝である(a)李朝の時代に国号を大越（ダイベト）国と定めた。続く(b)陳朝の時代には，モンゴル軍の侵入を撃退した。その後，ベトナム北部は一時明に併合されたが，黎朝のもとで独立を達成した。
　　一方，ベトナム中部では，2世紀末に　イ　が自立し，17世紀にいたるまで長期にわたって勢力を保持した。

問1　文章中の空欄　ア　・　イ　に入る語句の組合せとして最も適当なものを，次の①～④のうちから一つ選びなさい。　31
　　①　ア－日南郡　　イ－チャンパー
　　②　ア－日南郡　　イ－大理
　　③　ア－楽浪郡　　イ－チャンパー
　　④　ア－楽浪郡　　イ－大理

問2　下線部(a)について，次の年表に示した a～d の時期のうち，李朝が成立した時期として最も適当なものを，下の①～④のうちから一つ選びなさい。　32

```
┌─────────┐
│    a    │
└─────────┘
660 年　唐と新羅の連合軍が百済を滅ぼした
┌─────────┐
│    b    │
└─────────┘
755 年　安史の乱が始まった
┌─────────┐
│    c    │
└─────────┘
918 年　高麗が成立した
┌─────────┐
│    d    │
└─────────┘
```

① a　　　　　② b　　　　　③ c　　　　　④ d

問3　下線部(b)について述べた次の文 a と b の正誤の組合せとして最も適当なものを，下の
①～④のうちから一つ選びなさい。　| 33 |

　a　アンコール=ワットを造営した。
　b　民族文字として字喃（チュノム）をつくった。

① a－正　　　b－正　　　② a－正　　　b－誤
③ a－誤　　　b－正　　　④ a－誤　　　b－誤

B　19世紀初め，阮福暎はフランス人宣教師ピニョーらの援助を受け，阮朝を建てた。阮朝は
清に朝貢し，清の行政制度を導入した。19世紀半ばになると，(c)第二帝政下のフランスが
ベトナムへの軍事介入を開始した。フランスは 1883・84 年のユエ（フエ）条約によってベト
ナムを保護国としたが，宗主国の清はこれを認めず，1884 年に(d)清仏戦争がおこった。清
仏戦争の結果，清にベトナムへの宗主権を放棄させたフランスは，1887 年に(e)フランス領
インドシナ連邦を樹立した。(f)フランス支配下のベトナムでは，20世紀初めから民族運動
が展開され，フランスからの独立がめざされた。

問4　下線部(c)について述べた文として最も適当なものを，次の①～④のうちから一つ選び
なさい。| 34 |
① ハイチが独立した。
② ドレフュス事件がおこった。
③ パリ=コミューンが鎮圧された。
④ イギリスとともにアロー戦争をおこした。

問5　下線部(d)について述べた次の文 a と b の正誤の組合せとして最も適当なものを，下の
①～④のうちから一つ選びなさい。| 35 |

　a　甲午農民戦争（東学の乱）をきっかけとして始まった。
　b　講和条約としてアイグン条約が締結された。

① a－正　　　b－正　　　② a－正　　　b－誤
③ a－誤　　　b－正　　　④ a－誤　　　b－誤

問6　下線部(e)について，1899 年にフランス領インドシナ連邦に編入された地域として最も適当なものを，次の①〜④のうちから一つ選びなさい。　36
① カンボジア　　② ラオス　　③ タイ　　④ ビルマ

問7　下線部(f)について述べた文として最も適当なものを，次の①〜④のうちから一つ選びなさい。　37
① 反仏独立のためのタキン党が組織された。
② 日本への留学運動であるドンズー（東遊）運動が展開された。
③ 民族組織としてイスラーム同盟（サレカット=イスラーム）が結成された。
④ ホセ=リサールが言論活動を行った。

C　(g)第一次世界大戦後，ベトナムでは植民地支配からの独立をめざす組織や政党が結成された。第二次世界大戦中，ベトナムは日本軍に占領され，ホー=チ=ミンによって抗日運動が展開された。第二次世界大戦終結後，ホー=チ=ミンは　ウ　の独立を宣言したが，宗主国のフランスはこれを認めず，(h)インドシナ戦争が勃発した。その後，ベトナムは南北に分断され，南ベトナムにはアメリカ合衆国の支援を受けたベトナム共和国が樹立された。1965 年，アメリカ合衆国の　エ　政権は北ベトナムへの爆撃を行い，ベトナム戦争が本格化した。1973 年，ベトナム（パリ）和平協定が成立し，アメリカ軍の撤退が実現した。1975 年，北ベトナムはベトナム共和国の首都を攻略し，翌年に南北統一が実現した。

問8　文章中の空欄　ウ　・　エ　に入る語句の組合せとして最も適当なものを，次の①〜④のうちから一つ選びなさい。　38
① ウ―ベトナム社会主義共和国　　　エ―ジョンソン
② ウ―ベトナム社会主義共和国　　　エ―トルーマン
③ ウ―ベトナム民主共和国　　　　　エ―ジョンソン
④ ウ―ベトナム民主共和国　　　　　エ―トルーマン

問9　下線部(g)について述べた次の文 a と b の正誤の組合せとして最も適当なものを，下の①〜④のうちから一つ選びなさい。　39

a　ベトナム青年革命同志会が結成された。
b　インドシナ共産党が成立した。

① a―正　　b―正　　　② a―正　　b―誤
③ a―誤　　b―正　　　④ a―誤　　b―誤

問10　下線部(h)について述べた文として誤っているものを，次の①〜④のうちから一つ選びなさい。　40
① フランスは，ディエンビエンフーで大敗した。
② フランスは，ゴ=ディン=ジエムを元首とするベトナム国を発足させた。
③ フランスは，ジュネーヴ休戦協定を結んでインドシナから撤退した。
④ インドシナ戦争後，北緯 17 度線が暫定軍事境界線とされた。

◀B　日　程▶

（2 科目 120 分）

1　6 世紀の世界について述べた次の文 A～C を読み，下の問い（問 1～10）に答えなさい。

A　6 世紀のヨーロッパをみると，西方ではゲルマン諸国家が興亡し，東方ではビザンツ帝国
（東ローマ帝国）が地中海帝国の復興をめざした。

　　5 世紀後半，フランク人を統一したクローヴィスはフランク王国を建て，正統派の ア に
改宗した。クローヴィスは 6 世紀初めに(a)西ゴート王国の勢力をガリアから駆逐したが，ク
ローヴィスの死後，王国は 4 人の子に分割相続された。

　　ビザンツ帝国は，(b)ユスティニアヌス 1 世（大帝）のもとで北アフリカの イ を滅ぼ
すなど一時的にローマ帝国の旧地中海領を回復した。しかし，ユスティニアヌス 1 世の死後
にビザンツ帝国の勢力は後退し，6 世紀後半からバルカン半島ではスラヴ人の移住が進んだ。

問 1　文章中の空欄 ア ・ イ に入る語句の組合せとして最も適当なものを，次の①
～④のうちから一つ選びなさい。 1
①　ア－アリウス派　　　　イ－ブルグンド王国
②　ア－アリウス派　　　　イ－ヴァンダル王国
③　ア－アタナシウス派　　イ－ブルグンド王国
④　ア－アタナシウス派　　イ－ヴァンダル王国

問 2　下線部(a)について述べた次の文 a と b の正誤の組合せとして最も適当なものを，下の
①～④のうちから一つ選びなさい。 2

　a　イベリア半島へ移動し，コルドバに都をおいた。
　b　ウマイヤ朝に滅ぼされた。

①　a－正　　b－正　　　②　a－正　　b－誤
③　a－誤　　b－正　　　④　a－誤　　b－誤

問 3　下線部(b)について述べた文として最も適当なものを，次の①～④のうちから一つ選び
なさい。 3
①　ハギア（セント）＝ソフィア聖堂を建立した。
②　プロノイア制をしいた。
③　トリボニアヌスらに『神学大全』を編纂させた。
④　ブルガリア帝国（ブルガリア王国）をビザンツ帝国に併合した。

B 6世紀の西アジアでは, イラン系の(c)<u>ササン朝</u>が繁栄を続けた。ササン朝は　ウ　の もとで最盛期をむかえ, 対外的にはビザンツ帝国のユスティニアヌス1世（大帝）との戦い を繰り返した。さらに　ウ　は, 東方の(d)<u>突厥</u>と結んで中央アジアで活動した遊牧民の エフタルを滅ぼした。　ウ　の死後もササン朝はビザンツ帝国と抗争を繰り返し, 国力は しだいに衰えた。

　南アジアでは, エフタルの侵入などによって弱体化した(e)<u>グプタ朝</u>が6世紀半ばに滅亡 した。インド南端では, パーンディヤ朝やパッラヴァ朝などが交易により繁栄し, 　エ　の 文学が栄えた。

問4 文章中の空欄　ウ　・　エ　に入る語句の組合せとして最も適当なものを, 次の① ～④のうちから一つ選びなさい。　4

①　ウ－ホスロー1世　　　エ－スワヒリ語
②　ウ－ホスロー1世　　　エ－タミル語
③　ウ－シャープール1世　エ－スワヒリ語
④　ウ－シャープール1世　エ－タミル語

問5 下線部(c)について, ササン朝の都として最も適当なものを, 次の①～④のうちから一つ 選びなさい。　5

①　ペルセポリス　②　ニネヴェ　③　クテシフォン　④　スサ

問6 下線部(d)について述べた次の文aとbの正誤の組合せとして最も適当なものを, 下の ①～④のうちから一つ選びなさい。　6

a　冒頓単于の時代に最盛期をむかえた。
b　渤海を滅ぼした。

①　a－正　　b－正　　②　a－正　　b－誤
③　a－誤　　b－正　　④　a－誤　　b－誤

問7 下線部(e)について述べた文として最も適当なものを, 次の①～④のうちから一つ選び なさい。　7

①　ハルシャ王の時代に最盛期をむかえた。
②　東晋の僧である玄奘が訪れた。
③　純インド的なガンダーラ美術が成立した。
④　カーリダーサが戯曲『シャクンタラー』を著した。

C 6世紀の東アジアでは, 華北の北朝と江南の南朝が対立する(f)<u>南北朝時代</u>が続いた。華北 では, 534年に北魏が東西に分裂した。東魏は北斉に, 西魏は北周に倒され, 北斉は北周に 滅ぼされた。581年, 北周の外戚であった文帝（楊堅）は禅譲の形式により(g)<u>隋</u>を建て, 大 興城を都とした。589年には南朝の陳を滅ぼし, 中国統一を達成した。隋は律令を制定し, 南北朝時代の諸制度を取り入れたほか, 官僚登用制度として学科試験による(h)<u>科挙</u>を創設 した。

朝鮮半島では，高句麗・新羅・百済が並び立つ三国時代が続いていた。

問8 下線部(f)に関連して，南北朝時代の文化について述べた文として最も適当なものを，次の①〜④のうちから一つ選びなさい。 [8]

① はなやかな文体である四六駢儷体が好まれた。

② 梁の昭明太子は，『楚辞』を編纂した。

③ 東晋の顔真卿は，「書聖」と称された。

④ 東晋の顧愷之は，「清明上河図」を描いた。

問9 下線部(g)について述べた次の文aとbの正誤の組合せとして最も適当なものを，下の①〜④のうちから一つ選びなさい。 [9]

a 兵制として府兵制を採用した。

b 華北と江南を結ぶ大運河を建設した。

① a－正   b－正   ② a－正   b－誤

③ a－誤   b－正   ④ a－誤   b－誤

問10 下線部(h)に関連して，次の年表に示したa〜dの時期のうち，科挙の最終試験として殿試が創設された時期として最も適当なものを，下の①〜④のうちから一つ選びなさい。
[10]

a	
653 年	『五経正義』が編纂された
b	
1127 年	高宗が南宋を建てた
c	
1380 年	中書省が廃止された
d	

① a   ② b   ③ c   ④ d

2 　神聖ローマ帝国の歴史について述べた次の文A〜Cを読み，下の問い（問1〜10）に答えなさい。

A　10世紀初め，東フランク（ドイツ）でカロリング朝が断絶すると，諸侯の選挙によって王が選ばれるようになり，936年に ア のオットー1世が即位した。オットー1世は，ウラル語系の イ やスラヴ人の侵入を撃退し，(a)イタリアに遠征して教皇を助けたため，962年に教皇からローマ皇帝の帝冠を授けられた。これが神聖ローマ帝国の起源となった。
　歴代の神聖ローマ皇帝はイタリア政策に熱心であったため，国内は分裂状態が続いた。13世紀半ばにシュタウフェン朝が断絶すると，皇帝不在の「大空位時代」が続き，その後，1356年に(b)金印勅書が発布された。

問1　文章中の空欄 ア ・ イ に入る語句の組合せとして最も適当なものを，次の①〜④のうちから一つ選びなさい。 11
　① ア－ランカスター家　　イ－マジャール人
　② ア－ランカスター家　　イ－ケルト人
　③ ア－ザクセン家　　　　イ－マジャール人
　④ ア－ザクセン家　　　　イ－ケルト人

問2　下線部(a)に関連して，中世のイタリアについて述べた文として最も適当なものを，次の①〜④のうちから一つ選びなさい。 12
　① フィレンツェなどの北イタリアの港市は，東方貿易（レヴァント貿易）によって繁栄した。
　② 北イタリアの自治都市は，ミスルとよばれた。
　③ 北イタリアの諸都市は，ハンザ同盟を結成した。
　④ イタリア諸都市は，皇帝党（ギベリン）と教皇党（ゲルフ）にわかれて抗争した。

問3　下線部(b)について述べた次の文aとbの正誤の組合せとして最も適当なものを，下の①〜④のうちから一つ選びなさい。 13

　a　カール4世によって発布された。
　b　聖俗の七選帝侯による皇帝選挙制が定められた。

　① a－正　　b－正　　　② a－正　　b－誤
　③ a－誤　　b－正　　　④ a－誤　　b－誤

B　1438年からはハプスブルク家が神聖ローマ皇帝位を世襲するようになった。一方，神聖ローマ帝国の一部であった(c)スイスは，13世紀末からハプスブルク家に対する抵抗運動を展開し，15世紀末に事実上の独立を達成した。1519年には，ハプスブルク家出身のスペイン王カルロス1世が神聖ローマ皇帝カール5世として即位した。カール5世の時代には宗教改革が広がり，対外的には(d)イタリア戦争やオスマン帝国の圧迫に苦しんだ。(e)宗教改革はヨーロッパ各地にも広がり，宗教改革以降旧教徒と新教徒の対立が激化した。1618年には国際

的宗教戦争である(f)三十年戦争が始まり，講和条約であるウェストファリア条約によって神聖ローマ帝国は有名無実化した。

問4　下線部(c)の歴史について述べた次の文 a と b の正誤の組合せとして最も適当なものを，下の①〜④のうちから一つ選びなさい。　14

　　a　ウィーン会議の結果，スイスの永世中立が認められた。
　　b　スイスのジュネーヴには，国際連合の本部がおかれた。

　　①　a－正　　　b－正　　　②　a－正　　　b－誤
　　③　a－誤　　　b－正　　　④　a－誤　　　b－誤

問5　下線部(d)について，1559 年に締結されたイタリア戦争の講和条約として最も適当なものを，次の①〜④のうちから一つ選びなさい。　15
　　①　トルデシリャス条約　　　②　カルロヴィッツ条約
　　③　メルセン条約　　　　　　④　カトー=カンブレジ条約

問6　下線部(e)に関連して，イギリス国教会を成立させた法律とその法律を 1534 年に制定したイギリス王の組合せとして最も適当なものを，次の①〜④のうちから一つ選びなさい。
　　16
　　①　国王至上法（首長法）－エリザベス 1 世
　　②　国王至上法（首長法）－ヘンリ 8 世
　　③　統一法－エリザベス 1 世
　　④　統一法－ヘンリ 8 世

問7　下線部(f)について述べた文として最も適当なものを，次の①〜④のうちから一つ選びなさい。　17
　　①　傭兵隊長のヴァレンシュタインは，皇帝軍を率いた。
　　②　デンマーク国王グスタフ=アドルフは，新教徒側に立って参戦した。
　　③　旧教国フランスは，旧教徒側に立って参戦した。
　　④　オランダのカントは，三十年戦争の惨状をみて『戦争と平和の法』を著した。

C　オーストリアのハプスブルク家は，ウェストファリア条約以降も神聖ローマ皇帝位を保ち続けた。1740 年，神聖ローマ皇帝カール 6 世が死去し，オーストリアの　ウ　がハプスブルク家領を継承した。(g)プロイセンのフリードリヒ 2 世（大王）らはこれに反対してオーストリア継承戦争が始まり，この戦争中，　ウ　の夫であるフランツ 1 世が神聖ローマ皇帝位についた。その後，オーストリアは(h)七年戦争でプロイセンと戦ったが，失地の回復は実現しなかった。

　　フランス革命勃発後，オーストリアはフランスと戦ったが，ナポレオンに敗れた。1806 年，西南ドイツ諸国はナポレオンの保護下で　エ　を結成し，これによって神聖ローマ帝国は消滅した。

問8　文章中の空欄　　**ウ**　・　**エ**　に入る語句の組合せとして最も適当なものを，次の①
　　　～④のうちから一つ選びなさい。　18

　　　①　**ウ**－マリア=テレジア　　　　　　**エ**－ライン同盟
　　　②　**ウ**－マリア=テレジア　　　　　　**エ**－神聖同盟
　　　③　**ウ**－マリ=アントワネット　　　　**エ**－ライン同盟
　　　④　**ウ**－マリ=アントワネット　　　　**エ**－神聖同盟

問9　下線部（g）について述べた文として**誤っているもの**を，次の①～④のうちから一つ選び
　　　なさい。　19

　　　①　「君主は国家第一の僕」と称した。
　　　②　鉄血政策とよばれる軍備拡張政策を行った。
　　　③　ポツダムにサンスーシ宮殿を造営した。
　　　④　宮廷にヴォルテールら啓蒙思想家を招いた。

問10　下線部（h）について述べた次の文 **a** と **b** の正誤の組合せとして最も適当なものを，下の
　　　①～④のうちから一つ選びなさい。　20

　　　a　「外交革命」により，オーストリアはイギリスと同盟した。
　　　b　七年戦争と並行して，北アメリカではフレンチ=インディアン戦争がおこった。

　　　①　a－正　　　b－正　　　②　a－正　　　b－誤
　　　③　a－誤　　　b－正　　　④　a－誤　　　b－誤

3 　世界史上の博物館・美術館について述べた次の文A〜Cを読み，下の問い（**問 1 〜10**）
に答えなさい。

A　大英博物館はイギリスのロンドンにある世界最大級の博物館で，その所蔵品は 800 万点以
上とされる。18 世紀に医師のハンス=スローン卿が国家に遺贈した収集品に始まり，以後も
世界中から発掘品などが集められた。エジプトやメソポタミアなどの古代オリエント文明の
遺物も豊富で，エジプト・コレクションは，(a)ナポレオンのエジプト遠征の際に発見されて
(b)神聖文字解読の手がかりとなったロゼッタ=ストーンや，新王国時代のラメス（ラメセス）
２世の胸像のほか，「死者の書」，ミイラなど多岐にわたる。メソポタミア文明の遺物として
は，(c)ウルの王墓から発掘された「ウルのスタンダード（旗章）」や「牡山羊の像」などが
知られる。

問 1　下線部(a)について述べた文として**誤っているもの**を，次の①〜④のうちから一つ選び
なさい。　21
①　総裁政府を樹立した。
②　イタリア遠征を行った。
③　フランス銀行を設立した。
④　イギリスとアミアンの和約を結んだ。

問 2　下線部(b)について述べた次の文 a と b の正誤の組合せとして最も適当なものを，下の
①〜④のうちから一つ選びなさい。　22

a　象形文字で，ヒエログリフとよばれた。
b　フランスのシャンポリオンによって解読された。

①　a −正　　　b −正　　　②　a −正　　　b −誤
③　a −誤　　　b −正　　　④　a −誤　　　b −誤

問 3　下線部(c)について，ウルを建設した民族として最も適当なものを，次の①〜④のうちか
ら一つ選びなさい。　23
①　アッカド人　　②　シュメール人　　③　ヘブライ人　　④　アムル人

B　ルーヴル美術館は，フランスのパリにあるルーヴル宮殿内に設置された美術館で，その
所蔵品の多くは歴代のフランス国王が収集したコレクションである。セーヌ川右岸に築か
れた城塞は，(d)フランソワ１世の時代にルーヴル宮殿に改築され，以後も改築・増築され
た。(e)フランス革命がおこると，すべての王室コレクションが没収されてルーヴル宮殿に移
され，1793 年から一般に公開されるようになった。収蔵品として有名なのは，ヘレニズム期
の「ミロのヴィーナス」やルネサンス期に　ア　が描いた「モナ=リザ」である。「ミロの
ヴィーナス」は，1820 年にオスマン帝国統治下のミロス島で農夫によって発見され，フラン
ス領事が買い取った。1821 年に当時のフランス国王　イ　に贈られ，ルーヴル美術館の所
蔵となったとされる。

問4　文章中の空欄　ア ・ イ　に入る人名の組合せとして最も適当なものを，次の①
〜④のうちから一つ選びなさい。 24

① アーミケランジェロ　　　　　イールイ 18 世
② アーミケランジェロ　　　　　イールイ=フィリップ
③ アーレオナルド=ダ=ヴィンチ　イールイ 18 世
④ アーレオナルド=ダ=ヴィンチ　イールイ=フィリップ

問5　下線部(d)について述べた次の文 a と b の正誤の組合せとして最も適当なものを，下の
①〜④のうちから一つ選びなさい。 25

a　ナントの王令（勅令）を発布した。
b　フロンドの乱がおこった。

① a −正　　　b −正　　　② a −正　　　b −誤
③ a −誤　　　b −正　　　④ a −誤　　　b −誤

問6　下線部(e)について述べた文として最も適当なものを，次の①〜④のうちから一つ選び
なさい。 26
① 国民公会は，人権宣言（人間および市民の権利の宣言）を採択した。
② 立法議会は，オーストリアに宣戦した。
③ 8 月 10 日事件後，国民議会が成立した。
④ ラ=ファイエットは，恐怖政治を行った。

C　エルミタージュ美術館はロシアのサンクト=ペテルブルクにある美術館で，その所蔵品は
およそ 300 万点にのぼる。フランス語で「隠れ家」を意味するエルミタージュは(f)<u>ロマノフ
朝</u>の離宮で，(g)<u>エカチェリーナ 2 世</u>の時代に美術コレクションが収蔵され，以後，皇帝や皇
族が集めた美術品も収蔵された。1917 年の(h)<u>ロシア革命後</u>には国有とされ，皇帝の宮殿で
あった冬宮がエルミタージュ美術館の本館となった。所蔵品は絵画や彫刻など多岐にわたる。
ルネサンス期の絵画やルノワールやモネなど印象派の絵画，20 世紀に「ゲルニカ」を描いた
ことで知られ，キュビズムを発展させた　ウ　など近代美術，現代美術の絵画も多い。ま
た，「金製鹿形飾り板」や「戦闘文装飾櫛」など，前 7 世紀頃南ロシアの草原地帯を支配した
騎馬遊牧民　エ　の遺物も収蔵されている。

問7　文章中の空欄　ウ ・ エ　に入る語句の組合せとして最も適当なものを，次の①
〜④のうちから一つ選びなさい。 27
① ウーロダン　　エーウイグル　　② ウーロダン　　エースキタイ
③ ウーピカソ　　エーウイグル　　④ ウーピカソ　　エースキタイ

問8　下線部(f)について述べた次の出来事 a 〜 c が，時代の古い順に正しく配列されている
ものを，下の①〜⑥のうちから一つ選びなさい。 28

a　ステンカ=ラージンの乱が鎮圧された。

　　b　デカブリスト（十二月党員）の乱がおこった。
　　c　北方戦争に勝利した。

　　① a→b→c　　　② a→c→b　　　③ b→a→c
　　④ b→c→a　　　⑤ c→a→b　　　⑥ c→b→a

問9　下線部(g)について述べた文として最も適当なものを，次の①〜④のうちから一つ選び
　　なさい。　29
　　① 農奴解放令を発布した。
　　② 中国とネルチンスク条約を結んだ。
　　③ ポーランド分割に参加した。
　　④ ムラヴィヨフを日本に派遣した。

問10　下線部(h)について述べた次の文 a と b の正誤の組合せとして最も適当なものを，下の
　　①〜④のうちから一つ選びなさい。　30

　　a　ロシア二月革命（三月革命）によって，アレクサンドル2世が退位した。
　　b　ロシア十月革命（十一月革命）後，「平和に関する布告」が採択された。

　　① a－正　　　b－正　　　② a－正　　　b－誤
　　③ a－誤　　　b－正　　　④ a－誤　　　b－誤

4　近現代の中国について述べた次の文A〜Cを読み，下の問い（問1〜10）に答えなさい。

A　(a)アヘン戦争後，清では内乱や対外戦争が続き，国内の政治は混乱した。太平天国滅亡後
　には，同治帝のもとで一時的に国内の秩序は安定し，(b)洋務運動とよばれる富国強兵運動が展
　開された。しかし，この運動は国家や制度のあり方の変革をめざすものではなかったため，清仏
　戦争や日清戦争の敗北によって限界が明らかとなった。日清戦争の敗北後には，(c)列強による
　利権獲得競争が激化した。この頃，国内では公羊学派の　ア　らが清の体制改革を訴えた
　が，1898年には保守派がクーデタをおこし，改革は失敗した。義和団事件後，清では保守的・
　排外的な傾向が後退して光緒新政とよばれる改革が進められ，1908年には　イ　さ
　れた。

問1　文章中の空欄　ア　・　イ　に入る語句の組合せとして最も適当なものを，
　　次の①〜④のうちから一つ選びなさい。　31
　　① アー康有為　　イー公行が廃止
　　② アー康有為　　イー憲法大綱が発表
　　③ アー洪秀全　　イー公行が廃止
　　④ アー洪秀全　　イー憲法大綱が発表

問2　下線部(a)について，アヘン戦争の講和条約と，この講和条約によって開港された都市の

位置を示す次の地図中の **a** または **b** の組合せとして最も適当なものを，下の①〜④のうち
から一つ選びなさい。 32

①　天津条約－a　　②　天津条約－b　　③　南京条約－a　　④　南京条約－b

問3　下線部(b)について述べた次の文 a と b の正誤の組合せとして最も適当なものを，下の
①〜④のうちから一つ選びなさい。 33

a　湘軍を組織して太平天国鎮圧に活躍した林則徐ら漢人官僚によって推進された。
b　「中体西用」を基本思想とした。

①　a－正　　　b－正　　　②　a－正　　　b－誤
③　a－誤　　　b－正　　　④　a－誤　　　b－誤

問4　下線部(c)について述べた文として最も適当なものを，次の①〜④のうちから一つ選び
なさい。 34
①　イギリスは，遼東半島南部を租借した。
②　フランスは，威海衛を租借した。
③　ドイツは，膠州湾を租借した。
④　ロシアは，広州湾を租借した。

B　辛亥革命により 1912 年に中華民国が成立し，清朝は滅亡した。第一次世界大戦中，中国で
は(d)文学革命とよばれる啓蒙運動が展開された。大戦後，中国は戦勝国としてパリ講和会議
に参加したが，二十一カ条の要求の取り消しなどは認められなかった。これに反発する人々
によって 1919 年に ウ がおこり，中国政府はヴェルサイユ条約の調印を拒否した。同
年に成立した中国国民党は，1924 年から中国共産党との協力体制を築いたが，(e)1927 年に第
1 次国共合作は崩壊した。その後，国民党は北伐を完成して全国統一を達成した。1930 年代に
は日本が中国への侵攻を進めたが，国民党は共産党との戦いを優先した。1936 年， エ は
西安事件をおこして蒋介石に内戦停止と抗日を訴えた。国共は再び接近し，日中戦争が勃発
すると第 2 次国共合作が成立した。

問5　文章中の空欄 ウ ・ エ に入る語句の組合せとして最も適当なものを，次の①

～④のうちから一つ選びなさい。　35

① 　ウー五・四運動　　　エー張学良　　② 　ウー五・四運動　　　エー張作霖
③ 　ウー五・三〇運動　　エー張学良　　④ 　ウー五・三〇運動　　エー張作霖

問6　下線部(d)について述べた次の文 a と b の正誤の組合せとして最も適当なものを，下の
①～④のうちから一つ選びなさい。　36

a　胡適は，白話（口語）文学を提唱した。
b　陳独秀は，『狂人日記』を著した。

① 　a －正　　　b －正　　　② 　a －正　　　b －誤
③ 　a －誤　　　b －正　　　④ 　a －誤　　　b －誤

問7　下線部(e)に関連して，国共分裂後の中国共産党について述べた文として**誤っているも
の**を，次の①～④のうちから一つ選びなさい。　37
① 　江西省瑞金に中華ソヴィエト共和国臨時政府を樹立した。
② 　長征を実行し，陝西省延安に拠点を築いた。
③ 　イギリス・アメリカ合衆国の援助により，幣制改革が実施された。
④ 　八・一宣言を出して，内戦停止・民族統一戦線結成をよびかけた。

C　日本の降伏後，国共内戦は再開された。土地改革によって農民の支持を得た共産党が内戦
に勝利し，(f)1949年に中華人民共和国の成立を宣言した。一方，共産党に敗れた国民党は
台湾に逃れ，中華民国政府を維持した。中華人民共和国は社会主義陣営に属する姿勢を明ら
かにし，急激な社会主義化政策を進めた。しかし，毛沢東が指示した「大躍進」運動は失敗
し，毛沢東は国家主席を退いた。毛沢東は権力の奪還をはかり，1966年に(g)プロレタリア
文化大革命（文化大革命）を開始した。文化大革命によって中国の社会は混乱し，多くの党
幹部や知識人が迫害されたが，1976年に毛沢東が死去すると文化大革命は終結した。その後，
(h)鄧小平が最高実力者となり，脱文化大革命路線が推進された。

問8　下線部(f)について，中華人民共和国の初代首相として最も適当なものを，次の①～④の
うちから一つ選びなさい。　38
① 　汪兆銘　　② 　林彪　　③ 　劉少奇　　④ 　周恩来

問9　下線部(g)に関連して，プロレタリア文化大革命期の中国について述べた文として最も
適当なものを，次の①～④のうちから一つ選びなさい。　39
① 　若い世代を中心に黒旗軍などの大衆運動が組織された。
② 　「四人組」によって文化大革命が推進された。
③ 　イギリスから香港が返還された。
④ 　中ソ友好同盟相互援助条約が締結された。

問10　下線部(h)について述べた次の文 a と b の正誤の組合せとして最も適当なものを，下の
①～④のうちから一つ選びなさい。　40

a　「四つの現代化」が推進された。
b　人民公社の解体が決定された。

① a－正　　b－正　　　② a－正　　b－誤
③ a－誤　　b－正　　　④ a－誤　　b－誤

数学

■解答上の注意

1　問題文中の　ア　，　イウ　などには，特別な指示がない限り，数字（0〜9），符号（−）が入ります。ア，イ，ウ，……の1つ1つは，これらのいずれか1つに対応します。それらを解答用紙のア，イ，ウ，……で示された解答欄にマークして答えなさい。

　　なお，同一の問題文中に　ア　，　イウ　などが2度以上現れる場合，2度目以降は，　ア　，　イウ　のように細字で表記します。

2　分数形で解答する場合は，既約分数（それ以上約分できない分数）で答えなさい。また，符号は分子につけ，分母につけてはいけません。

3　根号を含む形で解答する場合は，根号の中に現れる自然数が最小となる形で答えなさい。例えば，$6\sqrt{2}$ と答えるところを，$3\sqrt{8}$ のように答えてはいけません。

4　根号を含む分数形で解答する場合，例えば $\dfrac{\boxed{エ}+\boxed{オ}\sqrt{\boxed{カ}}}{\boxed{キ}}$ に $\dfrac{3+2\sqrt{2}}{2}$ と答えるところを，$\dfrac{6+4\sqrt{2}}{4}$ や $\dfrac{6+2\sqrt{8}}{4}$ のように答えてはいけません。

5　比を解答する場合は，最も簡単な整数の比で答えなさい。例えば，11 : 3 と答えるところを，22 : 6 のように答えてはいけません。

◀A　日　程▶

（2科目 120分）

1　次の各問いの空欄に適するものを，下の選択肢から選び番号で答えなさい。ただし，同じものを繰り返し選んでもよい。

問1　不等式 $\dfrac{x}{3} < 2(x-5) < 11 - |x|$ の解は，　ア　である。

① $x < 6$　　　② $6 < x$　　　③ $x < 7$　　　④ $x < -6$

⑤ $6 < x < 7$　⑥ $-6 < x < 7$　⑦ $-7 < x < -6$　⑧ なし

問2　a を実数とする。

(1) $a^2 \neq 1$ であることは，$a^2 \neq 2a - 1$ であるための　イ　。

(2) $\sqrt{(1-a)^2} = a - 1$ であることは，$a > 1$ であるための　ウ　。

① 必要十分条件である
② 必要条件であるが十分条件ではない
③ 十分条件であるが必要条件ではない
④ 必要条件でも十分条件でもない

問3　θ は $0° < \theta < 180°$ の範囲の角で，$3\sin^2\theta = 8\cos\theta$ を満たしている。

このとき，$\cos\theta =$ 　エ　であり，$\sin\theta \times \tan\theta =$ 　オ　である。

① $\dfrac{1}{2}$　　② $\dfrac{1}{3}$　　③ $\dfrac{2}{3}$　　④ $\dfrac{3}{4}$

⑤ $-\dfrac{1}{3}$　⑥ $-\dfrac{2}{3}$　⑦ $\dfrac{4}{3}$　⑧ $\dfrac{8}{3}$

問4　1以上100以下の整数の集合を全体集合 U とし，U の部分集合のうち，6の倍数全体の集合を A，9の倍数全体の集合を B とする。このとき

$$n(A \cap B) = \boxed{カ}, \quad n(\overline{A} \cap \overline{B}) = \boxed{キ}$$

である。ただし，$n(X)$ は集合 X の要素の個数とし，$\overline{X}$ は集合 X の補集合とする。

①　5　　　　　　②　7　　　　　　③　10　　　　④　20

⑤　45　　　　　　⑥　68　　　　　⑦　78　　　　⑧　80

問5　右の図は，2 つの変量 X，Y の 20 個の値の
組についての散布図である。

このとき，$Z = \dfrac{Y}{X}$ で定まる変量 Z を考える。

次の①～④のうち，Z の箱ひげ図として
最も適切であるものは　ク　である。

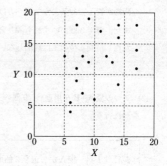

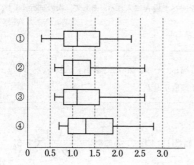

2　赤玉 2 個，青玉 3 個，白玉 4 個の合計 9 個の玉がある。
　　次の各問いに答えなさい。

(1)　9 個の玉を横 1 列に並べるとする。

　　両端が青玉であるような並べ方は全部で $\boxed{\text{アイウ}}$ 通りある。

　　また，青玉 3 個がいずれも隣り合わないような並べ方は全部で $\boxed{\text{エオカ}}$ 通りある。

　　ただし，同じ色の玉は区別しないものとする。

(2)　2 つの袋 A，B を用意し，9 個の玉をすべて袋 A に入れる。そして，次の試行 [I]，[II]
　　を順に行う。

　　試行 [I]　　袋 A から玉を 2 個取り出し，その 2 個の玉を袋 B に入れる。

　　試行 [II]　　さらに袋 A から玉を 1 個取り出す。

　(i)　袋 B に入れた玉の中に赤玉が 1 個だけ含まれている確率は，$\dfrac{\boxed{\text{キ}}}{\boxed{\text{クケ}}}$ である。

　(ii)　試行 [II] で取り出した玉が赤玉である確率は，$\dfrac{\boxed{\text{コ}}}{\boxed{\text{サ}}}$ である。

　　　また，試行 [II] で取り出した玉が赤玉であるとき，袋 B の中に赤玉が含まれている

　　　条件付き確率は，$\dfrac{\boxed{\text{シ}}}{\boxed{\text{ス}}}$ である。

3 　△ABC において，AB = 5，AC = 8，∠BAC = 60° である。

この三角形の内部に点 P をとり，点 P の位置と線分 AP，BP，CP の長さについて調べる。

次の各問いに答えなさい。

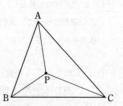

(1) 点 P が△ABC の外心であるとき，

$$AP = \dfrac{\boxed{ア}\sqrt{\boxed{イ}}}{\boxed{ウ}}$$ である。

(2) 点 P が△ABC の内心であるとき，

直線 BP と辺 AC の交点を D とすると，$AD = \dfrac{\boxed{エオ}}{\boxed{カ}}$ であり，△ABD の面積は

$$\dfrac{\boxed{キク}\sqrt{\boxed{ケ}}}{\boxed{コ}}$$ である。したがって，$AP = \boxed{サ}\sqrt{\boxed{シ}}$ である。

(3) 線分の長さの和 AP + BP + CP が最小になるような点 P の位置を考える。

まず，平面上で△APC を，点 A を中心として右の図のように反時計回りに 60° だけ回転させたとき，点 P，C が移った点をそれぞれ Q，R とする。

ここで，$∠BAR = \boxed{スセソ}$ ° であり，この図を利用すると，

AP + BP + CP の最小値は $\sqrt{\boxed{タチツ}}$ と求められる。

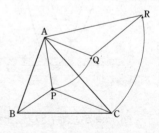

また，AP + BP + CP が最小となるとき，

点 A と直線 BR の距離は $\dfrac{\boxed{テト}\sqrt{\boxed{ナ}}}{\sqrt{\boxed{タチツ}}}$ と表されるから

$$AP = \dfrac{\boxed{ニヌ}}{\sqrt{\boxed{タチツ}}} = \dfrac{\boxed{ニヌ}\sqrt{\boxed{タチツ}}}{\boxed{タチツ}}$$

である。

4 a を実数の定数とし，関数 $f(x)$ を $f(x)=x^2-ax+a+3$ とする。

この関数について，太郎さんと花子さんが考察をしている。

次の各問いに答えなさい。

(1) 太郎さんは，a の値として異なる 2 つの正の数を決め，$y=f(x)$ のグラフを 2 種類かいてみた。$f(1)=$ ┃ ア ┃ であるから，これらのグラフはどちらも点(1, ┃ ア ┃)を通ることがわかる。

太郎さんのかいた 2 種類の $y=f(x)$ のグラフとして実際にあり得るものを，<u>次の①〜⑥のうちから二つ選び番号で答えなさい</u>。ただし，解答の順序は問わない。また，いずれの図も y 軸は省略しているが，上方向が y 軸の正の方向である。

┃ イ ┃ ┃ ウ ┃

① 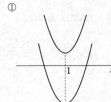 ② 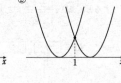 ③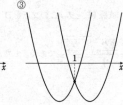

④ 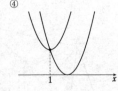 ⑤ 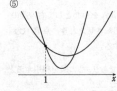 ⑥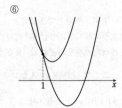

(2) 太郎さんと花子さんは，次の**問題**に取り組んでいる。

問題

2 次方程式 $x^2-ax+a+3=0$ が $2<x<4$ の範囲に実数解をもつような，定数 a の値の範囲を求めなさい。

太郎：2 次方程式 $x^2-ax+a+3=0$ を解の公式を使って解くと

$$x=\frac{a\pm\sqrt{a^2-\boxed{エ}\,a-\boxed{オカ}}}{\boxed{キ}}$$

これが $2<x<4$ を満たすような a を考えるのかな？ちょっと大変だね。

花子：グラフを使って考えたらどうかな？　2次方程式 $f(x)=0$ の実数解は，$y=f(x)$ の
　　　　グラフと x 軸の共有点の x 座標に等しいから，このグラフが x 軸と $2<x<4$ の部分
　　　　で交わればいい。

太郎：そうか…。まず，$y=f(x)$ のグラフが x 軸と共有点をもつような a の値の範囲は…?

$$a^2 - \boxed{\text{エ}}\, a - \boxed{\text{オカ}} \geqq 0$$ を解くと，$a \leqq \boxed{\text{クケ}}$ ，$\boxed{\text{コ}} \leqq a$ だね。

　　　　a がこの範囲の値をとるとき，$y=f(x)$ のグラフの軸の位置はどうなるのだろう？

花子：グラフの軸は直線 $x = \dfrac{a}{\boxed{\text{サ}}}$ だから，これは $x \leqq \boxed{\text{シス}}$ または $\boxed{\text{セ}} \leqq x$ の

　　　　部分にあることがわかるよ。

太郎：この軸の位置に着目して，a のとる値で場合分けして調べればいいね。

(ⅰ)　上の会話文の空欄を埋めなさい。

(ⅱ)　この問題の答えは，不等式 $\boxed{\text{ソ}}$ で表され，$p = \boxed{\text{タ}}$ ，$q = \boxed{\text{チ}}$ である。

　　　　$\boxed{\text{ソ}}$ に適するものを，次の①～④のうちから一つ選び番号で答えなさい。

　　　　① $p<a<q$ ② $p\leqq a<q$ ③ $p<a\leqq q$ ④ $p\leqq a\leqq q$

◀B　日　程▶

（2 科目 120 分）

1　次の各問いの空欄に適するものを，下の選択肢から選び番号で答えなさい。ただし，同じものを繰り返し選んでもよい。

問1　$a=3-2\sqrt{3}$ のとき，$\sqrt{a^2}+\sqrt{a^2+2a+1}=\boxed{\text{ア}}$ である。

① 0　　　② 1　　　③ 3　　　④ 6

⑤ $2\sqrt{3}$　　⑥ $4\sqrt{3}$　　⑦ $3-2\sqrt{3}$　　⑧ $7-4\sqrt{3}$

問2　c を定数とする。2 次関数 $y=-x^2+6x+c\ (1\leqq x\leqq 4)$ の最小値が 2 であるとき，

$c=\boxed{\text{イ}}$ であり，このときの関数の最大値は $\boxed{\text{ウ}}$ である。

① -1　　② -2　　③ -3　　④ -4

⑤ 2　　⑥ 4　　⑦ 6　　⑧ 8

問3　0, 1, 2, 3, 4, 5 の 6 個の数字のうち異なる 3 個を横 1 列に並べて 3 桁の自然数をつくる。このとき，偶数は全部で $\boxed{\text{エ}}$ 個できる。

また，つくることができる 3 桁の自然数を小さい方から順に並べるとき，345 は $\boxed{\text{オ}}$ 番目の数になる。

① 40　　② 45　　③ 50　　④ 52

⑤ 56　　⑥ 60　　⑦ 65　　⑧ 70

問4　△ABC において，辺 AB を 2:1 に内分する点を D，
　　辺 AC を 3:2 に内分する点を E とする。

　　次に，線分 BE と CD の交点を P として，直線 AP
　　と辺 BC との交点を Q とする。

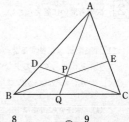

　　このとき，$\dfrac{\text{AP}}{\text{PQ}} = \boxed{\text{カ}}$ である。

　① 2　　　　② 3　　　　③ $\dfrac{3}{2}$

　④ $\dfrac{5}{2}$　　　　⑤ $\dfrac{7}{2}$　　　　⑥ $\dfrac{5}{3}$　　　　⑦ $\dfrac{8}{3}$　　　　⑧ $\dfrac{9}{4}$

問5　2 つの変量 x, y の 10 個の値の組が与えられており，x, y
　　の平均値，分散および x と y の共分散は右の表のようになる。

	x	y
平均値	9.0	10.0
分散	20.0	15.0
共分散	11.4	

　　このとき，変量 x と y の相関係数に最も近い値は $\boxed{\text{キ}}$
　　である。ただし，$\sqrt{3} = 1.73$ として計算してよい。

　　また，x と y の散布図として最も適切なものは $\boxed{\text{ク}}$ である。

　　〔$\boxed{\text{キ}}$ の選択肢〕

　① 0.58　　　　② 0.65　　　　③ 0.71　　　　④ 0.75

　　〔$\boxed{\text{ク}}$ の選択肢〕

①　　　　　　　　②　　　　　　　　③　　　　　　　　④

2 次の各問いに答えなさい。

〔1〕 実数 x, y に関する 2 つの条件 p, q を次のように定める。

　　　p： x, y のうち少なくとも一方は無理数である

　　　q： $x+y$, $x-y$ のうち少なくとも一方は無理数である

　(1)　条件 p の否定は「 ア 」である。

　　　 ア に適するものを，次の①～④のうちから一つ選び番号で答えなさい。

　　① x, y ともに有理数である

　　② x, y ともに無理数である

　　③ x, y のうち一方は有理数で，他方は無理数である

　　④ x, y のうち少なくとも一方は有理数である

　(2)　p は q であるための イ 。

　　　 イ に適するものを，次の①～④のうちから一つ選び番号で答えなさい。

　　① 必要十分条件である

　　② 必要条件であるが十分条件ではない

　　③ 十分条件であるが必要条件ではない

　　④ 必要条件でも十分条件でもない

〔2〕 a を実数の定数とする。関数 $f(x)=3x^2+1$, $g(x)=-x^2+ax$ において，次の命題が真であるような a に関する必要十分条件を求めなさい。答えは，下の①～⑧のうちから一つずつ選び番号で答えなさい。ただし，同じものを繰り返し選んでもよい。

　(1)　すべての実数 x について $f(x)>g(x)$ が成り立つ。 ウ

　(2)　$f(x)<g(x)$ を満たす実数 x が存在する。 エ

　(3)　すべての実数 s, t について $f(s)>g(t)$ が成り立つ。 オ

　　① $|a|<1$　　　② $|a|<2$　　　③ $|a|<4$　　　④ $|a|<6$

　　⑤ $|a|>1$　　　⑥ $|a|>2$　　　⑦ $|a|>4$　　　⑧ $|a|>6$

$\boxed{3}$　2 つの箱 A，B の中にくじが入っている。A には 10 本のくじが入っており，そのうち 2 本は当たりくじであり，B には 16 本のくじが入っており，そのうち 4 本は当たりくじである。

　　次の各問いに答えなさい。

(1)　箱 A からくじを同時に 2 本引くとき，1 本だけが当たりである確率は $\dfrac{\boxed{アイ}}{\boxed{ウエ}}$ である。

　　次に，箱 A と箱 B のうちのどちらか 1 つを選んで，その中からくじを 2 本引くことを考える。箱 A を選ぶ確率を p，箱 B を選ぶ確率を $1-p$ とする。ただし，p は $0<p<1$ を満たす定数である。

　　さらに，「箱 A を選ぶ」という事象を X，「引いたくじのうち 1 本だけが当たりである」という事象を Y とし，

　　$\overline{X}$　　　　　・・・事象 X についての余事象
　　$P(X)$　　　　・・・事象 X の起こる確率
　　$P(Y)$　　　　・・・事象 Y の起こる確率
　　$P(X\cap Y)$　・・・事象 $X\cap Y$ の起こる確率
　　$P(\overline{X}\cap Y)$　・・・事象 $\overline{X}\cap Y$ の起こる確率

とする。

(2)　　$P(X\cap Y)=\dfrac{\boxed{オカ}}{\boxed{キク}}\,p$,　$P(\overline{X}\cap Y)=\dfrac{\boxed{ケ}}{\boxed{コ}}(1-p)$

　　と表される。

(3)　引いたくじのうち 1 本だけが当たりであるときに，そのくじが箱 A のものである条件付き確率は，記号を用いて $\boxed{サ}$ と表される。

　　したがって，引いたくじのうち 1 本だけが当たりであるときに，そのくじが箱 A のものである確率とそのくじが箱 B のものである確率が等しいとき，$p=\dfrac{\boxed{シ}}{\boxed{スセ}}$ である。

　　$\boxed{サ}$ には適するものを，次の①～④のうちから一つ選び番号で答えなさい。

　　①　$P(X\cap Y)$　　　②　$\dfrac{P(X)}{P(Y)}$　　　③　$\dfrac{P(X\cap Y)}{P(Y)}$　　　④　$\dfrac{P(Y)}{P(X\cap Y)}$

(4)　p を(3)で求めた値であるとする。

　　引いたくじが 2 本ともはずれである確率は $\dfrac{\boxed{ソタ}}{\boxed{チツ}}$ である。

4 太郎さんと花子さんは，次の**課題**に取り組んでいる。

課題 $\sin 75°$ の値を，図形を使って求める方法を考えてみよう。これまでに学習した
正弦定理や三角形の面積の公式などを利用してよい。

太郎：$\sin 75°$ の値は(ⅰ)三角比の表を使えばわかるけど，図形を使うとなるとどうすればよい
　　　かな？　内角の 1 つが 75° である直角三角形をかいても，3 辺の比がわからないし…。
花子：右の図のような直角三角形を使うのはどうかな？
　　　(ⅱ)これを組み合わせて 75°の角を内角にもつ三角形
　　　をつくってみよう。
太郎：正弦定理が使えそうだね。

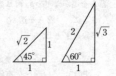

次の各問いに答えなさい。

(1) 下線部(ⅰ)について，右に示した〔三角比の表〕を
　　利用すると，

$$\sin 75° = 0.\boxed{\text{アイウエ}}$$

　　となることがわかる。

〔三角比の表〕

角	正弦 (sin)	余弦 (cos)	正接 (tan)
11°	0.1908	0.9816	0.1944
12°	0.2079	0.9781	0.2126
13°	0.2250	0.9744	0.2309
14°	0.2419	0.9703	0.2493
15°	0.2588	0.9659	0.2679
16°	0.2756	0.9613	0.2867
17°	0.2924	0.9563	0.3057
18°	0.3090	0.9511	0.3249
19°	0.3256	0.9455	0.3443
20°	0.3420	0.9397	0.3640

(2) 下線部(ⅱ)について，右の**図1**の三角形 ABC を考える
　　と，∠BAC = 75° である。
　　　ただし，点 D は辺 BC 上の点で AD⊥BC であり，BD = 1
　　とする。
　　　太郎さんと花子さんは，**図1**の三角形を使ってそれぞれ
　　$\sin 75°$ の値を次のように求めた。

図1

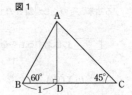

〔太郎さんの求め方〕

△ABC において，正弦定理により

$$\frac{\boxed{オ}}{\sin 75°}=\frac{\boxed{カ}}{\sin 45°}$$

よって　$\sin 75°=\boxed{キ}$

〔花子さんの求め方〕

△ABC の面積を S とすると

$$S=\frac{1}{2}\times BC\times AD=\boxed{ク}$$

また，$S=\boxed{ケ}\sin 75°$ であるから，

この 2 つの式から　$\sin 75°=\boxed{キ}$

$\boxed{オ}\sim\boxed{ケ}$ に適するものを，次の①〜⑨のうちから一つずつ選び番号で答えなさい。

ただし，同じものを繰り返し選んでもよい。

① 2　　② $2\sqrt{3}$　　③ $\sqrt{6}$　　④ $\sqrt{3}+1$　　⑤ $\sqrt{3}-1$

⑥ $\dfrac{\sqrt{3}+1}{2}$　　⑦ $\dfrac{3+\sqrt{3}}{2}$　　⑧ $\dfrac{\sqrt{6}+\sqrt{2}}{4}$　　⑨ $\dfrac{\sqrt{6}-\sqrt{2}}{4}$

(3) 右の**図2**の三角形 ABC において

$$\cos\angle ABC=\frac{4}{5},\quad \cos\angle ACB=\frac{2}{\sqrt{5}}$$

である。点 D は辺 BC 上の点で，AD⊥BC である。

AB$=x$ とすると，CD$=\dfrac{\boxed{コ}}{\boxed{サ}}x$ と表される。

また，$\sin\angle BAC=\dfrac{\boxed{シ}\sqrt{\boxed{ス}}}{\boxed{セ}}$ である。

図2

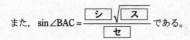
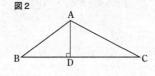

■物理■

◀ A 日程（物理基礎・物理）▶

（2 科目 120 分）

1 次の問い（問 1 ～ 7）に答えなさい。

問1 図 1 のように，床面の点 O から小球を鉛直上向きに速さ v_0 で投げ上げたところ，最高点 P まで上昇した。最高点 P に達した小球が落下して OP 間の中点 Q を通過するときの速さはいくらか。最も適当なものを，下の①～⑥の中から一つ選びなさい。ただし，空気抵抗は無視できるものとする。 1

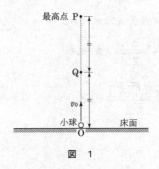

最高点 P

Q

v_0

小球 O 床面

図 1

① $\dfrac{1}{4}v_0$ 　　② $\dfrac{\sqrt{2}}{4}v_0$ 　　③ $(\sqrt{2}-1)v_0$

④ $\dfrac{1}{2}v_0$ 　　⑤ $\dfrac{\sqrt{2}}{2}v_0$ 　　⑥ $\dfrac{3}{4}v_0$

問2 図 2 のように，水平な天井の点 A，B から軽くて伸び縮みしない 2 本の糸で重さ W の小さいおもりをつり下げた。AB 間の距離を 60 cm，点 A，B からおもりまでの糸の長さをともに 50 cm とする。このとき，一方の糸の張力の大きさはいくらか。最も適当なものを，下の①～⑥の中から一つ選びなさい。 2

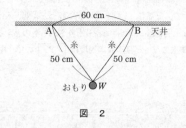

図　2

① $\dfrac{1}{2}W$　　② $\dfrac{5}{8}W$　　③ $\dfrac{3}{4}W$　　④ $\dfrac{4}{5}W$　　⑤ $\dfrac{5}{4}W$　　⑥ $\dfrac{8}{5}W$

問3　図3のように，質量 m の小物体が一定の傾きのあらい斜面上の点 P を斜面に沿って上向き
に速さ v で通過し，点 P から高さ h の斜面上の点 Q で静止した。この間に斜面からの摩擦力
が小物体にした仕事はいくらか。最も適当なものを，下の①〜⑥の中から一つ選びなさい。た
だし，重力加速度の大きさを g とする。　　$\boxed{3}$

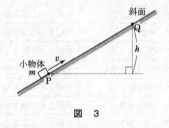

図　3

① $-mgh$　　　　　　② $-\dfrac{1}{2}mv^2$　　　　　③ $-mgh-\dfrac{1}{2}mv^2$

④ $-mgh+\dfrac{1}{2}mv^2$　　⑤ $mgh-\dfrac{1}{2}mv^2$　　⑥ $mgh+\dfrac{1}{2}mv^2$

問4　次の文章中の空欄 $\boxed{\text{ア}}$ ・ $\boxed{\text{イ}}$ に入れる語句の組み合わせとして最も適当なものを，
下の①〜⑦の中から一つ選びなさい。　　$\boxed{4}$

　　ある温度まで加熱した一定質量（容器 1 杯分）の水（湯）を用意し，室温と同じ温度にして
ある同じ熱容量の容器 A，B に入れて冷ますことを考える。図4のように，手順 1 では，容器
A，B に加熱した水を半分ずつ入れ，しばらく時間が経ってから，容器 A 内の水をすべて容器
B に移す。手順 2 では，容器 A だけに加熱した水をすべて入れ，しばらく時間が経ってから，
容器 A 内の水をすべて容器 B 内に移す。しばらく時間が経った後の容器 B 内の水の温度を手

順1，手順2で比較する。ただし，しばらく時間が経つと容器と水は熱平衡になるものとし，水の蒸発はなく，熱は水と容器の間だけでやりとりされるものとする。

容器 B に水を移して空になった容器 A の温度は ┃ ア ┃ ので，操作後の容器 B 内の水の温度は ┃ イ ┃ なる。

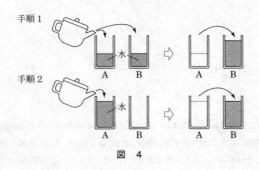

図 4

	ア	イ
①	手順1の方が手順2より高い	手順1の方が手順2より高く
②	手順1の方が手順2より高い	手順2の方が手順1より高く
③	手順1の方が手順2より高い	手順1と手順2では等しく
④	手順2の方が手順1より高い	手順1の方が手順2より高く
⑤	手順2の方が手順1より高い	手順2の方が手順1より高く
⑥	手順2の方が手順1より高い	手順1と手順2では等しく
⑦	手順1と手順2では等しい	手順1と手順2では等しく

問5 次の文章中の空欄 ┃ ウ ┃・┃ エ ┃ に入れる語句の組み合わせとして最も適当なものを，下の①～⑥の中から一つ選びなさい。 ┃ 5 ┃

図5のように，実験室内で，ピストンを挿入したガラス管の管口付近にスピーカーを置く。スピーカーから一定の振動数の音を出しながら，ピストンを管口の位置から右にゆっくりと移動させていくと，ある位置で初めてガラス管内の気柱が共鳴したので，この位置でピストンを固定した。次に，ピストンを固定したまま，実験室内の空気の温度を上昇させると，共鳴しなくなった。これは，気温が上昇すると音速が ┃ ウ ┃ ためであり，ピストンを最も短い距離だけ移動させて再び共鳴が起こるのは，ピストンを ┃ エ ┃ に移動させる場合である。

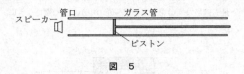

図　5

	ウ	エ
①	大きくなる	右
②	大きくなる	左
③	小さくなる	右
④	小さくなる	左
⑤	変わらない	右
⑥	変わらない	左

問6　次の文章中の空欄　オ　・　カ　に入れる数値の組み合わせとして最も適当なものを，下の①〜⑥の中から一つ選びなさい。　6

　　図6のように，電圧が一定で内部の抵抗が無視できる直流電源に，同じ電球 A, B, C を接続する。このとき，電球 B を流れる電流の大きさは電球 A を流れる電流の大きさの　オ　倍であり，電球 B と電球 C の消費電力の和は電球 A の消費電力の　カ　倍である。ただし，電球 A, B, C の抵抗値は電流によらず一定であるものとする。

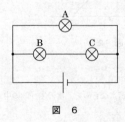

図　6

	オ	カ
①	$\frac{1}{2}$	$\frac{1}{2}$
②	$\frac{1}{2}$	1
③	$\frac{1}{2}$	2
④	2	$\frac{1}{2}$
⑤	2	1
⑥	2	2

問7　図7のように，巻数 500 回の1次コイルと巻数 100 回の2次コイルからなる変圧器（トランス）がある。変圧器は電力の損失のない理想的なものとする。2次コイルに抵抗値 4.0 Ω の抵抗を接続し，1次コイルに実効値 100 V の交流電圧を加えたとき，1次コイルに流れる電流の

実効値は何 A か。最も適当なものを，下の①〜⑥の中から一つ選びなさい。   7   A

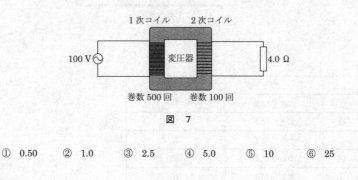

図　7

  ① 0.50   ② 1.0   ③ 2.5   ④ 5.0   ⑤ 10   ⑥ 25

2   次の文章（Ⅰ・Ⅱ）を読み，下の問い（**問1〜6**）に答えなさい。

Ⅰ   **図1**のように，質量 m の小球に軽くて伸び縮みしない糸を付け，静止した状態から糸を鉛直に引き上げた。**図2**は，時刻 $t=0$ から $t=2t_1$ までの小球の速度 v と時刻 t の関係を表すグラフである。鉛直上向きを速度や加速度，変位の正の向きとし，重力加速度の大きさを g とする。

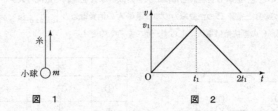

図　1   図　2

問1   小球の加速度と時刻 t の関係を表すグラフとして最も適当なものを，次の①〜⑥の中から一つ選びなさい。   8

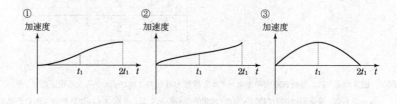

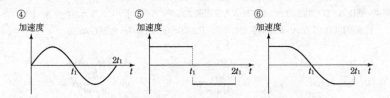

④
加速度

⑤
加速度

⑥
加速度

問2　小球の時刻 $t=0$ の位置を基準とした $t=2t_1$ での変位はいくらか。最も適当なものを，次の①〜⑥の中から一つ選びなさい。　9

①　0

②　$\dfrac{1}{4}v_1t_1$

③　$\dfrac{1}{2}v_1t_1$

④　v_1t_1

⑤　$2v_1t_1$

⑥　$4v_1t_1$

問3　時刻 $t=\dfrac{1}{2}t_1$ での糸の張力の大きさはいくらか。最も適当なものを，次の①〜⑥の中から一つ選びなさい。　10

①　$\dfrac{mv_1}{t_1}$

②　$\dfrac{2mv_1}{t_1}$

③　$m\left(g+\dfrac{v_1}{t_1}\right)$

④　$m\left(g+\dfrac{2v_1}{t_1}\right)$

⑤　$m\left(g-\dfrac{v_1}{t_1}\right)$

⑥　$m\left(g-\dfrac{2v_1}{t_1}\right)$

Ⅱ　**図3**のように，軽くてなめらかな定滑車に，軽くて伸び縮みしない糸をかけ，糸の両端に質量 M の物体 A と質量 m の物体 B をつるす。はじめ，物体 A は水平な床面から高さ h の位置にあり，物体 B は手で床面上で静止させている。滑車と物体 A，B それぞれとの間にある糸は鉛直になっている。物体 B を静かにはなすと，物体 A は下降し始め，同時に物体 B は上昇し始めて，やがて物体 A は床面に到達した。重力加速度の大きさを g とし，$M>m$ とする。

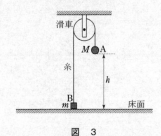

図　3

問4 物体 A，B が動き始めてから物体 A が床面に到達する直前までに，重力が物体 A，B にした仕事の和はいくらか。最も適当なものを，次の①〜⑥の中から一つ選びなさい。 **11**

① 0　　　　　　　② $(M+m)gh$　　　　　③ $(M-m)gh$

④ $(m-M)gh$　　⑤ $\dfrac{Mm}{M+m}gh$　　　⑥ $\dfrac{Mm}{M-m}gh$

問5 物体 A，B が動き始めてから物体 A が床面に到達する直前までに，糸の張力が物体 A，B にした仕事の和はいくらか。最も適当なものを，次の①〜⑥の中から一つ選びなさい。ただし，糸の張力の大きさを T とする。 **12**

① 0　　② $\dfrac{1}{2}Th$　　③ Th　　④ $2Th$　　⑤ $\dfrac{mTh}{M}$　　⑥ $\dfrac{MTh}{m}$

問6 床面に到達する直前の物体 A の速さはいくらか。最も適当なものを，次の①〜⑥の中から一つ選びなさい。 **13**

① $\sqrt{gh}$　　　　　　② $\sqrt{2gh}$　　　　　　③ $\sqrt{\dfrac{m}{M}gh}$

④ $\sqrt{\dfrac{M}{m}gh}$　　　⑤ $\sqrt{\dfrac{M-m}{M+m}gh}$　　⑥ $\sqrt{\dfrac{2(M-m)}{M+m}gh}$

3　次の文章（Ⅰ・Ⅱ）を読み，下の問い（問1～6）に答えなさい。

Ⅰ　図1のように，上面が水平であらい円板が，円板の中心を通る鉛直な軸を回転軸として一定の
　角速度で回転している。円板の上面には円板の中心から 30 cm の位置に質量 1.0 kg の小物体が
　置かれており，小物体は円板の上ですべることなく速さ 1.2 m/s で円板とともに等速円運動をし
　ている。円周率を 3.14 とする。

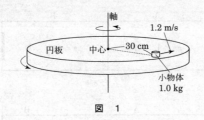

図　1

問1　小物体の等速円運動の周期は何 s か。最も適当なものを，次の①～⑥の中から一つ選びなさ
　い。　14　s

　　①　0.79　　　②　0.83　　　③　1.6　　　④　2.5　　　⑤　3.2　　　⑥　16

問2　次の図は，ある瞬間の円板と小物体を上から見たものである。円板の上面から小物体にはた
　らく摩擦力の向きとして最も適当なものを，図中の矢印①～④の中から一つ選びなさい。
　　15

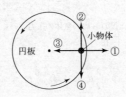

問3　円板の上面から小物体にはたらく摩擦力の大きさは何 N か。最も適当なものを，次の①～⑥
　の中から一つ選びなさい。　16　N

　　①　0.36　　　②　0.40　　　③　0.48　　　④　1.2　　　⑤　2.4　　　⑥　4.8

II　図2のように，水平に固定された円筒形の断熱容器が，水平方向になめらかに動く断熱ピストンによってAとBに区切られて，それぞれに同じ物質量の理想気体が封入されている。はじめ，A，B内の気体はともに，圧力p，体積V，絶対温度Tであった。ここで，B内の気体の絶対温度をTに保ったまま，A内の気体の温度をゆっくり上げていくと，ピストンが移動し，A内の気体の体積は$\frac{3}{2}V$になり，B内の気体の体積は$\frac{1}{2}V$になって，ピストンは静止した。気体定数をRとする。

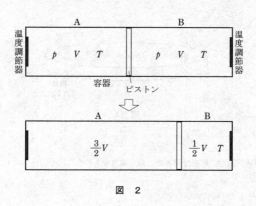

図　2

問4　A内の気体の物質量はいくらか。最も適当なものを，次の①～⑥の中から一つ選びなさい。
　　17

① $\dfrac{pV}{RT}$　　② $\dfrac{RT}{pV}$　　③ $\dfrac{TV}{Rp}$　　④ $\dfrac{RpV}{T}$　　⑤ $\dfrac{RpT}{V}$　　⑥ $\dfrac{RTV}{p}$

問5　ピストンが移動して静止した後のB内の気体の圧力はいくらか。最も適当なものを，次の①～⑥の中から一つ選びなさい。　18

① $\dfrac{2}{3}p$　　② $\dfrac{4}{3}p$　　③ $\dfrac{3}{2}p$　　④ $\dfrac{5}{3}p$　　⑤ $2p$　　⑥ $\dfrac{5}{2}p$

問6　ピストンが移動して静止した後のA内の気体の絶対温度はいくらか。最も適当なものを，次の①～⑥の中から一つ選びなさい。　19

① $\dfrac{4}{3}T$　　② $\dfrac{3}{2}T$　　③ $\dfrac{5}{3}p$　　④ $2T$　　⑤ $\dfrac{5}{2}T$　　⑥ $3T$

4　次の文章（Ⅰ・Ⅱ）を読み，下の問い（**問1～6**）に答えなさい。

Ⅰ　**図1**のように，平板ガラスの表面に絶対屈折率 n，厚さ d の薄膜がある。空気中から波長が λ の光を薄膜の上面に対して垂直にあてて，反射光を観察する。光線1は薄膜の表面で反射し，光線2は薄膜と平板ガラスの境界面で反射している。空気の絶対屈折率を1とし，薄膜の絶対屈折率 n は1より大きく，ガラスの絶対屈折率は n より大きいものとする。

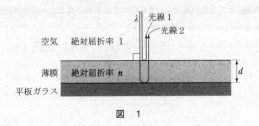

図　1

問1　次の文章中の空欄　**ア**　～　**ウ**　に入れる数値と語句の組み合わせとして最も適当なものを，下の①～⑥の中から一つ選びなさい。　**20**

　光が絶対屈折率の異なる媒質の境界面で反射するとき，絶対屈折率の小さい媒質から大きい媒質に向かうときの反射での位相のずれは　**ア**　であり，絶対屈折率の大きい媒質から小さい媒質に向かうときの反射での位相のずれは　**イ**　である。薄膜による光の反射では，二つの異なる経路の反射光が　**ウ**　することによって，反射光が強め合って明るくなったり，弱め合って暗くなったりする。

	ア	イ	ウ
①	π	$\frac{1}{2}\pi$	回折
②	π	$\frac{1}{2}\pi$	干渉
③	π	0	回折
④	π	0	干渉
⑤	0	π	回折
⑥	0	π	干渉

問2　**図1**で，二つの反射光が強め合って明るく観察される条件として最も適当なものを，次の①～⑥の中から一つ選びなさい。ただし，m は薄膜の厚さによって定まる変数（m=0, 1, 2, …）

とする。 $\boxed{21}$

① $nd = m\lambda$　　　　　② $2nd = m\lambda$　　　　　③ $\dfrac{2d}{n} = m\lambda$

④ $nd = \left(m + \dfrac{1}{2}\right)\lambda$　④ ⑤ $2nd = \left(m + \dfrac{1}{2}\right)\lambda$　⑥ $\dfrac{2d}{n} = \left(m + \dfrac{1}{2}\right)\lambda$

問3　**図1**で，薄膜にあてる光の波長 λ が 5.6×10^{-7} m である場合に，反射光が最も暗くなる薄膜の厚さの最小値は何 m か。最も適当なものを，次の①〜⑥の中から一つ選びなさい。ただし，薄膜の絶対屈折率 n は 1.4，ガラスの絶対屈折率は 1.7 である。 $\boxed{22}$ m

① 7.0×10^{-8}　　　② 8.2×10^{-8}　　　③ 1.0×10^{-7}

④ 1.4×10^{-7}　　　⑤ 2.0×10^{-7}　　　⑥ 3.9×10^{-7}

Ⅱ　**図2**のように，起電力 E，内部抵抗 r の電池に可変抵抗を接続する。**図3**は，可変抵抗の抵抗値 R を変化させたとき，**図2**の矢印の向きに電池を流れる電流 I と電池の端子間電圧（端子 b に対する端子 a の電位）V の関係を表すグラフである。

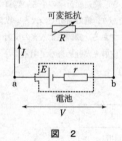

図　2

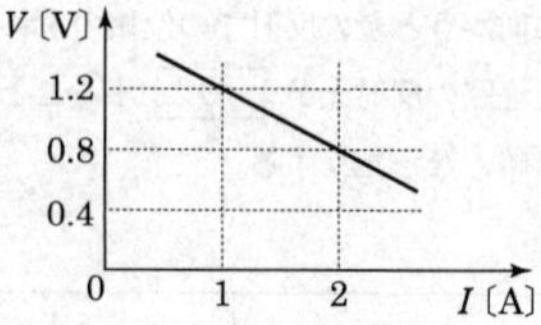

図　3

問4　V を表す式として最も適当なものを，次の①〜⑥の中から一つ選びなさい。 $\boxed{23}$

① $V = E + rI$　　　　　② $V = E - rI$　　　　　③ $V = E + (R + r)I$

④ $V = E - (R + r)I$　　⑤ $V = E + \dfrac{Rr}{R+r}I$　⑥ $V = E - \dfrac{Rr}{R+r}I$

問5　この電池の起電力 E は何 V か。最も適当なものを，次の①〜⑥の中から一つ選びなさい。
$E = \boxed{24}$ V

①　1.0　　　②　1.1　　　③　1.3　　　④　1.5　　　⑤　1.6　　　⑥　1.7

問6　この電池の内部抵抗 r は何Ωか。最も適当なものを，次の①～⑥の中から一つ選びなさい。

$r =$ ☐ 25 ☐ Ω

①　0.10　　　②　0.20　　　③　0.30　　　④　0.40　　　⑤　0.50　　　⑥　0.60

◀A日程(物理基礎)▶

(2科目 120分)

(注)　化学基礎または生物基礎とともに解答し，1科目の扱いとする。

[1]　◀A日程（物理基礎・物理）▶の[1]に同じ。

[2]　◀A日程（物理基礎・物理）▶の[2]に同じ。

◀B 日程(物理基礎・物理)▶

(2 科目 120 分)

1 次の問い（問1～7）に答えなさい。

問1　図1は，x 軸上を運動する小物体 A と B の位置 x〔m〕と時刻 t〔s〕の関係を表すグラフである。小物体 A, B は x 軸上で衝突せずに，すれ違うことができるものとする。小物体 A, B がすれ違う時刻 $t = t_1$〔s〕と，$0\ \text{s} < t < 6.0\ \text{s}$ における小物体 A に対する小物体 B の相対速度 u〔m/s〕の組み合わせとして最も適当なものを，下の①～⑧の中から一つ選びなさい。ただし，x 軸の正の向きを速度の正の向きとする。　1

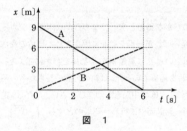

図　1

	t_1	u
①	3.6 s	0.50 m/s
②	3.6 s	2.5 m/s
③	3.6 s	−0.50 m/s
④	3.6 s	−2.5 m/s
⑤	3.7 s	0.50 m/s
⑥	3.7 s	2.5 m/s
⑦	3.7 s	−0.50 m/s
⑧	3.7 s	−2.5 m/s

問2　図2のように，あらい水平な地面上で A さんと B さんが綱引きをしている。A さんと B さんの間の綱は水平である。互いに引き合いながら静止しているとき，B さんの側ではたらい

ている水平方向の力を F_1〜F_4 とする。F_1 は綱が B さんを引く力，F_2 は B さんが綱を引く力，F_3 と F_4 は B さんの足の裏と地面の間ではたらく摩擦力である。これらの力の中で，力のつり合いの関係にある力の組として最も適当なものを，下の①〜⑤の中から一つ選びなさい。 2

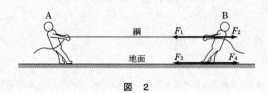

図 2

① F_1 と F_2 だけ　　　② F_1 と F_4 だけ　　　③ F_2 と F_3 だけ

④ F_1 と F_2, F_3 と F_4　　　⑤ F_1 と F_4, F_2 と F_3

問3 図3のように，なめらかな斜面と水平でなめらかな床面がなめらかにつながっており，床面上にばね定数 k の軽いばねが一端を壁面に固定されて自然の長さの状態で置かれている。床面から高さ h の斜面上の点Pに質量 m の小物体を静かに置くと，小物体は斜面をすべり降り，床面をすべってばねを縮めていった。ばねの自然の長さからの縮みの最大値はいくらか。最も適当なものを，下の①〜⑥の中から一つ選びなさい。ただし，重力加速度の大きさを g とし，小物体の運動は同一鉛直面内で行われるものとする。 3

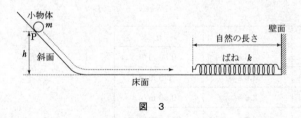

図 3

① $\dfrac{mgh}{2k}$　　　② $\dfrac{mgh}{k}$　　　③ $\dfrac{2mgh}{k}$

④ $\sqrt{\dfrac{mgh}{2k}}$　　　⑤ $\sqrt{\dfrac{mgh}{k}}$　　　⑥ $\sqrt{\dfrac{2mgh}{k}}$

問4 次の文章中の空欄 ア ・ イ に入れる数値と語句の組み合わせとして最も適当なものを，下の①〜⑥の中から一つ選びなさい。 4

　図4は，温度 80 ℃の物体 A と温度 20 ℃の物体 B を接触させてからの経過時間と，それぞれの温度の関係を表すグラフである。熱は物体 A，B の間だけでやりとりされ，熱平衡に至るものとする。このグラフから，物体 A の熱容量は B の熱容量の　ア　倍であることがわかる。また，物体 A，B を接触させてから熱平衡に至るまで，単位時間あたりに物体 A が失う熱量は，単位時間あたりに物体 B が得る熱量　イ　。

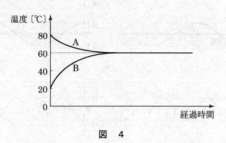

図　4

	ア	イ
①	$\frac{1}{2}$	より大きい
②	$\frac{1}{2}$	に等しい
③	$\frac{1}{2}$	より小さい
④	2	より大きい
⑤	2	に等しい
⑥	2	より小さい

問5　図5は，x 軸上を正の向きに速さ 3.0 m/s で進む正弦波について，位置 $x=0.60$ m における変位 y〔m〕と時刻 t〔s〕の関係を表すグラフである。時刻 $t=0$ s における変位 y〔m〕と位置 x〔m〕の関係を表すグラフとして最も適当なものを，下の①〜⑧の中から一つ選びなさい。　5

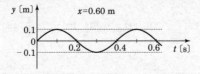

図　5

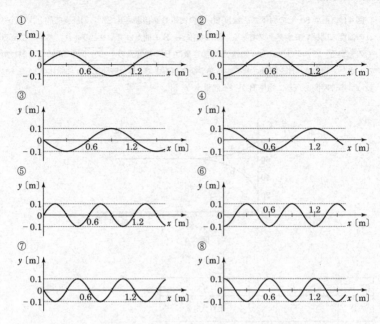

問6 振動数 128 Hz の音を出す音さを二つ用意し，一方の音さだけに細い針金を巻き付け，両方の音さを同時に鳴らした。この音をマイクロフォンで受け取り，オシロスコープで観察すると，**図6**のようなうなり特有の波形が見られた。針金を巻き付けた方の音さから出ている音の振動数は何 Hz か。最も適当なものを，下の①〜⑥の中から一つ選びなさい。ただし，**図6**の横軸は時刻 t 〔s〕を表す。　**6**　Hz

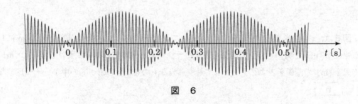

図　6

① 124　　　② 126　　　③ 127　　　④ 129　　　⑤ 130　　　⑥ 132

問7 **図7**のように，抵抗値がすべて r の 5 個の抵抗を接続した。ab 間の合成抵抗はいくらか。最も適当なものを，下の①〜⑥の中から一つ選びなさい。　**7**

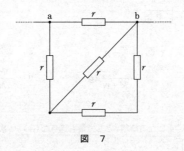

図　7

① $\dfrac{3}{7}r$　　② $\dfrac{5}{8}r$　　③ $\dfrac{5}{7}r$　　④ $\dfrac{7}{5}r$　　⑤ $\dfrac{5}{2}r$　　⑥ $\dfrac{7}{2}r$

$\boxed{2}$　次の文章（Ⅰ・Ⅱ）を読み，下の問い（**問1～6**）に答えなさい。

Ⅰ　**図1**のように，水平な床面上を，質量 M の物体 A と質量 m の物体 B を接触した状態で右向きにすべらせた。床面上をすべっているとき，物体 A は床面から摩擦力を受けるが，物体 B は摩擦力を受けないものとする。時刻 $t=0$ に，物体 A の右端が床面上の点 O を速度 v_0 で通過し，その後，物体 A，B は接触した状態で一定の加速度 a で運動をして床面上で静止した。物体 A，B は鉛直な面で接しているものとし，加速度 a で運動をしているときに物体 A，B の間ではたらく水平な力の大きさを f とする。また，物体 A と床面の間の動摩擦係数を μ'，重力加速度の大きさを g とし，水平右向きを速度や加速度の正の向きとする。

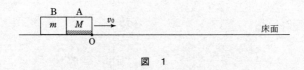

図　1

問1　物体 A，B が加速度 a で運動をしているときの物体 A の運動方程式として最も適当なものを，次の①～⑥の中から一つ選びなさい。　$\boxed{8}$

①　$Ma=-\mu' Mg$　　　　　　　　　②　$Ma=-f$

③　$Ma=f-\mu' Mg$　　　　　　　　④　$Ma=f-\mu'(M+m)g$

⑤　$Ma=-f+\mu'(M+m)g$　　　　⑥　$Ma=-f-\mu'(M+m)g$

問2　加速度 a は，f を用いないでどのように表されるか。最も適当なものを，次の①～⑥の中か

ら一つ選びなさい。 $a =$ ☐9

① $-\mu' g$ ② $-\dfrac{m}{M}\mu' g$ ③ $-\dfrac{M}{m}\mu' g$

④ $-\dfrac{M}{M+m}\mu' g$ ⑤ $-\dfrac{m}{M+m}\mu' g$ ⑥ $-\dfrac{M-m}{M+m}\mu' g$

問3 物体 A, B の速度が $\dfrac{1}{2}v_0$ になる時刻 t として最も適当なものを,次の①〜⑥の中から一つ選びなさい。 $t =$ ☐10

① $-\dfrac{3v_0}{2a}$ ② $-\dfrac{\sqrt{2}v_0}{2a}$ ③ $-\dfrac{v_0}{2a}$

④ $\dfrac{v_0}{2a}$ ⑤ $\dfrac{\sqrt{2}v_0}{2a}$ ⑥ $\dfrac{3v_0}{2a}$

Ⅱ 図2のように,長さ L の軽くて伸び縮みしない糸の一端を点 O に固定し,他端に質量 m の小球を付け,糸が水平になる点 A で小球を静かにはなした。点 O の真下で点 O から距離 $\dfrac{2}{3}L$ の点 P に釘があり,小球が最下点 B を通過するときに糸が釘に引っかかり,その後,小球は点 P と同じ高さの点 C に到達した。小球が点 C に到達したときに静かに糸が切れた。糸が切れる直前と直後で小球の速度は変化せず,切れた糸が小球の運動に影響することはないものとする。また,重力加速度の大きさを g とし,釘の大きさは無視でき,糸と釘の間の摩擦や空気抵抗も無視できるものとする。

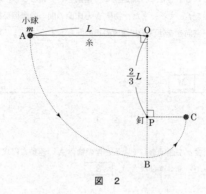

図 2

問4 点 A から点 C まで小球が運動する間に,重力と糸の張力が小球にした仕事の和はいくらか。最も適当なものを,次の①〜⑥の中から一つ選びなさい。 ☐11

① 0　　　　　　　② $\frac{1}{3}mgL$　　　　　　③ $\frac{2}{3}mgL$

④ mgL　　　　　　⑤ $\frac{4}{3}mgL$　　　　　　⑥ $\frac{5}{3}mgL$

問5　小球が点 C を通過するときの速さはいくらか。最も適当なものを，次の①〜⑥の中から一つ選びなさい。 12

① $\sqrt{\dfrac{gL}{3}}$　　　　　② $\sqrt{\dfrac{2gL}{3}}$　　　　　③ $\sqrt{gL}$

④ $2\sqrt{\dfrac{gL}{3}}$　　　　⑤ $\sqrt{\dfrac{5gL}{3}}$　　　　⑥ $\sqrt{2gL}$

問6　次の文章中の空欄 ア ・ イ に入れる記号と語句の組み合わせとして最も適当なものを，下の①〜⑨の中から一つ選びなさい。 13

　点 C で糸が切れた直後，小球にはたらく力の向きは図3の ア の向きである。また，糸が切れて小球が点 C から最高点まで上昇する距離は，OP 間の距離 イ 。

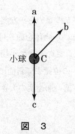

図　3

	ア	イ
①	a	より大きい
②	a	に等しい
③	a	より小さい
④	b	より大きい
⑤	b	に等しい
⑥	b	より小さい
⑦	c	より大きい
⑧	c	に等しい
⑨	c	より小さい

$\boxed{3}$　次の文章（Ⅰ・Ⅱ）を読み，下の問い（**問1～6**）に答えなさい。

Ⅰ　図1のように，水平面となす角度が θ のなめらかな斜面上に，ばね定数 k の軽いばねを上端を固定して置き，ばねの下端に質量 m の小物体を取り付けると，小物体はばねが自然の長さから距離 d だけ伸びたところで静止した。このときの小物体の位置を原点 O とし，斜面に沿って上向きに x 軸をとる。小物体を $x=d$ の位置まで斜面に沿って持ち上げて静かにはなしたところ，小物体は斜面上で単振動をした。重力加速度の大きさを g とする。

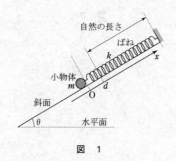

図　1

問1　d はいくらか。最も適当なものを，次の①～⑥の中から一つ選びなさい。$d=$ $\boxed{14}$

① $\dfrac{mg}{k}$　　　　　　② $\dfrac{mg \sin\theta}{k}$　　　　　　③ $\dfrac{mg \cos\theta}{k}$

④ $\sqrt{\dfrac{2mg}{k}}$　　　　⑤ $\sqrt{\dfrac{2mg \sin\theta}{k}}$　　　⑥ $\sqrt{\dfrac{2mg \cos\theta}{k}}$

問2　小物体の単振動の周期や角振動数は，k, m を用いて表すことができる。小物体が単振動をしているとき，振動の中心である点 O を通過するときの小物体の速さはいくらか。最も適当なものを，次の①～⑥の中から一つ選びなさい。　[15]

① $d\sqrt{\dfrac{k}{m}}$　　　　② $d \sin\theta \sqrt{\dfrac{k}{m}}$　　　③ $d\sqrt{\dfrac{k}{m \sin\theta}}$

④ $d\sqrt{\dfrac{m}{k}}$　　　　⑤ $d \sin\theta \sqrt{\dfrac{m}{k}}$　　　⑥ $d\sqrt{\dfrac{m \sin\theta}{k}}$

問3　小物体を $x=d$ の位置で静かにはなしてから，小物体の速度が初めて x 軸の正の向きに最大になるまでの時間として最も適当なものを，次の①～⑥の中から一つ選びなさい。　[16]

① $\dfrac{\pi}{2}\sqrt{\dfrac{m}{k}}$　　　　② $\dfrac{3\pi}{4}\sqrt{\dfrac{m}{k}}$　　　③ $\dfrac{3\pi}{2}\sqrt{\dfrac{m}{k}}$

④ $\dfrac{\pi}{2}\sqrt{\dfrac{k}{m}}$　　　　⑤ $\dfrac{3\pi}{4}\sqrt{\dfrac{k}{m}}$　　　⑥ $\dfrac{3\pi}{2}\sqrt{\dfrac{k}{m}}$

Ⅱ　単原子分子の理想気体を容器に入れ，**図2**のように，圧力 p と体積 V を状態 A から A→B または A→C のようにゆっくりと変化させた。ただし，A→B は断熱変化，A→C は等温変化である。

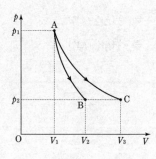

図　2

問 4　次の文章中の空欄　ア　・　イ　に入れる語句の組み合わせとして最も適当なものを，下の①〜⑥の中から一つ選びなさい。　17

A→B の過程で気体が外部にした仕事は，A→C の過程で気体が外部にした仕事より　ア　。また，状態 B での気体の絶対温度は，状態 C での気体の絶対温度　イ　。

	ア	イ
①	大きい	より高い
②	大きい	に等しい
③	大きい	より低い
④	小さい	より高い
⑤	小さい	に等しい
⑥	小さい	より低い

問 5　状態 C での気体の体積 V_3 はいくらか。最も適当なものを，次の①〜④の中から一つ選びなさい。$V_3 =$　18

① $\dfrac{p_2 V_1}{p_1}$　　② $\dfrac{p_1 V_1}{p_2}$　　③ $\dfrac{p_2{}^2 V_1}{p_1{}^2}$　　④ $\dfrac{p_1{}^2 V_1}{p_2{}^2}$

問 6　A→B の過程で気体が外部にした仕事はいくらか。最も適当なものを，次の①〜⑥の中から一つ選びなさい。　19

① $p_2 V_2 - p_1 V_1$　　② $\dfrac{3}{2}(p_2 V_2 - p_1 V_1)$　　③ $\dfrac{5}{2}(p_2 V_2 - p_1 V_1)$

④ $p_1 V_1 - p_2 V_2$　　⑤ $\dfrac{3}{2}(p_1 V_1 - p_2 V_2)$　　⑥ $\dfrac{5}{2}(p_1 V_1 - p_2 V_2)$

4　次の文章（I・II）を読み，下の問い（**問1〜6**）に答えなさい。

I　**図1**のように，絶対屈折率1の空気，絶対屈折率 n_1 の媒質1，絶対屈折率 n_2 の媒質2が平行
　な層をなしている。**図1**の実線の矢印は媒質2から媒質1，媒質1から空気に向かう光線の進
　路を表し，破線の矢印は境界面での反射光線を表している。角度 α，β，γ はこのときの入射角
　や屈折角である。ただし，$1 < n_1 < n_2$ とする。

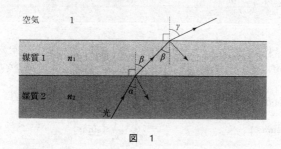

図　1

問1　次の文章中の空欄　**ア**　・　**イ**　に入れる式の組み合わせとして最も適当なものを，
　　下の①〜⑥の中から一つ選びなさい。　20

　　　真空中での光の速さを c，光の波長を λ とし，媒質1の中での光の速さを v_1，光の波長を λ_1
　　とすると，次の関係式が成り立つ。
　　　　$v_1 = $　**ア**　　　　$\lambda_1 = $　**イ**

	ア	イ
①	$\dfrac{c}{n_1}$	$\dfrac{\lambda}{n_1}$
②	$\dfrac{c}{n_1}$	$n_1\lambda$
③	$n_1 c$	$\dfrac{\lambda}{n_1}$
④	$n_1 c$	$n_1\lambda$
⑤	c	$\dfrac{\lambda}{n_1}$
⑥	c	$n_1\lambda$

問2 α, β, γ のそれぞれの関係を表す式として最も適当なものを, 次の①〜⑥の中から一つ選びなさい。 21

① $\sin\alpha = \dfrac{n_2}{n_1}\sin\beta = \dfrac{1}{n_2}\sin\gamma$ ② $\sin\alpha = \dfrac{n_2}{n_1}\sin\beta = \dfrac{1}{n_1}\sin\gamma$

③ $\sin\alpha = \dfrac{n_2}{n_1}\sin\beta = \dfrac{n_1}{n_2}\sin\gamma$ ④ $\sin\alpha = \dfrac{n_1}{n_2}\sin\beta = \dfrac{1}{n_2}\sin\gamma$

⑤ $\sin\alpha = \dfrac{n_1}{n_2}\sin\beta = \dfrac{1}{n_1}\sin\gamma$ ⑥ $\sin\alpha = \dfrac{n_1}{n_2}\sin\beta = \dfrac{n_2}{n_1}\sin\gamma$

問3 媒質1と媒質2の境界面を光が通り抜け, 空気と媒質1の境界面で全反射が起こるための $\sin\alpha$ が満たす条件として最も適当なものを, 次の①〜⑥の中から一つ選びなさい。 22

① $\dfrac{1}{n_1} < \sin\alpha < 1$ ② $\dfrac{1}{n_1} < \sin\alpha < \dfrac{n_1}{n_2}$

③ $\dfrac{1}{n_2} < \sin\alpha < 1$ ④ $\dfrac{1}{n_2} < \sin\alpha < \dfrac{n_1}{n_2}$

⑤ $\dfrac{n_1}{n_2} < \sin\alpha < 1$ ⑥ $\dfrac{n_1}{n_2} < \sin\alpha < \dfrac{1}{n_1}$

Ⅱ 図2のように, 鉛直上向きで磁束密度の大きさが B の一様な磁場(磁界)中に, 十分に長い2本の導体レールを間隔 l で水平面上に平行に置いて固定する。レールの左端には, 抵抗値 R の抵抗 R, 内部抵抗が無視できる起電力 E の電池, およびスイッチが接続されている。レールの上に長さ l の導体棒 PQ をレールに垂直な方向になるようにして置き, スイッチを閉じると, 導体棒 PQ はレールと垂直を保って動き始めた。導体棒 PQ とレールの間の摩擦や, 抵抗 R 以外の電気抵抗は無視できるものとする。

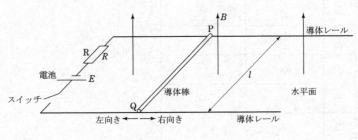

図 2

問4 スイッチを閉じた直後に, 導体棒 PQ が磁場から受ける力の大きさと向きの組み合わせと

して最も適当なものを，次の①〜⑥の中から一つ選びなさい。 `23`

	大きさ	向き
①	EBl	水平右向き
②	EBl	水平左向き
③	$\dfrac{EBl}{R}$	水平右向き
④	$\dfrac{EBl}{R}$	水平左向き
⑤	$\dfrac{EB}{Rl}$	水平右向き
⑥	$\dfrac{EB}{Rl}$	水平左向き

問5 導体棒 PQ の速さが v になったとき，導体棒 PQ に発生する誘導起電力の大きさと向きの組み合わせとして最も適当なものを，次の①〜⑥の中から一つ選びなさい。ただし，誘導起電力の向きは，導体棒 PQ に P から Q へ電流を流そうとするはたらきのときに P→Q と表し，導体棒 PQ に Q から P へ電流を流そうとするはたらきのときに Q→P と表すものとする。 `24`

	大きさ	向き
①	vBl	P→Q
②	vBl	Q→P
③	$\dfrac{vB}{l}$	P→Q
④	$\dfrac{vB}{l}$	Q→P
⑤	$\dfrac{vl}{B}$	P→Q
⑥	$\dfrac{vl}{B}$	Q→P

問6 導体棒 PQ の速さが v になったとき，導体棒 PQ に発生する誘導起電力の大きさを V とする。このとき抵抗 R で単位時間に発生するジュール熱はいくらか。最も適当なものを，次の①〜⑥の中から一つ選びなさい。 `25`

①　$\dfrac{E^2}{R}$　　　　②　$\dfrac{V^2}{R}$　　　　③　$\dfrac{E^2+V^2}{R}$

④　$\dfrac{E^2-V^2}{R}$　　　⑤　$\dfrac{(E+V)^2}{R}$　　　⑥　$\dfrac{(E-V)^2}{R}$

◀B 日程（物理基礎）▶

（2 科目 120 分）

（注）　化学基礎または生物基礎とともに解答し，1 科目の扱いとする。

1　◀B日程（物理基礎・物理）▶の 1 に同じ。

2　◀B日程（物理基礎・物理）▶の 2 に同じ。

■■■■化学■■■■

◀ A 日程（化学基礎・化学）▶

（2 科目 120 分）

> 必要ならば，次の数値を使いなさい。
> 原子量　H=1.0, O=16, P=31, Pb=207

1 次の問い（問 1 ～ 5）に答えなさい。

問 1　次のような物質の分離方法を何というか。最も適当なものを，下の①～⑤の中から一つ選びなさい。　**1**

水性の黒色のサインペンのインクをろ紙につけ，ろ紙の一端を適当な溶媒に浸しておくと，インクに含まれる色素が分離される。

① ろ過　　　② 蒸留　　　③ 再結晶　　　④ 抽出　　　⑤ クロマトグラフィー

問 2　炎色反応について述べた次の文の **ア**，**イ** に当てはまる元素の組合せとして最も適当なものを，下の①～⑥の中から一つ選びなさい。　**2**

ア の元素を含む物質は，赤色の炎色反応を示す。ドイツの化学者ブンゼンとキルヒホッフは，炎色反応を利用して，周期表において **ア** と同じ族に位置するセシウムやルビジウムを新元素として発見した。また，**ア** と同じ族の元素 **イ** を含む物質は赤紫色の炎色反応を示す。

	ア	イ
①	銅	カリウム
②	銅	バリウム
③	リチウム	カリウム
④	リチウム	バリウム
⑤	ナトリウム	カリウム
⑥	ナトリウム	バリウム

問3　液体に起こる蒸発と沸騰の違いについて述べた次の文の　ア　～　ウ　に当てはまる
語句の組合せとして最も適当なものを，下の①～⑥の中から一つ選びなさい。　3

　　蒸発は，液体の状態にある物質を構成する粒子のうち，熱運動のエネルギーが　ア　粒
子が液体の　イ　から飛び出して気体になる現象であり，沸騰は，熱運動のエネルギーが
　ア　粒子が増加したときに，液体の　ウ　から気体になり気泡が生じることをともな
った現象である。

	ア	イ	ウ
①	大きい	内部	表面
②	大きい	表面	内部
③	大きい	表面	表面
④	小さい	内部	表面
⑤	小さい	表面	内部
⑥	小さい	内部	内部

問4　電子配置について，(1), (2)の問いに答えなさい。

(1)　窒素原子は K 殻に 2 個，L 殻に 5 個の電子が入っている。この電子配置を K(2)L(5)と表す
とき，アルミニウム原子の電子配置はどのように表されるか。最も適当なものを，次の①～
⑥の中から一つ選びなさい。　4

　　①　K(1)L(4)M(8)　　　　②　K(1)L(9)M(3)　　　　③　K(2)L(4)M(7)
　　④　K(2)L(6)M(5)　　　　⑤　K(2)L(8)M(3)　　　　⑥　K(2)L(8)M(4)

(2)　アルゴン原子と同じ電子配置をもつイオンの組合せとして最も適当なものを，次の①～⑤
の中から一つ選びなさい。　5

① Cl⁻, Ca²⁺　　　　② O²⁻, K⁺　　　　③ F⁻, Na⁺

④ S²⁻, Mg²⁺　　　　⑤ Cl⁻, Mg²⁺

問5 次の6種類の分子について，(1)，(2)の問いに答えなさい。

H_2,　　HCl,　　H_2O,　　CH_4,　　CO_2,　　NH_3

(1) CH_4 の分子の立体的な形として最も適当なものを，次の①〜⑤の中から一つ選びなさい。
  $\boxed{6}$

　　① 直線形　　② 折れ線形　　③ 三角錐形　　④ 正四面体形　　⑤ 正八面体形

(2) 6種類の分子のうち，極性分子をすべて選んだものとして最も適当なものを，次の①〜⑥の中から一つ選びなさい。　$\boxed{7}$

　① H_2, CH_4, CO_2　　　② H_2, H_2O, CO_2　　　③ HCl, H_2O, CO_2

　④ HCl, CO_2, NH_3　　　⑤ HCl, H_2O, NH_3　　　⑥ H_2O, CH_4, NH_3

$\boxed{2}$　次の問い（I・II）に答えなさい。

I　次の文章を読み，下の問い（**問1，2**）に答えなさい。

　化学実験において水溶液を入れるビーカーやメスフラスコ，メスシリンダーには，目盛りまたは標線がつけられている。ビーカーには目盛り，メスフラスコには $\boxed{ア}$，メスシリンダーには $\boxed{イ}$ がつけられているが，水溶液の体積を100 mLに調製する場合，$\boxed{ウ}$ が最も誤差が小さく正確な体積に定めることができる。

問1 文中の $\boxed{ア}$ 〜 $\boxed{ウ}$ に当てはまる語句の組合せとして最も適当なものを，次の①〜⑥の中から一つ選びなさい。　$\boxed{8}$

	ア	イ	ウ
①	目盛り	標線	ビーカー
②	目盛り	標線	メスフラスコ
③	目盛り	標線	メスシリンダー
④	標線	目盛り	ビーカー
⑤	標線	目盛り	メスフラスコ
⑥	標線	目盛り	メスシリンダー

問2　上の文中の　ウ　を用いて，10.0 g の食塩（塩化ナトリウム）が溶けている 100 mL の食塩水を調製する。これに関する次の文を読み，(1), (2)の問いに答えなさい。

　　20℃における水の密度は 0.998 g/cm³ であり，100 g の水の体積は，100 mL　エ　。10.0 g の食塩を 100 g の水に溶解させたときの食塩水の質量パーセント濃度は 9.09% である。この濃度での食塩水の密度は 1.06 g/cm³ であるため，生じる食塩水の体積は，100 mL　オ　。10.0 g の食塩が溶けている 100 mL の食塩水を調製するには，　カ　。

(1)　文中の　エ　，　オ　に当てはまる語句の組合せとして最も適当なものを，次の①～⑥の中から一つ選びなさい。　9

	エ	オ
①	より大きい	より大きい
②	より大きい	と等しい
③	より大きい	より小さい
④	より小さい	より大きい
⑤	より小さい	と等しい
⑥	より小さい	より小さい

(2)　文中の　カ　に当てはまる文として最も適当なものを，次の①～⑥の中から一つ選びなさい。　10

①　100 mLの水に，10.0 gの食塩を加え，完全に溶解させる。

②　100 gの水に，10.0 gの食塩を加え，完全に溶解させる。

③　10.0 gの食塩を少量の水に完全に溶解させて，これに100 mLの水を加えて希釈する。

④　10.0 gの食塩を少量の水に完全に溶解させて，これに100 gの水を加えて希釈する。

⑤　10.0 gの食塩を少量の水に完全に溶解させて，これに水を加えて，100 mLになるまで希釈する。

⑥　10.0 gの食塩を少量の水に完全に溶解させて，これに水を加えて，100 gになるまで希釈する。

Ⅱ　次の文章を読み，下の問い（**問3～5**）に答えなさい。

　　水は，ごくわずかではあるが電離しており，水素イオン H^+ と水酸化物イオン OH^- を生じている。それぞれのモル濃度を $[H^+]$，$[OH^-]$ とすると，25℃の純粋な水では，

　　　$[H^+]=[OH^-]=$　ア　mol/L

　水溶液の酸性または塩基性の強さを示す数値に水素イオン指数 pH がある。25℃の水溶液では，$[H^+]=1.0\times10^{-n}$ mol/L のとき，pH$=n$ である。pH$=$　イ　のとき中性で，pH の

値が　イ　より小さいとき，水溶液は　ウ　である。

pH＝5 の水溶液を水で 10 倍に希釈したとき，pH はおよそ　エ　，10000 倍に希釈したとき pH はおよそ　オ　となる。

問3　文中の　ア　〜　ウ　に当てはまる語句または数値の組合せとして最も適当なものを，次の①〜⑧の中から一つ選びなさい。　11

	ア	イ	ウ
①	1.0×10^{-14}	7	塩基性
②	1.0×10^{-14}	7	酸性
③	1.0×10^{-14}	10	塩基性
④	1.0×10^{-14}	10	酸性
⑤	1.0×10^{-7}	7	塩基性
⑥	1.0×10^{-7}	7	酸性
⑦	1.0×10^{-7}	10	塩基性
⑧	1.0×10^{-7}	10	酸性

問4　文中の　エ　，　オ　に当てはまる数値の組合せとして最も適当なものを，次の①〜⑥の中から一つ選びなさい。　12

	エ	オ
①	4	1
②	4	7
③	4	9
④	6	1
⑤	6	7
⑥	6	9

問5　pH＝1 の塩酸 10 mL に，pH＝12 の水酸化カリウム水溶液 90 mL を加えたところ，水溶液の体積は 100 mL になっていたとする。この混合水溶液を 10 倍に希釈したときの pH を最も近い整数で表したものを，下の①〜⑥の中から一つ選びなさい。ただし，強酸，強塩基の電離度は 1 とし，pH と $[H^+]$，$[OH^-]$ は次の表のような関係にあるとする。pH＝　13

pH	0	1	2	3	...	7	...	11	12	13	14
$[H^+]$ 〔mol/L〕	1	10^{-1}	10^{-2}	10^{-3}	...	10^{-7}	...	10^{-11}	10^{-12}	10^{-13}	10^{-14}
$[OH^-]$ 〔mol/L〕	10^{-14}	10^{-13}	10^{-12}	10^{-11}	...	10^{-7}	...	10^{-3}	10^{-2}	10^{-1}	1

　　① 3　　　② 4　　　③ 5　　　④ 6　　　⑤ 7　　　⑥ 8

3　次の問い（I・II）に答えなさい。

I　次の文章を読み，下の問い（問 1～3）に答えなさい。

　　リンの単体には，P_4 の分子式で表される物質がある。この分子は正四面体の 4 つの頂点の位置にあるリン原子どうしが，互いに 3 方向に結合している。リンを空気中で燃焼して得られる物質 X は，その組成式から五酸化二リンと呼ばれることがあるが，一般的には分子式をもとにした名称で呼ばれている。物質 X は　ア　に用いられる。

　　この物質 X に十分な量の水を加えて加熱するとリン酸 H_3PO_4 が生じる。リン酸は清涼飲料水の酸味料として用いられることがある。食品添加物としては，質量パーセント濃度が 85% の製品が市販されている。

問 1　物質 X の分子式，および，文中の　ア　に当てはまる語句の組合せとして最も適当なものを，次の①～⑨の中から一つ選びなさい。　14

	物質 X の分子式	ア
①	PO_3	肥料
②	PO_3	染料
③	PO_3	乾燥剤
④	P_4O_{10}	肥料
⑤	P_4O_{10}	染料
⑥	P_4O_{10}	乾燥剤
⑦	P_5O_{15}	肥料
⑧	P_5O_{15}	染料
⑨	P_5O_{15}	乾燥剤

問 2　リン P_4 を燃焼して物質 X を生成し，これをリン酸 H_3PO_4 にするとき，1.0 mol のリンから生成するリン酸は何 mol か。最も適当な数値を，次の①～⑥の中から一つ選びなさい。ただし，すべての反応が完全に進行するものとする。　15　mol

　　① 0.25　　　② 0.50　　　③ 1.0　　　④ 1.5　　　⑤ 2.0　　　⑥ 4.0

問 3　文中の物質 X に十分な量の水を加えて溶かして，質量パーセント濃度が 85% のリン酸水溶液をつくるとき，加えた水の何%が物質 X と反応しているか。最も近い数値を，次の①～⑥の中から一つ選びなさい。ただし，物質 X はすべて水と反応して，リン酸のみが生成し，物

質 X と反応していない水は，すべてリン酸水溶液の溶媒となっているものとする。
　16　％

　① 25　　　② 36　　　③ 48　　　④ 61　　　⑤ 73　　　⑥ 85

Ⅱ　次の文章を読み，下の問い（問4～6）に答えなさい。

　　　鉛は，　ア　と同じ 14 族の元素である。単体は青みを帯びた光沢のある金属であり，融点が比較的低く，密度は大きい。鉛は，鉛蓄電池の電極や　イ　などに用いられる。
　　　鉛（Ⅱ）イオンは，いろいろな陰イオンと反応して，水溶液中に沈殿を生成しやすい。鉛（Ⅱ）イオンを含む化合物には，塩化鉛（Ⅱ），硝酸鉛（Ⅱ），硫酸鉛（Ⅱ）などがあるが，この 3 種類のうちでは，　ウ　が水に溶けやすく，　エ　は熱水には溶ける。

問4　文中の　ア　，　イ　に当てはまる語句の組合せとして最も適当なものを，次の①～⑥の中から一つ選びなさい。　17

	ア	イ
①	亜鉛	硬貨
②	亜鉛	放射線遮蔽材
③	亜鉛	航空機の機体
④	スズ	硬貨
⑤	スズ	放射線遮蔽材
⑥	スズ	航空機の機体

問5　文中の　ウ　，　エ　に当てはまる語句の組合せとして最も適当なものを，次の①～⑥の中から一つ選びなさい。　18

	ウ	エ
①	塩化鉛（Ⅱ）	硝酸鉛（Ⅱ）
②	塩化鉛（Ⅱ）	硫酸鉛（Ⅱ）
③	硝酸鉛（Ⅱ）	塩化鉛（Ⅱ）
④	硝酸鉛（Ⅱ）	硫酸鉛（Ⅱ）
⑤	硫酸鉛（Ⅱ）	塩化鉛（Ⅱ）
⑥	硫酸鉛（Ⅱ）	硝酸鉛（Ⅱ）

問6　酢酸鉛（Ⅱ）も水に対する溶解度が大きい鉛の化合物である。酢酸鉛（Ⅱ）は，酸化鉛（Ⅱ）の固体を温めた酢酸水溶液に溶解して得られる。このときの反応は，両性酸化物が酸に溶解す

る反応で，次の化学反応式で表される。

$$PbO + 2CH_3COOH \rightarrow (CH_3COO)_2Pb + H_2O$$

10 g の酸化鉛（Ⅱ）に，0.10 mol/L の温めた酢酸水溶液 1.0 L を加えて，酸化鉛（Ⅱ）と酢酸の一方がなくなるまで完全に反応させたとき，生成する酢酸鉛（Ⅱ）水溶液のモル濃度は何 mol/L か。最も適当な数値を，次の①〜⑥の中から一つ選びなさい。ただし，反応の前後で水溶液の体積が変化しないものとする。 $\boxed{19}$ mol/L

①   0.045   ②   0.090   ③   0.10   ④   0.14   ⑤   0.18   ⑥   0.20

$\boxed{4}$ 次の文章を読み，下の問い（問 1〜4）に答えなさい。

炭素数が 5 の鎖式飽和一価のアルコールの分子式は $\boxed{\text{ア}}$ であり，これとは官能基の種類が異なる構造異性体に，$\boxed{\text{イ}}$ がある。アルコールでは，炭素鎖が直鎖状の構造異性体は，A，B，C の 3 つがあり，炭素鎖に枝分かれがある構造異性体は，$\boxed{\text{ウ}}$ 個ある。これら 3+$\boxed{\text{ウ}}$ 個の構造異性体のうち，不斉炭素原子をもつものは $\boxed{\text{エ}}$ 個ある。

問 1   文中の $\boxed{\text{ア}}$，$\boxed{\text{イ}}$ に当てはまる分子式または語句の組合せとして最も適当なものを，次の①〜⑨の中から一つ選びなさい。 $\boxed{20}$

	ア	イ
①	$C_5H_{10}O$	アルデヒド
②	$C_5H_{10}O$	エステル
③	$C_5H_{10}O$	エーテル
④	$C_5H_{11}O$	アルデヒド
⑤	$C_5H_{11}O$	エステル
⑥	$C_5H_{11}O$	エーテル
⑦	$C_5H_{12}O$	アルデヒド
⑧	$C_5H_{12}O$	エステル
⑨	$C_5H_{12}O$	エーテル

問 2   文中の $\boxed{\text{ウ}}$，$\boxed{\text{エ}}$ に当てはまる数の組合せとして最も適当なものを，次の①〜⑥の中から一つ選びなさい。 $\boxed{21}$

	ウ	エ
①	4	1
②	4	3
③	5	1
④	5	3
⑤	6	1
⑥	6	3

問3　文中の構造異性体A，B，Cのそれぞれを濃硫酸と加熱したところ，分子内で脱水反応が起こり，AからはX，BからはYとZが生成した。これに関する(1), (2)の問いに答えなさい。ただし，複数の生成物が考えられるとき，いずれの物質が生成しやすいかは考慮しないものとする。

(1)　XとY，YとZはそれぞれどのような関係にあるか。その組合せとして最も適当なものを，次の①〜⑨の中から一つ選びなさい。　| 22 |

	XとYの関係	YとZの関係
①	異性体ではない	構造異性体
②	異性体ではない	シス・トランス異性体
③	異性体ではない	鏡像異性体
④	構造異性体	構造異性体
⑤	構造異性体	シス・トランス異性体
⑥	構造異性体	鏡像異性体
⑦	シス・トランス異性体	構造異性体
⑧	シス・トランス異性体	シス・トランス異性体
⑨	シス・トランス異性体	鏡像異性体

(2)　Cから生じる物質として最も適当なものを，次の①〜⑥の中から一つ選びなさい。　| 23 |

①　X　　②　Y　　③　Z　　④　XとY　　⑤　YとZ　　⑥　XとYとZ

問4　文中の構造異性体A，B，Cに関する次の文を読み，(1), (2)の問いに答えなさい。

　アルコールの構造異性体A，B，Cの中の一つには，エタノールや2-プロパノールに共通

する構造上の特徴があり，<u>ヨウ素と水酸化ナトリウム水溶液を加えて加熱すると，黄色の沈殿を生じる</u>。反応後の水溶液に希硫酸を加えると，もとのアルコールの炭素鎖から炭素原子が減少した飽和カルボン酸Qが遊離する。これはヨウ素と水酸化ナトリウムの作用により，もとのアルコールに酸化と分解が起こったためである。もとのアルコールから減少した炭素原子は，黄色の沈殿に含まれている。

(1) 下線部について，この反応を何というか。最も適当なものを，次の①〜⑤の中から一つ選びなさい。　24

① ヨウ素デンプン反応　　② ヨードホルム反応　　③ 銀鏡反応
④ けん化　　　　　　　　⑤ アセチル化

(2) 飽和カルボン酸Qの分子式として最も適当なものを，次の①〜⑧の中から一つ選びなさい。　25

① C_3H_6O　　② $C_3H_6O_2$　　③ C_3H_8O　　④ $C_3H_8O_2$
⑤ C_4H_8O　　⑥ $C_4H_8O_2$　　⑦ $C_4H_{10}O$　　⑧ $C_4H_{10}O_2$

◀A日程(化学基礎)▶

(2科目 120分)

(注) 物理基礎または生物基礎とともに解答し，1科目の扱いとする。

1 ◀A日程（化学基礎・化学）▶の1に同じ。

2 ◀A日程（化学基礎・化学）▶の2に同じ。

◀ B 日程（化学基礎・化学）▶

（2 科目 120 分）

> 必要ならば，次の数値を使いなさい。
> 原子量　N=14，O=16，Ar=40，Zn=65

$\boxed{1}$　次の問い（問 1 ～ 5）に答えなさい。

問 1　次の文中の $\boxed{}$ に当てはまる語句として最も適当なものを，次の① ～ ⑤ の中から一つ選びなさい。　$\boxed{1}$

　　石油（原油）は，製油所の精留塔で，軽油，灯油，ナフサ（粗製ガソリン）などに分離される。このときの分離方法を分留といい，物質の $\boxed{}$ の違いを利用している。

　　① 密度　　　② 比熱　　　③ 融点　　　④ 沸点　　　⑤ 溶解度

問 2　次の文は，白色の固体 X を用いた実験についての記述である。文中の下線部 a ～ d のうち，固体 X に含まれる元素の検出に役立つものの組合せを，下の① ～ ⑤ の中から一つ選びなさい。　$\boxed{2}$

　　白色の固体 X に希塩酸を加えると，固体 X は気体 Y を発生しながらすべて溶解し，無色透明の溶液 Z が生じた。気体 Y を石灰水に通じると _a白色の沈殿が生じた。一方，溶液 Z を一滴とり，塩化コバルト紙につけると，塩化コバルト紙は _b青色から赤色に変化した。また，溶液 Z を白金線につけ，ガスバーナーの外炎に入れると，炎の色が _c橙赤色になり，溶液 Z に硝酸銀水溶液を加えると，_d白色の沈殿が生じた。

　　① a，b　　　② a，c　　　③ b，c　　　④ b，d　　　⑤ c，d

問 3　ある元素の元素記号を A として，この元素に分類される原子の 1 つが，$^{m}_{n}A$ と表されるとき，この原子がもつ中性子の数を表す式として最も適当なものを，次の① ～ ⑥ の中から一つ選びなさい。　$\boxed{3}$

　　① m　　　② n　　　③ $m+n$　　　④ $m-n$　　　⑤ $n-m$　　　⑥ mn

問 4　次の文を読み，(1)，(2)の問いに答えなさい。

共有結合する 2 つの原子の間の共有電子対を，それぞれの原子が引きつける強さの程度を表す値を　ア　という。一般に，貴ガス（希ガス）を除いて，周期表の右上にある元素ほど，この値が　イ　。フッ化水素 HF の分子では，共有電子対は　ア　の大きい　ウ　の方へ引き寄せられ，　ウ　原子は　エ　の電荷を帯びる。

⑴　文中の　ア　，　イ　に当てはまる語句の組合せとして最も適当なものを，次の①～⑥の中から一つ選びなさい。　4

	ア	イ
①	電子親和力	大きい
②	電子親和力	小さい
③	電気陰性度	大きい
④	電気陰性度	小さい
⑤	イオン化エネルギー	大きい
⑥	イオン化エネルギー	小さい

⑵　文中の　ウ　，　エ　に当てはまる語句の組合せとして最も適当なものを，次の①～④の中から一つ選びなさい。　5

	ウ	エ
①	H	正
②	H	負
③	F	正
④	F	負

問 5　原子とイオンの大きさに関する次の⑴，⑵の問いに答えなさい。

⑴　原子とイオンの大きさに関する記述として最も適当なものを，次の①～⑤の中から一つ選びなさい。　6

①　同じ族の元素で比べると，原子番号が大きいほど，原子は小さい。
②　同じ周期の元素で比べると，18 族を除けば，原子番号が大きいほど，原子は小さい。
③　原子が陽イオンになると，大きくなる。
④　原子が陰イオンになると，小さくなる。
⑤　同じ族の元素で比べると，原子番号が大きいほど，イオンは小さい。

⑵　O^{2-}，F^-，Na^+，Mg^{2+}，Al^{3+} の 5 つのイオンは，いずれも Ne と同じ電子配置をもつ。このなかで，最も小さなイオンはどれか。次の①～⑤の中から一つ選びなさい。　7

① O^{2-}　　② F^-　　③ Na^+　　④ Mg^{2+}　　⑤ Al^{3+}

2　次の問い（Ⅰ・Ⅱ）に答えなさい。

Ⅰ　次の文章を読み，下の問い（問 1 ～ 3）に答えなさい。

　　18 世紀後半から 19 世紀初頭にかけて，化学変化における物質の量的な関係に関して，5 つの法則（アボガドロの法則，定比例の法則，倍数比例の法則，質量保存の法則，気体反応の法則）が発見された。このうちの 4 つは，それぞれ次のA～Dのように表される。

A　反応物の　ア　の総和と，生成物の　ア　の総和は等しい。

B　同じ化合物中の成分元素の　イ　は，常に一定である。

C　気体どうしが反応したり，気体が生成したりする化学変化において，これらの気体の　ウ　は，同温，同圧のもとで，簡単な整数比になる。

D　同温・同圧のもとでは，気体の種類に関係なく，同じ体積に同数の分子を含む。

問 1　文中の　ア　～　ウ　に当てはまる語句の組合せとして最も適当なものを，次の①～⑧の中から一つ選びなさい。　8

	ア	イ	ウ
①	質量	質量比	質量比
②	質量	質量比	体積比
③	質量	体積比	質量比
④	質量	体積比	体積比
⑤	体積	質量比	質量比
⑥	体積	質量比	体積比
⑦	体積	体積比	質量比
⑧	体積	体積比	体積比

問 2　5 つの法則のうち，A～Dに含まれていないものと，それを提唱した人物名の組合せとして最も適当なものを，次の①～⑧の中から一つ選びなさい。　9

	法則	人物
①	アボガドロの法則	アボガドロ
②	アボガドロの法則	ラボアジェ
③	定比例の法則	プルースト
④	定比例の法則	ドルトン
⑤	倍数比例の法則	ゲーリュサック
⑥	倍数比例の法則	ドルトン
⑦	気体反応の法則	ゲーリュサック
⑧	気体反応の法則	プルースト

問3　空気を窒素，酸素，アルゴンの混合気体とし，体積の割合をそれぞれ 78%，21%，1%とすると，空気 1 mol の質量は何 g になるか。最も適当な数値を，次の①〜⑤の中から一つ選びなさい。　□ 10 □ g

①　1.3　　　　②　15　　　　③　29　　　　④　58　　　　⑤　65

Ⅱ　次の文章を読み，下の問い（**問4〜6**）に答えなさい。

　酸化還元反応では，電子を与える物質が還元剤としてはたらく。電子を与えられて生成した物質は，他の物質に電子を与えて還元剤となる可能性をもつことになる。同じことは酸化剤としてはたらく物質についても考えられる。例えば，ヨウ化カリウム水溶液に臭素の水溶液（臭素水）を加えると，次の反応が起こる。

$$2KI + Br_2 \rightarrow 2KBr + I_2 \qquad \cdots (i)$$

　この反応において，還元剤としてはたらくのは □ ア □ であり，酸化剤としてはたらくのは □ イ □ であるが，反応が完了するには時間がかかるため，反応の進行中においては，反応溶液中には，カリウムイオン，ヨウ化物イオン，臭素，臭化物イオン，ヨウ素が混合している。これは，□ ア □ と □ イ □ のほかに，還元剤となる可能性をもつ物質と酸化剤となる可能性をもつ物質が共存していることを意味するが，(i) 以外の反応が起こるようには観察されない。このことから，還元剤や酸化剤には強さの違いがあり，より電子を与えやすい物質が強い還元剤，より電子を受け取りやすい物質が強い酸化剤となり，強い還元剤と強い酸化剤から，弱い還元剤と弱い酸化剤を生じる方向に反応が進行すると考えることができる。

問4　文中の □ ア □，□ イ □ に当てはまる物質の化学式，および，(i) の反応が進行したときの □ ア □ の物質における酸化数の増減の組合せとして最も適当なものを，次の①〜⑧の中から一つ選びなさい。□ 11 □

	ア	イ	酸化数の増減
①	K^+	Br_2	増加
②	K^+	Br_2	減少
③	I^-	Br_2	増加
④	I^-	Br_2	減少
⑤	Br_2	K^+	増加
⑥	Br_2	K^+	減少
⑦	Br_2	I^-	増加
⑧	Br_2	I^-	減少

問5　文中の（ i ）の反応に類似して，臭化カリウム水溶液に塩素の水溶液（塩素水）を加えると，次の反応（ ii ）が起こる。

$$2KBr + Cl_2 \rightarrow 2KCl + Br_2 \qquad \cdots（ii）$$

（ i ），（ ii ）の反応における物質について，還元剤としての強さを大きい順に並べたものはどれか。次の①〜⑧のうちから一つ選びなさい。　12

① $K^+>Br_2>Cl_2$　② $Br_2>Cl_2>K^+$　③ $Br^->K^+>Cl_2$　④ $Br^->Cl_2>K^+$
⑤ $I^->Br^->Cl^-$　⑥ $Cl^->I^->Br^-$　⑦ $I^->Br_2>Cl^-$　⑧ $Br_2>I^->Cl^-$

問6　金属のイオン化列に関する次の文中の　ウ　，　エ　に当てはまる語句または記号の組合せとして最も適当なものを，下の①〜⑧の中から一つ選びなさい。　13

　　金属のイオン化列は，金属の　ウ　としてのはたらきが強い順に並べたものである。以下の(iii)〜(vi)のうち，酸化還元反応が起こると考えられるのは　エ　である。

$$Cu(NO_3)_2 + 2Ag \rightarrow 2AgNO_3 + Cu \qquad \cdots（iii）$$

$$ZnSO_4 + Cu \rightarrow CuSO_4 + Zn \qquad \cdots（iv）$$

$$(CH_3COO)_2Pb + Zn \rightarrow (CH_3COO)_2Zn + Pb \qquad \cdots（v）$$

$$FeCl_2 + Sn \rightarrow SnCl_2 + Fe \qquad \cdots（vi）$$

	ウ	エ
①	還元剤	(ⅲ)
②	還元剤	(ⅳ)
③	還元剤	(ⅴ)
④	還元剤	(ⅵ)
⑤	酸化剤	(ⅲ)
⑥	酸化剤	(ⅳ)
⑦	酸化剤	(ⅴ)
⑧	酸化剤	(ⅵ)

3 次の問い（Ⅰ・Ⅱ）に答えなさい。

Ⅰ　次の文章を読み，下の問い（**問1～3**）に答えなさい。

　　炭酸は，水と ア の反応によって生じる物質である。 ア の水溶液に イ の水溶液を徐々に加えていくと，炭酸のナトリウム塩Aが生じ，さらに イ の水溶液を加えると，Aは別の炭酸のナトリウム塩Bに変化する。 イ の水溶液に ア を加えたときには，はじめにBが生じ，さらに ア を加えると，BはAに変化する。A，Bのそれぞれの水溶液を比べると，一方は他方よりも，強い塩基性を示す。その強い塩基性を示す方の塩の水溶液に希塩酸を少しずつ加えると，他方の塩を含む水溶液が生じ，さらに希塩酸を加えると， ア が生じる。

問1　文中の ア ， イ に当てはまる語句の組合せとして最も適当なものを，次の①～⑨の中から一つ選びなさい。 14

	ア	イ
①	一酸化炭素	水酸化ナトリウム
②	一酸化炭素	塩化ナトリウム
③	一酸化炭素	硫酸ナトリウム
④	二酸化炭素	水酸化ナトリウム
⑤	二酸化炭素	塩化ナトリウム
⑥	二酸化炭素	硫酸ナトリウム
⑦	炭素の単体	水酸化ナトリウム
⑧	炭素の単体	塩化ナトリウム
⑨	炭素の単体	硫酸ナトリウム

問2　文中の塩 A，B を酸性塩，正塩，塩基性塩に分類するときの組合せとして最も適当なもの
を，次の①～⑨の中から一つ選びなさい。 15

	A	B
①	酸性塩	酸性塩
②	酸性塩	正塩
③	酸性塩	塩基性塩
④	正塩	酸性塩
⑤	正塩	正塩
⑥	正塩	塩基性塩
⑦	塩基性塩	酸性塩
⑧	塩基性塩	正塩
⑨	塩基性塩	塩基性塩

問3　文中の下線部に関して，2 種類の塩 A，B のうち，より強い塩基性を示す方の塩の水溶液
を 0.10 mol/L の濃度で 10 mL 用意し，これに 0.10 mol/L の希塩酸を加えていった。下線部
の反応が完全に進行するのに必要な希塩酸の体積は何 mL か。最も適当な数値を，次の①～
⑥の中から一つ選びなさい。 16 mL

　① 5.0　　　② 10　　　③ 15　　　④ 20　　　⑤ 25　　　⑥ 30

Ⅱ　次の文章を読み，下の問い（問 4～6）に答えなさい。

　亜鉛は周期表の ア 族に属する金属元素で，単体の密度が大きいため重金属に分類される。
以下の（ⅰ），（ⅱ）式のように，亜鉛は硫化亜鉛を主成分とする閃亜鉛鉱から酸化亜鉛をつくり，
酸化亜鉛に炭素を加えて高温で還元することで得ることができる。

$$2ZnS + 3O_2 \rightarrow 2ZnO + 2SO_2 \qquad \cdots (ⅰ)$$

$$ZnO + C \rightarrow Zn + CO \qquad \cdots (ⅱ)$$

亜鉛は乾電池の電極や， イ と呼ばれる合金の材料として広く用いられている。

問4　文中の ア ， イ に当てはまる数および語句の組合せとして最も適当なものを，次
の①～⑥の中から一つ選びなさい。 17

	ア	イ
①	6	ジュラルミン
②	6	ステンレス鋼
③	6	黄銅(しんちゅう)
④	12	ジュラルミン
⑤	12	ステンレス鋼
⑥	12	黄銅(しんちゅう)

問5 亜鉛の化合物に関する記述として**誤っているもの**を，次の①〜⑤の中から一つ選びなさい。 18

① 酸化亜鉛は塩酸に溶けて無色の水溶液になる。
② 酸化亜鉛は水酸化ナトリウム水溶液に溶けて無色の水溶液になる。
③ 水酸化亜鉛は塩酸に溶けて無色の水溶液になる。
④ 水酸化亜鉛は水酸化ナトリウム水溶液に溶けて無色の水溶液になる。
⑤ 水酸化亜鉛はアンモニア水に溶けず白色の沈殿となる。

問6 質量百分率で 50%の亜鉛を含む閃亜鉛鉱 10 kg から，(i)の反応によって得られる酸化亜鉛の質量は何 kg か。最も適当な数値を，次の①〜⑥の中から一つ選びなさい。 19 kg

① 4.8 ② 5.6 ③ 6.2 ④ 8.3 ⑤ 10.1 ⑥ 12.4

4 次の文章を読み，下の問い（**問1〜3**）に答えなさい。

分子式 C_9H_{12} で表される芳香族炭化水素（化合物A）は，ベンゼンの2置換体である。化合物Aを過マンガン酸カリウムを用いて酸化すると，化合物Bが生じる。化合物Bを加熱すると，2つの置換基の間で脱水が起こり，化合物Cが生じる。化合物Cは，工業的には，酸化バナジウム(V)を触媒として，ナフタレンや ア を高温で酸化して製造される。

問1 化合物Aのベンゼン環に結合した2つの置換基の組合せとして最も適当なものを，次の①〜⑥の中から一つ選びなさい。 20

① ともにメチル基 ② メチル基とエチル基 ③ メチル基とビニル基
④ ともにエチル基 ⑤ エチル基とビニル基 ⑥ ともにビニル基

問2 化合物Bについて，(1)〜(3)の問いに答えなさい。
(1) 化合物Bの構造式として最も適当なものを，次の①〜⑤の中から一つ選びなさい。 21

① CH_3 / OH ② $COOH$ / OH ③ $COOH$ / $COOH$

④ $COOCH_3$ / OH ⑤ $COOH$ / $OCOCH_3$

(2) 化合物Bにエタノールと無水酢酸をそれぞれ作用させたときの，化合物Bの2つの置換基の反応として最も適当なものを，次の①〜④の中から一つ選びなさい。 22

① エタノールとも無水酢酸とも反応する。
② エタノールとは反応するが，無水酢酸とは反応しない。
③ エタノールとは反応しないが，無水酢酸とは反応する。
④ エタノールとも無水酢酸とも反応しない。

(3) 化合物Bには，2つの置換基がベンゼン環に結合する位置の違いによる異性体がある。そのうちの1つは，エチレングリコールと縮合重合して，ある合成樹脂となる。この合成樹脂として最も適当なものを，次の①〜⑤の中から一つ選びなさい。 23

① ポリエチレン ② ポリプロピレン ③ ポリスチレン
④ ポリエチレンテレフタラート ⑤ ナイロン66

問3 化合物Cについて，(1)，(2)の問いに答えなさい。
(1) 上の文中の ア に当てはまる物質は何か。最も適当なものを，次の①〜⑥の中から一つ選びなさい。 24

①　*o*-キシレン　　　②　*m*-キシレン　　　③　*p*-キシレン

④　*o*-クレゾール　　　⑤　*m*-クレゾール　　　⑥　*p*-クレゾール

(2)　化合物Cの用途として最も適当なものを，次の①〜④の中から一つ選びなさい。 25

①　防腐剤　　　②　爆薬　　　③　防虫剤　　　④　合成樹脂

◀B日程（化学基礎）▶

（2科目 120 分）

(注)　物理基礎または生物基礎とともに解答し，1科目の扱いとする。

1　◀B日程（化学基礎・化学）▶の1に同じ。

2　◀B日程（化学基礎・化学）▶の2に同じ。

■生物■

◀ A 日程（生物基礎・生物）▶

（2 科目 120 分）

1　次の問い（**問 1〜7**）に答えなさい。

問 1　細胞に関する記述として最も適当なものを，次の①〜⑤の中から一つ選びなさい。　1

① 原核細胞と真核細胞は，どちらも DNA と細胞膜をもつ。
② ミトコンドリアでは，光エネルギーを利用して水と二酸化炭素から有機物を合成する。
③ 赤血球は，核をもたないため真核細胞ではない。
④ シアノバクテリアは葉緑体をもたないため，光合成を行わない。
⑤ 動物のからだにおいて，器官の境界を隔てている組織を表皮組織という。

問 2　酵素のはたらきについて話し合う 2 人の高校生，ハナコさんとアキラさんの次の会話文を読み，文中の空欄　**ア**　〜　**ウ**　に入る語句の組合せとして最も適当なものを，下の①〜⑧の中から一つ選びなさい。　2

ハナコ：最近の洗濯用洗剤には「酵素入り」と書いてあるものが多いよね。
アキラ：酵素はヒトの体内で起こる化学反応を　**ア**　役割をもっていたよね。洗濯用洗剤に入っている酵素にはどんな役割があるのかな。
ハナコ：洗濯用洗剤に入っている酵素のうち，例えばヒトの体内でも分泌される，デンプンを分解する酵素　**イ**　は，服についた食べかすなどを分解する役割をもっていると聞いたよ。他にも，タンパク質分解酵素のプロテアーゼや，脂肪分解酵素のリパーゼなどが入っていて，それぞれ分解できる汚れは異なるそうだよ。
アキラ：例えば，プロテアーゼはリパーゼに比べて　**ウ**　などの汚れを分解するのに適しているということだね。

	ア	イ	ウ
①	促進させる	アミラーゼ	血液
②	促進させる	アミラーゼ	皮脂
③	促進させる	マルターゼ	血液
④	促進させる	マルターゼ	皮脂
⑤	抑制させる	アミラーゼ	血液
⑥	抑制させる	アミラーゼ	皮脂
⑦	抑制させる	マルターゼ	血液
⑧	抑制させる	マルターゼ	皮脂

問3　特殊な方法で DNA またはタンパク質をそれぞれ標識した二つのタイプの T_2 ファージを用意し，図1のように大腸菌に感染させた。この二つの試料をよく撹拌し遠心分離したところ，それぞれ上澄みと，沈殿に分かれた。図1中の **(あ)〜(え)** のうち，標識したタンパク質が検出されるものを過不足なく含むものを，下の①〜⑧の中から一つ選びなさい。　**3**

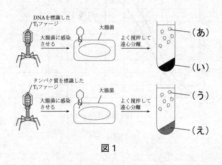

図 1

①	**(あ)**	②	**(い)**	③	**(う)**
④	**(え)**	⑤	**(あ)** と **(い)**	⑥	**(あ)** と **(う)**
⑦	**(い)** と **(う)**	⑧	**(い)** と **(え)**		

問4　ヒトのゲノム30億塩基対中に存在する，遺伝子が翻訳される領域の割合は，約 1.5 % である。ヒトのゲノムに含まれる遺伝子数を 20000 個，DNA のヌクレオチド鎖において隣接する塩基対間の距離（1 ヌクレオチド間の距離）を 0.34nm としたときの，遺伝子 1 個あたりの翻訳される領域の平均の長さとして最も適当なものを，次の①〜⑧の中から一つ選びなさい。　**4**

①	7.7×10^{-7} m	②	1.5×10^{-3} m	③	5.1×10^{-3} m	④	1.0×10^{3} m
⑤	2.3×10^{4} m	⑥	3.2×10^{4} m	⑦	5.1×10^{7} m	⑧	5.6×10^{8} m

問5　血清療法とワクチンに関する記述として最も適当なものを，次の①〜⑤の中から一つ選びなさい。　**5**

① 別の生物に血清を投与してできた抗体が，ワクチンに用いられている。

② 血清療法で体内に投与した抗原はいずれなくなってしまうため，病気の予防には適さない。

③ 血清は，血液から白血球や血小板，赤血球などの細胞成分を取り除いたときに得られる液体の成分で，フィブリンなどを含んでいる。

④ ワクチンを複数回接種する場合，1 回目の接種で免疫記憶が形成されていると，2 回目の接種後の方が多量の抗体を短い時間で産生できる。

⑤ 体内に投与されたワクチンは，抗原を不活性化し症状を軽減する。

問6　**図2**のグラフは，ヒトのヘモグロビンの酸素解離曲線で，曲線ⅠとⅡは，肺胞における二酸化炭素濃度の場合，または，からだの組織における二酸化炭素濃度の場合のいずれかを表している。**図2**から読み取れることとして最も適当なものを，下の①〜⑤の中から一つ選びなさい。
　6

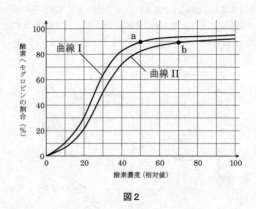

図2

① 酸素濃度が 100 の肺胞に含まれるヘモグロビンはすべて酸素と結合している。

② 酸素濃度が 30 のからだの組織に含まれる全ヘモグロビンのうち，およそ 65％が酸素ヘモグロビンに変わっている。

③ 酸素ヘモグロビンの割合は，酸素濃度の影響は受けるが，二酸化炭素濃度の影響は受けない。

④ a 点の血液は b 点の血液に比べて鮮やかな赤色（鮮紅色）を示す。

⑤ 曲線Ⅰより曲線Ⅱの方が，二酸化炭素濃度が高い条件での曲線である。

問7　河川や海の生態系に関する記述として**誤っているもの**を，次の①〜⑤の中から一つ選びなさい。　7

① サワガニは指標生物の 1 種で，きれいな水域に生息している。

② 富栄養化にともなって引き起こされる環境問題には，内海で発生する赤潮や湖沼で発生するアオコがある。

③ 河川や海洋に流入した汚濁物は，大量の水による希釈や微生物の分解作用，岩などへの吸

着によってその濃度が低下する。
④　BOD（生物学的酸素要求量）は，有機物による水質汚濁の程度を評価する指標の一つで，水に含まれる有機物が多いほどその値は大きくなる。
⑤　生態系が，自然災害などの外界からの作用に対してもとの状態に戻ろうとする性質を，環境形成作用という。

2　ホルモンによる調節や気候とバイオームに関する文章Ⅰ・Ⅱを読み，問い（問1〜7）に答えなさい。

Ⅰ　腎臓は，ヒトの腹部の背側に左右一対ある臓器で，体液の塩類濃度の調節にはたらく器官である。また，間脳の視床下部が体液の塩類濃度の増減を感知すると，脳下垂体からホルモンが分泌されて腎臓にはたらき，体液の塩類濃度が調節される。

問1　健康なヒトの腎臓における尿生成において，原尿には含まれるが，全量が再吸収されるため尿に含まれない物質として最も適当なものを，次の①〜⑧の中から一つ選びなさい。　8

①　イヌリン　　②　血小板　　③　尿素　　④　無機塩類
⑤　タンパク質　　⑥　クレアチニン　　⑦　グルコース　　⑧　アンモニア

問2　脳下垂体からはさまざまなホルモンが分泌される。それらの作用を調べるために，ラットを麻酔し，苦痛のない状態で脳下垂体の摘出手術を行い，その後のようすを観察したところ，摘出前と比べて尿量が増加した。これについて，次の問いに答えなさい。

(1) ラットの尿量が増加した原因として最も適当なものを，次の①〜⑥の中から一つ選びなさい。
　9

①　神経分泌細胞で産生されたバソプレシンが脳下垂体後葉から分泌されなくなることで，水分の再吸収量が減少したから。
②　神経分泌細胞で産生されたバソプレシンが脳下垂体後葉から分泌されなくなることで，水分の再吸収量が増加したから。
③　脳下垂体前葉からバソプレシンが分泌されなくなることで，水分の再吸収量が減少したから。
④　神経分泌細胞で産生された鉱質コルチコイドが脳下垂体後葉から分泌されなくなることで，水分の再吸収量が減少したから。
⑤　神経分泌細胞で産生された鉱質コルチコイドが脳下垂体後葉から分泌されなくなることで，水分の再吸収量が増加したから。
⑥　脳下垂体前葉から鉱質コルチコイドが分泌されなくなることで，水分の再吸収量が減少したから。

(2) ラットの脳下垂体を摘出しなかった場合，ラットの体液の塩類濃度が上昇した際に，尿量を調節するホルモンが主に作用する部位として最も適当なものを，次の①〜⑥の中から一つ選びなさい。　10

① ボーマンのう　　　　② 糸球体　　　　　　③ 腎う
④ 集合管　　　　　　　⑤ ぼうこう　　　　　⑥ 輸尿管

(3) 脳下垂体を摘出したラットでは，脳下垂体を摘出していない正常なラットに比べて，尿量の増加だけでなく，代謝の低下も見られた。このラットでは，摘出していない正常なラットに比べて甲状腺が萎縮していた。次の (あ)〜(う) のうち，このラットの代謝を高めるために有効な処置はどれか。正しいものを過不足なく含むものを，下の①〜⑦の中から一つ選びなさい。　11

(あ)　一定量の甲状腺刺激ホルモンを注射する。
(い)　一定量のチロキシンを注射する。
(う)　一定量の甲状腺刺激ホルモン放出ホルモンを注射する。

① (あ)　　　　　　　② (い)　　　　　　　③ (う)
④ (あ) と (い)　　　⑤ (あ) と (う)　　　⑥ (い) と (う)
⑦ (あ) と (い) と (う)

問3　ヒトの場合，脳下垂体が正常にはたらかなくなると，尿量の増加のほかに血糖濃度の調節や体温の調節などにも影響が見られるおそれがある。健康なヒトよりも脳下垂体の機能が低下した場合に，体内で起こる可能性があることとして最も適当なものを，次の①〜④の中から一つ選びなさい。　12

① 血糖濃度が高くなった際に，刺激ホルモンが分泌されないためにインスリンが分泌されず，グルコースからグリコーゲンの合成が行われなくなる可能性がある。
② 血糖濃度が低くなった際に，刺激ホルモンが分泌されないために糖質コルチコイドが分泌されず，十分な量のグルコースが生成されない可能性がある。
③ 血糖濃度が低くなった際に，刺激ホルモンが分泌されないためにグルカゴンが分泌されず，十分な量のグルコースが生成されない可能性がある。
④ 体温が低下した際に，刺激ホルモンが分泌されないためにアドレナリンが分泌されず，肝臓や筋肉の代謝が促進されないため，体温が上昇しない可能性がある。

Ⅱ　同じような年降水量および年平均気温の地域でも，異なる相観をもつバイオームが分布することがある。例えば日本の東北地方の沿岸部に位置する仙台とアメリカのシアトルは，年降水量および年平均気温が近いが，バイオームの分布に違いが見られる。

問4　仙台とシアトルに分布するバイオームについて話し合う 2 人の高校生，アヤさんとシンさんの次の会話文を読み，文中の空欄　ア　〜　ウ　に入る語句の組合せとして最も適当なも

のを，下の①〜⑨の中から一つ選びなさい。 13

アヤ：仙台とシアトルは年降水量と年平均気温からみて，どちらもブナやミズナラなどの樹木が優
　　占する ア のバイオームが分布しているのかな。

シン：でも調べたところ，シアトルでは イ のバイオームが分布しているみたいだよ。

アヤ：なるほど，年降水量や年平均気温の条件が同じでも，シアトルは ウ だから， イ
　　のバイオームが分布しているんだね。 イ のバイオームは他にどのような地域で見られる
　　のかな。

シン：シアトル以外だと，例えば，イタリアやギリシャでも見られるみたいだよ。

	ア	イ	ウ
①	硬葉樹林	夏緑樹林	夏に雨が多く，冬に乾燥した地域
②	硬葉樹林	夏緑樹林	夏に乾燥し，冬に雨が多い地域
③	硬葉樹林	照葉樹林	1年を通して，温暖で降水量が多い地域
④	夏緑樹林	硬葉樹林	夏に雨が多く，冬に乾燥した地域
⑤	夏緑樹林	硬葉樹林	夏に乾燥し，冬に雨が多い地域
⑥	夏緑樹林	照葉樹林	1年を通して，温暖で降水量が多い地域
⑦	照葉樹林	硬葉樹林	夏に雨が多く，冬に乾燥した地域
⑧	照葉樹林	硬葉樹林	夏に乾燥し，冬に雨が多い地域
⑨	照葉樹林	夏緑樹林	1年を通して，温暖で降水量が多い地域

問5　シアトルなどに分布するバイオームで，一般的に優占する植物種として最も適当なものを，
次の①〜⑦の中から一つ選びなさい。 14

① トドマツ　　② コルクガシ　　③ フタバガキ　　④ シイ
⑤ コメツガ　　⑥ ケヤキ　　　 ⑦ カエデ

問6　地球温暖化が進行すると，仙台に分布するバイオームは，日本の九州，四国および関東平野
までの本州西南部に分布するバイオームに変化する可能性がある。変化後のバイオームに見
られる優占種に関する記述として最も適当なものを，次の①〜⑥の中から一つ選びなさい。
15

① 常緑広葉樹のクスノキ，タブノキが見られる。
② 常緑広葉樹のヘゴ，ガジュマルが見られる。
③ 常緑広葉樹のチークが見られる。
④ 落葉広葉樹のクスノキ，タブノキが見られる。
⑤ 落葉広葉樹のヘゴ，ガジュマルが見られる。
⑥ 落葉広葉樹のチークが見られる。

問7　日本のバイオームの分布に関する記述として最も適当なものを，次の①〜⑤の中から一つ選

びなさい。 16

① クヌギやヘゴなどの植物は，北海道北東部で見られる優占種である。

② 夏緑樹林は中国地方より南の地域では見られない。

③ 日本の本州中部地方では，標高約 1500ｍまでの山地帯ではミズナラやコメツガなどが見られる。

④ 亜高山帯の上限を森林限界といい，それよりも標高が高い場所には低木林やお花畑が見られる。

⑤ 日本のバイオームの垂直分布の境界となる標高は，低緯度では低くなり，高緯度では高くなる。

3 　種子の発芽や大腸菌の遺伝子発現調節に関する文章Ⅰ・Ⅱを読み，問い（問1～8）に答えなさい。

Ⅰ　光発芽種子は光が当たらなければ発芽しない。光発芽種子が光を受容すると，植物ホルモンである ア の合成が誘導される。このとき，種子の休眠を促進する植物ホルモンの イ は発芽時には減少している。光発芽種子において発芽にかかわる光受容体は ウ で，主に赤色光と遠赤色光を吸収する。表1は，ある光発芽種子に赤色光および遠赤色光を交互に照射したときの発芽率を調べたものである。

表 1

光の照射順	発芽率(%)
暗所	2
赤色光→暗所	67
赤色光→遠赤色光→暗所	2
赤色光→遠赤色光→赤色光→暗所	72
赤色光→遠赤色光→赤色光→遠赤色光→暗所	3
赤色光→遠赤色光→赤色光→遠赤色光→赤色光→暗所	70
赤色光→遠赤色光→赤色光→遠赤色光→赤色光→遠赤色光→暗所	3

問1　光発芽種子をつくる植物の例として最も適当なものを，次の①～⑤の中から一つ選びなさい。 17

① キュウリ 　　② ケイトウ 　　③ トマト 　　④ レタス 　　⑤ カボチャ

問2　文中の空欄 ア ～ ウ に入る語の組合せとして最も適当なものを，次の①～⑧の中から一つ選びなさい。 18

	ア	イ	ウ
①	ジベレリン	ジャスモン酸	フィトクロム
②	ジベレリン	ジャスモン酸	フォトトロピン
③	ジベレリン	アブシシン酸	フィトクロム
④	ジベレリン	アブシシン酸	フォトトロピン
⑤	アブシシン酸	ジャスモン酸	フィトクロム
⑥	アブシシン酸	ジャスモン酸	フォトトロピン
⑦	アブシシン酸	ジベレリン	フィトクロム
⑧	アブシシン酸	ジベレリン	フォトトロピン

問3　光発芽種子の発芽にかかわる光受容体には，赤色光吸収型（Pr 型）と遠赤色光吸収型（Pfr 型）の二つの型があり，それぞれ光を吸収すると分子構造を可逆的に変化させる。次の文は，**表1**の結果からいえることについて述べたものである。文中の空欄　エ　〜　カ　に入る語句の組合せとして最も適当なものを，下の①〜⑥の中から一つ選びなさい。　19

　　表1から，赤色光，遠赤色光ともに光を照射することによる累積効果が　エ　，後の光の照射によって前の光の照射の効果が　オ　ことがわかる。また，この光受容体の二つの型のうち，実際に発芽を引き起こすのは　カ　型と考えられる。

	エ	オ	カ
①	見られ	引き継がれる	Pr
②	見られ	引き継がれる	Pfr
③	見られ	打ち消される	Pr
④	見られず	引き継がれる	Pr
⑤	見られず	打ち消される	Pr
⑥	見られず	打ち消される	Pfr

問4　発芽後の芽生えの光屈性にかかわる光受容体と，その光受容体が吸収する光の色の組合せとして最も適当なものを，次の①〜⑥の中から一つ選びなさい。　20

	光受容体	光の色
①	クリプトクロム	青色
②	クリプトクロム	赤色
③	フォトトロピン	青色
④	フォトトロピン	赤色
⑤	フィトクロム	青色
⑥	フィトクロム	赤色

Ⅱ　大腸菌では，機能的に関連のある遺伝子が隣接して存在しており，この遺伝子群の発現は，ま
とまった転写の調節を受けることがある。このような遺伝子群をオペロンといい，オペロンにおい
て，転写にかかわる塩基配列のうち，RNA ポリメラーゼが結合する領域を　キ　，リプレッサ
ーが結合する領域を　ク　という。リプレッサーが　ク　に結合すると，転写が　ケ　さ
れる。例えば，大腸菌はラクトースの代謝にかかわる酵素を 3 種類合成する。このうち，β－ガ
ラクトシダーゼは，ラクトースを分解する活性をもつ。これに関して，野生株とβ－ガラクトシ
ダーゼ合成の調節に関して正常な機能を失った突然変異株 A と B を用いて，次の［実験 1］～
［実験 3］を行った。

［実験 1］　糖が含まれていない培地で野生株と変異株 A と B の大腸菌をそれぞれ培養し，β－ガ
ラクトシダーゼの活性を調べたところ，野生株に活性は見られなかったが，変異株 A
と B には活性が検出された。これらの大腸菌に，ラクトースの類似物質である IPTG
を添加すると，野生株ではβ－ガラクトシダーゼの活性が検出された。また，変異株
A と B は IPTG を添加しても，β－ガラクトシダーゼの活性が高くなることはなかっ
た。このときの結果をまとめると，表 2 のようになった。

表 2

	実験 1	
	IPTG 添加なし	IPTG 添加あり
野生株	活性が検出されなかった	活性が検出された
変異株 A	活性が検出された	活性が検出された
変異株 B	活性が検出された	活性が検出された

［実験 2］　変異株 A と B にリプレッサーを合成する遺伝子をもつプラスミドを導入し，［実験 1］
と同様にβ－ガラクトシダーゼの活性を調べたところ，変異株 A のみ活性が検出され
た。その後，それぞれの変異株に IPTG を添加すると，変異株 A は活性の高さに変化
は見られなかったが，変異株 B ではβ－ガラクトシダーゼの活性が検出された。この
ときの結果をまとめると，表 3 のようになった。

表 3

	実験 2	
	IPTG 添加なし	IPTG 添加あり
野生株	活性が検出されなかった	活性が検出された
変異株 A	活性が検出された	活性が検出された
変異株 B	活性が検出されなかった	活性が検出された

［実験 3］　野生株に由来する，ラクトース代謝にかかわる酵素の遺伝子の　キ　と　ク　の
下流に，オワンクラゲの緑色蛍光タンパク質遺伝子をつないだプラスミドを作製した。
このプラスミドを野生株に導入したところ，IPTG を添加しない場合には緑色蛍光が検
出されなかったが，IPTG を添加するとプラスミド中の遺伝子が発現したことにより，
緑色蛍光が検出された。その後，変異株 A と B にもこのプラスミドを導入して，野生

　株と同様にその遺伝子を発現させ，IPTG の添加前後で緑色蛍光が検出されるかどうか
　を調べた。

問5　文中の空欄　キ　～　ケ　に入る語の組合せとして最も適当なものを，次の①〜⑥の中
から一つ選びなさい。　21

	キ	ク	ケ
①	オペレーター	プロモーター	促進
②	オペレーター	プロモーター	抑制
③	オペレーター	調節遺伝子	促進
④	プロモーター	オペレーター	促進
⑤	プロモーター	オペレーター	抑制
⑥	プロモーター	調節遺伝子	抑制

問6　大腸菌の野生株にグルコースを与えて培養すると，大腸菌はグルコースを呼吸基質として利
　用する。また，野生株ではグルコースがなくラクトースがあるとき，ラクトース代謝にかかわ
　る酵素の活性がみられる。次に，大腸菌の野生株にグルコースとラクトースを体積比 1：1 の
　割合で混合した糖を与えて培養した場合，培地に含まれるグルコースとラクトースの消費につ
　いて考えられることとして最も適当なものを，次の①〜⑤の中から一つ選びなさい。　22

①　グルコースのみが消費される。

②　ラクトースのみが消費される。

③　グルコースもラクトースも同時に同量ずつ消費される。

④　グルコースが先に消費され，その後ラクトースが消費される。

⑤　ラクトースが先に消費され，その後グルコースが消費される。

問7　［実験1］と［実験2］の結果から，変異株 A と B はどの機能が失われていると考えられる
　か。最も適当なものを，次の①〜⑤の中からそれぞれ一つずつ選びなさい。

　　変異株 A　23　　　　　変異株 B　24

①　RNA ポリメラーゼ

②　リプレッサー

③　β−ガラクトシダーゼを合成する遺伝子

④　転写が開始される領域

⑤　転写を調節する領域

問8　［実験3］で，変異株 A と B の結果はどのようになると考えられるか。結果の記述として最
　も適当なものを，次の①〜⑥の中から一つ選びなさい。　25

①　どちらの変異株からも，IPTG を添加しなかった場合に緑色蛍光は検出されなかったが，添

加した場合には検出された。

② どちらの変異株からも，IPTG を添加しなかった場合に緑色蛍光は検出されたが，添加した場合には検出されなかった。

③ IPTG を添加しなかった場合に緑色蛍光が検出されたのは変異株 A のみで，添加した場合はどちらの変異株からも検出された。

④ IPTG を添加しなかった場合に緑色蛍光が検出されたのは変異株 B のみで，添加した場合はどちらの変異株からも検出された。

⑤ IPTG を添加した場合に緑色蛍光が検出されたのは変異株 A のみで，変異株 B では検出されなかった。

⑥ IPTG を添加した場合に緑色蛍光が検出されたのは変異株 B のみで，変異株 A では検出されなかった。

---

4 聴覚器と平衡受容器や光合成に関する文章 I・II を読み，問い（問 1 ～ 8）に答えなさい。

I ヒトの耳は，図1のように外耳，中耳，内耳からなり，内耳には音の刺激を受容する聴細胞がある。音波に由来する振動が外耳から中耳を通って内耳に伝わると，図1の X の内部にあるリンパ液が振動し，その振動がコルチ器の聴細胞を興奮させる。この興奮は聴神経により大脳に送られ，聴覚を生じさせる。

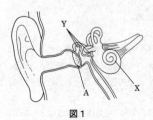

図1

問1 図1の Y に含まれるはたらきとして最も適当なものを，次の①～④の中から一つ選びなさい。 26

① A で集められた音の方向を特定する。
② A で集められた振幅を小さくする。
③ A から伝わった振動を電気信号に変換する。
④ A から伝わった振動を増幅させる。

問2 ヒトが音の高低を識別するときに，図1の X の内部で起こっていることとして最も適当なものを，次の①～④の中から一つ選びなさい。 27

① 音の高低によって，前庭階の外リンパ液のみ密度が異なる。

② 音の高低によって，基底膜の振動の位置が異なる。

③ 音の高低によって，聴神経が興奮するための閾値が異なる。

④ 音の高低によって，おおい膜の振動の大きさが異なる。

問3　ヒトの内耳には，平衡覚の感覚器官である平衡受容器が存在する。平衡受容器とその原理として最も適当なものを，次の①～⑤の中から一つ選びなさい。　28

① 前庭は，からだの動きに伴うリンパ液の動きから，感覚細胞がからだの傾きを受容する。

② 半規管は，からだの動きに伴うリンパ液の動きから，感覚細胞がからだの傾きを受容する。

③ 半規管は，からだの動きに伴うリンパ液の動きから，感覚細胞がからだの回転を受容する。

④ 前庭は，感覚細胞の上にある平衡石（耳石）が動くことで，からだの回転を受容する。

⑤ 半規管は，感覚細胞の上にある平衡石（耳石）が動くことで，感覚細胞がからだの傾きを受容する。

問4　メンフクロウは，夜行性動物の一種で，耳の位置が左右非対称であることから暗闇の中でも獲物の居場所を正確に特定することができる。実験室内で飼育しているメンフクロウの片耳に耳栓を挿入し，獲物を狙わせたとき，実際に獲物がいる位置から上下左右にどれだけの角度ずれているかを調べる実験を行った。

[実験]　メンフクロウの片耳に，音の強さを音源の半分程度にする耳栓を挿入して，獲物を狙わせた。次に，メンフクロウの片耳に音の強さを音源の 10％以下にする耳栓を挿入して，獲物を狙わせた。これらの操作は，右耳と左耳でそれぞれ 6 回ずつ不規則に行った。図2は，この実験でメンフクロウが狙った位置を記録した結果をまとめたものである。

　　結果から，メンフクロウの音の認識についていえることとして最も適当なものを，次の①～⑤の中から一つ選びなさい。　29

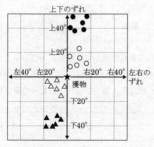

図2

① 左右の耳に届く音の強さは，音源の左右の位置の認識に大きな影響を及ぼすが，音源の上下の位置の認識にはあまり影響しない。

② 左右の耳に届く音の強さは，音源の上下の位置の認識に大きな影響を及ぼすが，音源の左

右の位置の認識にはあまり影響しない。

③　左右の耳に届く音の強さは，音源の左右の位置と上下の位置の認識に大きな影響を同程度に及ぼす。

④　音が左右の耳に届くまでの時間のずれは，音源の左右の位置の認識に大きな影響を及ぼすが，音源の上下の位置の認識にはあまり影響しない。

⑤　音が左右の耳に届くまでの時間のずれは，音源の上下の位置の認識に大きな影響を及ぼすが，音源の左右の位置の認識にはあまり影響しない。

Ⅱ　光合成は，空気中の二酸化炭素から有機物を合成する反応で，その速度は光の強さや二酸化炭素濃度などの周囲の環境に影響される。そこで，光合成における光と二酸化炭素の役割を調べるために，次の［実験1］と［実験2］を行った。ただし，どちらの実験も，光合成に適切な一定の温度を保ち，十分な水を与えて行ったものとする。

［実験1］　十分に光を照射した状態で，緑藻に $^{14}CO_2$ を含む1%の二酸化炭素濃度の空気を与えて光合成を行わせると，炭素固定反応の中間生成物である PGA（ホスホグリセリン酸，C_3）と RuBP（リブロースビスリン酸，C_5）のすべての炭素に ^{14}C が一様に分布するとともに，この二つの中間生成物の量が一定になった。その後，光の強さをそのままに，二酸化炭素濃度を0.003%まで急激に下げ，^{14}C を含む PGA と RuBP の量を数分間にわたって測定した。**図3**は，このときの結果を後半の結果を伏せて示したものである。

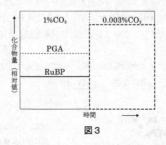

図3

［実験2］　［実験1］と同様に，十分に光を照射した状態で，緑藻に $^{14}CO_2$ を含む1%の二酸化炭素濃度の空気を与えて光合成を十分に行わせた後，CO_2 濃度をそのままに，急に光を遮断して，^{14}C を含む PGA と RuBP の量を数分間にわたって測定したところ，**図4**のような結果が得られた。

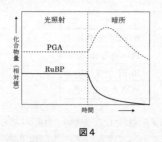

図 4

問 5 光合成の反応について述べた次の（**あ**）～（**う**）の文のうち，正しい文を過不足なく含むものを，下の①～⑦の中から一つ選びなさい。 30

（**あ**）光化学反応では，光化学系 I から放出された電子（e^-）を光化学系 II で受け取り，最終的に NADPH が生成される。

（**い**）光化学反応と電子伝達系により，チラコイド内よりもストロマの H^+の濃度が相対的に高い。

（**う**）緑葉にいろいろな波長の光を照射して光合成の効率を調べた結果，効率が高いのは青紫色～青色，赤色の光を照射したときである。

① （**あ**） ② （**い**） ③ （**う**）
④ （**あ**）と（**い**） ⑤ （**あ**）と（**う**） ⑥ （**い**）と（**う**）
⑦ （**あ**）と（**い**）と（**う**）

問 6 ［実験 1］で，二酸化炭素濃度を 0.003％まで急激に下げた直後の，**図 3** の PGA と RuBP の変化量の組合せとして最も適当なものを，次の①～⑥の中から一つ選びなさい。 31

	PGA の変化量	RuBP の変化量
①	増加する	増加する
②	増加する	変化しない
③	増加する	減少する
④	減少する	増加する
⑤	減少する	変化しない
⑥	減少する	減少する

問 7 ［実験 2］で，光を遮断した直後の，PGA と RuBP の変化量が**図 4** のようになった理由について述べた次の文中の空欄 **ア** ・ **イ** に入る語句の組合せとして最も適当なものを，下の①～④の中から一つ選びなさい。 32

光が遮断されると，チラコイドで合成される **ア** が供給されないが， **イ** への反応はすぐには停止しないため，PGA が増加し，RuBP が減少する。

	ア	イ
①	ATP と NADPH	RuBP から PGA
②	ATP と NADPH	PGA から RuBP
③	ADP と NADP⁺	RuBP から PGA
④	ADP と NADP⁺	PGA から RuBP

問8　光エネルギーを利用する光合成に対して，無機物の酸化から得られるエネルギーを利用して炭酸同化を行う生物が存在する。このうち，深海の熱水噴出孔付近に生息する生物として最も適当なものを，次の①〜⑥の中から一つ選びなさい。　33

　①　亜硝酸菌　　　②　緑色硫黄細菌　　　③　根粒菌
　④　硝酸菌　　　　⑤　硫黄細菌　　　　　⑥　アゾトバクター

◀Ａ日程(生物基礎)▶

(2科目 120 分)

(注)　物理基礎または化学基礎とともに解答し，1科目の扱いとする。

[1]　◀A日程（生物基礎・生物）▶の[1]に同じ。

[2]　◀A日程（生物基礎・生物）▶の[2]に同じ。

◀ B 日程（生物基礎・生物）▶

（2 科目 120 分）

1 次の問い（問 1〜7）に答えなさい。

問1 体細胞分裂の過程について述べた次の（**あ**）〜（**う**）の文のうち，正しい文を過不足なく含むものを，下の①〜⑦の中から一つ選びなさい。　1

（**あ**）核内の DNA 量は，G_1 期に比べて G_2 期には倍加している。
（**い**）M 期の終期には，細胞質が二つの細胞へ分配される。
（**う**）正常に分裂が完了してできた二つの細胞は，遺伝的に均質である。

① （あ）　　　　　　② （い）　　　　　　③ （う）
④ （あ）と（い）　　⑤ （あ）と（う）　　⑥ （い）と（う）
⑦ （あ）と（い）と（う）

問2 ミクロメーターを用いた細胞や細胞小器官の測定について述べた次の（**え**）〜（**か**）の文のうち，正しい文を過不足なく含むものを，下の①〜⑦の中から一つ選びなさい。　2

（**え**）対物ミクロメーターは，対物レンズの中にセットする。
（**お**）接眼レンズを回転させると，接眼ミクロメーターの目盛りも回転して見える。
（**か**）対物レンズの倍率を 4 倍高くすると，接眼ミクロメーター 1 目盛りの示す長さは 4 倍になる。

① （え）　　　　　　② （お）　　　　　　③ （か）
④ （え）と（お）　　⑤ （え）と（か）　　⑥ （お）と（か）
⑦ （え）と（お）と（か）

問3 遺伝子の本体や遺伝子発現の流れについて述べた次の（**き**）〜（**け**）の文のうち，正しい文を過不足なく含むものを，下の①〜⑦の中から一つ選びなさい。　3

（**き**）ハーシーとチェイスは，肺炎球菌の形質転換を題材に研究を行った。
（**く**）T_2 ファージ（バクテリオファージ）の遺伝子の本体は，RNA である。
（**け**）遺伝子発現の際に，セントラルドグマに従わない生物はいない。

① （き）　　　　　　② （く）　　　　　　③ （け）
④ （き）と（く）　　⑤ （き）と（け）　　⑥ （く）と（け）

⑦　（き）と（く）と（け）

問4　ショウジョウバエなどの幼虫の一部の細胞の染色体で見られるパフについて述べた次の（こ）
　　〜（し）の文のうち，正しい文を過不足なく含むものを，下の①〜⑦の中から一つ選びなさい。
　　　4

　　（こ）だ腺細胞などにある巨大染色体で観察される。
　　（さ）パフの部分では，活発な DNA の複製が行われている。
　　（し）メチルグリーンによって，パフの部分だけが青緑色に染色される。

①　（こ）　　　　　　　　②　（さ）　　　　　　　　③　（し）
④　（こ）と（さ）　　　　⑤　（こ）と（し）　　　　⑥　（さ）と（し）
⑦　（こ）と（さ）と（し）

問5　図1は，ヒトの心臓と心臓につながる血管の配置を腹側から見たときの断面を模式的に示し
　　たものである。動脈と，動脈血が流れる血管の組合せとして最も適当なものを，下の①〜⑥の
　　中から一つ選びなさい。　5

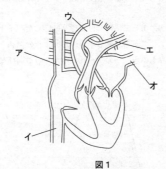

図1

	動脈	動脈血が流れる血管
①	ア，イ	ア，イ
②	ア，イ	イ，エ
③	ウ，エ	ウ，エ
④	ウ，エ	ウ，オ
⑤	エ，オ	ア，ウ
⑥	エ，オ	エ，オ

問6　ホルモン X とホルモン Y は，ヒトではそれぞれ甲状腺と副甲状腺から分泌される，血しょう
　　中の Ca^{2+} 濃度の調節にはたらくホルモンである。図2は，血しょう中の Ca^{2+} 濃度およびホル
　　モン X とホルモン Y のそれぞれの分泌量を示したものである。図2から考えられる，ホルモン

X とホルモン Y のはたらきに関する記述として最も適当なものを，下の①〜④の中から一つ選びなさい。 6

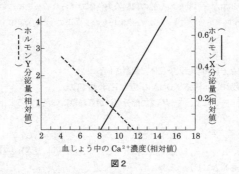

図2

① ホルモン X は，異化作用を促すはたらきもある。

② ホルモン X は，血しょう中の Ca^{2+} 濃度を上昇させるはたらきがある。

③ ホルモン Y は，ホルモン X の分泌を促進する。

④ ホルモン Y は，血しょう中の Ca^{2+} 濃度が低下すると分泌が促進される。

問7　図3は，日本の本州中部のある山岳における標高に応じたバイオームの分布のようす（垂直分布）を模式的に示したものである。図3中カのおおよその標高と，図3中キの森林の優占種の組合せとして最も適当なものを，下の①〜⑥の中から一つ選びなさい。 7

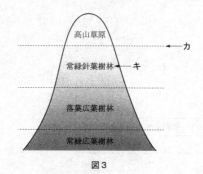

図3

	カの標高	キの優占種
①	1500 m	ブナ，ミズナラ
②	1500 m	シラビソ，コメツガ
③	1500 m	アカマツ，トドマツ
④	2500 m	ブナ，ミズナラ
⑤	2500 m	シラビソ，コメツガ
⑥	2500 m	アカマツ，トドマツ

2 　生体防御と生態系のバランスに関する文章Ⅰ・Ⅱを読み，問い（問 1～9）に答えなさい。

Ⅰ　新型コロナウイルスのパンデミックについて，高校生のカズキさんとミカさん，生物基礎担当
の先生が話し合っている。

カズキ：コロナ禍の最中，外出後にはまず，体内に病原体を侵入させないように，(a) <u>手洗いやうが
い</u>を心掛けるようにしたよ。

ミ　カ：私は，しっかり寝て，しっかり食べることを心掛けたよ。免疫力をしっかり高めておかな
いとね！

カズキ：免疫力ってテレビとかではよく耳にするけど，具体的には何なのだろう？

先　生：確かにぼんやりした言葉だね。生物基礎で学んだ，　ア　による食作用や　イ　による
病原体に感染した細胞の排除は，自然免疫に区分されるものだね。免疫力とは，このような
はたらきを高めるものであるといえるね。

ミ　カ：ワクチン接種はどうなのでしょうか？

先　生：ワクチン接種によって，体内の血しょう中の　ウ　を増やしておくことや (b) <u>記憶細胞</u>
を形成して，いざ本物の病原体が体内に侵入した際にすばやく (c) <u>適応免疫</u>を発動させられ
るようにしておくことも，免疫力を高めることだといえるね。

カズキ：なるほど！感染症の予防には，自然免疫と適応免疫の両方のはたらきが大切なんですね！

問 1　文中の下線部（a）と同様な効果を示すヒトの生体防御のしくみとして最も適当なものを，次
の①～⑤の中から一つ選びなさい。　8

① 　からだの調子が悪いとき，リンパ節が腫れる。
② 　気管の上皮では，繊毛運動で異物を体外に排除している。
③ 　副交感神経で消化管運動が促進され，排便が起こる。
④ 　自分自身がもつ物質に対しては，免疫系がはたらかない免疫寛容が成立する。
⑤ 　HIV の感染によって，エイズを発症する。

問 2　文中の空欄　ア　・　イ　に入る語の組合せとして最も適当なものを，次の①～⑥の中
から一つ選びなさい。　9

	ア	イ
①	T 細胞	好中球
②	T 細胞	NK（ナチュラルキラー）細胞
③	B 細胞	好中球
④	B 細胞	NK（ナチュラルキラー）細胞
⑤	マクロファージ	好中球
⑥	マクロファージ	NK（ナチュラルキラー）細胞

問3　文中の空欄　ウ　に入る語とその化学的な実体の名称の組合せとして最も適当なものを，次の①〜⑥の中から一つ選びなさい。　10

	ウ	実体
①	血清	免疫グロブリン
②	血清	アルブミン
③	抗体	免疫グロブリン
④	抗体	アルブミン
⑤	リンパ球	免疫グロブリン
⑥	リンパ球	アルブミン

問4　文中の下線部 (b) の記憶細胞になることができる免疫細胞の組合せとして最も適当なものを，次の①〜④の中から一つ選びなさい。　11

① 血小板，赤血球
② T 細胞，B 細胞
③ 樹状細胞，NK 細胞
④ マクロファージ，好中球

問5　文中の下線部 (c) に関する記述として最も適当なものを，次の①〜④の中から一つ選びなさい。　12

① 自然免疫よりもすばやくはたらく免疫応答である。
② 自然免疫よりも強力だが，抗原に対する特異性は低い。
③ 強くはたらき過ぎることで，日和見感染症を発症する。
④ アレルギーを引き起こすことにも関係する。

Ⅱ　ペインは，北米の海岸にある岩礁地帯において，生態系のバランスについて調べる実験を行った。この岩礁地帯では，藻類が (d) 生産者としてはたらくほか，海流に乗ってプランクトンなどの有機物がやってくる。フジツボ，イガイ，カメノテは，海水中の有機物を食物とする，岩上に固着して生活する動物である。ヒザラガイとカサガイは岩上を動いて回り，主に藻類を食べる。イボニシは運動性が高い肉食性の巻貝で，フジツボを主に食べるほか，イガイも食べる。ヒトデはこの岩礁地帯における最上位の捕食者であり，主にフジツボとイガイを食べる。図1は，このエ　のようすを示したものである。

　ペインはこの岩礁地帯からヒトデだけを除去し続けた。すると，数か月後にはフジツボが岩上の大半を占めるようになった。さらに，ヒトデを取り除く処理を続けたところ，約1年後には，イガイが岩上のほとんどの場所を占めるようになっていた。このとき，生活の場を失った藻類は激減し，ヒザラガイやカサガイも姿を消した。カメノテは散在する程度にまで数が減少し，イボニシもほとんどいなくなった。

　この実験結果から，この岩礁地帯の生態系では，ヒトデの存在は　オ　役割を果たしていた

と考えることができる。

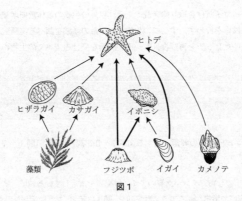

図1

問6　文中の下線部 (d) の生産者に関する記述として最も適当なものを，次の①～④の中から一つ
　　選びなさい。　13

　①　生産者は無機物から有機物を合成できる，独立栄養生物である。
　②　一部の生産者は，従属栄養生物である。
　③　生産者は同化を行えるが，異化は行えない。
　④　陸上生態系では，窒素固定を行う植物が主な生産者である。

問7　文中の空欄　エ　に入る語として最も適当なものを，次の①～④の中から一つ選びなさい。
　　14

　①　物質収支　　　②　栄養段階　　　③　食物網　　　④　生態ピラミッド

問8　文中の空欄　オ　に入る文として最も適当なものを，次の①～④の中から一つ選びなさい。
　　15

　①　間接的な効果を与えることなく，一部の生物に対して直接的な効果を与えることだけで，
　　　生態系の種構成の単純化を引き起こす
　②　間接的な効果を与えることなく，一部の生物に対して直接的な効果を与えることだけで，
　　　生態系の種の多様性を維持する
　③　多くの生物に対して，直接あるいは間接的な効果を与え，生態系の種構成の単純化を引き
　　　起こす
　④　多くの生物に対して，直接あるいは間接的な効果を与え，生態系の種の多様性を維持する

問9　この生態系におけるヒトデの役割をより確かにするために，ペインの行った実験には対照実
　　験区の設定が必要であると考えられる。対照実験区の内容として最も適当なものを，次の①～

④の中から一つ選びなさい。　16

① フジツボとイガイだけを取り除き続け，それ以外の生物の個体数の増減を調べる実験区。
② 一切の除去操作を行わず，すべての生物の個体数の増減を調べる実験区。
③ 一度取り除いたヒトデを再び投入し，その影響を受けるすべての生物の個体数を調べる実験区。
④ 海流を遮断し，プランクトンが外部から流入することを防いだ上で，ヒトデの個体数を調べる実験区。

3　遺伝子発現とニューロンの興奮に関する文章Ⅰ・Ⅱを読み，問い（問1～7）に答えなさい。

Ⅰ　ある植物の遺伝子のうち，タンパク質のアミノ酸配列を指定している領域，すなわち　ア　の塩基配列と，この領域で指定されるアミノ酸配列を，図1に示す。ここに示されるものは2本鎖DNAのうちの一方であるが，　イ　と考えられる。図1中の　ウ　を指定していた塩基が図2に下線で示す塩基へ変化する突然変異が起こり，その塩基を含むコドンは元とは異なり　エ　ようになった。表1は，遺伝暗号と指定するアミノ酸の関係を示した遺伝暗号表である。

【DNAの塩基配列】
5′… AAG GAG GAG CCC TGT CGC TAT ATC AAC GGG …3′

【アミノ酸配列】
… リシン　グルタミン酸　グルタミン酸　プロリン　ウ　アルギニン　チロシン　イソロイシン　アスパラギン　グリシン…

図1

【DNAの塩基配列】
5′… AAG GAG GAG CCC ACT CGC TAT ATC AAC GGG …3′

図2

表1　遺伝暗号表（mRNA）

		2番目の塩基				
		U（ウラシル）	C（シトシン）	A（アデニン）	G（グアニン）	
1番目の塩基	U	UUU フェニルアラニン UUC UUA ロイシン UUG	UCU UCC セリン UCA UCG	UAU チロシン UAC UAA（終止コドン） UAG	UGU システイン UGC UGA（終止コドン） UGG トリプトファン	U C A G
	C	CUU CUC ロイシン CUA CUG	CCU CCC プロリン CCA CCG	CAU ヒスチジン CAC CAA グルタミン CAG	CGU CGC アルギニン CGA CGG	U C A G
	A	AUU AUC イソロイシン AUA AUG メチオニン（開始コドン）	ACU ACC トレオニン ACA ACG	AAU アスパラギン AAC AAA リシン AAG	AGU セリン AGC AGA アルギニン AGG	U C A G
	G	GUU GUC バリン GUA GUG	GCU GCC アラニン GCA GCG	GAU アスパラギン酸 GAC GAA グルタミン酸 GAG	GGU GGC グリシン GGA GGG	U C A G
						3番目の塩基

問1　文中の空欄　ア・イ　に入る語の組合せとして最も適当なものを，次の①～④の中から一つ選びなさい。　17

	ア	イ
①	イントロン	鋳型鎖
②	イントロン	非鋳型鎖（センス鎖）
③	エキソン	鋳型鎖
④	エキソン	非鋳型鎖（センス鎖）

問2　文中の空欄　ウ・エ　に入る語句の組合せとして最も適当なものを，次の①～④の中から一つ選びなさい。　18

	ウ	エ
①	トレオニン	アミノ酸を指定しない
②	トレオニン	セリンを指定する
③	システイン	トレオニンを指定する
④	システイン	セリンを指定する

問3　図1の左端のアミノ酸のリシンをリボソームに運搬してくる tRNA のアンチコドンの塩基配列として最も適当なものを，次の①～⑥の中から一つ選びなさい。　19

① 5′-AAG-3′
② 5′-GAA-3′
③ 5′-TTC-3′
④ 5′-CTT-3′
⑤ 5′-UUC-3′
⑥ 5′-CUU-3′

問4　図1や図2中の5′，3′は，DNA を構成するヌクレオチドに含まれるデオキシリボースの炭素原子に付けられた番号に由来する。一つのヌクレオチドを見たとき，図3に示した構造式の中で，リン酸と塩基が結合する炭素原子の番号の組合せとして最も適当なものを，下の①～⑥の中から一つ選びなさい。　20

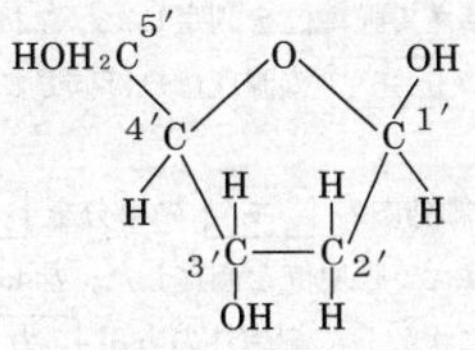

図3

	リン酸	塩基
①	1´	3´
②	1´	5´
③	3´	1´
④	3´	5´
⑤	5´	1´
⑥	5´	3´

Ⅱ　細胞膜は，主成分が　オ　であるため，荷電したイオンはほとんど透過させない。しかし，
　　オ　のなかに埋め込まれたタンパク質のなかには，イオンを運搬するはたらきをもつものが
　　あることから，細胞膜は膜電位の状態を変化させることができる。ニューロンはそのようなしく
　　みについてよく研究されている細胞であり，その実験材料にはイカの巨大神経が利用されてきた。
　　ニューロンの細胞膜上にはナトリウムポンプがあり，Na^+と K^+の濃度差が細胞内外でつくり出
　　されている。イカの巨大神経を材料にして，次の［実験1］〜［実験3］を行った。

［実験1］　イカの巨大神経の標本を作製し，細胞内外のイオン濃度を生体内と同様に調整した。
　　　　　すなわち，細胞内に比較して細胞外では　カ　が多く，　キ　が少ない状態であ
　　　　　る。そのうえで，軸索に閾値以上の刺激を与えて細胞の膜電位を測定すると，図4の
　　　　　ような結果が得られた。

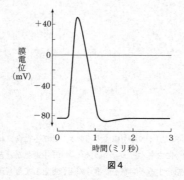

図4

［実験2］　［実験1］の標本で，細胞外の　カ　をすべて　キ　に置き換え，［実験1］と同
　　　　　様に，軸索に刺激を与えて膜電位を測定した。なお，このイオン濃度を調整する処理
　　　　　によって，細胞内外の　キ　の濃度はほぼ同じになる。

［実験3］　［実験1］の標本で，細胞内の　キ　の半分を　カ　に置き換え，［実験1］と同
　　　　　様に，軸索に刺激を与えて膜電位を測定した。なお，このイオン濃度を調整する処理
　　　　　によっても，細胞内に比較して細胞外の方が　カ　が多く，　キ　が少ない状態
　　　　　が維持されていたものとする。

問5 文中の空欄 | **オ** | ～ | **キ** | に入る語の組合せとして最も適当なものを，次の①～④の中から一つ選びなさい。 | 21 |

	オ	カ	キ
①	脂肪	Na^+	K^+
②	脂肪	K^+	Na^+
③	リン脂質	Na^+	K^+
④	リン脂質	K^+	Na^+

問6 ［実験2］では，(a) 静止状態での膜電位が 0 mV まで上昇し，(b) 閾値以上の刺激による膜電位の変化も見られなくなった。これについて，次の問いに答えなさい。

(1) 下線部 (a) の静止電位が 0 mV まで上昇した理由として最も適当なものを，次の①～⑧の中から一つ選びなさい。 | 22 |

① 電位非依存性 K^+ チャネルを介した，細胞外から細胞内への K^+ の移動がなくなったから。
② 電位非依存性 K^+ チャネルを介した，細胞内から細胞外への K^+ の移動がなくなったから。
③ 電位依存性 K^+ チャネルを介した，細胞外から細胞内への K^+ の能動輸送がなくなったから。
④ 電位依存性 K^+ チャネルを介した，細胞内から細胞外への K^+ の能動輸送がなくなったから。
⑤ 電位依存性 Na^+ チャネルを介した，細胞外から細胞内への Na^+ の受動輸送がなくなったから。
⑥ 電位依存性 Na^+ チャネルを介した，細胞内から細胞外への Na^+ の受動輸送がなくなったから。
⑦ ナトリウムポンプによる能動輸送が活性化されたから。
⑧ ナトリウムポンプによる能動輸送が不活性化されたから。

(2) 下線部 (b) の刺激による膜電位の変化が見られなくなった理由として最も適当なものを，(1) の①～⑧の中から一つ選びなさい。 | 23 |

問7 ［実験3］の測定結果として最も適当なものを，次の①～⑥の中から一つ選びなさい。 | 24 |

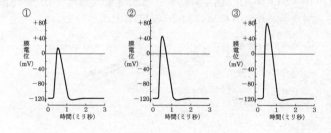

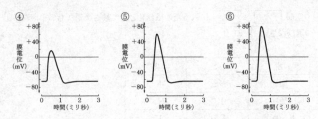

④⑤⑥　膜電位（mV）　時間（ミリ秒）

4　ニワトリの翼の発生や呼吸のしくみに関する文章Ⅰ・Ⅱを読み，問い（**問1〜8**）に答えなさい。

Ⅰ　ニワトリの翼には3本の (a) 指骨があり，前方から後方にかけて，順に1指，2指，3指と区別することができる（図1）。翼は胚に形成される肢芽と呼ばれる膨らみからできる。指骨の形成される位置の決定には，肢芽の後方にある ZPA（極性化活性域）と呼ばれる領域から分泌される (b) Shh（ソニックヘッジホッグタンパク質）の濃度が位置情報としてはたらくことが関係していると考えられている。Shh のはたらきを調べるために，下の［実験1］〜［実験3］を行った。

図1

［実験1］　他の胚の肢芽から ZPA を切り取り，切り取った ZPA を肢芽の前方に移植した。その結果，鏡像対称的に指骨が形成された（図2）。

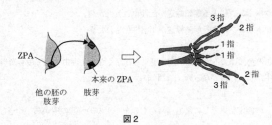

図2

［実験2］　肢芽の中央部分に，Shh を透過させない雲母片を差し込んだ。その結果，2指は不完全なものとなり，1指は形成されなかった（図3）。

図3

［実験3］ 肢芽から ZPA を切り取って，同じ肢芽の前方の領域にその ZPA を移植した（**図4**）。

図4

問1 文中の下線部（**a**）の指骨（骨格）は，カエルでは何から形成されるか。その由来として最も適当なものを，次の①〜⑦の中から一つ選びなさい。 25

①　表皮　　　②　神経管　　　③　脊索　　　④　体節　　　⑤　側板
⑥　腎節　　　⑦　内胚葉

問2 文中の下線部（**b**）の Shh と同様に，ショウジョウバエでも胚を構成する細胞に対して前後軸に沿った位置情報を与えるタンパク質がある。そのタンパク質の情報をもつ遺伝子の名称として最も適当なものを，次の①〜⑤の中から一つ選びなさい。 26

①　ホメオティック遺伝子　　　②　調節遺伝子　　　③　BMP 遺伝子
④　ノーダル遺伝子　　　⑤　ビコイド遺伝子

問3 ［実験1］と［実験2］について述べた次の文中の空欄 ア 〜 ウ に入る語句の組合せとして最も適当なものを，下の①〜⑧の中から一つ選びなさい。 27

　　［実験1］では，ZPA の移植を受けた肢芽に二つ備わる ZPA の ア から分泌された Shhが拡散することによって，肢芽の イ 付近の Shh 濃度が最も低くなると考えられる。［実験2］では，雲母片によって Shh が ウ 領域では，1指が形成されなくなったと考えられる。

	ア	イ	ウ
①	片方	前後端	過剰な
②	片方	前後端	失われた
③	片方	中央	過剰な
④	片方	中央	失われた
⑤	両方	前後端	過剰な
⑥	両方	前後端	失われた
⑦	両方	中央	過剰な
⑧	両方	中央	失われた

問4 ［実験3］で予想される結果を示した図として最も適当なものを，次の①〜⑤の中から一つ選びなさい。なお，他の図と同様，図の上が前方に相当する。 28

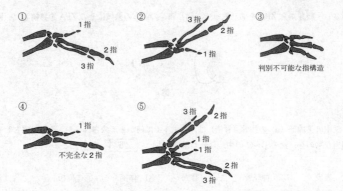

II 呼吸の反応過程は，解糖系，クエン酸回路，電子伝達系から構成される。解糖系ではグルコースが (c) ピルビン酸にまで代謝され，ピルビン酸に由来する有機酸がミトコンドリア内での脱水素酵素による酸化を受けながら，二酸化炭素の遊離が進む。これらの過程で獲得された還元力は，電子伝達系における電子伝達を介して生体膜を介した H^+ の濃度勾配を形成する際に消費される。電子伝達系では，最終的にグルコース1分子あたりで最大 エ 分子の ATP が ATP 合成酵素によって合成される。図5は，電子伝達系における ATP 合成のしくみを模式的に示したものである。

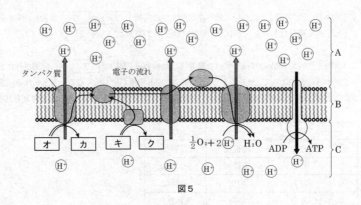

図5

問5 文中の下線部 (c) のピルビン酸の化学式として最も適当なものを，次の①〜⑤の中から一つ選びなさい。 29

① $C_6H_{12}O_6$　② $C_3H_6O_3$　③ $C_3H_4O_3$　④ CH_3COOH　⑤ C_2H_5OH

問6 文中の空欄 エ に入る数値として最も適当なものを，次の①〜⑤の中から一つ選びなさい。 30

① 17　　② 18　　③ 19　　④ 34　　⑤ 38

問7　図5中の空欄　**オ**　〜　**ク**　に入る語句の組合せとして最も適当なものを，次の①〜⑧の中から一つ選びなさい。なお，**図5**や選択肢中では，移動する電子について簡略的にしか表現していないため，各物質の係数は必ずしも正確ではない。　31

	オ	カ	キ	ク
①	NADPH	$NADP^+ + H^+$	$FADH_2$	$FAD + 2H^+$
②	$NADP^+ + H^+$	NADPH	$FAD + 2H^+$	$FADH_2$
③	$FADH_2$	$FAD + 2H^+$	NADPH	$NADP^+ + H^+$
④	$FAD + 2H^+$	$FADH_2$	$NADP^+ + H^+$	NADPH
⑤	$FADH_2$	$FAD + 2H^+$	NADH	$NAD^+ + H^+$
⑥	$FAD + 2H^+$	$FADH_2$	$NAD^+ + H^+$	NADH
⑦	NADH	$NAD^+ + H^+$	$FADH_2$	$FAD + 2H^+$
⑧	$NAD^+ + H^+$	NADH	$FAD + 2H^+$	$FADH_2$

問8　図5中の A〜C は，ミトコンドリア内部を模式的に示した次の図中では，それぞれどの位置に相当するか。最も適当なものを，次の図中の①〜④の中から一つ選びなさい。　32

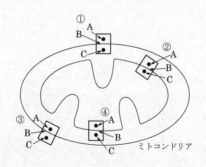

◀ B日程(生物基礎)▶

(2科目 120分)

(注) 物理基礎または化学基礎とともに解答し,1科目の扱いとする。

1 ◀B日程(生物基礎・生物)▶の1に同じ。

2 ◀B日程(生物基礎・生物)▶の2に同じ。

■国語■

◀ Ａ　日　程 ▶

（二科目一二〇分）

1　次の問い（問１〜４）に答えなさい。

問１　ア〜エの傍線部のカタカナに相当する漢字と同じ漢字を含むものを、次の各群の①〜④の中からそれぞれ一つずつ選びなさい。　　1 、 2 、 3 、 4

ア　イシエイをうけた描写。　 1
　　①　出版物のインゼイが払われる。
　　②　盗品を倉庫にインペイする。
　　③　一寸のコウインを軽んずべからず。
　　④　漢詩のオウインを確認する。

イ　外国船を国内にヨウリュウする。　 2
　　①　物価の高騰をヨクセイする政策。
　　②　ヒヨクな土地で野菜を育てる。
　　③　彼らはヨウリツすべき関係だ。
　　④　大企業のサンカにある組織。

ウ　締め切り直前なのにアンカンとしている。　 3
　　①　有名な寺社をアンギャして回る。
　　②　事故の被害者のアンピを確認する。
　　③　今月の利益はアンガイ少なかった。
　　④　事件の黒幕としてアンヤクする。

エ　応募にあたってリレキショを提出する。　 4
　　①　あの子は昔からリコウだった。
　　②　山頂に至るリテイを確認する。
　　③　事件の詳細をシンリする。
　　④　リシュウ科目を決める。

問2　ア・イの四字熟語の空欄　5　、　6　に入る漢字を、次の各群の①～④の中からそれぞれ一つ選びなさい。　5　、　6

ア　一刀両　5
　①　段　②　断　③　弾　④　壇

イ　雲散　6　消
　①　無　②　夢　③　武　④　霧

問3　ア～ウの慣用表現・故事成語の空欄　7　～　9　に入る漢字を、次の①～⑨の中からそれぞれ一つ選びなさい。　7　、　8　、　9

ア　　7　利に尽きる
イ　門前　8　羅を張る
ウ　屋上　9　を架す
　①　雀　②　屋　③　妙　④　国　⑤　甕
　⑥　冥　⑦　奥　⑧　命　⑨　子

問4　ア～ウに該当するものを、次の各群の①～④の中からそれぞれ一つ選びなさい。
　　　　　　　　　　　　　　　　　　　　　　　　　　　10　、　11　、　12

ア　田山花袋の小説　10
　①　『武蔵野』　②　『戯作三昧』　③　『蒲団』　④　『驟雨』

イ　アララギ派ではない歌人　11
　①　島木赤彦　②　斎藤茂吉　③　与謝野晶子　④　伊藤左千夫

ウ　二葉亭四迷の『浮雲』の特徴である記述方式　12
　①　編年体　②　紀伝体　③　文語体　④　言文一致体

② 次の文章を読んで、後の問い（問１〜６）に答えなさい。

　自然と人間の交通の変容は、人間にとってどのような変化となってあらわれてくるのであろうか。それは第一に、自然のなかに人間たちがなにか価値の変容としてあらわれる。かつて自然との間に非商品経済的な交通が成立していた時代には、人間たちは自然のなかに使用価値の源泉をみいだしていた。いわば使用価値という純粋に質的なものに価値をみながら、それを生みだす作用の体系として自然をとらえていたのである。だから古代の神々は、自然の作用の具象化されたものとして登場してくる。

　それが自然-人間関係のなかに商品経済が介入し、自然のなかに商品価値の源泉がみいだされる時代になってくると、自然の価値は第一に商品化された価値であり、それ故にこそまた、それは貨幣化される価値、あるいは貨幣によって量化された価値になってくるのである。ここにおいて自然の価値は質から量に転じてくる。そうしこの量としての価値を加工し、新しい貨幣量を生みだすことが自然と人間の交通の主導的な要素になってくるのである。

　それは自然と人間の間に成立する物質的交通と精神的交通の双方を変革してしまった。物質的交通として自然のなかにみいだされた商品価値を真の商品に加工していく過程が成立し、精神的交通としては、自然のなかに貨幣量の源泉をみいだしそれを加工して商品＝新しい貨幣量をつくる労働の精神的営みの過程が実現するようになってくる。

　自然と人間の物質的交通と精神的交通。それは物がつくりだしていく過程では物質的交通があり、意識や精神の非物質的生産の世界では精神的交通があるというようなこの二つの実態があるわけではないのである。自然と人間の交通のなかにこの二つの交通は同時に実現し、人間たちは労働を媒介にして自然と向き合うなかに、物質的交通と精神的交通を　Ｘ　で成立させる。あるいはここに、物質的な交通の状態が精神的な交通の質を規定し、精神的な交通の状態が物質的な交通の質を規定するという　Ｙ　が生じている。

　自然のなかに使用価値の源泉をみいだしていた時代から商品価値の源泉をみいだす時代へ、このとき、から自然と人間の精神的交通のなかでは、自然の対象化のされ方が変わるので、それで、その対象化をされた価値を加工していく労働の精神的営みもまた変容せざるを得ないのである。

　その変容を表現しているのが、B労働の精神的力能の変化ではなかったか。自然のなかに使用価値の源泉をみいだし、それを本来の使用価値に変えていくための、これは使用価値をつくりだすための労働の精神的力能＝技能が、商品価値を生みだすための技能へと変わっていく。

　私が述べてきたことはこのプロセス、即ち使用価値をつくりだす質的な技能が、商品の価値量をつくりだす技能へと変わっていくプロセス、そして量的概念の規定下に置かれているが故にその技能が技術化されていく過程としてであった。

　労働過程における自然と人間の精神的交通の質は、労働の精神的力能のなかに表現され、それは労働の技能、技術として現象化する。そしてその精神的力能は、使用価値をつくる技能から、商品価値をつくる技能へと、さらに商品価値をつくる技術へと、一度の変革をとげているのである。

　この過程で技術は人間の知恵や手労働との癒着性を失って、C技術として、人間からの自立を果していく。そして、技術がひとつの生産技術システムとして体系化され、この生産技術システム自身が自然と人間の交通の主体としての地位を確立していくのである。本質的に価値の形成-増殖過程の主体になり、実態としては生産技術システムが主体になる。ここにおいて労働は自然と人間の交通の主体としての位置を剥離され、機制としての主体でしかなくなる。あるいは本質的には生産技術システムへの手段におちていくのである。

　ここに生まれる労働が私が疎外の労働と呼んでいるものである。故に疎外の労働は、第一に商品経済の論理の浸蝕を受けた労働であり、第二に貨幣を得るための労働であり、第三に価値の形成と増殖の

なかで実現する労働であり、第四に制度化された生産過程に従属する。その意味で主体を剝離された労働である。

　というもの、この狭義の労働の発生過程のなかから生じている、使用価値をつくる技能の陳腐化と喪失は何をもたらしたのであろうか。

　いままで述べてきたように、自然と人間の交通のなか使用価値をつくりだす技能が息づいていた間は、人間たちは自然のなかに使用価値の源泉をみいだしていた。そしてそれは自然の作用のなかに自然の生命力をとらえるという不可分の関係にあった。さらにこのような精神的交通をとおして、人間たちは自然を作用の体系として、その意味で総合性をもったものとして自然を認識していたのである。

　ところが自然のなか商品価値をみいだすようになれば、事情は変わってくる。自然のなかのひとつの側面が商品価値を生む対象としてとらえられ、それを商品化することが技能、技術になってくるからである。そしてこの過程の進行が非商品価値的な自然を衰えさせるものにしていく。

　たとえば私がしばしば滞在した山村で広義の労働が生命力をもちつづけた時は、村人は自然のもつ様々な作用を価値あるものとして認めていた。そしてその作用のなかで生まれる自然の恵みを生活のなかで活用していく技能を身につけていたのである。それが山の植林がすすみ、山が木材の製造工場のようになるにしたがって様子は変わってきた。山の価値は木材という商品の価値だけであるかのように意識が村人のなかに生まれ、とともにかつて様々な自然の恵みを活用していくなかで生みだされた技能が無価値化しはじめたのだ。

　そして技能を失っていくとき、その技能をとおしてつかみとられていた自然の価値も無価値化してみえるものになってくる。非商品経済的な自然との間に人間たちは精神的交通をつくりださなくなっていったのである。とともに自然の様々な価値がみえなくなっていけば、その自然の側面は無視されるが、商品価値を生みだすための犠牲にされるようになる。それはひとつの面からの自然の荒廃を生みだすのである。

　もちろん、といっても村人は意識のなかでは自然のもつ多様性やその力強さ、素晴しさを誰よりもよく知っている。いまでも村人たちの植物や動物の話は、私たちを感動させる。だが自然のもつ様々な価値を活用する技能が失われていくとき、その村人の意識は広義の労働の世界とは無関係になり、それは観念のなかの自然の映像になっていくのである。そして、それはだんだん、都市に生きるナチュラリストの自然認識と同質のものに近づいていく。

　使用価値をつくる技能の喪失、それは使用価値の源泉としての自然との間に精神的交通をとり結ぶことができなくなっていくことであり、その結果として自然の認識が狭められていく過程でもある。それこそ観念のなかの自然と労働のなかの自然が関係性を失っていく過程でもあるのである。

　私が広義の労働と呼んだもの、それは使用価値をつくる労働でありながら、同時に商品価値をもつか否かにかかわらず人間が生きていく過程を支える様々な価値をつくりだす労働であった。それはその様々な価値をつくりだす技能と不可分であり、同時に人間たちの暮しや、生きていく過程をつくりだすおおらかな労働の世界として築かれているものであった。

（内山節『内山節著作集６　自然と人間の哲学』による。
本文中に一部省略したところがある。）

問１　傍線部Ａ「自然の価値は質から量に転じていく」とあるが、どういうことか。その説明として最も適当なものを、次の①〜⑤の中から一つ選びなさい。　　13

①　手つかずの純粋な自然を保つことよりも、経済発展に伴う都市開発が進むなかでどれだけ多くの自然を残しうるかという問題に主眼が置かれるようになったということ。

② 自然のもつ力の偉大さを敬う姿勢から、少しでも貨幣価値の高い土地や自然を所有したい、支配したいと望む物質的な欲望へと人間の心情が変化したということ。

③ 自然を商品としてみなす考え方によって、自然環境の保護は置き去りにされ、少しでも多くの自然を観光地等として商品に開発しようという動きが生じたということ。

④ 自然は人間が使用するための物質にすぎないという考え方から、商品化するため貨幣を投じて加工し、量産する対象とみなす考え方へ変わっていったということ。

⑤ 自然のもつ様々な作用自体を重視する考え方をしていたのに、その自然がどれほどの貨幣を生みだすことができるかだけが重視されるようになったということ。

問2　空欄　X　・　Y　に入る語句として最も適当なものを、次の各群の①〜⑤の中からそれぞれ一つずつ選びなさい。　14 、 15

X　14
① 平行線のかたち
② 分解不可能なかたち
③ すれ違うかたち
④ 入れ替わるかたち
⑤ うち消し合うかたち

Y　15
① 相互的な反映関係
② 普遍的な敵対関係
③ 絶対的な対立関係
④ 逆説的な依存関係
⑤ 相対的な主従関係

問3　傍線部B「労働の精神的力能の変化」とあるが、この説明として最も適当なものを、次の①〜⑤の中から一つ選びなさい。 16

① 自然をただ生活のために用いていたときは貨幣による評価基準など存在しなかったが、その基準が絶対的なものへと変化したことで、労働の力能は報酬という貨幣の量によって優劣がつくものになってしまった。

② 人間の手仕事や知恵によって自然が商品として一つ一つつくりあげられていたときとは異なり、大量に商品を生産するためのシステムが体系化されたことで、手労働による労働は価値が低くなってしまった。

③ 労働の力能とは本来、どのように使用すれば自然が価値をもつかをみいだめたうえで、その価値を実体化する技能であるのだが、自然を商品としてそれだけの価値をもつかをみきわめる技能にすぎないものへと変化してしまった。

④ 自分たちの暮らしと生を支えるために自然の力をどのように用ればよいかをみきわめ、加工していく技能を失い、自然に商品価値を与える技能、もしくは効率よく商品として生産す

る技術と労働の力能の意味が変わってしまった。

⑤ 自然から効率よく商品価値を生みだすものである技能、さらには優れた商品をつくりだすものである技術が重んじられるようになり、それ以外の労働は生産技術システムにおける手段にすぎないものとみなされるようになってしまった。

問4 傍線部C「"技術"」とあるが、「技術」に「"」がつけられている理由の説明として最も適当なものを、次の①〜⑤の中から一つ選びなさい。　**17**

① 人間と深く結びついていた手仕事などとは異なる、価値増殖のために体系化された生産技術である点を強調し、人間の主体性を喪失したものであるという含意を表現するため。

② 技術は商品としての価値をつくるという狭義の労働にすぎないことを強調するとともに、表記は同じでも、筆者の考える本当の意味の技術とは異なるという批判の意を含ませるため。

③ 商品価値の形成・増殖という本質を実体化するために不可欠なのが生産技術システムであり、それこそが労働に代わる実質的な主体なのだという事実を暗示し、重要性を表すため。

④ 自然と交流する日本の伝統的な労働のなかに、効率性を重視する西洋的な生産システムが取り入れられたことで、山村における旧来の技術体系が刷新されたことを強調するため。

⑤ 労働が自然と人間の交通における主体性を剝奪されるに至った経緯には、技術の変容という側面が大きく関わっているという事実に焦点を当て、技術に対する盲信に危惧を示すため。

問5 傍線部D「この狭義の労働の発生過程のなかで生じている、使用価値をつくる技能の陳腐化と喪失は何をもたらしたのであろうか」とあるが、これに関連して後の(1)・(2)に答えなさい。
　　　　　　　　　　　　　　　　　　　　　　　　　　　18,**19**,**20**

(1) 次の〈文章〉は、傍線部Dの「使用価値」に関連して、本文の出典の他の箇所から引用したものである。「広義の労働」における「使用価値」について書かれた〈文章〉の傍線部「対象化された自然のなかに未来の使用価値をみていた」の例として適当なものを、後の①〜⑤の中から二つ選びなさい。ただし、解答の順序は問わない。　**18**・**19**

〈文章〉

　自然はそのままでは役に立たないとしても、労働を加えれば何らかの使用価値をもった「もの」に変化する。石器、銅、土器、そして食物も含め、多くの「もの」が自然を加工するなかでつくられてきたはずである。自然を労働の対象とみなすとき、かつての人間たちは、その対象化された自然のなかに未来の使用価値をみていたのである。ここでは使用価値の生産を目的とした広義の労働の世界がまだ生きている。

① 山道を歩いていて湧き水を見つけたので、これで渇いたのどを潤そうと考える。

② 地元の食材を使ってお菓子を考案し、茶店の看板の品にしようと考える。

③ 植物の汁を傷に当てると痛みが引いたので、薬の成分として利用できると考える。

④ 味のよい果実を見つけて、発酵させることで果実酒をつくろうと考える。

⑤ 木を加工して農具をつくり、作物の収穫を増やして町で売ろうと考える。

⑵　傍線部Dの問いに対する筆者の考えとして最も適当なものを、次の①〜⑤の中から一つ選びなさい。 20

① 自然の作用を生活に利用する広義の労働の力を失うことで、山村の人々は貨幣経済のみに依拠した生活を営むことになり、それが立ち行かなくなったときに、生きるための手段や労働の場を失う危うさを抱えることになった。

② 商品価値の有無で自然を判断することになり、そこに価値がないと判断された側面は無視されるようになっていくため、狭義の労働に用いられる自然の再生産だけが意図され、偏った姿で守られていくようになった。

③ 貨幣経済に結びつく狭義の労働だけが重視されるようになり、それ以外の労働は価値がないものとみなされていったことで、貨幣は生むことはないものの必要とされる広義の仕事の担い手が山村などから消えてしまった。

④ 経済的利益を生みだすこのできない自然は意味のないものとみなし、商品を生みだす場や材料としてしか自然を認識できなくなったために、それ以外の自然はかえりみられず破壊の一途をたどるようになった。

⑤ 自然の恵みを活用する技能が無価値化されることで、それまで使用価値の源泉として広義の労働を介してみいだされていた自然は価値が失われて荒廃していき、自然を抽象的なイメージとしてしかとらえられなくなってしまった。

問6　次は本文の内容について5人の高校生が話し合うものである。本文の内容とは合致しない発言を、次の①〜⑤の中から一つ選びなさい。 21

① Aさん：「古代の"神々"は、自然の作用の具象化されたものとして登場している」とあるね。山の神、水の神など、日本には八百万の神がいるとよく言われるけど、人間に様々な恵みをもたらしてくれる自然の作用に神聖さをみいだしていたんだね。

② Bさん：古代の労働を広義の労働だから、金銭的な価値をもたらしてくれるかどうかという視点で自然をとらえていなかっただね。その頃は自然と人間の間に精神的な交通が成立していて、自然の作用をありがたく思う気持ちが強かったんだと思う。

③ Cさん：自然と人間の関係に商品経済が介入する過程で、自然を敬う気持ちが徐々に薄れていったのかな。村人にとって自然は効率的に商品を製造するための工場のような場所へと変わっていったんだね。

④ Dさん：自然を素晴らしいと思う気持ちは残っていると思うよ。普段都会で生活していて自然と触れ合う機会が少ないからこそ、緑の多いところに行くと気分がよくなるということだ。都市部の人の自然観に目を向けることも大切だと筆者も考えているね。

⑤ Eさん：都市部の人と村人の自然に対する感覚が近いものになってきているようだね。山村の人々にとっても労働によって日々の生活に役立つものというよりは、頭の中で思い描く曖昧なものへと変わってきているんだね。

③　次の文章を読んで、後の問い（問1～6）に答えなさい。

> 夏目金之助（後の夏目漱石）は、熊本にある第五高等学校（五高）で英語教師をしており、金之助の生まれには彼を慕う教え子たちが訪ねてきていた。後に物理学者となる寺田寅彦もその一人である。

　教師の生活から、そろそろ離れたいと金之助が望んでいるらしいことは、菅虎雄との話や、東京の正岡子規への手紙で知ることになり、さまざまなところから誘いもあった。

　鏡子の父、中根重一を通じて東京高等商業学校に招聘されるもの、五高への信義から断ったりとは、すでに触れたとおりである。

　そうした金之助の態度を、義理堅き男と感心した子規も、外務省にいる叔父、加藤恒忠に依頼するか、ら翻訳をしてはどうか、熊本が嫌なら仙台で教師の仕事を探してみてはどうか、などと誘ったが、だが、それらも皆断わってしまう。

　一方で、金之助が帝国図書館を新設する話があるようだが、周旋してくれないかと中根に手紙を書いた。中根は貴族院の伝を使って情報収集に動いてくれたが、[a 図書館の新設など夢のまた夢のような話といった]ようだった。

　もっとも金之助は、教師の仕事そのものが嫌になったわけではなかった。

　学生たちが上京し、帝国大学へ進んだ折、他の高校から来た学生に英語で遅れをとるのではと心配するのを聞いて、課外授業も積極的に引き受けた。

　正規の授業がはじまる前の早朝に、課外授業としてシェークスピアの講義をはじめた。

　「この課外授業は、君たちが受ける帝大の試験のための授業ではないことをわかっておいて欲しい。いいか、試験のための英語というものではないんだ。大切なのは、この『ハムレット』にしても、シェークスピアが物語を通して人間をどう描いているかを学ぶことだ。そこはしっかり理解しておかないと、本当の英語は身につきません」

　金之助は若い人に物事を教えることには熱心だった。ある時、五高の生徒たちよりもっと若い英語を初めて学ぼうという子供が教室の外に来た時も、金之助は授業が終わってから、手をかけて懇切丁寧に教えたりした。

　「どうしたのかね？　浮かない顔をして」

　金之助は、毎日のように家に来る寺田寅彦がいつになく沈んでいる様子が気になって声をかけた。

　寅彦は後に東京帝国大学に進学し、首席で卒業をしたほどの秀才だったが、かと言って勉強ひと筋のガリ勉タイプではなく、金之助が俳句を論じているのを見て、ぜひ教えて欲しいと申し出たのちに、牛頓（ニュートン）などの俳号を持ち、俳書まで出版する好奇心のかたまりだった。

　同級生に言わせると、寅彦の頭脳は人並み外れているらしく、試験のための暗記も予習、復習もろくにしなかった。授業だけで十分、と、すべて記憶し、また物理学教授の田丸卓郎と地球物理学の討論をするほどだった。

　「君らしくないじゃないか、妻が心配をしていましたよ」
　「……実は先日、教頭から呼びだされて叱られました」
　「ほう、どんなことでかね？」
　「俳句などというものを抜かさず、きちんと勉強をしろと。そうでないと帝国大学へ行ってもらっては
　けないぞ、と」

　話を聞いて、金之助は自分にも教頭の叱責に責任があるような気がした。

　実は、寅彦に俳句を教えると、すぐに俳句をする生徒が増え、一時（注1）運座までしていた。寅彦

は別として、学校側からすれば一般の学生が物学†碟かになると心配するのももっともだ。

「君と仲間の成績は下がったのかね？」

「ええ、むしろ皆やる気満々です。しかし先生、ひとつのりすを成し遂げるはばやはりそれだけを懸命にやるのが大切なのでしょうか？」

寅彦の真剣な顔を見て、漱石は静かに話しはじめた。

「私はそう思わないね。b寺田君、リリに座ってみたまえ」

ぐいくいと応えて寅彦は漱石の金之助の隣りにみたかけた。

「君の目指すところが(3)ちでずめ、あの(注2)築山のてっぺんだとしよう。なら誰から真っ直ぐリリからてっぺんにむかって歩くはずだ。でも私は、そんな登り方はつまらないと思うんだ」

「つまらないんですか？」

「ああ、ナタンコナスのするいだ」

そう言って金之助は笑った。

「c真っすぐ登るのはナタンコナスです」

五高にはまって以来の優等生の寺田寅彦は金之助の顔をじっと見て訊いた。見られている金之助もかて一高にはまって以来の秀才と呼ばれたことがあった。

「そうさ、つまらない。そういう登り方をした奴には、あの築山の上がらかに愉しい所が、生かにてもわからないだろうよ」

「ではどう登ればよいのでしょうか？」

「そりゃ、いろんな登り方でこうのさ。途中で足を滑らせて下まで落ちるのもよし。裏から登って皆を驚かせてやるのも面白そうじゃないか。寺田君、ボクは小中学校で六回も転校したんだ」

「どれもつまらなかったからですか？」

「いや、皆、それぞれ楽しい。いろんなリリを学ぶことができた……」

金之助は、本郷界隈から通った鎮華小学校や、一松学舎の長机を並べた量の表が破れた教室での授業を懐かしそうに思い出していた。

「いろんな寄り道がきて面白かったよ」

「寄り道ですか？」

「道草でもいいかな？」

「みちくさですか。先生がそんなふうにおっしゃったとは想像もしませんでした」

「いろんな道の端で、半べソを隠いたり、冷や汗を隠いたりしたんだ。d我楽多†か用無しと呼ばれたこともあった。その時はっと切なかったし、淋しい気持ちになったが、そんな私をちゃんと守ってくれたり、手を差しのべてくれる人がいてね。その人の温もりや優しさを知ったよ」

<u>B先生のみちくさは愉しそうですね</u>

寅彦が金之助をまぶしそうな顔で見つめ、(?)目をしばたたかせた。

「意外と、私は自分の来た道を認めたいのかもしれないね。e江戸っ子特有の強がりかもしれない」

「先生」寅彦が呼んだ。

「何だね？」

「ボクが少し力が勇いて来ました。みちくさをしてみたくなりました。物理学にも俳句にも寄りがあった方が良い気がします」

「そうかね。そりゃ楽しみだ。一高に米山保三郎†という親友がいてね。彼がこう言っていた。わかりきったリリをして何になる。あっちこっちしながら進む方がきっと道が拓けるよ、とね」

金之助は寅彦を見て静かにうなずいた。

(注) 1 連座——俳諧で、人々が集まり、定まった題で句を作り合う連句の会のこと。

2 築山——日本庭園につくられた山。

問1 傍線部（ア）〜（ウ）の語句の本文中における意味として最も適当なものを、次の各群の①〜⑤の中からそれぞれ一つずつ選びなさい。 22 ， 23 ， 24

（ア）周旋していてくれないか 22
① 壊れた関係を修復していてくれないか
② 間に立って仲をとりもっていてくれないか
③ 中心になってものごとを進めていてくれないか
④ うまくいくように計画をたてていてくれないか
⑤ 自分にその仕事を譲っていてくれないか

（イ）さしずめ 23
① とりあえず
② けっきょく
③ たとえるなら
④ おそらく
⑤ 指し示している

（ウ）目をしばたかせて 24
① じっと見つめて
② 涙をこらえて
③ 目を細めるようにして
④ 瞳を輝かせて
⑤ まばたきをくりかえして

問2 傍線部Ａ「自分にも教頭の叱責に責任があるような気がした」とあるが、なぜだと考えられるか。その理由の説明として最も適当なものを、次の①〜⑤の中から一つ選びなさい。 25

① 学業を優先すべき時期に俳句にのめり込み過ぎていては、大学への進学が危ぶまれるのは当然のことであり、自分が先に寅彦に忠告すべき立場であったと感じたから。

② 俳句への寅彦の情熱は自分の影響を受けたものであり、寅彦にとって悪いことだとは思わないが、教師としてみればおもしろくないと感じるのは当然だと納得したから。

③ 自分が寅彦に俳句の面白さを教えたために、夢中になり過ぎて学生としての本分を疎かにしているのを見過ごせば、教師として無責任であったと気づいたから。

④ 並外れて優秀な寅彦は俳句に時間を割いても数学の面での心配はないが、自分が俳句を教えたことで、寅彦が友人に悪影響を及ぼしていると誤解されることになったから。

⑤ 自分が寅彦に俳句へののめり込むきっかけを与えたことで、結果として寅彦は教頭に叱られることになり、教頭の心配も理解ができるだけに気がとがめたから。

問3 傍線部Ｂ「先生のみちくさは愉しそうですね」とあるが、寅彦がそのように言ったのはな

せだと考えられるか。その理由の説明として最も適当なものを、次の①～⑤の中から一つ選び
なさい。　26

① 効率よく歩むことが賢い生き方だと信じてきた貴彦について、遠回りや寄り道をいとわな
　いというか、楽しみや滋味を見出す姿勢に新鮮で驚きがあったが、尊敬する金之助の言葉だ
　けにまっすぐ素直に受け止められたから。
② 金之助が過去のつらかった話を打ち明けてくれたことを嬉しく思うとともに、落ち込んで
　いた自分に手を差しのべてくれているように感じ、まるで自分の今の状況が恩師の経験した
　過去の出来事と重なるようで、強い共感を覚えたから。
③ 尊敬する金之助でもうまくいかずに立ち止まったことや、苦労したこともあったのだと知
　り、嫌な人に出会っても少しの切なさや林しさを感じるだけで気持ちを切り替えられる師の
　明るさやたくましさを羨ましく思ったから。
④ 決まりきった生き方ではなく、誰も歩かない道を行くから人生面白いのだという金之助
　の教えを受け止め、六回も転校という多くの別れを繰り返して現在の成功をつかんでいる
　師の人生に賛辞を贈りたいと感じたから。
⑤ 教頭から叱られたことで自分の人生の歩み方に戸惑いを覚えていたが、失敗やまわり道を
　学びの機会とらえて、様々な出会いに感謝しながら生きる金之助の前向きな姿勢に目が開け、
　迷いが晴れていくように感じられたから。

問4　傍線部C「金之助は貴彦を見て静かにうなずいた」とあるが、この時の金之助の心情の説明
　として最も適当なものを、次の①～⑤の中から一つ選びなさい。　27

① 自身の生き方について図らずも生徒に話してしまった教師の気持ちを慮（おもんぱか）り、肯定的に
　受け止めてくれることをあえて強く示そうとする貴彦の態度に気恥ずかしさを感じている。
② 自身の考えが今後の貴彦の生き方によい影響を与えるであろうことを誇らしく思い、教師
　として充実した日々を送ることができたことを改めて実感し、その事実に酔いしれている。
③ 熱心に自分に師事する貴彦の将来を見ることなしに、教師としての役目を終えようとして
　いることがはたして本当に正しい選択だったのかという迷いが生じている。
④ 自分の言葉が悩んでいた貴彦の気持ちを前向きに動かしたことを喜ばしく思っつつ、貴彦
　が今後どのような人生を送っていくのかに期待を寄せている。
⑤ 将来に夢あふれる貴彦の姿に過去の自分の姿を重ね合わせ、貴彦の将来を楽しみにしつつ
　も、今の自分は貴彦のように道を切り拓いていけるだろうかと一抹の不安を覚えている。

問5　教師としての金之助はどのような人物であると考えられるか。その説明として最も適当なも
　のを、次の①～⑤の中から一つ選びなさい。　28

① 英語を教えるという仕事への情熱はそれほどではないが、生徒の悩みに敏感に気づき、
　自分の思い出したくない過去を振り返って話すこともいとわないほどに、親身になって力に
　なろうとする人物。
② 人生の先輩として生徒を導こうとする情熱があり、学問にしても人生にしても、効率よく

表面だけをとりつくろう姿勢をよしとせず、回り道をするなかで自分なりの経験を重ねていってほしいと願っている人物。

③　型にはまった考え方や旧弊な制度には否定的で、自由に人生を切り拓いていくことだと考え、生徒たちに学問以上に、自分の道を見失わないで生きる姿勢を大切にしてほしいと思っている人物。

④　多様な経験が人を成長させるのだという信念を持ち、学問に専念する生き方はつまらないと否定し、受験だけに主眼を置いた勉強を教えることに嫌気がさして教職を離れようとしている人物。

⑤　先が見える平坦な道を歩くことは面白みがなく、人とは違う生き方や、失敗を恐れずに物事を極める生き方こそ豊かなものだと考え、その過程でつらいことがあっても前向きに捉えようとする人物。

問6　二重傍線部 a〜e の内容や表現に関する説明として最も適当なものを、次の①〜⑤の中から一つ選びなさい。　[29]

①　a「図書館の新設など夢のような話だというにとどまった」は、実現不可能な帝国図書館の新設に心を躍わせている金之助の地に足を付けない考え方を、やんわりとたしなめようとする中根の心情が込められた表現である。

②　b「寺田君、ぶりに座ってみたまえ」は、金之助が寅彦の真剣な表情を見て、じっくりと話をしようと思った気持ちの表れであり、庭の築山を人生にたとえて語るために自分と目線を同じ位置にさせようとして寅彦を隣に誘導した言葉でもある。

③　c「真っすぐ登るのはオタンコナスですか?」は、金之助の言葉をチクリと返したように、 たずねる言葉であり、生徒を笑わせて元気づけようとした金之助の意図が寅彦の生真面目さの前で空回りし、額面通りに受け止められた様子を表している。

④　d「我楽多とか、用無し、と呼ばれたにともあった。」は、金之助が子供の頃に他人から受けた悪口雑言を表しているが、大人になった金之助が今でもその言葉を忘れられず頭の中で漢字に変換してその意味をかみしめている様子が表されている。

⑤　e「江戸っ子特有の強がりかもしれない」は、自分の歩いてきた人生に強い愛着と誇らしさを感じているものの、それを生徒である寅彦に語って聞かせてしまったことに照れ臭さを覚えた金之助が、謙遜して口にしただけの本音と異なる表現である。

◀B　日　程▶

（二科目 一二〇分）

1　次の問い（問1〜4）に答えなさい。

問1　ア〜エの傍線部のカタカナに相当する漢字と同じ漢字を含むものを、次の各群の①〜④の中からそれぞれ一つずつ選びなさい。　[1]、[2]、[3]、[4]

ア　多くの労働者をコキして古墳をつくる。　[1]
① 戦争が終わり軍隊をタイキする。
② 諸外国と盛んにコウエキする。
③ 病気に対するメンエキを獲得する。
④ 協力者にくふエキを与える。

イ　年る？嶽にコウくイれる。　[2]
① これはコウシン以来の出来事だ。
② コウキュウの昔から伝わる話。
③ コウショウな趣のある庭園。
④ コウテキとして戦いに臨む。

ウ　アコウな発言を議事録から削除する。　[3]
① あの人には何のオクギもない。
② 事態をオクソクで解決する。
③ オクダンな気候で住みやすい。
④ ここ数年、オクフふ不通だ。

エ　終始イッカンした主張。　[4]
① トンカンな工事でつくりあげる。
② 師弟の縁を切りカンドウする。
③ 目標達成まで努力することがカンヨウだ。
④ 少年時代を思い出しカンショウに浸る。

問2　ア・イの四字熟語の空欄 [5]、[6] に入る漢字を、次の各群の①〜④の中からそれぞれ一つずつ選びなさい。 [5]、[6]

ア　直情 [5] 行

① 径 ② 景 ③ 刑 ④ 敏

イ 　6　 床異夢

① 動 ② 道 ③ 同 ④ 堂

問3 ア〜ウの慣用表現・故事成語の空欄 　7　 〜 　9　 に入る漢字を、次の①〜⑨の中から
それぞれ一つずつ選びなさい。 　7　 、 　8　 、 　9　

ア 　7　 が転んでもおかしい年頃

イ 木に縁りて 　8　 を求む

ウ 人 　9　 に膾炙する

① 牛 ② 口 ③ 門 ④ 鞍 ⑤ 箸
⑥ 筆 ⑦ 魚 ⑧ 愚 ⑨ 眼

問4 ア〜ウに該当するものを、次の各群の①〜④の中からそれぞれ一つずつ選びなさい。
　10　 、 　11　 、 　12　

ア 有島武郎の作品 　10　
① 『和解』 ② 『お目出たき人』 ③ 『多情仏心』 ④ 『カインの末裔』

イ 灰谷健次郎の作品 　11　
① 『太陽の子』 ② 『二十四の瞳』 ③ 『ちびくろ象』
④ 『兎の眼』

ウ フランスの作家エミール・ゾラの影響を受けた、田山花袋、島崎藤村らを代表とする文芸
思潮 　12　
① 擬古典主義 ② 自然主義 ③ 新現実主義 ④ 実存主義

2　次の〈文章Ⅰ〉と〈文章Ⅱ〉を読んで、後の問い（**問１〜６**）に答えなさい。

〈文章Ⅰ〉

　自然主義に立つ哲学者は、哲学を科学と緊密に結びつけようとする。この世界は自然の世界であり、そこには自然を超えるものは何も含まれてはいない。人間も、したがって人間の心もまた、それを構成している部分にほかならない。だとすれば、哲学が人間を含むこの世界を理解しようとする試みである以上、どの側面についても科学の方法を用いるべきだろう。

〈文章Ⅱ〉

　合理論とは、大雑把にいえば、感覚器官にもとづく知覚経験よりも、純粋な思考能力である理性を知識くのガイドとして重んじる立場のことだ。プラトンに端を発しデカルトや〔注〕ライプニッツ自身をも合むこの伝統は、**Ａ・プリオリな**知識を与えてくれる数学や論理学を探究の理想的なモデルと見なしてきた。そうした分野では、この世界を注意深く観察することはなく、理性を行使することによって、確実で必然的な真理が獲得されるのである。ライプニッツのように生得説と合理論を結びつける立場――「合理論的生得説」と呼ぼう――では、そうした真理をつかむ人の心に生得的に備わった能力のひとつとして位置づけられることになる。いまに後年の『モナドジー』では、ライプニッツはプラトンと同じく全面的な形で合理論的生得説を唱えるに至っており、外部からのいっさいの寄与なしに、あらゆる知識が生得的な要素だけから理性の光に導かれて形成される、とまで主張している。

　現代では、数学や論理学はともかく、物理学や生物学などの自然科学は純粋な経験的なものだと考えられている。したがって、ライプニッツの主張するような全面的な生得説をそのままの形で受け入れる必要はない。とはいうものの、以下に示すように、実は合理論的生得説からも、自然主義者が取り組むに値する重要な課題を引き出すことができる。

　まず、人間の理性や言語を自然主義の枠内にどう位置づけるか。伝統的な合理論的生得説では理性を次のように捉える。それは、人間の独自性を示す　**ａ**　な生得的特徴、つまり人間本性を形づくる根本的な要素のひとつにほかならない。理性の発露は外的には言語の運用として表れるため、言語もまた人間を他の動物から決定的に区別する固有の能力と見てよい。そして、人間だけがこうした特徴をもっているのは、われわれの理性が神に由来するからだ、と。

　いうまでもなくこの種の方向は、二元論を拒否し、人間についての非例外主義に立つ自然主義者が進むべき道ではない。しかしそれでも、合理論に含まれているような、理性や言語が人間に普遍的に見られる際立った特徴である、という洞察そのものは、自然主義者も簡単に無視しようとするものではない。それゆえ自然主義は、この洞察を貴重なものとして認めたうえで、　**Ｘ**　――つまりそれらを自然化する――という課題を引き受けることになる。（もちろん、ロックなどの経験主義者が理性や言語を軽視していたというわけではないが、本書ではわかりやすさを優先し、「合理論の洞察」に類した表現を用いる。）

　次に、Ａ・プリオリな知識をどう理解すればよいか。この問いは認識論的な観点から見て重要であるだけでなく、人間の自己理解という伝統的な課題とも深く関わっている。あらゆる知識の起源を経験に求める経験主義では、人間が感覚器官を介して自然の世界と結びついていることから生じる現象として知識を捉える。したがって、この見方のもとでは、人間は徹底して世界と連続的な自然的存在である。ここには、経験主義的な知識と自然主義的な人間との　**ｂ**　をはっきり見てとることができる。とはいえるがその一方で、知識には数学や論理学で得られるようなＡ・プリオリと称される種類のものがあり、人間はそうした知識と経験とは独立に利用可能とにも見える。しかし、実験や観察を必要としない知識の存在は、人間の認識とこの世界とは切り離された側面があることを示唆するように思われる。だとすれ

ば、人間にはいわか自然的な存在としては捉えつくせない部分があるというほかならない――。

B これは自然主義にとって実に都合の悪い結論である。モリッツ・シュリックが知識について何らかの自然主義的な説明を与えるには、つまり自然化が必要となる。たとえば、経験主義を徹底し、そうした知識も本当は経験と結びついているいることを明らかにすること。いいかえれば、ア・プリオリな知識なるものは――便宜上そうした知識があるというほうまで話を進めてきたけれど――実際には存在していないことを示す、という課題に取り組まねばならないのだ。

そして以下に見るように、この課題はそもそも、自然主義そのものの妥当性に関わるという大きな課題にもつながっている。人間の知を総体として見ると、ア・プリオリな知識と経験的な知識は、それぞれ個の□c□な領域を形づくっている、と考えてみよう。いの場合、数学や論理学は、世界とのいっさいの（注）ア・ボステリオリな探究である物理学や生物学とは隔絶した営みだということになる。だとすると、そうした領域の研究者は、ノイラートの船に乗りこんでいないことになりそうだ。物理学者や生物学者は、洋上で船を作りたまい、いの世界の実際のありように照らした改訂を理論に加え続けねばならない。これに対し、数学者や論理学者は、かれらと違う安全な陸地にいて、ア・プリオリで確実な知識を生み出している――そう考えればよいのだろうか。

もし本当にそんな陸地があるなら、数学者や論理学者だけでなく、哲学者も船から降りて、そこから先は経験的な科学とは異なる哲学独自の道を進むことができるかもしれない。その道は「アプリオリズム」と呼ばれる。哲学には科学と不連続な部分があり、そこには経験とは独立に探究を進めるいとができる、というわけである。

しかし、いのような哲学観を受け入れることは、自然主義には限界があると認めることに等しい。哲学と科学はあくまで対等の身分をもつ連続的な営みである――ノイラートの船の比喩に託されたいの主張を維持するために、自然主義者は何とかしてアプリオリズムを斥けねばならない。

（〈文章Ⅰ〉〈文章Ⅱ〉はともに植原亮『自然主義入門　知識・道徳・人間本性をめぐる現代哲学ツアー』による）

（注） 1　シュリック――一八四六～一七六。ドイツの哲学者、数学者。
　　　 2　ア・ボステリオリ――「ア・プリオリ」の対義語。「経験に由来して」「研究を通じて」といった意味。

問1　傍線部A「ア・プリオリな知識」とあるが、次の〈表〉と〈文章Ⅲ〉は、本文の出典の他の箇所から「ア・プリオリな知識」についての説明を引用したものである。これを読んで、〈表〉中の空欄に入る内容として最も適当なものを、後の①～⑤の中から一つ選びなさい。　　13

〈表〉

ア・プリオリな知識の例
・ひとつの物が存在すると同時にその物が存在しない、ということはありえない
・長方形は円ではない
・2＋3＝5
・すべての立方体の辺の数は12である
・独身者は結婚していない
・どんな命題PとQについても「PまたはQである」から「□□□□□□□□」が成り立つ

〈文章Ⅲ〉

リリに挙げた知識には、経験に先立って正しさが保証されることを意味する「ア・プリオリ」という

うらく名が貼られる。ア・プリオリな知識は、この世界の何かを経験しなくても正当化が可能だという

う点で、経験と独立している。地球以外の星に生命が存在するかどうかは、探査機を他の星に送る

などして実際に調べてみなければならないので、経験と独立せず。リに対し、2＋3＝5が

正しいかどうかは、探査機による調査をおろか、いついらの経験によらずしわからないのもうに思わ

れる。

① 　P ならば、Q である

② 　P P でないのであれば、Q である

③ 　P P でないのであれば、Q でない

④ 　P P でないのであれば、Q は P である

⑤ 　P でも Q でもあるならば、Q である

問2　空欄 a 〜 c に入る語の組み合わせとして最も適当なものを、次の①〜⑤の中から一つ選び
なさい。 **14**

① 　a 一般的　　　b 正統性　　　c 能動的

② 　a 帰納的　　　b 対称性　　　c 演繹的

③ 　a 根源的　　　b 整合性　　　c 本能的

④ 　a 通時的　　　b 互換性　　　c 独立的

⑤ 　a 普遍的　　　b 親和性　　　c 自律的

問3　〈文章Ⅱ〉中の空欄 X に入る内容として最も適当なものを、次の①〜⑤の中から一つ選びな
さい。 **15**

① 　数学や論理学の知識からも経験的な要素を見出す

② 　理性や言語を自然主義の枠内にうまく収めてみせる

③ 　二元論や共同外主義をいったん主張の根本から外す

④ 　生得説と合理論を結びつけた考え方を乗り越えてい

⑤ 　人間・神・動物のいずれをも等しく見る立場を維持する

問4　傍線部 B 「これは自然主義者にとっては実に都合の悪い結論である」とあるが、なぜか。そ
の理由の説明として最も適当なものを、次の①〜⑤の中から一つ選びなさい。 **16**

① 　実験や観察を必要としない純粋な思考能力のみで獲得する知識の存在を認めれば、哲学と
科学を緊密に結びつけて世界を理解しようとする自然主義的思考とは切り離された、異なる世
界の存在を受け入れなければならなくなるから。

② 　経験に先立って正しさが保証される知識は元々自然主義とは相容れないので、人間の認識

と自然的世界とが切り離される側面があることが示唆されれば、哲学理論としての自然主義は劣位に置かれるから。

③　人間を自然的存在としては捉えつくせない側面があるならば、自然主義者が感覚器官に根づく知覚経験よりも理性を重んじる立場である以上、その側面に対して何らかの自然主義的な説明を与える必要が出てくるから。

④　あらゆる知識の起源を経験に求める経験主義の立場は自然主義を支えているが、経験とは独立に到達可能な知識が存在する以上、経験主義を部分的に放棄して新たな理論的根拠を設計しなければならなくなるから。

⑤　経験不要で獲得できる数学や論理学のような知識が存在することは、人間や人間の心が特別な存在ではなく、自然的世界を構成する部分にほかならないとする自然主義者の立場を根本から揺るがすものであるから。

問5　傍線部C「哲学者も船から降り」とあるが、これはどのようなことを比喩的に表現したものか。本文の出典の他の箇所から「ノイラートの船の比喩」についての説明を引用した次の〈文章IV〉も参考にし、その説明として最も適当なものを、後の①〜⑤の中から一つ選びなさい。

17

〈文章IV〉

哲学を科学と緊密に結びつけ、哲学においても科学の方法を用いようという自然主義のヴィジョンは、ノイラートの船の比喩によって最もよくイメージをあたえられる。(注)クワインは、オーストリアの哲学者オットー・ノイラートの名にちなむこの比喩をさまざまないろで語っているが、それをまとめるとおよそ次のようになる。

　哲学者も科学者も、大海を漂い続ける一隻の船に身を乗り合わせている。航海中、船に修理すべき箇所が出てきても、そのために立ち寄れる港はどこにもない。また別の船に乗り換えることもできない。乗員はなべてみな同じ船に乗り続けながら、洋上で改修を繰り返していくほかない。そうして哲学者と科学者は力を合わせて航海という事業を続けるのである。

(注) クワイン――一九〇八〜二〇〇〇。アメリカの哲学者。

①　哲学者が、自然主義の理論に修正すべき箇所があることを認識し、こうした哲学の再構築に注力すること。

②　哲学者が、物理学や生物学に近い立場から、数学や論理学を根拠として哲学を基礎づける立場に転じること。

③　哲学者が、哲学が依拠している科学との結びつきを放棄し、新たな哲学観で世界を理解しようとすること。

④　哲学者が、ア・ポステリオリな知識の存在に理論を脅かされることなく、安全な立場から哲学的考察を行うこと。

⑤　哲学者が、哲学と科学との間に連接していない部分があることを認め、根本的な部分から哲学的理論を修正すること。

問6　〈文章Ⅰ〉～〈文章Ⅳ〉の内容と合致するものを、次の①～⑤の中から一つ選びなさい。

18

① プラトンに端を発する合理論的生得説では、人はあらゆる知識を生まれながらに有しているると主張するが、それは非科学的で無根拠な考え方であるがゆえに、ⅰの立場に立つ人には自然主義の哲学と相反するものである。

② 自然主義に立つ哲学者は、ある時には物理学や生物学のような経験主義的な手法に、また別の機会には数学や論理学のような合理論的な手法に依拠しながら世界を認識する営みを続けていく必要がある。

③ 「フクロウは夜行性の動物である」という事実は、フクロウを実際に見たことがあるかどうかという経験によってもたらされるものなので、これはア・プリオリな知識に属するものであると言える。

④ 合理論的生得説は、自然主義とは基本的に両立しないものではあるが、哲学が抱えているいくつかの課題を明らかにする視座を与えてくれるという点で完全に否定すべき考え方であるとまでは言えない。

⑤ プラトンらに代表される伝統的な合理論的立場から見れば、理性とは神から与えられた重要な特権であり、人間は生得的に獲得した知識に応じてより高度な言語を運用することができると考えられる。

3　次の文章を読んで、後の問い（問1～6）に答えなさい。

> 民俗学を学ぶ大学院生である千佳は、指導教官である古屋を探し、大学近くの、樹齢六百年という桜の老木のある寺にやって来た。

またやわらかな風が吹き抜けて、滝のような枝がさわさわと揺れている。

境内がマンションやビルの間の a 窪地のような場所にあるために、風の通り道になっているのであろう。どこから来てもここには風が流れている。

「あの六百年の桜だって、いつなくなるかもしれん。諸行無常ってもんだね」

唐突な言葉に、千佳は b 相槌をうちかねて、生け花から向きを直している。

「なくなるって、どういうことですか?」

「切られるのさ」

c 返答は簡潔だ。

「寺のすぐ脇を通る小道を、拡張するって話が出ているんだ。山門と本堂は大丈夫だが、塀のそばにある桜の方はどうともならん」

思わず知らず、千佳は巨木に視線を戻している。その圧倒的な存在感ゆえにあまり意識することはないが、大木のそばには古びた築地塀があり、塀の外にはときおり車や自転車の行きかう小道がある。

「いくら歴史がある寺だと言ってみても、今は守ってくれるような大きな勢力もない。こちとら俺は墓に入ればそれでよいらしい。本堂の阿弥陀様をどこかに移すことができるが、あの桜だけはどうともならん。年寄りすぎて、移植も無理だという。B 盛者必衰の理をあらわす、というやつだ」

厳しい現実を語っているにもかかわらずその声に湿り気はなく、軽やかに乾いている。

蟬（注2）の声はなく、静けさがあり、本堂を吹き抜けていく春風のような涼しさもおぼえる。

やがて本堂の奥で（注3）徳利を持った古屋の姿が見えた。御本尊の前でまた軽く黙礼し、そのまますテンキを突きながら戻ってくる。

「まあ、仕方ないさ。桜が切られたからって、俺の心の中の仏様が切られるわけじゃない。老残の身で現世の事物としがみつくのは（7）気恥を上げるのは俺の性に合わんのだ」

からからと住職が笑っているうちに、戻ってきた古屋が盆の上に徳利を置いた。

しかしそのまま古屋は足を止めず、欄干を回って石畳の方く降りていく、桜を眺めに行くのであろう。

「心の中の仏様、ですか……」

古屋の背を見送りながら、千佳はその不思議な言葉を繰り返す。

「d どうだ、お嬢ちゃんの心の中にも仏様はいるかね」

「私ですか？」

e つかみどころのない質問に、千佳は首を傾けてしまう。

「あんまり考えたりはしませんけど、ただ仏様とか仏様を信じているかというと……」

「信じるかどうかじゃない。感じるかどうかだよ」

ふわりと春の陽だまりのようなのどかな言葉がこぼれた。

千佳は、住職の顔を見返す。

老住職は、徳利を取って中身を確かめるようにゆっくりと回しながら、

「感じるかどうかってのは、この国の神様の独特な在り方なんだ。例えばキリスト教やイスラム教やユダヤ教ってのは、みな信じるかどうかってのを第一に考える。もちろそうだ、神様自身が自分を信じなさいって教えているんだからね。しかしこの国の場合はそうじゃない。神様でも仏様でもというものもらうんだが、とにかく信じるかどうかは大きな問題じゃない。ただ、感じるかどうかなんだ」

トントンと、盃に酒を注ぐ軽やかな音が響く。

「もちろん仏教の中でも信じるが大事だって語られているである。けど、もともとは難しい理屈なんかない。大きな岩を見たらありがたいと思って手を合わせる。立派な木を見たら胸を打たれて頭を下げる。大きな滝を見たら、滝つぼに飛び込んで打たれるし、海に沈む美しい夕日を見て感動する。誰かが教えたわけでもない、みな、そうするんだと感じただけの話さ。それが、この国の人たちの、神様との付き合い方だ」

住職の不思議な説法を聞きながら、千佳は自然と境内の巨木に目を向ける。

うららかな日和の下で、大百年という遥かなら時間を越えてきた大木は、静かにたたずんでいる。いつでも異様な存在感を放つ古屋の存在さえ、巨木の前に立っているとなにか変哲もない背景に溶けてしまうようだ。

「けど、最近じゃ、神様を感じる人も減ってるんだよ」

やれやれ、と住職が息を吐き出した。

「感じることができない人は、あの立派な桜を切るうえなんで乱暴な料簡も当たり前に飛び出してくる。大きな木はありがたいから切っちゃいけねえって言っても伝わらないんだ。理屈じゃない、感性の問題なんだから」

本当だな、と住職頭を撫でる。

「神も仏もというのもそういうことなんだ。風が流れたときは阿弥陀様が通り過ぎたんだとか、小鳥が鳴いたときは、観音様の声をかけてくれたんだとか、そんな風に、目に見えないけど、理屈の通りなら不思議なことは世の中にたくさんあるんだって。そういう不思議を感じることができない、人間がちっぽけて無力な存在かということがわかってくるんだ。だから昔の日本人ってのは、謙虚で、我慢強くて、美しいと言われていたんだ」

初めて聞く話であった。

神仏の話をしんな風に語る言葉を、千佳は聞いたことがなかった。

仏教を広める立場にありながら、信じるのではなく感じることが大事だと言う。神も仏も同じだと言い、理屈の通らないことが山のようにあると言う。

痩せた老僧の説法は、淡々とした声の内側に色鮮やかな世界を持っていた。

「ｅそう言えばあなたもさっきお坊さんから話を聞いたのは初めてですね」

「俺の話は、あんまり真っ当な坊主の話とをないけどな」

軽快な口調でありながら、軽薄な調子とは無縁の声が届いた。

顧みれば、住職はゆうゆうと酒を飲んでいるばかりだ。

苦笑とともに視線を巨木に戻すと、古屋は樹下に⒟佇立したまま、頭上を見上げて微動だにしない。いつのまにか少し日が傾いて、ヒトの影が境内に落ちつつあるようだ。ｆ鑓地のような境内はまだ空が明るいうちから日が陰ってくるらしい。

その薄暗くなりかけた中でも、大樹の存在感はかわらない。ｇ明暗の壌を行きちがうようにゆったりと描かれている。

「美しいねえ……」

住職の古嫄びた声が、耳を打った。

（夏川草介『始まりの木』小学館による。本文中に一部改変したところがある。）

（注）　1　築地塀──上に屋根をのせてある土塀。

　　　　2　徳利を持った古屋──住職が飲んでいる酒が空になり、古屋は故事に補充しに行っている。

問1　傍線部（ア）〜（ウ）の語句の本文中における意味として最も適当なものを、次の各群の①〜⑤の中からそれぞれ一つずつ選びなさい。　19 、 20 、 21

（ア）諦観はなく　19
① 住職からいたわりは感じられず
② 住職に救けをもとめる様子はなく
③ 住職は心配されてはおらず
④ 住職の声に断念の色はなく
⑤ 住職の心残りは読み取れず

（イ）気焔を上げる　20
① 意気盛んな姿勢で申す
② 後先考えずに行動を起こす
③ 私欲を満たすために仏に祈る
④ 最後の力を振り絞り働く
⑤ 自分の信じるがままに振る舞う

（ウ）佇立したまま　21
① じっと考えこむ居姿のままま
② 身を預けた姿勢になったまま
③ しばらく立ち止まったままま
④ 悲しみのあまり動けなくなったままま
⑤ 感情を押し殺して苦悶したままま

問2 傍線部A「諸行無常ってもんだね」傍線部B「盛者必衰の理をあらわす、というわけだ」とあるが、Bの発言をした際の住職の心情の説明として最も適当なものを、次の①〜⑤の中から一つ選びなさい。　22

① 六百年という樹齢を重ねてきたために、圧倒的な存在感を誇る大木となってしまったために伐採されそうとしている桜の木の姿から、かつての平家の隆盛と滅亡という歴史を教えようとしている。

② 共に歴史を重ねてきた桜の木が伐採されるという計画を止める力もなければとどめる力の衰えた寺と、その責任者たる住職としての己のふがいなさを、仏教用語を用いて自虐的に表現しようとしている。

③ 六百年もの樹齢を誇る桜の木や歴史を重ねてきたこの地にある寺も、かつての勢いがいつまでも同じように続くわけではなく、世の中の移り変わりの前ではかない存在でしかないことを実感している。

④ 六百年もの長い間生きてきた結果が、皮肉にも移植を困難にしてしまったという桜の状況が、長生きをしたがゆえに状況を変える力を失ってしまった自分の姿と重なることを暗に伝えようとしている。

⑤ 桜の木が切られそうということ、寺にそれを止める力もないことにはどうしようもないことだということも、仏門にあるものとしての矜持を失っているわけではないことを、仏教用語を使うことで表明しようとしている。

問3 傍線部C「この国の人たちの、神様との付き合い方」とあるが、どういうことか。その説明として最も適当なものを、次の①〜⑤の中から一つ選びなさい。　23

① 宗教に携わる人間がそのように教えたわけではなくとも、神様や仏様の存在を感じられるような荘厳で美しい自然に感動し、自発的に守りたいと思えるということ。

② 神様や仏様という存在やその教えを、信仰の対象として認識するのではなく、身の回りの自然のなかに自ずから感じ取ること、ありがたく思うということ。

③ 大きな岩や立派な木、美しい夕日などから神様や仏様を感じることを大事にし、仏教の信心が大事であるという教えの部分はあまり重要視しないということ。

④ 誰かが教えたわけではないのに、神様や仏様は信じるものではなく感じるものだという仏教の教えの根幹にあるものを会得していて、それを実践しているということ。

⑤ 神様か仏様かという問題にとらわれることなく、そのような存在を感じたら手を合わせたり頭を下げたりして行動で表現することを欠かさないということ。

問4 傍線部D「理屈じゃない、感性の問題なんだから」とあるが、住職が言いたいのはどういうことか。その説明として最も適当なものを、次の①〜⑤の中から一つ選びなさい。　24

① 樹齢の長い立派な桜の木を切ることは、論理的な必然性によるものではなく、ただ道路の拡張にとって邪魔だという感情が理由でしかないということ。

② 寺とともに長らくあった桜の木を切られてしまうということは、いくら言葉を尽くされても納得

であるものではないので、気持ちに寄り添った説明をしてほしいというもの。

③ 神や仏を感じるから大きな木を切ってはいけないという感性を持ち出したというので、道路を拡張するという正当な道理を前にしては、説得力を持たないというもの。

④ 大きな木を切ってはいけないということは、理由を筋道立てて説明できるような話ではなく、神や仏を感じることができる存在を喪失することなのだというもの。

⑤ 強引にこじつけた理由で反対しているのではなく、この国の神様との付き合い方を考えたら木を切ってはいけないことは誰もが感じ取れるはずだというもの。

問5　傍線部E「こんなにちゃんとお坊さんから話を聞いたのは初めてです」とあるが、このときの千佳の様子の説明として最も適当なものを、次の①〜⑤の中から一つ選びなさい。　25

① 神も仏もそもそもどうでもいいものだと軽妙な口調で説く老僧の姿を見て、長く生きてきたものの懐の広さや豊かさを感じ、樹齢の長い桜の価値が理解されないまま切られてしまうことへの抵抗感を強めている。

② 神や仏はもしかしたら存在し、日本人は信仰を通じて目に見えない不思議を享受してきたという仏教の真理を、他の宗教と比較するという形で論理的に語る住職の説法を、真摯に聞き入れている。

③ 仏教にとって重要な存在である仏を他宗教の神と同じようなものと見なす住職の話を聞き、飲酒を楽しみながら語る姿のちぐはぐさを感じつつも、その説法が伝えようとしている豊かな世界観に感銘を受けている。

④ 神や仏の在り方、そこから不思議を感じて生きてきた日本人の在り方などの話を、桜の木を切られてしまうことへの怒りを内に秘めて語る住職の説法に、強い興味を抱きながら神妙な気持ちで聞き入れている。

⑤ 変わりゆく現状を淡々と受け入れつつ、よどみない口調で、自身の神仏との向き合い方を信念をもって語る住職の説法が新鮮なものに感じられ、心にしみるとともに住職への敬意を覚えている。

問6　二重傍線部 a〜g の内容や表現に関する説明として適当なものを次の(i)〜(iv)から一つ選び、その組み合わせとして正しいものを、後の①〜⑤の中から一つ選びなさい。　26

(i)　a「墓地のような場所」、f「墓地のような境内」と、寺が目立たない場所にあることを繰り返し表現することで、この寺がすっかり忘れられた存在であり、桜の木が切られることともやむをえないという印象を強めている。

(ii)　b「一拍置いてから」、c「返答は簡潔だ」と言葉が発せられるまでの時間について対比的な表現を続けることで、千佳の立場や、桜の老木が伐株されることに対する住職の無力感を浮き彫りにしている。

(iii)　d「どうだい、お嬢さんの心の中には仏はいるかな?」には、老住職としての威厳や高みもなく、知り合うであろう古屋の教え子に対する親しみをにじませた年長者としての鷹揚さが表れている。

(iv)　e「つかみどころのない質問に、千佳は首を傾げてしまう」には、指導教官である古屋

が不在の場で、仏教の教えの中心につながるような難問を投げかけられたことに対する千往の不安や戸惑いが表現されている。

(ⅳ)　g「明暗の翼をからすようにゆったりと揺れている」は、やがて切り倒されるという未来が控えているながらも、生と死の境界上でしなやかに枝を鳴らす椋の大樹の懸然とした存在感を暗喩している。

① ①　(ⅰ)と(ⅲ)
② ②　(ⅱ)と(ⅳ)
③ ③　(ⅲ)と(ⅴ)
④ ④　(ⅰ)と(ⅳ)
⑤ ⑤　(ⅱ)と(ⅴ)

解答編

英語

◀A 日 程▶

1 解答

1―③　2―④　3―③　4―①　5―③　6―①
7―②　8―②　9―④　10―④　11―④　12―①

解説　1.「実際，演者の冗談は趣味が悪いと思った」という内容。in poor taste で「悪趣味な」という意味。

2.「あいにく，私は困ったときに頼るべき人がわからなかった」という内容。turn to で「頼りにする」という意味。

3.「この機材を使っても構いませんが，あなたの責任においてです」という内容。at *one's* own risk は「自分の責任において」という意味。

4.「苦情を言った男性は，身元を隠すように望んだ」という内容。要求，提案，命令の意味を持つ動詞に続く名詞節内の動詞は原形か，should を入れなければならない。そして，ここでは his identity が意味上の主語なので，受動態の①が正解。

5.「ジムは，私たちが優勝するだろうと考えているピアニストだ」という内容。think に続く名詞節内の主語がないので，主格の関係代名詞である③が正解。

6.「助言」という意味の advice は不可算名詞であるので，正しくは s を取る。

7. suit は「～に合う」という意味で，全体の意味は「われわれの保護計画はその地域に合っているように思えた」なので，下線部②は能動態 suit にしなければならない。

8. 下線部②は on the whole で，「概して」という意味になる。

9. 店員がタブレットを見た結果，「バッテリーがダメになっている」と

いうことなので,「ダメになっている」が強調されると考えられ, ④が正解。

10. エイプリルが「それは問題ない」と答えていることから, 伝えるべき最も重要な情報は追加費用のことだと考えられるので, ④が正解。

11. アンジェラが「お昼ごはん, 私がおごるわ」と言い, トムは「ありがとう」と受け入れている。よって, それに続くものとしては, ④の「次は僕がおごるよ」が正解。

12. エイミーの「大変そう」という発言に対し, ダンは「それほどでもないよ」と言っているので, それに続くものとしては, ①の「君が考えているよりずっと簡単だよ」が適切。

2　解答

13—①　14—④　15—④　16—②　17—④　18—①
19—③　20—⑥　21—②　22—①

解説　13・14. (I) got pleasure out of helping (the people in the village.)「私は村の人々を助けることから喜びを得ている」 get pleasure out of *doing* で「〜することから喜びを得る」という意味。

15・16. (We should) do away with such a rule (as that.)「そのような規則を廃止するべきだ」 do away with 〜 で「〜を廃止する」という意味。

17・18. (There was) no one who did not (celebrate the team's victory.)「そのチームの勝利を祝わない人はいなかった」 二重否定の表現である。

19・20. (Amy thought) it better for her not (to quit her job.)「エイミーは仕事を辞めないほうがよいと思った」 it は形式目的語で, 真目的語は not to quit her job である。for her は to 不定詞の意味上の主語。

21・22. (It) was not until the weekend that (Kate called me.)「週末になってやっとケイトは電話をしてきてくれた」 It was not until 〜 that … で「〜になって初めて…」という表現である。

3　解答

23—②　24—③　25—④　26—②　27—①

解説　≪語学サマーキャンプの申し込み≫

23.　David Wilson answers Yuta's enquiry「デービッド＝ウィルソンがユウタの問い合わせに答える」の最終段最終文（If you apply …）に，「キャンプの始まる1カ月前に申し込めば，基本料金に10％の割引が受けられる」とある。表から，the intermediate camp「中級キャンプ」は8月6日に始まるので，1カ月前の②が正解。

24.　申込日が1カ月を切っているので，割引は受けられない。よって，基本料金は900ドルかかる。David Wilson answers Yuta's enquiry の最終段第2文（However, you could …）に，1人部屋は1泊50ドルとあり，これに3泊するので，150ドルかかる。さらに，サマーキャンプの説明の一番下，星印のところ（This year's special …）に，特別授業は80ドルとあるので，これらを合計すると，③が正解である。

25.　表の下にある3つ目の項目（You are required …）に，「コールドウェル校に来られない場合，オンラインで授業に参加できる」とあり，「その場合，学校の事務所に電話してくるように」とあるので，④が正解。

26.　意見ではなく「事実」を選ぶことに注意する。表にビジネスキャンプは18歳以上からとあり，ユウタが16歳であることは Yuta sends an enquiry to Gold Language School「ユウタがゴールド語学学校に問い合わせを送る」の第1文（Hi, I'm Yuta …）からわかるため，②の「ユウタは必要条件を満たしていないので，ビジネスキャンプに参加できない」は事実で，これが正解。

27.　事実ではなく「意見」を選ぶことに注意する。David Wilson answers Yuta's enquiry の第2段第1文（If you want …）に，「ディベートの技術を伸ばしたいなら，最もよい選択は上級キャンプに参加することだろう」という意見があるので，①が正解。

4　解答
28―②　29―③　30―④　31―⑥　32―①
33・34・35―①・⑤・⑥（順不同）

解説　≪教育のICT化と問題点≫

28.　空所の直前は，「教育のハードウェア，ソフトウェアに膨大な投資が行われてきた」とあるのに対して，空所の直後には，「ICTにおける人材は不足している」という内容が続くので，②の「それにもかかわらず」が

適切。

29. 空所を含む文の前文は「相互作用性を持つホワイトボードが，教師が受け身の生徒に向かって話す従来型の授業の中で使われている可能性がある」，空所を含む文は「これは生徒の手に（ICT の）ツールを渡すことが導く可能性を（　イ　）する」という意味。空所の前後で，教師主導と生徒主導という逆の授業スタイルについて述べているので，③の「無視する」が正解。

30. 下線部の前には，social networking sites はマイナス面もあるが，学校の中でブロックしていないケースがあるという記述がある。そして，「それらは教材を共有するプラットフォームとして使うことができる」と続くので，下線部は social networking sites を指しているとわかる。

31. (schools need to look not) only at <u>what</u> but also how they (teach.) not only ～ but also … は「～だけでなく…」という表現。前の文（The real value …）に，「デジタルツールの真価は，授業内容を生徒に伝える方法だけではなく，授業内の相互作用の状況をまるごと変える方法にもある」とあり，授業内容だけではなく方法が重視されていることがわかるので，not only at what but also how「何を教えるかだけではなくどのように教えるか」という語順がよい。

32. 第2段第4文（One expert, Gareth …）から，①の「彼は，新しい技術ツールは十分に活用されていないと考えている」が正解。

33～35. 第1段第3文（Traditional chalkboards have …）から，①の「ますます多くのデジタル技術が従来の教育ツールの代わりに使われている」は本文の内容に一致する。第3段第2文（For example, when …）より，⑤の「モバイル機器を使って授業の前後に学習する生徒は，授業内で効果的に学習することができる」は本文の内容に一致する。第3段第3文（Gareth Mills explains …）より，⑥の「ある専門家によるとデジタル技術は生徒が問題解決能力を伸ばすことを可能にする」は，本文の内容に一致する。

◀B 日 程▶

1 解答　1—①　2—④　3—③　4—②　5—④　6—②
　　　　　　7—③　8—③　9—③　10—①　11—①　12—①

解説　1．「ゲーリーは，息子が彼の農場を引き継ぐことを当たり前だと思っていた」という内容。take *A* as a given は「*A* を当たり前だと思う」という表現。

2．「その少女はきついトレーニングで，すぐにランニングシューズをすり減らした」という内容。wear out は「使い古す」という意味。

3．「エミリーは最後まで姿を現さなかったので，私は彼女の代役を務めなければならなかった」という内容。stand in は「代役を務める」という意味。

4．「キャシーは 5 分もしないうちに大量の食事を食べつくした」という内容。less than 〜 で「〜未満」という意味。

5．「ケンは寒さと雨の中，外で待たされた」という内容。leave *A doing* で「*A* を〜するままにしておく」という表現。本問はその受動態となっている。

6．take after 〜「〜に似ている」は状態動詞なので，進行形にしない。また，時制は過去。よって，②は took after としなければならない。

7．fail to *do* で「〜し損ねる」なので，③は fail to complete としなければならない。

8．第 2 文は過去に対する仮定であるので，仮定法過去完了を用いなければならない。よって，③は正しくは，had been となる。

9．リズはボランティアをしたいと申し出ているので，③が強調されなければならない。

10．やるべき仕事内容について説明している部分なので，動詞である①が強調される。③の cleaning は support の具体例。

11．母親が少年に，なぜ水浸しになったのか問うている。それに対して少年は「窓が開いていて雨が吹き込んできた」と答えているので，空所には①の「仕方なかったんだ」が入る。

12．エバがチェックインの時間までフロントで荷物を預かってほしいと依

頼している。空所の後でエバが「わかりました。…はいどうぞ」と何か作業をし，何かを手渡したことがわかるので，フロント係は荷物を預かるための手続きを頼んだと考える。よって，①の「この用紙に詳細をご記入いただけますか？」が適切。

2 **解答** 13—⑥ 14—② 15—④ 16—⑥ 17—② 18—③
19—③ 20—⑥ 21—① 22—⑤

解説 13・14. (How) can you tell genuine diamonds from (fake ones?) 「どうやって本物のダイヤモンドと偽物を見分けるのですか」 tell *A* from *B* で「*A* と *B* とを見分ける」という表現。

15・16. (It seemed like our holiday was) over in the blink of an eye. 「休日はあっという間に終わってしまったように思えた」 in the blink of an eye で「瞬時に，あっという間に」という意味。

17・18. You had better not make (the same mistake again.) 「同じ間違いをもうしないほうがよい」 had better を否定する際は，had better not という語順になることに気をつけたい。

19・20. (You should apologize) to John for not replying (to his letter.) 「手紙に返事をしていないことに関し，君はジョンに謝るべきだ」 apologize to *A* for *B* 「*B* に関し，*A* に謝る」 本問では *B* が動名詞の否定「～しないこと」なので，not *doing* の語順になっている。

21・22. (It is necessary) that I prepare for the worst. 「最悪の事態に備えておくことが必要だ」 prepare for the worst で「最悪の事態に備える」という表現。

3 **解答** 23—③ 24—① 25—① 26—② 27—③

解説 ≪スキー旅行の計画≫
23. エーベルホテルは，トビーのメール第1段最終文 (We do not …) でホテルとスキー場から距離が遠いのは嫌だと言っていることから，選ばない。スノーバレーホテルは，アイリスのメール第2段第2文 (However, it does …) およびトビーのメール第1段第3文 (We can't choose …) より，宿泊予定日に禁煙室が空いていないので，選ばない。スキーホリデ

ーホテルは，トビーのメール第1段第2文（The Ski Holiday …）より，費用が予算をオーバーしているので，選ばない。よって，③が正解。

24. 1つ目の表の下に，「このいずれかのホテルに泊まる宿泊客は，90ドルで1日有効なコンビネーションチケットを購入できる」とある。またトビーのメール最終段最終文（If we stay …）から，ブルーピークスホテルに宿泊する場合，スキーのレッスン代は無料であることがわかる。よって，①が正解。

25. トビーのメール最終段第4文（Jim and I …）から，トビーはスキーの装備を全部持っていくとわかる。よって，リフトパスだけの購入でよい。また，トビーのメール第1段第5文（We aren't going …）後半より，3日目の午前中はレッスンに費やすので，スキーを楽しむのは半日とわかる。よって，2つ目の表から，①が正解。

26. 意見ではなく「事実」を選ぶことに注意する。1つ目の表にエーベルホテルはスキー場まで送迎バスで30分とあり，事実として最も遠いことがわかるので，②が正解。

27. 事実ではなく「意見」を選ぶことに注意する。③の「コンビネーションチケットの購入はアイリスにとってはお買い得である」は，トビーのメール最終段第1文（As for skiing …）や第4文（Jim and I …）後半でトビーがアイリスに対して提案している意見なので，これが正解。

4 **解答** 28—① 29—② 30—③ 31—③ 32—③
33・34・35—①・②・⑥（順不同）

解説 ≪バイオテクノロジーの進歩≫

28. 第2段第4・5文（In 1992, an … eat cotton plants.）から，①の「害虫に対して抵抗力を持たせるために，綿の遺伝子を変化させることによって」が正解。

29. 空所の前文に「私たちはわからない」とあり，空所に続く箇所も「私たちにはわからない」とあるので，②の「同様に」が正解。

30. 最終段（Scientists are also …）では，船舶や工場からの油による海洋汚染，原子力施設における廃棄物などの話がなされているので，③の「危険な」が正解。

31. (In 1994, scientists in Australia invented a way of) removing the

wool from sheep without cutting <u>it</u> off.「1994 年に，オーストラリアの科学者は羊から羊毛を切らずに取り除く方法を発明した」 remove *A* from *B* で「*B* から *A* を取り除く」という意味。without *doing* は「〜することなしに」という意味。cut off *A*「*A* を切り取る」は *A* が代名詞の場合，cut *A* off の語順になる。

32. 最終段第 5 文〈In laboratories, scientists …〉から，③の「微生物は，海中に流出した油を分解するのに役立つ効果があることが発見された」が正解。

33〜35. 第 1 段第 2・3 文（People have used … beer, and wine.），同段最終文（Today, scientists who …）等から，①の「バイオテクノロジーは，人々が生活をよりよくするため自然を改善するのに役立ってきた長い歴史がある」が正解。第 1 段第 4 文（Biotechnology advanced very …）から，②の「科学者は 1950 年代における DNA の発見の後，バイオテクノロジーにおいて進歩した」は本文の内容と合っている。第 3 段第 7 文（We do not …）より，⑥の「遺伝子組み換え食品が人間にとってよいかどうか確かではない」は正解。

日本史

◀A 日 程▶

1 解答 ≪古代～現代の税制≫

1 —② 2 —④ 3 —③ 4 —① 5 —④ 6 —③ 7 —① 8 —⑤
9 —②

2 解答 ≪古代～中世の政治・文化≫

10—④ 11—① 12—② 13—③ 14—① 15—④ 16—② 17—②
18—③

3 解答 ≪近世の文学・俳諧≫

19—② 20—② 21—① 22—④ 23—③ 24—① 25—③ 26—②
27—④

4 解答 ≪近現代の日米関係≫

28—④ 29—① 30—③ 31—④ 32—② 33—② 34—③ 35—⑥
36—①

◀B　日　程▶

1 　解答　≪古代～近現代の対外関係≫

1 —④　　2 —⑤　　3 —①　　4 —③　　5 —②　　6 —③　　7 —①　　8 —④
9 —②

2 　解答　≪古代～中世の絵画・彫刻≫

10—②　11—①　12—④　13—②　14—②　15—①　16—④　17—②
18—①

3 　解答　≪近世の都市≫

19—④　20—①　21—③　22—②　23—①　24—③　25—④　26—②
27—①

4 　解答　≪近現代の地方支配≫

28—④　29—⑥　30—③　31—①　32—③　33—②　34—④　35—①
36—①

世界史

◀A　日　程▶

1　解答　≪古代中国史≫

1 —② 　2 —① 　3 —③ 　4 —① 　5 —② 　6 —① 　7 —③ 　8 —④
9 —④ 　10—③

2　解答　≪教皇権の歴史≫

11—③ 　12—① 　13—② 　14—④ 　15—① 　16—② 　17—④ 　18—①
19—② 　20—③

3　解答　≪覇権国家の世界史≫

21—④ 　22—③ 　23—② 　24—③ 　25—① 　26—⑥ 　27—③ 　28—②
29—④ 　30—①

4　解答　≪ベトナム史≫

31—① 　32—④ 　33—③ 　34—④ 　35—④ 　36—② 　37—② 　38—③
39—① 　40—②

◀B 日 程▶

1 解答 ≪6世紀の世界≫

1 —④ 2 —③ 3 —① 4 —② 5 —③ 6 —④ 7 —④ 8 —①
9 —① 10—②

2 解答 ≪神聖ローマ帝国史≫

11—③ 12—④ 13—① 14—② 15—④ 16—② 17—① 18—①
19—② 20—③

3 解答 ≪博物館・美術館≫

21—① 22—① 23—② 24—③ 25—④ 26—② 27—④ 28—②
29—③ 30—③

4 解答 ≪近現代中国史≫

31—② 32—④ 33—③ 34—③ 35—① 36—② 37—③ 38—④
39—② 40—①

■ 数学 ■

◀A　日　程▶

$\boxed{1}$ **解答**　問1．ア─⑤　問2．(1)イ─③　(2)ウ─②
　　　　　　問3．エ─②　オ─⑧　問4．カ─①　キ─⑦

問5．ク─③

解説　《小問5問》

問1．$\dfrac{x}{3} < 2(x-5)$ を解いて

　　　$x > 6$　……①

$2(x-5) < 11-|x|$ は，$x < 0$ のとき，①と共通範囲はないので，$x \geq 0$ と
してこの不等式を解く。

　　　$2(x-5) < 11-x$

　　　$x < 7$　……②

①，②の共通範囲を求めて

　　　$6 < x < 7$　（→ア）

問2．(1)　$a^2 \neq 1$ は $a \neq \pm 1$，$a^2 \neq 2a-1$ は $a \neq 1$ であり，命題「$a^2 \neq 2a-1$
$\Longrightarrow a^2 \neq 1$」は偽（反例：$a = -1$）。

命題「$a^2 \neq 1 \Longrightarrow a^2 \neq 2a-1$」は真であるから，十分条件であるが必要条
件ではない。　（→イ）

(2)　$\sqrt{(1-a)^2} = a-1$ より　　$|1-a| = a-1$

$1-a \geq 0$ すなわち $a \leq 1$ のとき

　　　$1-a = a-1$　　$a = 1$

これは，$a \leq 1$ を満たす。

$1-a < 0$ すなわち $1 < a$ のとき

$|1-a| = a-1$ は常に成り立つ。

よって　　$a \geq 1$

命題「$a>1\Longrightarrow a\geqq1$」は真，命題「$a\geqq1\Longrightarrow a>1$」は偽（反例：$a=1$）であるから，必要条件であるが十分条件ではない。（→ウ）

問3．$3\sin^2\theta=8\cos\theta$

$$3(1-\cos^2\theta)=8\cos\theta$$
$$3\cos^2\theta+8\cos\theta-3=0$$
$$(\cos\theta+3)(3\cos\theta-1)=0$$
$$\cos\theta=-3,\ \frac{1}{3}$$

$0°<\theta<180°$ のとき，$-1<\cos\theta<1$ であるから

$$\cos\theta=\frac{1}{3}\quad(→エ)$$

$$\sin\theta\times\tan\theta=\frac{\sin^2\theta}{\cos\theta}=\frac{1-\cos^2\theta}{\cos\theta}$$
$$=\frac{1}{\cos\theta}-\cos\theta$$
$$=3-\frac{1}{3}=\frac{8}{3}\quad(→オ)$$

問4．$A=\{6\times1,\ 6\times2,\ \cdots,\ 6\times16\}$

$B=\{9\times1,\ 9\times2,\ \cdots,\ 9\times11\}$

$A\cap B=\{18\times1,\ 18\times2,\ \cdots,\ 18\times5\}$

よって

$$n(A\cap B)=5\quad(→カ)$$
$$n(A\cup B)=n(A)+n(B)-n(A\cap B)$$
$$=16+11-5=22$$
$$n(\overline{A}\cap\overline{B})=n(\overline{A\cup B})=n(U)-n(A\cup B)$$
$$=100-22=78\quad(→キ)$$

問5．$Z=0.5$ を下回るデータはないので，①は不適。

$Z=1.0$ を超えるデータが12個あるので，②は不適。

Z の最大値は，ほぼ $\frac{13}{5}=2.6$ であるから，④は不適。

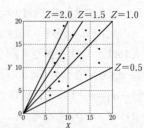

よって，最も適切なものは③である。（→ク）

2 **解答**　(1)アイウ. 105　エオカ. 525
　　　　　(2)(i)キ. 7　クケ. 18　(ii)コ. 2　サ. 9　シ. 1
ス. 4

解説　≪場合の数，確率≫

(1)　赤玉 2 個，青玉 1 個，白玉 4 個の同じものを含む順列で

$$\frac{7!}{2!1!4!}=\frac{7\cdot6\cdot5}{2\cdot1\cdot1}=105\text{ 通り}\quad(\to\text{ア}\sim\text{ウ})$$

赤玉 2 個，白玉 4 個の並べ方は $\dfrac{6!}{2!4!}$ 通り，そのおのおのについて，この

6 個の間と両端の 7 カ所から 3 カ所選び青玉を並べる方法は，$_7C_3$ 通り。
よって，求める並べ方は

$$\frac{6!}{2!4!}\times{_7C_3}=\frac{6\cdot5}{2\cdot1}\times\frac{7\cdot6\cdot5}{3\cdot2\cdot1}=525\text{ 通り}\quad(\to\text{エ}\sim\text{カ})$$

(2)(i)　袋 A から赤玉を 1 個だけ取り出す確率だから

$$\frac{{_2C_1}\times{_7C_1}}{_9C_2}=\frac{2\times7}{36}=\frac{7}{18}\quad(\to\text{キ}\sim\text{ケ})$$

(ii)　［Ⅰ］で赤玉を 1 個だけ取り出し，［Ⅱ］で赤玉を取り出す確率は，(1)より

$$\frac{7}{18}\times\frac{1}{7}=\frac{1}{18}$$

［Ⅰ］で赤玉を取り出さず，［Ⅱ］で赤玉を取り出す確率は

$$\frac{_7C_2}{_9C_2}\times\frac{2}{7}=\frac{7\cdot6}{9\cdot8}\times\frac{2}{7}=\frac{1}{6}$$

［Ⅰ］で赤玉を 2 個取り出すと，［Ⅱ］で赤玉を取り出すことができない。
よって，求める確率は

$$\frac{1}{18}+\frac{1}{6}=\frac{2}{9}\quad(\to\text{コ，サ})$$

また，求める条件付き確率は

$$\frac{1}{18}\div\frac{2}{9}=\frac{1}{4}\quad(\to\text{シ，ス})$$

3 解答

(1)ア. 7　イ. 3　ウ. 3
(2)エオ. 10　カ. 3　キク. 25　ケ. 3　コ. 6
サ. 2　シ. 3
(3)スセソ. 120　タチツ. 129　テト. 20　ナ. 3　ニヌ. 40

解説　≪図形と計量≫

(1) 余弦定理より

$$BC^2=5^2+8^2-2\cdot5\cdot8\cdot\cos60°=49$$

BC>0 より　　BC=7

AP は外接円の半径だから，正弦定理より

$$\frac{BC}{\sin\angle BAC}=2\times AP$$

$$AP=\frac{1}{2}\times7\times\frac{2}{\sqrt{3}}=\frac{7\sqrt{3}}{3}\quad(→ア~ウ)$$

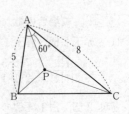

(2) 直線 BD は ∠ABC の二等分線であるから

$$AD:DC=BA:BC=5:7$$

よって

$$AD=\frac{5}{5+7}AC=\frac{10}{3}\quad(→エ~カ)$$

$$\triangle ABD=\frac{1}{2}\cdot5\cdot\frac{10}{3}\cdot\sin60°$$

$$=\frac{25\sqrt{3}}{6}\quad(→キ~コ)$$

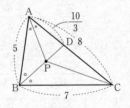

直線 AP は ∠BAC の二等分線だから

$$\angle BAP=\angle DAP=30°$$

よって

$$\triangle ABD=\triangle ABP+\triangle APD$$

$$=\frac{1}{2}\cdot5\cdot AP\cdot\sin30°+\frac{1}{2}\cdot AP\cdot AD\cdot\sin30°$$

$$=\frac{5}{4}AP+\frac{5}{6}AP=\frac{25}{12}AP$$

したがって

$$\frac{25\sqrt{3}}{6}=\frac{25}{12}AP\qquad AP=2\sqrt{3}\quad(→サ，シ)$$

(3)　∠CAR＝60° より

　　　　∠BAR＝∠BAC＋∠CAR＝60°＋60°

　　　　　　　　＝120°　（→ス〜ソ）

また，∠PAQ＝60° で，AP＝AQ より，△APQ
は正三角形である。

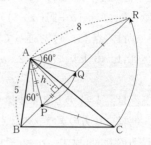

　　　　AP＋BP＋CP＝PQ＋BP＋QR

　　　　　　　　　　　＝BP＋PQ＋QR

　　　　　　　　　　　≧BR

よって，線分 BR の長さが最小値となる。

AR＝AC＝8 であるから，△ABR において余弦定理より

　　　BR^2＝5^2＋8^2－2・5・8・cos120°＝129

BR＞0 より　　　BR＝$\sqrt{129}$　（→タ〜ツ）

点 A と直線 BR の距離を h とすると

$$\triangle ABR＝\frac{1}{2}\cdot BR\cdot h＝\frac{1}{2}\cdot AB\cdot AR\cdot\sin 120°$$

$$\frac{1}{2}\cdot\sqrt{129}\cdot h＝\frac{1}{2}\cdot 5\cdot 8\cdot\frac{\sqrt{3}}{2}$$

$$h＝\frac{20\sqrt{3}}{\sqrt{129}}\quad（→テ〜ナ）$$

また，h は正三角形 APQ の高さでもあるから

$$AP＝\frac{2}{\sqrt{3}}h＝\frac{40}{\sqrt{129}}＝\frac{40\sqrt{129}}{129}\quad（→ニ〜ヌ）$$

$\boxed{4}$　$\boxed{\text{解答}}$　(1)ア．4　イ・ウ—④・⑥

　　　　　　(2)(i)エ．4　オカ．12　キ．2　クケ．－2　コ．6
サ．2　シス．－1　セ．3　(ii)ソ—②　タ．6　チ．7

$\boxed{\text{解 説}}$　≪2次関数≫

(1)　$f(1)＝1^2－a＋a＋3＝4$　（→ア）

　　　$f(x)＝\left(x－\dfrac{a}{2}\right)^2－\dfrac{a^2}{4}＋a＋3$　……Ⓐ

$y＝f(x)$ のグラフの頂点は，$\left(\dfrac{a}{2},\ －\dfrac{a^2}{4}＋a＋3\right)$ である。

$f(x)=0$ の判別式を D とすると

$$D=(-a)^2-4\cdot1\cdot(a+3)=a^2-4a-12$$
$$=(a+2)(a-6) \quad\cdots\cdots ⑧$$

①は，点 $(1,4)$ を通っていないグラフがあるので不適。

②は，⑧より，$a=-2$，$a=6$ のときであるが，a は正の数であるから不適。

③は，$x=1$ のとき y 座標が負の値になっているので不適。

④は，一方のグラフの頂点が $(1,4)$ より，$a=2$。他方は x 軸に接しているので，⑧より，$a=6$ で点 $(3,0)$ で接するので適している。

⑤は，$y=f(x)$ のグラフはいずれも $y=x^2$ のグラフを平行移動したものであるから，異なる 2 点で交わることがないので不適。

⑥は，ともに軸が $x>1$ の部分にあるので，$a>2$ となる。また，x 軸との共有点が一方はなく，他方が異なる 2 点で交わっているので，⑧より，例えば $a=3$，$a=7$ があり得る。

したがって，実際にあり得るものは，④と⑥である。（→イ，ウ）

(2)(i) 解の公式より

$$x=\frac{a\pm\sqrt{a^2-4a-12}}{2} \quad(\text{→エ～キ})$$

$a^2-4a-12\geqq0$ を解くと

$$(a+2)(a-6)\geqq0$$
$$a\leqq-2,\ 6\leqq a \quad(\text{→ク～コ})$$

グラフの軸は，⑧より，直線 $x=\dfrac{a}{2}$ だから （→サ）

$$\frac{a}{2}\leqq-1,\ 3\leqq\frac{a}{2}$$

軸は $x\leqq-1$，$3\leqq x$ の部分にある。（→シ～セ）

(ii) $f(2)=7-a$，$f(4)=19-3a$ である。

[1] $a\leqq-2$ のとき

軸は $x\leqq-1$ の範囲にあり，$f(2)=7-a>0$ であるから，$2<x<4$ の範囲に解はない。

[2] $6\leqq a<8$ のとき

軸は $3\leqq x<4$ の範囲にあるから，$f(2)>0$ または $f(4)>0$ となればよい。

$7-a>0$　または　$19-3a>0$

$a<7$　または　$a<\dfrac{19}{3}$

$6\leqq a<8$ より　　　$6\leqq a<7$

[3]　$8\leqq a$ のとき

軸は $x\geqq 4$ の範囲にあり，$f(2)=7-a<0$ であるから，$2<x<4$ の範囲に解はない。

[1]〜[3]より

　　　$6\leqq a<7$

したがって，答えは，不等式 $p\leqq a<q$ で表され，$p=6$，$q=7$ である。

（→ソ〜チ）

◀B　日　程▶

1 **解答**

問1．ア―②　問2．イ―③　ウ―⑦
問3．エ―④　オ―⑤　問4．カ―⑤
問5．キ―②　ク―①

解説 ≪小問5問≫

問1．$\sqrt{a^2}+\sqrt{a^2+2a+1}=\sqrt{a^2}+\sqrt{(a+1)^2}=|a|+|a+1|$

$a=3-2\sqrt{3}=\sqrt{9}-\sqrt{12}<0$, $a+1=4-2\sqrt{3}=\sqrt{16}-\sqrt{12}>0$ より

$$\sqrt{a^2}+\sqrt{a^2+2a+1}=-(3-2\sqrt{3})+(4-2\sqrt{3})$$
$$=1 \quad (\to\mathcal{F})$$

問2．$f(x)=-(x-3)^2+9+c$

$1\leqq x\leqq 4$ より，$x=3$ で最大値 $9+c$，$x=1$ で最小値 $5+c$ をとる。

条件より

$$5+c=2 \qquad c=-3 \quad (\to\mathcal{イ})$$

このときの最大値は

$$9+c=6 \quad (\to\mathcal{ウ})$$

問3．[1]　一の位が0のとき

他の位は，残りの5個の数字から2個の数字を並べる順列で，${}_5P_2$ 通り。

[2]　一の位が2または4のとき

百の位は，0と一の位の数を除いた4通り，十の位は，残りの数の4通り。

[1]，[2]より，求める場合の数は

$${}_5P_2+2\times4\times4=20+32=52 \text{ 個} \quad (\to\mathcal{エ})$$

$1\square\square$，$2\square\square$ の形のものは，${}_5P_2$ 個ずつある。

$30\square$，$31\square$，$32\square$ の形のものは，4個ずつある。

$32\square$ の形の次に，340，341，342，345 の4個ある。

よって，求める順番は

$$2\times{}_5P_2+3\times4+4=56 \text{ 番目} \quad (\to\mathcal{オ})$$

問4．△ABC において，チェバの定理より

$$\frac{AD}{DB}\cdot\frac{BQ}{QC}\cdot\frac{CE}{EA}=1$$

$$\frac{2}{1} \cdot \frac{\text{BQ}}{\text{QC}} \cdot \frac{2}{3} = 1$$

$$\frac{\text{BQ}}{\text{QC}} = \frac{3}{4}$$

△ABQ と直線 DC において，メネラウスの定理より

$$\frac{\text{AP}}{\text{PQ}} \cdot \frac{\text{QC}}{\text{CB}} \cdot \frac{\text{BD}}{\text{DA}} = 1$$

$$\frac{\text{AP}}{\text{PQ}} \cdot \frac{4}{7} \cdot \frac{1}{2} = 1$$

$$\frac{\text{AP}}{\text{PQ}} = \frac{7}{2} \quad (\rightarrow \text{カ})$$

問 5．相関係数は

$$\frac{11.4}{\sqrt{20.0} \times \sqrt{15.0}} = \frac{11.4}{10\sqrt{3}} = 0.38\sqrt{3}$$

$$= 0.6574 \fallingdotseq 0.65 \quad (\rightarrow \text{キ})$$

②は，y の分散が x の分散より大きいので，不適。

③は，x の平均値が 10 を超えているので，不適。

④は，強い正の相関があるので，不適。

よって，最も適切なものは①である。　（→ク）

2 解答 〔1〕(1)アー① (2)イー① 〔2〕(1)ウー③ (2)エー⑦ (3)オー②

解説 ≪命題と集合≫

〔1〕(1)　条件 p の否定 $\bar{p}$ は「x, y ともに有理数である」である。　（→ア）

(2)　条件 q の否定 $\bar{q}$ は「$x+y$, $x-y$ はともに有理数である」である。

よって，$\bar{p}$ と $\bar{q}$ は同値であるから，p と q も同値である。

したがって，p は q であるための必要十分条件である。　（→イ）

〔2〕(1)　$f(x) > g(x)$ より

$$4x^2 - ax + 1 > 0 \quad \cdots\cdots ①$$

$4x^2 - ax + 1 = 0$ の判別式を D とすると

$$D = (-a)^2 - 4 \cdot 4 \cdot 1 = a^2 - 16$$

$$= (a+4)(a-4)$$

①がすべての実数について成り立つ条件は，x^2 の項の係数が正であるから，$D<0$ である。

$$(a+4)(a-4)<0 \quad -4<a<4$$

よって　　$|a|<4$　（→ウ）

(2)　$f(x)<g(x)$ より

$$4x^2-ax+1<0$$

これを満たす実数 x が存在するための条件は，x^2 の項の係数が正であるから，$D>0$ である。

$$(a+4)(a-4)>0 \quad a<-4,\ 4<a$$

よって　　$|a|>4$　（→エ）

(3)　すべての実数 s について，$f(s)\geqq1$ であるから，すべての実数 t について，$g(t)<1$ となればよい。

$$t^2-at+1>0 \quad \cdots\cdots②$$

$t^2-at+1=0$ の判別式を D' とすると

$$D'=(-a)^2-4\cdot1\cdot1=a^2-4$$
$$=(a+2)(a-2)$$

②がすべての実数 t について成り立つ条件は，$D'<0$ である。

$$(a+2)(a-2)<0 \quad -2<a<2$$

よって　　$|a|<2$　（→オ）

$\boxed{3}$　**解答**　(1)アイ. 16　ウエ. 45
　　　　　　(2)オカ. 16　キク. 45　ケ. 2　コ. 5

(3)サ—③　シ. 9　スセ. 17

(4)ソタ. 10　チツ. 17

[解説]　≪確　率≫

(1)　箱 A の中の 10 本のくじのうち 2 本が当たりくじだから，2 本のくじを引くとき，1 本だけ当たりくじを引く確率は

$$\frac{{}_2C_1\times{}_8C_1}{{}_{10}C_2}=\frac{2\cdot8}{\dfrac{10\cdot9}{2\cdot1}}=\frac{16}{45}\quad(\to\text{ア}\sim\text{エ})$$

(2)　$X\cap Y$ は，箱 A を選び，引いたくじのうち 1 本だけが当たるという事象だから，(1)より，求める確率は

$$P(X \cap Y) = \frac{16}{45}p \quad (\to \text{オ} \sim \text{ク})$$

$\overline{X} \cap Y$ は，箱 B を選び，引いたくじのうち 1 本だけが当たるという事象だから，求める確率は

$$P(\overline{X} \cap Y) = (1-p) \times \frac{{}_4C_1 \times {}_{12}C_1}{{}_{16}C_2}$$

$$= (1-p) \times \frac{4 \times 12}{\dfrac{16 \cdot 15}{2 \cdot 1}}$$

$$= \frac{2}{5}(1-p) \quad (\to \text{ケ}, \text{コ})$$

(3)　引いたくじのうち 1 本だけが当たりくじであるときに，そのくじが箱 A のものである条件付き確率は，$\dfrac{P(X \cap Y)}{P(Y)}$ である。（→サ）

$$\frac{P(X \cap Y)}{P(Y)} = \frac{P(\overline{X} \cap Y)}{P(Y)} \quad \text{より}$$

$$P(X \cap Y) = P(\overline{X} \cap Y)$$

$$\frac{16}{45}p = \frac{2}{5}(1-p)$$

$$p = \frac{9}{17} \quad (\to \text{シ} \sim \text{セ})$$

(4)　箱 A を選び，引いたくじが 2 本ともはずれである確率は

$$p \times \frac{{}_8C_2}{{}_{10}C_2} = \frac{28}{45}p$$

箱 B を選び，引いたくじが 2 本ともはずれである確率は

$$(1-p) \times \frac{{}_{12}C_2}{{}_{16}C_2} = \frac{11}{20}(1-p)$$

したがって，求める確率は

$$\frac{28}{45}p + \frac{11}{20}(1-p) = \frac{13}{180}p + \frac{11}{20}$$

$$= \frac{13}{180} \cdot \frac{9}{17} + \frac{11}{20}$$

$$= \frac{10}{17} \quad (\to \text{ソ} \sim \text{ツ})$$

[4] **解答**　(1)アイウエ. 9659
　　　　　　(2)オ—④　カ—①　キ—⑧　ク—⑦　ケ—③
(3)コ. 6　サ. 5　シ. 2　ス. 5　セ. 5

[解説] ≪図形と計量≫

(1)　　$\sin75°=\cos15°=0.9659$　（→ア～エ）

(2)　△ABD は，∠B=60° の直角三角形であるか
ら，BD=1 より

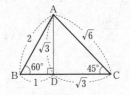

　　　AB=2，AD=$\sqrt{3}$

△ACD は，∠C=45° の直角二等辺三角形である
から，AD=$\sqrt{3}$ より

　　CD=$\sqrt{3}$，AC=$\sqrt{6}$

よって　　BC=$1+\sqrt{3}$

△ABC において，正弦定理より

$$\frac{BC}{\sin75°}=\frac{AB}{\sin45°}$$

$$\frac{\sqrt{3}+1}{\sin75°}=\frac{2}{\sin45°}　（→オ，カ）$$

$$\sin75°=(\sqrt{3}+1)\times\frac{\sqrt{2}}{2}\times\frac{1}{2}$$

$$=\frac{\sqrt{6}+\sqrt{2}}{4}　（→キ）$$

$$S=\frac{1}{2}\times BC\times AD=\frac{1}{2}\times(\sqrt{3}+1)\times\sqrt{3}$$

$$=\frac{3+\sqrt{3}}{2}　（→ク）$$

また

$$S=\frac{1}{2}\times AB\times AC\times\sin75°$$

$$=\frac{1}{2}\times2\times\sqrt{6}\sin75°$$

$$=\sqrt{6}\sin75°　（→ケ）$$

よって

$$\frac{3+\sqrt{3}}{2}=\sqrt{6}\sin75°$$

$$\sin 75° = \frac{\sqrt{6}+\sqrt{2}}{4}$$

(3)　△ABD, △ACD はともに直角三角形だから, ∠ABC, ∠ACB はともに鋭角である。

$\sin\angle ABC>0,\ \sin\angle ACB>0$ より

$$\sin\angle ABC=\sqrt{1-\cos^2\angle ABC}$$
$$=\sqrt{1-\left(\frac{4}{5}\right)^2}=\frac{3}{5}$$
$$\sin\angle ACB=\sqrt{1-\cos^2\angle ACB}$$
$$=\sqrt{1-\left(\frac{2}{\sqrt{5}}\right)^2}=\frac{1}{\sqrt{5}}$$

よって

$$AD=AB\sin\angle ABC=\frac{3}{5}x$$

$$BD=AB\cos\angle ABC=\frac{4}{5}x$$

$$AC=\frac{AD}{\sin\angle ACB}=\frac{3\sqrt{5}}{5}x$$

$$CD=AC\cos\angle ACB=\frac{6}{5}x \quad (\rightarrow コ, サ)$$

$$BC=BD+DC=2x$$

△ABC において, 正弦定理より

$$\frac{AB}{\sin\angle ACB}=\frac{BC}{\sin\angle BAC}$$

$$\sin\angle BAC=2x\times\frac{1}{x}\times\frac{1}{\sqrt{5}}=\frac{2\sqrt{5}}{5} \quad (\rightarrow シ\sim セ)$$

■物理■

◀A日程（物理基礎・物理）▶

1 **解答** 問1．⑤　問2．②　問3．⑤　問4．④　問5．①
問6．①　問7．②

解説 ≪小問集合≫

問1．小球の質量を m，最高点の高さ（OP間の距離）を h，求める速さを v とおく。

床面を位置エネルギーの基準として，力学的エネルギー保存則より

$$\begin{cases} \dfrac{1}{2}mv_0{}^2 = mgh \\ mgh = \dfrac{1}{2}mv^2 + mg\dfrac{h}{2} \end{cases}$$

これを解いて　　$v = \dfrac{\sqrt{2}}{2}v_0$

問2．図のように角 θ をとると　　$\cos\theta = \dfrac{4}{5}$

求める張力を T とおくと，おもりにはたらく鉛
直方向の力のつり合いより

$$2 \times T\cos\theta = W$$

$$\therefore \quad T = \dfrac{W}{2\cos\theta} = \dfrac{5}{8}W$$

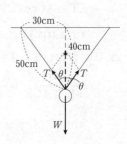

問3．求める仕事を W とおく。仕事とエネルギーの関係より

$$\dfrac{1}{2}mv^2 + W = mgh \quad \therefore \quad W = mgh - \dfrac{1}{2}mv^2$$

問4．水と容器A，容器Bを合わせた全体の熱量は，操作の前後で同じである（＝保存されている）。操作後に容器Aに残された熱量は，手順2のほうが大きくなる（温度が高くなる）ので，水と容器Bを合わせた熱量は小さくなり，温度は低くなる。

問 5．同じ振動数で音速が大きくなると，波長が長くなる。よって，基本振動で共鳴するときのピストンの位置は管口より遠くなる。

問 6．電球 B と電球 C を直列合成した合成抵抗は，電球 A の 2 倍の抵抗値である。また，この合成抵抗と電球 A は並列接続であり，電圧は等しい。したがって，流れる電流の大きさは $\dfrac{1}{2}$ 倍になる。また，電球 B と電球 C の消費電力の和は，この合成抵抗の消費電力に等しい。電圧が同じ条件のとき，消費電力は電流に比例する。

問 7．1 次コイル，2 次コイルに流れる電流の実効値をそれぞれ I_1[A]，I_2[A]，2 次コイルに発生する電圧の実効値を V_2[V] とおく。1 次コイルと 2 次コイルで電圧比は巻き数比に等しいので

　　　　$100 : V_2 = 500 : 100$　　∴　$V_2 = 20$[V]

また，2 次コイル側で

　　　　$V_2 = 4.0 \cdot I_2$　　∴　$I_2 = 5.0$[A]

1 次コイル側と 2 次コイル側で電力が保存されるので

　　　　$100 \cdot I_1 = 20 \cdot I_2$　　∴　$I_1 = 1.0$[A]

$\boxed{2}$　**解答**　Ⅰ．問 1．⑤　問 2．④　問 3．③

　　　　　　　　Ⅱ．問 4．③　問 5．①　問 6．⑥

解説　≪糸で引き上げられる小球の等加速度運動，定滑車につられた 2 物体の運動≫

Ⅰ．問 1．加速度は v-t グラフの傾きである。

問 2．変位は v-t グラフの面積より

　　　　$\dfrac{1}{2} \times 2t_1 \times v_1 = v_1 t_1$

問 3．$t = 0 \sim t_1$ の加速度を a とすると　　$a = \dfrac{v_1}{t_1}$

求める張力の大きさを T とおく。小球の運動方程式をたてると

　　　　$ma = T - mg$

　　∴　$T = m(g + a) = m\left(g + \dfrac{v_1}{t_1}\right)$

Ⅱ．問 4．物体 A にはたらく重力がした仕事は正，物体 B にはたらく重

力がした仕事は負である。よって，その和は

$$Mgh - mgh = (M-m)gh$$

問 5．A と B にはたらく張力の大きさは等しい。張力が物体 A にした仕事は負，物体 B にした仕事は正であり，大きさは等しいので，その和は 0 になる。

問 6．求める速さを v とおく。仕事とエネルギーの関係より

$$\frac{1}{2}Mv^2 + \frac{1}{2}mv^2 = (M-m)gh \iff v^2 = \frac{2(M-m)}{M+m}gh$$

$$\therefore \quad v = \sqrt{\frac{2(M-m)}{M+m}gh}$$

$\boxed{3}$ **解答** Ⅰ．問 1．③ 問 2．③ 問 3．⑥
Ⅱ．問 4．① 問 5．⑤ 問 6．⑥

解説 ≪あらい円盤状で円運動する小物体，2 室に区切られた断熱容器内の理想気体≫

Ⅰ．問 1．周期 $= \dfrac{(\text{円周の長さ})}{(\text{速さ})} = \dfrac{2 \times 3.14 \times 0.30}{1.2} = 1.57 \fallingdotseq 1.6 \text{[s]}$

問 2．摩擦力が向心力の役割をしている。

問 3．摩擦力の大きさを $F\text{[N]}$ とおく。円運動の運動方程式をたてると

$$1.0 \times \frac{1.2^2}{0.30} = F \quad \therefore \quad F = 4.8 \text{[N]}$$

Ⅱ．問 4．A 内の気体の物質量を n とおく。A 内の気体の状態方程式は

$$pV = nRT \quad \therefore \quad n = \frac{pV}{RT}$$

問 5．求める圧力を p' とおく。B 内の気体の状態方程式は

$$p'\frac{1}{2}V = nRT \quad \therefore \quad p' = \frac{2nRT}{V} = 2p$$

別解 ボイルの法則より

$$pV = p' \cdot \frac{1}{2}V \quad \therefore \quad p' = 2p$$

問 6．求める絶対温度を T' とおく。ピストンにはたらく力のつり合いより，A 内の気体の圧力は B 内の気体の圧力に等しい。よって，A 内の気体の状態方程式は

$$p' \cdot \frac{3}{2}V = nRT' \qquad \therefore \quad T' = \frac{3p'V}{2nR} = 3T$$

$\boxed{4}$ **解答**   Ⅰ．問1．④   問2．②   問3．③
             Ⅱ．問4．②   問5．⑤   問6．④

[解 説] ≪ガラス上の薄膜による光の干渉，内部抵抗のある電池の端子間電圧≫

Ⅰ．問1・問2．光線1と光線2の光路差は往復で　　$2nd$

光線1も光線2も反射により位相が π ずれているので，干渉して強め合うのは光路差で位相がずれないときである。

問3．問題文に示された干渉条件は

$$2nd = \frac{1}{2}\lambda$$

$$\therefore \quad d = \frac{\lambda}{4n} = \frac{5.6 \times 10^{-7}}{4 \times 1.4} = 1.0 \times 10^{-7}\,[\mathrm{m}]$$

Ⅱ．問4．端子間電圧は，内部抵抗に発生する電圧の分だけ小さくなる。

問5．図3のグラフを $I = 0\,[\mathrm{A}]$ まで延長したときの切片の値が $E\,[\mathrm{V}]$ である。

問6．図3のグラフの傾きの大きさが $r\,[\Omega]$ の値になるので

$$r = \left| \frac{0.80 - 1.20}{2.0 - 1.0} \right| = 0.40\,[\Omega]$$

◀A日程（物理基礎）▶

1 ▌◀A日程（物理基礎・物理）▶の1に同じ。

2 ▌◀A日程（物理基礎・物理）▶の2に同じ。

◀B日程（物理基礎・物理）▶

1 **解答** 問1. ② 問2. ② 問3. ⑥ 問4. ⑤ 問5. ①
　　　　　問6. ① 問7. ②

解 説 ≪小問集合≫

問1. グラフの傾きから

A の速度は　$-\dfrac{9.0}{6.0}=-1.5$[m/s]

B の速度は　$\dfrac{6.0}{6.0}=1.0$[m/s]

よって，A に対する B の相対速度は

　　$1.0-(-1.5)=2.5$[m/s]

はじめ 9.0 m あった A と B の距離が，この相対速度で接近するので

　　$9.0=2.5\cdot t_1$　∴　$t_1=3.6$[s]

問2.「力のつり合い」は 1 つの物体（この場合は B さん）に外からはたらく複数の力の和が 0 であること。

問3. 求める縮みの最大値を x とおく。このとき小物体は静止しているので，力学的エネルギー保存則より

$$mgh=\dfrac{1}{2}kx^2\quad\therefore\quad x=\sqrt{\dfrac{2mgh}{k}}$$

問4. 同じ大きさの熱量が互いに移動する中で，B のほうが A よりも温度変化の大きさが 2 倍大きい。移動した熱量は，熱容量と温度変化の積になる。

問5. 図 5 のグラフより，波の周期は 0.40 s なので，波長は $3.0\times0.40=1.2$[m]。よって，⑤〜⑧は不適。

また，$t=0$ s に $x=0.60$ m での変位は $y=0$ m。よって，②と④も不適。

①と③の正弦波を x 軸正の向きに動かすと，$x=0.60$ m での変位は，①では正の向きに，③では負の向きに動く。図 5 より，$x=0.60$ m での変位は $t=0$ s から正の向きに動きだすので，正解は①。

問6. 音さに針金を巻き付けると振動数は小さくなる。図 6 より，1 秒間当たりのうなりの回数は 4.0 回/s なので，128 Hz より 4.0 Hz 小さい振動

数となる。

問7．回路図を下図のように描き直すとわかりやすい。

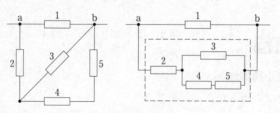

破線で囲った部分の合成抵抗値を R とすると

$$R = r + \left(\frac{1}{r} + \frac{1}{2r}\right)^{-1} = r + \frac{2}{3}r = \frac{5}{3}r$$

ab 間の合成抵抗値は

$$\left(\frac{1}{r} + \frac{1}{R}\right)^{-1} = \left(\frac{1}{r} + \frac{3}{5r}\right)^{-1} = \frac{5}{8}r$$

---

②　解答

Ⅰ．問1．③　問2．④　問3．③
Ⅱ．問4．③　問5．④　問6．⑧

解説 ≪片方だけ摩擦のある2物体の運動，糸につられた小球の運動≫

Ⅰ．問1．物体 A，B にはたらく水平方向の力はそれぞれ下図のようになる。

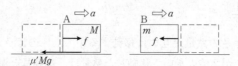

よって，物体 A の運動方程式は　　$Ma = f - \mu' Mg$

問2．物体 B の運動方程式は　　$ma = -f$

問1の答えと合わせて f を消去すると

$$(M + m)a = -\mu' Mg \quad \therefore \quad a = -\frac{M}{M+m}\mu' g$$

問3．等加速度運動の式より

$$\frac{1}{2}v_0 = v_0 + at \quad \therefore \quad t = -\frac{v_0}{2a}$$

Ⅱ．問4．張力がはたらく向きは小球の運動方向に対して常に垂直であるので，張力がする仕事は0。よって，重力による仕事のみを考えればよい。

問 5．求める速さを v とおく。点 C を位置エネルギーの基準として，力学的エネルギー保存則より

$$\frac{1}{2}mv^2 = \frac{2}{3}mgL$$

$$\therefore \quad v = \sqrt{\frac{4gL}{3}} = 2\sqrt{\frac{gL}{3}}$$

問 6．糸が切れた後，小球にはたらく力は重力のみである。また点 C での速度は鉛直上向きのため，力学的エネルギー保存則より，点 A と同じ高さまで上昇する。

3 解答 　I．問 1．②　問 2．①　問 3．③
　　　　　　　II．問 4．⑥　問 5．②　問 6．⑤

解説 ≪斜面上でばねにつられた小物体の単振動，理想気体の等温変化と断熱変化≫

I．問 1．斜面に平行な方向の力のつり合いより

$$mg\sin\theta = kd \quad \therefore \quad d = \frac{mg\sin\theta}{k}$$

問 2．小物体の位置が x のときの加速度を a とおくと，小物体の運動方程式は

$$ma = k(d-x) - mg\sin\theta = -kx \quad \therefore \quad a = -\frac{k}{m}x$$

これより単振動の中心は $x=0$，角振動数は $\omega = \sqrt{\dfrac{k}{m}}$ と求まる。

条件より，振幅は d，振動の中心を通過するとき，速さは最大となり，振幅と角振動数の積で求まる。

$$\omega d = d\sqrt{\frac{k}{m}}$$

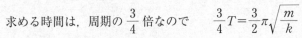

問 3．単振動の周期は　$T = \dfrac{2\pi}{\omega} = 2\pi\sqrt{\dfrac{m}{k}}$

求める時間は，周期の $\dfrac{3}{4}$ 倍なので　$\dfrac{3}{4}T = \dfrac{3}{2}\pi\sqrt{\dfrac{m}{k}}$

II．問 4．気体が外部にした仕事の大きさは，グラフの曲線と V 軸とグラフの両端を通り V 軸に垂直な直線で囲まれた面積に等しい。また，断

熱膨張では温度が低下する。

問5．ボイルの法則より

$$p_1 V_1 = p_2 V_3 \quad \therefore \quad V_3 = \frac{p_1 V_1}{p_2}$$

問6．状態 A，B における絶対温度をそれぞれ T_1，T_2，理想気体の物質量を n とおく。状態方程式は

A：$p_1 V_1 = nRT_1$，B：$p_2 V_2 = nRT_2$

$$\therefore \quad T_1 = \frac{p_1 V_1}{nR}, \quad T_2 = \frac{p_2 V_2}{nR}$$

求める仕事を W，内部エネルギー変化を $\varDelta U$ とおく。断熱変化なので，熱力学第一法則より

$$0 = W + \varDelta U$$

$$\therefore \quad W = -\varDelta U = -\frac{3}{2} nR(T_2 - T_1) = \frac{3}{2}(p_1 V_1 - p_2 V_2)$$

$\boxed{4}$ 解答 　I．問1．① 問2．④ 問3．④
　　　　　　　 II．問4．③ 問5．① 問6．⑥

解説 ≪2層の媒質による光の屈折，磁場中で運動する導体棒に発生する誘導起電力≫

I．問1．屈折の法則より

$$\frac{v_1}{c} = \frac{\lambda_1}{\lambda} = \frac{1}{n_1}$$

問2．屈折の法則より

$$\frac{\sin\alpha}{\sin\beta} = \frac{n_1}{n_2} \quad \cdots\cdots①, \quad \frac{\sin\beta}{\sin\gamma} = \frac{1}{n_1} \quad \cdots\cdots②$$

①と②より

$$\sin\alpha = \frac{n_1}{n_2}\sin\beta = \frac{n_1}{n_2}\left(\frac{1}{n_1}\sin\gamma\right) = \frac{1}{n_2}\sin\gamma$$

問3．空気と媒質1の境界面で全反射が起こるのは，計算上 $\sin\gamma$ が1を超えるとき。

このとき

②より $\quad \sin\gamma = n_1 \sin\beta > 1 \quad \cdots\cdots③$

①より $\quad \sin\beta = \dfrac{n_2}{n_1}\sin\alpha \quad \cdots\cdots④$

④を③に代入して

$$n_1\left(\frac{n_2}{n_1}\sin\alpha\right)=n_2\sin\alpha>1 \qquad \therefore \quad \frac{1}{n_2}<\sin\alpha$$

また,媒質 2 と媒質 1 の境界面を光が通り抜けるのは $\sin\beta$ が 1 を超えないとき。

④より $\quad \sin\beta=\dfrac{n_2}{n_1}\sin\alpha<1 \qquad \therefore \quad \sin\alpha<\dfrac{n_1}{n_2}$

よって $\quad \dfrac{1}{n_2}<\sin\alpha<\dfrac{n_1}{n_2}$

Ⅱ. 問 4. スイッチを閉じた瞬間に流れる電流は Q→P の向きに $\dfrac{E}{R}$

力の向きはフレミングの左手の法則で考える。

問 5. 回路と導体棒で囲まれる面積が増えるにつれて,回路を貫く磁束が鉛直上向きに増える。これを妨げる向きに誘導起電力が発生する。またファラデーの電磁誘導の法則より,導体棒に生じる誘導起電力の大きさは vBl である。

問 6. 回路の 1 周での起電力の大きさは $E-V$ になるので,抵抗にかかる電圧も $E-V$ である。

◀B日程（物理基礎）▶

1
◀B日程（物理基礎・物理）▶の①に同じ。

2
◀B日程（物理基礎・物理）▶の②に同じ。

■ 化学 ■

◀ A 日程（化学基礎・化学）▶

1 **解答**　問1．⑤　問2．③　問3．②
問4．(1)—⑤　(2)—①　問5．(1)—④　(2)—⑤

解説 ≪小問5問≫

問1．クロマトグラフィーは，インクの色素成分によって，ろ紙などに吸着する力が違うことで，色素の移動速度に差が生じて分離することができる。

問2．銅は青緑色，ナトリウムは黄色，バリウムは黄緑色の炎色反応を示す。

問3．沸騰は表面からだけでなく，液体内部からも蒸発が起こる現象である。

問4．(1)　アルミニウムは原子番号が13の元素で，K 殻に2個，L 殻に8個，M 殻に3個の電子が入っている。

(2)　アルゴン原子と同じ電子配置のイオンは，S^{2-}，Cl^-，K^+，Ca^{2+}である。

問5．(1)　CH_4 は次のような正四面体形をしている。

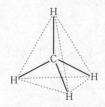

(2)　H_2 は結合に極性がない無極性分子，CH_4，CO_2 は結合に極性はあるが分子全体では互いに極性を打ち消しあう無極性分子，H_2O，HCl，NH_3 は極性分子である。

② 解答

Ⅰ．問1．⑤ 問2．(1)—① (2)—⑤
Ⅱ．問3．⑥ 問4．⑤ 問5．②

解説 ≪実験器具の使い方，液体の密度，pHと中和反応≫

Ⅰ．問1．溶液を調製するときはメスフラスコを使用する。

問2．(1) エ．密度が $1\,g/cm^3$ より小さいので，$1\,g$ あたりの体積は $1\,cm^3$ より大きくなる。

オ．生じる食塩水の体積は

$$\frac{100+10.0}{1.06}=103.7\,[mL]$$

となり，$100\,mL$ より大きくなる。

(2) ⑤以外の方法では，厳密に $100\,mL$ にならないので，正しい濃度の食塩水が調製できない。

Ⅱ．問3．pH7が中性，7より小さいと酸性，大きいと塩基性である。

問4．酸性の水溶液をどれだけ希釈しても，pHが7を超えることはない。

問5．塩酸のpHより，$[H^+]=1.0\times10^{-1}\,[mol/L]$ なので，H^+ の物質量は

$$1.0\times10^{-1}\times\frac{10}{1000}=1.0\times10^{-3}\,[mol]$$

KOHのpHより，$[OH^-]=1.0\times10^{-2}\,[mol/L]$ なので，OH^- の物質量は

$$1.0\times10^{-2}\times\frac{90}{1000}=9.0\times10^{-4}\,[mol]$$

これより，中和後の溶液は酸性であることがわかる。

中和後の $[H^+]$ は

$$[H^+]=(1.0\times10^{-3}-9.0\times10^{-4})\times\frac{1000}{10+90}=1.0\times10^{-3}\,[mol/L]$$

となり，この混合水溶液を10倍に希釈するので

$$[H^+]=1.0\times10^{-3}\times\frac{1}{10}=1.0\times10^{-4}\,[mol/L]$$

ゆえに，pH=4となる。

3 **解答**　Ⅰ. 問1. ⑥　問2. ⑥　問3. ④
　　　　　　Ⅱ. 問4. ⑤　問5. ③　問6. ①

解説 ≪リンとリンを含む化合物, 鉛と鉛を含む化合物≫

Ⅰ. 問1. 物質 X の生成は次の反応式で表される。

$$P_4 + 5O_2 \longrightarrow P_4O_{10} \text{ (物質 X)}$$

物質 X は十酸化四リンであり, 酸性の乾燥剤として用いられる。

問2. 十酸化四リンからリン酸を生成する反応式は

$$P_4O_{10} + 6H_2O \longrightarrow 4H_3PO_4$$

問1の反応式と上の式から, 1.0 mol のリン P_4 から 4.0 mol のリン酸が生成することがわかる。

問3. 問2の反応式より, 物質 $X(P_4O_{10})$ y[mol] に水を x[g] 加えたとき, 反応に使われる水は $6y$[mol], 生成するリン酸は $4y$[mol] となる。これより

$$\frac{4y \times 98}{x + 284y} \times 100 = 85 \qquad x = 177.1y$$

このことから

$$\frac{6y \times 18}{177.1y} \times 100 = 60.9 \fallingdotseq 61 [\%]$$

別解 リン酸水溶液 100 g あたりで考えると, 反応に使われなかった水は 15 g, 水に溶けているリン酸は 85 g である。物質 $X(P_4O_{10})$ 1 mol あたり生成するリン酸は 4 mol であるから, 284 g の P_4O_{10} が水と反応すると, 392 g のリン酸になる。増加した質量はすべて水の質量であるから, 85 g のリン酸から反応で使われた水の質量は次のように求められる。

$$85 \times \frac{392 - 284}{392} = 23.4 [\text{g}]$$

これより, P_4O_{10} と反応した水の質量パーセントは次のようになる。

$$\frac{23.4}{15 + 23.4} \times 100 = 60.9 \fallingdotseq 61 [\%]$$

Ⅱ. 問4. ア. 亜鉛は 12 族である。

イ. 硬貨に多いのは銅, 航空機の機体にはジュラルミンというアルミニウムが主成分の合金が用いられている。

問5. 硫酸鉛(Ⅱ)は水に溶けにくい物質である。

問6．PbO の式量：223

PbO の物質量：$\dfrac{10}{223}$ mol

CH_3COOH の物質量：0.10 mol

これより，PbO がすべて反応するので，生成する $(CH_3COO)_2Pb$ の物質量は，$\dfrac{10}{223}$ mol。

したがって，モル濃度は

$$\dfrac{10}{223} \times \dfrac{1}{1} = 0.0448 \fallingdotseq 0.045 (mol/L)$$

$\boxed{4}$ **解答** 問1．⑨　問2．④　問3．(1)—⑤　(2)—⑥
問4．(1)—②　(2)—⑥

[解説] ≪炭素数5のアルコールの異性体とその性質≫

問1．C が n 個の鎖式飽和1価アルコールの場合，水素は $(2n+2)$ 個である。

問2．直鎖状の構造異性体は

$CH_2-CH_2-CH_2-CH_2-CH_3$
　|
　OH

$H_3C-{}^*CH-CH_2-CH_2-CH_3$
　　　|
　　　OH

$H_3C-CH_2-CH-CH_2-CH_3$
　　　　　|
　　　　　OH

枝分かれ構造は

$CH_2-{}^*CH-CH_2-CH_3$　　　　$H_3C-\overset{\displaystyle OH}{\underset{\displaystyle CH_3}{C}}-CH_2-CH_3$
|　　|
OH　CH_3

$H_3C-CH-{}^*CH-CH_3$　　　　$H_3C-CH-CH_2-CH_2$
　　　|　　|　　　　　　　　　　　|　　　　　|
　　　CH_3　OH　　　　　　　　　CH_3　　　OH

$H_3C-\overset{\displaystyle CH_3}{\underset{\displaystyle CH_3}{C}}-CH_2-OH$

上記より，枝分かれ構造の構造異性体は 5 つ，不斉炭素原子（＊）を含むものは 3 つある。

問 3．(1)　問 2 の分子の直鎖状の構造異性体 3 つについて脱水反応が起こると

$$
\begin{array}{c}
\underset{\underset{\displaystyle OH}{|}}{CH_2}-CH_2-CH_2-CH_2-CH_3 \xrightarrow{\text{脱水反応}}
\end{array}
\overset{\displaystyle \mathbf{X}}{
\begin{array}{c}
H \\ \diagdown \\ H
\end{array}
C=C
\begin{array}{c}
H \\ \diagup \\ CH_2-CH_2-CH_3
\end{array}
}
$$

$$
H_3C-\underset{\underset{\displaystyle OH}{|}}{CH}-CH_2-CH_2-CH_3 \xrightarrow{\text{脱水反応}}
\begin{array}{c}
H \\ \diagdown \\ H
\end{array}
C=C
\begin{array}{c}
H \\ \diagup \\ CH_2-CH_2-CH_3
\end{array}
$$

または

$$
\begin{array}{c}
H_3C \\ \diagdown \\ H
\end{array}
C=C
\begin{array}{c}
CH_2-CH_3 \\ \diagup \\ H
\end{array}
$$

または

$$
\begin{array}{c}
H_3C \\ \diagdown \\ H
\end{array}
C=C
\begin{array}{c}
H \\ \diagup \\ CH_2-CH_3
\end{array}
$$

$$
\overset{\displaystyle \mathbf{Y\ \text{または}\ Z}}{
H_3C-CH_2-\underset{\underset{\displaystyle OH}{|}}{CH}-CH_2-CH_3 \xrightarrow{\text{脱水反応}}
\begin{array}{c}
H_3C \\ \diagdown \\ H
\end{array}
C=C
\begin{array}{c}
CH_2-CH_3 \\ \diagup \\ H
\end{array}
}
$$

または

$$
\begin{array}{c}
H_3C \\ \diagdown \\ H
\end{array}
C=C
\begin{array}{c}
H \\ \diagup \\ CH_2-CH_3
\end{array}
$$

$\left(\begin{array}{l} \mathbf{Y}，\mathbf{Z} \text{はシス型かトランス型か} \\ \text{どちらを指すかは特定できない。} \end{array}\right)$

これより，構造異性体 **A**，**B**，**C** は次のように決まり，**X** と **Y** は構造異性体，**Y** と **Z** はシス‐トランス異性体とわかる。

A：　$\underset{\underset{\displaystyle OH}{|}}{CH_2}-CH_2-CH_2-CH_2-CH_3$

B：　$H_3C-CH_2-\underset{\underset{\displaystyle OH}{|}}{CH}-CH_2-CH_3$

C：　$H_3C-\underset{\underset{\displaystyle OH}{|}}{CH}-CH_2-CH_2-CH_3$

(2) (1)より，**C** からは **X**，**Y**，**Z** のすべてが生じることがわかる。

問 4．(1) 黄色の沈殿はヨードホルム CHI_3 である。

(2) ╱ の部分が切断され，ヨードホルムとカルボン酸が生じる。

$$H_3C \diagup CH\text{-}CH_2\text{-}CH_2\text{-}CH_3$$
$$\quad\quad\;\; OH$$

$$\longrightarrow CHI_3 + HO\text{-}\underset{\underset{O}{\|}}{C}\text{-}CH_2\text{-}CH_2\text{-}CH_3$$

◀A日程（化学基礎）▶

1 ◀A日程（化学基礎・化学）▶の①に同じ。

2 ◀A日程（化学基礎・化学）▶の②に同じ。

314 2023年度 化学〈解答〉 畿央大-一般前期

◀B日程（化学基礎・化学）▶

1 **解答** 問1．④ 問2．② 問3．④
問4．(1)—③ (2)—④ 問5．(1)—② (2)—⑤

解説 ≪小問5問≫

問1．分留では，沸点の低いものから分離されていく。

問2．a．正しい。白色の沈殿は炭酸カルシウムである。このことから，気体Yが二酸化炭素であり，固体Xは炭酸塩であることがわかる。

b．誤り。塩化コバルト紙の赤色への変化は水の検出反応であり，水溶液であることから，溶質の成分が検出されたかどうか判断できない。

c．正しい。炎色反応により，カルシウムが含まれていることがわかる。

d．誤り。この反応で検出されたのは塩化物イオンで，白色沈殿は塩化銀である。溶液Zには固体Xに加えた塩酸由来の塩化物イオンが含まれており，固体X由来のものか判断できない。

問3．mは質量数で，陽子の数と中性子の数の和である。また，nは原子番号で，陽子の数である。したがって，中性子の数は$m-n$で表される。

問4．(1) 電子親和力は電子を1個受け取り，1価の陰イオンになるときに放出されるエネルギー。イオン化エネルギーは電子1個を放出し，1価の陽イオンになるために必要なエネルギーである。

(2) 電気陰性度の大きい原子が電子を引き付けるため，負の電荷を帯びる。

問5．(1) ①誤文。周期表の下にいくほど原子は大きくなる。

③誤文。陽子の数は変わらず，電子の数が減るため，電子はより中心に引き寄せられ，小さくなる。

④誤文。③とは逆に，陽子の数は変わらず，電子の数が増えるため，電子を中心に引き寄せる力が弱まり，大きくなる。

⑤誤文。①同様，大きくなる。

(2) 陽子の数が最も多いAl^{3+}が電子をより中心に引き寄せるため，小さくなる。

2 **解答**　Ⅰ. 問1. ②　問2. ⑥　問3. ③
　　　　　　Ⅱ. 問4. ③　問5. ⑤　問6. ③

解説　≪化学の基本法則，空気の平均分子量，酸化剤と還元剤≫

Ⅰ. 問3. 窒素，酸素，アルゴンの分子量はそれぞれ 28, 32, 40 である。

$$28 \times \frac{78}{100} + 32 \times \frac{21}{100} + 40 \times \frac{1}{100} = 28.96 \fallingdotseq 29 [g]$$

Ⅱ. 問4. ア.　$2I^- \longrightarrow I_2 + 2e^-$

ヨウ素の酸化数は -1 から 0 に増加。

イ.　$Br_2 + 2e^- \longrightarrow 2Br^-$

臭素の酸化数は 0 から -1 に減少。

問5. 還元剤としての強さは，(i)より，$I^- > Br^-$，(ii)より，$Br^- > Cl^-$ である。

問6. ウ. 金属のイオン化列は，金属が陽イオンになりやすい（イオン化傾向の強い）順であるので，あてはまるのは還元剤。

エ. 各反応における金属のイオン化傾向の大小関係は次のようになる。

　　(iii)　$Ag < Cu$，(iv)　$Cu < Zn$，(v)　$Zn > Pb$，(vi)　$Sn < Fe$

イオン化傾向の小さいものほど単体になりやすいので(v)のみ，酸化還元反応が起こる。

3 **解答**　Ⅰ. 問1. ④　問2. ②　問3. ④
　　　　　　Ⅱ. 問4. ⑥　問5. ⑤　問6. ③

解説　≪二酸化炭素と炭酸塩，亜鉛と亜鉛の化合物の性質≫

Ⅰ. 問1. ア. 二酸化炭素，イ. 水酸化ナトリウムとなる。

　　$CO_2 + H_2O \rightleftharpoons H_2CO_3$

より炭酸が得られる。

また，次の式で炭酸のナトリウム塩 **A** が得られる。

　　$H_2CO_3 + NaOH \longrightarrow NaHCO_3 + H_2O$

さらに，次の式で炭酸のナトリウム塩 **B** が得られる。

　　$NaHCO_3 + NaOH \longrightarrow Na_2CO_3 + H_2O$

問2. 問1より，**A** は $NaHCO_3$ で酸性塩，**B** は Na_2CO_3 で正塩である。

問3. 強い塩基性を示すのは Na_2CO_3 である。

　　$Na_2CO_3 + HCl \longrightarrow NaHCO_3 + NaCl$

$$NaHCO_3 + HCl \longrightarrow NaCl + CO_2 + H_2O$$

より，希塩酸の体積を V〔mL〕とすると

$$0.10 \times \frac{10}{1000} \times 2 = 0.10 \times \frac{V}{1000} \qquad V = 20 \text{〔mL〕}$$

Ⅱ．問４．ジュラルミンはアルミニウム，ステンレス鋼は鉄が主成分の合金である。

問５．①・②正文。酸化亜鉛は両性酸化物なので，酸とも塩基とも反応する。

③正文。中和反応が起こり，塩化亜鉛が生じ水に溶ける。

④正文。$[Zn(OH)_4]^{2-}$ の錯イオンになり水に溶ける。

⑤誤文。$[Zn(NH_3)_4]^{2+}$ の錯イオンになり水に溶ける。

問６．Zn，ZnO の式量はそれぞれ 65，81 である。

1 mol の Zn から 1 mol の ZnO が生じるので

$$10 \times 10^3 \times \frac{50}{100} \times \frac{1}{65} \times 81 \times 10^{-3} = 6.23 \doteqdot 6.2 \text{〔kg〕}$$

4 **解答** 問１．②　問２．(1)—③　(2)—②　(3)—④
問３．(1)—①　(2)—④

解説 ≪芳香族化合物の構造と性質≫

問１．ベンゼンに使われる炭素が 6，置換基に使われる炭素が 3 なので，2 つの置換基はメチル基とエチル基である。

問２．化合物 **A** として考えられる構造は以下のとおり。

化合物 **B** として考えられる構造は以下のとおり。

化合物 **C** として考えられる構造は

のみである。

(1)　化合物 B はオルト位にカルボキシ基が 2 つ結合した化合物である。

(2)　化合物 B にはカルボキシ基しかないので，エタノールとのみ反応してエステルが生成する。

(3)　合成樹脂はポリエチレンテレフタラート（PET）であり，化合物 B（フタル酸）の異性体であるテレフタル酸が単量体として用いられる。

問 3．(1)　ベンゼン環にメチル基やエチル基があれば，酸化されてカルボキシ基に変化するので，選択肢のなかで化合物 C（無水フタル酸）が得られるのはオルト位にメチル基をもつ o-キシレンである。

(2)　化合物 C（無水フタル酸）はアルキド樹脂の原料として用いられる。

◀B日程（化学基礎）▶

$\boxed{1}$　◀B日程（化学基礎・化学）▶の$\boxed{1}$に同じ。

$\boxed{2}$　◀B日程（化学基礎・化学）▶の$\boxed{2}$に同じ。

■ 生物 ■

◀A日程（生物基礎・生物）▶

1 **解答**　問 1．① 　問 2．① 　問 3．③ 　問 4．① 　問 5．④
　　　　　　問 6．⑤ 　問 7．⑤

解説　≪小問 7 問≫

問 1．⑤誤り。器官の境界を隔てている組織は結合組織である。

問 2．ウ．プロテアーゼは，タンパク質分解酵素である。よって，脂質よりも，アルブミンなどのタンパク質の割合が大きい血液が，プロテアーゼによって分解されやすい。

問 3．大腸菌に感染した T_2 ファージは，頭部に含まれている DNA を大腸菌内に注入する。タンパク質でできた殻は，大腸菌内に入らず，撹拌によって大腸菌からはがされ，遠心分離によって上澄みに集まる。よって，標識したタンパク質は(う)にのみ検出される。

問 4．まずゲノム 30 億塩基対中で，遺伝子として翻訳される領域の塩基対数は，30 億塩基対中の 1.5％だから

　　　30 億×0.015＝45000000 塩基対　……①

20000 個の遺伝子の塩基対の合計が①の塩基対となるため，遺伝子 1 個あたりの塩基対数は次の式で表すことができる。

　　　45000000÷20000＝2250 塩基対　……②

1 塩基対間の距離は 0.34 nm，つまり $3.4×10^{-10}$ であることから，遺伝子 1 個あたりの翻訳される領域の平均の長さは②より

　　　$2250×3.4×10^{-10}＝7.65×10^{-7}≒7.7×10^{-7}$〔m〕

問 5．①誤り。別の生物に血清を投与してできた抗体は，ワクチンではなく，血清療法に用いられている。

②誤り。血清療法で体内に投与するのは抗体である。

③誤り。血清は血液を静置したときに，血液凝固が起こり沈殿が生じたときの上澄みの部分のことである。フィブリンは，血餅をつくり，沈殿する

ため，血清には含まれていない。

⑤誤り。投与されたワクチンによって抗体がつくられ，それにより免疫力が高まる。

問6．図2のグラフにおいて，ある酸素濃度における酸素ヘモグロビンの割合は曲線Ⅰのほうが大きいため，曲線Ⅰが二酸化炭素濃度の低い肺胞，曲線Ⅱが濃度が高い組織をそれぞれ示していることがわかる。

問7．⑤誤り。生態系がもとの状態に戻ろうとする性質は，自然浄化と呼ばれる。

2　解答　Ⅰ．問1．⑦　問2．(1)—①　(2)—④　(3)—④
　　　　　　問3．②
Ⅱ．問4．⑤　問5．②　問6．①　問7．④

解説　≪動物のホルモン，バイオーム≫

Ⅰ．問2．(1)脳下垂体後葉から分泌されるバソプレシンによって，腎臓の集合管における水分の再吸収量が増加することで，尿量が減少している。

(2)体液の塩類濃度が上昇した場合も，バソプレシンによって尿量を減らすことで，体液の浸透圧を保つように調節される。

(3)脳下垂体前葉が取り除かれることによって，脳下垂体前葉から分泌される甲状腺刺激ホルモンがなくなってしまう。これにより，甲状腺のはたらきが低下し，ここから分泌されるチロキシンも減少したため，ラットの代謝が低下した。よって，分泌量が低下した甲状腺刺激ホルモンまたはチロキシンを注射することで，ラットの代謝を高めることができる。

問3．血糖濃度を調節する主なホルモンのうち，脳下垂体からの刺激ホルモンの影響を受けるのは，副腎皮質から分泌される糖質コルチコイドである。

Ⅱ．問6．九州，四国などに主に分布するバイオームは，照葉樹林（常緑広葉樹）である。

問7．①誤り。クヌギはブナ科の落葉広葉樹，ヘゴは熱帯から亜熱帯に分布する木生シダの一種である。

②誤り。中国地方の南でも標高の高いところでは夏緑樹林が見られる。

③誤り。コメツガは針葉樹で，垂直分布では亜高山帯で主に見られる。

⑤誤り。日本のバイオームの垂直分布の境界となる標高は，低緯度では高

くなり，高緯度では低くなる。

$\boxed{3}$ **解答**　I．問1．④　問2．③　問3．⑥　問4．③

II．問5．⑤　問6．④

問7．変異株A：⑤　変異株B：②　問8．④

解　説　≪種子の発芽，オペロン説≫

II．問6．大腸菌のラクトース代謝にかかわる酵素の活性は，ラクトースはあるがグルコースはない場合に生じる。グルコースとラクトースを混合した培地の場合，グルコースがあるため，ラクトース代謝にかかわる酵素の活性は生じず，まずグルコースのみが消費されていく。その後，グルコースがすべて消費されたあと，ラクトース代謝にかかわる酵素の活性が生じ，ラクトースが消費されていくと考えられる。

問7．〔実験1〕より，変異株AとBはともに，IPTG 添加の有無にかかわらず酵素の活性が検出されているため，リプレッサーがオペレーターに結合しておらず，常に転写が起こっている状態であることがわかる。〔実験2〕では，プラスミドの導入によって，変異株AとB内で正常なリプレッサーが合成されるようになった。その結果，変異株Bでは，野生株と同様の酵素活性が得られたことから，変異株Bは正常なリプレッサーを合成できない変異株であることがわかる。これに対して，変異株Aでは，正常なリプレッサーが細胞内に存在しても，〔実験1〕と同じ結果だったことから，リプレッサーが結合するオペレーターに変異があることがわかる。

問8．〔実験3〕では，細胞内で正常なリプレッサーを合成できれば，野生株と同じ結果になると考えられる。よって，正常なリプレッサーを合成できる変異株Aでは，野生株と同じ結果になり，合成できない変異株Bでは，プラスミドのオペレーターにリプレッサーが結合できず，常に緑色蛍光タンパク質遺伝子が発現し緑色蛍光が検出される。

$\boxed{4}$ **解答**　I．問1．④　問2．②　問3．③　問4．②

II．問5．③　問6．④　問7．①　問8．⑤

解　説　≪耳，カルビン・ベンソン回路≫

I．問4．片耳に入る音の強さを半減したときのメンフクロウが狙った位

置から，10％以下にしたときの狙った位置は，左右方向にはほとんどずれずに，上下方向にずれている。よって，上下について述べている②を選択する。なお，④と⑤のように，耳栓によって，左右の耳に届くまでの時間のずれは考えることはできない。

Ⅱ．問5．㋐誤り。光化学反応では，光化学系Ⅱから放出された電子（e^-）を光化学系Ⅰで受け取っている。

㋑誤り。チラコイド内よりもストロマの H^+ の濃度が相対的に低い。

問6・問7．光合成のカルビン・ベンソン回路では，主に次のような反応が起こる。

$$RuBP \longrightarrow PGA \longrightarrow GAP$$
$$\uparrow \qquad \uparrow$$
$$CO_2 \quad ATPやNADPH$$

このような反応の流れのため，［実験1］のように CO_2 濃度を低下させると，RuBP から PGA の過程が進みにくくなり，RuBP が増加し PGA が減少する。また，［実験2］のように，光を遮断すると，チラコイドでの反応が進まなくなり，ATP や NADPH が生成されなくなる。その結果，PGA から GAP への過程が進まなくなり，PGA が増加する。なお，光が遮断されても，CO_2 が存在すれば，RuBP から PGA の過程は進むため，RuBP は減少していく。

◀A 日程（生物基礎）▶

1　◀A日程（生物基礎・生物）▶の1に同じ。

2　◀A日程（生物基礎・生物）▶の2に同じ。

◀B日程（生物基礎・生物）▶

1 解答　問1．⑦　問2．②　問3．③　問4．①　問5．④
問6．④　問7．⑤

解説　≪小問7問≫

問2．㈔誤り。対物ミクロメーターは，ステージの上にセットする。
㈹誤り。対物レンズの倍率を4倍高くすると，接眼ミクロメーター1目盛りの示す長さは4分の1となる。

問3．㈕誤り。ハーシーとチェイスはバクテリオファージを用いて研究を行った。
㈸誤り。T_2 ファージ（バクテリオファージ）の遺伝子の本体は DNA である。

問4．㈾誤り。パフの部分では，盛んに転写が行われ RNA が合成されている。
㈿誤り。メチルグリーンは，DNA を青緑色に染色する染色液である。よって，だ腺染色体全体が青緑色に染色される。

問6．①誤り。ホルモンと異化作用の関係については，図2からはわからない。
②誤り。ホルモン X は，血しょう中の Ca^{2+} 濃度が高いほど分泌量が多い。よって，ホルモン X には，血しょう中の Ca^{2+} 濃度を低下させるはたらきがあると考えられる。
③誤り。ホルモン Y が，ホルモン X の分泌を促進しているのであれば，ホルモン Y の分泌量が多いときホルモン X の分泌量も多くなり，ホルモン Y の分泌量が減るとホルモン X の分泌量も減るはずである。

2 解答　I．問1．②　問2．⑥　問3．③　問4．②
問5．④

II．問6．①　問7．③　問8．④　問9．②

解説　≪生体防御，キーストーン種≫

I．問1．下線部(a)は，物理的に体内に病原体を侵入させない方法である。
①・④・⑤は適応免疫に関する記述，③は自律神経のはたらきに関する記

述である。

問 5．③誤り。日和見感染とは，免疫力が低下し，健康な人では通常発症しないような病原性の低い病原体に感染し，発症することをいう。

Ⅱ．問 8．ヒトデを除去することで，特定の種のみが増え，多くの種が減少している。よって，ヒトデによって，岩礁地帯の生物の多様性が維持されているといえる。また，ヒトデが捕食していたイガイが増加，ヒトデが捕食していない藻類も激減していることから，ヒトデは直接的にも間接的にも，多くの生物に対して影響を与えているといえる。

問 9．ヒトデを除去することが，生態系にどのような影響を与えるのかを調べる実験である。ヒトデを除去しない実験区（対照実験区）と比較することで，ヒトデを除去したことによる影響が明らかとなる。

3　解答

Ⅰ．問 1．④　問 2．③　問 3．⑥　問 4．⑤
Ⅱ．問 5．③　問 6．(1)—②　(2)—⑤　問 7．④

解説　≪遺伝子の発現，静止電位と活動電位≫

Ⅰ．問 1．DNA の塩基配列の左端の 5′-AAG-3′ で考える。この DNAの塩基配列が鋳型鎖である場合，5′-AAG-3′ を鋳型として生じるmRNA の塩基配列は 5′-CUU-3′ で，この mRNA から翻訳されるアミノ酸は，表 1 より，ロイシンである。これは，図 1 のアミノ酸配列の左端のリシンと異なるため，図 1 の DNA の塩基配列は鋳型鎖ではなく，非鋳型鎖であるといえる。

問 3．図 1 の DNA の塩基配列の左端の 3 つ 5′-AAG-3′ の相補鎖は，5′-CTT-3′ となり，さらにこれを鋳型として転写される mRNA は5′-AAG-3′ となる。この mRNA に相補的に結合できる tRNA の塩基配列は，5′-CUU-3′ となるため，⑥を選択する。

Ⅱ．問 6．(1)静止電位は，電位非依存性 K^+ チャネルを介した，細胞内から細胞外への K^+ の受動輸送によって生じる。細胞内外で K^+ の濃度差がなくなると，K^+ の移動がなくなるため，静止電位が 0 mV となる。

(2)活動電位は，電位依存性 Na^+ チャネルを介した，細胞外から細胞内への Na^+ の受動輸送によって生じる。［実験 2］では，Na^+ の細胞外濃度が極めて低いため，閾値以上の刺激によって電位依存性 Na^+ チャネルが開いても，Na^+ の移動が起こらず，活動電位は発生しない。

問7．細胞内外の K^+ の濃度差が小さくなっているため，静止電位が，
［実験1］よりも 0 mV に近づく。また，細胞内外の Na^+ の濃度差も小さ
くなるため，Na^+ の移動による電位変化が小さくなり，活動電位は小さ
くなる。よって，静止電位が −80 mV より高く，活動電位が +50 mV よ
り低い④を選択する。

$\boxed{4}$ 　$\boxed{\text{解答}}$ 　Ⅰ．問1．④　問2．⑤　問3．⑧　問4．②
　　　　　　　Ⅱ．問5．③　問6．④　問7．⑦　問8．②

$\boxed{\text{解説}}$ 　≪発生のしくみ，電子伝達系≫

Ⅰ．問3．ZPA に近いほど Shh 濃度が高いため，図2のように ZPA が
2カ所に存在すると，それらの中央付近の Shh 濃度が最も低くなる。

問4．［実験1］や［実験2］より，Shh 濃度が高い部分から順番に3指
→2指→1指となることがわかる。よって，ZPA を前方の領域にのみ存
在させることによって，前方から3指→2指→1指となる。

Ⅱ．問8．図5のAは膜間腔，Bは内膜，Cはマトリックスである。

◀B日程（生物基礎）▶

1　◀B日程（生物基礎・生物）▶の1に同じ。

2　◀B日程（生物基礎・生物）▶の2に同じ。

国語

◀ A 日 程 ▶

1 **解答** 問1 アー③ イー① ウー② エー④
問2 アー② イー④
問3 アー⑥ イー① ウー②
問4 アー③ イー③ ウー④

2 **出典** 内山節『内山節著作集6 自然と人間の哲学』〈第四章 現代における自然哲学〉(農山漁村文化協会)

解答 問1 ⑤
問2 Xー② Yー①
問3 ④
問4 ①
問5 (1)ー③・④ (2)ー⑤
問6 ④

3 **出典** 伊集院静『ミチクサ先生(上)』(講談社)

解答 問1 (ア)ー② (イ)ー① (ウ)ー⑤
問2 ⑤
問3 ⑤
問4 ④
問5 ②
問6 ②

◀B 日 程▶

1 **解答** 問1 アー①　イー③　ウー②　エー①
問2 アー①　イー③
問3 アー⑤　イー⑦　ウー②
問4 アー④　イー①　ウー②

2 **出典** 植原亮『自然主義入門――知識・道徳・人間本性をめぐる現代哲学ツアー』〈第1章　自然主義の輪郭〉(勁草書房)

解答 問1 ②　問2 ⑤
問3 ②
問4 ⑤
問5 ③
問6 ④

3 **出典** 夏川草介『始まりの木』〈第五話　灯火〉(小学館)

解答 問1 (ア)ー④　(イ)ー①　(ウ)ー③
問2 ③
問3 ②
問4 ④
問5 ⑤
問6 ③

//////////////// · memo · ////////////////

////////////////// · memo · //////////////////

//////////////// · **memo** · ////////////////

教学社 刊行一覧

2025年版 大学赤本シリーズ

国公立大学（都道府県順）

374大学556点 全都道府県を網羅

全国の書店で取り扱っています。店頭にない場合は，お取り寄せができます。

2025年版　大学赤本シリーズ

国公立大学　その他

※No.171～174の収載大学は赤本ウェブサイト(http://akahon.net/)でご確認ください。

私立大学①

2025年版　大学赤本シリーズ

私立大学②

akahon.net

赤本 | 検索

難関校過去問シリーズ

出題形式別・分野別に収録した
「入試問題事典」
20大学 73点
定価2,310〜2,640円(本体2,100〜2,400円)

先輩合格者はこう使った!
「難関校過去問シリーズの使い方」

61年,全部載せ!
要約演習で、総合力を鍛える
東大の英語 要約問題 UNLIMITED

いつも受験生のそばに──赤本

大学入試シリーズ＋α
入試対策も共通テスト対策も赤本で

入試対策
赤本プラス
赤PLUS+本

赤本プラスとは、**過去問演習の効果を最大にするためのシリーズ**です。「赤本」であぶり出された弱点を、赤本プラスで克服しましょう。

大学入試 すぐわかる英文法 DL
大学入試 ひと目でわかる英文読解
大学入試 絶対できる英語リスニング DL
大学入試 すぐ書ける自由英作文
大学入試 ぐんぐん読める
　英語長文(BASIC) DL
大学入試 ぐんぐん読める
　英語長文(STANDARD) DL
大学入試 ぐんぐん読める
　英語長文(ADVANCED) DL
大学入試 正しく書ける英作文
大学入試 最短でマスターする
　数学I・II・III・A・B・C
大学入試 突破力を鍛える最難関の数学
大学入試 知らなきゃ解けない
　古文常識・和歌
大学入試 ちゃんと身につく物理
大学入試 もっと身につく
　物理問題集(①力学・波動)
大学入試 もっと身につく
　物理問題集(②熱力学・電磁気・原子)

入試対策
英検®
赤本シリーズ

英検®(実用英語技能検定)の対策書。
過去問集と参考書で万全の対策ができます。

▶過去問集（2024年度版）
英検®準1級過去問集 DL
英検®2級過去問集 DL
英検®準2級過去問集 DL
英検®3級過去問集 DL

▶参考書
竹岡の英検®準1級マスター DL
竹岡の英検®2級マスター CD DL
竹岡の英検®準2級マスター CD DL
竹岡の英検®3級マスター CD DL

CD リスニングCDつき　DL 音声無料配信
新 2024年新刊・改訂

入試対策
赤本プレミアム

赤本の教学社だからこそ作れた、
過去問ベストセレクション

東大数学プレミアム
東大現代文プレミアム
京大数学プレミアム[改訂版]
京大古典プレミアム

入試対策
赤本メディカル
シリーズ

過去問を徹底的に研究し、独自の出題傾向をもつメディカル系の入試に役立つ内容を精選した実戦的なシリーズ。

[国公立大]医学部の英語[3訂版]
私立医大の英語(長文読解編)[3訂版]
私立医大の英語(文法・語法編)[改訂版]
医学部の実戦小論文[3訂版]
医歯薬系の英単語[4訂版]
医系小論文 最頻出論点20[4訂版]
医学部の面接[4訂版]

入試対策
体系シリーズ

国公立大二次・難関私大突破へ、自学自習に適したハイレベル問題集。

体系英語長文　　体系世界史
体系英作文　　　体系物理[第7版]
体系現代文

入試対策
単行本

▶英語
Q&A即決英語勉強法
TEAP攻略問題集 新
東大の英単語[新装版]
早慶上智の英単語[改訂版]

▶国語・小論文
著者に注目! 現代文問題集
ブレない小論文の書き方 樋口式ワークノート

▶レシピ集
奥薗壽子の赤本合格レシピ

入試対策　共通テスト対策
赤本手帳

赤本手帳(2025年度受験用) プラムレッド
赤本手帳(2025年度受験用) インディゴブルー
赤本手帳(2025年度受験用) ナチュラルホワイト

入試対策
風呂で覚える
シリーズ

水をはじく特殊な紙を使用。いつでもどこでも読めるから、ちょっとした時間を有効に使える!

風呂で覚える英単語[4訂新装版]
風呂で覚える英熟語[改訂新装版]
風呂で覚える古文単語[改訂新装版]
風呂で覚える古文文法[改訂新装版]
風呂で覚える漢文[改訂新装版]
風呂で覚える日本史(年代)[改訂新装版]
風呂で覚える世界史(年代)[改訂新装版]
風呂で覚える倫理[改訂版]
風呂で覚える百人一首[改訂版]

共通テスト対策
満点のコツ
シリーズ

共通テストで満点を狙うための実戦的参考書。重要度の増したリスニング対策は「カリスマ講師」竹岡広信が一回読みにも対応できるコツを伝授!

共通テスト英語(リスニング)
　満点のコツ[改訂版] 新 DL
共通テスト古文 満点のコツ[改訂版] 新
共通テスト漢文 満点のコツ[改訂版] 新

入試対策　共通テスト対策
赤本ポケット
シリーズ

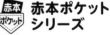

▶共通テスト対策
共通テスト日本史(文化史)

▶系統別進路ガイド
デザイン系学科をめざすあなたへ

2025 年版　大学赤本シリーズ　No. 499

畿央大学

2024 年 6 月 20 日　第 1 刷発行
ISBN978-4-325-26558-0
定価は裏表紙に表示しています

編　集　教学社編集部
発行者　上原　寿明
発行所　教学社
　　　　〒606-0031
　　　　京都市左京区岩倉南桑原町56
電話　075-721-6500
振替　01020-1-15695
印　刷　共同印刷工業